THE
SAMANYA VEDANTA UPANISHADS

THE SAMANYA VEDANTA UPANISHADS

WITH THE COMMENTARY OF

SRI UPANISHAD-BRAHMA-YOGIN

PANDIT A. MAHADEVA SASTRI

GYAN

Published by

Gyan Publishing House
5, Ansari Road
Daryaganj, New Delhi-110002
Phone: 011-47034999, 9811692060
E-mail: books@gyanbooks.com

Distribution Network
gyanbooks.com
India, USA, Canada, UK, Australia

ISBN: 978-93-6208-289-3 (PB)
First Published, 1921

2nd Impression 2024

Printed at: Gyan Press, Delhi.

THE SAMANYA VEDANTA UPANISHADS
Author: PANDIT A. MAHADEVA SASTRI

THE
SĀMĀNYA VEDĀNTA UPANISHADS

THE

SĀMĀNYA VEDĀNTA UPANISHADS

WITH THE COMMENTARY OF

SRI UPANISHAD-BRAHMA-YOGIN

EDITED BY

PANDIT A. MAHADEVA SASTRI, B.A.

DIRECTOR, ADYAR LIBRARY, ADYAR, MADRAS

PUBLISHED FOR THE ADYAR LIBRARY

(THEOSOPHICAL SOCIETY)

1921

ॐ नमो
ब्रह्मादिभ्यो
ब्रह्मविद्यासंप्रदायकर्तृभ्यो
वंशऋषिभ्यो
नमो गुरुभ्यः

DEDICATED TO
Brahma and the Rishis,
The Great Teachers
Who handed down Brahmavidya
through Generations

THE EDITOR'S NOTE

THE materials on which is based the edition of THE SAMANYA VEḌĀNṬA UPANIṢAḌS comprised in this volume are the same as those described in the preceding volume treating of *The Yoga Upaniṣaḍs.*

16th Dec., 1921 A. M. S.

अस्मिन् सम्पुटे अन्तर्गतानामुपनिषदां सूची

विषयसूचिका

अक्ष्युपनिषत्

अध्यात्मोपनिषत्

अन्नपूर्णोपनिषत्

प्रथमाध्यायः

पञ्चमाध्यायः

आत्मोपनिषत्

आत्मबोधोपनिषत्

प्रथमखण्डः

द्वितीयखण्डः

एकाक्षरोपनिषत्

कौषीतकिब्राह्मणोपनिषत्

प्रथमाध्यायः

चतुर्थाध्यायः

गर्भोपनिषत्

निरालम्बोपनिषत्

पैङ्गलोपनिषत्

प्रथमाध्यायः

द्वितीयाध्यायः

तृतीयाध्यायः

चतुर्थाध्यायः

प्राणाग्निहोत्रोपनिषत्

मन्त्रिकोपनिषत्

महोपनिषत्

प्रथमाध्यायः

द्वितीयाध्यायः

पञ्चमाध्याय:

षष्ठाध्याय:

मुक्तिकोपनिषत्

प्रथमाध्यायः—प्रथमखण्डः

द्वितीयखण्डः

द्वितीयाध्यायः

मुद्गलोपनिषत्

प्रथमखण्डः

द्वितीयखण्डः

तृतीयखण्डः

चतुर्थखण्डः

मैत्रायण्युपनिषत्

प्रथमप्रपाठकः

द्वितीयप्रपाठकः

तृतीयप्रपाठकः

चतुर्थप्रपाठकः

वज्रसूचिकोपनिषत्

शारीरकोपनिषत्

शुकरहस्योपनिषत्

सर्वसारोपनिषत्

सावित्र्युपनिषत्

सुबालोपनिषत्

प्रथमानुशासनम्—सर्वप्रपञ्चलयस्थितिप्रकारः

प्रथमखण्डः

द्वितीयखण्डः

द्वितीयानुशासनम्—तुरीयतत्त्वम्

तृतीयखण्डः

सूर्योपनिषत्

स्कन्दोपनिषत्

अक्ष्युपनिषत्

सह नाववतु—इति शान्तिः

चाक्षुष्मतीविद्या

अथ ह सांकृतिर्भगवानादित्यलोकं जगाम । तमादित्यं नत्वा चाक्षुष्मतीविद्यया तमस्तुवत् । ॐ नमो भगवते श्रीसूर्यायाक्षितेजसे नमः । ॐ खेचराय नमः । ॐ महासेनाय नमः । ॐ तमसे नमः । ॐ रजसे नमः । ॐ सत्त्वाय नमः । असतो मा सद्गमय । तमसो मा ज्योतिर्गमय । मृत्योर्माऽमृतं गमय । उष्णो भगवान् [1]शुचिरूपः हंसो भगवान् शुचिरूपः प्रतिरूपः ।

विश्वरूपं घृणिनं जातवेदसं इरामयं [2]ज्योतीरूपं तपन्तम् ।
सहस्ररश्मिः शतधा वर्तमानः [3]प्राणः प्रजानामुदयत्येष सूर्यः ॥

ॐ नमो भगवते श्रीसूर्यायादित्यायाक्षितेजसेऽहो [4]वाहिनि [5]वाहिनि वा स्वाहेति । एवं चाक्षुष्मतीविद्यया स्तुतः सूर्यनारायणः

[1] शुची—क, अ २, उ १.
[2] ज्योति—अ १, उ १.
[3] पुरुषः—अ, अ १, अ २, क.
[4] वाहिनि—क, अ १, उ.
[5] वाहिनि—उ, उ १.

सुप्रीतोऽब्रवीत् चाक्षुष्मतीविद्यां ब्राह्मणो यो नित्यमधीते न तस्याक्षिरोगो भवति । न तस्य कुलेऽन्धो भवति । अष्टौ ब्राह्मणान् ग्राहयित्वाऽथ विद्यासिद्धिर्भवति । य एवं वेद स महान् भवति ॥

यत्सप्तभूमिकाविद्यावेद्यानन्दकलेबरम् ।
विकलेबरकैवल्यरामचन्द्रपदं भजे ॥

इह खलु कृष्णयजुर्वेदप्रविभक्तेयं अक्ष्युपनिषत् चाक्षुष्मतीविद्याप्रकटनपूर्वकं सप्तभूमिकाविभातपरमाक्षरपर्यवसन्ना विजयते । अस्याः स्वल्पग्रन्थतो विवरणमारभ्यते । सांकृत्यादित्यप्रश्नप्रतिवचनरूपेयं आख्यायिका विद्यास्तुत्यर्था । आख्यायिकामवतारयति—**अथेति** । **अथ** स्वातिरिक्तप्रपञ्चनैराश्यानन्तरं आदित्यमण्डलासनादित्यं प्रणिपत्य अथ **चाक्षुष्मतीविद्यया** स्तुतवानित्यर्थः । केयं चाक्षुष्मतीविद्येत्यत आह—**ओमिति** । हे आदित्य **अक्षितेजसे** तुभ्यं **नमोऽस्तु** । त्वं **मा** मां **असतः** स्वातिरिक्तात् उद्धृत्य स्वमात्रावस्थानलक्षणं **सद्गमय** । तथा **तमसः** स्वाज्ञानात् **मा** मां उद्धृत्य **ज्योतिः** स्वज्ञानं **गमय** । तथा स्वनिष्ठप्रमादरूपात् **मृत्योः मा** मां उद्धृत्य स्वनिष्ठाफलरूपं **अमृतं** विकलेबरकैवल्यं **गमय** । प्राणिसामान्यस्वातिरिक्ताज्ञानकर्दमशोषकोष्णकिरणत्वात् **उष्णो भगवान् शुचिरूपः** । **हंसः** प्रत्यगभिन्नपरमात्मरूपो **भगवान् शुचिरूपः** जीवात्मना **प्रतिरूपश्चासि** । यस्त्वं **सहस्ररश्मिः** स्वप्रकाश्यभेदानुरोधेन **शतधा** बहुधा **वर्तमानोऽसि य एष भगवान् प्रजानां प्राणो** भूत्वा अहन्यहनि **उदयति** तं त्वां **विश्वरूपधरं घृणिनं** दयावन्तं विराड्रूपेण **जातवेदसं हरामयं** अमृतमयं स्वेन तेजसा **तपन्तं ज्योतीरूपं हंसः सोऽहमिति** सदा अनुसंधानं करोमि । किंच—**ओं नमो भगवते श्रीसूर्याय आदित्याय** अदितिजाय **अक्षितेजसे अक्ष्यालोक**शक्तिदाय सदा **नमोऽस्तु** । तव किरणसेनाऽऽवृतत्वात् ते **अहोवाहिनी** किरणसेना **दुस्सहा मम** संतापं **न करोतु** । द्विरुक्तिरादरार्था । स्वातिरिक्तभ्रमं मे शान्तं कुरु **स्वाहा**, "नमः सम्पत्तिपूरणे स्वाहा शान्तौ" इति स्मृतेः । यद्वा—

स्वाहाशब्दः अक्षिविद्यासमाप्तिद्योतकः । अनया स्तुतः किं करोतीत्यत्र—एवमिति । किमब्रवीदित्यत्र—स्वविद्याफलं स्तौति—ॐनमइत्यादिस्वाहेत्यन्तकळेबरां चाक्षुष्मतीविद्याम् ॥

इति प्रथमः खण्डः

ब्रह्मविद्यास्वरूपम्

अथ ह सांकृतिरादित्यं पप्रच्छ भगवन् ब्रह्मविद्यां मे ब्रूहीति।

तमादित्यो होवाच ।

सांकृते शृणु वक्ष्यामि तत्त्वज्ञानं सुदुर्लभम् ।
येन विज्ञानमात्रेण जीवन्मुक्तो भविष्यसि ॥ १ ॥
सर्वमेकमजं शान्तमनन्तं ध्रुवमव्ययम् ।
पश्य भूतार्थचिद्रूपं शान्त आस्स्व यथासुखम् ॥ २ ॥

ततः किमित्यत्र चाक्षुष्मतीविद्यास्तुतितो भगवन्तं प्रसन्नं ब्रह्मविद्याऽर्थं पृच्छतीत्याह—अथेति । किमिति ? भगवन्निति । शिष्याभिमुख्याय वक्ष्यमाणविद्यां स्तौति—सांकृत इति ॥ १ ॥ आदौ ब्रह्मस्वरूपं प्रतिपाद्य शान्तस्वातिरिक्तभ्रमः सन् मदुक्तार्थे सुखं तिष्ठ इत्याह—सर्वमिति । ब्रह्माहमस्मीति पश्यन् ॥ २ ॥

ब्रह्मविद्योपायो योगः

अवेदनं विदुर्योगं चित्तक्षयमकृत्रिमम् ।
योगस्थः कुरु कर्माणि नीरसो वाऽथ मा कुरु ॥ ३ ॥

केनोपायेन सुखं तिष्ठेयमित्यत्राह—अवेदनमिति । इत्थंभूत-**योगस्थः** ॥ ३ ॥

योगस्य प्रथमभूमिका

विरागमुपयात्यन्तर्वासनास्वनुवासरम् ।
क्रियासूदाररूपासु क्रमते मोदतेऽन्वहम् ॥ ४ ॥
ग्राम्यासु जडचेष्टासु सततं विचिकित्सते ।
नोदाहरति मर्माणि पुण्यकर्माणि सेवते ॥ ५ ॥
अनन्योद्वेगकारीणि मृदुकर्माणि सेवते ।
पापाद्बिभेति सततं न च भोगमपेक्षते ॥ ६ ॥
स्नेहप्रणयगर्भाणि पेशलान्युचितानि च ।
देशकालोपपन्नानि वचनान्यभिभाषते ॥ ७ ॥
मनसा कर्मणा वाचा सज्जनानुपसेवते ।
यतः कुतश्चिदानीय नित्यं शास्त्राण्य[1]वेक्षते ॥ ८ ॥
तदाऽसौ प्रथमामेकां प्राप्तो भवति भूमिकाम् ।
एवं विचारवान् यः स्यात् संसारोत्तारणं प्रति ॥ ९ ॥
स भूमिकावानित्युक्तः शेषस्त्वार्य इति स्मृतः ।

कोऽयमवेदनयोगः तत्सोपानः कीदृशः इत्याशङ्क्य तूष्णींभावलक्षणविदेह-मुक्तिसौधसोपानरूपेयं सप्तभूमिकेत्यत्र प्रथमभूमिकां प्रकटयति—विरागमिति । अनन्तकोटिजन्मसुकृतपरिपाकलब्धसज्जनसंगत्यादिसुकृततो निष्कामधीः जायते, ततो ब्रह्म सत्यं ब्रह्मातिरिक्तं मिथ्या इत्यापाततो ज्ञानमुदेति, ततो ब्रह्मातिरिक्त-

[1] पेक्ष—अ १, क, उ १.

विषयवासनासु वान्ताशनमूत्रपुरीषादिष्विव विरागमुपयाति । ईश्वरार्पणधिया अनुष्ठेयक्रियासु ॥ ४ ॥ परेषां नोदाहरति ॥ ५–९ ॥

द्वितीयभूमिका

विचारनाम्नीमितरामागतो योगभूमिकाम् ॥ १० ॥
श्रुतिस्मृति[1]सदाचारधारणाध्यानकर्मणः ।
मुख्यया व्याख्यया ख्याताञ्छ्रयति श्रेष्ठपण्डितान् ॥ ११ ॥
पदार्थप्रविभागज्ञः कार्याकार्यविनिर्णयम् ।
जानात्यधिगतश्राव्यो गृहं गृहपतिर्यथा ॥ १२ ॥
मदाभिमानमात्सर्यलोभमोहातिशायिताम् ।
बहिरप्यास्थितामीषत्त्यजत्यहिरिव त्वचम् ॥ १३ ॥
इत्थंभूतमतिः शास्त्रगुरुसज्जनसेवया ।
सरहस्यमशेषेण यथावदधिगच्छति ॥ १४ ॥

मुमुक्षुः एवं प्रथमभूमिकामभ्यस्य अथ द्वितीयभूमिकां प्रविशतीत्याह— विचारेति ॥ १०–१४ ॥

तृतीयभूमिका

असंसर्गाभिधामन्यां तृतीयां योगभूमिकाम् ।
ततः पतत्यसौ कान्तः पुष्पशय्यामिवामलाम् ॥ १५ ॥
यथावच्छास्त्रवाक्या[2]र्थे मतिमाधाय निश्चलाम् ।
तापसाश्रमविश्रान्तैरध्यात्मकथनक्रमैः ॥ १६ ॥

[1] समा—अ २, क.   [2] र्थ—अ २, क.

शिलाशय्याऽऽसनासीनो जरयत्यायुराततम् ।
वनावनिविहारेण चित्तोपशमशोभिना ॥ १७ ॥
असङ्गसुखसौख्येन कालं नयति नीतिमान् ।
अभ्यासात् साधुशास्त्राणां करणात् पुण्यकर्मणाम् ॥ १८ ॥
जन्तोर्यथावदेवेयं वस्तुदृष्टिः प्रसीदति ।
तृतीयां भूमिकां प्राप्य बुद्धोऽनुभवति स्वयम् ॥ १९ ॥

द्वितीयभूमिकासिद्ध्यनन्तरं तृतीयभूमिकाऽभ्यासं कुर्यादित्याह—**असंसर्गेति** ॥ १५ ॥ तृतीयभूमिकाऽऽरूढः कया वृत्त्या कालं नयतीत्यत आह—**यथावदिति** ॥ १६–१९ ॥

द्विविधः असंसर्गः

द्विप्रकारमसंसर्गं तस्य भेदमिमं शृणु ।
द्विविधोऽयमसंसर्गः सामान्यः श्रेष्ठ एव च ॥ २० ॥
नाहं कर्ता न भोक्ता च न बाध्यो न च बाधकः ।
इत्यसञ्जनमर्थेषु सामान्यासङ्गनामकम् ॥ २१ ॥
प्राक्कर्मनिर्मितं सर्वमीश्वराधीनमेव [1]वा ।
सुखं वा यदि वा दुःखं [2]नैवात्र [3]मम कर्तृता ॥ २२ ॥
भोगाभोगा महारोगाः संपदः परमापदः ।
वियोगायैव संयोगा आधयो व्याधयो धियाम् ॥ २३ ॥

[1] च—अ, अ १. [2] कैवात्र—अ, अ १, क. [3] तव—मु.

कालश्च कलनोद्युक्तः सर्वभावान्[1]नारतम् ।
अनास्थयेति भावानां यदभावनमान्तरम् ।
वाक्यार्थलब्धमनसः सामान्योऽसावसङ्गमः ॥ २४ ॥
अनेन क्रमयोगेन संयोगेन महात्मनाम् ।
नाहं कर्तेश्वरः कर्ता कर्म वा प्राक्तनं मम ॥ २५ ॥
कृत्वा दूरतरे नूनमिति शब्दार्थभावनाम् ।
यन्मौनमासनं शान्तं तच्छ्रेष्ठासङ्ग उच्यते ॥ २६ ॥

सामान्यश्रेष्ठभेदेन अयमसंसर्गो द्विधा भिद्यत इत्याह—**द्विप्रकारमिति**। तत् कथं? द्विविध इति ॥ २० ॥ तत्र सामान्यासंसर्गमाह—**नाहमिति**। नाहं कर्ता न भोक्ता च अज्ञानकार्यविलक्षणत्वात् ॥ २१–२४ ॥ महतामेव श्रेष्ठासंसर्ग उदेतीत्याह—**अनेनेति** । विचारादियोगभूमिसंयोगेन द्वितीयासंसर्ग उदेति । स कीदृश इत्यत्र—**नाहमिति** । इन्द्रियैः इन्द्रियार्थाग्रहणं मौनं, प्रत्यग्रूपेणावस्थानं आसनं, परागभावास्मरणं शान्तमित्यर्थः ॥ २५–२६ ॥

प्रथमभूमिकास्तुतिः

संतोषामोदमधुरा प्रथमोदेति भूमिका ।
भूमिप्रोदितमात्रोऽन्तरमृतांकुरिकेव सा ॥ २७ ॥
एषा हि परिमृष्टाऽन्तरन्यासां प्रसवैकभूः ।
द्वितीयां च तृतीयां च भूमिकां प्राप्नुयात्ततः ॥ २८ ॥
श्रेष्ठा सर्वगता ह्येषा तृतीया भूमिकाऽत्र हि ।
भवति प्रोज्झिताशेषसंकल्पकलनः पुमान् ॥ २९ ॥

[1] नन्तरम्—उ, उ १.

प्रथमभूमिकाया अमृतांकुरतया तामेवं स्तौति—सन्तोषेति ॥२७-२८॥ द्वयोर्मध्ये श्रेष्ठा । श्रेष्ठत्वं कुत इत्यत्र—भवतीति ॥ २९ ॥

चतुर्थभूमिका

भूमिकात्रितयाभ्यासादज्ञाने क्षयमागते ।
समं सर्वत्र पश्यन्ति चतुर्थीं भूमिकां गताः ॥ ३० ॥
अद्वैते स्थैर्यमायाते द्वैते च प्रशमं गते ।
पश्यन्ति स्वप्नवल्लोकं चतुर्थीं भूमिकां गताः ॥ ३१ ॥

चतुर्थभूमिकामवतारयति—भूमिकेति ॥ ३० ॥ चतुर्थभूमिकाऽनुभवमाह—अद्वैत इति ॥ ३१ ॥

पञ्चमभूमिका

भूमिकात्रितयं जाग्रच्चतुर्थी स्वप्न उच्यते ।
चित्तं तु शरदभ्रांशविलयं प्रविलीयते ॥ ३२ ॥
सत्ताऽवशेष एवास्ते पञ्चमीं भूमिकां गतः ।
जगद्विकल्पो नोदेति चित्तस्यात्र विलापनात् ॥ ३३ ॥
पञ्चमीं भूमिकामेत्य सुषुप्तपदनामिकाम् ।
शान्ताशेषविशेषांशस्तिष्ठत्यद्वैतमात्रकः ॥ ३४ ॥
गलितद्वैतनिर्भासो मुदितोऽन्तःप्रबोधवान् ।
सुषुप्तघन एवास्ते पञ्चमीं भूमिकां [1]गतः ॥ ३५ ॥

[1] गताः—अ, अ १, अ २, क.

अन्तर्मुखतया तिष्ठन् बहिर्वृत्तिपरोऽपि सन् ।
परिश्रान्ततया नित्यं निद्रालुरिव लक्ष्यते ॥ ३६ ॥

पञ्चमभूमिकामवतारयति—भूमिकेति ॥ ३२ ॥ सत्ताऽवशेषता कुत इत्यत्र—जगद्विकल्प इति ॥ ३३–३६ ॥

कुर्वन्नभ्यासमेतस्यां भूमिकायां विवासनः ।
षष्ठीं तुर्याभिधामन्यां क्रमात् पतति भूमिकाम् ॥ ३७ ॥
यत्र नासन्न सद्रूपो नाहं नाप्यनहंकृतिः ।
केवलं क्षीणमनन आस्तेऽद्वैतेऽतिनिर्भयः ॥ ३८ ॥
निर्ग्रन्थिः शान्तसंदेहो जीवन्मुक्तो विभावनः ।
अनिर्वाणोऽपि निर्वाणश्चित्रदीप इव स्थितः ॥ ३९ ॥

षष्ठभूमिकामवतारयति—कुर्वन्निति ॥ ३७–३९ ॥

सप्तमभूमिका

षष्ठ्यां भूमावसौ स्थित्वा सप्तमीं भूमिमाप्नुयात् ।
विदेह[1]मुक्तताऽत्रोक्ता सप्तमी योगभूमिका ॥ ४० ॥
अगम्या वचसां शान्ता सा सीमा सर्वभूमिषु ।
लोकानुवर्तनं त्यक्त्वा त्यक्त्वा देहानुवर्तनम् ॥ ४१ ॥
शास्त्रानुवर्तनं त्यक्त्वा स्वाध्यासापनयं कुरु ।

सप्तमीं भूमिकामनुक्रामति—षष्ठ्यामिति । प्रथमद्वितीयभूम्यारूढो मुमुक्षुः, तृतीयभूम्यारूढो ब्रह्मवित्, चतुर्थभूम्यारूढो ब्रह्मविद्वरः, पञ्चमभूम्यारूढो

[1] मुक्ति—उ.

ब्रह्मविद्वरीयान्, षष्ठभूमिकाऽऽरूढो ब्रह्मविद्वरिष्ठः, सप्तमभूमिकाऽऽरूढो विदेहमुक्तो ब्रह्मैवेत्यर्थः ॥ ४० ॥ लोकदेहशास्त्रानुवर्तिनां जीवन्मुक्तिर्विदेहमुक्तिर्वा कुत इत्याशङ्क्य यदि स्वातिरेकेण लोकादिकमस्तीति परिभ्रमसि तदा क्रमेण मयोक्तसप्तभूमिका अभ्यस्य ततः लोकानुवर्तनमिति । स्वाध्यस्तस्वातिरिक्तापवादापह्नवाभ्यां जीवन्मुक्तो विदेहमुक्तो वा भवसीत्यर्थः ॥ ४१ ॥

ओङ्कारब्रह्मनिष्ठाविधिः

ओंकारमात्रमखिलं विश्वप्राज्ञादिलक्षणम् ॥ ४२ ॥
वाच्यवाचकताऽभेदात् भेदेनानुपलम्भितः ।
अकारमात्रं विश्वः स्यादुकारस्तैजसः स्मृतः ॥ ४३ ॥
प्राज्ञो मकार इत्येवं परिपश्येत् क्रमेण तु ।
समाधिकालात् प्रागेव विचिन्त्यातिप्रयत्नतः ॥ ४४ ॥
स्थूलसूक्ष्मक्रमात् सर्वं चिदात्मनि विलापयेत् ।
चिदात्मा[1]नं नित्यशुद्धबुद्धमुक्तसदद्वयः ॥ ४५ ॥
परमानन्दसंदेहो वासुदेवोऽहमोमिति ।
आदिमध्यावसानेषु दुःखं सर्वमिदं यतः ॥ ४६ ॥
तस्मात् सर्वं परित्यज्य तत्त्वनिष्ठो भवानघ ।
अविद्यातिमिरातीतं सर्वाभासविवर्जितम् ॥ ४७ ॥
आनन्दममलं शुद्धं मनोवाचामगोचरम् ।
प्रज्ञानघनमानन्दं ब्रह्मास्मीति विभावयेत् ॥ ४८ ॥

इत्युपनिषत् ॥

[1] हं—अ.

यद्येवं स्वातिरिक्तविभ्रमं त्यक्तुं न पारयसि तदा ओङ्कार एवेदं सर्वं इति शब्दब्रह्म भावय । एवं त्वया शब्दब्रह्मण्योङ्कारे भाविते ततस्तदर्थरूपपरंब्रह्म प्राप्नोषि शब्दार्थयोः अविनाभूतत्वात् ।

द्वे ब्रह्मणीह मन्तव्ये शब्दब्रह्म परं च यत् ।
शब्दब्रह्मणि निष्णातः परं ब्रह्माधिगच्छति ॥

इति श्रुतेः । ओङ्कारस्य परापरब्रह्माभिधानतया प्रसिद्धत्वात् तदवष्टभ्य ब्रह्मतत्त्वनिष्ठो भवेत्याह—**ओङ्कारेति** ॥ ४२ ॥ वाच्यवाचकयोः भेदः स्यादित्यत आह—**वाच्यवाचकताऽभेदादिति** । भेदे का हानिरित्यत आह—**भेदेनानुपलब्धित** इति । वाच्यवाचकयोरेकत्वं कुत इत्यत आह—**अकारमात्रमिति** ॥४३॥ एवमभेदेन संभाव्य वाच्यवाचककलनां विलाप्य तद्विलापनाधिकरणं ब्रह्मास्मीति विभावयेदित्याह—**समाधीति** ॥ ४४ ॥ तद्विलापनाधारं **चिदात्मानम्** ॥ ४५ ॥ यः सर्वाधारः परमात्मा तं चिदात्मानमेव **ओमिति नित्यशुद्धे**त्यादिविशेषणविशिष्टतुरीयोङ्काराग्रविद्योततुर्यतुरीय एव **वासुदेवोऽहमिति** भावयेत् ॥ ४५ ॥ स्वातिरिक्तास्तित्वभ्रमस्य आदिमध्यावसानेष्वपि दुःखहेतुत्वात् तदुत्सृज्य स्वमात्रनिष्ठो भवेत्याह—**आदीति** ॥ ४६ ॥ मुमुक्षुः उक्तलक्षणलक्षितं ब्रह्माहमिति भावयेदित्याह—**अविद्येति** । स्वाविद्या अस्ति नास्तीति विभ्रमातीतब्रह्मभावनात् ब्रह्मैव भवतीत्यर्थः ॥ ४७–४८ ॥ **इत्युपनिषच्छब्दः** अक्ष्युपनिषत्परिसमाप्त्यर्थः ॥

इति द्वितीयः खण्डः

श्रीवासुदेवेन्द्रशिष्योपनिषद्ब्रह्मयोगिना ।
सूर्याक्ष्युपनिषद्व्याख्या लिखिता ब्रह्ममात्रगा ।
सूर्याक्ष्युपनिषद्व्याख्याग्रन्थः स्यात् पञ्चसप्ततिः ॥

इति श्रीमदीशाद्यष्टोत्तरशतोपनिषच्छास्त्रविवरणे द्विसप्ततिसंख्यापूरकं अक्ष्युपनिषद्विवरणं सम्पूर्णम्

अध्यात्मोपनिषत्

पूर्णमदः—इति शान्तिः

सर्वभूतान्तरात्मनारायणस्वरूपम्

अन्तःशरीरे निहितो गुहायामज एको नित्यमस्य पृथिवी शरीरं यः पृथिवीमन्तरे संचरन् यं पृथिवी न वेद। यस्यापःशरीरं योऽपोऽन्तरे संचरन् यमापो न विदुः। यस्य तेजः शरीरं यस्तेजोऽन्तरे संचरन् यं तेजो न वेद। यस्य वायुः शरीरं यो वायुमन्तरे संचरन् यं वायुर्न वेद। यस्याकाशः शरीरं य आकाशमन्तरे संचरन् यमाकाशो न वेद। यस्य मनः शरीरं यो मनोऽन्तरे संचरन् यं मनो न वेद। यस्य बुद्धिः शरीरं यो बुद्धिमन्तरे संचरन् यं बुद्धिर्न वेद। यस्याहंकारः शरीरं योऽहंकारमन्तरे संचरन् यमहंकारो न वेद। यस्य चित्तं शरीरं यश्चित्तमन्तरे संचरन् यं चित्तं न वेद। यस्याव्यक्तं शरीरं योऽव्यक्तमन्तरे संचरन् यमव्यक्तं न वेद। यस्याक्षरं शरीरं योऽक्षरमन्तरे संचरन् यमक्षरं न वेद। यस्य मृत्युः

शरीरं यो मृत्युमन्तरे संचरन् यं मृत्युर्न वेद । स एष सर्वभूतान्तरात्माऽपहतपाप्मा दिव्यो देव एको नारायणः ॥१–१॥

यत्रान्तर्याम्यादिभेदस्तत्त्वतो न हि युज्यते ।
निर्भेदं परमाद्वैतं स्वमात्रमवशिष्यते ॥

इह खलु शुक्लयजुर्वेदप्रविभक्तेयं अध्यात्मोपनिषत् सर्वान्तरस्वरूपप्रकटनव्यग्रा नारायणतत्त्वपर्यवसन्ना विजयते । अस्याः श्रुतेः संक्षेपतो विवरणमारभ्यते । स्वाज्ञलोकोत्तारणाय क्वचिदवान्तररूपेण क्वचिच्छिष्याचार्यरूपेण प्रवृत्तेति यत् तत् विद्यास्तुत्यर्थम् । कथं पुनरवान्तररूपेण श्रुतिः प्रवृत्तेति तत्राह—अन्तरिति । यः सर्वप्राणिनामन्तः शरीरे या गुहा सर्वगूहनरूपा बुद्धिः तस्यां गुहायां तद्वृत्तिसहस्रप्रवृत्तिनिमित्ततया तद्भावाभावप्रकाशकतया तत्सर्वकलनासम्भवप्रबोधसिद्धनिष्प्रतियोगिकचिन्मात्रतया च वर्तते सोऽयमात्मा स्वातिरिक्तसर्वभूतेषु मायया जातेष्वपि स्वयं स्वतः परतो वा न जायत इत्यजः एकः परमात्मा अवशिष्यते । नित्यमस्य स्वाज्ञदृष्टिसमर्पितपृथिव्यादिमृत्युपर्यन्तं शरीरं यः पृथिव्यादिमृत्युपर्यन्तमन्तरे सञ्चरन् वर्तते यं पृथिव्यादिमृत्युपर्यन्तं न वेद स एष सर्वभूतान्तरात्माऽपहतपाप्मा । सर्वभूतेषु पापपुण्यकवलितेष्वपि तत्रासंगोदासीनपरमेश्वरतया अपहतपाप्मत्वं युज्यते । दिवि स्वे महिम्नि विराजत इति दिव्यः । स्वेन रूपेण प्रकाशत इति देवः । घटशरावादिस्थानीयस्वातिरिक्तभूतेषु अनेकेष्वपि तदनुगतव्योमवत् अयमेक एव अवशिष्यते । सः नारायणः परमात्मा भवतीत्यवान्तरवाक्यसमुदायार्थः ॥ १–१ ॥

ब्रह्मनिष्ठया स्वाध्यासापनयविधिः

अहं ममेति यो भावो देहाक्षादावनात्मनि ।
अध्यासोऽयं निरस्तव्यो विदुषा ब्रह्मनिष्ठया ॥ १ ॥

ज्ञात्वा स्वं प्रत्यगात्मानं बुद्धितद्वृत्तिसाक्षिणम् ।
सोऽहमित्येव तद्वृत्त्या स्वान्यत्रात्ममतिं त्यजेत् ॥ २ ॥
लोकानुवर्तनं त्यक्त्वा [1]त्यक्त्वा देहानुवर्तनम् ।
शास्त्रानुवर्तनं त्यक्त्वा स्वाध्यासापनयं कुरु ॥ ३ ॥

यस्मादपगतं अन्तरं अतिरिक्तं तमः सोऽयं अवान्तरवाक्यार्थतया प्रतिपादितोऽपान्तरतमो नारायणः स्वपुत्रं ब्रह्माणं व्याजीकृत्य स्वाङ्गबृन्दस्वपदप्राप्त्युपायतया यथायथा स्वातिरिक्तास्तित्वभ्रमो मार्जनीयः तथातथा स्वात्मयाथात्म्यं उपदिशति—अहंममेत्यादिना । तन्निष्ठया तत्प्रपञ्चात्मात्मीयदृष्टिः निराकर्तव्येत्यर्थः ॥ १ ॥ रूढमूलस्वातिरिक्तभ्रमत्यागः कथं उपपद्यत इत्यत्राह—ज्ञात्वेति ॥ २ ॥ स्वान्यत्र लोकदेहादिसत्त्वात् तन्मतिः कथं त्यक्तुं शक्यत इत्यत आह—लोकेति ॥ ३ ॥

अनात्मनिरसनपूर्वकं केवलात्मानुसन्धानम्

स्वात्मन्येव सदा स्थित्या मनो नश्यति योगिनः ।
युक्त्या श्रुत्या स्वानुभूत्या ज्ञात्वा सार्वात्म्यमात्मनः ॥ ४ ॥
निद्राया लोकवार्तायाः शब्दादेरात्मविस्मृतेः ।
क्वचिन्नावसरं दत्त्वा चिन्तयात्मानमात्मनि ॥ ५ ॥
मातापित्रोर्मलोद्भूतं मलमांसमयं वपुः ।
त्यक्त्वा चण्डालवद्दूरं ब्रह्मीभूय कृती भव ॥ ६ ॥
घटाकाशं महाकाश इवात्मानं परात्मनि ।
विलाप्याखण्डभावेन तूष्णीं भव सदा मुने ॥ ७ ॥

[1] तथा—उ, उ १.

स्वप्रकाशमधिष्ठानं स्वयंभूय सदात्मना ।
ब्रह्माण्डमपि पिण्डाण्डं [1]त्यज्यतां मलभाण्डवत् ॥ ८ ॥
चिदात्मनि सदानन्दे [2]देहरूढामहंधियम् ।
निवेश्य लिङ्गमुत्सृज्य केवलो भव सर्वदा ॥ ९ ॥
[3]यत्रैष जगदाभासो दर्पणान्तःपुरं यथा ।
तद्ब्रह्माहमिति ज्ञात्वा कृतकृत्यो भवानघ ॥ १० ॥
[4]अहंकारग्रहान्मुक्तः स्वरूपमुपपद्यते ।
चन्द्रवद्विमलः पूर्णः सदानन्दः स्वयंप्रभः ॥ ११ ॥

स्वाध्यासमूलमनोऽस्तीति यदि मन्यसे तदा स्वात्मन्येव । सकृदात्मनि ज्ञाते यथेच्छं विहरेदित्यत आह—युक्त्येति ॥ ४–५ ॥ सत्यनात्मनि आत्मचिन्तनं कथमिति यदि मन्यसे तदा मातापित्रोरिति ॥ ६ ॥ यदि जीवात्मपरमात्मनोः भेदं मन्यसे तदा घटाकाशमिति ॥ ७ ॥ तूष्णींभावावरणतया पिण्डब्रह्माण्डादिकमस्तीति यदि मन्यसे तदा स्वप्रकाशमिति ॥ ८ ॥ यदि ते देहादावहंधीः तां आत्मनि कृत्वा केवलो भवेत्याह—चिदात्मनीति । स्वज्ञानलिङ्गमुत्सृज्य ॥ ९ ॥ यद्याभासतोऽपि जगदस्तीति मन्यसे तदा यत्रैष इति । यत्तदपवादाधिकरणं तद्ब्रह्माहमिति ॥ १० ॥ यदि देहादावहंभावस्त्वां आवृणोति तदा निरहम्भावमन्त्रेण अहङ्कारग्रहान्मुक्तः ॥ ११ ॥

वासनाक्षयोपायः

क्रियानाशाद्भवेच्चिन्तानाशोऽस्माद्वासनाक्षयः ।
वासनाप्रक्षयो मोक्षः स जीवन्मुक्तिरिष्यते ॥ १२ ॥

[1] त्यजतां—उ. [2] देहा—अ, अ १, क.
[3] यत्रैव—अ २. [4] अहंकारा—अ २.

सर्वत्र सर्वतः [1]सर्वब्रह्ममात्रावलोकनम् ।
सद्भावभावनादार्ढ्याद्वासनालयमश्नुते ॥ १३ ॥

तन्मुक्त्यावरणवासनाऽस्तीति यदि मन्यसे तदा क्रियानाशादिति ॥ १२ ॥ वासनाविलयोपायस्तु सर्वत्र सर्वत इति ॥ १३ ॥

ब्रह्मनिष्ठायां प्रमादनिरसनविधिः

प्रमादो ब्रह्मनिष्ठायां न कर्तव्यः कदाचन ।
प्रमादो मृत्युरित्याहुर्विद्यायां ब्रह्मवादिनः ॥ १४ ॥
यथाऽपकृष्टं शैवालं क्षणमात्रं न तिष्ठति ।
आवृणोति [2]तथा माया प्राज्ञं वाऽपि पराङ्मुखम् ॥ १५ ॥
जीवतो यस्य कैवल्यं विदेहोऽपि स केवलः ।
समाधिनिष्ठतामेत्य निर्विकल्पो भवानघ ॥ १६ ॥

सकृदात्मानमवगम्य संसारानुवर्तनेऽपि सकृदवगतज्ञानफलमाप्नोतीत्यत आह—प्रमाद इति । स्वात्मानुसन्धानमुत्सृज्य संसरणं प्रमादः, "प्रमादं वै मृत्युमहं ब्रवीमि" इति स्मृतेः ॥ १४ ॥ निष्ठाच्युतित आवृतो भवतीत्यत्र दृष्टान्तः—यथापकृष्टमिति ॥ १५ ॥ अतः सदाऽनुसन्धानतो विकल्पजालमुन्मूल्य निर्विकल्पो भवेत्याह—जीवत इति । यस्यैवमनुसन्धानं कुर्वन् जीवतः ते निर्विशेषब्रह्ममात्रज्ञानं जायते तत्समकालं स त्वं केवलो विदेहोऽपि देहो मे अस्ति नास्तीति विभ्रमविरळ एव भूत्वा कैवल्यं प्राप्नोषीत्यत्र न विवादः । अतस्त्वं निर्विशेषज्ञानहेतवे समाधितः स्वातिरिक्तविकल्पजालमुन्मूल्य निर्विकल्पकज्ञानवान् भवेत्यर्थः ॥ १६ ॥

[1] सर्वं—अ २, क.

[2] तथाविद्या—उ, ब १.

समाध्यभ्यासस्यावधिः

अज्ञानहृदयग्रन्थेर्निःशेषविलयस्तदा ।
समाधिनाऽविकल्पेन यदाऽद्वैतात्मदर्शनम् ॥ १७ ॥

किं यावदायुषं समाधिः कर्तव्यः इत्यत्रावधिमाह—अज्ञानेति ॥ १७ ॥

सर्वोपाधिमृषात्वानुसन्धानपूर्वकं केवलब्रह्मात्मदर्शनम्

[1]अत्रात्मत्वं दृढीकुर्वन्नहमादिषु संत्यजन् ।
उदासीनतया तेषु तिष्ठेद्घटपटादिवत् ॥ १८ ॥
ब्रह्मादिस्तम्ब[2]पर्यन्तं मृषामात्रा उपाधयः ।
ततः पूर्णं स्वमात्मानं पश्येदेकात्मना स्थितम् ॥ १९ ॥
स्वयं ब्रह्मा स्वयं विष्णुः स्वयमिन्द्रः स्वयं शिवः ।
स्वयं विश्वमिदं सर्वं स्वस्मादन्यन्न किंचन ॥ २० ॥
स्वात्मन्यारोपिताशेषाभासवस्तुनिरासतः ।
स्वयमेव परं ब्रह्म पूर्णमद्वयमक्रियम् ॥ २१ ॥

अद्वैतावगत्यनन्तरं कदाचित् द्वैतस्फूर्तावपि तत्र उदासीनभावमेत्य तिष्ठेदित्याह—अत्रेति ॥ १८ ॥ ब्रह्माद्युपाधिः सत्पदमर्हति, तत्रोदासीनता कथमित्यत आह—ब्रह्मादीति ॥ १९ ॥ यदि स्वातिरेकेण ब्रह्मादिरस्तीति मन्यसे तदा एवं निश्चिनु इत्याह—स्वयमिति ॥ २० ॥ स्वस्य सर्वरूपत्वेऽपि ब्रह्मरूपत्वं कुतः इत्यत आह—स्वात्मनीति ॥ २१ ॥

द्वैतासम्भवनिरूपणम्

असत्कल्पो विकल्पोऽयं विश्वमि[3]त्येकवस्तुनि ।
निर्विकारे निराकारे निर्विशेषे भिदा कुतः ॥ २२ ॥

[1] यत्र—क.   [2] पर्यन्ता—उ, उ १.   [3] त्येव—अ, अ १.

द्रष्टृदर्शनदृश्यादिभावशून्ये निरामये ।
कल्पार्णव इवा[1]त्यन्तं [2]परिपूर्णे चिदात्मनि ॥ २३ ॥
तेजसीव तमो यत्र विलीनं भ्रान्तिकारणम् ।
अद्वितीये परे तत्त्वे निर्विशेषे भिदा कुतः ॥ २४ ॥
एकात्मके परे तत्त्वे भेदकर्ता कथं [3]वसेत् ।
सुषुप्तौ सुखमात्रायां भेदः केनावलोकितः ॥ २५ ॥

द्वैते सत्यद्वितीयत्वं कुत इत्याशङ्क्य आक्षेपतो द्वैतासम्भवमाचष्टे—असदिति ॥ २२–२४ ॥ भेदासम्भवमुक्त्वा भेदद्रष्टृसम्भवमाह—एकेति ॥२५॥

परात्मनि चित्तसमाधानविधिः

चित्तमूलो विकल्पोऽयं चित्ताभावे न कश्चन ।
अतश्चित्तं समाधेहि प्रत्यग्रूपे परात्मनि ॥ २६ ॥
अखण्डानन्दमात्मानं विज्ञाय स्वस्वरूपतः ।
बहिरन्तः सदानन्दरसास्वादनमात्मनि ॥ २७ ॥

यतः चित्तमूल इति ॥ २६ ॥ स्वावशेषधिया स्वानन्दात्मानं पश्यतः स्वानन्दाविर्भावो भवतीत्याह—अखण्डेति । बहिरन्तश्च सदा रसास्वादनं कुर्वन् स्वात्मन्येव अयं सदा मोदत इत्यर्थः ॥ २७ ॥

वैराग्यबोधोपरतिशान्तीनां मिथो हेतुफलत्वम्

वैराग्यस्य फलं बोधो बोधस्योपरतिः फलम् ।
स्वानन्दानुभवाच्छान्तिरेषैवोपरतेः फलम् ॥ २८ ॥

[1] त्यन्तः—अ, अ १. [2] भावशून्ये—उ, उ १. [3] भवेत्—अ, अ १.

यद्युत्तरोत्तराभावे पूर्वपूर्वं तु निष्फलम् ।

निवृत्तिः परमा तृप्तिरानन्दोऽनुपमः स्वतः ॥ २९ ॥

वैराग्यबोधोपरतिशान्तीनां मिथो हेतुफलतामाह—वैराग्यस्येति ॥ २८ ॥
उत्तरोत्तरसिद्धौ पूर्वपूर्वं तु फलवत् भवतीत्याह—निवृत्तिरिति ॥ २९ ॥

श्रवणमनननिदिध्यासनसमाधिलक्षणम्

मायोपाधिर्जगद्योनिः सर्वज्ञत्वादिलक्षणः ।

पारोक्ष्यशबलः सत्याद्यात्मकस्तत्पदाभिधः ॥ ३० ॥

आलम्बनतया भाति योऽस्मत्प्रत्ययशब्दयोः ।

अन्तःकरणसंभिन्नबोधः स त्वंपदाभिधः ॥ ३१ ॥

मायाऽविद्ये विहायैव उपाधी परजीवयोः ।

अखण्डं सच्चिदानन्दं परं ब्रह्म [1]विलक्ष्यते ॥ ३२ ॥

इत्थं वाक्यैस्तदर्थानुसंधानं श्रवणं भवेत् ।

युक्त्या संभावितत्वानुसंधानं मननं तु तत् ॥ ३३ ॥

ताभ्यां निर्विचिकित्सेऽर्थे चेतसः स्थापितस्य तत् ।

एकतानत्वमेतद्धि निदिध्यासनमुच्यते ॥ ३४ ॥

ध्यातृध्याने परित्यज्य क्रमाद्ध्येयैकगोचरम् ।

निवातदीपवच्चित्तं समाधिरभिधीयते ॥ ३५ ॥

वृत्तयस्तु तदानीमप्यज्ञाता आत्मगोचराः ।

स्मरणादनुमीयन्ते व्युत्थितस्य [2]समुत्थिताः ॥ ३६ ॥

[1] विवक्ष्यते—उ १. [2] समुज्झिताः—क.

जीवपरयोः भेदात् अखण्डार्थत्वं कुत इत्याशङ्क्य परजीवस्वरूपं तद्वाच्यार्थत्यागतो लक्ष्यैक्यमखण्डं ब्रह्मेत्याह—मायेति ॥ ३०–३१ ॥ विलक्ष्यते—तत्त्वमस्यादिमहावाक्यसमुदायार्थः ॥ ३२ ॥ एवं महावाक्यार्थश्रवणमनननिदिध्यासनसमाधिभिः अपरोक्षसाक्षात्कारो भवतीत्याह—इत्थमिति ॥ ३३–४० ॥

समाधेः धर्ममेघत्वम्

अनादाविह संसारे संचिताः कर्मकोटयः ।
अनेन विलयं यान्ति शुद्धो [1]धर्मोऽभिवर्धते ॥ ३७ ॥
धर्ममेघ[2]मिमं प्राहुः समाधिं योगवित्तमाः ।
वर्षत्येष यथा धर्मामृतधाराः सहस्रशः ॥ ३८ ॥

समाधिना अपरोक्षबोधसिद्धिः

अमुना वासनाजाले निःशेषं प्रविलापिते ।
समूलोन्मूलिते पुण्यपापाख्ये कर्मसंचये ॥ ३९ ॥
वाक्यमप्रतिबद्धं सत् प्राक् परोक्षाव[3]भासते ।
करामलकवद्बोधमपरोक्षं प्रसूयते ॥ ४० ॥

वैराग्यबोधोपरतीनां अवधिः

वासनाऽनु[4]दयो भोग्ये वैराग्यस्य तदाऽवधिः ।
अहंभावोदयाभावो बोधस्य परमावधिः ॥ ४१ ॥
लीनवृत्तेरनुत्पत्तिर्मर्यादोपरतेस्तु सा ।

[1] धर्मो वि—अ, अ १, अ २, क.		[2] मिदं—उ, उ १.
[3] भासिते—अ १. भासितं—अ.		[4] दये—अ १, अ २.

वासनाबोधोपरतीनां अवधिमाह —वासनेति ॥ ४१–४२ ॥

स्थितप्रज्ञलक्षणम्

स्थितप्रज्ञो यतिरयं यः सदानन्दमश्नुते ॥ ४२ ॥

ब्रह्मण्येव विलीनात्मा निर्विकारो विनिष्क्रियः ।

ब्रह्मात्मनोः शोधितयोरेकभावावगाहिनी ॥ ४३ ॥

निर्विकल्पा च चिन्मात्रा वृत्तिः प्रज्ञेति कथ्यते ।

प्रज्ञाप्रज्ञावज्जीवन्मुक्तलक्षणमाह—प्रज्ञेति । शोधिततत्त्वंपदैक्यब्रह्मगोचरा वृत्तिः प्रज्ञेत्युच्यते । तद्वान् जीवन्मुक्त इत्यर्थः ॥ ४३–४४ ॥

जीवन्मुक्तलक्षणम्

सा सर्वदा भवेद्यस्य स जीवन्मुक्त इष्यते ॥ ४४ ॥

देहेन्द्रियेष्वहंभाव इदंभावस्तदन्यके ।

यस्य नो भवतः क्वापि स जीवन्मुक्त इष्यते ॥ ४५ ॥

न प्रत्यग्ब्रह्मणोर्भेदं [1]कथाऽपि ब्रह्मसर्गयोः ।

प्रज्ञया यो विजानाति स जीवन्मुक्त इष्यते ॥ ४६ ॥

साधुभिः पूज्य[2]मानेऽस्मिन् पीड्यमानेऽपि दुर्जनैः ।

समभावो भवेद्यस्य स जीवन्मुक्त इष्यते ॥ ४७ ॥

विज्ञातब्रह्म[3]तत्त्वस्य यथापूर्वं न संसृतिः ।

अस्ति चेन्न स विज्ञातब्रह्मभावो बहिर्मुखः ॥ ४८ ॥

[1] कदा—अ.   [2] मानोऽस्मिन्—अ २, क. मानोऽपि—अ.

[3] भावस्य—अ.

किञ्च—देहेन्द्रियेष्विति ॥ ४६-४७ ॥ ज्ञाततत्त्वस्यापि संसारानुवृत्तौ स बहिर्मुखो भवतीत्याह—विज्ञातेति । निवृत्तपराक्प्रवृत्तिः जीवन्मुक्तोऽन्तर्मुख इत्यर्थः ॥ ४८ ॥

जीवन्मुक्तस्य प्रारब्धसत्त्वं, सञ्चितक्षयः, आगाम्यश्लेषश्च

सुखाद्यनुभवो यावत् तावत् प्रारब्धमिष्यते ।
फलोदयः क्रियापूर्वो निष्क्रियो न हि कुत्रचित् ॥ ४९ ॥
अहं ब्रह्मेति विज्ञानात् कल्पकोटिशतार्जितम् ।
संचितं विलयं याति प्रबोधात् स्वप्नकर्मवत् ॥ ५० ॥
स्वमसङ्गमुदासीनं परिज्ञाय नभो यथा ।
न श्लिष्यते यतिः किंचित् कदाचिद्भाविकर्मभिः ॥ ५१ ॥
न नभो घटयोगेन सुरागन्धेन लिप्यते ।
तथाऽऽत्मोपाधियोगेन तद्धर्मैर्नैव लिप्यते ॥ ५२ ॥

तस्य प्रारब्धानुभवोऽस्ति न वा इत्यत्र—सुखादीति ॥ ४९ ॥ विज्ञानतोऽस्य सञ्चितकर्म क्षीयत इत्याह—अहमिति ॥ ५० ॥ आगामिकर्मणा ज्ञानिनोऽश्लेषमाह—स्वमिति ॥ ५१ ॥ आगामिकर्माश्लेषे दृष्टान्तमाह—नेति ॥ ५२ ॥

प्रारब्धसत्त्वासत्त्वपक्षयोः निरूपणम्

ज्ञानोदयात् पुराऽऽरब्धं कर्म ज्ञानान्न नश्यति ।
अदत्त्वा स्वफलं लक्ष्यमुद्दिश्योत्सृष्टबाणवत् ॥ ५३ ॥
व्याघ्रबुद्ध्या विनिर्मुक्तो बाणः पश्चात्तु गोमतौ ।
न तिष्ठति भिनत्त्येव लक्ष्यं वेगेन निर्भरम् ॥ ५४ ॥

अजरोऽस्म्यमरोऽस्मीति य आत्मानं प्रपद्यते ।

तदात्मना तिष्ठतोऽस्य कुतः प्रारब्धकल्पना ॥ ५५ ॥

प्रारब्धं सिध्यति तदा यदा देहात्मना स्थितिः ।

देहात्मभावो नैवेष्टः प्रारब्धं त्यज्यतामतः ॥ ५६ ॥

प्रारब्धकल्पनाऽप्यस्य देहस्य भ्रान्ति[1]रेष हि ॥ ५७ ॥

अध्यस्तस्य कुतस्त[स]त्त्व[2]मसत्यस्य कुतो जनिः ।

अजातस्य कुतो नाशः प्रारब्धमसतः कुतः ॥ ५८ ॥

ज्ञानेनाज्ञानकार्यस्य समूलस्य लयो यदि ।

तिष्ठत्ययं [3]कथं देह इति शङ्कावतो जडान् ॥ ५९ ॥

समाधातुं बाह्यदृष्ट्या प्रारब्धं वदति श्रुतिः ।

न तु देहादिसत्यत्वबोधनाय विपश्चिताम् ॥ ६० ॥

निर्विशेषब्रह्मज्ञाने जातेऽपि प्रारब्धं कर्म न नश्यतीति सदृष्टान्तं पूर्वपक्ष-युक्तिं प्रतिपाद्याथ निर्विशेषब्रह्ममात्रभावारूढज्ञानिनः प्रारब्धासम्भवं प्रकटयति—**ज्ञानेति** ॥ ५३–५४ ॥ सिद्धान्तस्तु—**अजरोऽस्मीति** ॥ ५५ ॥ स्वात्मनः प्रारब्धाभावेऽपि देहस्य स्यादिति पूर्वपक्षीकृत्य तस्यापि न सम्भवतीति निराकरोति—**प्रारब्धमिति** ॥ ५६–५८ ॥ इयं प्रारब्धकल्पना स्वाज्ञसमाधानार्थं प्रवृत्ता न तु देहादेः ब्रह्मातिरेकेण सत्यत्वमंगीकृत्य प्रवृत्तेत्याह—**ज्ञानेनेति** ॥५९–६०॥

कर्मत्रयविरळब्रह्मस्वरूपम्

परिपूर्णमनाद्यन्तमप्रमेयमविक्रियम् ।

सद्घनं चिद्घनं नित्यमानन्दघनमव्ययम् ॥ ६१ ॥

[1] रेव—अ, क. [2] मसत्वस्य—उ. [3] कुतो—अ, अ १.

प्रत्यगेकरसं पूर्णमनन्तं सर्वतोमुखम् ।
अहेयमनुपादेयमनाधेयमनाश्रयम् ॥ ६२ ॥
निर्गुणं निष्क्रियं सूक्ष्मं निर्विकल्पं निरञ्जनम् ।
अनिरूप्यस्वरूपं यन्मनोवाचामगोचरम् ॥ ६३ ॥
सत्समृद्धं स्वतःसिद्धं शुद्धं बुद्धमनीदृशम् ।
एकमेवाद्वयं ब्रह्म नेह नानाऽस्ति किंचन ॥ ६४ ॥

कर्मत्रयकलनाविरळं ब्रह्म कीदृशमित्यत आह––परिपूर्णमिति ॥६१–६४॥

गुरवे स्वानुभवप्रकटनम्

स्वानुभूत्या स्वयं ज्ञात्वा स्वमात्मानमखण्डितम् ।
स सिद्धः सुसुखं तिष्ठन् निर्विकल्पात्मनाऽऽत्मनि ॥ ६५ ॥
क्व गतं केन वा नीतं कुत्र लीनमिदं जगत् ।
अधुनैव मया दृष्टं नास्ति किं महदद्भुतम् ॥ ६६ ॥
किं हेयं किमुपादेयं किमन्यत् किं विलक्षणम् ।
अखण्डानन्दपीयूषपूर्णब्रह्ममहार्णवे ॥ ६७ ॥
न किंचिदत्र पश्यामि न शृणोमि न वेद्म्यहम् ।
स्वात्मनैव सदानन्दरूपेणास्मि [1]स्वलक्षणः ॥ ६८ ॥
असङ्गोऽहमनङ्गोऽहमलिङ्गोऽहमहं हरिः ।
प्रशान्तोऽहमनन्तोऽहं परिपूर्णश्चिरन्तनः ॥ ६९ ॥
अकर्ताऽहमभोक्ताऽहमविकारोऽहमव्ययः ।
शुद्धबोधस्वरूपोऽहं केवलोऽहं सदाशिवः ॥ ७० ॥

[1] विल––क, ख १.

परिपूर्णमित्यादिविशेषणविशिष्टं ब्रह्माहमस्मीति स्वानुभूत्या ॥ ६५ ॥ एवं स्वगुरोः सकाशात् परमं इमं उपदेशं लब्ध्वा गुर्वनुज्ञया निर्विकल्प-समाधौ चिरं स्थित्वा बहिष्ठप्राणिसंघातपुण्योद्रेकानुरोधेन समाधितो व्युत्थाय स्वान्तेवासिगोष्ठ्यां स्वानुभवसिद्धं अर्थं प्रकटयति—क गतमिति ॥ ६६–६७ ॥ स्वातिरिक्तं न किञ्चिदत्र ॥ ६८–६९ ॥ ब्रह्मैवं घोरांगिरसे स्वानुभवं प्रकट-यित्वा उपररामेत्यर्थः ॥ ७० ॥

विद्यासम्प्रदायपरम्परा

[1]एतां विद्यामपान्तरतमाय ददौ । अपान्तरतमो ब्रह्मणे ददौ । ब्रह्मा घोराङ्गिरसे ददौ । घोराङ्गिरा रैक्काय ददौ । रैक्को रामाय ददौ । रामः सर्वेभ्यो भूतेभ्यो ददावित्येतन्निर्वाणा-नुशासनं वेदानुशासनं वेदानुशासनमित्युपनिषत् ॥ ७१ ॥

रामाय परशुरामायेत्यर्थः । अस्या विद्यायाः स्वातिरिक्तभ्रममोक्षप्रकाश-कत्वात् निर्वाणानुशासनत्वं अस्याः समस्तवेदार्थत्वेन वेदानां अत्रैव पर्यवसन्न-त्वात् वेदानुशासनत्वं च । आवृत्तिः अयमेव वेदार्थो नान्यः इति प्रकटनार्था, "वेदार्थः परमाद्वैतं नेतरत् सुरपुंगवाः" इति स्मृतेः । इत्युपनिषच्छब्दः अध्यात्मोपनिषत्परिसमाप्त्यर्थः ॥ ७१ ॥

श्रीवासुदेवेन्द्रशिष्योपनिषद्ब्रह्मयोगिना ।
अध्यात्मोपनिषद्व्याख्या लिखिता ब्रह्मबोधिनी ।
अध्यात्मोपनिषद्व्याख्याग्रन्थजातं शतं स्मृतम् ॥

इति श्रीमदीशाद्यष्टोत्तरशतोपनिषच्छास्त्रविवरणे त्रिसप्ततिसंख्यापूरकं अध्यात्मोपनिषद्विवरणं सम्पूर्णम्

[1] सदाशिव एतां—उ, अ १.

अन्नपूर्णोपनिषत्

भद्रं कर्णेभिः—इति शान्तिः

प्रथमोऽध्यायः

ब्रह्मविद्यातत्साधनजिज्ञासा

निदाघो नाम योगीन्द्रः ऋभुं ब्रह्मविदां वरम् ।
प्रणम्य दण्डवद्भूमावुत्थाय स पुनर्मुनिः ॥ १ ॥
आत्मतत्त्वमनुब्रूहीत्येवं पप्रच्छ सादरम् ।
कयोपासनया ब्रह्मन्नीदृशं प्राप्तवानसि ॥ २ ॥
तां मे ब्रूहि महाविद्यां मोक्षसाम्राज्यदायिनीम् ।

सर्वापह्नवसंसिद्धब्रह्ममात्रतयोज्ज्वलम् ।
त्रैपदश्रीरामतत्त्वं स्वमात्रमिति भावये ॥

इह खलु अथर्वणवेदप्रविभक्तेयं अन्नपूर्णोपनिषत् समस्तवेदान्तसिद्धान्तप्रकटनव्यग्रा स्वयं ब्रह्ममात्रपर्यवसन्ना विजयते । अस्याः स्वल्पग्रन्थतो विवरणमारभ्यते । निदाघऋभुप्रश्नप्रतिवचनरूपेयं आख्यायिका विद्यास्तुत्यर्था । आख्यायिकामवतारयति—निदाघ इति ॥ १–२ ॥

अन्नपूर्णामन्त्रानुष्ठानेन आत्मज्ञानोदयः

निदाघ त्वं कृतार्थोऽसि शृणु विद्यां [1]सनातनाम् ॥ ३ ॥
यस्या विज्ञानमात्रेण जीवन्मुक्तो भविष्यसि ।
मूलशृङ्गाटमध्यस्था बिन्दुनादकलाऽऽश्रया ॥ ४ ॥
नित्यानन्दा निराधारा विख्याता विलसत्कचा ।
विष्टपेशी महालक्ष्मीः कामस्तारो नतिस्तथा ॥ ५ ॥
भगवत्यन्नपूर्णेति ममाभिलषितं ततः ।
अन्नं देहि ततः स्वाहा मन्त्रसारेति विश्रुता ॥ ६ ॥
सप्तविंशतिवर्णात्मा योगिनीगणसेविता ॥ ७ ॥
ऐं ह्रीं सौः श्रीं क्लीं ओं नमो भगवत्यन्नपूर्णे ममाभिलषितमन्नं
देहि स्वाहा ॥
इति पित्रोपदिष्टोऽस्मि तदादि नियमस्थितः ।
कृतवान् स्वाश्रमाचारो मन्त्रानुष्ठानमन्वहम् ॥ ८ ॥
एवं गते बहुदिने प्रादुरासीन्ममाग्रतः ।
अन्नपूर्णा विशालाक्षी स्मयमानमुखाम्बुजा ॥ ९ ॥
तां दृष्ट्वा दण्डवद्भूमौ नत्वा प्राञ्जलिरास्थितः ।
अहो वत्स कृतार्थोऽसि वरं वरय मा चिरम् ॥ १० ॥
एवमुक्तो विशालाक्ष्या मयोक्तं मुनिपुङ्गव ।
आत्मतत्त्वं मनसि मे प्रादुर्भवतु पार्वति ॥ ११ ॥

[1] सनातनीम्—अ, अ १.

तथैवास्त्विति मामुक्त्वा तत्रैवान्तरधीयत ।
तदा मे मतिरुत्पन्ना जगद्वैचित्र्यदर्शनात् ॥ १२ ॥

योग्याधिकारिणा निदाघेन एवं पृष्टो मुनिः यथावत् सोपायं कथयामासेत्याह—निदाघेति । ब्रह्मचर्यप्रळयकालाग्निना निर्दग्धाघोऽसि अतस्त्वं निदाघ इत्यन्वर्थनामा भवसीत्यर्थः ॥ ३ ॥ स्वेनोपासितमन्त्रमुद्धरति—मूलेति । सर्वाभिधेयमूलशृंगं ब्रह्म, तत्र मूलशृंगे अभिधानरूपेण अटति सोऽयं मूलशृङ्गाटः प्रणवः, तन्मध्ये तिष्ठतीति तन्मध्यस्था ऐ इति बिन्दुनादकळायोगात् ऐं इति वाग्भवबीजमुद्धृतम् ॥ ४ ॥ तथा नित्यानन्दा निराधारा इति शब्दतः बिन्दुनादसहितेकाराढ्यवियद्बीजमुद्धृतं भवति ह्रीं इति । विलसत्कचशब्देन सविसर्गौकाराढ्यसकार उच्यते सौः इति । तद्बीजशक्तिरेव विष्टपेशी भुवनेशीत्युच्यते महालक्ष्मीः श्रीं इति । कामः क्लीं इति । तारो नतिः इत्यादि विस्पष्टमवगम्यते । विशिष्टमूलमन्त्रस्तु—ऐं ह्रीं सौः इत्यादि ॥ ५–७ ॥ अयं मन्त्रः ते केनोपदिष्टः? त्वया किं कृतम्? ततः किं फलं प्राप्तवानसि? इति प्रष्टुकाममालक्ष्याह—इतीति ॥ ८–९ ॥ ततः प्रसन्ना भगवती एवमाह—अहो इति ॥ १० ॥ तदा त्वया किं कृतं? इत्यत्र—एवमिति ॥ ११ ॥ तया किं कृतं? इत्यत्र—तथैवास्त्विति । यदा एवं प्रसादो जातः तदा मे मतिरुत्पन्ना ॥ १२ ॥

पञ्चविधभ्रमनिवृत्तिः

भ्रमः पञ्चविधो भाति तदेवेह समुच्यते ।
जीवेश्वरौ भिन्नरूपाविति प्राथमिको भ्रमः ॥ १३ ॥
आत्मनिष्ठं कर्तृगुणं वास्तवं वा द्वितीयकः ।
शरीरत्रयसंयुक्तजीवः सङ्गी तृतीयकः ॥ १४ ॥

जगत्कारणरूपस्य विकारित्वं चतुर्थकः ।
कारणाद्भिन्नजगतः सत्यत्वं पञ्चमो भ्रमः ।
पञ्चभ्रमनिवृत्तिश्च तदा स्फुरति चेतसि ॥ १५ ॥

बिम्बप्रतिबिम्बदर्शनेन भेदभ्रमो निवृत्तः । स्फटिकलोहितदर्शनेन पारमार्थिककर्तृत्वभ्रमो निवृत्तः । घटमठाकाशदर्शनेन सङ्गीति भ्रमो निवृत्तः । रज्जुसर्पदर्शनेन कारणाद्भिन्नजगतः सत्यत्वभ्रमो निवृत्तः । कनक[1]रुचकदर्शनेन विकारित्वभ्रमो निवृत्तः ॥ १५–१ ॥

तदा प्रभृति मच्चित्तं ब्रह्माकारमभूत् स्वयम् ।
निदाघ त्वमपीत्थं हि तत्त्वज्ञानमवाप्नुहि ॥ १६ ॥

तत्प्रकारस्तु—जीवेश्वराविति ॥ १३–१५ ॥ तन्निवृत्तिप्रकारः कः? इत्यत्र—बिम्बप्रतिबिम्बदर्शनेन जीवेशयोः मिथः भेदभ्रमो निवृत्तः ॥ १५–१, १६ ॥

स्वस्वरूपानुसन्धानम्

निदाघः प्रणतो भूत्वा ऋभुं पप्रच्छ सादरम् ।
ब्रूहि मे श्रद्दधानाय ब्रह्मविद्यामनुत्तमाम् ॥ १७ ॥
तथेत्याह ऋभुः प्रीतस्तत्त्वज्ञानं वदामि ते ।
महाकर्ता महाभोक्ता महात्यागी भवानघ ।
स्वस्वरूपानुसंधानमेवं कृत्वा सुखी भव ॥ १८ ॥

[1] रुचिर—अ २, क, उ.

नित्योदितं विमलमाद्यमनन्तरूपं
ब्रह्मास्मि नेतरकलाकलनं हि किंचित् ।
इत्येव भावय निरञ्जनतामुपेतो
निर्वाणमेहि सकलामल[1]शान्तवृत्तिः ॥ १९ ॥
यदिदं दृश्यते किंचित् तत्तन्नास्तीति भावय ।
यथा गन्धर्वनगरं यथा वारि मरुस्थले ॥ २० ॥
यत्तु नो दृश्यते किंचिद्यत्तु किंचिदिव स्थितम् ।
मनःषष्ठेन्द्रियातीतं तन्मयो भव [2]वै मुने ॥ २१ ॥
अविनाशि चिदाकाशं सर्वात्मकमखण्डितम् ।
नीरन्ध्रं भूरिवाशेषं तदस्मीति विभावय ॥ २२ ॥

ततः किं इत्यत्र—निदाघः प्रणतो भूत्वा अन्नपूर्णाप्रसादतः कृतार्थमेव भुञ्जानं परमार्थसत्यवादिनं ऋभुं पप्रच्छ ॥ १७ ॥ निदाघप्रश्नमंगीकृत्य तथेत्याह ऋभुः । किं तद्वदसि? इत्यत्र—महाकर्तेति । चतुर्मुखात्मना स्वसृज्यमानप्रपञ्चकलनायां आत्मात्मीयाभिमतिवैकल्येन सृष्टिकाले सर्वं करोतीति महाकर्ता, तथा विष्ण्वात्मना स्थितिकाले "अहमेवेदं सर्वं", "सर्वं खल्विदं ब्रह्म", "मद्व्यतिरिक्तमणुमात्रं न विद्यते", इति श्रुत्यनुरोधेन यः सर्वं भुंक्ते स महाभोक्ता, तथा प्रळयकाले रुद्रात्मना "सर्ववर्जितचिन्मात्रोऽस्मि" इति श्रुत्यनुरोधेन स्वातिरिक्तसर्वत्यागमपह्नवीकरोतीति महात्यागी, वस्तुतः कर्तृभोक्तृत्यागकलनाविरळनिष्प्रतियोगिकब्रह्ममात्रावशेषरूपो भव । हे अनघ निदाघ स्वस्वरूपानुसन्धानतः कृतकृत्यो भवेत्यर्थः ॥ १८ ॥ किं तत्स्वरूपं? तत् किंप्रकारेण अनुसन्धेयं? किं तत्फलं? इत्यत आह—

[1] शान्ति—उ. [2] सर्वदा—उ.

नित्येति । अथ "तत ऊर्ध्वं उदेता नैवोदेता नास्तमेता" इति यत् नित्योदितं इत्यादिविशेषणविशिष्टं तत् ब्रह्मास्मि इति ज्ञानतो ब्रह्मातिरिक्तभ्रमविरळो भूत्वा मुक्तो भवसीत्यर्थः ॥ १९ ॥ दृश्यप्रपञ्चे सति कथं मुक्तो भवामि इत्यत्र दृश्यं मायामात्रं इति विदित्वा तदतीतं ब्रह्म इति भावयेत्याह—यदिदमिति । दृश्यस्यासत्त्वं कुत इत्यत्र दृष्टान्तमाह—यथेति ॥ २० ॥ एवं यत्तु नो दृश्यते ॥ २१ ॥ यन्मयो भवामि तत् किं नश्वरं? इत्यत आह—अविनाशीति ॥ २२ ॥

सत्तासामान्यदृष्टिः

यदा संक्षीयते चित्तमभावात्यन्तभावनात् ।
चित्सामान्यस्वरूपस्य सत्तासामान्यता तदा ॥ २३ ॥
नूनं चैत्यांशरहिता चिद्यदाऽऽत्मनि लीयते ।
असद्रूपवदत्यच्छा सत्तासामान्यता तदा ॥ २४ ॥
दृष्टिरेषा हि परमा सदेहादेहयोः समा ।
मुक्तयोः संभवत्येव तुर्यातीतपदाभिधा ॥ २५ ॥
व्युत्थितस्य भवत्येषा समाधिस्थस्य चानघ ।
ज्ञस्य केवलमज्ञस्य न भवत्येव बोधजा ॥ २६ ॥
अनानन्दसमानन्द[1]मुग्धमुग्धमुखद्युतिः ।
चिरकालपरिक्षीणमननादिपरिभ्रमः ॥
पदमासाद्यते पुण्यं प्रज्ञयैवैकया तथा ॥ २७ ॥

अस्मीति ज्ञानस्य चित्सामान्यत्वेन सविशेषत्वमाशङ्क्य चित्तासंभवबोधेन चित्सामान्यमपि विलीयते, ततः सत्तासामान्यं तुर्यातीतभावमेत्य निर्विशेषं

[1] मुग्धा—उ.

भवतीत्याह—यदेति ॥ २३ ॥ कीदृशी सत्तासामान्यता इत्यत्राह—नूनमिति। यदा चित्तचैत्यांशकलनाविरळा प्रत्यक् चित् स्वात्मनि लीयते पराक्सापेक्ष-प्रत्यग्भावं त्यजति तदा असद्रूपवदत्यच्छा निष्प्रतियोगिकनिर्विशेषस्वरूपिणी सत्तासामान्यता स्वमात्रमवशिष्यते इति ॥ २४ ॥ इयं सत्तासामान्यदृष्टिः जीवन्मुक्तविदेहमुक्तयोः किं विषमा कीदृशी इत्यत आह—दृष्टिरिति।.एषा सत्तासामान्यदृष्टिः सर्वापह्नवसिद्धं ब्रह्म निष्प्रतियोगिकस्वमात्रमित्यखण्डनि-र्विकल्पमुपेयुषो विदेहमुक्तस्य स्वातिरिक्तप्रपञ्चाधिकरणं ब्रह्मास्मीति पुनर्व्युत्था-नार्हाखण्डनिर्विकल्पसमाधिभाजो जीवन्मुक्तस्य च समा संभवति, जीवन्मुक्त-स्यापि समाध्यवस्थायां स्वातिरिक्तमस्ति नास्तीति विभ्रमाभावस्य तुल्यत्वात् सत्तासामान्यदृष्टेः तुरीयातीततया समत्वमुपपद्यते ॥ २५ ॥ कथं अस्याः समता? इत्यत्र लोकदृष्ट्या व्युत्थिताव्युत्थितविदेहसदेहमुक्तयोः सत्तासामान्य-दृष्टिसमत्वं पुरस्तादेवोक्तम् । इयं दृष्टिः ज्ञस्यैव नाज्ञस्येत्याह—ज्ञस्येति। मुनेः यावद्यावत् निर्विशेषज्ञानमुदेति तावत्तावत् सत्तासामान्यदृष्टिः प्रसीदतीत्यत्र—

यावद्यावन्मुनिश्रेष्ठ स्वयं सन्त्यज्यतेऽखिलम् ।
तावत्तावत् परो लोकः परमात्मैव शिष्यते ॥

इति श्रुतेः । न हि केवलाज्ञस्य इयं दृष्टिः अस्ति नास्ति इति विभ्रमो वा भवति अस्य स्वाज्ञानावृतत्वात् इत्यर्थः ॥ २६ ॥ कोऽयं मुनिः? कस्य सत्तासामान्यदृष्टिः भवतीत्यत आह—अनानन्देति । "स एको ब्रह्मणः आनन्दः" इति श्रुत्यनुरोधेन अनस्य मुख्यप्राणस्य ब्रह्मणो योऽस्ति आनन्दः चित्तप्रसादरूपः तेन समानन्दः समानानन्दो यस्याकामहतस्य मुनेः सोऽयं अनानन्दसमानन्दश्चासौ तद्व्यञ्जकतया मुग्धमुग्धमुखद्युतिः अतीव प्रसन्न-मुखपङ्कजः ब्रह्मातिरिक्तं न किंचिदस्तीति चिरकालानुसन्धानबलेन परिक्षीण-स्वातिरिक्तमननादिपरिश्रमः मुनिः यथा प्रज्ञयैकया यथावदेकविषयकप्रज्ञया ब्रह्ममात्रभावारूढया पुण्यं पावनं सत्तासामान्यं पदं आसाद्यते तन्मात्रज्ञानेन तद्भावमेतीत्यर्थः ॥ २७ ॥

वस्तुतत्त्वज्ञानार्था समाधिः

इमं गुणसमाहारमनात्मत्वेन पश्यतः ।
अन्तःशीतल[1]या याऽसौ समाधिरिति कथ्यते ॥ २८ ॥

अवासनं स्थिरं प्रोक्तं मनोध्यानं [2]तदेव च ।
तदेव केवलीभावं शान्ततैव च तत् सदा ॥ २९ ॥

तनुवासनमत्युच्चैः पदायोद्यतमुच्यते ।
अवासनं मनोऽकर्तृपदं तस्मादवाप्यते ॥ ३० ॥

घनवासनमेतत्तु चेतःकर्तृत्वभावनम् ।
सर्वदुःखप्रदं तस्माद्वासनां तनुतां नयेत् ॥ ३१ ॥

चेतसा संपरित्यज्य सर्वभावात्मभावनाम् ।
सर्वमाकाशतामेति नित्यमन्तर्मुखस्थितेः ॥ ३२ ॥

यथा विपणगा लोका विहरन्तोऽप्यसत्समाः ।
असंबन्धात्तथा ज्ञस्य ग्रामोऽपि विपिनोपमः ॥ ३३ ॥

अन्तर्मुखतया नित्यं सुप्तो बुद्धो व्रजन् पठन् ।
पुरं जनपदं ग्राममरण्यमिव पश्यति ॥ ३४ ॥

अन्तःशीतलतायां तु लब्धायां शीतलं जगत् ।
अन्तस्तृष्णोपतप्तानां दावदाहमयं जगत् ॥ ३५ ॥
भवत्यखिलजन्तूनां यदन्तस्तद्बहिः स्थितम् ॥ ३६ ॥

यस्त्वात्मरतिरेवान्तः कुर्वन् कर्मेन्द्रियैः क्रियाः ।
न वशो हर्षशोकाभ्यां स समाहित उच्यते ॥ ३७ ॥

[1] ता था सा—क.

[2] तथै—अ, अ १, ख.

आत्मवत् सर्वभूतानि परद्रव्याणि लोष्टवत् ।
स्वभावादेव न भयाद्यः पश्यति स पश्यति ॥ ३८ ॥
अद्यैव मृतिरायातु कल्पान्तनिचये[1]न वा ।
नासौ कलङ्कमाप्नोति हेम पङ्कगतं यथा ॥ ३९ ॥

तादृशपदास्थितः पूर्वभाव्यवस्था कीदृशी ? इत्याशङ्क्य समाधिरूपिणीत्याह—इममिति । मायात्रिगुणसमाहारमिमं स्वातिरिक्ताविद्यापदं अनात्मत्वेन शशविषाणवत् अवस्तुत्वेन पश्यतो मुनेः अन्तः हृदि स्वातिरिक्तास्तित्वतापग्रासशीतलब्रह्माकारवृत्त्या प्रज्ञया या संविदुदेति असौ समाधिरित्यर्थः ॥ २८ ॥ समाधिविभातवस्तुस्वरूपं किं ? इत्यत आह—अवासनमिति । केवलीभावं ब्रह्ममात्रावस्थानरूपं स्वातिरिक्तशान्ततैव च तत् सदा ॥ २९ ॥ तत्सिद्ध्युपायस्तु—तनुवासनमिति । मुनेः मनो वासनाक्षयानुरूपं प्रत्यङ्मुखं भवति । स्वातिरिक्तं अस्ति नास्तीति वासनारहितं अवासनं मनस्तु तत्पदवीमेतीत्यर्थः ॥ ३० ॥ तद्विपर्यये यतो वासना बन्धहेतुः अतः तत्तानवं कुर्यादित्याह—घनेति ॥ ३१ ॥ कथं वासनाजालं तनुतामेतीत्यत्र सर्वत्रात्मात्मीयाभिमानत्यागतो वासनाजालं निर्वासनपदं भजतीत्याह—चेतसेति ॥ ३२ ॥ स्वातिरिक्तकलनासंगासंगतैव घनतनुवासनाहेतुरित्याह—यथेति । अस्मिन् वासरेऽत्र जनसंघो भूयात् इति साङ्केतिकस्थानं विपणं गच्छन्तो लोक्यन्त इति विपणगाः लोकाः बहवो जनाः स्वस्वव्यापारव्यग्रतया विहरन्तोऽपि तेषु असंगपथिकदृष्ट्या एते जनाः असत्समा भवन्ति तथा ज्ञस्य कुत्राप्यसंबन्धात् ग्रामोऽपि विपिनतुल्यो भवतीत्यर्थः ॥ ३३ ॥ किंच—अन्तर्मुखतयेति ॥३४॥ स्वज्ञो जगद्ब्रह्म पश्यति स्वाज्ञस्तु ब्रह्म जगत् पश्यतीत्याह—अन्तरिति । ब्रह्मदृष्टेः ब्रह्म विभाति स्वातिरिक्तदृष्टेः स्वयमेव स्वातिरिक्तवत् भातीत्यत एवोक्तं यदन्तः तद्बहिः स्थितमिति ॥ ३५–३६ ॥ असमाहितदृष्टिविकल्पितं जगत् समाहितदृष्टेः

[1] यथा—अ. अ १.

ब्रह्म भवतीत्युक्तम् । कोऽयं समाहितः ? इत्यत आह—यस्त्विति । उक्तलक्षण-लक्षित एव ब्रह्मातिरिक्तोपेक्षापूर्वकं ब्रह्मणि समाहितान्तर इत्यर्थः ॥ ३७–३९ ॥

विचारेण समाधिसिद्धिः

कोऽहं कथमिदं किं वा कथं मरणजन्मनी ।
विचारयान्तरे वेत्थं महत्तत्फलमेष्यसि ॥ ४० ॥

विचारेण परिज्ञातस्वभावस्य सतस्तव ।
मनः स्वरूपमुत्सृज्य [1]शममेष्यति विज्वरम् ॥ ४१ ॥

विज्वरत्वं गतं चेतस्तव संसारवृत्तिषु ।
न निमज्जति तद्ब्रह्मन् गोष्पदेष्विव वारणः ॥ ४२ ॥

कृपणं तु मनो ब्रह्मन् गोष्पदेऽपि निमज्जति ।
कार्ये गोष्पदतोयेऽपि विशीर्णो मशको यथा ॥ ४३ ॥

यावद्यावन्मुनिश्रेष्ठ स्वयं संत्यज्यतेऽखिलम् ।
तावत्तावत् परालोकः परमात्मैव शिष्यते ॥ ४४ ॥

यावत् सर्वं न संत्यक्तं तावदात्मा न लभ्यते ।
सर्ववस्तुपरित्यागे शेष आत्मेति कथ्यते ॥ ४५ ॥

आत्माव[2]लोकनार्थं तु तस्मात् सर्वं परित्यजेत् ।
सर्वं संत्यज्य दूरेण यच्छिष्टं तन्मयो भव ॥ ४६ ॥

सर्वं किंचिदिदं दृश्यं दृश्यते यज्जगद्गतम् ।
चिन्निष्पन्दांशमात्रं तन्नान्यत् किंचन शाश्वतम् ॥ ४७ ॥

[1] सम—अ.   [2] बोध—अ २, क. लोकनार्थस्तु—उ १.

समाहिता नित्यतृप्ता यथाभूतार्थदर्शिनी ।
[1]ब्रह्मन् समाधिशब्देन परा प्रज्ञोच्यते बुधैः ॥ ४८ ॥
अक्षुब्धा निरहंकारा द्वन्द्वेष्वननुपातिनी ।
प्रोक्ता समाधिशब्देन मेरोः स्थिरतरा स्थितिः ॥ ४९ ॥
निश्चिता विगताभीष्टा हेयोपादेयवर्जिता ।
ब्रह्मन् समाधिशब्देन परिपूर्णा मनोगतिः ॥ ५० ॥
केवलं चित्प्रकाशांशकल्पिता स्थिरतां गता ।
तुर्या सा प्राप्यते दृष्टिर्महद्भिर्वेदवित्तमैः ॥ ५१ ॥
अदूरगतसादृश्या सुषुप्तस्योपलक्ष्यते ।
मनोऽहंकारविलये सर्वभावान्तरस्थिता ॥ ५२ ॥
समुदेति परानन्दा या तनुः पारमेश्वरी ।
मनसैव मनश्छित्त्वा सा स्वयं लभ्यते गतिः ॥ ५३ ॥
तदनु विषयवासनाविनाशस्तदनु शुभः परमस्फुटप्रकाशः ।
तदनु च समतावशात् स्वरूपे परिणमनं महतामचिन्त्यरूपम् ॥
अखिलमिदमनन्तमात्मतत्त्वं दृढपरिणामिनि चेतसि स्थितोऽन्तः ।
बहिरुपशमिते चराचरात्मा स्वयमनुभूयत एव देवदेवः ॥ ५५ ॥
असक्तं [2]निश्चलं चित्तं युक्तं संसार्यपि स्फुटम् ।
सक्तं तु दीर्घतपसा युक्त[3]मप्यतिबद्धवत् ॥ ५६ ॥
अन्तःसंसक्तिनिर्मुक्तो जीवो मधुरवृत्तिमान् ।
बहिः कुर्वन्नकुर्वन् वा कर्ता भोक्ता न हि क्वचित् ॥ ५७ ॥

[1] प्रोक्ता स—अ, अ १. [2] निर्म—अ, अ १. [3] मिथ्यातिबन्ध—क.

समाहितत्वासमाहितत्वमूलं विचाराविचाराविल्यत्र ब्रह्मातिरिक्तयोः याथा-
त्म्यविचारात् मुच्यते 'अविचारात् बद्धो भवतीत्याह—कोऽहमिति ॥ ४० ॥
स्वरूपं सङ्कल्पादिकम् ॥ ४१–४२ ॥ विचारणासमर्थं कृपणम् ॥ ४३ ॥
यावत्स्वातिरिक्ताशां त्यजति तावत् स्वयमेव अवशिष्यत इत्याह—यावदिति ।
परालोकः प्रकाशमात्रचिद्धातुः ॥ ४४ ॥ अन्यथा—यावदिति ॥ ४५ ॥
यस्मादेवं—आत्मेति। त्वं तु—सर्वमिति ॥ ४६ ॥ यत् दृश्यं तत् दृगतिरिक्तं
नास्तीत्याह—सर्वमिति । तत् चिद्विकल्पितत्वात् चिदतिरिक्तं नान्यत् ॥ ४७ ॥
सर्वं चिदेव चिदतिरिक्तं नास्त्येवेति चिन्मात्रविश्रान्तिः प्रज्ञा समाधिशब्देनोच्यत
इत्याह—समाहितेति ॥ ४८ ॥ सुखादिद्वन्द्वेषु ॥ ४९–५० ॥ सैव तुर्यदृष्टि-
रित्याह—केवलमिति ॥ ५१ ॥ अदूरगतसादृश्या सर्वात्मतया अदूरगतब्रह्म-
वस्तुगोचरा सुषुप्तस्योपलक्ष्यते स्वापे स्वपरवृत्त्यभावात् ॥ ५२ ॥ सा कदा
प्रसीदतीत्यत्र—मनसैवेति । मनश्छित्त्वा तिष्ठतो मुनेः सा स्वयं लभ्यते
गतिः ॥ ५३ ॥ स्वान्तर्बाह्यकलनाऽसंभवप्रबोधतोऽयमात्मा स्वयमेव अनुभूयत
इत्याह—तदन्विति । यथायथा निर्विशेषबोधो जायते तथा तथा तदन्विति ॥५४॥
स्वान्तर्बाह्यवासनाक्षयानुरूपं मनो ब्रह्माकारपरिणतिमेत्य ब्रह्मात्मना अनुभूयते
इत्याह—अखिलमिति । चराचरात्मा चराचरप्रपञ्चकलनां ग्रसित्वा स्वयं
अनुभूयत एव ।

विषया बाह्यदेशस्था देहस्यान्तरहंकृतिः ।
स्वान्तर्बाह्योपरमतः स्वयमेवानुभूयते ॥

इति स्मृतेः ॥ ५५ ॥ यतः एवं अतः स्वान्तर्बाह्यविकल्पितपदार्थसंगासंगौ
संसारित्वासंसारित्वहेतुरित्याह—असक्तमिति ॥ ५६ ॥ मधुरं ब्रह्म । न हि
ध्यानं करोमीति वेषमात्रेण मुनिः ध्यानफलमेति । नाप्यन्तरात्मतत्त्वं ध्यायन्
बाह्यव्यापारवत्संसारिवेषेण संसारफलमश्नुते । यतो बाह्यनटनं अकिञ्चित्करं अतः
स्वान्तर्भावनैव यथोक्तफलदेत्यत्र—

कर्मेन्द्रियाणि संयम्य य आस्ते मनसा स्मरन् ।
इन्द्रियार्थान् विमूढात्मा मिथ्याऽऽचारः स उच्यते ॥

यस्त्विन्द्रियाणि मनसा नियम्यारभतेऽर्जुन ।
कर्मेन्द्रियैः कर्मयोगमसक्तः स विशिष्यते ॥

इति स्मृतेः । इतिशब्दः अध्यायपरिसमाप्त्यर्थः ॥

इति प्रथमोऽध्यायः

द्वितीयोऽध्यायः

बन्धहेतुसङ्गलक्षणम्

निदाघः—

सङ्गः कीदृश इत्युक्तः कश्च बन्धाय देहिनाम् ।
कश्च मोक्षाय कथितः कथं त्वेष [1]चिकित्स्यते ॥ १ ॥
देहदेहिविभागैकपरित्यागेन भावना ।
देहमात्रे हि विश्वासः सङ्गो बन्धाय [2]कथ्यते ॥ २ ॥

संगासंगावेव संसारित्वासंसारित्वफलदाविति प्रश्नबीजमवष्टभ्य तदियत्तां पृच्छतीत्याह—सङ्ग इति ॥ १ ॥ प्रश्नोत्तरं भगवानाह—देहेति ॥ २–३ ॥

असङ्गत्वं मोक्षसाधनम्

सर्वमात्मेदमत्राहं किं वाञ्छामि त्यजामि किम् ।
इत्यसङ्गस्थितिं विद्धि जीवन्मुक्ततनुस्थिताम् ॥ ३ ॥

[1] चिकित्सितः—उ. [2] कल्प—अ १, क.

नाहमस्मि न चान्योऽ[1]स्ति न [2]चायं न च नेतरः ।
सोऽसङ्ग इति संप्रोक्तो ब्रह्मास्मीत्येव सर्वदा ॥ ४ ॥
नाभिनन्दति नैष्कर्म्यं न कर्मस्वनु[3]षज्यते ।
सुसमो यः [4]परित्यागी सोऽसंसक्त इति स्मृतः ॥ ५ ॥
सर्वकर्मफलादीनां मनसैव न कर्मणा ।
निपुणो यः परित्यागी सोऽसंसक्त इति स्मृतः ॥ ६ ॥

विशेषतोऽसंगलक्षणमाह—नाहमिति । यस्य ब्रह्मातिरेकेण नह्ययमहमित्यादिव्यवहारकलना स्फुरति सोऽसङ्ग इत्यर्थः ॥ ४ ॥ किंच—नाभिनन्दति नैष्कर्म्यं पारमहंस्यं, तदाश्रमविहितेषु न कर्मस्वनुषज्यते ॥ ५ ॥ नित्यादिकर्म नियमेन कृत्वा तत्फलं ईश्वरे योऽर्पयति सोऽपि असंसक्त इत्याह—सर्वेति ॥६॥

संकल्पवर्जनेन आत्मरतिप्राप्तिः

असंकल्पेन [5]संकल्पाश्चेष्टा नाना विजृम्भिताः ।
चिकित्सिता भवन्तीह श्रेयः संपादयन्ति हि ॥ ७ ॥
न सक्त[6]मिह चेष्टासु न चिन्तासु न वस्तुषु ।
न गमागमचेष्टासु न कालकलनासु च ॥ ८ ॥
केवलं चिति विश्रम्य किंचिच्चैत्यावलम्ब्यपि ।
सर्वत्र नीरसमिह तिष्ठत्यात्मरसं मनः ॥ ९ ॥

[1] स्मि—अ. [2] चाहं—उ, उ १. [3] षज्जते—अ.
[4] फल—अ, अ १, उ १. [5] सकला—अ, अ १, अ २, क.
[6] मिव—अ २.

व्यवहारमिदं सर्वं मा करोतु करोतु वा ।
अकुर्वन् वाऽपि कुर्वन् वां जीवः स्वात्मरतिक्रियः ॥ १० ॥

असङ्कल्पसंस्कृतसङ्कल्पजालं श्रेयःसम्पादकं भवतीत्याह—असङ्कल्पेनेति ॥ ७ ॥ एतत्कार्योद्देशेन इदं करोमीति सर्वत्रासक्तं मनः स्वात्माभिमुखं भवेदित्याह—न सक्तमिति ॥ ८ ॥ किंचित्प्रसक्तचैत्यावलम्ब्यपि इदं मे अस्तु माऽस्तु इत्यभिसन्धिविकलं मनः प्रत्यग्भावमेतीत्यर्थः ॥ ९ ॥ यच्चित्तमेवं जातं स कर्म कुर्वन् अकुर्वन् वाऽक्रिय एव स्यादित्याह—व्यवहारमिति । नित्यादिकर्म अकुर्वन् वाऽपि कुर्वन् वा ॥ १० ॥

जाग्रत्येव सुषुप्तता

अथवा तमपि त्यक्त्वा चैत्यांशं शान्तचिद्घनः ।
जीवस्तिष्ठति संशान्तो ज्वलन्मणिरिवात्मनि ॥ ११ ॥
चित्ते चैत्यदशाहीने या स्थितिः क्षीणचेतसाम् ।
सोच्यते शान्तकलना जाग्रत्येव सुषुप्तता ॥ १२ ॥

पुरा सर्वत्र निर्लेपत्वमुक्तं, यदि तद्रोचते तत्र तिष्ठतु, नो चेत् तदपि सन्त्यज्य तूष्णींभावेन तिष्ठेदित्याह—अथवेति ॥ ११ ॥ ज्वलन्मणिरिव यस्तिष्ठति तस्य स्थितिः कीदृशी? इति तत्राह—चित्त इति । जाग्रत्येव सुषुप्तता ग्राह्यग्राहककलनाऽस्फुरणात् ॥ १२ ॥

तुरीया स्थितिः जीवन्मुक्तिः

एषा निदाघ सौषुप्तस्थितिरभ्यासयोगतः ।
प्रौढा सती तुरीयेति कथिता तत्त्वकोविदैः ॥ १३ ॥

एवं तुरीयात्मतया स्थितिः जीवन्मुक्त इत्यर्थः ॥ १३ ॥

तुरीयातीता स्थितिः विदेहमुक्तिः

अस्यां तुरीयावस्थायां स्थितिं प्राप्याविनाशिनीम् ।
आनन्दैकान्तशीलत्वादनानन्दपदं गतः ॥ १४ ॥
अनानन्दमहानन्द[1]कालातीतस्ततोऽपि हि ।
मुक्त इत्युच्यते योगी तुर्यातीतपदं गतः ॥ १५ ॥
परिगलितसमस्तजन्मपाशः सकलविलीनतमोमयाभिमानः ।
परमरसमयीं परात्मसत्तां जलगतसैन्धवखण्डवन्महात्मा ॥१६॥

विदेहमुक्तस्थितिः कीदृशी? इत्यत आह—**अस्यामिति** । अयं मुनिः ब्रह्माहमस्मीत्यनुसन्धानतः तुर्यविश्रान्तिलक्षणां जीवन्मुक्तिमनुभूय जीवन्मुक्तेः [2]आनन्दाप्रधानत्वात् अकामहतत्वोत्कर्षतः **अनानन्दपदं** मुख्यप्राणात्मकचतुर्मुखानन्दपदं **गतः** चतुर्मुखसदृशानन्दो बभूव ॥ १४ ॥ एवं क्रमेण **अनानन्दं** तदपेक्षया उत्कृष्ट **महानन्दं** विष्णुरुद्रसेवितमेत्य **कालशब्देन** चित्सामान्यं सर्वसाक्षिनिष्ठानन्दं तदप्यतीत्य **तुर्यातीतपदं गतो योगी** विदेहमुक्त **इत्युच्यते** ॥ १५ ॥ सोऽयं निर्विशेषे ब्रह्मणि जलगतलवणवत्तन्मात्रपदवीं भजतीत्याह—**परिगलितेति** । अचित्प्रपञ्चापह्नवसिद्धनिष्प्रतियोगिकब्रह्ममात्रज्ञानसमकालमेव देहादावात्यन्तिकाभिमानासंभवलक्षणां **परात्मसत्तां** विकळेबरमुक्तिं विद्वानेत्य ब्रह्ममात्रतया अवशिष्यत इत्यर्थः ॥ १६ ॥

प्रत्यगभिन्नब्रह्मदृष्टिविधानम्

जडाजडदृशोर्मध्ये यत्तत्त्वं पारमार्थिकम् ।
अनुभूतिमयं तस्मात् सारं ब्रह्मेति कथ्यते ॥ १७ ॥

[1] कला—अ. [2] आनन्दप्र—उ १.

दृश्यसंवलितो बन्धस्तन्मुक्तौ मुक्तिरुच्यते ।
द्रव्यदर्शनसंबन्धे याऽनुभूतिरनामया ॥ १८ ॥
तामवष्टभ्य तिष्ठ त्वं सौषुप्तीं भजते स्थितिम् ।
सैव तुर्यत्व[1]माप्नोति तस्यां दृष्टिं स्थिरां कुरु ॥ १९ ॥
आत्माऽस्थूलो न चैवाणुर्न प्रत्यक्षो न चेतरः ।
न चेतनो न च जडो न चैवासन्न सन्मयः ॥ २० ॥
नाहं नान्यो न चैवैको न चानेकोऽद्वयोऽव्ययः ।
यदिदं दृश्यतां प्राप्तं मनःसर्वेन्द्रियास्पदम् ॥ २१ ॥

विदेहमुक्तो ब्रह्मैव भवतीत्युक्तं, तद्ब्रह्म कीदृशं? इत्यत आह—जडेति । **जडाजडदृशोः मध्ये** जडबाह्यान्तःकरणवृत्तिसहस्रभावाभावप्रकाशकप्रत्यक्चैतन्यं जडदृक्, अजडविश्वविराडोत्रादिद्रष्टा ह्यजडदृक् परः, तयोः **मध्यं** ऐक्यं, तत्र प्रत्यक्परभेदसापेक्षैक्यगतसविशेषापह्नवसिद्धं **यत् तत्त्वम्** ॥ १७ ॥ यदेवं ब्रह्मस्वरूपं अभिहितं स्वाज्ञस्तद्दृश्यं पश्यन् बध्यते, दृश्यासंभवबोधेन स्वज्ञो मुच्यत इत्याह—**दृश्येति** । त्वं तु प्रत्यगभिन्ने ब्रह्मणि दृष्टिं स्थिरीकुर्वित्याह—**द्रव्येति** । **द्रव्यं** घटादिः, तत्पदं **दर्शनं** ज्ञानं, त्वंपदं द्रव्यगतनामरूपापवादाधिष्ठानं, तत्पदलक्ष्यं ब्रह्मदर्शनगतवृत्त्यवभासकं त्वंपदलक्ष्यं प्रत्यक्चैतन्यं, तयोः ऐक्यं **संबन्धः**, तत्र प्रत्यगभिन्नं ब्रह्मास्मीति **या अनुभूतिः** उदेति ॥ १८ ॥ **तामवष्टभ्य तिष्ठसि** चेत् त्वन्मनः स्वान्तर्बाह्यास्फुरणलक्षणां निर्विकल्पकसमाधिरूपां **सौषुप्तिं स्थितिं भजति** । यैवं स्थितिरुक्ता **सैव तुर्यत्वमेति** । तत्रैव **दृष्टिं** स्थिरीकुर्वित्यर्थः ॥ १९ ॥ यत्र मया दृष्टिः स्थिरीकर्तव्या सोऽयं तुर्यात्मा कीदृश इत्यत आह—**आत्मेति** । स्वमात्रत्वात् चेतनवाच्यविश्वविराडोत्रादिविलक्षणत्वात् **न चेतनः** । **न च जडः** मायातत्कार्यविलक्षणत्वात् । न

[1] मायाति—उ, उ १.

चैवासन्न सन्मयः करणद्वयाग्राह्यत्वात् ॥ २० ॥ स्वातिरिक्तस्थूलादिव्ययान्त-मनात्मा, स यन्मात्रज्ञानतोऽपह्नवं भजति तदपह्नवसिद्धोऽयमात्मा स्वावशेषधिया त्वया ध्येय इत्यर्थः । मया अपह्नोतव्यं अनात्मरूपं किमित्यत आह—यदिति । मनःसर्वेन्द्रियाणां अनात्मकार्यत्वात् तदनात्मा त्वया अपह्नोतव्य इत्यर्थः ॥२१॥

मोक्षलक्षणम्

दृश्यदर्शनसंबन्धे यत्सुखं पारमार्थिकम् ।
तदतीतं पदं [1]यस्मात्तन्न किंचिदि[2]वैव तत् ॥ २२ ॥

न मोक्षो नभसः पृष्ठे न पाताले न भूतले ।
सर्वाशासंक्षये चेतःक्षयो मोक्ष इतीष्यते ॥ २३ ॥

मोक्षो मेऽस्त्विवति चिन्ताऽन्तर्जाता चेदुत्थितं मनः ।
मननोत्थे मनस्येष बन्धः सांसारिको दृढः ॥ २४ ॥

[3]तदमार्जनमात्रं हि महासंसारतां गतम् ।
तत्प्रमार्जनमात्रं तु मोक्ष इत्यभिधीयते ॥ २५ ॥

अनात्मविरळं पदं कीदृशं? इत्यत आह—दृश्येति । दृश्यदर्शनलक्ष्य-प्रत्यगभिन्नब्रह्मसुखातीतं यद्ब्रह्ममात्रगोचरं परमसुखं तत् कदाऽपि तत्पदं सविशेषं न भवति, तस्य निष्प्रतियोगिकनिर्विशेषतया ब्रह्ममात्रत्वात् । तत्स्वरूपावस्थितिरेव विदेहमुक्तिरित्यर्थः ॥ २२ ॥ किं मोक्षः स्वाविद्याऽण्डोपरि विद्यते उत तदधो वेत्यत्राह—नेति ॥ २३ ॥ तत्रापि संगो बन्धहेतुरित्याह—मोक्ष इति ॥ २४ ॥ एवं—तदमार्जनमात्रमिति ॥ २५ ॥

[1] तस्मात्—उ. [2] हैव—उ.

[3] अयं २५ मः श्लोकः (उ, उ १) कोशयोरेव वर्तते.

जीवन्मुक्तसमाचारः

आत्मन्यतीते सर्वस्मात्सर्वरूपेऽथ वा तते ।
को बन्धः कश्च वा मोक्षो निर्मूलं मननं कुरु ॥ २६ ॥
अध्यात्मरतिराशान्तः पूर्णः पावनमानसः ।
प्राप्तानुत्तमविश्रान्तिर्न किंचिदिह वाञ्छति ॥ २७ ॥
सर्वाधिष्ठानसन्मात्रे निर्विकल्पे चिदात्मनि ।
यो जीवति गतस्नेहः स जीवन्मुक्त उच्यते ॥ २८ ॥
नापेक्षते भविष्यच्च वर्तमाने न तिष्ठति ।
न संस्मरत्यतीतं च सर्वमेव करोति च ॥ २९ ॥
अनुबन्धपरे जन्तावसंसर्गमनाः सदा ।
भक्ते भक्तसमाचारः शठे शठ इव स्थितः ॥ ३० ॥
बालो बालेषु वृद्धेषु वृद्धो धीरेषु धैर्यवान् ।
युवा यौवनवृत्तेषु दुःखितेषु सुदुःखधीः ॥ ३१ ॥
धीरधीरुदितानन्दः पेशलः पुण्यकीर्तनः ।
प्राज्ञः प्रसन्नमधुरो दैन्यादपगताशयः ॥ ३२ ॥
अभ्यासेन परिस्पन्दे प्राणानां क्षयमागते ।
मनः प्रशममायाति निर्वाणमवशिष्यते ॥ ३३ ॥
यतो वाचो निवर्तन्ते विकल्पकलनान्विताः ।
विकल्पसंक्षयाज्जन्तोः पदं तदवशिष्यते ॥ ३४ ॥

निष्प्रतियोगिकब्रह्ममात्रे न हि बन्धमोक्षकलना अस्तीति चिन्तयेत्याह—आत्मनीति । एवं मननतो मुनिः जीवन्मुक्तो भवतीत्यर्थः ॥ २६ ॥

जीवन्मुक्तलक्षणं किं इत्यत आह—अध्यात्मेति । आशान्त: आशाया अन्तं ब्रह्म अधिगच्छतीति । प्राप्तानुत्तमविश्रान्ति:—यस्मादुत्तमं मध्यमं अधमं अधमाधमं वा न विद्यते तदनुत्तमम् । तस्य निष्प्रतियोगिकब्रह्ममात्रत्वात् तदतिरिक्तं न किंचिदिह वाञ्छति ॥ २७ ॥ किंच—सर्वेति । स्वातिरिक्तविषये गतस्नेह: सन् ॥ २८ ॥ किंच—नापेक्षत इति । परदृष्ट्या सर्वमेव करोति ॥ २९ ॥ दारपुत्राद्यनुबन्धपरे । भक्तादौ भक्तादिवृत्तिं भजन्निव विभाति न स्वदृष्ट्या स्वातिरिक्तास्फूर्ते: इत्याह—भक्त इति ॥ ३०–३१ ॥ पेशल: सर्वसम्मतशील:, तत्तद्वृत्त्या तत्तत्तुल्यवद्भानात् ॥ ३२ ॥ प्राणादिविकल्पतानवानुरूपं निर्वाणपदमवशिष्यत इत्याह—अभ्यासेनेति । प्रसन्नमधुरस्यापरोक्षीकृत-ब्रह्मतत्त्वस्य दैन्यात् साध्वनुष्ठितज्ञानाभ्यासात् व्याविद्धस्वातिरिक्ताशयस्य जीवन्मुक्तस्य किं अवशिष्यते इत्यत्र—यत: प्राणस्पन्दनसापेक्षं मन:स्पन्दनं, "प्राणबन्धनं हि सोम्य मन:" इति श्रुते:, अत: प्राणमन:स्पन्दनविलयात् तद्विकल्पितसर्वविकल्पप्रळयाच्च निर्वाणपदं विदेहकैवल्यस्वरूपं ब्रह्ममात्रा-वस्थानलक्षणं निष्प्रतियोगिकमवशिष्यते इत्यर्थ: ॥ ३३–३४ ॥

कैवल्यलक्षणं सम्यग्दर्शनम्

अनाद्यन्तावभासात्मा परमात्मेह विद्यते ।
इत्येतन्निश्चयं स्फारं सम्यज्ज्ञानं विदुर्बुधा: ॥ ३५ ॥
यथाभूतात्मदर्शित्वमेतावद्भुवनत्रये ।
यदात्मैव जगत्सर्वमिति निश्चित्य पूर्णता ॥ ३६ ॥
सर्वमात्मैव कौ दृष्टौ भावाभावौ क्व वा [1]गतौ ।
क्व बन्धमोक्षकलने ब्रह्मैवेदं विजृम्भते ॥ ३७ ॥

[1] स्थितौ—अ, अ १, अ २, क.

सर्वमेकं परं व्योम को मोक्षः कस्य [1]बन्धता ।
ब्रह्मेदं बृंहिताकारं बृहद्बृह[2]द्वस्थितम् ।
दूरादस्तमितद्वित्वं भवात्मैव त्वमात्मना ॥ ३८ ॥
सम्यगालोकिते रूपे काष्ठपाषाणवाससाम् ।
मनागपि न भेदोऽस्ति कासि संकल्पनोन्मुखः ॥ ३९ ॥
आदावन्ते च संशान्तस्वरूपमविनाशि यत् ।
वस्तूनामात्मन[3]श्चैतत्तन्मयो भव सर्वदा ॥ ४० ॥
द्वैताद्वैतसमुद्भेदैर्जरामरणविभ्रमैः ।
स्फुरत्यात्मभिरात्मैव चित्तैरब्धीव वीचिभिः ॥ ४१ ॥
आपत्करञ्जपरशुं पराया निर्वृतेः पदम् ।
शुद्धमात्मानमालिङ्ग्य नित्यमन्तःस्थया धिया ।
यः स्थितस्तं [4]क आत्मे[5]ह भोगो बाधयितुं क्षमः ॥ ४२ ॥
कृतस्फारविचारस्य मनोभोगादयोऽरयः ।
मनागपि न भिन्दन्ति शैलं मन्दानिला इव ॥ ४३ ॥
नानात्वमस्ति कलनासु न वस्तुतोऽन्त-
नार्नाविधासु सरसीव जलादिवान्यत् ।
इत्येकनिश्चयमयः पुरुषो विमुक्त
इत्युच्यते समवलोकितसम्यगर्थः ॥ इति ॥ ४४ ॥

[1] बद्धता—अ. [2] दिव—अ २, क. [3] श्चैव त—उ, उ १.
[4] कमात्मे—उ १. [5] हं—अ १, अ २, क, उ १. हा—अ.

येन कैवल्यं प्रसीदति तत् किं? इत्यत्र सम्यज्ज्ञानमित्याह—**अनादीति**। उत्पत्तिप्रळयवत् अनात्मप्रपञ्चापह्नवसिद्धपरमात्मातिरिक्तं न किंचिदस्तीति यत् तत् **इत्येतदिति** ॥ ३५ ॥ किं सम्यज्ज्ञानेन? इत्यत्र बन्धमोक्षकलनाविरळपरिपूर्णपरमात्मा निष्प्रतियोगिकं विजृंभत इत्याह—**यथेति** ॥ ३६ ॥ स्वज्ञदशाऽनुभूतौ जाग्रत्स्वापयोः स्वातिरिक्तप्रपञ्च**भावाभावौ क वा गतौ** तदस्ति नास्तीति **ज्ञानायत्ते क बन्धमोक्षकलने** ॥ ३७ ॥ यतः एवं अतः **सर्वमेकं परं व्योम** चिद्व्योम्नोः निष्प्रतियोगिकैकरूपत्वात् । तत्र **को मोक्षः कस्य बन्धता** । **सर्वं ब्रह्म** । यतः तन्निष्प्रतियोगिकाद्वैतं अतो हे निदाघ **भवात्मैव त्वमात्मना** ॥ ३८ ॥ अविचारितसिद्धोऽयं स्वातिरिक्तभ्रमः, विचार्यमाणे न हि तदस्ति, तथा सति किं संकल्पयसीत्याह—**सम्यगिति** ॥ ३९ ॥ काष्ठादिगतनामरूपापाये तद्गतसच्चिदानन्दस्य एकरूपत्वात् तन्मयो भवेत्याह—**आदाविति**। स्वातिरिक्तसामान्यस्य अदृष्टदृष्टनष्टस्वरूपत्वेन तदुत्पत्तिप्रळययोरपि यदविनाश्यवशिष्यते तदेव **भवेत्यर्थः** ॥ ४० ॥ द्वैतादिकलनासत्त्वे तन्मयत्वं मे कुतः इत्यत्र तद्रूपेणाप्यात्मैव विद्यत इत्याह—**द्वैतेति** । स्वातिरिक्तारोपसिद्धं **द्वैतं**, तथा तदपवादसिद्धं **अद्वैतं**, ताभ्यां सञ्जातजरामरणादिकं अस्ति नास्तीति विभ्रमैः विश्वविश्वाद्यविकल्पानुज्ञैकरसान्तैः **स्फुरति** ॥ ४१ ॥ इत्थंभूतात्मावलोकनेच्छाविषयप्रवीणानां कुत इत्यत्र निर्विषयात्मावलम्बिनं विषयो न स्पृशतीत्याह—**आपदिति** । **आपत्करञ्जपरशुं** आर्द्रवृक्षोपमापत्कुठारम् ॥ ४२ ॥ किंच—**कृतेति** ॥ ४३ ॥ वस्तुतो नानात्वं नास्तीति विदित्वा तद्वेदनसमकालमनानात्वपदं कैवल्यं यास्यसीत्याह—**नानात्वमिति** । यावत्त्वां स्वाज्ञानं न मुञ्चति तावत्त्वद्दृष्ट्या स्वातिरेकेण **नानात्वमस्ति कलनासु** । श्रुत्याचार्यप्रसादतो यदि ते स्वज्ञानं जातं तदा **न वस्तुतः** इति । इतिशब्दोऽध्यायपरिसमाप्त्यर्थः ॥

इति द्वितीयोऽध्यायः

तृतीयोऽध्यायः

विदेहमुक्तिस्वरूपजिज्ञासा

विदेहमुक्तेः किं रूपं तद्वान् को वा महामुनिः ।
कं योगं समुपास्थाय प्राप्तवान् परमं पदम् ॥ १ ॥

श्रुत्याचार्यप्रसादजनितसम्यग्ज्ञानसमकालं विदेहमुक्तो भवतीत्युक्तं यत् तदियत्ताबुभुत्सया पृच्छतीत्याह—विदेहेति ॥ १ ॥

जीवन्मुक्तस्य इन्द्रियमनोनिग्रहप्रकारः

सुमेरोर्वसुधापीठे माण्डव्यो नाम वै मुनिः ।
कौण्डिन्यात्तत्त्वमास्थाय जीवन्मुक्तो भवत्यसौ ॥ २ ॥
जीवन्मुक्तिदशां प्राप्य कदाचिद्ब्रह्मवित्तमः ।
सर्वेन्द्रियाणि संहर्तुं मनश्चक्रे महामुनिः ॥ ३ ॥
बद्धपद्मासनस्तिष्ठन्नर्धोन्मीलितलोचनः ।
बाह्यानाभ्यन्तरांश्चैव स्पर्शान् परिहरञ्छनैः ॥ ४ ॥
ततः स्वमनसः स्थैर्यं मनसा विगतैनसा ।
अहो नु चञ्चलमिदं प्रत्याहृतमपि स्फुटम् ॥ ५ ॥
पटाद्धटमुपायाति घटा[1]च्छकटमुत्कटम् ।
चित्तमर्थेषु चरति पादपेष्विव मर्कटः ॥ ६ ॥
पञ्च द्वाराणि मनसा चक्षुरादीन्यमून्यलम् ।
बुद्धीन्द्रियाभिधानानि तान्येवालोकयाम्यहम् ॥ ७ ॥

[1] च्छ क—क.

[1]हन्तेन्द्रियगणा यूयं त्यजथाकुलतां शनैः ।
चिदात्मा भगवान् सर्वसाक्षित्वेन स्थितोऽस्म्यहम् ॥ ८ ॥

तदियत्तां ऋभुराह—सुमेरोरिति ॥ २ ॥ ततः किमित्यत्र—जीवन्मुक्तिदशामिति ॥ ३ ॥ केनोपायेन तदुपसंहरतीत्यत्र—बद्धेति । स्पृश्यन्त इति स्पर्शान् विषयान् ॥ ४ ॥ स्थैर्यं कर्तुं व्यवस्थितः तचाञ्चल्यं प्रकटयति—अहो इति ॥ ५–६ ॥ तन्निग्रहाय पञ्चद्वाराणीति ॥ ७ ॥ करणग्राममचेतनं चेतनवन्नियमयति—हन्तेति ॥ ८ ॥

तुरीयावस्थितिः

तेनात्मना बहुज्ञेन निर्ज्ञाताश्चक्षुरादयः ।
परिनिर्वामि शान्तोऽस्मि दिष्ट्याऽस्मि विगतज्वरः ॥ ९ ॥
स्वात्मन्येवावतिष्ठेऽहं तुर्यरूप[2]पदेऽनिशम् ।
अन्तरेव शशामास्य क्रमेण प्राणसन्ततिः ॥ १० ॥
ज्वालाजालपरिस्पन्दो दग्धेन्धन इवानलः ।
उदितोऽस्तं गत इव [3]ह्यस्तं गत इवोदितः ॥ ११ ॥
समः समरसाभासस्तिष्ठामि स्वच्छतां गतः ।
प्रबुद्धोऽपि सुषुप्तिस्थः सुषुप्तिस्थः प्रबुद्धवान् ॥ १२ ॥
तुर्यमालम्ब्य कायान्तस्तिष्ठामि स्तम्भितस्थितिः ।
सबाह्याभ्यन्तरान् भावान् स्थूलान् सूक्ष्मतरानपि ॥ १३ ॥
त्रैलोक्यसंभवांस्त्यक्त्वा संकल्पैक[4]विनिर्मितान् ।
सह प्रणवपर्यन्तदीर्घनिःस्वनतन्तुना ॥ १४ ॥

[1] हते—अ, अ १.
[2] पदेशिनि—अ.
[3] स्वस्तं—अ, अ १.
[4] विजृम्भि—उ.

जहाविन्द्रियतादात्म्यं [1]जालं खग इवानिलः ।
ततोऽङ्गसंविदं स्वच्छां प्रतिभासमुपागताम् ॥ १९ ॥
सद्योजातशिशुज्ञानं प्राप्तवान् मुनिपुङ्गवः ।
जहौ चित्तश्चैत्य[2]दशां स्पन्दशक्तिमिवानिलः ॥ १६ ॥
चित्सामान्यमथासाद्य सत्तामात्रात्मकं ततः ।
सुषुप्तपदमालम्ब्य तस्थौ गिरिरिवाचलः ॥ १७ ॥

परिनिर्वामि बाह्यप्रपञ्चव्यापृतिनिर्विण्णोऽस्मि । तदस्ति नास्तीति भ्रमतः शान्तोस्मि ॥ ९ ॥ ब्रह्मातिरेकेण प्राणबाह्यन्तःकरणजातं नास्तीति भावयत अन्तरेवेति ॥ १० ॥ देहेन्द्रियादिसत्त्वेऽपि लोकवद्व्यापाराभावात् उदित इति ॥ ११ ॥ एवं सम इति ॥ १२–१३ ॥ ततो वीणादिनादेन सहेति ॥ १४ ॥ षोडशमात्राकालब्रह्मप्रणवनादेन जहाविति । इन्द्रियतादात्म्यं विहाय तत इति ॥ १९ ॥ ब्रह्मातिरेकेण देहो नास्तीति देहसंविदमपि त्यक्त्वा ततः सद्योजातेति । सद्योजातशिशोः निर्विकल्पकं ज्ञानं भवति तथेत्यर्थः । ततस्तु जहौ चित्तश्चैत्यदशां प्रत्यक्चितः चित्तचैत्यावभासकत्वदशामपि जहौ ॥ १६ ॥ चित्सामान्यं गुणसाम्यसाक्षित्वम् । साक्ष्यसापेक्षसाक्षित्वमपि विहाय सत्तामात्रात्मकं सत्तासामान्यमित्यर्थः । ततु कीदृशमित्यत्र यत्र स्वातिरिक्तप्रपञ्चः सुषुप्तिमपह्नवं भजति तद्ब्रह्ममात्रं सुषुप्तपदमालम्ब्येति ॥ १७ ॥

तुरीयतुरीयावस्थितिः

सुषुप्तस्थैर्यमासाद्य तुर्यरूपमुपाययौ ।
निरानन्दोऽपि सानन्दः सच्चासच्च बभूव सः ॥ १८ ॥
ततस्तत्संबभूवासौ यद्गिरामप्यगोचरम् ।
यच्छून्यवादिनां शून्यं ब्रह्म ब्रह्मविदां च यत् ॥ १९ ॥

[1] तन्मात्र—अ, अ १, अ २, क.　[2] दशाः—उ १.

विज्ञानमात्रं विज्ञानविदां यदमलात्मकम् ।
पुरुषः सांख्यदृष्टीनामीश्वरो योगवादिनाम् ॥ २० ॥
शिवः शैवागमस्थानां कालः कालैकवादिनाम् ।
यत् सर्वशास्त्रसिद्धान्तं यत् सर्वहृदयानुगम् ॥ २१ ॥
यत् सर्वं सर्वगं वस्तु यत्त[1]त्त्वं तदसौ स्थितः ।
यदनुक्तमनिष्पन्दं दीपकं तेजसामपि ॥ २२ ॥
स्वानुभूत्येकमानं च यत्तत्त्वं तदसौ स्थितः ।
यदेकं चाप्यनेकं च साञ्जनं च निरञ्जनम् ।
यत् सर्वं चाप्यसर्वं च यत्तत्त्वं तदसौ स्थितः ॥ २३ ॥
अजममरमनाद्यमाद्यमेकं
पदममलं सकलं च निष्कलं च ।
स्थित इति स तदा नभःस्वरूपा-
दपि विमलस्थितिरीश्वरः क्षणेन ॥ इति ॥ २४ ॥

तुर्यप्रविभक्ततुर्यरूपं तुर्यतुर्यरूपमुपाययौ । ततो ब्रह्मैव भवतीत्यर्थः । कथं अयं ब्रह्म भवति? इत्यत आह—निरानन्दोऽपीति । विषयविषयिसंयोगाभावतो निरानन्दोऽपि स्वाज्ञदृष्टिप्रसक्तोपाधियोगतः **सानन्दः** ॥ १८ ॥ यस्य यस्य यादृशं ज्ञानं तत्तद्दृष्ट्या तथातथैव विभाति, वस्तुतोऽयं निष्प्रतियोगिकब्रह्ममात्रमवशिष्यत इत्याह—**तत** इति । विदेहमुक्तो यदवाङ्मनसगोचरं ब्रह्मैव बभूव तत्स्वरूपं शून्यवादिनः शून्यं पश्यन्ति । यदेषां शून्यत्वेन विभातं तत् ब्रह्मविदो निष्प्रतियोगिकब्रह्ममात्रं स्वावशेषधिया मेनिरे ॥ १९ ॥ यदेभिः अवगतं तदेव विज्ञानवादिनो **विज्ञानमात्रं** जानन्ति । यत् एभिः बुद्धं तदेव पुरुषरूपं साङ्ख्याः पश्यन्ति । यदेभिः एवं दृष्टं तदेव ईश्वरतत्त्वं योगिनो वदन्ति ॥ २० ॥

[1] यत्सत्यं—अ, अ १.

यत् योगिभिः ज्ञातं तदेव शिवं शैवाः आहुः । यदेभिः निश्चितं तत् कालवादिनः कालात्मानमुद्घोषयन्ति । स्वस्वग्रहानुरोधेन शास्त्रमपि कल्पयन्ति । तत् कल्पनामात्रमेव । वास्तवं तु स्वाज्ञदृष्टिविकल्पितशून्यादिकालान्तमतसिद्धान्तमोहे सत्यसति यत् स्वातिरिक्तकलनापह्नवसिद्धनिष्प्रतियोगिकब्रह्ममात्रं अवशिष्यते तदेव हीशाद्यष्टोत्तरशतवेदान्तपरमाशयो नान्यः इत्यत्र—"पश्यतेहापि सन्मात्रमसदन्यत्", "ब्रह्मव्यतिरिक्तं न किंचिदस्ति", "मद्व्यतिरिक्तमणुमात्रं न विद्यते",

चिन्मात्रमेव चिन्मात्रमखण्डैकरसं रसम् ।
सर्ववर्जितचिन्मात्रं ब्रह्ममात्रमसन्न हि ॥
सिद्धान्तोऽध्यात्मशास्त्राणां सर्वापह्नव एव हि ।
नाविद्याऽस्तीह नो माया शान्तं ब्रह्मेदमक्लमम् ॥

इत्यादि,

सर्वापह्नवसंसिद्धपरमाक्षरवैभवम् ।
केचिद्देहादिरूपेण केचिज्जीवस्वरूपतः ॥
केचिदीश्वररूपेण केचित्तुर्यस्वरूपतः ।
अज्ञात्वा वस्तुयाथात्म्यं यथोलूका दिवानिशम् ॥
पश्यन्ति दृष्टिदोषेण निर्विकारमहत्पदम् ।
यस्मिन् यस्मिन् ग्रहे यस्य दृढावेशो भवेत्तराम् ॥
तत्तद्भ्रान्त्यनुरोधेन शास्त्रं भवति नान्यथा ।
भ्रान्तावस्तं गतायां तं नानाशास्त्रकदम्बकम् ॥
प्रकाशयति चिन्मात्रमचिन्मात्रस्य मृग्यतः ।
तस्मात् समस्तशास्त्राणि बोधयन्ति पराक्षरम् ॥
यतो मताभिमान्यात्मा चिन्मात्रान्नास्ति कोऽपि हि ।
अतश्चिन्मात्रमेवेदं चिन्मात्रान्नास्ति किञ्चन ॥

इत्यादिश्रुतयः स्मृतयश्च मानम् । यदेवं समस्तश्रुतिस्मृत्यभिमतं तदेवं परमोऽयं सिद्धान्तः इति श्रुतिराह—यदिति । प्रत्यग्रूपेण यत्सर्वहृदयानुगम्

॥ २१ ॥ स्वाज्ञदृष्ट्या सर्वप्रसक्तौ—यत्सर्वमिति । अनिष्पन्दं स्तिमितगम्भीरं निस्तरंगचिदर्णवत्वात् ,

ततः स्तिमितगम्भीरं न तेजो न तमस्ततम् ।
अनाख्यमनभिव्यक्तं सत् किंचिदवशिष्यते ॥

इति श्रुतेः । दीपकं सूर्यादितेजसामपि ॥ २२ ॥ श्रुत्याचार्यप्रसादाविर्भूत-स्वानुभूत्येकमानम् । स्वज्ञादिदृष्ट्या यदेकमिति ॥ २३ ॥ निष्प्रतियोगिक-चिन्मात्ररूपोऽपि विदेहमुक्तः स्वाज्ञादिदृष्ट्या सकळनिष्कळस्वरूपेण विभाति । वस्तुतस्तु ब्रह्ममात्रज्ञानसमकालं अयं तन्मात्ररूपेण अवशिष्यते इत्याह—अजमिति । यत् स्वतः परतो वा कदाऽपि न जायते तत् अजं, आदौ भवं आद्यं, यस्मात् आद्यं न विद्यते तत् अनाद्यम् । शिष्टं स्पष्टं उक्तार्थं च । इतिशब्दोऽध्यायपरिसमाप्त्यर्थः ॥ २४ ॥

इति तृतीयोऽध्यायः

चतुर्थोऽध्यायः

जीवन्मुक्तस्य सिद्धिषु उदासीनता

जीवन्मुक्तस्य किं लक्ष्म ह्याकाशगमनादिकम् ।
तथा चेन्मुनिशार्दूल तत्र नैव प्र[1]दृश्यते ॥ १ ॥
अनात्मविद्मुक्तोऽपि नभोविहरणादिकम् ।
द्रव्यमन्त्रक्रिया[2]कालशक्त्याऽऽप्नोत्येव स द्विज ॥ २ ॥

[1] लक्ष्य—अ, अ १, अ २, क. [2] जाल—उ.

नात्मज्ञस्यैष विषय आत्मज्ञो ह्यात्ममात्रदृक् ।
आत्मनाऽऽत्मनि संतृप्तो नाविद्यामनुधावति ॥ ३ ॥
ये ये भावाः स्थिता लोके तानविद्यामयान् विदुः ।
त्यक्ताविद्यो महायोगी कथं तेषु निमज्जति ॥ ४ ॥
यस्तु मूढोऽल्पबुद्धिर्वा सिद्धिजालानि वाञ्छति ।
स सिद्धिसाधनैर्योगैस्तानि साधयति क्रमात् ॥ ५ ॥
द्रव्यमन्त्रक्रियाकालयुक्तयः साधुसिद्धिदाः ।
परमात्मपदप्राप्तौ नोपकुर्वन्ति [1]काश्चन ॥ ६ ॥
यस्येच्छा विद्यते काचित्स सिद्धिं साधयत्यहो ।
[2]निरिच्छोः परिपूर्णस्य नेच्छा संभवति क्वचित् ॥ ७ ॥
सर्वेच्छाजालसंशान्तावात्मलाभो भवेन्मुने ।
स कथं सिद्धिजालानि [3]कथं वाञ्छत्यचित्तकः ॥ ८ ॥
अपि शीतरुचावर्के सुतीक्ष्णेऽपीन्दुमण्डले ।
अप्यधः प्रसरत्यग्नौ जीवन्मुक्तो न विस्मयी ॥ ९ ॥
अधिष्ठाने परे तत्त्वे कल्पिता रज्जुसर्पवत् ।
कल्पिताश्चर्यजालेषु नाभ्युदेति कुतूहलम् ॥ १० ॥

विदेहमुक्तेयत्तामवगम्य जीवन्मुक्तलक्षणं किंसिद्धिनिमित्तं ? इति पृच्छति— **जीवन्मुक्तस्येति** । जीवन्मुक्तपटले कोऽप्येवंरूपो **नैव प्रदृश्यते** ॥ १ ॥ इत्येवं पृष्टो भगवान् जीवन्मुक्तिरन्या ज्ञानान्तरालिकफलरूपत्वात्, आकाशगमनादि-नानाविधसिद्धयस्त्वन्याः द्रव्यमन्त्रक्रियायोगादिजन्यत्वात्, नह्यनयोः कार्य-

[1] किंचन—अ. [2] निरी—अ २, उ. [3] स्वयं—अ.

कारणता स्यादित्याह—अनात्मेति ॥ २ ॥ सिद्धिजालस्य अविद्याकार्यत्वेन नैतज्जीवन्मुक्तविषयो भवतीत्याह—नात्मज्ञस्येति ॥ ३ ॥ सिद्धीनामाविद्यकत्वं कुत इत्यत्र—ये ये भावा इति ॥ ४ ॥ स्वाङ्गो यस्त्विति ॥ ५ ॥ सिद्धयोऽपि ब्रह्मात्युपायाः स्युः इत्यत आह—द्रव्येति ॥६–८॥ किंच—अपीति ॥९–१०॥

जीवन्मुक्तस्य नष्टचित्तता

ये हि विज्ञातविज्ञेया वीतरागा महाधियः ।
विच्छिन्नग्रन्थयः सर्वे ते स्वतन्त्रा[1]स्तनौ स्थिताः ॥ ११ ॥
सुखदुःखदशाधीरं साम्यान्न प्रोद्धरन्ति यम् ।
निश्वासा इव [2]शैलेन्द्रं चित्तं तस्य मृतं विदुः ॥ १२ ॥
आपत्कार्पण्यमुत्साहो मदो मान्द्यं महोत्सवः ।
यं नयन्ति न वैरूप्यं तस्य नष्टं मनो विदुः ॥ १३ ॥

सिद्धिजालोदासीना जीवन्मुक्ताः कीदृशाः ? इत्यत्र—येहीति । ज्ञेयं ब्रह्म यैः ज्ञातं ते विज्ञातविज्ञेयाः । स्वतन्त्राः उद्दामवृत्तय इत्यर्थः ॥ ११ ॥ चित्तवतां जीवन्मुक्तिः कुतः ? इत्यत्र—सुखेति । साम्यात् ब्रह्मात्मभावात् । सुखाद्यनुभूतिः चित्तसापेक्षा हि, चित्तं नास्तीति बोधेन चित्ताभावे जीवन्मुक्तिः स्यादेवेत्यर्थः ॥ १२ ॥ किंच—आपदिति ॥ १३ ॥

सरूपारूपौ मनोनाशौ

द्विविधश्चित्तनाशोऽस्ति सरूपोऽरूप एव च ।
जीव[3]न्मुक्तौ सरूपः स्यादरूपो देहमुक्तिगः ॥ १४ ॥

[1] तनौ—अ १, अ २, क, उ १.   [2] शैलेन्द्रश्चि—उ.
[3] न्मुक्तः—उ,

चित्तसत्तेह दुःखाय चित्तनाशः सुखाय च ।
चित्तसत्तां क्षयं नीत्वा चित्तं नाशमुपानयेत् ॥ १५ ॥
मनस्तां मूढतां विद्धि यदा नश्यति साऽनघ ।
चित्तनाशाभिधानं हि तत्स्वरूपमितीरितम् ॥ १६ ॥
मैत्र्यादिभिर्गुणैर्युक्तं भवत्युत्तमवासनम् ।
भूयोजन्मविनिर्मुक्तं जीवन्मुक्तस्य तन्मनः ॥ १७ ॥
सरूपोऽसौ मनोनाशो जीवन्मुक्तस्य विद्यते ।
निदाघारूपनाशस्तु वर्ततेऽदेहमुक्तिके ॥ १८ ॥

सरूपारूपभेदेन चित्तनाशो द्विविधः इत्याह—द्विविध इति । बीजभावेन यच्चित्तं लीयते स सरूपविलयः । निर्बीजं सद्यच्चित्तं विलीयते सोऽयं अरूपलयः ॥ १४ ॥ यत एवं चित्तसत्तेति ॥ १५ ॥ मनोनाशाधिकरणं ब्रह्मेत्याह—मनस्तामिति ॥ १६–१७ ॥ मनसः सरूपनाशसिद्धा जीवन्मुक्तिः तद्विरूपनाशसिद्धा विदेहमुक्तिरित्याह—सरूप इति । खण्डाखण्डनिर्विकल्पकसमाधी जीवन्मुक्तिविदेहमुक्ती भवत इत्यर्थः ॥ १८ ॥

विदेहमुक्तस्थितिः

विदेहमुक्त एवासौ विद्यते निष्कलात्मकः ।
समग्राग्र्यगुणाधारमपि सत्त्वं प्रलीयते ॥ १९ ॥
विदेहमुक्तौ विमले पदे परमपावने ।
विदेहमुक्तिविषये तस्मिन् सत्त्वक्षया[1]त्मके ॥ २० ॥
चित्तनाशे विरूपाख्ये न किंचिदिह विद्यते ।
न गुणा नागुणास्तत्र न श्रीर्नाश्रीर्न लोकता ॥ २१ ॥

[1] त्मिके—अ २, क, ड.

न चोदयो नास्तमयो न हर्षामर्षसंविदः ।
न तेजो न तमः किंचिन्न संध्यादि न रात्रयः ।
न सत्ता नापिचासत्ता न च मध्यं हि तत् पदम् ॥ २२ ॥
ये हि पारं गता बुद्धेः संसाराडम्बरस्य च ।
तेषां तदास्पदं स्फारं पवनानामिवाम्बरम् ॥ २३ ॥
संशान्तदुःखमजडात्मकमेकसुप्त-
मानन्दमन्थरमपेतरजस्तमो यत् ।
आकाशकोशतनवोऽतनवो महान्त-
स्तस्मिन् पदे गलितचित्तलवा भवन्ति ॥ २४ ॥
हे निदाघ महाप्राज्ञ निर्वासनमना भव ।
बलाच्चेतः [1]समाधाय निर्विकल्पमना भव ॥ २५ ॥

तद्वान् विदेहमुक्तः कीदृशः इत्यत्र—विदेहमुक्त इति। यत्र जीवन्मुक्तत्वसूचकसत्ववृत्तिविलयो दृश्यते तद्वान् विदेहमुक्त इत्यर्थः ॥ १९ ॥ न हि तत्र स्वातिरिक्तगन्धोऽप्यस्तीत्याह—विदेहमुक्ताविति। स्वरूपे तस्मिन्निति ॥ २० ॥ तत्र सगुणाभावेऽपि निर्गुणादिकं स्यादित्याशङ्क्य तत्र सापेक्षसगुणनिर्गुणादिकं नास्तीत्याह—न गुणा इति । श्रीः ऐहिकसंपत् । अश्रीः तद्विपरीता । लोकता लोकव्यवहृतिः ॥ २१ ॥ किंच—नचेति। इदमस्तीति सत्ता, इदं नास्तीति असत्ता, तयोः मध्यं अस्तित्वनास्तित्वाधिकरणं आधेयत्वसापेक्षाधारत्वमपि न हि विदेहमुक्तिदशायां विद्यत इत्यर्थः ॥२२॥ तादृशी स्थितिरेव स्वातिरिक्तकलनापर्यवसानभूमिरित्याह—ये हीति॥२३॥ किंच—संशान्तेति। यत्पदं संशान्तदुःखमित्यादिविशेषणबोधितं तत्र आकाशकोशतनवो जीवन्मुक्ताः निरवयवाकाशवत् कामादिवृत्तिविरळाः स्वात्ततत्त्वक्षयतः

[1] समादाय—अ १, अ २, क, उ.

यत्र गलितसत्वलवा भूत्वा अतनवो विदेहमुक्ता भवन्तीत्यर्थः ॥ २४ ॥ यतो विदेहमुक्तिहेतुः जीवन्मुक्तिः अतः तदर्थं जीवन्मुक्तिपदं भजेत्याह—**हे निदाघेति** ॥ २५ ॥

ब्रह्मविद्या तत्फलं च

यज्जगद्भासकं भानं नित्यं भाति स्वतः स्फुरत् ।
स एव जगतः साक्षी सर्वात्मा विमलाकृतिः ॥ २६ ॥
प्रतिष्ठा सर्वभूतानां प्रज्ञानघनलक्षणः ।
तद्विद्याविषयं ब्रह्म सत्यज्ञानसुखाद्वयम् ॥ २७ ॥
एकं ब्रह्माहमस्मीति कृतकृत्यो भवेन्मुनिः ॥ २८ ॥
सर्वाधिष्ठानमद्वन्द्वं परं ब्रह्म सनातनम् ।
सच्चिदानन्दरूपं तदवाङ्मनसगोचरम् ॥ २९ ॥
न तत्र चन्द्रार्कवपुः प्रकाशते न वान्ति वाताः सकला देवताश्च ।
स एष देवः कृतभावभूतः स्वयं विशुद्धो [1]विरजः प्रकाशते ॥३०॥
भिद्यते हृदयग्रन्थिश्छिद्यन्ते सर्वसंशयाः ।
क्षीयन्ते चास्य कर्माणि तस्मिन् दृष्टे परावरे ॥ ३१ ॥
द्वा [2]सुपर्णौ शरीरेऽस्मिन् जीवेशाख्यौ सह स्थितौ ।
तयोर्जीवः फलं भुङ्क्ते कर्मणो न महेश्वरः ॥ ३२ ॥
केवलं साक्षिरूपेण विना [3]भोगो महेश्वरः ।
प्रकाशते स्वयं भेदः कल्पितो मायया तयोः ।
चिच्चिदाकारतो [4]भिन्ना न भिन्ना चित्त्वहानितः ॥ ३३ ॥

[1] विरजाः—अ.
[2] सुपर्णा—अ २, क.
[3] भोगं—अ.
[4] भिन्नो—अ १, उ, उ १.

तर्कतश्च प्रमाणाच्च चिदेकत्वव्यवस्थितेः ।
चिदेकत्वपरिज्ञाने न शोचति न मुह्यति ॥ ३४ ॥
अधिष्ठानं समस्तस्य जगतः सत्यचिद्घनम् ।
अहमस्मीति निश्चित्य वीतशोको भवेन्मुनिः ॥ ३५ ॥
स्वशरीरे स्वयंज्योतिःस्वरूपं सर्वसाक्षिणम् ।
क्षीणदोषाः प्रपश्यन्ति नेतरे माययाऽऽवृताः ॥ ३६ ॥

यद्याथात्म्यज्ञानतो मुनिः कृतकृत्यो भवति तत्स्वरूपं किं ? इत्यत आह—**यदिति** । प्रत्यग्रूपेण **यज्जगद्भासकम्** । स्वयंप्रकाशत्वात् य एवं प्रकाशते **स एव जगतः साक्षी** ॥ २६ ॥ यत्स्वरूपं विश्वाधिष्ठानं तद्विद्यैकवेद्यमित्याह—**तदिति** ॥ २७–२८ ॥ मौनिप्राप्यं निरधिष्ठानमपि स्वाज्ञदृष्ट्या अधिष्ठेयप्रसक्तौ **सर्वाधिष्ठानमिति** ॥ २९ ॥ तस्यावाङ्मनसगोचरत्वेन सन्दिग्धार्थत्वात् तदवभासकश्चन्द्रार्कादिः स्यादित्यत आह—**नेति** । तेषां तत्प्रकाशजडीभूतत्वात् तस्य निष्प्रतियोगिकप्रकाशमात्रत्वात् ॥ ३० ॥ तज्ज्ञानं हृदयग्रन्थिसर्वसंशयागाम्यादिकर्मग्रासमित्याह—**भिद्यत** इति । इयं श्रुतिः मुण्डकोपनिषद्युक्तार्था ॥ ३१ ॥ निर्विशेषब्रह्ममात्रस्य परावर इत्याख्या कुतः समजनि इत्याशङ्क्य स्वाज्ञानादेवमाख्या युज्यते स्वज्ञानेन निराख्यं ब्रह्म विभातीत्याह—**द्वाविति** ॥ ३२ ॥ निरशनतः कथमीश्वरो जीवन् प्रकाशते, जीवेशभेदोऽपि वास्तव एव स्यादित्यत आह—**केवलमिति** । **विना भोगो** भोगं विना **महेश्वरः** प्रकाशते, ईश्वरस्य निरावृताजडक्रियाज्ञानेच्छाशक्तिमत्त्वेन निर्विशेषब्रह्ममात्रानन्दतृप्तत्वात् । जीवेशयोः **प्रकाशते स्वयं भेदः**, भेदाभेदौ कथं इत्याशङ्क्य व्यक्तितो भेदः, स्वरूपतस्त्वभेदोऽपि युज्यत इत्याह—**चिदिति** । **चिच्चितोः** जीवेशयोः **आकारतो भेदः** । स्वरूपतोऽपि तयोः भेदः स्यादित्यत्र—तदुपाधिभिन्नो भेदः, **स्वरूपतः चित् न भिन्ना**, कुतः ? **चित्त्वहानितः** । स्वरूपतोऽपि यदि भिन्ना चित् तदा चित्त्वहानिः स्यात् ॥ ३३ ॥ एवं जीवेशचितोरभेदे का युक्तिः ?

किं प्रमाणं? तदेकत्वज्ञानफलं वा किं? इत्याशङ्क्य घटशरावाद्यनुगतव्योमवत् सर्वोपाध्यनुगता चिदेकैवेति युक्तिः, तयोरभेदे "तत्त्वमसि" आदिवाक्यजातं प्रमाणं, तज्ज्ञानतः सर्वशोकात्ययलक्षणा तद्भावापत्तिः स्यादित्याह—**तर्कत** इति ॥ ३४ ॥ केन मुनिः वीतशोको भवेदित्यत आह—**अधिष्ठानमिति** ॥३५॥ एवं सर्वेऽपि किं निश्चयं न कुर्वन्तीत्यत्र—**स्वशरीर** इति ॥ ३६ ॥

ब्रह्मविद्यासाधनानि

तमेव धीरो विज्ञाय प्रज्ञां कुर्वीत ब्राह्मणः ।
नानुध्यायाद्बहून् शब्दान् वाचो विग्लापनं हि तत् ॥ ३७ ॥
बाल्येनैव हि तिष्ठासेन्निर्विद्य ब्रह्मवेदनम् ।
ब्रह्मविद्यां च बाल्यं च निर्विद्य मुनिरात्मवान् ॥ ३८ ॥

निष्कामकर्मानुष्ठानेन चित्तशुद्धिमेत्याथ **तमेव धीरो** यथावत् **विज्ञाय** तत्रैव "ब्रह्माहं, अहमेव ब्रह्म" इत्यनुसन्धानरूपिणीं **प्रज्ञाम्** । स्वातिरिक्त-पदार्थगोचरान् **बहून् शब्दान्** ॥ ३७ ॥ ज्ञातेऽपि ब्रह्मणि बाह्यान्तर्वृत्तिरुदेति, तच्छान्त्युपायः कः इत्यत आह—**बाल्येनेति** । संशयादिपञ्चदोषशान्त्यर्थमी-शाद्यष्टोत्तरशतवेदान्तश्रवणमनननिदिध्यासनानि **निर्विद्य** यथावदनुष्ठाय तद्यथा स्वान्तर्बाह्यवृत्तिभिः नाव्रीयते तथा बालस्य भावो बाल्यं वैराग्यं **तेनैव** स्थातुमिच्छेत् । एवं **ब्रह्मविद्यां च बाल्यं च** यावन्निष्प्रतियोगिकब्रह्ममात्रज्ञानं निरावृतं सदुदेति तावत् **निर्विद्य** अथ **मुनिरात्मवान्** जीवन्मुक्तो विदेहमुक्तो वा भवेदित्यर्थः ॥ ३८ ॥

प्राणसंरोधनेन चित्तशमः

अन्तर्लीनसमारम्भशुभाशुभमहांकुरम् ।
संसृतिव्रततेर्बीजं शरीरं विद्धि भौतिकम् ॥ ३९ ॥

भावाभावदशाकोशं दुःखरत्नसमुद्गकम् ।
बीजमस्य शरीरस्य [1]चित्तमाशावशानुगम् ॥ ४० ॥

द्वे बीजे चित्तवृक्षस्य वृत्तिव्रततिधारिणः ।
एकं प्राणपरिस्पन्दो [2]द्वितीयं दृढभावना ॥ ४१ ॥

[3]यदा प्रस्पन्दते प्राणो नाडीसंस्पर्शनोद्यतः ।
[4]तदा संवेदनमयं चित्तमाशु प्रजायते ॥ ४२ ॥

सा हि सर्वगता संवित् प्राणस्पन्देन बोध्यते ।
संवि[5]त्संरोधनं श्रेयः [6]प्राणादिस्पन्दनं वरम् ॥ ४३ ॥

योगिनश्चित्तशान्त्यर्थं कुर्वन्ति प्राणरोधनम् ।
प्राणायामैस्तथा ध्यानैः प्रयोगैर्युक्तिकल्पितैः ॥ ४४ ॥

चित्तोपशान्तिफलदं परमं विद्धि कारणम् ।
सुखदं संविदः स्वास्थ्यं प्राणसंरोधनं विदुः ॥ ४५ ॥

ब्रह्मज्ञानात् ब्रह्म भवति इत्युक्तं, तथा ब्रह्मातिरिक्तज्ञानतः सदा ब्रह्मातिरिक्तो भवतीत्यत्र न विवादः, तत्र ब्रह्मातिरिक्तज्ञानबीजं तद्बीजं वा किं? इत्यत आह—अन्तरिति। शरीरस्य स्वान्तर्लीनशुभाशुभसङ्कल्पांकुरत्वेन स्वातिरिक्तकलनाबीजत्वं, चित्तस्य तु नानायोनिजनितवासनापुञ्जसञ्चितकर्मपेटिकात्वेन नानाशरीरबीजत्वं चोपपद्यत इत्यर्थः ॥ ३९-४० ॥ चित्तस्यापि प्राणस्पन्दनभावनाभेदेन बीजद्वयमस्तीत्याह—द्वे बीज इति। तत्र—एकमिति ॥ ४१ ॥ प्राणस्पन्दतः चित्तं जायते, तन्निरोधतः चित्तमपि निरुद्धं भवति, तथा

[1] दुःख—उ, उ १.
[2] द्वितीयो—अ १, अ २, क.
[3] यथा—क.
[4] तथा—क.
[5] संबो—अ, अ २.
[6] प्राणाद्यस्य—उ, उ १.

चित्तनिरोधतः प्राणोऽपि निरुद्धो भवतीत्याह—यदेति ॥ ४२–४३ ॥ यत एवं अतः योगिन इति । प्रयोगैः युक्तिकल्पितैः सह प्राणरोधनम् ॥ ४४–४५ ॥

वासनारोधनेन चित्तजयः

दृढभावनया त्यक्तपूर्वापरविचारणम् ।
यदादानं पदार्थस्य वासना सा प्रकीर्तिता ॥ ४६ ॥
यदा न भाव्यते किंचिद्धेयोपादेयरूपि यत् ।
स्थीयते सकलं त्यक्त्वा तदा चित्तं न जायते ॥ ४७ ॥
अवासनत्वात्सततं यदा न मनुते मनः ।
अमनस्ता तदोदेति परमोपशमप्रदा ॥ ४८ ॥
यदा न भाव्यते भावः क्वचिज्जगति वस्तुनि ।
तदा हृदम्बरे शून्ये कथं चित्तं प्रजायते ॥ ४९ ॥
यदभावनमास्थाय [1]यदभावस्य भावनम् ।
यद्यथावस्तुदर्शित्वं तदचित्तत्वमुच्यते ॥ ५० ॥
सर्वमन्तः परित्यज्य शीतलाशयवर्ति यत् ।
वृत्तिस्थमपि तच्चित्तमसद्रूपमुदाहृतम् ॥ ५१ ॥
भ्रष्टबीजोपमा येषां पुनर्जननवर्जिता ।
वासना रस[2]नाहीना जीवन्मुक्ता हि ते स्मृताः ॥ ५२ ॥
सत्त्वरूपपरिप्राप्तचित्तास्ते ज्ञानपारगाः ।
अचित्ता इति कथ्यन्ते देहान्ते व्योमरूपिणः ॥ ५३ ॥

[1] यथा—उ १.   [2] निर्हीना—अ, अ १.

संवेद्यसंपरित्यागात् प्राणस्पन्दनवासने ।
समूलं नश्यतः क्षिप्रं मूलच्छेदादिव द्रुमः ॥ ५४ ॥

पूर्वदृष्टमदृष्टं वा यदस्याः प्रतिभासते ।
संविदस्तत् प्रयत्नेन मार्जनीयं विजानता ॥ ५५ ॥

तदमार्जनमात्रं हि महासंसारतां गतम् ।
तत्प्रमार्जनमात्रं तु मोक्ष इत्यभिधीयते ॥ ५६ ॥

अजडो गलितानन्दस्त्यक्तसंवेदनो भव ॥ ५७ ॥

संविद्वस्तुदशा[1]लम्बः सा यस्येह न विद्यते ।
सोऽसंविदजडः प्रोक्तः कुर्वन् कार्यशतान्यपि ॥ ५८ ॥

[2]संवेद्येन हृदाकाशे मनागपि न लिप्यते ।
यस्यासावजडा संविज्जीवन्मुक्तः स कथ्यते ॥ ५९ ॥

यदा न भाव्यते किंचिन्निर्वासनतयाऽऽत्मनि ।
बालमूकादिविज्ञानमिव च स्थीयते स्थिरम् ॥ ६० ॥

तदा जाड्यविनिर्मुक्तमसंवेदनमाततम् ।
आश्रितं भवति प्राज्ञो यस्माद्भूयो न लिप्यते ॥ ६१ ॥

समस्ता वासनास्त्यक्त्वा निर्विकल्पसमाधितः ।
तन्मयत्वादना[3]घन्ते तदप्यन्तर्विलीयते ॥ ६२ ॥

तिष्ठन् गच्छन् स्पृशन् जिघ्रन्नपि तल्लेपवर्जितः ।
अजडो गलितानन्दस्त्यक्तसंवेदनः सुखी ॥ ६३ ॥

[1] लम्बा—अ. [2] स वे—अ. [3] घन्तं—उ, उ १.

एतां दृष्टिमवष्टभ्य कष्टचेष्टायुतोऽपि सन् ।
तरेद्दुःखाम्बुधेः पारमपारगुण[1]सागरः ॥ ६४ ॥

विशेषं संपरित्यज्य सन्मात्रं यदलेपकम् ।
एकरूपं महारूपं सत्तायास्तत्पदं विदुः ॥ ६५ ॥

कालसत्ता कलासत्ता वस्तुसत्तेयमित्यपि ।
विभागकलनां त्यक्त्वा सन्मात्रैकपरो भव ॥ ६६ ॥

सत्तासामान्यमेवैकं भावयन् केवलं विभुः ।
परिपूर्णः परानन्दी तिष्ठापूरितदिग्भरः ॥ ६७ ॥

सत्तासामान्यपर्यन्ते यत्तत् कलनयोज्झितम् ।
पदमाद्यमनाद्यन्तं तस्य बीजं न विद्यते ॥ ६८ ॥

तत्र संलीयते संविन्निर्विकल्पं च तिष्ठति ।
भूयो न वर्तते दुःखे तत्र लब्धपदः पुमान् ॥ ६९ ॥

तद्धेतुः सर्वभूतानां तस्य हेतुर्न विद्यते ।
[2]स सारः सर्वसाराणां तस्मात् सारो न विद्यते ॥ ७० ॥

तस्मिंश्चिद्दर्पणे स्फारे समस्ता वस्तुदृष्टयः ।
इमास्ताः प्रतिबिम्बन्ति सरसीव तटद्रुमाः ॥ ७१ ॥

तदमलम[3]रजं तदात्मतत्त्वं तदवगतावुपशान्तिमेति चेतः ।
अवगतविगतैकतत्स्वरूपो भवभयमुक्तपदोऽसि सम्यगेव ॥ ७२ ॥

[1] सागरं—अ. [2] सं—अ, अ १.
[3] चारं—अ ७, क.

एतेषां दुःखबीजानां प्रोक्तं यद्यन्मयोत्तरम् ।
तस्य तस्य प्रयोगेण शीघ्रं तत् प्राप्यते पदम् ॥ ७३ ॥
सत्तासामान्यकोटिस्थे द्रागित्येव पदे यदि ।
पौरुषेण प्रयत्नेन बलात् संत्यज्य वासनाम् ॥ ७४ ॥
स्थितिं बध्नासि तत्त्वज्ञ क्षणमप्यक्षयात्मिकाम् ।
क्षणेऽस्मिन्नेव तत् साधु पदमासादयस्यलम् ॥ ७५ ॥
सत्तासामान्यरूपे वा करोषि स्थितिमादरात् ।
तत्किंचिदधिकेनेह यत्नेनाप्नोषि तत् पदम् ॥ ७६ ॥
संवित्तत्त्वे कृतध्यानो निदाघ यदि तिष्ठसि ।
तद्यत्नेनाधिकेनोच्चैरासादयसि तत् पदम् ॥ ७७ ॥
वासनासंपरित्यागे यदि यत्नं करोषि भोः ।

प्राणसंरोधनवत् वासनारोधनतोऽपि चित्तं न जायते, तत्र वासना कीदृशी इत्यत आह—दृढेति। सर्वप्रकारेणापि इदं मे स्यात् अनेन इदानीं पश्चाद्वा महाननर्थो जायते इति दृढभावनया . . . ॥४६॥ सा(?)यदा ब्रह्मातिरिक्तं नास्तीति बोधेन इयं वासना यदा न भाव्यते ॥४७॥ पदार्थभावनाऽभावनातः चित्ताजनौ किं स्यादित्यत्र निर्विकल्पात्मावगतिरुदेतीत्याह—अवासनत्वादिति ॥ ४८ ॥ एवं किमप्यभावयतः तूष्णीमवस्थितस्याचित्तं ब्रह्म प्रसीदतीत्याह—यदेति ॥ ४९-५० ॥ ब्रह्माकारचित्तवृत्तौ सत्यां अचित्तत्वं कुत इत्यत आह—सर्वमिति । तापः स्वातिरिक्तं, तद्ग्रासं ब्रह्म शीतळं, तदस्मीत्यखण्डाकारवृत्तिस्थमपि चित्तं असद्रूपमुदाहृतमिति ॥ ५१ ॥ स्वातिरिक्तवासनाविरळा जीवन्मुक्ता भूत्वाऽथ विदेहमुक्ता भवन्तीत्याह—भ्रष्टेति ॥ ५२ ॥ देहान्ते देहाद्यात्यन्तिकाभिमाननिवृत्तौ चिद्व्योमरूपिणः भवन्ति विदेहमुक्ता भवन्तीत्यर्थः ॥ ५३ ॥ प्राणस्पन्द-

वासनयोः सत्त्वे विदेहमुक्तता कुतः इत्यत आह—**संवेद्येति** । यद्यत् प्रसज्यते तत्तत्संवेद्येति । ततो विदेहकैवल्यं निरावृतमुदेतीत्यर्थः ॥ ५४ ॥ एवं विजानता स्वातिरिक्तविषयकसंवित्सामान्यं मार्जनीयमित्याह—**पूर्वेति** ॥ ५५–५६ ॥ त्वं तु **अजड** इति । जडदेहादिविलक्षणाजडब्रह्मानन्दावबोधनात् कादाचित्कप्रसक्तसंविदनोन्मूलनकरो भवेत्यर्थः ॥ ५७ ॥ अजडसंवित्को जीवन्मुक्तो भवतीत्याह—**संविदिति** ॥ ५८–५९ ॥ किं बहुना, स्वातिरिक्तासंभवप्रबोधतोऽजडब्रह्मावगतिः स्यादित्याह—**यदेति** । स्वातिरिक्तापह्नवसिद्धं ब्रह्म निष्प्रतियोगिकस्वमात्रमिति तन्मात्रवृत्तिरपि **विलीयते** अपह्नवं भजति, तस्या अपि स्वातिरिक्तत्वात्॥६०–६२॥ एवंविदमेव सत्तासामान्यं विदुरित्याह—**तिष्ठन्निति** ॥ ६३–६४ ॥ **तद्गतविशेषं संपरित्यज्य** स्वमात्रमिति यो वेद तं **ब्रह्मविदः सत्तायास्तत्पदं विदुः** ॥ ६५ ॥ त्वं तु स्वातिरिक्तकालादिसत्ताभ्रमं त्यक्त्वा स्वमात्रसत्तावान् भवेत्याह—**कालेति** । ब्रह्मणो निर्विभागत्वात् ॥ ६६ ॥ किंच—**सत्तेति** । स्वेतरासह**सत्तासामान्यमेवैकं** निष्प्रतियोगिकस्वमात्रमिति **भावयन्** ॥ ६७ ॥ यद्भावनया परिपूर्णो भवामीति यत् तत् सबीजमित्यत आह—**सत्तेति** । **सत्तासामान्यपर्यन्ते** सत्तासामान्यस्वरूपे **यत्तत्** देशकालादिकलनयोज्झि**तम्** ॥ ६८ ॥ **संवित्** चित्तवृत्तिः । यत् **भूयो न वर्तते** ॥ ६९ ॥ भूतादिस्वातिरिक्तसत्त्वे **तद्धेतुः** ॥७०॥ यत्सत्तासामान्यं निष्प्रतियोगिकनिर्विशेषतया अवशिष्टं तदेव स्वाज्ञविकल्पिताधिष्ठेयप्रसक्तौ यतः स्वज्ञदृष्ट्या अधिष्ठानतां भजति अतः तत्र स्वातिरिक्तप्रपञ्चो विकल्पित इत्याह—**तस्मिन्निति** । **समस्ताः** घटपटादि**वस्तुदृष्टयः** ॥ ७१ ॥ **यदेवं** कल्पनाधिकरणं **तदमलमिति** । यत् सर्वाधिकरणं तदमलमित्यादिविशेषणविशिष्टम् । तदवगतिसमकालं विगतस्वातिरिक्तवत्स्वरूपो भूत्वा **कृतकृत्यो भवसीत्यर्थः** ॥ ७२ ॥ स्वतिरिक्तविभ्रमशान्त्यर्थं यद्यदुपायजातं **प्रकटितं** तत्तदनुष्ठानात् स्वातिरिक्तभ्रमविरळो भूत्वा स्वमात्रपदवीमेष्यसीत्याह—**एतेषामिति** । **एतेषां दुःखबीजानां** शान्तये ॥ ७३ ॥ **सत्तासामान्यकोटिस्थे** ईशतत्त्वे साक्षितत्त्वे वा । **संत्यज्य तत्पूर्वंप्रहवासनाम्** ॥७४–७५॥ यदीश्वरादितत्त्वे तव सविशेषधीः तदा **सत्तासामान्यरूपे** ॥७६॥ यद्येवं कर्तुं अशक्तोऽसि

तदा संवित्तत्त्वे प्रतीचि ॥ ७७ ॥ प्रत्यग्भावावरणवासनासंपरित्यागे । अभ्यासतः तदपि संत्यज्य निर्वासनपदं भजसीत्यर्थः ॥

तत्त्वज्ञानमनोनाशवासनाक्षयोपायानां युगपदनुष्ठेयता

यावद्विलीनं न मनो न तावद्वासनाक्षयः ॥ ७८ ॥
न क्षीणा वासना यावच्चित्तं तावन्न शाम्यति ।
यावन्न तत्त्वविज्ञानं तावच्चित्तशमः कुतः ॥ ७९ ॥
यावन्न चित्तोपशमो न तावत्तत्त्ववेदनम् ।
यावन्न वासनानाशस्तावत्तत्त्वागमः कुतः ।
यावन्न तत्त्वसंप्राप्तिर्न तावद्वासनाक्षयः ॥ ८० ॥
तत्त्वज्ञानं मनोनाशो वासनाक्षय एव च ।
मिथः कारणतां गत्वा दुःसाधानि स्थितान्यतः ॥ ८१ ॥
भोगेच्छां दूरतस्त्यक्त्वा त्रयमेतत् समाचर ॥ ८२ ॥
वासनाक्षयविज्ञानमनोनाशा महामते ।
समकालं चिराभ्यस्ता भवन्ति फलदा मताः ॥ ८३ ॥
त्रिभिरेभिः समभ्यस्तैर्हृदयग्रन्थयो दृढाः ।
निःशेषमेव त्रुट्यन्ति बिसच्छेदाद्गुणा इव ॥ ८४ ॥
वासनासंपरित्यागसमं प्राणनिरोधनम् ।
विदुस्तत्त्वविदस्तस्मात्तदप्येवं समा[1]हरेत् ॥ ८५ ॥
वासनासंपरित्यागाच्चित्तं गच्छत्यचित्तताम् ।
प्राणस्पन्दनिरोधाच्च यथेच्छसि तथा कुरु ॥ ८६ ॥

[1] चरेत्—अ. हरेत्—अ १, क. रमेत्–

प्राणायामदृढाभ्यासैर्युक्त्या च गुरुदत्तया ।
आसनाशनयोगेन प्राणस्पन्दो निरुध्यते ॥ ८७ ॥
निःसङ्गव्यवहारत्वाद्भवभावनवर्जनात् ।
शरीरनाशदर्शित्वाद्वासना न प्रवर्तते ॥ ८८ ॥
यः प्राणपवनस्पस्दश्चित्तस्पन्दः स एव हि ।
प्राणस्पन्दजये यत्नः कर्तव्यो धीमतोच्चकैः ॥ ८९ ॥
न शक्यते मनो जेतुं विना युक्तिमनिन्दिताम् ।
शुद्धां संविदमाश्रित्य वीतरागः स्थिरो भव ॥ ९० ॥
संवेद्यवर्जितमनुत्तममाद्यमेकं संवित्पदं विकलनं कलयन् महात्मन् ।
हृद्येव तिष्ठ कलनारहितः क्रियां तु कुर्वन्नकर्तृपदमेत्य शमोदितश्रीः ॥
मनागपि विचारेण चेतसः स्वस्य निग्रहः ।
[1]पुरुषेण कृतो येन तेनाप्तं जन्मनः फलम् ॥ ९२ ॥

तत्त्वज्ञानमनोनाशवासनाक्षयोपायो युगपदनुष्ठेयो नान्यथा सिद्धिमेष्यसीत्याह—यावदिति ॥ ७८–८० ॥ यत एवमतः तत्त्वज्ञानमिति ॥ ८१ ॥ तत्सिद्धये भोगेच्छामिति ॥ ८२ ॥ युगपदभ्यासतः को विशेष इत्यत्र—वासनाक्षयेति ॥ ८३–८४ ॥ प्राणनिरोधोऽपि वासनाक्षयतुल्य इत्याह—वासनेति ॥८५–८६॥ प्राणस्पन्दनिरोधोपायः क इत्यत्र—प्राणायामेति ॥८७॥ तथा वासनानिवृत्त्युपायमाह—निस्सङ्गेति ॥ ८८–८९ ॥ त्वमादौ शुद्धां संविदमिति ॥ ९० ॥ यत् संवेद्यवर्जितं इत्यादिविशेषणविशिष्टं तदहमस्मीति ध्यायन् कृतकृत्यो भवसीत्यर्थः ॥ ९१ ॥ निर्दयं चित्तनाशं यः करोति तज्जन्म सफलं इत्याह—मनागपीति ॥ ९२ ॥

इति चतुर्थोऽध्यायः

---

[1] पौरु—उ.

पञ्चमोऽध्यायः

जीवन्मुक्तिसिद्धये सङ्गत्यागविधिः

गच्छतस्तिष्ठतो वाऽपि जाग्रतः स्वपतोऽपि वा ।
न विचारपरं चेतो यस्यासौ मृत उच्यते ॥ १ ॥

सम्यज्ज्ञानसमालोकः पुमान् [1]ज्ञेयः समः स्वयम् ।
न बिभेति न चादत्ते वैवश्यं न च दीनताम् ॥ २ ॥

अपवित्रमपथ्यं च विषसंसर्गदूषितम् ।
भुक्तं जरयति ज्ञानी क्लिन्नं नष्टं च मृष्टवत् ॥ ३ ॥

सङ्गत्यागं विदुर्मोक्षं सङ्गत्यागादजन्मता ।
सङ्गं त्यज त्वं भावानां जीवन्मुक्तो भवानघ ॥ ४ ॥

भावाभावे पदार्थानां हर्षामर्षविकार[2]दा ।
मलिना वासना यैषा सा सङ्ग इति कथ्यते ॥ ५ ॥

जीवन्मुक्तशरीराणामपुनर्जन्मकारिणी ।
मुक्ता हर्षविषादाभ्यां शुद्धा भवति वासना ॥ ६ ॥

दुःखैर्न ग्लानिमायासि हृदि हृष्यसि नो सुखैः ।
आशावैवश्यमुत्सृज्य निदाघासङ्गतां व्रज ॥ ७ ॥

दिक्कालाद्यनवच्छिन्नमदृष्टोभयकोटिकम् ।
चिन्मात्रमक्षयं शान्तमेकं ब्रह्मा[3]स्मि नेतरत् ॥ ८ ॥

[1] ज्ञेयस—अ, अ १, अ २. [2] ता—अ, अ १.
[3] स्ति—उ.

इति मत्वाऽहमित्यन्तर्मुक्तामुक्तवपुः पुमान् ।
एकरूपः प्रशान्तात्मा मौनी स्वात्मसुखो भव ॥ ९ ॥
नास्ति चित्तं न चाविद्या न मनो न च जीवकः ।
ब्रह्मैवैकमनाद्यन्तमब्धिवत् प्रविजृम्भते ॥ १० ॥

चित्ते सति मोक्षः कथं? इत्यत आह—**गच्छत** इति । स्वातिरिक्तमस्ति नास्तीति न **विचारपगम्** ॥ १ ॥ सम्यज्ज्ञानतो यच्चित्तमचित्तपदं भजति स निर्भयो भूत्वा ब्रह्मैव भवतीत्याह—**सम्यगिति** । **सम्यज्ज्ञानसमालोकः** सम्यज्ज्ञानदृष्टिः । कुतश्चन न बिभेति, किमपि न चादत्ते, कदाऽपि कस्यचिदपि **वैवश्यम्** ॥ २ ॥ किंच—**अपवित्र**मिति । "अन्नं ब्रह्मा रसो विष्णुः भोक्ता देवो महेश्वरः" इति स्मृत्यनुरोधेन अपवित्रमित्यादिविशेषणविशिष्टान्नादौ अन्नादिदृष्ट्युपमर्दकब्रह्मदृष्टित्वात् भोक्तृभोज्यादिदृष्टिवैकल्याच्च अयमन्नकृतदोषैः न लिप्यते ॥ ३ ॥ अन्नादिसंगाभावतो यतो मुच्यते अतः त्वमपि सर्वत्र संगं त्यक्त्वा जीवन्मुक्तो भवेत्याह—**सङ्गेति** । सर्वत्र **सङ्गत्यागम्** ॥ ४ ॥ कोऽयं संग इत्यत्र वासनैव संग इत्याह—**भावेति** ॥ ५ ॥ असंगत्वहेतुसद्वासना केत्यत्र —**जीवन्मुक्तेति** ॥ ६ ॥ तामवष्टभ्य निःसंगो भवेत्याह—**दुःखैरिति** । स्वातिरिक्तपदार्थाशा**वैवश्यम्** ॥ ७ ॥ सर्वाधिष्ठानं ब्रह्मास्मीति ज्ञात्वा सुखी भवेत्याह—**दिगिति** । यत्र स्वातिरिक्तमस्ति नास्तीत्येतदुभयमदृष्टं तत्तथोक्तम् ॥ ८ ॥ चिन्मात्रं ब्रह्माहं नेतरदहं इति **मत्वा** स्वपरदृष्टिभ्यां **मुक्तामुक्तवपुः** । "अशरीरं वाव सन्तम्" इति श्रुतेः स्वदृष्ट्या मुक्तदेहभ्रमोऽपि परदृष्ट्याऽमुक्तदेहभ्रमवद्भानात् मुक्तामुक्तवपुष्ट्वं युज्यते । तादृशः **पुमानेकरूपः** । मौनं तूष्णीभावोऽस्यास्तीति **मौनी** स्वात्ममात्रावशेषानन्दो भवेत्यर्थः ॥ ९ ॥ स्वातिरिक्तचित्तादौ सति कथं निष्प्रतियोगिकता? इत्यत्र—**नास्तीति** ॥ १० ॥

चित्तादिविभ्रमनिवृत्त्यर्थं आत्मदृष्टिविधिः

देहे यावदहंभावो दृश्येऽस्मिन् यावदात्मता ।
यावन्ममेदमित्यास्था तावच्चित्तादिविभ्रमः ॥ ११ ॥

अन्तर्मुखतया सर्वं चिद्वह्नौ त्रिजगत्तृणम् ।
जुह्वतोऽन्तर्निवर्तन्ते मुने [1]चित्तादिविभ्रमाः ॥ १२ ॥
[2]चिदात्माऽस्मि निरंशोऽस्मि परापरविवर्जितः ।
रूपं स्मर निजं स्फारं मा स्मृत्या संमितो भव ॥ १३ ॥

यावत्स्वातिरिक्तदृष्टिः तावच्चित्तादिविभ्रमः, स्वमात्रदृष्ट्या तन्निवृत्तिः स्यादित्याह—देह इति ॥ ११-१२ ॥ अतः स्वमात्रं चिन्तयन् स्वातिरिक्तमतिं त्यजेत्याह—चिदिति । परापरविवर्जितः विशेषसामान्यविलक्षणत्वात् । निर्विशेषं रूपं स्मर ॥ १३ ॥

ब्रह्मात्मबोधेन सर्ववासनानिवृत्तिः

अध्यात्मशास्त्र[3]मन्त्रेण तृष्णाविषविषूचिका ।
क्षीयते भावितेनान्तः शरदा मिहिका यथा ॥ १४ ॥
परिज्ञाय परित्यागो वासना[4]नां य उत्तमः ।
सत्तासामान्यरूपत्वात्तत् कैवल्यपदं विदुः ॥ १५ ॥
यत्रास्ति वासना [5]लीना तत् सुषुप्तं न सिद्धये ।
[6]निर्बीजा वासना यत्र तत्तुर्यं सिद्धिदं स्मृतम् ॥ १६ ॥
वासनायास्तथा वह्नेर्ऋणव्याधिद्विषामपि ।
स्नेहवैरविषाणां च शेषः स्वल्पोऽपि बाधते ॥ १७ ॥
निर्दग्धवासना[7]बीजः सत्तासामान्यरूपवान् ।
सदेहो वा विदेहो वा न भूयो दुःखभाग्भवेत् ॥ १८ ॥

[1] संसार—उ, उ १. [2] चिदेवास्मि—उ, उ १. [3] शस्त्रेण—अ.
[4] या—उ. [5] लीनं—उ, उ १. [6] निर्बीज—अ, क. [7] बीजस—उ.

एतावदेवाविद्यात्वं नेदं ब्रह्मेति निश्चयः ।
एष एव क्षय[1]स्तस्या ब्रह्मेदमिति निश्चयः ॥ १९ ॥
ब्रह्म चिद्ब्रह्म [2]भुवनं ब्रह्म भूतपरम्परा ।
ब्रह्माहं ब्रह्म [3]चिच्छत्रुर्ब्रह्म चिन्मित्रबान्धवाः ॥ २० ॥
ब्रह्मैव सर्वमित्येव भाविते ब्रह्म वै पुमान् ।
सर्वत्रावस्थितं शान्तं चिद्ब्रह्मेत्यनु[4]भूयते ॥ २१ ॥
असंस्कृताध्वगालोके मनस्यन्यत्र संस्थिते ।
या प्रतीतिरनागस्का तच्चिद्ब्रह्मास्मि सर्वगम् ॥ २२ ॥
प्रशान्तसर्वसंकल्पं विगता[5]खिलकौतुकम् ।
विगताशेषसंरम्भं चिदात्मानं समाश्रय ॥ २३ ॥
एवं पूर्णधियो धीराः समा नीरागचेतसः ।
न नन्दन्ति न निन्दन्ति जीवितं मरणं तथा ॥ २४ ॥

तृष्णा मां स्वातिरिक्तं स्मारयति किं करोमीत्यत आह—**अध्यात्मेति**। **तृष्णैव विषविपूचिका** विषवत् विश्वगञ्चनात् परागभावपिशाचात्मिका परागभावग्रासप्रत्यगभिन्नं ब्रह्मास्मीति बोधमन्त्रेण **क्षीयते । यथा शरदा मिहिका** अभ्रं क्षीयते तथा वितृष्णं ब्रह्मास्मीति ज्ञानेन तृष्णा क्षीयत इत्यर्थः ॥ १४ ॥ सर्वतृष्णावासनात्यागाधिकरणस्य त्यागसापेक्षाधिकरणताऽपाये निर्विशेषत्वेन सत्तासामान्यरूपत्वात् ब्रह्मविदः तदेव कैवल्यं वदन्तीत्याह—**परिज्ञायेति**। ब्रह्मातिरिक्तं शशविषाणवत् नास्तीति **परिज्ञाय** । स्वातिरिक्तापह्नवसिद्धस्य **सत्तासामान्यरूपत्वात्** ॥ १५ ॥ सबीजनिर्बीजवासनाविलयौ बन्धमोक्षहेतू भवत

[1] स्तस्य—उ. [2] भव—अ, अ १. [3] वि—अ, अ १, अ २.
[4] भूयताम्—उ, उ १. [5] शेष—उ, उ १.

इत्याह—**यत्रेति** ॥ १६ ॥ यतो वासनाशेषोऽप्यनर्थकरः अतो निःशेषीकृतवासनो योगी तद्बीजक्षयानुरोधेन जीवन्मुक्तो विदेहमुक्तो वा स्यादित्याह—**वासनाया इति** ॥ १७–१८ ॥ अन्यथा ग्रहणं आविद्यकं, यथावद्वेदनसिद्धं ब्रह्मेत्याह—**एतावदिति** ॥ १९ ॥ स्वाज्ञदशायां यन्नानात्वेन अभिमतं स्वज्ञदशायां तत्सर्वं ब्रह्मेत्याह—**ब्रह्मेति** ॥ २० ॥ ज्ञानफलमाह—**ब्रह्मैवेति** । अतः सर्वरूपेण **सर्वत्रावस्थितं** वस्तुतः सर्वकलनाशान्तम् ॥ २१ ॥ किमिति? **असंस्कृतेति** । "पराञ्चि खानि व्यतृणत् स्वयंभूः" इति श्रुत्यनुरोधेन वेदान्तश्रवणाद्य-संस्कृताध्वानं पराग्भावं गच्छन्तीति **असंस्कृताध्वगानि** इन्द्रियाणि तेषामालोकदे **मनसि** पराग्भावात् **अन्यत्र** प्रत्यगभिन्नब्रह्मणि **संस्थिते** सति **या अनागस्का** निर्दुष्टा **प्रतीतिः** ज्ञप्तिः उदेति **तदेव सर्वगं ब्रह्मास्मीति सूरिभिः** अद्याप्यनुभूयत इत्यर्थः ॥ २२ ॥ त्वमपि तमेवाश्रयेत्याह—**प्रशान्तेति** । स्वावशेषधिया **समाश्रय** ॥ २३ ॥ न त्वमेव आश्रयसि, किंतु—**एवमिति** । स्वावशेषधिया चिदात्मानमाश्रित्य **न नन्दन्ति** ॥ २४ ॥

अनात्मभ्रमनिवृत्त्यर्थं सहजप्राणायामविधिः

प्राणोऽयमनिशं ब्रह्मन् स्पन्दशक्तिः सदागतिः ।
सबाह्याभ्यन्तरे देहे प्राणोऽसावूर्ध्वगः स्थितः ॥ २५ ॥

अपानोऽप्यनिशं ब्रह्मन् स्पन्दशक्तिः सदागतिः ।
सबाह्याभ्यन्तरे देहे अपानोऽयमवाक् स्थितः ॥ २६ ॥

जाग्रतः स्वपतश्चैव प्राणायामो य उत्तमः ।
प्रवर्तते ह्य[1]भिज्ञस्य तत्तावच्छ्रेयसे शृणु ॥ २७ ॥

द्वादशाङ्गुलपर्यन्तं बाह्यमाक्रमतां ततः ।
प्राणानामङ्गसंस्पर्शो यः स पूरक उच्यते ॥ २८ ॥

[1] भीक—उ.

अपानश्चन्द्रमा देहमाप्याययति सुव्रत ।

प्राणः सूर्योऽग्निरथ वा पचत्यन्त[1]रिदं वपुः ॥ २९ ॥

प्राणक्षयसमीपस्थमपानोदयकोटि[2]गम् ।

अपानप्राणयोरैक्यं चिदात्मानं समाश्रय ॥ ३० ॥

अपानोऽस्तंगतो यत्र प्राणो नाभ्युदितः क्षणम् ।

कलाकलङ्करहितं तच्चित्तत्त्वं समाश्रय ॥ ३१ ॥

नापानोऽस्तंगतो यत्र प्राणश्चास्तमुपागतः ।

नासाग्रगमनावर्तं तच्चित्तत्त्वमुपाश्रय ॥ ३२ ॥

यदि स्वातिरिक्तं अस्ति नास्तीति विभ्रमत्यागं दुष्करं मन्यसे तदा प्राणापानेयत्तापरिज्ञानपूर्वकं सहजप्राणायामं कुर्वन् प्राणापानैक्याविर्भूतं यच्चिन्मात्रमवशिष्यते तत् स्वावशेषधिया समाश्रयेत्याह—प्राण इति ॥२५–२६॥ जाग्रत्स्वप्नयोरपि सहजप्राणायामः श्रेष्ठः इत्याह—जाग्रत इति ॥ २७ ॥ पूरकादिप्रकारमाह—द्वादशेति । सहजोच्छ्वासरूपप्राणोऽयं नासापुटात् बाह्ये द्वादशांगुलावधि प्रसरतीति यत् तत् बाह्यपूरकमुच्यते । पुनः अपानव्यापारं विना क्षणमात्रावस्थानं बाह्यकुंभक उच्यते । ततः पुनः अपानव्यापारो बाह्यरेचकमुच्यते । एवमन्तः पूरकादिः योगशास्त्रप्रकाशकोपनिषत्सु बहुधा प्रपञ्चितः ॥ २८ ॥ अपानादिकार्यमाह—अपान इति ॥ २९ ॥ बाह्ये प्राणापानसन्ध्याधारमात्मानमाश्रयेत्याह—प्राणेति । यत्र नासापुटद्वादशांगुल-परिमितबाह्यप्रदेशे प्राणः क्षीयते तत्समीपे तल्लयाधारतया तिष्ठतीति प्राणक्षयसमीपस्थं, तत्रैव खल्वपान उदेति । प्राणापानयोः कोटिः सन्धिः, तदपानोत्पत्त्याधारतां गच्छतीति अपानोदयकोटिगम् । एवमपानप्राणयोः प्रत्यक्परयोः ऐक्यसिद्धं चिदात्मानं ध्यायस्वेत्यर्थः ॥ ३० ॥ यथा बाह्ये तथा

[1] रितं—अ, अ २, क.   [2] कम्—उ, ग्रम्—अ २.

अन्तः अपान इति । यत्र अन्तर्हृदये अपानोऽस्तं गतः क्षणं प्राणोऽपि नाभ्युदितः यत्तदन्तराळावस्थं प्राणादिनामान्तषोडशकलाकळङ्करहितं तत् चित्तत्त्वं भावयेत्यर्थः ॥ ३१ ॥ किंच—नापान इति । यत्र नासाग्रे नापानोऽस्तं गतः प्राणश्चास्तं गतो भवति यन्नासाग्रगमनावर्तम् । एवं सहजोच्छ्वासनिश्वाससन्धौ हृदये नासाग्रे बाह्ये च यदि योगी चित्तत्त्वानुसन्धानं करोति तदाऽचिरादेव बाह्यन्तर्नासापरिच्छेदविरळं सन्निष्प्रतियोगिकचिन्मात्रतया योगी अवशिष्यते । तस्मात् सहजयोगः सर्वयोगेभ्यो वरीयानित्यर्थः ॥ ३२ ॥

सर्वचैत्यकलनात्यागेन ब्रह्मज्ञानप्राप्तिः

आभासमात्रमेवेदं न सन्नासज्जगत्त्रयम् ।
इत्यन्यकलनात्यागं सम्यग्ज्ञानं विदुर्बुधाः ॥ ३३ ॥
आभासमात्रकं ब्रह्मन् चित्तादर्शकलङ्कितम् ।
ततस्तदपि संत्यज्य निराभासो भवोत्तम ॥ ३४ ॥
भयप्रदमकल्याणं धैर्यसर्वस्वहारिणम् ।
मनःपिशाचमुत्सार्य योऽसि सोऽसि स्थिरो भव ॥ ३५ ॥
चिद्व्योमेव किलास्तीह परापरविवर्जितम् ।
सर्वत्रासंभवच्चैत्यं यत् कल्पान्तेऽवशिष्यते ॥ ३६ ॥
वाञ्छाक्षणे तु या तुष्टिस्तत्र वाञ्छैव कारणम् ।
तुष्टिस्त्वतुष्टिपर्यन्ता तस्माद्वाञ्छां परित्यज ॥ ३७ ॥
आशा यातु निराशात्वमभावं यातु भावना ।
अमनस्त्वं मनो यातु [1]तवासङ्गेन जीवतः ॥ ३८ ॥

[1] तथा—अ २.

वासनारहितैरन्तरिन्द्रियैराहरन् क्रियाः ।
न विकारमवाप्नोषि खवत् क्षोभशतैरपि ॥ ३९ ॥
चित्तोन्मेषनिमेषाभ्यां संसारप्रलयोदयौ ।
वासनाप्राणसंरोधादनुन्मेषं मनः कुरु ॥ ४० ॥
प्राणोन्मेषनिमेषाभ्यां संसृतेः प्रलयोदयौ ।
तमभ्यासप्रयोगाभ्यामुन्मेषरहितं कुरु ॥ ४१ ॥
मौर्ख्योन्मेषनिमेषाभ्यां कर्मणां प्रलयोदयौ ।
तद्विलीनं कुरु बलाद्गुरुशास्त्रार्थसंगमैः ॥ ४२ ॥
असंवित्स्पन्द[1]मात्रेण याति चित्तमचित्तताम् ।
प्राणानां वा निरोधेन तदेव परमं पदम् ॥ ४३ ॥
दृश्यदर्शनसंबन्धे यत् सुखं पारमार्थिकम् ।
[2]तदन्तैकान्तसंवित्त्या ब्रह्मदृष्ट्याऽवलोकय । ४४ ॥
यत्र नाभ्युदितं चित्तं तद्वै सुखमकृत्रिमम् ।
क्षयातिशयनिर्मुक्तं नोदेति न च शाम्यति ॥ ४५ ॥
ज्ञस्य चित्तं न चित्ताख्यं चित्तं चित्तत्त्वमेव हि ।
तदेव तुर्यावस्थायां तुर्यातीतं भवत्यतः ॥ ४६ ॥
संन्यस्तसर्वसंकल्पः समः शान्तमना मुनिः ।
संन्यासयोगयुक्तात्मा ज्ञानवान् मोक्षवान् भव ॥ ४७ ॥
सर्वसंकल्पसंशान्तौ प्रशान्तघनवासनम् ।
न किंचिद्भावनाकारं यत्तद्ब्रह्म परं विदुः ॥ ४८ ॥

[1] रूपेण—अ.

[2] तदेकान्तरसं—अ.

नामरूपवज्जगतः सत्त्वात् कथं चिन्मात्रसिद्धिः इत्यत्र जगतः स्वाज्ञविकल्पितत्वेनाभासमात्रत्वात् चिन्मात्रसिद्धिः निरंकुशेत्याह—**आभासेति** । आभासतोऽपि जगन्नास्तीति वृत्तिरेव सम्यज्ज्ञानमित्याह—इतीति ॥ ३३ ॥ त्वं सम्यज्ज्ञानमवष्टभ्य निराभासो भवेत्याह—आभासेति ॥ ३४ ॥ किं च—**भयप्रदमिति** । भीहेतुमनस्तत्कार्यापह्नवतो यदवशिष्यते तदेव त्वमसीत्यर्थः ॥ ३५ ॥ यद्भवाम्यहं तत् कीदृशमित्यत्र—**चिद्धयोमैवेति** । सामान्यविशेषवच्चैत्यासंभवप्रबोधसिद्धं यदवशिष्यते तदेव त्वमसीत्यर्थः । **कल्पान्ते** कल्पनावसान इत्यर्थः ॥ ३६ ॥ चैत्यासंभवः कथं? वाञ्छाभावनादीनां विद्यमानत्वं यदि मन्यसे—**वाञ्छेति** ॥ ३७ ॥ किं च—आशेति । स्वातिरिक्तविषयकाशा ॥ ३८ ॥ सर्वानर्थमूलवासनात्यागतः पूर्ववत् न विकारमवाप्नोषीत्याह—**वासनेति** । पूर्ववत् **न विकारमवाप्नोषि** ॥३९॥ स्वातिरिक्तसंसारास्तित्वनास्तित्वे चित्तसत्त्वासत्त्वायत्ते, तन्नाशतः तच्छान्तिः भवतीत्याह—**चित्तेति** ॥ ४० ॥ किमप्यवेदनतः चित्तनाशवत् प्राणं कामं च निर्मूलयेत्याह—**प्राणेति** । सुषुम्नायां विलयं **कुरु** ॥ ४१ ॥ इदं कामनीयं इदं अकामनीयं इति युक्तायुक्तविकलः काम एव मूर्खः, तत्क्षयतः कर्मक्षयं कुर्वित्याह—**मौर्ख्येति** । ब्रह्मातिरेकेण कामनीयविषयासंभवतः कामो नास्तीति **तद्विलीनं कुरु** ॥ ४२ ॥ चित्तप्राणनैश्चल्यतो यद्विभाति तदेव पदमित्याह—**असंविदिति** । अप्राणब्रह्मपदं प्राणो भजतीति यत् **तदेव परमं पदम्** ॥ ४३ ॥ तत्त्वंपदलक्ष्यैक्यजसुखं ब्रह्मेति पश्येत्याह—**दृश्येति** ॥ ४४ ॥ किं तत् प्रत्यग्ब्रह्मैक्यजं सुखं इत्यत्र—**यत्रेति** ॥ ४५ ॥ "ब्रह्मातिरिक्तं न किंचिदस्ति" इति यो जानाति तच्चित्तं ब्रह्मेत्याह—**ज्ञस्येति** ॥ ४६ ॥ स्वातिरिक्तसङ्कल्पसंन्यासतः कृतार्थो भवेत्याह—**संन्यस्तेति** ॥ ४७ ॥ यत्र सङ्कल्पप्रभवभावना समाप्यते तदेव ब्रह्मेत्याह—**सर्वेति** ॥ ४८ ॥

साङ्ख्ययोगाभ्यां परमपदप्राप्तिः

सम्यज्ज्ञानावरोधेन नित्यमेकसमाधिना ।
सांख्य एवावबुद्धा ये ते सांख्या योगिनः परे ॥ ४९ ॥

प्राणाद्यनिलसंशान्तौ युक्त्या ये पदमागताः ।
अनामयमनाद्यन्तं ते स्मृता योगयोगिनः ॥ ५० ॥
उपादेयं तु सर्वेषां शान्तं पदमकृत्रिमम् ।
एकार्थाभ्यसनं प्राणरोधश्चेतःपरिक्षयः ॥ ५१ ॥
एकस्मिन्नेव संसिद्धे संसिध्यन्ति परस्परम् ।
अविनाभाविनी नित्यं जन्तूनां प्राणचेतसी ॥ ५२ ॥
आधाराधेयवच्चैते एकभावे विनश्यतः ।
कुरुतः स्वविनाशेन कार्यं मोक्षाख्यमुत्तमम् ॥ ५३ ॥
सर्वमेतद्धिया त्यक्त्वा यदि तिष्ठसि निश्चलः ।
तदाऽहंकारविलये त्वमेव परमं पदम् ॥ ५४ ॥
महाचिदेकैवेहास्ति महासत्तेति योच्यते ।
निष्कलङ्का समा शुद्धा निरहंकाररूपिणी ॥ ५५ ॥
सकृद्विभाता विमला नित्योदयवती समा ।
सा ब्रह्म परमात्मेति नामभिः परिगीयते ॥ ५६ ॥

अभावनासिद्धं ब्रह्म केचन वेदान्तश्रवणादिना जानन्ति, ते साङ्ख्याः, केचन ज्ञानसहकृतयोगाभ्यासेन जानन्ति, ते योगिनो भवन्तीत्याह—**सम्यगिति** । स्वातिरिक्ताविद्यापदतत्कार्यजातापह्नवसिद्धं ब्रह्म निष्प्रतियोगिकत्वमात्रमिति यत् सङ्ख्यातं गणितं स्मृतं अवगतं तत् सङ्ख्यं, तदेव साङ्ख्यं निष्प्रतियोगिकब्रह्ममात्रज्ञानं, **साङ्ख्य एवावबुद्धाः** ये ते साङ्ख्याः, **योगिनः परे** । सांख्ये इति सप्तमी तृतीयार्था । ये स्वात्मानं साङ्ख्येन जानन्ति ते साङ्ख्याः ज्ञानयोगिन इत्यर्थः ॥ ४१ ॥ **योगयोगिनस्तु** ज्ञानसहितयमाद्यष्टांगयोगोपायेन **प्राणाद्यनिलसंशान्तौ** सुषुम्नां प्रविश्य लयं गतेऽथ स्वातिरिक्तकलनाकल्पकमनसि सरूपविलयं

विरूपविलयं वा गतेऽथ मनःप्राणापह्नवसिद्धं ब्रह्म स्वमात्रमवशिष्यत इति युक्त्या ये पदमागताः ॥ ५० ॥ साङ्ख्ययोगिगम्यं भिद्यत इत्यत आह—**उपादेयमिति**। साङ्ख्यैः यत्पदमाप्यं तदेव योगिभिः आप्यते नेतरत् इत्यत्र—"यत्साङ्ख्यैः, प्राप्यते स्थानं तद्योगैरपि गम्यते" इति स्मृतेः । योगसाङ्ख्ययोः एकार्थसाधकत्वेन न तयोः भेदोऽस्तीत्यत्र—**एकार्थेति** ॥ ५१ ॥ तयोर्मध्ये—**एकस्मिन्नेवेति** । प्राणचेतसोरविनाभावं तयोः एकार्थलयतो मोक्षहेतुत्वं चाह—**अविनाभाविनीति** ॥ ५२–५३ ॥ स्वचित्तविकल्पितस्वातिरिक्तभ्रमं त्यजसि चेत् स्वयमेव अवशिष्यस इत्याह—**सर्वमिति** ॥ ५४ ॥ प्रत्यक्परचितोर्भेदः स्यादित्याशङ्क्य प्रत्यक्परादिशब्दैः महाचिदेकैव गीयते, न हि अनयोः भेदोऽस्तीत्याह—**महाचिदिति** ॥ ५५ ॥ स्वावृत्यसंभवात् सकृद्विभाता ॥५६॥

गुरोः स्वानुभवप्रकटनम्

सैवाहमिति निश्चित्य निदाघ कृतकृत्यवान् ।
न भूतं न भविष्यच्च चिन्तयामि कदाचन ॥ ५७ ॥

दृष्टिमालम्ब्य तिष्ठामि वर्तमानामिहात्मना ।
इदमद्य मया लब्धमिमं प्राप्स्यामि सुन्दरम् ॥ ५८ ॥

न स्तौमि न च निन्दामि [1]आत्मनोऽन्यन्नहि क्वचित् ।
न तुष्यामि शुभप्राप्तौ न खिद्याम्यशुभागमे ॥ ५९ ॥

प्रशान्तचापलं वीतशोकमस्तसमीहितम् ।
मनो मम मुने शान्तं तेन जीवाम्यनामयः ॥ ६० ॥

अयं बन्धुः परश्चायं ममायमयमन्यकः ।
इति ब्रह्मन् न जानामि संस्पर्शं न ददाम्यहम् ॥ ६१ ॥

[1] ह्यात्म—उ.

शिष्यप्रत्ययार्थं स्वानुभवं प्रकटयति—सैवेति । या प्रत्यक्परविभागासह-सत्तासामान्यरूपेण महाचिदवशिष्यते सैवाहम् ॥ ५७–६१ ॥

ब्रह्मभावाय चित्तनाशविधानम्

वासनामात्रसंत्यागाज्जरामरणवर्जितम् ।
सवासनं मनो ज्ञानं ज्ञेयं निर्वासनं मनः ॥ ६२ ॥
चित्ते त्यक्ते लयं याति द्वैतमेतच्च सर्वतः ।
शिष्यते परमं शान्तमेकमच्छमनामयम् ॥ ६३ ॥
अनन्तमजमव्यक्तमजरं शान्तमच्युतम् ।
अद्वितीयमनाद्यन्तं यदाद्यमुपलम्भनम् ॥ ६४ ॥
एकमाद्यन्तरहितं चिन्मात्रममलं ततम् ।
खादप्यतितरां सूक्ष्मं तद्ब्रह्मासि न संशयः ॥ ६५ ॥
दिक्कालाद्यनवच्छिन्नं स्वच्छं नित्योदितं ततम् ।
सर्वार्थमयमेकार्थं चिन्मात्रममलं भव ॥ ६६ ॥
सर्वमेकमिदं शान्तमादिमध्यान्तवर्जितम् ।
भावाभावमजं सर्वमिति मत्वा सुखी भव ॥ ६७ ॥
न बद्धोऽस्मि न मुक्तोऽस्मि ब्रह्मैवास्मि निरामयम् ।
द्वैतभावविमुक्तोऽस्मि सच्चिदानन्दलक्षणः ।
एवं भावय यत्नेन जीवन्मुक्तो भविष्यसि ॥ ६८ ॥
पदार्थवृन्दे देहादिधिया संत्यज्य दूरतः ।
आशीतलान्तःकरणो नित्यमात्मपरो भव ॥ ६९ ॥

इदं रम्यमिदं नेति बीजं ते दुःखसंततेः ।
तस्मिन् साम्याग्निना दग्धे दुःखस्यावसरः कुतः ॥ ७० ॥

स्वानुभवं प्रकटयित्वा हे निदाघ त्वमपि नानावासनाकलितं चित्तमुन्मूलयसि चेत् अचित्तचैत्यं ब्रह्मैव भवसीत्याह—वासनेति ॥ ६२ ॥ सशुभाशुभवासने चित्ते । द्वैतप्रळयान्निष्प्रतियोगिकं अद्वैतं शिष्यते ॥ ६३–६५ ॥ किं तद्ब्रह्म ? इत्यत्र—दिगिति । त्रिपरिच्छेदशून्यत्वात् दिक्कालाद्यनवच्छिन्नम् । तर्हि नानार्थं ब्रह्मेत्यत्र सर्वव्यक्तीनां भिन्नत्वेऽपि तदनुस्यूतप्रतीचो नानाघटशरावाद्यनुगतव्योमवत् ब्रह्म सर्वार्थमयमेकार्थम् ॥ ६६ ॥ किं च—सर्वमिति ॥ ६७ ॥ जीवन्मुक्तिलाभोपायमाह—नेति ॥ ६८ ॥ किं च—पदार्थेति ॥६९॥ दुःखे सति आत्मपरत्वं कुत इत्यत्र दुःखबीजाभावात् आत्मपरत्वमुपपद्यत इत्याह—इदमिति ॥ ७० ॥

शास्त्रार्थज्ञानध्यानादिभिः अद्वैतात्मलाभः

शास्त्रसज्जनसंपर्कैः प्रज्ञामादौ विवर्धयेत् ॥ ७१ ॥
ऋतं सत्यं परं ब्रह्म सर्वसंसारभेषजम् ।
अत्यर्थममलं नित्यमादिमध्यान्तवर्जितम् ॥ ७२ ॥
तथाऽस्थूलमनाकाशमसंस्पृश्यमचाक्षुषम् ।
न रसं न च गन्धाख्यमप्रमेयमनूपमम् ॥ ७३ ॥
आत्मानं सच्चिदानन्दमनन्तं ब्रह्म सुव्रत ।
अहमस्मीत्यभिध्यायेद्देहातीतं विमुक्तये ॥ ७४ ॥
समाधिः संविदुत्पत्तिः परजीवैकतां प्रति ।
नित्यः सर्वगतो ह्यात्मा कूटस्थो दोषवर्जितः ॥ ७५ ॥
एकः सन् भिद्यते भ्रान्त्या मायया न स्वरूपतः ।
तस्मादद्वैत एवास्ति न प्रपञ्चो न संसृतिः ॥ ७६ ॥

यथाऽऽकाशो घटाकाशो महाकाश इतीरितः ।
तथा भ्रान्तेर्द्विधा प्रोक्तो ह्यात्मा जीवेश्वरात्मना ॥ ७७ ॥
यदा मनसि चैतन्यं भाति सर्वत्रगं सदा ।
योगिनोऽव्यवधानेन तदा संपद्यते स्वयम् ॥ ७८ ॥
यदा सर्वाणि भूतानि स्वात्मन्येव हि पश्यति ।
सर्वभूतेषु चात्मानं ब्रह्म संपद्यते तदा ॥ ७९ ॥
यदा सर्वाणि भूतानि समाधिस्थो न पश्यति ।
एकीभूतः परेणासौ तदा भवति केवलः ॥ ८० ॥

मुमुक्षुः स्वात्मलाभाय श्रुत्याचार्यप्रसादतः प्रज्ञां वर्धयन् "ऋतम्" इत्यादिविशेषणविशिष्टं ब्रह्मास्मीति ध्यायेत् इत्याह—शास्त्रेति ॥ ७१ ॥ तया किं ध्येयं? इत्यत्र व्यावहारिकं पारमार्थिकं च अपरं परं वा ऋतमित्यादि ॥ ७२–७४ ॥ एवं ध्यानेन किं स्यात् इत्यत्राद्वैतात्मा प्रसीदतीत्याह—समाधिरिति । एवं ध्याने कृतेऽथ समाधिः । ध्यानतः प्रत्यक्परैक्यविषयकज्ञानमुदेति, ततः समाधिः, परमात्मा प्रादुर्भवतीत्याह—नित्य इति ॥ ७५ ॥ यस्मादेवं तस्मात् ॥ ७६ ॥ जीवेशभेदे सति अद्वैतसिद्धिः कुतः इत्यत आह—यथेति । परमार्थदृष्ट्या उपाधिविनिर्मुक्तमहाकाशवदात्मा एक एवेत्यर्थः ॥ ७७ ॥ यदैवं अद्वैतात्मानं योगी जानाति तदा निर्विशेषज्ञानसमकालं अयं केवलब्रह्मैव भवतीत्याह—यदेति । तदा ब्रह्म संपद्यते स्वयम् ॥ ७८ ॥ किं च—यदेति ॥ ७९ ॥ किं च—स्वातिरेकेण यदा सर्वाणीति ॥ ८० ॥

सप्तभूमिकाज्ञानतो मोक्षप्राप्तिः

शास्त्रसज्जनसंपर्कवैरा[1]ग्याभ्यासरूपिणी ।
प्रथमा भूमिकैषोक्ता मुमुक्षुत्वप्रदायिनी ॥ ८१ ॥

[1] ग्यरसं—अ २, क.

विचारणा द्वितीया स्यात् तृतीया साङ्गभावना ।
विलायिनी चतुर्थी स्याद्वासनाविलयात्मिका ॥ ८२ ॥
शुद्धसंविन्मयाऽऽनन्दरूपा भवति पञ्चमी ।
अर्धसुप्तप्रबुद्धाभो जीवन्मुक्तोऽत्र तिष्ठति ॥ ८३ ॥
असंवेदनरूपा च षष्ठी भवति भूमिका ।
आनन्दैकघनाकारा सुषुप्तसदृशी स्थितिः ॥ ८४ ॥
तुर्यावस्थोपशान्ता सा मुक्तिरेव हि केवला ।
समता स्वच्छता सौम्या सप्तमी भूमिका भवेत् ॥ ८५ ॥
तुर्यातीता तु याऽऽवस्था परा निर्वाणरूपिणी ।
सप्तमी सा परा प्रौढा विषयो नैव जीवताम् ॥ ८६ ॥
पूर्वावस्थात्रयं तत्र जाग्रदित्येव संस्थितम् ।
चतुर्थी स्वप्न इत्युक्ता स्वप्नाभं यत्र वै जगत् ॥ ८७ ॥
आनन्दैकघनाकारा सुषुप्ताख्या तु पञ्चमी ।
असंवेदनरूपा तु षष्ठी तुर्यपदाभिधा ॥ ८८ ॥
तुर्यातीतपदावस्था सप्तमी भूमिकोत्तमा ।
मनोवचोभिरग्राह्या स्वप्रकाशसदात्मिका ॥ ८९ ॥
अन्तः प्रत्याहृतिवशाच्चैत्यं चेन्न विभावितम् ।
मुक्त एव न संदेहो महासमतया तथा ॥ ९० ॥

निर्विशेषब्रह्मसौधविशालसोपानोपमसप्तभूमिकालक्षणं कीदृशं इत्यत आह— शाखेति ॥ ८१–८३ ॥ सैव आनन्दैकघनाकारा ॥ ८४ ॥ इयं सप्तमी भूमिका जीवन्मुक्तानां विषयो न भवति, किंतु विदेहमुक्तात्मरूपेयमित्यर्थः

॥ ८५–८६ ॥ ज्ञानिजाग्रदादेः अज्ञानिजाग्रदादिवैलक्षण्यमाह—**पूर्वेति** । अभ्यासविचारणसांगभावनात्मकं **पूर्वावस्थात्रयम्** । या विलायिनी इति ख्याता सेयं **चतुर्थी** ॥ ८७ ॥ या संविदानन्दरूपिणी सेयं **आनन्दैकघनाकारेति** ॥ ८८–८९ ॥ अभ्यासादिसप्तभूमिका सम्यक् विवेचिता । एवं सप्तभूमिकाज्ञानतो येन स्वातिरिक्तं न भावितं स मुक्तो भवतीत्याह—**अन्तरिति** ॥ ९० ॥

जीवन्मुक्तस्य शोकाभावः

न म्रिये न च जीवामि नाहं सन्नाप्यसन्मयः ।
[1]अहं न [2]किंचिच्चिदिति मत्वा धीरो न शोचति ॥ ९१ ॥
अलेपकोऽहमजरो नीरागः शान्तवासनः ।
निरंशोऽस्मि चिदाकाशमिति मत्वा न शोचति ॥ ९२ ॥
अहंमत्या विरहितः शुद्धो बुद्धोऽजरोऽमरः ।
शान्तः शमसमाभास इति मत्वा न शोचति ॥ ९३ ॥
तृणाग्रेष्वम्बरे भानौ नरनागामरेषु च ।
यस्तिष्ठति तदेवाहमिति मत्वा न शोचति ॥ ९४ ॥

एवंविदो जीवन्मुक्तस्यापि देहादिसत्त्वेन तद्विषयकशोकः स्यादित्यत आह—**नेति** ॥ ९१ ॥ किं च—**अलेपक** इति ॥ ९२–९३ ॥ **तदेव** स एव ॥ ९४ ॥

अनात्मभावनात्यागपुरस्सरं आत्ममात्रभावनाविधिः

भावनां सर्वभावेभ्यः समुत्सृज्य समुत्थितः ।
अवशिष्टं परं ब्रह्म केवलोऽ[3]स्मीति भावय ॥ ९५ ॥

[1] अहं तु—अ १. [2] त्वं च चि—अ. [3] स्तीति—उ.

वाचामतीतविषयो विषयाशादशोज्झितः ।
परानन्दरसाक्षुब्धो रमते स्वात्मनाऽऽत्मनि ॥ ९६ ॥
सर्वकर्मपरित्यागी नित्यतृप्तो निराश्रयः ।
न पुण्येन च पापेन नेतरेण च लिप्यते ॥ ९७ ॥
स्फटिकः प्रतिबिम्बेन यथा नायाति रञ्जनम् ।
तज्ज्ञः [1]कर्मफलेनान्तस्तथा नायाति रञ्जनम् ॥ ९८ ॥
विहरन् जनतावृन्दे देहकर्तनपूजनैः ।
खेदाह्लादौ न जानाति प्रतिबिम्बगतैरिव ॥ ९९ ॥
निस्स्तोत्रो निर्विकारश्च पूज्यपूजाविवर्जितः ।
संयुक्तश्च वियुक्तश्च सर्वाचारनयक्रमैः ॥ १०० ॥
तनुं त्यजतु वा तीर्थे श्वपचस्य गृहेऽथ वा ।
ज्ञानसंपत्तिसमये मुक्तोऽसौ विगताशयः ॥ १०१ ॥
संकल्पत्वं हि बन्धस्य कारणं तत् परित्यज ।
मोक्षो भवेदसंकल्पात् तदभ्यासं धिया कुरु ॥ १०२ ॥
सावधानो भव त्वं च ग्राह्यग्राहकसंगमे ।
अजस्रमेव संकल्पदशाः परिहरन् शनैः ॥ १०३ ॥
मा भव ग्राह्यभावात्मा ग्राहकात्मा च मा भव ।
भावनामखिलां त्यक्त्वा यच्छिष्टं तन्मयो भव ॥ १०४ ॥
किंचिच्चेद्रोचते तुभ्यं तद्बद्धोऽसि भवस्थितौ ।
न किंचिद्रोचते चेत्ते तन्मुक्तोऽसि भवस्थितौ ॥ १०५ ॥

[1] कर्म—उ.

अस्मात् पदार्थनिचयाद्यावत् स्थावरजङ्गमात् ।
तृणादेर्देहपर्यन्तान्मा किंचित्तत्र रोचताम् ॥ १०६ ॥

त्वं तु स्वातिरिक्तभावनां विहाय स्वमात्रभावारूढो भवेत्याह—**भावनामिति** ॥ ९५ ॥ एवं केवलात्मदर्शी स्वात्ममात्ररतिः स्यादित्याह—**वाचामिति** ॥ ९६ ॥ स्वात्मरतेरप्यन्तःकरणयोगतः पुण्यपापलेपः स्यादित्यत आह—**सर्वेति** । कामसङ्कल्पादिना सह **सर्वकर्मेति** ॥ ९७ ॥ उक्तार्थमेव दृष्टान्तेन स्पष्टयति—**स्फटिक इति** ॥ ९८ ॥ इत्थंभूतो विद्वान् ब्रह्मभावनादृढिम्ना खेदादिकं न जानातीति सदृष्टान्तमाह—**विहरन्निति** ॥ ९९ ॥ एवं निष्प्रपञ्चदृष्टेरपि मुक्तिः पुण्यक्षेत्रमरणनिमित्ता इत्यत्राह—**निस्स्तोत्र इति** ॥ १०० ॥ "ज्ञानसमकालमेव मुक्तः" इति श्रुतेः ॥ १०१ ॥ त्वं आदौ बन्धहेतुसङ्कल्पं त्यजन् मुक्तिहेतुनिःसङ्कल्पं भजेत्याह—**सङ्कल्पेति** ॥ १०२ ॥ किं च—**सावधान इति** ॥१०३॥ कदाऽपि मा भव ॥ १०४ ॥ शिष्टात्मभावापत्तौ उपायमाह—**किंचिदिति** ॥ १०५–१०६ ॥

तुरीयावस्था

अहंभावानहंभावौ त्यक्त्वा सदसती तथा ।
यदसक्तं समं स्वच्छं स्थितं तत्तुर्यमुच्यते ॥ १०७ ॥
या [1]स्वच्छा समता शान्ता जीवन्मुक्तव्यवस्थितिः ।
साक्ष्यवस्था व्यवहृतौ सा तुर्या कलनोच्यते ॥ १०८ ॥
नैतज्जाग्रन्न च स्वप्नः संकल्पाना[2]मसंभवात् ।
सुषुप्तभावो नोऽप्येतदभावाज्जडतास्थितेः ॥ १०९ ॥
शान्तसम्यक्प्रबुद्धानां यथास्थितमिदं जगत् ।
विलीनं तुर्यमित्याहुरबुद्धानां स्थितं स्थिरम् ॥ ११० ॥

[1] स्वस्था—अ. [2] मभावनात्—उ.

अहंकारकलात्यागे समतायाः समुद्गमे ।
विशरारौ कृते चित्ते तुर्यावस्थोपतिष्ठते ॥ १११ ॥

स्वातिरिक्तसामान्यस्य शशविषाणवदवस्तुत्वेन रोचनानर्हत्वात् किं तत् रुच्यर्हमित्यत्र · तुर्यमित्याह—अहमिति । देहादौ अहंभावेति । चाक्षुषाचाक्षुषवस्तुगोचरवृत्तिं च त्यक्त्वा यदसक्तमिति ॥ १०७ ॥ केयं तुर्यरूपिणी स्थितिरित्यत्र—येति ॥ १०८ ॥ तस्या जाग्रदादिभ्रमं वारयति—नैतदिति ॥ १०९ ॥ स्वज्ञानदृशां जगद्ब्रह्मैव, स्वाज्ञदृशां तु ब्रह्मैव जगदित्याह—शान्तेति। स्वातिरिक्तशान्तसम्यक्प्रबुद्धानां सम्यज्ज्ञानिनां यथास्थितमिदं जगत् स्वाज्ञगोचरमिदं जगत् यथास्थितं ब्रह्मैव जगद्विलयाधिष्ठानत्वात् ॥ ११० ॥ केयं तुर्यावस्था इत्यत आह—अहङ्कारेति। देहादौ अहङ्कारेति। सर्वसमब्रह्मगोचरेयं समता तस्याः समुद्गमे सम्यगुद्गमो लाभः तस्मिन् समतावृत्तिप्रादुर्भावे विशरारौ कृते चित्ते—"प्रणवो धनुः शरो ह्यात्मा" इति श्रुत्यनुरोधेन मनो हि शरः उच्यते, शरो यत्र विलीयते स विशरः अमनीभावः निर्विकल्पकसमाधिः, विशरे निर्विकल्पकसमाधौ[आ]रोहति प्रादुर्भवतीति विशरारुः प्रत्यगभिन्नपरमात्मा, तस्मिन् चित्ते तु लयं कृते सत्यथ तुर्यावस्थोपतिष्ठते ॥ १११ ॥

अध्यात्मशास्त्रसिद्धान्तः

सिद्धान्तोऽध्यात्मशास्त्राणां सर्वापह्नव एव हि ।
नाविद्याऽस्तीह नो माया शान्तं ब्रह्मेदमक्लमम् ॥ ११२ ॥
शान्त एव चिदाकाशे स्वच्छे[1]शमसमात्मनि ।
[2]समस्तशक्तिखचिते ब्रह्मेति कलिताभिधे ॥ ११३ ॥
सर्वमेव परित्यज्य महामौनी भवानघ ।
निर्वाणवान् निर्मननः क्षीणचित्तः प्रशान्तधीः ॥ ११४ ॥

[1] शम—अ, अ १. [2] समग्र—अ, अ १, क.

आत्मन्येवास्स्व शान्तात्मा मूकान्धबधिरोपमः ।
नित्यमन्त[1]र्मुखः स्वच्छः स्वात्मनाऽन्तः प्रपूर्णधीः ॥ ११५ ॥
जाग्रत्येव [2]सुषुप्तस्थः कुरु कर्माणि वै द्विज ।
अन्तः सर्वपरित्यागी बहिः कुरु यथाऽऽगतम् ॥ ११६ ॥
चित्तसत्ता परं दुःखं चित्तत्यागः परं सुखम् ।
अतश्चित्तं [3]चिदाकाशे नय क्षयमवेदनात् ॥ ११७ ॥
दृष्ट्वा रम्यमरम्यं वा स्थेयं पाषाणवत् [4]सदा ।
एतावताऽऽत्मयत्नेन जिता भवति संसृतिः ॥ ११८ ॥

ईशाद्यष्टोत्तरशतवेदान्तपरमसिद्धान्तः कीदृशः इत्यत आह—**सिद्धान्त** इति । **सिद्धान्तोऽध्यात्मशास्त्राणां** ब्रह्मातिरिक्तस्य स्वाज्ञविकल्पितस्य सर्वस्य शशविषाणवत् अवस्तुतया **सर्वापह्नव एव हि** । मायातत्कार्ये सति कथं सर्वापह्नव उपपद्यते इत्यत्र **नाविद्याऽस्तीह नो माया** इति । कारणमायाऽभावे तत्कार्याविद्या कुत इत्यर्थः । यद्येवं तदा तदनुगतब्रह्माप्यपह्नवं भजतीत्यत आह—**शान्तं ब्रह्मेदमक्लममिति** । मायातत्कार्यशान्तं मायातत्कार्यापह्नवतो यन्न क्लमते न हीयते इत्यक्लमं निर्विशेषं ब्रह्म स्वमात्रमवशिष्यते इत्यर्थः ॥ ११२ ॥ एवं सर्वापह्नवसिद्धब्रह्ममात्रे स्वाज्ञदृष्टिप्रसक्तसर्वापह्नवं कृत्वा तूष्णींभावमेत्य मौनी भवेत्याह—**शान्त** इति । समस्तस्वातिरिक्तग्रसनशक्तिखचिते ॥ ११३ ॥ किं च—**निर्वाणवानिति** ॥११४॥ स्वातिरिक्तविषयग्रहणे **मूकान्धबधिरोपमः** । यदि रोचते तदा मनसा सर्वभावं त्यक्त्वा स्वाज्ञवत् बाह्यनटनं कुर्वित्याह—**नित्यमिति** ॥ ११५–११६ ॥ किमप्यवेदनात् सर्वानर्थकरं चित्तं विलाप्य तूष्णीं तिष्ठेत्याह—**चित्तेति** । यतः **चित्तसत्ता परं दुःखम्** ॥ ११७ ॥ एवं कृते त्वया स्वातिरिक्तभ्रान्तिः जिता भवतीत्युपसंहरति—**एतावतेति** ॥ ११८ ॥

[1] र्मुखे स्व—उ. र्मुखस्व—अ १, क. [2] सुषुप्ति—अ २, क.
[3] चिदेवात्मा—अ, अ १. [4] समम्—अ, अ २, क. सत्र:—अ १,

वेदान्तसंप्रदायविधिः

वेदान्ते परमं गुह्यं पुराकल्पप्रचोदितम् ।
नाप्रशान्ताय दातव्यं नापुत्रायाशिष्याय वै पुनः ॥ ११९ ॥
अन्नपूर्णोपनिषदं योऽधीते गुर्वनुग्रहात् ।
स जीवन्मुक्ततां प्राप्य ब्रह्मैव भवति स्वयम् ॥ १२० ॥

इत्युपनिषत् ॥

सर्ववेदान्तसम्प्रदायार्थं प्रकटयति—वेदान्त इति ॥ ११९ ॥ उपनिषत्पठनतदर्थवेदनफलमाह—अन्नपूर्णेति ॥ १२० ॥ इत्युपनिषच्छब्दः शास्त्रपरिसमाप्त्यर्थः ॥

इति पञ्चमोऽध्यायः

श्रीवासुदेवेन्द्रशिष्योपनिषद्ब्रह्मयोगिना ।
अन्नपूर्णोपनिषदो व्याख्यानं लिखितं लघु ।
अन्नपूर्णोपनिषदो व्याख्याग्रन्थस्तु षट्छतम् ॥

इति श्रीमदीशाद्यष्टोत्तरशतोपनिषच्छास्त्रविवरणे सप्ततिसङ्ख्यापूरकं
अन्नपूर्णोपनिषद्विवरणं सम्पूर्णम्

आत्मोपनिषत्

भद्रं कर्णेभिः—इति शान्तिः

पुरुषत्रैविध्यम्

अथाङ्गिरास्त्रिविधः पुरुषोऽजायतात्माऽन्तरात्मा परमात्मा चेति ॥ १–१ ॥

यत्रानात्मप्रपञ्चोऽयमपह्नवपदं गतः ।
प्रतियोगिविनिर्मुक्तः परमात्माऽवशिष्यते ॥

इह खलु अथर्वणवेदप्रविभक्तेयं आत्मोपनिषत् स्वातिरिक्तेयत्ताप्रकटनव्यग्रा स्वमात्रपर्यवसन्ना विजयते । अस्याः स्वल्पग्रन्थतो विवरणमारभ्यते । श्रुतिः अवान्तररूपेण आत्मान्तरात्मपरमात्मरूपं प्रकटयतीति यत् तद्विद्यास्तुत्यर्थम् । कदेयमवान्तररूपेण प्रवृत्तेत्यत्राह—अथेति । अथ यथोक्ताधिकारिसिद्ध्यनन्तरं अङ्गं स्वातिरिक्तं अङ्गि स्वमात्रं स्वाज्ञादिदृष्ट्यनुरोधेन त्रिधेव रातीत्यङ्गिराः परमात्मा त्रिविधः पुरुषोऽजायत ॥ १–१ ॥

आत्मस्वरूपम्

त्वक्चर्ममांसरोमाङ्गुष्ठाङ्गुल्यः पृष्ठवंशनखगुल्फोदरनाभिमेढ्र-कट्यूरुकपोलश्रोत्रभ्रूललाटबाहुपार्श्वशिरोऽक्षीणि भवन्ति जायते म्रियत इत्येष आत्मा ॥ १–२ ॥

तत्र स्वाज्ञविकल्पितात्मा कीदृश इत्यत आह—त्वगिति । स्वाज्ञदृष्ट्या स्थूलशरीरस्य आत्मत्वं उपपद्यते इत्यर्थः ॥ १–२ ॥

अन्तरात्मस्वरूपम्

अथान्तरात्मा नाम पृथिव्यापस्तेजोवायुराकाशमिच्छाद्वेषसुखदुःखकाममोहविकल्पनादिस्मृति[1]लिङ्ग उदात्तानुदात्तह्रस्वदीर्घ[2]प्लुतःस्खलितगर्जितस्फुटितमुदितनृत्तगीतवादित्र[3]प्रलयाविजृंभितादिभिः श्रोता घ्राता रसयिता नेता कर्ता विज्ञानात्मा पुरुषः [4]पुराणः[5]न्यायमीमांसाधर्मशास्त्राणीति श्रवणघ्राणाकर्षणकर्म[6]विशेषणं करोत्येषोऽन्तरात्मा ॥

स्वाज्ञादिदृष्टिविकल्पितान्तरात्मा कीदृश इत्यत आह—अथेति । पृथिव्यादिव्यष्टिसमष्टिप्रपञ्चेषु जीवसूत्रान्तर्यामिरूपेण अततीत्यन्तरात्मा भवतीत्यर्थः ॥ १–३ ॥

परमात्मस्वरूपम्

अथ परमात्मा नाम यथाऽक्षर उपासनीयः स च प्राणायामप्रत्याहारधारणाध्यानसमाधियोगानुमानात्मचिन्तकवटकणिका वा श्यामाकतण्डुलो वा वालाग्रशतसहस्रविकल्पनादिभिः स लभ्यते [7]नोपलभ्यते न जायते न म्रियते न शुष्यति न क्लिद्यते न दह्यते न कम्पते न भिद्यते न [8]स्विद्यते निर्गुणः साक्षिभूतः शुद्धो

[1] लिङ्गोदा—अ २, क.
[2] प्लुतस्ख—उ.
[3] प्रलयवि—अ २, क.
[4] पुराणं—अ २, उ १, क.
[5] न्यायो—अ १, अ २, उ १, क.
[6] विशेषं—अ.
[7] सोप—अ १, अ २, उ १.
[8] स्थीयते—अ. छिद्यते—मु.

निरवयवात्मा केवलः सूक्ष्मो निर्ममो निरञ्जनो निर्विकारः शब्दस्पर्शरूपरसगन्धवर्जितो निर्विकल्पो निराकांक्षः सर्वव्यापी सोऽचिन्त्योऽ[1]निर्वर्ण्यश्च पुनात्यशुद्धान्यपूतानि निष्क्रियस्तस्य संसारो नास्ति ॥ १–४ ॥

स्वज्ञदृष्ट्यनुभूयमानपरमात्मा कीदृशः इत्यत आह—अथेति । परमात्मा नाम कीदृश इत्यत्र यथा जीवकोटिभिरक्षरो बीजात्मा ईश्वरः उपासनीयः सन् उपलभ्यते तथा स चैवं परमाक्षरः परमात्मा ज्ञानसहितप्राणायामादिषडंगयोगानुमानात्मचिन्तकैः वालाग्रशतसाहस्रैकभागादपि सुसूक्ष्मतया सोऽहमिति चिन्त्यमानः सन्नुपलभ्यते । जन्मादिषड्भावविकारगुणत्रयादिविकल्पवैरळ्यान्निर्गुण इत्यादिविशेषणविशिष्टोऽनिर्वर्ण्यः केनापि वर्णयितुमशक्यत्वात् "यतो वाचो निवर्तन्ते" इत्यादिश्रुतेः । इत्थंभूतोऽपि परमात्मा स्वाज्ञविकल्पितानन्तकोटिब्रह्माण्डानि अपूतान्यपि सच्चिदानन्दरूपेण तत् सर्वं व्याप्य पुनाति । तथा चेदयं सक्रियः संसारी स्यादित्यतः आह—निष्क्रिय इति । स्वज्ञदृष्ट्या स्वातिरिक्तलेशाभावादद्वयः परमात्मेत्यर्थः ॥ १–४ ॥

वस्तुतो ब्रह्मणः अद्वयत्वनिरूपणम्

आत्मसंज्ञः शिवः शुद्ध एक एवाद्वयः सदा ।
ब्रह्मरूपतया ब्रह्म केवलं प्रतिभासते ॥ १ ॥
जगद्रूपतयाऽप्येतद्ब्रह्मैव प्रतिभासते ।
विद्याऽविद्यादिभेदेन भावाभावादिभेदतः ॥ २ ॥
गुरुशिष्यादिभेदेन ब्रह्मैव प्रतिभासते ।
ब्रह्मैव केवलं शुद्धं विद्यते तत्त्वदर्शने ॥ ३ ॥

[1] निर्वर्ण—अ, अ १,

न च विद्या न चाविद्या न जगच्च न चापरम् ।

सत्यत्वेन जगद्भानं संसारस्य प्रवर्तकम् ॥ ४ ॥

असत्यत्वेन भानं तु संसारस्य निवर्तकम् ।

आत्मान्तरात्मेत्यादिद्वैतस्य वर्णितत्वादद्वयत्वं कथं इत्यत आह—आत्मेति ॥ १ ॥ जगदादिरूपेण भानात् कथं ब्रह्मरूपतया भातीत्यत आह—जगदिति ॥ २ ॥ वस्तुतस्तु स्वाज्ञादिदृष्टिमोहे सत्यसति ब्रह्मैव केवलम् ॥ ३ ॥ अतस्मिन् तद्धीः संसारहेतुः अतस्मिन् अतद्धीः संसारनिवृत्तिहेतुः इत्याह—सत्यत्वेनेति ॥ ४ ॥

आत्मनः नित्यसिद्धत्वम्

घटोऽयमिति विज्ञातुं नियमः को न्वपेक्षते ॥ ५ ॥

विना प्रमाणसुष्ठुत्वं [1]यस्मिन् सति पदार्थधीः ।

अयमात्मा नित्यसिद्धः प्रमाणे सति भासते ॥ ६ ॥

न देशं नापि कालं वा न शुद्धिं वाऽप्यपेक्षते ।

देवदत्तोऽहमित्येतद्विज्ञानं निरपेक्षकम् ॥ ७ ॥

तद्वद्ब्रह्मविदोऽप्यस्य ब्रह्माहमिति वेदनम् ।

भानुनेव जगत् सर्वं भास्यते यस्य तेजसा ॥ ८ ॥

अनात्मकमसत्तुच्छं किं नु तस्यावभासकम् ।

वेदशास्त्रपुराणानि भूतानि सकलान्यपि ॥ ९ ॥

येनार्थवन्ति तं किं नु विज्ञातारं प्रकाशयेत् ।

[1] स्वस्मिन्—अ, अ १,

जगदपवादाधिकरणब्रह्मवेदने कोऽयं नियम इत्याकांक्षायां प्रमाणदृष्टिलाभे चित्तशुद्ध्यादिनियमसापेक्षेऽपि प्रमाणदृष्टौ सत्यां न कोऽपि नियमोऽस्तीति सदृष्टान्तमुपपादयति—घट इति ॥ ६–७ ॥ ब्रह्मदर्शनस्य प्रमाणसापेक्षकतया ब्रह्मावभासकं प्रमाणमित्यत आह—भानुनेति ॥ ८ ॥ यत् प्रमाणमिति मन्यसे तत् अनात्मकमिति ॥ ९ ॥

केवलात्मरतस्य कृतार्थत्वम्

क्षुधां देहव्यथां त्यक्त्वा बालः क्रीडति वस्तुनि ॥ १० ॥
तथैव विद्वान् रमते निर्ममो निरहं सुखी ।
कामान्निष्कामरूपी [1]संचरत्येकचरो मुनिः ॥ ११ ॥
स्वात्मनैव सदा तुष्टः स्वयं सर्वात्मना स्थितः ।
निर्धनोऽपि सदा तुष्टोऽप्यसहायो महाबलः ॥ १२ ॥
नित्यतृप्तोऽप्यभुञ्जानोऽप्यसमः समदर्शनः ।
कुर्वन्नपि न कुर्वाणश्चाभोक्ता फलभोग्यपि ॥ १३ ॥
शरीर्यप्यशरीर्येष परिच्छिन्नोऽपि सर्वगः ।
अशरीरं सदा सन्तमिमं ब्रह्मविदं क्वचित् ॥ १४ ॥
प्रियाप्रिये न स्पृशतस्तथैव च शुभाशुभे ।
तमसा ग्रस्तवद्भानादग्रस्तोऽपि रविर्जनैः ॥ १५ ॥
ग्रस्त इत्युच्यते भ्रान्त्या ह्यज्ञात्वा वस्तुलक्षणम् ।
तद्वद्देहादिबन्धेभ्यो विमुक्तं ब्रह्मवित्तमम् ॥ १६ ॥

[1] सन् चर—अ, अ १, अ २, क.

पश्यन्ति देहिवन्मूढाः शरीराभासदर्शनात् ।
अहिनिर्ल्वयनीवायं मुक्तदेहस्तु तिष्ठति ॥ १७ ॥

इतस्ततश्चाल्यमानो यत्किंचित्प्राणवायुना ।
स्रोतसा नीयते दारु यथा निम्नोन्नतस्थलम् ॥ १८ ॥

दैवेन नीयते देहो यथा कालोप[1]भुक्तिषु ।
लक्ष्यालक्ष्यगतिं त्यक्त्वा यस्तिष्ठेत् केवलात्मना ॥ १९ ॥

शिव एव स्वयं साक्षादयं ब्रह्मविदुत्तमः ।
जीवन्नेव सदा मुक्तः कृतार्थो ब्रह्मवित्तमः ॥ २० ॥

उपाधिनाशाद्ब्रह्मैव सन् ब्रह्माप्येति निर्द्वयम् ।
शैलूषो वेषसद्भावाभावयोश्च यथा पुमान् ॥ २१ ॥

तथैव ब्रह्मविच्छ्रेष्ठः सदा ब्रह्मैव नापरः ।

प्रमाणेन स्वाज्ञानावृतिः भिद्यते, ब्रह्म स्वेनैव प्रकाशते, स्वाज्ञानावृतिभेदने प्रमाणमुपयुज्यते इत्यर्थः । एवं विद्वान् स्वातिरिक्तगतिं त्यक्त्वा स्वात्मरतिः जीवन्मुक्तो भवतीत्याह—क्षुधामिति ॥ १०–११ ॥ धनसहायभोजनादिविरलस्य बलतुष्ट्यादिकं कथं सम्भवतीत्यत आह—निर्धन इति ॥ १२–१३ ॥ स्वाज्ञदृष्ट्या अस्य प्रियाप्रियादिस्पर्शनं, न स्वज्ञदृष्टयेत्याह—अशरीरमिति ॥ १४–१६ ॥ तस्यापि व्यापारवद्देहसत्त्वादज्ञवदयमपि बध्यत इत्यत्र स्वदृष्ट्या देहोऽस्ति नास्तीति विभ्रमाभावात् अयं ब्रह्मवित् ब्रह्मैवेत्याह—अहीति । अहिनिर्ल्वयनी सर्पत्वक् ॥ १७–१८ ॥ देहो मे अस्ति नास्तीति लक्ष्यालक्ष्यगतिम् ॥ १९ ॥ आभासतोऽपि स्वातिरिक्तदेहादिकमस्तीति यो मन्यते तदा अस्य जीवन्मुक्तिः, तन्नाशात् विदेहमुक्तिः स्यादित्याह—जीवन्निति ॥ २० ॥ उक्तार्थमेव दृष्टान्तेन स्पष्टयति —शैलूष इति ॥ २१ ॥

[1] पत्तिषु—क.

आत्मबोधोपनिषत्

वाङ् मे मनसि—इति शान्तिः

प्रणवाष्टाक्षरीमन्त्रोपासना

प्रत्यगानन्दं ब्रह्म पुरुषं प्रणवस्वरूपं अकार उकारो मकार इति त्र्यक्षरं प्रणवं तदेतदोमिति यमुक्त्वा मुच्यते योगी जन्मसंसारबन्धनात् ॐ नमो नारायणाय शङ्खचक्रगदाधराय । तस्मात् ॐ नमो नारायणायेति मन्त्रोपासको वैकुण्ठभवनं गमिष्यति ॥१॥

श्रीमन्नारायणाकारमष्टाक्षरमहाशयम् ।
स्वमात्रानुभवात् सिद्धमात्मबोधं हरिं भजे ॥

इह खलु ऋग्वेदप्रविभक्तेयं आत्मप्रबोधोपनिषत् प्रणवाष्टाक्षरजपफलप्रकटनपूर्वकं निर्विशेषब्रह्मयाथात्म्यं प्रकटयन्ती प्रवृत्ता । तस्याः स्वल्पग्रन्थतो विवरणमारभ्यते । आदौ तावत् प्रणवार्थप्रत्यगभिन्नब्रह्मस्वरूपमाचष्टे—प्रत्यगानन्दमिति । परात् दुःखप्रपञ्च[ञ्चात्]प्रातिलोम्येनाञ्चनात् प्रत्यक् आनन्दं आनन्दः तदभिन्नं ब्रह्म, स्वेन रूपेण सर्वपूरणात् पुरुषं, प्रणवस्वरूपं प्रत्यगभिन्नब्रह्मणः प्रणवार्थत्वात् । लिंगव्यत्ययः । किंविशेषणविशिष्टं प्रणवस्वरूपमित्यत आह—अकार इति । प्रणवाष्टाक्षरीमन्त्रोपासनया योगी भवबन्धात् विमुक्तः सन् तत्पदं प्राप्नोतीत्याह—यमुक्त्वेति । अष्टाक्षरविद्यमाननमःशब्देन

त्वंपदलक्ष्यमुच्यते, **नारायणशब्देन** तत्पदलक्ष्यम् । तदुपरि विद्यमानचतुर्थ्या तयोरेकत्वमवगम्यते । एवमुपासको वैकुण्ठभवनं ब्रह्मपदं प्राप्नोतीत्यर्थः ॥ १ ॥

प्रणवाभिन्नब्रह्मपदस्वरूपम्

अथ यदिदं ब्रह्मपुरं पुण्डरीकं तस्मात्तडिदाभमात्रं दीपवत्प्रकाशम् ॥ २ ॥

ब्रह्मण्यो देवकीपुत्रो ब्रह्मण्यो मधुसूदनः ।
ब्रह्मण्यः पुण्डरीकाक्षो ब्रह्मण्यो विष्णुरच्युतः ॥ ३ ॥

सर्वभूतस्थमेकं नारायणं कारणपुरुषमकारणं परं ब्रह्मोम् ॥ ४ ॥

ब्रह्मपदं कीदृशं इत्यत आह—**अथेति** । **अथ** नारायणतारकोपासनानन्तरं यस्मात् कारणात् **यदिदं** हृत्पुण्डरीकमेव ब्रह्मोपलब्धिस्थानतया **ब्रह्मपुरं** भवति **तस्मात्** तदेव **तडिदाभमात्रं दीपवत्** प्रत्यक्प्रकाशात्मकं विज्ञेयम् ॥२॥ तदधिष्ठाता क इत्यत आह—**ब्रह्मण्य इति** । चतुश्चत्वारिंशत्संस्कारविशिष्टब्राह्मण-पटलमेव दैवं स्वरूपं वा यस्य सोऽयं **ब्रह्मण्यः** । " देवकी ब्रह्मविद्या सा या वेदैरुपगीयते " इति श्रुत्यनुरोधेन **देवकीपुत्रः**, ब्रह्मविद्याप्रादुर्भूतस्वरूपत्वात् । स्वातिरिक्तप्रपञ्चात्मकं मधुं निश्शेषं सूदयतीति **मधुसूदनः** । स एव **पुण्डरीकाक्षो विष्णुः अच्युत** इत्यर्थः ॥ ३ ॥ प्रणवार्थं ब्रह्म तद्भिन्नमित्यत आह—**सर्वेति** । स्वाज्ञविकल्पितसर्वभूतेषु स्वज्ञदृष्ट्या प्रत्यगभिन्नब्रह्मरूपेण तिष्ठतीति **सर्वभूतस्थं एकं** अद्वितीयं, नरं स्वाविद्यापदं तदेव नारं तदयनं अधिष्ठानं **नारायणस्वरूपं**, सर्वकारणतया सर्वपूरणात् **कारणपुरुषरूपं**, यत्कार्यासम्भवप्रबोधसिद्धं तद**कारणं**, तदेव ओङ्कारार्थतुर्यतुरीयं **परं ब्रह्म ओमि**त्याख्यातम् ॥ ४ ॥

प्रणवज्ञानेन अमृतत्वप्राप्तिः

शोकमोहविनिर्मुक्तं विष्णुं ध्यायन् न सीदति द्वैताद्वैतमभयं भवति मृत्योः स मृत्युमाप्नोति य इह नानेव पश्यति ॥ ५ ॥

ब्रह्मविदो ब्रह्मत्वम्

घटे नष्टे यथा व्योम व्योमैवं भवति स्वयम् ॥ २२ ॥
तथैवोपाधिविलये ब्रह्मैव ब्रह्मवित् स्वयम् ।
क्षीरं क्षीरे यथा क्षिप्तं तैलं तैले जलं जले ॥ २३ ॥
संयुक्तमेकतां याति तथाऽऽत्मन्यात्मविन्मुनिः ।

ब्रह्मविदो ब्रह्मत्वे उपपत्तिमाह—घट इति । घटे नष्टे स्थिते वा ॥२२॥ उपाधिविलये स्थिते वा । यदि प्रत्यक्परयोः भेददृष्टिः तदा—क्षीरमिति ॥२३॥

ब्रह्मविदः सर्वविकल्पासम्भवः

एवं विदेहकैवल्यं सन्मात्रत्वमखण्डितम् ॥ २४ ॥
ब्रह्मभावं प्रपद्यैष यतिर्नावर्तते पुनः ।
सदात्मकत्वविज्ञानदग्धाविद्यादिवर्ष्मणः ॥ २५ ॥
अमुष्य ब्रह्मभूतत्वाद्ब्रह्मणः कुत उद्भवः ।
मायाक्लृप्तौ बन्धमोक्षौ न स्तः स्वात्मनि वस्तुतः ॥ २६ ॥
यथा रज्जौ निष्क्रियायां सर्पाभासविनिर्गमौ ।
[1]आवृतेः सदसत्त्वाभ्यां वक्तव्ये बन्धमोक्षणे ॥ २७ ॥
[2]नावृतिर्ब्रह्मणः काचिदन्याभावादनावृतम् ।
अस्तीति प्रत्ययो यश्च यश्च नास्तीति वस्तुनि ॥ २८ ॥
बुद्धेरेव गुणावेतौ न तु नित्यस्य वस्तुनः ।
अतस्तौ मायया क्लृप्तौ बन्धमोक्षौ न चात्मनि ॥ २९ ॥

[1] अवृतेः—अ १. [2] न वृतिः—अ २.

निष्कले निष्क्रिये शान्ते निरवद्ये निरञ्जने ।

अद्वितीये परे तत्त्वे व्योमवत् कल्पना कुतः ॥ ३० ॥

न निरोधो न चोत्पत्तिर्न बद्धो न च साधकः ।

न मुमुक्षुर्न वै मुक्त इत्येषा परमार्थता ॥ ३१ ॥

इत्युपनिषत् ॥

एकीकृतक्षीरादेः पृथक्करणवत् ब्रह्मण्येकीभावमापन्नविदेहमुक्तस्यापि पुनर्भवः स्यादित्यत आह—एवमिति ॥ २४–२५ ॥ ज्ञानाग्निदग्धशरीरस्य अमुष्य । ब्रह्मविदो ब्रह्मत्वे पुनः बन्धमोक्षादिव्यवस्था कुत इत्यत आह— मायेति ॥ २६–२८ ॥ यत एवं अतस्ताविति ॥ २९ ॥ निष्प्रतियोगिकाद्वितीयस्य तथा निर्विकल्पत्वात् विकल्पासम्भवोक्तिः युज्यत इत्यर्थः ॥३०॥ वस्तुतस्तु न निरोध इति । निष्प्रतियोगिकब्रह्ममात्रावगतेः मायातत्कार्यतदुत्पत्तिप्रलयबन्धमोक्षादिविभ्रमापह्नवपूर्वकत्वात् परमात्मा निष्प्रतियोगिकाद्वैत एवेति परमोऽयं सिद्धान्तः । इत्युपनिषच्छब्दः आत्मोपनिषत्परिसमाप्त्यर्थः ॥

श्रीवासुदेवेन्द्रशिष्योपनिषद्ब्रह्मयोगिना ।
लिखितं स्याद्विवरणमात्मोपनिषदो लघु ।
आत्मोपनिषदो व्याख्याग्रन्थः पञ्चाशदीरितः ॥

इति श्रीमदीशाद्यष्टोत्तरशतोपनिषच्छास्त्रविवरणे षट्सप्ततिसंख्यापूरकं
आत्मोपनिषद्विवरणं सम्पूर्णम्

तद्याथात्म्यज्ञानाज्ञानाभ्यां अमृतत्वं तद्वैपरीत्यं चाह—शोकेति । **शोकमोहविनिर्मुक्तं**, तद्धेत्वन्तःकरणाभावात् । विष्णुतत्त्वं स्वमात्रमिति **ध्यायन्** कदाऽपि स्वतिरिक्तभ्रमतो **न सीदति न नश्यति** । यज्ज्ञानतः स्वातिरिक्तद्वैतं अद्वैतभावमेत्य अभयं भवति तद्यदा यो नानेव पश्यति सोऽयं मृत्योः स मृत्युमाप्नोतीत्यर्थः ॥ ५ ॥

प्रत्यगभिन्नब्रह्मज्ञानं तत्फलं च

हृत्पद्ममध्ये सर्वं तत् प्रज्ञानेत्रं प्रज्ञानेत्रे प्रतिष्ठितं प्रज्ञानेत्रो लोकः प्रज्ञा प्रतिष्ठा प्रज्ञानं ब्रह्म ॥ ६ ॥ स एतेन [1]प्रज्ञेनात्मना-ऽस्माल्लोकादुत्क्रम्यामुष्मिन् स्वर्गे लोके सर्वान् कामानाप्त्वाऽमृतः समभवदमृतः समभवत् ॥ ७ ॥ [2]यत्र ज्योतिरजस्रं यस्मिन् लोकेऽभ्यर्हितं तस्मिन् मा देही स्वमानमृते लोके अक्षते अच्युते [3]लोके अक्षते अमृतत्वं च गच्छन्त्यों नमः ॥ ८ ॥

शोकमोहविनिर्मुक्तं विष्णुं ध्यायतो **हृत्पद्ममध्ये**—इत्येतत् ऐतरेय-षष्ठाध्याये सम्यक् व्याख्यातम् ॥ ६–७ ॥ प्रज्ञानं ब्रह्मेति प्रत्यगभिन्नब्रह्मज्ञान-फलमाह—यत्रेति । **यत्र** यस्मिन् प्रत्यगभिन्ने ब्रह्मणि तद्रूपेण लोक्यत इति **लोके** स्वरूपभूतं **ज्योतिरभ्यर्हितं** सर्वप्राण्यात्मतया सेवितं **अजस्रं** विजृम्भते तद्गतपराङ्निरूपितप्रत्यगभिन्नब्रह्मविकल्पितविशेषमात्रापह्नवसिद्धं यत् **तस्मिन् स्वमानमृते** स्वयंभावविरळे **अक्षते** स्वाविद्याद्वयतत्कार्यक्षतरहिते स्वमात्र-तोऽच्युते ब्रह्ममात्रलोके निष्प्रतियोगिकाखण्डानन्दविभवे । स्वज्ञानाग्निना "दह भस्मीकरणे" इति व्युत्पत्त्या देहः स्वाविद्यापादः । तदारोपापवादाधारतया तद्वान् देही विश्वविश्वाद्यविकल्पानुज्ञैकरसान्तविभवः । जात्यभिमानयथोक्तदेह-

[1] प्रज्ञाना—अ १. [2] यस्मिन्—अ १.

[3] "लोके अक्षते"—अयं भागो (अ १.) कोशे लुप्तः.

तन्निरूपितदेहिनो निष्प्रतियोगिकाभावरूपत्वात् कालत्रयेऽपि देहदेह्यस्ति नास्तीति वा विभ्रमो न विद्यते । यदेवं स्वातिरिक्तकलनापह्नवसिद्धं ओङ्कारार्थतुर्यतुर्याय नम इति तुर्यतुर्यैक्यानुसन्धानं ये कुर्वन्ति ते कंचित्कालं जीवन्मुक्ता भूत्वा अथ अमृतत्वं विदेहमुक्तकैवल्यं च गच्छन्ति । यद्वा—नमःशब्दो मन्त्रपरिसमाप्त्यर्थः ॥ ८ ॥

इति प्रथमः खण्डः

उत्तमाधिकारिब्रह्ममात्रानुभूतिप्रकाशः

प्रगलितनिजमायोऽहं निस्तुलदृशिरूपवस्तुमात्रोऽहम् ।
अस्तमिताहंतोऽहं प्रगलितजगदीशजीवभेदोऽहम् ॥ १ ॥

प्रत्यगभिन्नपरोऽहं विध्वस्ताशेषविधिनिषेधोऽहम् ।
समुदस्ताश्रमितोऽहं प्रविततसुखपूर्णसंविदेवाहम् ॥ २ ॥

साक्ष्यहमनपेक्षोऽहं निजमहिम्नि संस्थितोऽहमचलोऽहम् ।
अजरोऽहमव्ययोऽहं पक्षविपक्षादिभेदविधुरोऽहम् ॥ ३ ॥

अवबोधैकरसोऽहं मोक्षानन्दैकसिन्धुरेवाहम् ।
सूक्ष्मोऽहमक्षरोऽहं विगलितगुणजालकेवलात्माऽहम् ॥ ४ ॥

निस्त्रैगुण्यपदोऽहं कुक्षिस्थानेकलोककलनोऽहम् ।
कूटस्थचेतनोऽहं निष्क्रियधामाहमप्रतर्क्योऽहम् ॥ ५ ॥

एकोऽहमविकलोऽहं निर्मलनिर्वाणमूर्तिरेवाहम् ।
निरवयवोऽहमजोऽहं केवलसन्मात्रसारभूतोऽहम् ॥ ६ ॥

निरवधिनिजबोधोऽहं शुभतरभावोऽहमप्रभेद्योऽहम् ।
विभुरहमनवद्योऽहं निरवधिनिःसीमसत्त्वमात्रोऽहम् ॥ ७ ॥
वेद्योऽहमागमान्तैराराध्योऽहं सकलभुवनहृद्योऽहम् ।
परमानन्दघनोऽहं परमानन्दैकभूमरूपोऽहम् ॥ ८ ॥
शुद्धोऽहमद्वयोऽहं संततभातोऽहमादिशून्योऽहम् ।
शमितान्तत्रितयोऽहं बुद्धो मुक्तोऽहमद्भुतात्माऽहम् ॥ ९ ॥
शुद्धोऽहमान्तरोऽहं शाश्वतविज्ञानसमरसात्माऽहम् ।
शोधितपरतत्त्वोऽहं बोधानन्दैकमूर्तिरेवाहम् ॥ १० ॥

परमदयावती आत्मप्रबोधोपनिषत् प्रणवाष्टाक्षरमुखेन निष्प्रतियोगिकब्रह्ममात्रस्वरूपमभिधाय अथ उत्तमाधिकारिणां ब्रह्ममात्रानुभूतिं मध्यमाधिकारिणां मननप्रकारं तत्फलं चोक्त्वोपररामेति श्रुतिराह—प्रगलितेति । **अस्तमिताहन्तोऽहं**, अहङ्कारास्पददेहाद्यभावात् ॥ १ ॥ वृत्त्याद्याश्रमो येन सम्यगुदस्तः निरस्तः सोऽहं **समुदस्ताश्रमितः** ॥ २ ॥ **पक्षविपक्षादिभेदविधुरोऽहं**, वादिप्रतिवादिकलनावैरळ्यात् ॥ ३–८ ॥ देशतः कालतो वस्तुतोऽन्तः परिच्छेदो येन शमितः सोऽहं **शमितान्तत्रितयः**,

न व्यापित्वाद्देशतोऽन्तः कारणत्वान्न कालतः ।
न वस्तुतोऽपि सार्वात्म्यादानन्त्यं ब्रह्मणि त्रिधा ॥

इति चन्द्रिकोक्तेः ॥ ९ ॥ इत्यादिस्वानुभूतिवाक्यानि वक्ष्यमाणमननवाक्यानि च प्रायशो महावाक्यरत्नावलीप्रभालोचने व्याख्यातानि ॥ १० ॥

मध्यमाधिकारिमननप्रकारः

विवेकयुक्तिबुद्ध्याऽहं जानाम्यात्मानमद्वयम् ।
तथाऽपि बन्धमोक्षादिव्यवहारः प्रतीयते ॥ ११ ॥

निवृत्तोऽपि प्रपञ्चो मे सत्यवद्भाति सर्वदा ।
सर्पादौ [1]रज्जुसत्तेव ब्रह्मसत्तैव केवलम् ॥ १२ ॥

प्रपञ्चाधाररूपेण वर्ततेऽतो जगन्नहि ।
यथेक्षुरससंव्याप्ता शर्करा वर्तते तथा ॥ १३ ॥

[2]अद्वयानन्दरूपेण व्याप्तोऽहं वै जगत् त्रयम् ।
ब्रह्मादिकीटपर्यन्ताः प्राणिनो मयि कल्पिताः ॥ १४ ॥

बुद्बुदादिविकारान्तस्तरङ्गः सागरे यथा ।
तरङ्गस्थं द्रवं सिन्धुर्न वाञ्छति यथा तथा ॥ १५ ॥

विषयानन्दवाञ्छा मे मा भूदानन्द[3]रूपतः ।
दारिद्र्याशा यथा नास्ति संपन्नस्य तथा मम ॥ १६ ॥

ब्रह्मानन्दे निमग्नस्य विषयाशा न तद्भवेत् ।
विषं दृष्ट्वाऽमृतं दृष्ट्वा विषं त्यजति बुद्धिमान् ॥ १७ ॥

आत्मानमपि दृष्ट्वाऽहमनात्मानं त्यजाम्यहम् ।
घटावभासको भानुर्घटनाशे न नश्यति ॥ १८ ॥

देहावभासकः साक्षी देहनाशे न नश्यति ।
न मे बन्धो न मे मुक्तिर्न मे शास्त्रं न मे गुरुः ॥ १९ ॥

मायामात्रविकासत्वान्मायातीतोऽहमद्वयः ।
प्राणाश्चलन्तु तद्धर्मैः कामैर्वा हन्यतां मनः ॥ २० ॥

[1] रज्जुसत्तैव—अ १, अ २. रज्जुसर्पैव—उ.

[2] अद्वयब्रह्म—क. अद्वयं ब्रह्म—अ १, अ २. [3] रूपकः—उ १,

आनन्दबुद्धिपूर्णस्य मम दुःखं कथं भवेत् ।
आत्मानमञ्जसा वेद्मि क्वाप्यज्ञानं पलायितम् ॥ २१ ॥
कर्तृत्वमद्य मे नष्टं कर्तव्यं वाऽपि न क्वचित् ।
ब्राह्मण्यं कुलगोत्रे च नामसौन्दर्यजातयः ॥ २२ ॥
स्थूलदेहगता एते स्थूलाद्भिन्नस्य मे न हि ।
क्षुत्पिपा[1]साऽऽन्ध्यबाधिर्यकामक्रोधादयोऽखिलाः ॥ २३ ॥
लिङ्गदेहगता एते ह्यलिङ्गस्य न विद्यते ।
जडत्वप्रियमोदत्वधर्माः कारणदेहगाः ॥ २४ ॥
न सन्ति मम नित्यस्य निर्विकारस्वरूपिणः ।
उलूकस्य यथा भानुरन्धकारः प्रतीयते ॥ २५ ॥
स्वप्रकाशे परानन्दे तमो मूढस्य जायते ।
चक्षुर्दृष्टिनिरोधेऽभ्रैः सूर्यो नास्तीति मन्यते ॥ २६ ॥
तथाऽज्ञानावृतो देही ब्रह्म नास्तीति मन्यते ।
यथाऽमृतं विषाद्भिन्नं विषदोषैर्न लिप्यते ॥ २७ ॥
न स्पृशामि जडाद्भिन्नो जडदोषान् प्रकाशतः ।
स्वल्पाऽपि दीपकणिका बहुलं नाशयेत्तमः ॥ २८ ॥
स्वल्पोऽपि बोधो [2]महतीमविद्यां नाशये[3]त्तथा ।
कालत्रये यथा सर्पो रज्जौ नास्ति तथा मयि ॥ २९ ॥

[1] सान्ध—क, अ १, अ २, उ १.

[2] महति बहुलं—क, अ २.

[3] ततः—उ.

अहंकारादिदेहान्तं जगन्नास्त्यहमद्वयः ।
चिद्रूपत्वान्न मे जाड्यं सत्यत्वान्नानृतं मम ॥ ३० ॥
आनन्दत्वान्न मे दुःखमज्ञानाद्भाति सत्यवत् ।

अथ मननप्रकारमाह---विवेकेति ॥ ११-१९ ॥ तद्धर्मैः उच्छ्वास-निश्वासैः ॥ २०-२१ ॥ मम देहत्रयविलक्षणतो देहत्रयधर्माः न मे सन्तीत्याह --ब्राह्मण्यमित्यादि ॥ २२-२५ ॥ यथा चक्षुर्दृष्टिनिरोधे ॥२६-३० ॥ एवं मननतः स्वानुभूतिः जायते । स्वानुभूतौ सिद्धायां सर्वापह्नवसिद्धब्रह्ममात्रज्ञान-मुदेति । तज्ज्ञानसमकालं विद्वान् तन्मात्रेण अवशिष्यते । विदेहमुक्तो भवतीत्यर्थः ॥

उपनिषदभ्यासफलम्

आत्मप्रबोधोपनिषदं मुहूर्तमुपासित्वा न च पुनरावर्तते न च पुनरावर्तत ॥ इत्युपनिषत् ॥ ३१ ॥

ग्रन्थतदर्थपठनश्रवणफलं वदन्नुपसंहरति—आत्मेति । यथोक्तामात्म-प्रबोधोपनिषदं मुहूर्तमुपासित्वा ग्रन्थतोऽर्थतो वा यः पठति सोऽयं ब्रह्मलोकं कैवल्यं वा प्राप्य न च कदाऽपि पुनरावर्तते । आवृत्तिरादरार्था । इत्युपनिषच्छब्दः आत्मप्रबोधोपनिषत्समाप्त्यर्थः ॥

इति द्वितीयः खण्डः

श्रीवासुदेवेन्द्रशिष्योपनिषद्ब्रह्मयोगिना ।
आत्मप्रबोधोपनिषद्व्याख्यानं लिखितं लघु ।
प्रकृतोपनिषद्व्याख्याग्रन्थो नवतिरीरितः ॥

इति श्रीमदीशाद्यष्टोत्तरशतोपनिषच्छास्त्रविवरणे द्विचत्वारिंशत्संख्यापूरकं आत्मप्रबोधोपनिषद्विवरणं सम्पूर्णम्

एकाक्षरोपनिषत्

सह नाववतु—इति शान्तिः

सर्वात्मकतया नारायणस्तुतिः

एकाक्षरं त्वक्षरे[1]तोऽसि [2]सोमे [3]सुषुम्नया चेह दृढी [4]न एकः ।
त्वं [5]विश्वभूर्भूतपतिः पुराणः पर्जन्य एको भुवनस्य गोप्ता ॥१॥
विश्वे निमग्नः पदवीः कवीनां त्वं जातवेदो भुवनस्य नाथः ।
अजातमग्रे स हिरण्यरेता यज्ञस्त्वमेवैकविभुः पुराणः ॥ २ ॥
प्राणः प्रसूतिर्भुवनस्य योनिर्व्याप्तं त्वया एकपदेन विश्वम् ।
त्वं [6]विश्वभूत्योनि[7]परा[8]सु गर्भे कुमार एको विशिखः सुधन्वा ॥
वितत्य बाणं [9]तरुणार्कवर्णं [10]व्योमान्तरे भासि हिरण्यगर्भः ।
भासा त्वया व्योम्नि कृतः सुतार्क्ष्यस्त्वं वै कुमारस्त्वमरिष्टनेमिः ॥
त्वं वज्रभृद्भूतपतिस्त्वमेव कामः प्रजानां निहितोऽसि [11]सोमे ।
स्वाहा स्वधा यच्च वषट् करोति रुद्रः पशूनां गुहया [12]निरुग्नः ॥५॥

[1] ग्रास्ति—अ. [2] सोम—अ १. [3] सुषुम्नाया—अ.
[4] स—अ. [5] विश्वभूभू—अ, अ १. [6] विश्वभूर्यो—अ.
[7] परोसि—अ. परांसु—अ १. [8] स्वग—क, अ २. [9] तरुणाक्ष—अ १.
[10] योमा—अ १; क. [11] सोम—उ. [12] निमग्नः—क, अ, अ २.

धाता विधाता पवनः सुपर्णो विष्णुर्वराहो रजनी रहश्च ।
भूतं भविष्यत्प्र[1]भवः क्रियाश्च कालः क्रमस्त्वं परमाक्षरं च ॥६॥

ऋचो यजूंषि प्रसवन्ति वक्त्रात् सामानि सम्राड्वसुरन्तरिक्षम् ।
त्वं यज्ञनेता हुतभुग्विभुश्च [2]रुद्रास्तथा दैत्यगणा [3]वसुश्च ॥ ७ ॥

स एष देवोऽम्बरयानचक्रे [4]अन्येऽभ्यतिष्ठेत तमो [5]निरुन्ध्यः ।
हिरण्मयं यस्य विभाति सर्वं व्योमान्तरे रश्मिमिमं सुनाभिः ॥

स सर्ववेत्ता भुवनस्य गोप्ता नाभिः प्रजानां निहिता जनानाम् ।
प्रोता त्वमोता विचितिः क्रमाणां प्रजापतिश्छन्दमयो विगर्भः ॥

सामैश्चिदन्तो विरजश्च बाहुं हिरण्मयं वेदविदां वरिष्ठम् ।
यमध्वरे ब्रह्मविदः स्तुवन्ति सामैर्यजुर्भिः क्रतुभिस्त्वमेव ॥१०॥

त्वं स्त्री पुमांस्त्वं च कुमार एकस्त्वं वै कुमारी ह्यथ भूस्त्वमेव ।
त्वमेव धाता वरुणश्च राजा त्वं [6]वत्सरोऽर्यम एव सर्वम् ॥११॥

मित्रः सुपर्णश्चन्द्र इन्द्रो वरुणो रुद्रस्त्वष्टा विष्णुः सविता
गोपतिस्त्वम् ।
त्वं विष्णुर्भूतानि [7]तु त्रासि [8]दैत्यात्त्वयाऽऽवृतं [9]जगदुद्भवगर्भः ।
त्वं भूर्भुवः स्वस्त्वं हि स्वयंभूरथ विश्वतोमुखः ॥ १२ ॥

[1] सवः—अ.
[2] रुद्र—अ.
[3] विभुश्च—क, अ २.
[4] अन्यो—अ, अ १.
[5] निरुन्ध्य—अ, अ १.
[6] वत्सरोभिर्यम—अ, अ १, अ २, क.
[7] कुत्रासि—अ १, अ २, क.
[8] दैत्यांस्त्वया—अ, अ १.
[9] न विदुर्भवगर्भम्—अ.

एकाक्षरपदारूढं सर्वात्मकमखण्डितम् ।
सर्ववर्जितचिन्मात्रं [1]त्रिपान्नारायणं भजे ॥

इह खलु कृष्णयजुर्वेदप्रविभक्तेयं एकाक्षरोपनिषत् सर्वात्मभावनाप्रकटनव्यग्रा वस्तुतो निष्प्रतियोगिकब्रह्ममात्रपर्यवसन्ना विजृम्भते । अस्याः स्वल्पग्रन्थतो विवरणमारभ्यते । श्रुतिर्नानादृशामनानापदारोहाय सर्वात्मकतया भगवन्तं स्तौति—एकाक्षरमित्यादिमन्त्रैः । क्षरप्रपञ्चारोपाधिकरणे अक्षरे उमया सहिते सोमे परमेश्वरे सुषुम्नया सुषुम्नामार्गेण च इह सहस्रारचक्रे प्रत्यगभेदेन ध्याते यतो दृढीनः सत्तामात्र एक एव परमात्मा अवशिष्यते अतो हे भगवन् यत् स्वाज्ञादिदृष्टिमोहे सत्यसति एकरूपेण न क्षरते तत्त्वेकाक्षरं परमाक्षरं त्वमसि, परमार्थदृष्टेः सर्वापह्नवसिद्धनिष्प्रतियोगिकब्रह्ममात्रतया भातत्वात्, "यदक्षरं परं ब्रह्म" इति, "अक्षरं परमं ब्रह्म त्रिपरिच्छेदवर्जितं" इति श्रुतेः स्मृतेश्च । य एवं निर्विशेषचिन्मात्रतया भातः स त्वं यदि स्वाज्ञदृष्ट्या विश्वं विभाति तदा त्वं विश्वभूः भूतपतिः पुराणः, स्वकार्यापेक्षया विश्वसृजश्चिरन्तनत्वात् । अयमेक एव पर्जन्यो भूत्वा वृष्ट्यात्मना भुवनस्य गोप्ता भवति ॥ १ ॥ किञ्च—विश्व इति । विश्वे विश्वस्मिन् त्वं जीवरूपेण मग्नोऽसि कवीनां पदवीः दृष्टीः आश्रित्य त्वं जातवेदो विराट् भूत्वा निखिलभुवनस्य नाथो भवसि । यस्त्वमजातं ब्रह्मासि स त्वं हिरण्यरेता वह्निः यज्ञश्च भवसि । विश्वाधिकरणात्मना त्वमेक एव विभुः ॥ २ ॥ त्वं सूत्रात्मना जगत्प्रसूतिः मुख्यप्राणोऽसि "पादोऽस्य विश्वा भूतानि" इति । येन त्वया एकपदेन विश्वं व्याप्तं स त्वं भुवनस्य योनिरसि । किञ्च—त्वमिति । सूत्रात्मना त्वं विश्वभूत्योनिरित्यत्र विसर्गलोपः । विश्वस्य भूतिः विश्वस्य योनिश्चेति विश्वभूत्योनिः स चासौ परासुः मुख्यप्राणश्चेति विश्वभूत्योनिपरासुः गर्भे यस्य सः विश्वभूत्योनिपरासुगर्भो विष्णुः तस्मिन् कुमार एक एव जातोऽसि जगच्चक्रनिर्वाहकत्वात् । किंविशेषणविशिष्ट इत्यत्र करधृतविशिखः शिलीमुखः सुधन्वा च ॥ ३ ॥ बाह्यान्तःकरणात्मकधनुर्बाण-

[1] नारायणपदं—क, अ २.

धरो भूत्वा तत्र **तरुणार्कवर्णं बाणमन्तः**करणं **वितत्य** स्वसृष्टप्राणिपटलहृदयव्यापकं **कृत्वा** यः **सूत्रात्मना व्योमान्तरे** मायाकार्यप्राणिपटलान्तरे **भासि स त्वं हिरण्यगर्भोऽसि** । किञ्च—**भासेति** । हे स्वामिन् **त्वया** अधिष्ठितेन **भासा** वेगनिर्जितः **सुताक्ष्यैः सूर्यो व्योम्नि कृतः** सर्वप्राणिचक्षुरिन्द्रियानुग्राहको दृश्यते । स्कन्दात्मना **त्वं वै कुमारः**, वैनतेयात्मना **त्वमरिष्टनेमिः** ॥ ४ ॥ किञ्च—**इन्द्रात्मना त्वं वज्रभृत्** रुद्रात्मना **भूतपतिस्त्वमेव सोमे** स्वर्गादिवाच्यचन्द्रलोके **प्रजानां निहितः** सन्निहितः **कामः** कामफलरूपोऽसि । किञ्च—**स्वाहेति** । **यत्र** यदुद्दिश्याध्वरे ऋत्विग्गणो **वषट्करोति स त्वं** देवपितृतृप्तिहेतुः **स्वाहा स्वधाऽसि** । यः **पशूनां गुहया** गुहायां अन्तर्याम्यात्मना तद्वृत्तिसहस्रप्रवृत्तिनिवृत्तिकर्मणि **निरुग्नो** निरुद्विग्नो भवसि स त्वं भक्तभवरोगद्रावक**रुद्रोऽसि** ॥ ५ ॥ किञ्च—**धातेति** । प्राणधारणजीवात्मना **धाताऽसि** विश्वसृगात्मना **विधाताऽसि** । **वराहो** भूवराहः । **क्रमः** गतिः । वस्तुतः **परमाक्षरं चासि** ॥ ६ ॥ किञ्च—**ऋच** इति । यस्य **वक्त्रात् ऋचो यजूंषि सामानि च प्रसवन्ति** प्रभवन्ति सः त्वं सम्यक् राजत इति **सम्राट्** । **रुद्रा** एकादशसंख्याकाः ॥ ७ ॥ किञ्च—**स एष** इति । यो दैत्यवस्वादिरूपी भवति **स एष देवो** भगवान् **अम्बरयानचक्रे** सूर्यमण्डले तदन्यप्रदेशे जीवकदम्बे च **तमो निरुन्ध्यः** स्वाज्ञानतज्जं तमो **ग्रसन् अभ्यतिष्ठेत** अभितिष्ठसि, **यस्य** विराजो **हृदयव्योमान्तरे** ब्रह्माण्डगर्भिणी **सुनाभिः** माया विद्यते, सूर्यादिगतं इमं **रश्मिजालं** यदंशजमाहुः, यस्यांशजं जगत् **सर्वं हिरण्मयं विभाति** ॥ ८ ॥ यः **प्रजानां जनानां** चरस्थिराणां जीवाधाररूपिणी **नाभिर्भवति** विष्ण्वात्मना **स सर्ववेत्ता भुवनस्य गोप्ता** रक्षको भवति । किञ्च—**प्रोतेति** । अन्तर्याम्यात्मना त्वमेव **प्रोतोताच** भवसि । **त्वमेव क्रमाणां** नानागतीनां **विचितिः** विश्रान्तिः भवसि । यस्त्वं चतुर्मुखात्मना **विरभो** विष्णुगर्भोऽसि स त्वं **छन्दोमयांगः** प्रजापतिरसि ॥ ९ ॥ यस्य **चित्ते विरजोऽन्तर्निश्चयः** ऋग्यजुस्सामैरपि ज्ञातुं न शक्यः तं त्वां **सहस्रबाहुं हिरण्मयं** ज्योतिर्मयं **वेदविदां वरिष्ठं** ब्रह्मविदो जानन्ति । किञ्च—**यमध्वर** इति । **यमध्वरे ब्रह्मविदो** वेदविदः ऋग्यजुःसामैः **स्तुवन्ति** स त्वं नानाक्रतुभिः

आराध्यो भवसि ॥ १० ॥ स्त्रीपुरुषकुमारकुमारीभेदेन त्वमेव वर्तसे वरुणश्च। राजा समुद्रराजः, अर्यम अर्यमा रविः ॥ ११ ॥ त्वष्टा प्रजापतिः, गोपतिः पशुपतिः । त्वं सदा दैत्यवर्गात् भूतानि त्रासि त्रायसे। यतः त्वं जगदुद्भवगर्भो विष्णुरसि अतः सच्चिदानन्दवपुषा त्वया अनृतजडदुःखात्मकं अविद्यापदतत्कार्यजातं आवृतं भूरादित्रैलोक्यम्। स्वयम्भूः विराट् च त्वमेवासि। न हि त्वत्तोऽन्यद्विश्वभूरित्यादिविश्वतोमुख इत्यन्तशब्दतद्वाच्यमस्ति । वस्तुतः परमार्थदृष्ट्या हे भगवन् त्वं स्वातिरिक्तकलनापह्नवसिद्धनिष्प्रतियोगिकब्रह्ममात्रतया अवशिष्यसे ॥ १२ ॥

सर्वात्मज्ञानफलम्

य एवं नित्यं वेदयते गुहाशयं प्रभुं पुराणं सर्वभूतं हिरण्मयम्।
[1]हिरण्मयं बुद्धिमतां परां गतिं स बुद्धिमान् बुद्धिमतीत्य
तिष्ठति ॥ इत्युपनिषत् ॥ १३ ॥

एवं ज्ञानफलमाह—य एवमिति। एवं यो वेद सः बुद्धिमान् सम्यज्ज्ञानी बुद्ध्युपलक्षितस्वाविद्यापदतत्कार्यजातमस्ति नास्तीति विभ्रममतीत्य तिष्ठति, विदेहमुक्तो भवतीत्यर्थः ॥ इत्युपनिषच्छब्दः एकाक्षरोपनिषत्समाप्त्यर्थः ॥ १३ ॥

श्रीवासुदेवेन्द्रशिष्योपनिषद्ब्रह्मयोगिना।
लिखितं स्याद्विवरणमेकार्णस्य स्फुटं लघु।
एकार्णविवृतिग्रन्थश्चत्वारिंशत् प्रकीर्तितः ॥

इति श्रीमदीशाद्यष्टोत्तरशतोपनिषच्छास्त्रविवरणे एकोनसप्ततिसंख्यापूरकं
एकाक्षरोपनिषद्विवरणं सम्पूर्णम्

---

[1] द्वितीयं "हिरण्मयं" लुप्तम्—अ, अ १, अ २.

कौषीतकिब्राह्मणोपनिषत्

वाङ् मे मनसि—इति शान्तिः

प्रथमोऽध्यायः

क्रतुसामान्यस्य गौणमुख्यफलजिज्ञासा

चित्रो ह वै गार्ग्यायणिर्यक्ष्यमाण आरुणिं वव्रे । स ह पुत्रं श्वेतकेतुं प्रजिघाय याजयेति । तं हासीनं पप्रच्छ गौतमस्य पुत्रास्ति संवृतं लोके यस्मिन्नाधास्य[1]स्यहो बोद्धा लोके यास्यसीति । स होवाच नाहमेतद्वेद हन्ताचार्यं पृच्छानीति । स ह पितरमासाद्य पप्रच्छेति । मा प्राक्षीत् कथं [2]ब्रवाणीति स होवाचाहमप्येतन्न वेद सदस्येव वयं स्वाध्यायमधीत्य हरामहे यन्नः [3]परे ददत्येह्युभौ गमिष्याव इति ॥ १ ॥

[1] स्यमहो—अ १, अ २, क, उ १.

[2] ब्रुवा—अ, अ १, अ २, क.

[3] परो—क.

श्रीमत्कौषीतकीविद्यावेद्यप्रज्ञापराक्षरम् ।
प्रतियोगिविनिर्मुक्तब्रह्ममात्रं विचिन्तये ॥

इह खलु ऋग्वेदप्रविभक्तेयं भगवती कौषीतक्युपनिषत् । अस्याः तावदैतरेयोपनिषद्विवरणप्रकटितोपोद्घातादि समानम् । यथोक्ताधिकारिणामपरब्रह्मप्रकाशनद्वारा परब्रह्म प्रकाशयितुं प्रवृत्तेयं कौषीतक्युपनिषत् । अस्याः संक्षेपतो विवरणमारभ्यते । गार्ग्यायण्यारुण्यीन्द्रप्रतर्दनप्रश्नप्रतिवचनरूपेयमाख्यायिका वक्ष्यमाणापरपरब्रह्मविद्यास्तुत्यर्था । **चित्रो ह वा** इति । नामतः **चित्रः** गर्गप्रपौत्रो **गार्ग्यायणिः** इत्यत्र गर्गशब्दात् गोत्रे यञि ततो यूनि फक् ततोऽपत्ये इञ् । गार्ग्यायणिस्तु कर्मब्रह्मयाथात्म्यवित् स्वयं कृतार्थोऽपि लोकोन्मार्गनिरसनाय महाक्रतुना **यक्ष्यमाणः** सन् अरुणस्यापत्य**मारुणिं वव्रे** भवता अयं क्रतुवरो निर्वर्तितव्य इति । **स हारुणिः** स्वपुत्रं **श्वेतकेतु**मवलोक्य हे वत्स एतं क्रतुवरं **याजयेति प्रजिघाय** आज्ञापयित्वा स्वाश्रमं प्रति गतवान् । एवं पित्रा अनुज्ञातः क्रतुं निर्वर्तयामीति स्थितवान् । तदानीं गार्ग्यायणिस्तु तदियत्तापरिज्ञानाय हे **गौतमस्य पुत्रेति** सम्बोध्य **तं हासीनं** श्वेतकेतुं पप्रच्छ । **हवा** इति वृत्तार्थस्मरणार्थौ । किमिति ? **लोके** तावत् क्रतुजातं सामान्यविशेषफलसंवृतमास्ते । तत्र **यस्मिन्** सामान्यफलके विशेषफलके वा त्वं **आधास्यसि** आधातुं याजयितुं इच्छसि **अहो** श्वेतकेतो **लोके** तावन्महान्तः क्रतुसमुदायसामान्यविशेषफलेयत्तां—**बोद्धेति** वर्णव्यत्ययः छान्दसः—तदियत्तां बुद्ध्वा स्वयं यजन्ति, परान् याजयन्ति वा । तत्र किं त्वं क्रतुसामान्यफलेयत्तां पुनरावृत्तिलक्षणां जानासि, उत त्वं **अं** अकारार्थं अपुनरावृत्तिलक्षणफलविशेषं वैध्रगवं पदं जानासि । एवं विभागशः क्रतुवरतत्फलेयत्तां बुद्ध्वा याजयिष्यसि चेत् तदनुरूपफलं यास्यसि, नचेदेवं विपरीतफलभागसीति गार्ग्यायणिनैवमाक्षिप्तः स्वेयत्तां **स होवाच** । किमिति ? **नाहं** त्वदुपन्यस्त**मेतदर्थं वेद** । ततः किं त्वया कर्तव्यमित्यत्र **हन्ताचार्यं पृच्छानीति** गार्ग्यायणिं प्रत्युक्त्वा **स्वाश्रमस्थपितरमासाद्य** गार्ग्यायण्युक्तार्थं पप्रच्छेति । एवं पृष्टवन्तं प्रत्याह—**स होवाचेति** । यदेतदर्थमहमपि **न वेद तत्ते कथं ब्रवाणि अतो मामेवं मा प्राक्षीत्**—मा प्राक्षीरिति पुरुषव्यत्ययः छान्दसः ।

तदुक्तार्थाज्ञाने हेतुमाह—सदसीति । स्वाचार्यपरिसरवर्त्यन्तेवासिसदस्येव वयं स्वाध्यायमधीत्य स्थितवन्तः । तदानीं नोऽस्मभ्यं परे स्वाचार्याः तत्तुल्या वा यद्रहस्यं ददति उपदिशन्ति तदेव हरामहे गृहीतवन्तः, नेतोऽधिकम् । अतो वत्स एहि उभावपि तन्निकटं गमिष्यावः इति पिता पुत्रमुवाचेत्यर्थः ॥ १ ॥

गौणफलं—स्वर्गप्राप्तिः पुनरावृत्तिश्च

स ह समित्पाणिश्चित्रं गार्ग्यायणिं प्रतिचक्राम उपायानीति । तं होवाच ब्रह्मार्घोऽसि गौतम यो मामुपागादेहि त्वा [1]ज्ञपयिष्यामीति । स होवाच ये वै के चास्माल्लोकात् प्र[2]यन्ति चन्द्रमसमेव ते सर्वे गच्छन्ति । तेषां प्राणैः पूर्वपक्ष आप्यायते । अथापरपक्षे न प्रजनयति । एतद्वै स्वर्गस्य लोकस्य द्वारं यश्चन्द्रमा-स्तं यत् प्रत्याहत[3]मति सृजते । य एनं प्रत्याहतमिह वृष्टिर्भूत्वा वर्षति । त इह कीटो वा पतङ्गो वा शकुनिर्वा शार्दूलो वा सिंहो वा मत्स्यो वा परश्वा वा पुरुषो वाऽन्यो वैतेषु स्थानेषु प्रत्याजायते यथाकर्म यथाविद्यम् । तमागतं पृच्छति कोऽसीति । तं प्रतिब्रूयात् ॥ २ ॥

ततः किं जातं इत्यत आह—स हेति । गौतमोऽयमारुणिः श्वेतकेतुना सह समित्पाणिः सन् सर्ववित्त्वेन विख्यातं चित्रं गार्ग्यायणिं मुनिवरं विधिवत् प्रतिचक्राम प्रतिगतवान् । किमिति ? क्रतुसामान्यगौणमुख्यफलेयत्ताप्रकाशक-विद्यानिमित्तं भवन्निकटे ब्रह्मचर्यमुपायानीति । गौतमेन विज्ञापितो मुनिः तं

[1] ज्ञाप—अ २, क. [2] यान्ति—अ २, क. [3] मितिः—अ, अ २, क.

होवाच । किमिति ? हे गौतम यो मां विद्यार्थमुपागात्—उपागाः, पुरुषव्यत्ययः—प्राप्तवान् स त्वं ब्रह्मार्घोऽसि ब्राह्मणश्रेष्ठोऽसि । यत एवं अतः त्वं एहि आस्व क्रतुगौणादिफलप्रकाशकविद्यां त्वां ज्ञपयिष्यामीति प्रतिज्ञापूर्वकं स होवाच । किमिति ? गौणमुख्यफलयोः आदौ गौणफलप्रकाशकविद्यामाचष्टे—ये वा इति । लोकेऽस्मिन् ये वै केवलकर्मिणः, "कुर्वन्नेवेह कर्माणि जिजीविषेत्" इति श्रुत्यर्थपर्यालोचनया सकामाः सन्तः कर्म कृत्वा चरमदशायां अस्मात् लोकात् प्रयन्ति ते सर्वे सकामकर्मिणः चन्द्रमसं स्वर्गाख्यं धाम गच्छन्ति । यावत् कर्मफलक्षतिः तावत् तत्रोषित्वा ततः पुनः निवर्तन्त इत्याह—तेषामिति । तेषां स्वर्गिणां प्राणैः इन्द्रियव्यापारैः पूर्वपक्षः स्वर्गः तत्रत्यभोगो वा आप्यायते भुज्यते । अथ एवमुपभोगेन स्वर्गवासनिमित्त-क्षयानन्तरं तत् भुक्तशेषकर्मैव इतः परं मे क्षयिष्णु स्वर्गनरकहेतुनानाविध-कर्मकरणं माऽस्त्विवति तीव्रतरसंवेगो ह्यपरपक्षः तस्मिन् अपरपक्षे गतागतहेतु-कुत्सितकर्मवैराग्ये मतिं न कदाऽपि जनयति, पुनःपुनः कर्मतत्फलवासनावासितो भवति, "यावत्सम्पातमुषित्वाऽथैतमेवाध्वानं पुनर्निवर्तन्ते" इति, "गतागतं कामकामा लभन्ते" इति, "ततः शेषेण जायते" इति, श्रुतिस्मृतिभ्यः । यश्चन्द्रमाः देवान्नभूतः "तद्देवानामन्नं तं देवा भक्षयन्ति" इति श्रुतेः यच्चन्द्र-लोकप्रापकं कर्म चान्द्रमसं एतद्वै स्वर्गस्य लोकस्य द्वारम् । तत्र क्षीणकर्मा योऽर्वाक् पतनाभिमुखो भवति तं यत् यस्मात् प्रत्याहृतं स्वर्गात् च्युतं तच्छे-षकर्मानुरोधेन विधिः अतीव सृजते सृजति । यो विधिरेनं प्रत्याहृतमिह यथोक्तकाले तेन साकं स्वयं वृष्टिर्भूत्वा वर्षति । ते वर्षबिन्दवः इह भुवं प्रविश्य व्रीहियवाः ओषधयस्तिलमाषा इत्यादिभावभाविता भवन्ति । तेषां जातिः पुनः केन रूपेण स्यादित्यत्र तत्तज्जन्तुकर्मानुरोधेन कीटो वा पतङ्गो वा इत्याद्यन्यो वा इत्यन्तग्रहणं चतुरशीतिलक्षयोन्युपलक्षणार्थम् । अयं क्षीणकर्मा यथाकर्म यथाविद्यं एतेषु नानायोनिस्थानेषु अन्यतमे प्रत्याजायते । तं एव-मूर्ध्वादधःप्रदेशमागतं कोऽसीति यः कश्चन पृच्छति चेत् तं प्रत्ययं वक्ष्यमाण-प्रकारेण ब्रूयात् ॥ २ ॥

मुख्यफलं—ब्रह्मलोके ब्रह्मभावापत्तिः

विचक्षणादृतवो रेत आभृतं पञ्चदशात् प्रसूतात् पित्र्या पतत् ।
स्तनमा पुंसि कर्तर्येर[1]यध्वं पुंसा कर्त्रा मातरि [2]मा निषिक्तः ।
स जायमान उपजायमानो द्वादश त्रयोदश उपमासः ।
द्वादशत्रयोदशेन पित्रा संतद्विदेऽहम् ।
तव ऋतवो मर्त्यव [3]आरभध्वम् ।

तेन सत्येन तपसर्तुरस्म्या[4]र्तवोऽस्मि कोऽसि त्वमसीति [5]तमतिसृजते । तमेतं देवयजनं पन्थानमासाद्याग्निलोकमागच्छति । स वायुलोकं स वरुणलोकं स आदित्यलोकं स इन्द्रलोकं स प्रजापतिलोकं स ब्रह्मलोकम् । तस्य ह वा एतस्य ब्रह्मलोकस्यारो ह्रदो मुहू[6]र्तोऽन्वेष्टिहा विरजा नदील्यो वृक्षः सालज्जं संस्थानमपराजितमायतनमिन्द्रप्रजापती द्वारगोपौ विभु प्रमितं विचक्षणसंध्यमितौजाः पर्यङ्कः प्रिया च मानसी प्रतिरूपा च चाक्षुषी पुष्पाण्यादायावयतौ [7]वै च जगन्यम्बा चाम्बावयवाश्चाप्सरसोऽम्बया नद्यः । तमित्थंविधा [8]गच्छन्ति । तं ब्रह्मा हाभिधावत मम यशसा विरजां पालयन्नदीं प्राप्तं न वाऽयं [9]जिगीष्यतीति ॥ २ ॥

[1] युध्वं—अ, अ १, अ २, उ १.

[2] "मानिषिक्तः" इत्ययं व्याख्याऽनुसारी पाठः "मा सिषिक्तः" इति तु कोशेषु वर्तते.

[3] आभरध्वं—अ १, उ, उ १. [4] वर्तोऽस्मि—उ.

[5] तमिति—अ, अ १, उ १, क. [6] र्तान्ये—अ, अ १, क. र्तने—अ २

[7] चैव—क. [8] गच्छति—अ १, उ. [9] जिगि—अ, उ १, क.

कस्तत्प्रकार इत्याशङ्क्य तदुत्तरच्छलेन महाक्रतुविशेषफलेयत्तां प्रकटयति— **विचक्षणाविति** । कर्मज्ञानाक्षान्तःकरणप्राणभेदेन पञ्चदशसंख्याऽन्वितात् स्वाज्ञानतः प्रसूतात् बन्धमोक्षसाधनानुष्ठानविचक्षणात् लिंगशरीरात् तत्स-मष्ट्युपाधिकहिरण्यगर्भात् ऋतवः संवत्सरावयवाः, ऋतूनां संवत्सराद्यमान-सामान्यात्, तत्तदृतुनिर्वर्त्यव्रीहियवौषधिवनस्पत्यादिभेदभिन्नं सर्वप्राण्यदनयोग्यं अन्नजातं भुवि सञ्जातम् । यदेवं सञ्जातं तदन्नं पुंसा कर्त्रा, पित्र्येति यकारः छान्दसः, तद्भाविपित्रा कालकर्मसंयोगात् अद्यमानं सत् कर्तरि कीटाद्या[द्ये] पुंसि मातरि योषिति, न ह्यूर्ध्वरेतसि बाले स्थविरे वा, यूनि पुंस्येव विद्यमान-स्तनोपलक्षितजठरप्रदेशं प्रत्यापतत् । ततः तज्जाठराग्निना पच्यमानं सत् रेत आभृतं रेतोरूपेण परिणतं अभूत् । ततः किमित्यत आह—**ईरयध्वमिति** ।

> ऋतौ स्वभार्यागमनं चरध्वं वंशवृद्धये ।
> न ब्रह्मचर्यहानिः स्यान्मद्वाक्यं शृणुत प्रजाः ॥

इति प्राजापत्यस्मृत्यनुरोधेन प्रजापतिनैवमाज्ञप्ताः प्रजाः । किमिति ? स्वसन्ततिविदे सन्ततिवृद्धये—विदेः वृद्ध्यर्थत्वात्—ऋतुमत्स्वभार्यायां मिथुनकर्म **ईरयध्वं** चरध्वं इति । एवं अद्यापि सन्तो गार्हस्थ्येऽपि ब्रह्मचर्यं चरन्ति । तथा च स्मर्यते—" ऋतौ भार्याऽभिगमनं ब्रह्मचर्यं विदुर्बुधाः " इति । यः पितृजठ-रस्थरेतउपाधिको विज्ञानात्मा स पित्रा ऋतुमत्यां स्वभार्यायां उचितकाले निषिक्तः सन् स्वमातृजठरे " त्रयोविंशत्यहोरात्रमार्षमासमुदाहृतम् " इति स्मृतिसिद्ध-द्वादशत्रयोदशमासोपमासपर्यन्तमुषित्वा अथ कश्चित् यथोक्तद्वादशमासेन निर्वर्तितेन जायमानः कश्चित् त्रयोदशमासेन वोपजायमानो विज्ञानात्मा क्रमेण गर्भाधानादिचतुश्चत्वारिंशत्संस्कारसंस्कृतो विवेक्यपि भवति । " तं आगतं पृच्छति कोऽसीति तं प्रतिब्रूयात् " इति पूर्वखण्डान्तसूत्रितवाक्योत्तरमाह । **कोऽसि त्वमसीति** यः कश्चित् यदि पृच्छति तदा तं प्रत्येवमुत्तरं सृजते कल्पयते वदति । किमिति ? यत् स्वेन आचरितं तेनैं सत्येन तपसा सम्यगा-लोच्य यतोऽहं वसन्ताद्यृतुनिर्वर्त्यान्नपरिणतकोशविशिष्टः अतोऽहं ऋतुरस्मि

आर्तवोऽस्मि इति स्थूलशरीरोपाधिको विज्ञानात्माऽस्मीत्यर्थः। एवं विज्ञानात्मानमुपलभ्य अपुनरावृत्तिलक्षणवैष्णवपदप्रापकक्रतुमुख्यफलेयत्ताप्रकाशकब्रह्मविद्या वक्तव्येति परमदयावती श्रुतिरेवमाह। किमिति ? हे स्वाज्ञलोकाः हन्तेदानीं यूयं ऋतुनिर्वर्त्यान्नपरिणतषड्भावविकृतिग्रस्तदेहविशिष्टत्वादृतवो मर्त्यैवो मर्त्याः सञ्जाताः। यस्मात् एवं तस्मात् यूयं आर्तवमरणधर्मवद्देहदारादावात्मात्मीयाभिमतिमुत्सृज्य निष्कामधिया ज्ञानकर्मसमुच्चयानुष्ठानं, तत्रापि यद्यलंबुद्धिः तदा स्वातिरिक्ताविद्यापदतत्कार्यापह्नवसिद्धं ब्रह्म निष्प्रतियोगिकस्वमात्रमिति ब्रह्ममात्रज्ञाननिष्ठां वा यूयं आरभध्वं झटिति यत्नं कुरुतेत्यत्र—"इह चेदवेदीदथ सत्यमस्ति न चेदिहावेदीन्महती विनष्टिः" इति श्रुतेः। एवं असकृच्छ्रुत्वाऽपि केचित् उक्तार्थविमुखाः भवेयुः। तेषां दुर्भगत्वात् तत्र कश्चित् पुरुषधौरेयः साध्यसाधनेषणां विहाय केवलभगवदाराधनधिया ज्ञानकर्मसमुच्चयानुष्ठानं सर्वकर्मसंन्यासपूर्वकं संशयादिपञ्चदोषशान्तिपर्यन्तं यथावद्वेदान्तश्रवणादि वा कुर्वन् यावदायुषं धरण्यां स्थित्वा यदि समुच्चयानुष्ठाता तदा देहावसानसमये योऽर्चिरादिरिति सर्वत्र प्रसिद्धः तमेतं देवयजनं देवयानं पन्थानमासाद्याथाग्निलोकमागच्छति। क्रमादथ स वायुलोकं स वरुणलोकं स आदित्यलोकं स इन्द्रलोकं स प्रजापतिलोकं स ब्रह्मलोकं गच्छति। किंविशेषणविशिष्टोऽयं ब्रह्मलोक इत्यत्र तदियत्तां वर्णयति—तस्य ह वा एतस्य ब्रह्मलोकस्येति। ह वा इति सर्वशास्त्रप्रसिद्धिद्योतकः। तत्रारो नाम महान् ह्रदो वर्तते। तद्दर्शनं आध्यात्मिकादितापत्रयं हरति, "तदैरम्मदीयं सरः" इति श्रुतेः। तत्र मुहूर्तः ब्रह्मानुसन्धानकालविशेषः, इष्टिः बाह्यसुखासक्तिः संवे[वान्वे]ष्टिः तां हन्तीति इ[अन्वे]ष्टिहा। तत्र महावैकुण्ठे नदी तु विरजा। इल्यो नाम कांक्षितार्थप्रदः कल्पकवृक्षः, "तदश्वत्थः सोमसवनः" इति श्रुतेः। तत्र संस्थानं अवस्थानं तु ब्रह्मानुसन्धानेतरव्यापृतौ सालज्जं लज्जान्वितं ब्रह्मानुसन्धानेतरव्यापृतिशून्यं इत्यर्थः। तदायतनं स्थानं तु परैः स्वच्छन्दवर्तिभिः केवलकर्मिभिर्वा कदाऽपि जेतुमशक्यमित्यपराजितमित्युक्तम्। सर्वत्र विख्यातेन्द्रप्रजापती तु द्वारगोपौ ब्रह्मलोकद्वारपालकौ भवतः। तत् केन निर्मितमित्यत्र विभुना व्यापकेन विष्णुना

प्रकर्षेण मितं सम्मितं निर्मितं वेत्यर्थः । तत्र पर्यङ्कः विश्रान्तिसीमा तु प्रत्यक्पर-चितोः सन्धिः ऐक्यं प्रत्यगभिन्नपरमात्मैवामितौजाः सर्वावभासकज्योतिरेव विश्रान्तिसीमेत्यर्थः । तत्र प्रिया जाया मानस्येव । न तु ग्राम्यभोगयोग्या जाया तत्रास्ति । प्रतिरूपा त्वलंकृतिः चाक्षुषी, तत्रत्यानां नित्यप्रत्यक्षस्वभासालंकृतत्वात् । अम्बया श्रुत्या पुष्पाणि स्वविभक्तमहावाक्यानि आदाय गृहीत्वा अवव्रतिः अन्तःकरणं तत्र युगपदर्थतः प्रकाशितानि भवन्ति । वैचशब्दतः तत्रत्यानां युगपन्महावाक्यार्थः स्फुरतीति द्योत्यते । ब्रह्मातिरेकेण जगत्तत्कार्यं नेतीति यया गीयते सेयं जगनी ज्ञस्यर्थाऽम्बा प्रणवात्मिका चाम्बावयवाश्च अकाराद्यर्ध-मात्रान्ता अप्सरसः नद्यो वा । य एवंविधज्ञानकर्मभ्यां ब्रह्मलोकं प्रविष्टः तमेतं ब्रह्मभावमापन्नमारो ह्रद इत्यादीत्थंविधा गच्छन्ति प्रणवमहावाक्यान्यपि सार्थतस्तं भजन्तीत्यर्थः । यः स्वभावमापन्नः तं अवलोक्य ब्रह्मा विष्णुः शिवो वा ह्याभि-मुख्येन धावत प्रत्युद्गतवान् । किं कुर्वन् ? मम ब्रह्मणो यशसा निरावरणज्ञानेन विरजानदीतुल्यं तदखण्डाकारवृत्तिं परिपालयन् मत्कृपां विना न वाऽयं मद्धाम जिगीष्यति न हि जेतुं पारयतीति केवलकरुणया त्वद्भावं प्रापं प्राप्त-वानस्मीत्यर्थः ॥ ३ ॥

ब्रह्मविदुषो ब्रह्मैश्वर्यप्राप्तिः

तं पञ्चशतान्यप्सरसां प्रतिधावन्ति शतं मालाहस्ताः शतमाञ्जनहस्ताः शतं चूर्णहस्ताः शतं वासोहस्ताः शतं [1]फणहस्ताः । तं ब्रह्मालंकारेणालंकुर्वन्ति । स ब्रह्मालंकारेणालंकृतो ब्रह्मविद्वान् ब्रह्मैवाभिप्रैति । स आगच्छत्यारं ह्रदं [2]तं मनसाऽत्येति । तमृत्वा संप्रतिविदो मज्जन्ति । स आगच्छति मुहूर्तान्विहेष्ठिहास्तेऽस्माद-पद्रवन्ति । स आगच्छति विरजां नदीं तां मनसैवात्येति ।

[1] फणा—अ २, क. कणा—मु. [2] तन्मन—अ, अ १, अ २.

तत्सुकृतदुष्कृते धूनुते तस्य प्रिया ज्ञातयः सुकृत[1]मुपयन्त्यप्रिया दुष्कृतम् । तद्यथा रथेन धावयन् रथचक्रे पर्यवे[2]क्षत एवमहोरात्रे पर्यवेक्षते । एवं सुकृतदुष्कृते [3]धूनुते सर्वाणि च द्वन्द्वानि । स एव विसुकृतो विदुष्कृतो ब्रह्मविद्वान् ब्रह्मैवाभिप्रैति ॥ ४ ॥

एवंविदो ब्रह्मैश्वर्यं सविशेषनिर्विशेषब्रह्मवेदनफलं च प्रकटयति—**तमिति**। य एवं विद्यया ब्रह्मलोकं प्रविश्य ब्रह्मभावमापन्नः **तं अप्सरसां पञ्चशतानि प्रतिधावन्ति** अहरहः उपासते । कथं? तत्राप्सरसां **शतं** दिव्यमाल्य**हस्ताः** सत्य उपचरन्ति । तथाऽपरं **शतं** अञ्जनं नेत्राकल्पसाधनं, तदेव आञ्जनं यासां हस्तभूषणं ता हि **आञ्जनहस्ताः** । तथा **शतं** परिमलगन्ध**चूर्णहस्ताः** । तथा **शतं** दिव्य**वासोहस्ताः** । तथा शतं, फणशब्देन तदाकल्पयोग्याभरणजातं तत्स्मरणीयविविधभोज्यद्रव्यजातं वा, यासां हस्ते अनवरतं फणमस्ति ताः **फणहस्ताः** । एवंविधानि अप्सरसां पञ्चशतानि **ब्रह्मालङ्कारेण तं अलङ्कुर्वन्ति** । सोऽयं **ब्रह्मालङ्कारेण अलङ्कृतो ब्रह्मविद्वान्** यदि निर्विशेषब्रह्मवित् तदा निर्विशेष**ब्रह्मैव अभिप्रैति**, यदि सविशेषब्रह्मवित् तदा तत्रत्यब्रह्मैव अभिप्रैति । अथ सोऽयं कदाचित् ब्रह्मस्थानात् बहिरागच्छति यदत्र आरसंज्ञको **ह्रदो** वर्तते **तं मनसा अत्येति** अतिशयेनैति अतिक्रामति वा । **तमृत्वा** तं ब्रह्माणं विना **सम्प्रतिविदो मज्जन्ति**, तेन विरजा भवन्ति । ततः **स** विद्वान् **आगच्छति मुहूर्तानुविद्धं** ब्रह्मानुसन्धानयुक्तचित्त**मन्विहेष्टिहाः** बाह्यतन्निरोध-वृत्तिव्यापाराः ते **अस्माद्विदुष अपद्रवन्ति** पलायितुमारभन्ते, विद्वान् निर्वि-कल्पसमाधिपरवशो भवतीत्यर्थः । **स** विद्वान् यदि कदाचित् बहिश्चित्तः तदा-[तं आ]गच्छति **मनसैव अतिशयेन विरजां नदीं तामेति** । यस्तां दृष्ट्वा स्नाति स्नानतो निर्धूतचित्तमलो भवति, **तत्पुराकृतसुकृतदुष्कृते धूनुते** दोधूयते ।

[1] मप—क. [2] क्षेतैव—क. क्षतैव—अ, अ १, अ २, उ.

[3] "धूनुते" इत्येतन्नास्ति—अ, अ १, अ २, क.

प्राणिमात्रस्य यदृच्छया पुण्यपापे सम्भवतः, तेनास्य ब्रह्मभावापत्तिः कुत इत्यत आह—तस्येति। **तस्य प्रिया ज्ञातयः** ईश्वरधिया समर्चयन्तः ते तत्कृतसुकृतजातमुपयन्ति गृह्णन्ति। तदप्रियकारिणस्तु तद्देहकृतदुष्कृतमुपयन्तीत्यनुवर्तते। तेनायं व्याविद्धपुण्यपापो ब्रह्मभावापन्नो भवतीत्यत्र—

> प्रियेषु स्वेषु सुकृतमप्रियेषु च दुष्कृतम्।
> विसृज्य ध्यानयोगेन ब्रह्माप्येति सनातनम्॥

इति श्रुतेः। कार्यात् कारणमनुमेयं इत्यत्र दृष्टान्तमाह—यथेति। **यथा रथेन धावयन्** गच्छन् **रथचक्रे** विद्येत इति **पर्यवेक्षते** निश्चिनोति **तथैवमहोरात्रे** संसृतिरथचक्रस्थानीये **पर्यवेक्षते**। अहोरात्रविभागहेतुस्वाज्ञानाधिकरणाभावे कुतोऽयमहोरात्रादिकल्पनेत्यर्थः। एवं स्वाज्ञानमूलसत्त्वे स्वाज्ञानकार्यसुकृतदुष्कृते **सर्वाणि च** सुखदुःखादिद्वन्द्वानि च विलसन्ति। तद्धेतुस्वाज्ञानापाये यत्तदधिकरणं तन्निरधिकरणब्रह्ममात्रतया निष्प्रतियोगिकमवशिष्यत इति यो वेद **स एष** मुनिः **विसुकृतो विदुष्कृतो** भूत्वा यदि निष्प्रतियोगिकं **ब्रह्म** स्वमात्रमिति **विद्वान्** तदा तद्वेदनसमकालं **ब्रह्मैवाभिप्रैति**॥ ४॥

सविशेषब्रह्मविदो विभूतिविशेषलाभः

स आगच्छतील्यं वृक्षं तं ब्रह्मगन्धः प्रविशति। स आगच्छति सालज्जं संस्थानं तं ब्रह्म स प्रविशति। स आगच्छत्यपराजितमायतनं तं ब्रह्मतेजः प्रविशति। स आगच्छतीन्द्रप्रजापती द्वारागोपौ तावस्मादपद्रवतः। स आगच्छति विभुप्रमितं तं ब्रह्मयशः प्रविशति। स आगच्छति विचक्षणामासन्दीं सा प्रज्ञा प्रज्ञया हि विपश्यति। स आगच्छत्यमितौजसं पर्यङ्कं तं स प्राणः। तस्य भूतं च भविष्यच्च पूर्वौ पादौ श्रीश्चेरा चापरौ बृहद्रथन्तरे अनूच्ये

भद्रयज्ञायज्ञीये शीर्षण्यमृचश्च सामानि च प्राचीनागानं यजूंषि तिरश्चीनानि सोमांशव उपस्तरणमुद्गीथ उपश्रीः श्रीरुपबर्हणम् । तस्मिन् ब्रह्मास्ते । तमित्थंवित्पादेनैवाग्र आरोहति । तं ब्रह्माह कोऽसीति । तं प्रतिब्रूयात् ऋतुरस्म्यार्तवोऽस्म्याकाशाद्योनेः संभूतो हाव । एतत् संवत्सरस्य तेजोभूतस्य भूतस्य त्वमात्माऽसि यस्त्वमसि सोहमस्मीति । तमाह कोऽहमस्मीति ॥ ५ ॥

सविशेषब्रह्मविदः तत्रत्यविभूतिविशेषमाह—स आगच्छतीति । इल्यं कल्पवृक्षं प्रति स विद्वानागच्छति । यः स्वनिकटमागतः तं प्रति ब्रह्मगन्धः प्रविशति । ततो यथाव्याख्यातं सालज्जं संस्थानं प्रति स विद्वानागच्छति । स्वनिकटमागतं स ब्रह्मबोधः प्रविशति । पुनरपराजितमायतनं प्रति स आगच्छति । स्वनिकटमागतं तं ब्रह्मतेजः प्रविशति । यत्रेन्द्रप्रजापती द्वारगोपौ तिष्ठतः तत्र स आगच्छति । अस्माद्दर्शनात् तावपद्रवतः प्रत्युत्थानादिभिः । यथाव्याख्यातविभुप्रमितं प्रति स आगच्छति । तं ब्रह्म यशः प्रविशति । स्वाज्ञानध्वान्तमोचनविचक्षणां समर्थां आसमन्तात् दीप्यमानामासन्दीं स्वज्ञानरूपिणीं विद्यां प्रति आभिमुख्येन स आगच्छति । सेयं प्रज्ञा, प्रज्ञया हि तमात्मतया पश्यति । यथाव्याख्यातं अमितौजसं पर्यङ्कं प्रति स आगच्छति । तं प्रति मुख्यः प्राणः प्रविशति । यद्वा—नवरत्नरचनात् अमितौजसं सुवर्णपर्यङ्कं पादचतुष्टयविशिष्टं सोपस्करं सः आगच्छति । स्वतल्पनिकटमागतं तं स प्राण आविशति । पर्यङ्कपादचतुष्टयं तत्सोपस्करं वा किमित्यत आह—तस्येति । तस्य पर्यङ्कस्य भूतं च भविष्यच्चेति भूत-भविष्यत्कालौ पूर्वौ पादौ भवतः । श्रीश्च संम्पत्, रल्योरभेदात् इरा इला धरणी चापरौ पादौ भवतः । बृहच्च रथन्तरं च बृहद्रथन्तरे अनूच्ये सुश्राव्यगीतिस्थानीये भवतः । पर्यङ्कस्य शीर्षण्यं शिरःप्रदेशः भद्रयज्ञायज्ञीये गीतिविषयसाम्नी । यद्वा—भद्रयज्ञो महाक्रतुनिचयश्च यज्ञीयं तत्सोपस्करं च

भद्रयज्ञायज्ञीये भवतः। यज्ञायज्ञीयेत्यत्र दीर्घः छान्दसः। पर्यङ्कस्य प्राचीनागानं प्राक्पश्चिमदण्डसूत्राणीत्यागानमुक्ति ऋचश्च सामानि चाशंसन्ति। पर्यङ्कतिरश्चीनदण्डसूत्राणि यजूंषि भवन्ति। पर्यङ्कस्योपस्तरणं मृद्वास्तरणं सोमांशवः सोमकिरणा भवन्ति। पर्यङ्कोपश्रीः शोभा तु सामावयवतया प्रसिद्ध उद्गीथः, श्रीः स्वानपायिनी लक्ष्मीस्तु उपबर्हणं शिरउपधानम्। योऽयमुक्तविशेषणसोपस्करः पर्यङ्कः तस्मिन्नेव सदा ब्रह्मास्ते। य एवंविधपर्यङ्कालङ्कारभूतो ब्रह्मा विराजते तं इत्थंवित् एवंविद्वान् प्राणो भूत्वा पर्यङ्कविलसद्भूतादिपादेनैवाग्रे पर्यङ्कोपर्यारोहति। य एवं स्वपर्यङ्कं प्रविष्टः तं कोऽसीति ब्रह्माह। तं प्रत्ययमेवं ब्रूयात्। किमिति? पुरासंवत्सरावयवऋतुरस्मि, तन्निर्वर्त्यान्नमयावष्टम्भत आर्तवोऽस्मि, सर्वयोनेराकाशात् ब्रह्मणः सकाशात् एवं संभूतोऽस्मि। ह्यवेत्यवधारणार्थः। न त्वेवं ते संभूतिरस्ति, त्वमेव सर्वकारणमित्युपदिशति—एतदिति। यदेतज्जन्म त्वयोक्तं तन्न संगच्छते, स्वस्यैव सर्वात्मत्वात्। तत् कथं? गुणसाम्यात्मकाव्यक्तकालतदवयवसंवत्सरस्य तेजोभूतस्य महत्तत्त्वस्य भूतस्य पञ्चभूतभौतिकस्य च त्वमेवात्माऽसि। यस्त्वं सर्वभूतात्माऽसि सोऽहमस्मीति निश्चिनु। इति ब्रह्मणोक्तः पुनस्तं पृच्छति—कोऽहमस्मीति। न जाने, पुनः कृपयोपदिशेत्यर्थः॥ ९॥

आत्मनः सत्यत्वं सर्वात्मत्वं ब्रह्ममात्रत्वं च

सत्यमिति ब्रूयात्। किं तत् सत्यमिति। यदन्यद्देवेभ्यश्च प्राणेभ्यश्च तत् सद्य यद्देवाश्च प्राणाश्च [1]तद्यत्तदेतया वाचाऽभिव्याह्रियते सत्यमिति। एतावदिदं सर्वमिदं सर्वमसीत्येवैनं तदाह। तमाह केन [2]पौंसानि नामान्याप्नोतीति। प्राणेनेति ब्रूयात्। केन स्त्रीनामानीति। वाचेति। केन नपुंसकनामानीति। मनसेति।

[1] तयंतवे—क, अ १, अ २. [2] पौंसानि—अ. पौंस्नानि—मु.

केन गन्धानिति । घ्राणेनेति ब्रूयात् । केन रूपाणीति । चक्षुषेति । केन शब्दानिति । श्रोत्रेणेति । केनान्नरसानिति । जिह्वयेति । केन कर्माणीति । हस्ताभ्यामिति । केन सुखदुःखे इति । शरीरेणेति । केनानन्दं रतिं प्रजातिमिति । उपस्थेनेति । केनेत्या इति । पादाभ्यामिति । केन धियो विज्ञातव्यं कामानिति । प्रज्ञयेति प्रब्रूयात् । तमाहापैव खलु मे ह्यसावयं ते लोक इति । सा या ब्रह्मणि चिति या व्यष्टिस्तां चितिं जयति तां व्यष्टिं व्यश्नुते य एवं वेद य एवं वेद ॥ ६ ॥

प्रश्नोत्तरं भगवानाह—सत्यमिति । कोऽहमस्मीति प्रश्नोत्तरं—कालत्रयाबाध्यं सत्यमिति ब्रूयात्, सत्तामात्रस्वरूपोऽसीत्यर्थः । सत्यशब्दार्थं पृच्छति—किं तत् सत्यमिति । प्रतिवचनं—यद्देवेभ्यो दिग्वातादिकरणाधिपेभ्यश्च प्राणेभ्यश्च करणेभ्योऽपि यदन्यत् भिन्नतयाऽवशिष्टं तदेव सद्ध सत्यं हि यदेव देवाश्च प्राणाश्च भवति स्वातिरिक्तानृतसामान्यस्य मृग्यत्वात् यत्तदेतया वाचा अभिव्याह्रियते । किमिति? सत्यमिति । एतावदिदं सर्वमिदं सर्वमसीत्येवैनं तदाह । तमुक्तवन्तमितर आह । किमिति? सर्वस्य सत्यात्मकत्वे केन पौंसानि नामान्याप्नोति? इति पृष्टः प्राणेनेति ब्रूयात् । तथा पुनः केन स्त्रीनामानीति नपुंसकनामानि चाप्नोतीति पृष्टो वाचा मनसा चेति, ब्रूयादिति सर्वत्र अनुवर्तते । केन केन करणेन तत्तत्करणार्थान् गन्धादीनाप्नोतीति पृष्टो घ्राणादिकरणजालेन गन्धादिविषयजालमाप्नोतीति ब्रूयात् । शिष्टं निगदार्थमेतत् । किं बहुना—केन धीविज्ञातव्यनानाकामानाप्नोतीति पृष्टः सर्वमिदमहमात्मेति प्रज्ञया ब्रह्मभावारूढया सर्वं खल्विदं ब्रह्मेति श्रुत्यर्थसंस्कृतया आप्नोतीति ब्रूयात् । पुनस्तमाह । किमिति? लोके तावदसावयं मे मम ते तवेत्यादिशब्दगोचरमर्थजातं सर्वं "सर्वं खल्विदं ब्रह्म,"

"ब्रह्मव्यतिरिक्तं न किञ्चिदस्ति," "मद्व्यतिरिक्तमणुमात्रं न विद्यते" इत्यादिश्रुत्याचार्यसंस्कृतब्रह्माकारप्रज्ञया मयेदं सर्वं "आत्ममात्रमिदं सर्वमात्मनोऽन्यन्न किञ्चन" इति श्रुत्यनुरोधेन आप्तैव प्राप्तमेव खलु। अस्मिन्नर्थे न हि संशयोऽस्तीति विद्याफलमाचष्टे—य एवं वेदेति। य एवं—या प्रज्ञा सा ब्रह्माणि चिति चिद्ब्रह्मणि चिन्मात्रे या व्यष्टिः समष्टिश्च स्वाज्ञविकल्पिता स्वज्ञानबाधिता, यत एवं अतो ब्रह्मातिरिक्तं न किञ्चिदिति—वेद सोऽयं मुनिः तां चितिं व्यष्टिसमष्ट्यात्मकस्वाविद्यापदतत्कार्यारोपापवादाधिकरणरूपां वस्तुतो निरधिकरणात्मिकां निष्प्रतियोगिकचिन्मात्रां स्वावशेषतया जयति आप्नोति। या चिन्मात्रविकल्पिता व्यष्टिः तदुपलक्षितस्वाविद्यापदतत्कार्यजातं तां व्यष्ट्यादिकलनां शशविषाणवदत्यन्तासत्तया व्यश्नुते। एवं ज्ञानसमकालं स्वयमेव ब्रह्ममात्रतया अवशिष्यत इति प्रकरणार्थः। आवृत्तिः प्रथमाध्यायपरिसमाप्त्यर्था ॥ ६ ॥

इति प्रथमोऽध्यायः

द्वितीयोऽध्यायः

प्राणब्रह्मोपासनं तत्फलं च

प्राणो ब्रह्मेति ह स्माह कौषीतकिः। तस्य ह वा एतस्य प्राणस्य ब्रह्मणो मनो [1]भूतं [2]वाक्यं[3]परिवेष्टृ चक्षुः श्रोत्रं [4]संश्रावयितृ। तस्मै वा एतस्मै प्राणाय ब्रह्मण एताः सर्वा देवता अयाचमानाय बलिं हरन्ति। तथो एवास्मै सर्वाणि भूतान्ययाचमानायैव बलिं

[1] भूता—क. [2] वाक्य—अ १, अ २, क. वाक्य—अ.
[3] परिवेष्ट्री—अ २. परिवेष्ट्य—क. [4] संश्रावयित्वा—क.

हरन्ति । य एवं वेद तस्योपनिषन्न याचेदिति तद्यथा ग्रामं भिक्षित्वा लब्ध्वोपविशेन्नाहमतो दत्तमश्नीयामिति । य एवैनं पुरस्तात् प्रत्याचक्षीरंस्त एवैनमुपमन्त्रयन्ते ददाम त इति । एष धर्मो [1]याचितो भवत्यन्यतर[2]स्त्वेवैनमुपमन्त्रयन्ते ददाम त इति । प्राणो ब्रह्मेति ह स्माह पैङ्ग्यः । तस्य ह वा एतस्य प्राणस्य ब्रह्मणो वाक्प-रस्ताच्चक्षुरारुन्धे चक्षुः परस्ताच्छ्रोत्रमारुन्धे श्रोत्रं परस्तान्मन आरुन्धे मनः परस्तात्प्राण आरुन्धे । तस्मै वा एतस्मै प्राणाय ब्रह्मण एताः सर्वा देवता अयाचमानाय बलिं हरन्ति । तथो एवास्मै सर्वाणि भूतान्ययाचमानाय बलिं हरन्ति । य एवं वेद तस्योपनिषन्न याचेदिति तद्यथा ग्रामं भिक्षित्वा लब्ध्वोप[3]विशेन्नाहमतो दत्तमश्नीयामिति । य एवैनं पुरस्तात् प्रत्याचक्षीरंस्त एवैनमुप-मन्त्रयन्ते ददाम त इति । एष धर्मो [4]याचितो भवत्यन्यतरस्त्वेवैन-मुपमन्त्रयन्ते ददाम त इति ॥ १ ॥

प्रथमाध्याये महाक्रतुसामान्यविशेषफलेयत्ताप्रदर्शनच्छलेन सविशेष-निर्विशेषब्रह्मविद्या तत्फलं च सम्यक् प्रकटितम् । एतत्प्रकरणार्थस्य सामान्य-प्रज्ञदुरवगाह्यत्वादिति मन्दप्रतिपत्त्यर्थं पुनः सविशेषब्रह्मविद्या प्रकटयितव्येति द्वितीयाध्याय आरभ्यते—प्राणो ब्रह्मेत्यादि । कुषीतकस्यापत्यं कौषीतकिः नाम प्राणयाथात्म्यद्रष्टा मुनिरेवमाह स्म । किमिति ? यः पञ्चमे मासि योषिद्गर्भगत-पिण्डं प्रपदाभ्यां प्रापद्यत सोऽयं प्राण एव ब्रह्मेति । तस्यानिच्छतोऽप्यन्तर्बाह्य-करणानि सङ्कल्पादिबलिं हरन्तीत्याह—तस्येति । तस्य ह वा एतस्य प्राणस्य

[1] याचतो—मु.
[2] स्यैवै—क.
[3] विवेशणा—ङ.
[4] याचतो—मु.

ब्रह्मणः मनआद्यन्तःकरणचतुष्टयं, भूतग्रहणं भविष्यद्वर्तमानज्ञानोपलक्षणार्थं, भूतादित्रिकालज्ञानं सङ्कल्पादिबलिं प्राणाय हरति। सर्वाभिधेयमभिधानरूपेण परिवेष्ट्य व्याप्य स्थितं वाक्यं—वागिन्द्रियग्रहणं कर्मेन्द्रियपञ्चकोपलक्षणार्थं—कर्मेन्द्रियपञ्चकं वचनादिबलिं समर्पयति। चक्षुःश्रोत्रग्रहणं शिष्टज्ञानेन्द्रियोपलक्षणार्थम्। ज्ञानेन्द्रियपञ्चकमपि शब्दादिबलिं हरति। एवं तस्मै वा एतस्मै व्यष्टिसमष्टिप्राणाय अयाचमानाय एताः सर्वाः देवताः मनःश्रोत्राद्यन्तर्बाह्यकरणानि सङ्कल्पशब्दादिबलिं हरन्ति। तथो एवास्मै सर्वाणि भूतान्ययाचमानायैव बलिं हरन्ति। एवं यो वेद तस्य विदुषः इयमेव हि उपनिषत् उपासना व्रतम्। किं तत्? यत्र कुत्रापि न याचेदिति। उक्तार्थे दृष्टान्तमाह—तद्यथेति। यथा कश्चिद्व्रती यथोक्तकाले ग्रामं प्रविश्य भिक्षाऽटनं कृत्वा नाहमतो दत्तमश्नीयामिति प्रतिज्ञां लब्ध्वोपविशेत् तथा प्राणवित् न याचेदित्यर्थः। ये पुनरेनं यत्किञ्चिद्याचमानं पुरस्तात् पूर्वं प्रत्याचक्षीरन् प्रत्याख्यानं कृतवन्तः त एवैनमुपमन्त्रयन्ते प्रार्थयन्ति। किमिति? ददाम त इति। एष धर्मो याचितो भवति। एवमन्यतरस्तु अन्यतरेऽपि एनमयाचितं ददाम त इत्युपमन्त्रयन्ते। तथा पिंगस्यापत्यं पैङ्ग्योऽपि प्राणो ब्रह्मेत्याह स्म। तत्रोपपत्तिः—तस्य हवेत्युक्तार्थम्। वाक्परस्तात् वागिन्द्रियात् परं चक्षुरारुन्धे दीप्यते। एवं चक्षुः श्रोत्रम्। मनःपरस्तात् प्राण आरुन्धे प्राण एव सम्राट्तया दीप्यते। तस्मै वा एतस्मा इत्याद्युक्तार्थम्॥ १॥

दुर्लभार्थलाभकरं एकधनावरोधनकर्म

अथात एकधनावरोधनम्। यदेकधनमभिध्यायात् पौर्णमास्यां वाऽमावास्यां वा शुद्धपक्षे वा पुण्ये नक्षत्रेऽग्निमुपसमाधाय परिसमूह्य परिस्तीर्य पर्युक्ष्य पूर्वदक्षिणं [1]जान्वावाच्य स्रुवेण वा चमसेन वा कंसेन वैता आज्याहुतीर्जुहोति—वाङ्नामदेवताऽवरोधिनी सा

[1] जान्वपाच्य—क. जान्वाच्य—अ २.

[1]मे तस्मादिदमवरुन्धा तस्यै स्वाहा, प्राणो नाम देवताऽवरोधिनी सा मे तस्मादिदमवरुन्धा तस्यै स्वाहा, चक्षुर्नाम देवताऽवरोधिनी सा मे तस्मादिदमवरुन्धा तस्यै स्वाहा, श्रोत्रं नाम देवताऽवरोधिनी सा मे तस्मादिदमवरुन्धा तस्यै स्वाहा, मनो नाम देवताऽवरोधिनी सा मे तस्मादिदमवरुन्धा तस्यै स्वाहा, प्रज्ञा नाम देवताऽवरोधिनी सा मे तस्मादिदमवरुन्धा तस्यै स्वाहेति । अथ धूमगन्धं प्रजिघायाज्य-लेपेनाङ्गान्यनुविमृज्य [2]वाचंयतोऽभिप्रवृज्यार्थं ब्रवीत दूतं वा प्रहिणु-यात्लभेतेहैव ॥ २ ॥

एवं प्राणोपासनासामान्यफलं अयाचितत्वख्यातिः विशेषफलं तद्भावापत्तिः इत्यार्थिकतयाऽभिधाय अथ कामिनां कामपूरणाय काम्योपासनामाह—**अथेति** । **अथ** प्राणोपासनाऽनन्तरं यत एकधनावरोधनकर्म विना कांक्षितार्थो न सिध्यति **अत एकधनावरोधनं कर्म अभिध्यायात्** । सप्रकारकं तत् कर्म कीदृशं ? इत्यत्र **पौर्णमास्या**द्युक्तविकल्पान्यतमे यथाविधि **अग्निमुपसमाधाय स्रुवा**द्यन्य-तमेन **वाङ्नामदेवतावरोधिनी**त्यादिमन्त्रषट्केन **आज्याहुतीः** हुत्वा **अथ धूमगन्धमाघ्राय** होमसम्पाताज्यलेपेन **अङ्ग**मार्जनं कृत्वा वाङ्नियममुत्सृज्य स्वाभिलषितार्थं **ब्रवीत** स्वाभिलषितार्थो यत्र वर्तते तदानयनार्थं **दूतं वा प्रहिणुयात्** प्रेरयेत् । **इहैव** तदर्थो लभ्यते । एकधनावरोधनकर्मानुष्ठानमहिम्ना दुर्लभार्थोऽपि लभ्यत एवेत्यर्थः ॥ २ ॥

सर्वार्थसिद्धिकरं दैवं कर्म

अथातो [3]दैवं स्म वो यस्य प्रियो बभूषे यस्यैव येषां वै तेषामेवैतस्मिन् पर्वण्यग्निमुपसमाधायैतयैवावृतैता आज्याहुतीर्जुहोति

[1] अत्र सर्वपर्यायेषु "मेतस्मा" इत्यस्य स्थाने "मेऽमुष्मा" इत्यपि पाठः कोशेषु दृश्यते. [2] वाचायमो—उ. वाचंयमो—अ, अ १. [3] दैवस्वो—क.

—वाचं ते मयि जुहोम्यसौ स्वाहा, प्राणं ते मयि जुहोम्यसौ स्वाहा, चक्षुस्ते मयि जुहोम्यसौ स्वाहा, श्रोत्रं ते मयि जुहोम्यसौ स्वाहा, मनस्ते मयि जुहोम्यसौ स्वाहा, प्रज्ञानं ते मयि जुहोम्यसौ स्वाहेति। अथ धूमगन्धं प्रजिघायाज्यलेपेनाङ्गान्यनुविमृज्य वाचंयतोऽभिप्रवृज्य संस्पर्शं जिगमिषेदपि वाताद्वाऽसंभाषणस्तिष्ठेत् प्रियो हैव भवति [1]स्मरन्तीहैव भवति स्मरन्तीहैव स्यात् ॥ ३ ॥

स्वपरयोः स्मरणतः सर्वार्थसिद्धिकरकर्मोपासनमुच्यते—अथेति। अथशब्दः उपासनाऽन्तरारम्भार्थः। यतो दैवं कर्म विना चिन्तितार्थसिद्धिः न स्यात् अतो यत् कर्म—देवः प्राणः—तदुद्देशेन क्रियत इति दैवं स्म कर्म। यस्य वो यस्य कस्यचित् प्रियः प्रेमास्पदोऽर्थः बभूषे तद्गताभिलाषो वर्धते, येषां यस्यैव विषये स्पृहा वर्धते तेषां तानेवोद्दिश्य एतस्मिन् पूर्वोक्तपौर्णमास्याद्यन्यतमपर्वणि अग्निमुपसमाधायेत्यादि पूर्ववत्। एतया पूर्वोक्तविधया आवृता संयुक्ता एता आहुतीर्जुहोति। कैः मन्त्रैः? इत्यत्र—वाच ते मयि जुहोम्यसौ स्वाहेति मन्त्रषट्केन हुत्वा धूमगन्धं प्रजिघायेत्यादि पूर्ववत्। यच्चित्तं यद्वस्तु स्पृहयति तद्वस्तु पाणिना स्पृशन् जिगमिषेत्। यद्वा—यस्य सख्यमिच्छति तं स्पृशन् जिगमिषेत्। यद्ययं स्प्रष्टुमशक्यः तदा वातो यां दिशमुद्दिश्य वाति तत्र स्वयं स्थित्वा स्वदेहस्पर्शिवाताद्वाऽपि तं स्पृशन् जिगमिषेत् इत्यनुवर्तते। ततोऽसम्भाषणस्तिष्ठेत्। एतत्प्रयोगात् दुराराध्योऽपि प्रियो हैव हितकृदेव भवति। स्वानुग्रहभाजो यद्यत् स्मरन्ति तत्तदिहैव भवति। यदन्यद्वा स्मरन्ति तदिहैव स्यादित्यर्थः ॥ ३ ॥

प्राणब्रह्मप्रापकं अग्निहोत्रोपासनम्

अथातः सायमन्नं [2]प्रातर्दनमान्तरमग्निहोत्रमिति चाचक्षते। यावद्वै पुरुषो भासते न तावत् प्राणितुं शक्नोति प्राणं तदा वाचि

[1] अयं व्याख्यानुसारी पाठः, आकरकोशेषु तु "स्मरन्ति हैव" इत्येव वर्तते.
[2] अनन्तरमग्नि—क. अन्तरमग्नि—अ १, अ २,

जुहोति । यावद्वै पुरुषः प्राणिति न तावद्भातुं शक्नोति वाचं तदा प्राणे जुहोति । एतेऽनन्तेऽमृताहुती जाग्रच्च [1]स्वरूपं च संततमव्यवच्छिन्नं जुहोति । अथ या अन्या आहुतयोऽन्तवत्यस्ताः कर्ममय्यो भवन्ति । एतद्ध वै पूर्वे विद्वांसोऽग्निहोत्रं जुह्वांचक्रुः । अथ कथं ब्रह्मेति । शुष्कभृङ्गारमृगित्युपासीत सर्वाणि हास्मै भूतानि श्रैष्ठ्यायाभ्यर्च्यन्ते । तद्यजुरित्युपासीत सर्वाणि हास्मै भूतानि श्रैष्ठ्याय युज्यन्ते । तत् सामेत्युपासीत सर्वाणि हास्मै भूतानि श्रैष्ठ्याय संनमन्ते । [2]तच्छ्रीत्युपासीत तद्यश इत्युपासीत तत्तेज इत्युपासीत तद्यथैतच्छास्त्राणां श्रीमत्तमं यशस्वितमं तेजस्वितमं भवति । तथैवैवंविद्वान् सर्वेषां भूतानां श्रीमत्तमो यशस्वितमस्तेजस्वितमो भवति । तदेतदैष्टकं कर्म यमात्मानमध्वर्युः संस्करोति तस्मिन् यद्धर्ममयं [3]प्रभवति [4]तद्धर्ममयं [5]त्वम्मयं होतर्मयं साममयमुद्गाता स एष सर्वस्यै त्रयीविद्याया आत्मैष उत [6]एव स्यान्नैतदात्मा भवति य एवं वेद ॥ ४ ॥

विशिष्टफलमुपासनान्तरमाह—अथेति । उपासनान्तरारम्भार्थः अथशब्दः । अग्निहोत्रं यतो विशिष्टफलदं अत एव सायङ्कालनिर्वर्त्यमक्तं प्रतर्दनेन मुनिना भावितं प्रातर्दनमान्तरमग्निहोत्रमिति चाचक्षते शिष्टाः, सायंप्रातर्विहिताहुतिसामान्यात् । एवं अग्निहोत्रनिर्वर्तयिता पुरुषः आत्मा अहमेवेदं सर्वमिति

[1] स्वपंश्च सं—मु.
[2] तद्ध्री—उ.
[3] प्रवयति—अ, अ १, उ.
[4] यजुर्मयं—मु.
[5] ऋङ्मयं—क, मु.
[6] एवास्या—अ, अ १, अ २, क, मु.

भासते तदतिरेकेण न तावत् प्राणितुं चेष्टितुं शक्नोति । तदानीं पुरुषः प्राणं वाचि जुहोति । यावद्धै पुरुषः प्राणिति प्राणावष्टम्भतः चेष्टाविशिष्टो भवति पुरुषातिरेकेण न तावद्वागादि भातुं शक्नोति समर्थ भवति । तदानीं प्राणी वाचं प्राणे जुहोति । जाग्रदवस्थाया वागादिनिर्वर्त्यत्वात् वागाद्यग्नौ प्राणाख्यं हविः जुहोति । तथा स्वापावस्थायाः प्राणनिर्वर्त्यत्वेन वागादिकरणजातं प्राणे जुहोति, वागादिकरणानामुपरमादिति भावः । अहरहः कर्तव्यतया एतेऽनन्तेऽमृताहुती जाग्रच्च स्वरूपं स्वापश्चाहरहः सन्ततमव्यवच्छिन्नं जुहोति । अथ शरीरस्थित्यनन्तरं याः अन्याः आहुतयः अन्तवत्यः ताः कर्ममय्यो भवन्ति चरमाहुतित्वात् । एतदु वै पूर्वे विद्वांसः अग्निहोत्रं जुह्वांचक्रुः, जाग्रत्स्वापयोः अग्निहोत्रदृष्टिं कुर्युरित्यर्थः । कथं एतावता पुरुषार्थसिद्धिः इत्याक्षिपति—अथ कथं ब्रह्मेति । एतावता ब्रह्मोपासनं किं जातमिति ? उत्तरमाह—शुष्कभृङ्गारमिति । जाग्रदादिव्यापृतिरिक्तं शुष्कं भृङ्गारं स्फटिककरकोपमं प्राणं ऋगादिवेदत्रयतया उपासीत, प्राणे क्रमात् ऋगादिवेदत्रयदृष्टिं कुर्यात् । पर्यायत्रयोपासनाफलमेतत् —सर्वाणि भूतानि अस्मा एवं विदुषे सर्वस्मात् श्रैष्ठ्यायाभ्यर्च्यन्ते युज्यन्ते सन्नमन्ते च । किंच—तत् पूर्वोक्तशुष्कभृंगारं प्राणं श्रीत्वेन यशस्त्वेनोपासीत । दृष्टान्तपूर्वकं उपासनाफलं प्रकटयति—तद्यथेति । यथा तदेतदध्यात्मशास्त्रं तदितरशास्त्राणां श्रीमत्तमं मोक्षसंपत्प्रापकत्वात्, यशस्वितमं यशस्वी ब्रह्मवित् तत्तरो ब्रह्मविद्वरः तत्तमो ब्रह्मविद्वरीयान् सम्यज्ज्ञानप्राप्यब्रह्मविद्वरीयस्त्वप्रापकत्वात्, तथा तेजस्वितमं तथा प्रत्यक्परैक्यगमकत्वात्, तथैवैवंविद्वान् सर्वेषां भूतानां श्रीमत्तमो यशस्वितमः तेजस्वितमश्च भवति । यं आत्मानं अध्वर्युः एवं संस्करोति तदेतदैष्टकं कर्माग्निहोत्रं इष्टकास्थानीयाहोरात्राहुतिनिर्वर्त्यत्वात् । तस्मिन् इत्थंभूताग्निहोत्रकर्मणि यद्धर्ममयं फलं प्रभवति तद्धर्ममयं अस्मयं अमृतमयं होतर्मयं साममयम् । य एवंविदुद्गाता स एषः सर्वस्यै सर्वस्याः त्रयीविद्यायाः प्रतिपाद्यं प्राणाख्यं ब्रह्म । य एवं वेद स एष आत्मा प्राण उतैव स्यात् । य एवं न वेद सोऽयमात्मा न भवति, सामान्यजनो भवतीत्यर्थः ॥ ४ ॥

सर्वजयप्रदं अमावास्योपासनम्

अथातः सर्वजितः कौषीतकिस्त्रीण्युपासनानि भवन्ति । यज्ञोपवीतं कृत्वाऽप आचम्य त्रिरुदपात्रं प्रसिच्योद्यन्तमादित्यमुपतिष्ठेत् वर्गोऽसि पाप्मानं मे वृङ्ग्धीति, एतयैवावृता मध्ये सन्तं उद्वर्गोऽसि पाप्मानं म उद्वृङ्ग्धीति, एतयैवावृताऽस्तं यन्तं संवर्गोऽसि पाप्मानं मे संवृङ्ग्धीति, यदहोरात्राभ्यां पापं करोति सं तद्वृङ्क्ते । अथ मासिमास्यमावास्यायां पश्चाच्चन्द्रमसं दृश्यमानमुपतिष्ठेतैतयैवर्ता हरिततृणाभ्यां वा वृत्तः स्यात् यत्ते स्वसीमं हृदयमसि चन्द्रमसि शृतं तेनामृतत्वमस्येशानं माऽहं पौत्रमघं रुहमिति । न हास्मात् पूर्वाः प्रजाः प्रयन्तीति । नजातपुत्रस्याथ जातपुत्रस्य ह [1]यं समेत्तातु सन्ते पयांसि सस्वयन्तु राजा यमात्या अंशुमाप्याययन्तीत्येतास्तिस्र ऋचो जपित्वा नास्माकं प्राणेन प्रजया पशुभिराप्याययिष्ठा योऽस्मान् द्वेष्टि यं च वयं द्विष्मः तस्य प्राणेन प्रजया पशुभिराप्याययस्वेति दैवीमावृतमावर्त आदित्यस्यावृतमन्वावर्तयति दक्षिणं बाहुमन्वावर्तते ॥ ९ ॥

अमावास्यानिर्वर्त्योपासनान्तरं विशिष्टफलमाह—अथेति । अथात इत्युक्तार्थम् । कौषीतकिः मन्त्रद्रष्टा ऋषिः एवमाह । किमिति ? सर्वं जेतुमिच्छोः सर्वजितः त्रीण्युपासनानि भवन्तीति । तानि कीदृशानि ? तत्क्रमः कीदृशः ?

[1] अत्र व्याख्याऽनुसारी मन्त्रपाठो निर्णेतुमशक्यः । मुद्रितपुस्तकपाठस्तु श्रेयान् भाति. स चैवं वर्तते—"आप्यायस्व समेतु ते . . . सं ते पयांसि समु यन्ति वाजाः . . . यमादित्या अंशुमाप्याययन्तीत्येतास्तिस्र ऋचो जपित्वा".

इत्यत आह—यज्ञोपवीतमिति । नवीनयज्ञोपवीतं कृत्वा धृत्वाऽप आचम्य त्रिरुदपात्रं विधिवत् प्रसिच्य संस्थाप्य उदपात्रत्रयं स्पृशन् वर्गोसि पाप्मानमि-त्यादिमन्त्रत्रयेण उद्यन्तमादित्यमुपतिष्ठेत् उपस्थानमन्त्रान् जपेत् । तेन कर्मणाऽयं यदहोरात्राभ्यां पापं कर्म करोति तत् सर्वं स्वोपास्यादित्यः सम्यक् वृङ्क्ते कबळयति । स्वगतदुरितक्षयेच्छुभिः कदा एवं कर्तव्यमित्यत आह—मासीति । मासिमासि प्रतिमासं सम्प्राप्तामावास्यायां पश्चात् दृश्यमानं चन्द्र-मसमुपतिष्ठेत । एतया वक्ष्यमाणयैव "यत्ते स्वसीमं" इत्यृता ऋचा चकारस्थाने तकारः छान्दसः । हरिततृणमुष्टिभ्यां वा वृत्तो युक्तः स्यात् । य इमं मन्त्रं एवं जपति न हास्मात् पूर्वाः प्रजाः प्रयन्ति न म्रियन्त इत्यर्थः । नजातपुत्रस्याथ जातपुत्रस्य वा मे मम प्राणादीन् रक्षरक्षेति "सन्ते पयांसि" इति मन्त्रेण सवितारं चन्द्रमसं वा प्रार्थयेदित्याह—नजातपुत्रस्येति । अपुत्रस्य सपुत्रस्य वा मे मम दुरितस्य अत्ता तु आचार्यो देवः यं मनुमाह सोऽयं अनेन मन्त्रेण स्तुतः सन् मत्प्राणं प्रजां पशूंश्च सदा रक्षतु इत्यर्थः । किञ्च—यो निरपराधिनोऽस्मान् द्वेष्टि यं अपराधिनं वयं द्विष्मः हे सवितः त्वं तस्य मद्रिपोः प्राणेन प्रजया पशुभिश्चाप्यायस्व तृप्तिं गच्छेति दैवीमावृतमिति मन्त्रं जपेदित्यर्थः ॥ ९ ॥

प्रजामरणदुःखनिवारकं चन्द्रोपासनम्

अथ पौर्णमास्यां पुरस्ताच्चन्द्रमसं दृश्यमानमुपतिष्ठेतैतयैवा-वृता—सोमो राजाऽसि विचक्षणः पञ्चमुखोऽसि प्रजापतिर्ब्राह्मणस्त एकं मुखं तेन मुखेन राज्ञोत्थितेन मुखेन मामन्ववादं कुरु । राजा त एकं मुखं तेन मुखेन विशोत्थितेनैव मुखेन मामन्ववादं कुरु । श्येनस्त एकं मुखं तेन मुखेन पक्षिणोत्थितेन मुखेन मामन्ववादं कुरु । अग्निस्त एकं मुखं तेन मुखेनेमं लोक[1]मुत्थि

[1] मथितेन—उ, उ १. मथितेन—अ, अ १, अ २.

तेन मुखेन मामन्ववादं कुरु। सर्वाणि भूतानीत्येव पञ्चममुखं तेन मुखेन सर्वाणि भूतान्युत्थितेन मुखेन मामन्ववादं कुरु। माऽस्माकं प्राणेन प्रजया पशुभिररक्षिष्ठा योऽस्मान् द्वेष्टि यं च वयं द्विष्मस्तस्य प्राणेन प्रजया पशुभिरपक्षीयस्वेति स्थितिर्दैवीमावृतमावर्त आदित्यस्यावृतमन्वावर्तन्त इति दक्षिणं बाहुमन्वावर्तते। अथ संवेश्य नु जायायै हृदयमभिमृशेत्

यत्ते स्वसीमे [1]हृदयो हितमन्तः प्रजापतौ।

मन्येऽहं मां तद्विद्वांसं माऽहं पौत्रमघं रुहम्॥

इति। न हास्मात् पूर्वाः प्रजाः प्रैति [प्रयन्ति]॥ ६ ॥

पुनर्विशिष्टफलमुपासनान्तरमाह—अथेति। अथ दर्शोपासनानन्तरं पौर्णमास्यां पुरस्तात् पूर्वस्यां दिशि दृश्यमानं उदितं चन्द्रमसं पञ्चप्राणवृत्तिस्तावकमन्त्रैः पञ्चभिः उपतिष्ठेत चन्द्रमसं पश्यन् जपेत्। एतयैवावृतेति पूर्ववत्। ऋचा ऋग्भिः यः प्रतिपाद्यः स सोमो राजाऽसि मदिष्टफलदाने विचक्षणोऽसि प्राणापानादिभेदेन पञ्चमुखोऽसि ब्रह्मैव ब्राह्मणः प्रजापतिरसि तवैकं मुखं यत् प्राणाख्यं तेन राज्ञा सूर्येण सहोत्थितमुखेन मामन्ववादं निर्विवादकुशलं कुरु। शिष्टं स्पष्टम्। माऽस्माकं प्राणेनेत्यादि समानम्। दैवीमावृतमिति मन्त्रेणात्तारमादित्यं संस्तुत्य अथ यत्ते स्वसीम इति मन्त्रेण जायायै जायाया जठरे हस्तं संवेश्य अभिमृशेत्। एवं यः करोति न हास्मात् पूर्वाः प्रजाः प्रैतीत्युक्तार्थम्॥ ६ ॥

पुत्रदीर्घायुःसम्पादकं कर्म

अथ प्रोष्यायनः पुत्रस्य मूर्धानमभिमृशति—अङ्गादङ्गात् संभवसि हृदयादधि जायसे। आत्मा वै पुत्र [2]माविथ स जीव शरदः

[1] हृदये—क. [2] नामासि—क.

शतमसाविति नामास्य गृह्णाति । [1]मा छेत्ता मा [2]व्यथिष्ठाः शतं शरद आयुषो जीव पुत्र । ते नाम्ना मूर्धानमभिजिघ्राम्यसाविति त्रिर्मूर्धानमभिजिघ्रेत् । गवा त्वा हिंकारेणाभिहिंकरोमीति [3]त्रिर्मूर्धानमभिहिंकुर्यात् ॥ ७ ॥

अथ पुत्रस्य दीर्घायुःसम्पादनार्थेयं खण्डिका आरभ्यते—अथेति । चिरं प्रवास्य पुनरागतः प्रोष्यायन: चिरकालविरहजहर्षेण अङ्गादङ्गादिति मन्त्रद्वयार्थानुसन्धानपूर्वकं त्रिवारं मूर्धानमभिजिघ्रन् तथा त्रिवारं हिंकुर्यात् ॥ ७ ॥

परिमराख्यं अध्यात्माधिदैवोपासनम्

अथातो दैवः [4]परिसरः । एतद्वै ब्रह्म दीप्यते यदग्निर्ज्वलत्यथैतन्म्रियते यन्न ज्वलति तस्यादित्यमेव तेजो गच्छति वायुं प्राणः । एतद्वै ब्रह्म दीप्यते यथा मर्त्यो दृश्यतेऽथैतन्म्रियते यन्न दृश्यते तस्य चन्द्रमसमेव तेजो गच्छति वायुं प्राणः । एतद्वै ब्रह्म दीप्यते यद्विद्युद्विद्योततेऽथैतन्म्रियते यन्न विद्योतते तस्य वायुमेव तेजो गच्छति वायुं प्राणः । ता वा एताः सर्वा देवता वायुमेव प्रविश्य वायौ तृप्ता न मूर्च्छन्ते तस्माद्वैव पुनरुदीरत इत्यधिदैवतम् । अथाध्यात्मम् । एतद्वै ब्रह्म दीप्यते यद्वाचा वदत्यथैतन्म्रियते यन्न वदति तस्य चक्षुरेव तेजो गच्छति प्राणं प्राणः । एतद्वै

[1] मत बेत्ता—अ २, क. [2] व्यधिष्ठते—क.

[3] व्याख्यानुसारीत्ययं पाठो धृतः. आकरपुस्तकपाठस्तु—"त्रिभिर्मूर्धानं" इति.

[4] यद्यपि "परिसरः" इत्याकरकोशगतः पाठः व्याख्याऽनुसारी स्यात्. तथाऽपि शाखाऽन्तरपाठस्य अत्रत्यफलवाक्यस्य चालोचने "परिमरः" इति पाठान्तरं युक्ततरं भाति.

ब्रह्म दीप्यते यच्चक्षुषा पश्यत्यथैतन्म्रियते यन्न पश्यति तस्य श्रोत्रमेव तेजो गच्छति प्राणं प्राणः। एतद्वै ब्रह्म दीप्यते यन्मनसा ध्यायत्यथैतन्म्रियते यन्न ध्यायति तस्य प्राणमेव तेजो गच्छति प्राणं प्राणः। ता वा एताः सर्वा देवताः प्राणमेव प्रविश्य प्राणे क्लृप्ता न मूर्च्छन्ते तस्माद्वैव पुनरुदीरते। तद्यदिह वा [1]एवं विद्वांस उभौ पर्वतावभिप्रवर्तयातां [2]तस्त्व[तौ त्व]र्षमाणौ दक्षिणश्चोत्तरश्च न हैवैनं [3]त्रीणि वीयाताम्। अथ य एनं द्विषन्ति यांश्च स्वयं द्वेष्टि त एनं सर्वे परितो म्रियन्ते ॥ ८ ॥

अधिदैवताध्यात्मपरिच्छिन्नोपासनं विशिष्टफलमाह—अथात इति। अथातःशब्दावुक्तार्थौ। दैवः आधिदैवतं परिसरः संनिहितत्वात्। एतद्वै सावित्रं ब्रह्म दीप्यते अहनि रात्रौ तु यदग्निर्ज्वलति। अथैतत् सावित्रं तेजो म्रियते अग्निं प्रविशति। पुनरहनि यदग्निः न ज्वलति तस्याग्नेस्तेज आदित्यमेव गच्छति, "उद्यन्तं वावादित्यमग्निरनु समारोहति तस्माद्धूम एवाग्नेर्दिवा ददृशे" इति श्रुतेः। तथा वायुं मुख्यप्राणं प्रति प्राणो गच्छति। एतद्वै वाय्वाख्यं ब्रह्म दीप्यते यथा मर्त्यो दृश्यते आध्यात्मिकप्राणोऽवगम्यते। अथैतन्म्रियते मुख्यः प्राणः तिरोधत्ते यन्न मार्त्यप्राणो दृश्यते। तस्य प्राणस्य तेजश्चन्द्रमसमेव गच्छति तथा वायुं प्राण इत्युक्तार्थम्। एतद्वै ब्रह्म दीप्यते यद्विद्युत् विद्योतते अथैतन्म्रियते विद्युत अन्धकारग्रासत्वात् यन्न विद्योतते। तस्य तेजो वायुं सूत्रात्मानमेव गच्छति। तथा वायुं प्राणः। ता वा एताः सर्वाः देवताः वायुमेव प्रविश्य वायौ सूत्रात्मनि तद्भावापत्त्या तृप्ताः सत्यो

[1] एतां विद्यां स—क. [2] तुस्तूर्ष—शंकरानन्ददीपिकाऽनुसारी पाठः.

[3] अयं पाठः व्याख्याऽनुसारीति धृतः "स्तृणवीयातां" इति तु कोशगतः पाठः समीचीन एव स्यात्.

नहि मूर्च्छन्ते नात्यन्तिकमस्तं गच्छन्ति, बीजभावमेत्य वर्तन्ते । तस्मात् सूत्रात्मन एव पुनरुदीरते अभिव्यक्ता भवन्तीति यत्तदधिदैवतम् । अथाध्यात्म-मुच्यते—एतद्वै प्रत्यग्ब्रह्म दीप्यते यद्वाचा वदति, बाह्यव्यापारात् । अथै-तन्म्रियते प्रत्यग्भावस्तिरोहितो भवति वाक् यन्न वदति । तस्य वागिन्द्रियस्य तेजः चक्षुरेव गच्छति तथा मुख्यप्राणं वागादिप्राणः । एतद्वै ब्रह्म दीप्यते प्रत्यक् यच्चक्षुषा पश्यति । अथैतन्म्रियते रूपाद्यावृतं भवति यन्न पश्यति । तस्य चक्षुषः तेजः श्रोत्रमेव गच्छति । तथा प्राणं प्राण इत्युक्तार्थम् । एतद्वै ब्रह्म दीप्यते यन्मनसा ध्यायति । अथैतन्म्रियते यन्न ध्यायति । तस्य मनसस्तेजः प्राणमेव गच्छति । तथा प्राणं प्राणः । ता वा एताः सर्वाः वागाद्याः देवताः प्राणमेव प्रविश्य प्राणे क्लृप्ताः न मूर्च्छन्ते । तस्माद्वैव पुनरुदीरत इत्यादि समानम् । तद्यदिह वा एवं विद्वांसः अधिदैवताध्यात्मरूपौ ऋषमाणौ चरन्तौ पर्वतौ दक्षिणश्चोत्तरश्चेति द्विप्रकारौ अभिप्रवर्तेयातां तदियत्तां ज्ञात्वा प्रवर्तन्ते नहैवैनं एवंविदमधिदैवाध्यात्माधिभूतानि त्रीणि बीयातां न हि स्पृशन्ति । य एनं एवंविदं द्विषन्ति यांश्च स्वयं द्वेष्टि त एनं सर्वे परितो म्रियन्त इत्युक्तार्थम् ॥ ८ ॥

निःश्रेयसादानं नाम मुख्यप्राणविद्या

अथातो निःश्रेयसादानम् । सर्वा ह वै देवता अहंश्रेयसे विवदमाना अस्माच्छरीरादुच्चक्रमुः । तद्दारुभूतं शिश्ये । अथ हैनद्वाक्प्रविवेश तद्वाचा वदच्छिश्य एव । अथ हैनच्चक्षुः प्रविवेश तद्वाचा वदच्चक्षुषा पश्यच्छिश्य एव । अथ हैनच्छ्रोत्रं प्रविवेश तद्वाचा वदच्चक्षुषा पश्यच्छ्रोत्रेण शृण्वच्छिश्य एव । अथ हैनन्मनः प्रविवेश तद्वाचा वदच्चक्षुषा पश्यच्छ्रोत्रेण शृण्वन्मनसा ध्यायच्छिश्य एव । अथ हैनत् प्राणः प्रविवेश तत्तत एव

समुत्तस्थौ । तद्देवाः प्राणे निःश्रेयसं [1]विजित्य प्राणमेव प्रज्ञाऽऽत्मानमभिसंस्तूय सहैतैः सर्वैरस्माल्लोकादुच्चक्रमुः । ते वायुप्रतिष्ठाकाशात्मानः स्वर्जग्मुः । तथो एवैवं विद्वान् सर्वेषां भूतानां प्राणमेव प्रज्ञाऽऽत्मानमभिसंस्तूय सहैतैः सर्वैरस्माच्छरीरादुत्क्रामति स वायुप्रतिष्ठाकाशात्मा [2]स्वरेति सद्भवति यत्रैतद्देवास्तत् प्राप्य तदमृतो भवति यदमृतो देवाः ॥ ९ ॥

वागादिप्राणापेक्षया मुख्यप्राणस्य वैशिष्ट्यद्योतनाय इयं खण्डिका आरभ्यते—अथेति । अथात इत्युक्तार्थम् । निःश्रेयसादानं स्वकृतार्थताप्रकटनं कर्तुं सर्वा ह वै वागादिदेवता अहं श्रेयान् अहं श्रेयान् इत्यस्मिन्नर्थे मिथो विवदमानाः सत्यः अस्माच्छरीरादूर्ध्वं उच्चक्रमुः उत्क्रमणं कृतवन्तः । तद्दारुभूतं शिश्ये शिश्ये । अथ हैनच्छरीरं वाक् प्रविवेश तच्छरीरं वाचा वदत् शिष्य एव । एवं चक्षुःश्रोत्रमनांसि तच्छरीरं प्रविश्य तद्वाचा वदत् चक्षुषा पश्यत् श्रोत्रेण शृण्वत् मनसा ध्यायत् शिष्य एव । अथ हैनच्छरीरं प्राणः प्रविवेश तत्तत एव समुत्तस्थौ उत्थितवत् । ते देवाः भग्नदर्पाः सन्तः प्राणस्य शरीरोत्थापयितृत्वसामर्थ्यमवगम्य अस्मदपेक्षया प्राण एव ज्येष्ठः श्रेष्ठो वरिष्ठश्चेति स्वानुभवप्रमाणेन यथोक्तमाहात्म्यवति प्राणे निःश्रेयसं कृतकृत्यत्वं विजित्य विचिन्त्य प्राणमेव प्रज्ञात्मानं स्वपरायणत्वेन अभिसंस्तूय सहैतैः सर्वैः एते सर्वे मिळित्वा अस्माल्लोकाच्छरीरात् उच्चक्रमुः । ये युगपदुत्क्रान्तास्ते वायुप्रतिष्ठाः सूत्रात्मपर्यवसन्नाः आकाशो ब्रह्मैवात्मा येषां ते आकाशात्मानः स्वर्जग्मुः स्वर्जग्मुः भवन्ति, तैः स्वात्मलोकस्य जितत्वात् । तथैवं विद्वान् सर्वभूतात्मत्वेन प्रसिद्धं प्रज्ञाऽऽत्मानं प्राणमेवाभिसंस्तूय सर्वैरेतैः वागादिप्राणैः सह अस्माच्छरीरात् उत्क्रामति । स वायुप्रतिष्ठाकाशात्मा स्वः ब्रह्मलोकमेति ।

[1] विचिन्त्य—अ २, क.   [2] न स्व—अ २. स स्व—क.

तत्र गत्वा सम्यज्ज्ञानमवाप्य सदेव भवति। यद्बोधतो देवाः अमृतत्वं गताः तथाविधं बोधमवाप्यामृतो भवति ॥ ९ ॥

पुत्राभ्युदयफलं सम्प्रदानाख्यं उपासनम्

अथातः पितापुत्रो यं संप्रदानमिति चाचक्षते। पिता पुत्रं प्रेष्याह्वयति। न नवैस्तृणैरागारं संस्तीर्याग्निमुपसमाधायोदकुम्भं सपात्रमुपनिधायाहतेन वाससा संप्रच्छन्नं श्यत एत्य पुत्र उपरिष्टादभि-[1]निष्पद्येत इन्द्रियैरस्येन्द्रियाणि संस्पृश्यापि वाऽस्याभिमुखत एवासीत। अथास्मै संप्रयच्छति—वाचं मे त्वयि दधानीति पिता, वाचं ते मयि दध इति पुत्रः। चक्षुर्मे त्वयि दधानीति पिता, चक्षुस्ते मयि दध इति पुत्रः। श्रोत्रं मे त्वयि दधानीति पिता, श्रोत्रं ते मयि दध इति पुत्रः। मनो मे त्वयि दधानीति पिता, मनस्ते मयि दध इति पुत्रः। अन्नरसान् मे त्वयि दधानीति पिता, अन्नरसांस्ते मयि दध इति पुत्रः। कर्माणि मे त्वयि दधानीति पिता, कर्माणि ते मयि दध इति पुत्रः। सुखदुःखे मे त्वयि दधानीति पिता, सुखदुःखे ते मयि दध इति पुत्रः। आनन्दं रतिं प्रजातिं मे त्वयि दधानीति पिता, आनन्दं रतिं प्रजातिं ते मयि दध इति पुत्रः। इत्या मे त्वयि दधानीति पिता, इत्यास्ते मयि दध इति पुत्रः। धियो विज्ञातव्यं कामान् मे त्वयि दधानीति पिता, धियो विज्ञातव्यं कामांस्ते मयि दध इति पुत्रः। अथ दक्षिणाप्राक् प्राङ् परिक्रामति तं [2]पिता न मन्त्रयति—

[1] निपद्यत—अ, अ १, अ २, क.

[2] पिताऽनु—क, झु.

यशो ब्रह्मवर्चसमन्नाद्यं कीर्तिस्त्वा जुषतामिति । अ[1]थेतरः सव्यमंसमन्ववेक्षते पाणिनाऽन्तर्धाय [2]वसनात्तनु वा प्रच्छाद्य स्वर्गान् लोकान् कामानवाप्नुहीति स्वयं ह्यशक्तः स्यात् । पुत्रस्यैश्वर्ये पिता वसेत परि वा व्रजेयुः । यद्युवै प्रयुञ्ज्यादेवैनं समापयति तथा समापयितव्यो भवति ॥ १० ॥

स्वपुत्राभ्युदयहेतुतयेदमुपासनान्तरं प्रकटयन्नुपसंहरति—अथेति । अथात इत्युक्तार्थम् । पितापुत्रो यं सम्प्रदानमिति चाचक्षते—पित्रे हितकृत् पुत्रः, पुत्राय हितकृत् पितेति सम्प्रदानशब्दार्थः । पिता पुत्रं प्रेष्याह्वयति । नवीनतृणैरागारं कल्पयित्वा स्वगृह्योक्तविधानेन अग्निमुपसमाधाय अग्नेः पुरस्तादुदकुम्भमुपपात्रसहितं उपनिधाय धौतवाससा संप्रच्छन्नं कृत्वा ह्यतः कुम्भप्रदेशात् उपरिष्टात् उदक्प्रदेशे पिता पुत्रश्चाभिनिष्पद्येते निष्पन्नौ भवतः । ततः पितुः वागादीन्द्रियैः अस्य पुत्रस्य इन्द्रियाणि वक्ष्यमाणमन्त्रानुरोधेन संस्पृश्यापि वाऽस्य पितुरभिमुखत एव पुत्र आसीत । अथास्मै पुत्राय पिता स्ववागादिकरणग्रामं सम्प्रयच्छति । कथं ? पिता मे वाचं त्वयि दधानीति वदति । पुत्रस्तु ते वाचं मयि दध इति प्रार्थयति । तथा चक्षुर्मे इत्यादि समानम् । एवं पिता पुत्रे स्वकरणजातं विन्यस्याथ अग्न्युदकुम्भदक्षिणभागस्थप्राग्भागं स्वयं प्रागेव परिक्रामति । तदा तं पुत्रं पिता नाभिमन्त्रयति न वाचा वदति, यशो ब्रह्मवर्चसमन्नाद्यं कीर्तिस्त्वा जुषतामिति मनसा ध्यायति । अथेतरः पुत्रः सव्यमंसं पाणिनाऽन्तर्धाय अन्ववेक्षते वसनाद्वाससा तनु वा तनुं वा प्रच्छाद्य स्वपितरमुद्दिश्य हे पितस्त्वं स्वर्गान् लोकान् स्वाभिलषित-

[1] थेतरः—अ १. अ २, क, उ.

[2] अयं पाठो व्याख्यामनुसृत्य धृतः. कोशपाठस्तु—"वसनान्तत्रुवा" इति उ, अ १, अ २. "वसनान्तनवा" इति अ, क. कोशयोः. "वसनान्तेनवा" इति मुद्रितकोशे.

कामानवाप्नुहीति पितरं प्रेषयित्वा स्वयं ह्येकतः एक एव स्यात् । पुत्रस्यैश्वर्ये पिता वसेत पितैव पुत्ररूपेण वर्तते, "आत्मा वै पुत्रनामाऽसि" इति श्रुतेः । एवं एतद्वंशीयाः स्वकरणजातं पुत्रे विन्यस्य परि वा परितो व्रजेयुः, सूत्रान्तर्या-म्यभिभावमेत्य व्यापकतां भजेयुः । यद्युवै यद्वा तद्वंशीयः प्रकर्षेण स्वातिरिक्तापह्नवो यत्र युज्यते तत्प्रयुज्यं सम्यग्ज्ञानं तस्मात् प्रयुज्यादेव सम्यग्ज्ञानात् एनं स्वातिरिक्तं भ्रमं समापयति अपह्नवं करोति । परमपुरुषार्थेच्छुभिः तथा समापयितव्यो भवति स्वातिरिक्तास्तिताभ्रम इत्यर्थः ॥

इति द्वितीयोऽध्यायः

तृतीयोऽध्यायः

मनुष्यहिततमं प्रज्ञाऽऽत्मप्राणोपासनम्

प्रतर्दनो ह वै दैवोदासिरिन्द्रस्य प्रियं धामोपजगाम युद्धेन पौरुषेण च । तं हेन्द्र उवाच प्रतर्दन वरं ते ददानीति । स होवाच प्रतर्दनस्त्वमेव वृणीष्व यं त्वं मनुष्याय हिततमं मन्यस इति । तं हेन्द्र उवाच न वै वरं परस्मै वृणीते त्वमेव वृणीष्वेति । अवरो वै तर्हि किल म इति होवाच प्रतर्दनः । अथो खल्विन्द्रः सत्या देवतेयाय सत्यं हीन्द्रः । स होवाच मामेव विजानीह्येतदेवाहं मनुष्याय हिततमं मन्ये यन्मां विजानीयां त्रिशीर्षाणं त्वाष्ट्र-महनमरुन्मुखान् यतीन् सालावृकेभ्यः प्रायच्छं बह्वीः संधा अतिक्रम्य

दिवि प्रह्लादीनतृणमहमन्तरिक्षे पौलोमान् पृथिव्यां कालकाश्यां[1] तस्य मे तत्र न लोम च मीयते। स यो मां विजानीयान्नास्य केन च कर्मणा लोको मीयते न मातृवधेन पितृवधेन न स्तेयेन न भ्रूणहत्यया नास्य पापं च न चक्रुषो [2]मुखं नीलं वेत्तीति स होवाच प्राणोऽस्मि प्रज्ञाऽऽत्मा [3]तं मामायुरमृतमित्युपास्स्वायुः [4]प्राणः प्राणो वा आयुः प्राण [5]प्राण उवा अमृतं यावद्ध्यस्मिञ्छरीरे प्राणो वसति तावदायुः प्राणेन ह्येवामुष्मिंल्लोकेऽमृतत्वमाप्नोति ॥१॥

द्वितीयाध्यायोक्तरीत्या निवृत्तकाम्यकर्मतत्फलेच्छानां सविशेषब्रह्मोपासनाद्वारा निर्विशेषं ब्रह्म प्रतिपादनीयमिति तृतीयाध्याय आरभ्यते। इन्द्रप्रतर्दनप्रश्नप्रतिवचनरूपेयमाख्यायिका विद्यास्तुत्यर्था। प्रतर्दन इति। नामतः प्रतर्दनः। ह वा इतिशब्दावैतिह्यार्थौ। दिवोदासस्यापत्यं दैवोदासिः। युद्धेन तत्साधनबलेन इक्ष्वाकुवत् पौरुषेण च इन्द्रस्य प्रियं धाम स्वर्गं जगाम। स तत्र गत्वा इन्द्रतुष्टये तदमित्रवर्गं जित्वा आवर्तमानं तं राजानं स्वारातिघातसन्तुष्टः सन् इन्द्र उवाच। किमिति? हे प्रतर्दन ते तुभ्यं वरं ददानीति। एवमुक्तवन्तं स प्रतर्दन उवाच ह। किमिति? हे भगवन् त्वमेव सर्वज्ञो यं वरं मनुष्याय हिततमं मन्यसे तं वरं त्वमेव मनुष्यस्य वृणीष्व। नह्यज्ञो मनुष्यः स्वात्यन्तिकहितं वेत्ति। तमित्येवमुक्तवन्तमिन्द्रः उवाच। किमिति? न वै कश्चिदपि लोके परस्मै वरं वृणीते, अतस्त्वमेवेष्टवरं मत्सकाशात् वृणीष्वेति। एवमुक्तः प्रतर्दन उवाच। किमिति? तर्हि किल मदर्थं त्वयैव वरावरणे मे ममावरो वै वराभाव एव प्राप्तः, स्वात्मतया वरणीयवस्त्वपरिज्ञानात्। एवमुक्तोऽथोऽनन्तरं

[1] स्तसेमे—उ.
[2] मुखान्नीलंवेदेति—उ, उ १.
[3] नं मा—क.
[4] प्रायुः प्राणो—अ १, अ २, उ १.
[5] प्राण इवा—अ, अ १. प्राणं व—अ २.

खल्विन्द्रः उवाचेत्यनुवर्तते । किमिति ? सत्या सत्यवाक्या परमार्थसत्या देवता त्वामियाय त्वदनुग्रहार्थं त्वां प्राप्तवती । सा च हि यस्मात्त्वामागतवती देवता सत्यं सत्यवाक्यं परमार्थतत्त्वं इन्द्रः यतः क्रियाज्ञानशक्तिमदात्मा अतो न वराभावस्ते भविष्यति, अतः सत्या देवताऽऽत्मा अहमेव त्वद्वरं वृण इति शेषः। एवमुक्त्वा स होवाच भगवानिन्द्रः । किमिति ? मामेव क्रियाज्ञानशक्तिविग्रहं सगुणोपासनद्वारा विजानीहि । एतन्मद्याथात्म्यपरिज्ञानमेव मनुष्याय हिततमं मन्ये । तत् कथमित्यत्र यत् यस्मात् मां सर्वारोपापवादाधिकरणतया विजानीयां सम्यक् जानामि तस्मादेवाहं निजोपग्रहैः राजभृत्यवत् अन्ततोऽयस्कान्तवद्वा प्रवर्त्यमानैः त्रिशीर्षाणं त्वष्टृपुत्रं त्वाष्ट्रमहनं—हन्तेर्लङुत्तमैकवचनं—हतवानस्मि । तत्कृतहत्यामपि निर्वर्तितवानस्मि । तथा अरुक् स्वाज्ञानमेव मुखं येषां तान् अरुङ्मुखान् यतीन् स्वाज्ञानपूर्वकं स्वाश्रमाचारबहिर्मुखान् वनश्वविशेषसालावृकेभ्यः खादनाय प्रायच्छम् । इदमपि ब्रह्महत्याऽन्तरम् । अथ बह्वीः सन्धाः कालकक्ष्याः पुरुषायुषलक्षणाः अतिक्रम्य दिवि स्थितान् प्रह्लादापत्यासुरान् प्रह्लादीनतृणं हिंसितवानस्मि । तथा अन्तरिक्षे पुलोमापत्यासुरान् पौलोमानतृणं, तथा पृथिव्यां कालकाश्यासुरानतृणम् । तस्यैवं हिंसितवतो मे मम तत्र तादृशदुष्कर्मणि मया अनुष्ठितेऽपि तेन कर्मणा न मे लोम च लोमापि मीयते नामीमिपत्—मिङ्हिंसायां, अस्मात् ण्यन्ताच्चङि—न हि पीडयति स्म। स्वतत्त्वनिष्ठामहिम्ना तद्दोषास्पर्शात् स्वाज्ञवन्न मे तज्जन्यसुखं दुःखं वाऽभूदित्यर्थः। तथा च स्मृतिः—

> यस्य नाहंकृतो भावो बुद्धिर्यस्य न लिप्यते ।
> हत्वाऽपि स इमान् लोकान् न हन्ति न निबध्यते ॥

इति । यथा मे स्वज्ञानमहिम्ना न कर्मलेपोऽस्ति एवमेव स यः कश्चित् मां सर्वप्रत्यगभिन्नं ब्रह्मास्मीति विजानीयात् अस्य विदुषो लोकः केन च केनापि पापकर्मणा न मीयते नहि हिंसितो भवति । उक्तार्थमेव विशदयति—नेत्यादिना । मातृवधपापेनापि लोको न मीयते, तथा न पितृवधेन, न स्तेयेन, न भ्रूण-

हत्यया लोको मीयते । अपि च पापं चक्षुषो यथाप्राप्तपापक्रियामपि करणैः पुण्यविशेषं प्रवर्तयते अस्य मुखमान्तरं बाह्यं च नीलं अज्ञानं न वेत्ति न प्राप्नोति । तथा च स्मृतिः—

प्रकाशं च प्रवृत्तिं च मोहमेव च पाण्डव ।
न द्वेष्टि संप्रवृत्तानि न निवृत्तानि कांक्षति ॥

इति । इतिशब्दो मानुषहितोपदेशसमाप्त्यर्थः । एवं स्वयाथात्म्यमेव मानुषहिततया उपदिश्य तत्सिद्धिहेतुस्वोपास्तिमुपदिशति भगवान्—स होवाचेति । प्राणवच्छरीरधात्री जीवप्रज्ञामयी ज्ञानशक्तिरात्मा स्वरूपं यस्य ममेन्द्रस्य सोऽहं प्राणोऽस्मि प्रज्ञाऽऽत्मा । तथा च श्रुतिः, "वरं ते ददामीति स होवाच त्वामेव विजानीयामिति तमिन्द्र उवाच प्राणो वा अहमस्म्यृषे" इत्यादि । यः प्रज्ञाविशिष्टप्राणोपाधिकः तं मां ज्ञानक्रियाशक्तिमूर्तिं तावकायुरमृतमिति च क्रमादुपास्स्व । एवमुपासनाफलमेतत्—आयुः प्राणः प्राणो वा आयुः, क्रियाशक्तिप्राधान्यात् । तथाऽमृतत्वोपास्तिः ज्ञानशक्तिप्रधानात् [प्राधान्यात्] । नानयोर्भिदाऽस्ति । सोऽसौ प्राण इति वै प्राण एवामृतं च । तत् कथं ? यावद्ध यस्मिन् शरीरे प्राणो वसति तावदायुरुच्छ्वासनिःश्वासात्मा भवति । तथा प्राणेनैव हि यथावदुपास्यमानेन अमुष्मिन् परलोके उत्पत्तिविनाशराहित्यलक्षणममृतत्वमाप्नोति । अतः प्राण एवायुरमृतं च ॥ १ ॥

मुख्यप्राणस्य अमृतत्वोपासनम्

प्रज्ञया सत्यसंकल्पः स यो म आयुरमृतमित्युपास्ते सर्वमायुरस्मिँल्लोक आप्नोत्यमृतत्वमक्षितिं स्वर्गे लोके । तद्धैक आहुरेक[1]भूयं वै प्राणा गच्छन्तीति । न हि कश्चन शक्नुयात् सकृद्वाचा नाम प्रज्ञापयितुं चक्षुषा रूपं श्रोत्रेण शब्दं मनसा

[1] भूया—अ २, क.

ध्यातमिति एक[1]भूयं वै प्राणा एकैकं सर्वाण्येवैतानि प्रज्ञापयन्ति । वाचं वदन्तीं सर्वे प्राणा अनुवदन्ति चक्षुः पश्यत् सर्वे प्राणा अनुपश्यन्ति श्रोत्रं शृण्वत् सर्वे प्राणा अनुशृण्वन्ति मनो ध्यायत् सर्वे प्राणा अनुध्यायन्ति प्राणं प्राणन्तं सर्वे प्राणा अनुप्राणन्तीति । एवमु हैवैतदिति हेन्द्र उवाचास्तीत्येव प्राणानां [2]निःश्रेयसमिति । जीवति वागपेतो मूकान् विपश्यामो जीवति चक्षुरपेतोऽन्धान् विपश्यामो जीवति श्रोत्रापेतो बधिरान् विपश्यामो जीवति बाहुच्छिन्नो जीवत्यूरुच्छिन्न इत्येवं हि पश्याम इति प्राण एव प्रज्ञाऽऽत्मेदं शरीरं परिगृह्योत्थापयति ॥ २ ॥

एवं मद्याथात्म्यज्ञानमिहामुत्र विशिष्टफलदमित्याह—**प्रज्ञयेति** । यः **प्रज्ञया** विज्ञानशक्त्या **सत्यसङ्कल्पो** भूत्वा **माममृतमित्युपास्ते सोऽयं मुनिरस्मिंश्च लोके सर्वमायुरेति स्वर्गे लोके** अमुष्मिन् लोके **अक्षितिमक्षया-मृतत्वमपवर्गमाप्नोति**। अथ प्रज्ञाऽऽत्मनो मुख्यप्राणस्य विद्वदनुभवप्रकाशद्वारेणैकी-भावमुपदिशति—**तद्धेति** । **तद्ध** प्रसिद्धप्राणतत्त्वमुपदिश्य **एके** प्राणतत्त्वविद **एवमाहुः** । किमिति? **एकभूयं वै**—भुवो भाव इति क्यप्—ऐक्यं वै तत्तत्प्रज्ञोन्मुखे मुख्यप्राणे अवर**प्राणाः** गच्छन्तीति । तथात्वमेव ते प्रतिपादयन्ति—**न हीति** । न हि **कश्चन** पुमान् **सकृद्युगपदेव** प्राणस्य प्रज्ञान्तरोन्मुखकाल एव **वाचा** वागिन्द्रियेण स्वपरनाम **प्रज्ञापयितुं शक्नुयादि**त्यनुकर्षः । एवं मुख्यप्राणे गौणप्राणा **एकभूयं** गच्छन्तीत्यनुकर्षः । यत एवमतः **एकैक-**प्रज्ञोन्मुखं प्राणं **सर्वाणी**तरप्राणाख्यानीन्द्रियाणि एकीभूय **प्रज्ञापयन्ति** । तथाहि—स्वाधिष्टानप्राणसहितामभिवदनक्रियां कुर्वन्तीं **वाचं** वागिन्द्रियं **सर्वे गौणप्राणा अनुवदन्ति** वाचिकवदनक्रियामनुकुर्वाणा वदन्त इव वदन्ति, न

[1] भूया—क. [2] निःश्रेयसादानमिति—ड, ड १.

तु स्वव्यापारे प्रवर्तन्ते। तथा **चक्षुः पश्यत् सर्वे प्राणा अनुपश्यन्ति। श्रोत्रं शृण्वदित्यादि** समानम्। एवं विदुषां प्राणैकीभावसमर्थनावसाने स्वस्याप्ययमर्थः सम्मतः इति श्रुतिराह—**एवमिति**। एतद्यथोक्तप्राणैक्यं **एवमु ह** एवमेवेति **भगवानिन्द्र उवाच**। अन्यच्चोवाच—**अस्तीत्येव प्राणानां निःश्रेयसमिति**। यद्यप्येकैकव्यापारे वरगोष्ठिवदितराप्राधान्यमविशिष्टं, अथापि तु विशेषेण प्राणानां मध्ये निःश्रेयसं—अचतुरेत्यादिनिपातनादच् समासान्तः—नितरां श्रेयः अतितरां मुख्यमेवान्यत् प्राणतत्त्वमस्ति। तत् कथं? इन्द्रियान्तरनाशे तद्व्यापृति-मात्रोपरतिः, प्राणनाशे तु सर्वेन्द्रियतद्व्यापृतिनाशदर्शनात्। गौणप्राणापेक्षया मुख्यप्राणस्यैव प्राधान्यं वेदितव्यमित्याह—**जीवतीति**। सति प्राणे **वागपेतोऽपि जीवति** वदनव्यापृतिं विना सकलव्यापृतिमान् भवति, न हि म्रियते। तत् कथं? जीवन्मूकान्धादिदर्शनात्। तथा **जीवति चक्षुरपेत** इत्यादि समानम्। **इत्येवं हि** यस्मात् **पश्यामः** प्राणनाशे न कस्यापि जीवनं पश्यामः अतोऽखिल-जीवनहेतुः क्रियाज्ञानशक्तिमान् प्राणः, अस्य सर्वप्राणमुख्यत्वात्। यत एवमतः **प्रज्ञाऽऽत्मा प्राण एवेदं** सकरणजातं **शरीर**मासीनं शयानं वा **परिगृह्योत्थापयति** ॥ २ ॥

प्राणस्य उक्थत्वोपासने सर्वोज्जीवनहेतुत्वदर्शनम्

अथ खलु तस्मादेतमेवोक्थमुपासीत। यो वै प्राणः सा प्रज्ञा या वा प्रज्ञा स प्राणः। सह ह्येतावस्मिन् शरीरे वसतः सहोत्क्रामतः। तस्यैषैव दृष्टिरेतद्विज्ञानम्। यत्रैतत् पुरुषः सुप्तः स्वप्नं न कंचन पश्यत्यथास्मिन् प्राण एवैकधा भवति तदेनं वाक् सर्वैर्नामभिः सहाप्येति चक्षुः सर्वै रूपैः सहाप्येति श्रोत्रं सर्वैः शब्दैः सहाप्येति मनः सर्वैर्ध्यातैः सहाप्येति। स यदा प्रतिबुध्यते यथाऽग्नेर्विस्फुलिङ्गा विप्रतिष्ठेरन्नेवमेवैतस्मादात्मनः प्राणा यथाऽऽयतनं

विप्रतिष्ठन्ते प्राणेभ्यो देवा देवेभ्यो लोकाः । तस्यैवैष सिद्धिरेतद्वि-
ज्ञानम् । यत्रैतत् पुरुष आर्तो मरिष्य[1]न्नाबल्यं न्येत्य मोहं ने[न्ये]ति
तदाऽऽहुरुदक्रमीच्चित्तं न शृणोति न पश्यति न [2]वाचं वदति ।
अथास्मिन् प्राण एवैकधा भवति [3]तदैनं वाक् सर्वैर्नामभिः सहाप्येति
चक्षुः सर्वै रूपैः सहाप्येति श्रोत्रं सर्वैः शब्दैः सहाप्येति मनः
सर्वैर्ध्यातैः सहाप्येति । स यदा प्रतिबुध्यते यथाऽग्नेर्विस्फुलिङ्गा
विप्रतिष्ठेरन्नेवमेवैतस्मादात्मनः प्राणा यथाऽऽयतनं विप्रतिष्ठन्ते
प्राणेभ्यो देवा देवेभ्यो लोकाः ॥ ३ ॥

सर्वोज्जीवनहेतुमुख्यप्राणस्योक्थतयोपासनमादिशति—अथेति । **अथ**-शब्दः उपासनान्तरोपक्रमार्थः । यस्मात् प्राणः शरीरोत्थापनहेतुः **तस्मादेव** हेतोरेतमेव मुख्यप्राण**मुक्थमित्युपासीत** । कथं प्राणस्योक्थत्वं ? गौणप्राणविशिष्टशरीरोत्थापनहेतुत्वात् । तथा च श्रुतिः—"प्राणः प्राविशत्तत्प्राणे प्रपन्न उदतिष्ठत्तदुक्थमभवत्" इति । अथ यो वै प्रसिद्धः उक्थरूपतया **प्राणः सा प्रज्ञा** जीवज्योतिः । **या वा प्रज्ञा** उक्थरूपा **स प्राणः** । कथमनयोरेकत्वमित्यत आह—**सह** इत्यादि । यस्मादेतौ प्रज्ञाप्राणौ स्थूल**शरीरेऽस्मिन्** यावत् कर्म **सहैव वसतः**, तथा **सहैवोत्क्रामतश्च** । अस्मादेवमन्योन्यसापेक्षस्थित्युत्क्रान्तिमत्त्वात् नह्यनयोः भिदा भवतीत्यर्थः । **तस्या**स्योक्थप्राण**स्यैवैव दृष्टिः** । किं ? **एतद्विज्ञानं** यदस्यार्थाज्जीवरूपमुक्तं, एषैव क्रिया यः प्राण इति द्रष्टव्यः । एतौ किलान्धपंग्वादिन्यायेन संसरतः । अथ यथोक्तरीत्या अनयोस्तादात्म्यसिद्धये प्रथमं करणग्रामविलासप्रज्ञायाः प्राणैक्यं सुप्त्युत्क्रान्त्योः दृश्यते । तत् कथं ? **यत्र** सुप्तिधाम्न्येतत्पुरुषः प्रज्ञोपाधिकः कूटस्थात्मा करणग्रामोपरमलक्षणां सुप्तिं

[1] नाबबल्यं—अ, अ १, अ २, क. [2] वाचा वदति—उ.
[3] तथैनं—उ.

यतः प्रासवानत एव न कञ्चनाभ्यन्तरस्वप्नं पश्यति मुख्यप्राणेनैकीभूतत्वात् । यदा विज्ञानोपाधिः विलीयते, तदैनं प्राणं वागिन्द्रियं सर्वैः प्रज्ञानप्रभवनामभिः सहाप्येति । तथा चक्षुः सर्वैः रूपैः सहाप्येति । तथा श्रोत्रं सर्वैः शब्दैः सहाप्येति, मनः सर्वैः ध्यातैः ध्यातव्यवस्तुगतवृत्तिभिः सहाप्येति । स यदा भगवन् प्रतिबुध्यते प्रबुद्धजीवशक्तिको भवति तदा यथा अग्नेर्विस्फुलिङ्गा विप्रतिष्ठेरन् निर्गच्छेरन् एवमेवात्मनः सकाशात् एतस्मात् प्राणादेव च वागादयः सर्वे प्राणाः यथाऽऽयतनं मुखादिस्वस्वगोळकं विज्ञानसिद्धये विप्रतिष्ठन्ते निर्गच्छन्ति । प्राणेभ्यस्तदधिष्ठातारोऽग्न्यादिदेवा विप्रतिष्ठन्ते, देवेभ्यस्तद्विषयप्रकाश्या लोका विप्रतिष्ठन्ते । एवं करणग्रामोत्पत्तिलयाधिष्ठातुः प्राणस्य शरीरस्थितिसाधनं विज्ञानमुदेति । तदा अन्नादिप्राप्त्युपायचिन्तया प्राणः प्रतिष्ठाप्यते । अथोत्क्रान्तिदशायां पुरुषो रोगादिना खिन्नो मरिष्यन् प्रज्ञाविभ्रंशं गच्छति । तदा पार्श्वस्था आहुः अस्य प्रज्ञाभ्रंशो भवेत् अत एव अयं न शृणोति न पश्यति न वाचं वदति इति । अथैवं विज्ञानमयः प्राण एवैकधा भवति, तदोत्क्रामति, तदैनं प्राणं वाक् सर्वैः नामभिः सहाप्येति । तथा चक्षुः श्रोत्रं मनश्च स्वस्वविषयैः सहाप्येति । स यदा दैवात् मन्त्रौषधादिना जीवन् प्रतिबुध्यते तदा यथाऽग्नेः विस्फुलिङ्गा विप्रतिष्ठेरन् एवमेवैतस्मादात्मनः प्राणा यथाऽऽयतनं विप्रतिष्ठन्ते प्राणेभ्यो देवाः देवेभ्यो लोकाः इत्युक्तार्थम् ॥ ३ ॥

पुरुषस्य उत्क्रमणानन्तरावस्था

स यदाऽऽस्माच्छरीरादुत्क्रामति वागस्मात् सर्वाणि नामान्यभिविसृजते वाचा सर्वाणि नामान्याप्नोति [1]प्राणोऽस्मात् सर्वान् गन्धानभिविसृजते [2]प्राणेन सर्वान् गन्धानाप्नोति चक्षुरस्मात् सर्वाणि रूपाण्यभिविसृजते चक्षुषा सर्वाणि रूपाण्याप्नोति श्रोत्रमस्मात् सर्वान्

[1] घ्राणो—क. [2] घ्राणे—क.

शब्दानभिविसृजते श्रोत्रेण सर्वान् शब्दानाप्नोति मनोऽस्मात् सर्वाणि ध्यातान्यभिविसृजते मनसा सर्वाणि ध्यातान्याप्नोति । सैषा प्राणे सर्वाप्तिः । यो वै प्राणः सा प्रज्ञा या वा प्रज्ञा स प्राणः स ह ह्येतावस्मिन् शरीरे वसतः सहोत्क्रामतः । अथ खलु यथा प्रज्ञायां सर्वाणि भूतान्येकं भवन्ति तद्व्याख्यास्यामः ॥ ४ ॥

तस्योत्क्रमणानन्तरभाव्यवस्थां वर्णयति—स यदेति । स मुमूर्षुः अस्मात् शरीरात् स्वकर्मानुरूपं शरीरान्तरमुत्क्रामति । तथा च श्रुतिः—"तद्यथा तृणजलायुका तृणस्यान्तं गत्वा अन्यमाक्रममाक्रम्य आत्मानमुपसंहरत्येवमेवायमात्मा इदं शरीरं निहत्य अविद्यां गमयित्वा अन्यमाक्रममाक्रम्य आत्मानमुपसंहरति" इति । तदा तत्र पापपुण्यान्यतरातिवाहशरीरे अस्मादेव प्राणात् पुनः निर्गता वाक् सर्वाणि नामानि अभिविसृजते वाचा सर्वाणि नामान्याप्नोति जानाति यथापूर्वम् । तथा घ्राणाख्यप्राणोऽस्मात्—निर्गत इति सर्वत्र अनुषज्यते—सर्वान् गन्धानभिविसृजते घ्राणेन सर्वान् गन्धानाप्नोति इत्यादि समानम् । यैषा प्राणादुत्थितैः वागाद्यैः नामाद्यर्थाप्तिरुक्ता सैषा प्राणे सर्वाप्तिरुच्यते । एवं यो वै प्राणः सा प्रज्ञा या वा प्रज्ञा स प्राणः सह ह्येतावस्मिन् शरीरे वसतः सहोत्क्रामतः । अथ प्राणे सर्वप्राणाप्तिकथनानन्तरं यथा येन प्रकारेण खलु प्रज्ञायां जीवज्योतिषि सर्वाणि भूतानि वागग्न्यादिभूतमात्राण्यप्येकं भवन्ति तद्व्याख्यास्यामः ॥ ४ ॥

प्रज्ञायां सर्वभूतानां एकीभावः

वागेवास्या एकमङ्ग[1]मुदूढं तस्यै नाम परस्तात् प्रतिविहिता भूतमात्रा । घ्राणमेवास्या एकमङ्गमुदूढं तस्य गन्धः परस्तात् प्रतिविहि-

[1] "मदूहं" सर्वपर्यायेषु—अ, अ १, उ १.

ता भूतमात्रा। चक्षुरेवास्या एकमङ्गमुदूढं तस्य रूपं परस्तात् प्रतिविहिता भूतमात्रा। श्रोत्रमेवास्या एकमङ्गमुदूढं तस्य शब्दः परस्तात् प्रतिविहिता भूतमात्रा। जिह्वैवास्या एकमङ्गमुदूढं तस्यान्नरसः परस्तात् प्रतिविहिता भूतमात्रा। हस्तावेवास्या एकमङ्गमुदूढं तयोः कर्म परस्तात् प्रतिविहिता भूतमात्रा। शरीरमेवास्या एकमङ्गमुदूढं तस्य सुखदुःखे परस्तात् प्रतिविहिता भूतमात्रा। उपस्थ एवास्या एकमङ्गमुदूढं तस्यानन्दो रतिः प्रजातिः परस्तात् प्रतिविहिता भूतमात्रा। पादावेवास्या एकमङ्गमुदूढं तयोरित्या परस्तात् प्रतिविहिता भूतमात्रा। प्रज्ञैवास्या एकमङ्गमुदूढं तस्यै धियो विज्ञा[1]तव्यकामाः परस्तात् प्रतिविहिता भूतमात्रा॥ ९॥

कथं व्याख्यास्यसि? इत्यत आह— **वागेवेति**। **वागेवास्या** जीवप्रज्ञायाः स्वपरसर्वार्थप्रकाशिकायाः **एकमङ्गम्**। एकशब्देन प्रज्ञापनीयार्थविशेषप्रज्ञानपरिकर उच्यते। तच्चेदमंगं करचरणादि अङ्गिनि शरीर इव अङ्गिन्यां प्रज्ञायां उदूढं [2]उच्चैः धृतम्। **तस्यै** इति षष्ठ्यर्थे चतुर्थी। तथा अग्रेऽपि। **परस्तात्** ज्ञापिकायाः स्वस्या बहिर्भूता ज्ञाप्या **भूतमात्रा** सिद्धा अनात्मभूतपदार्थांशः **नाम** गृहीतशक्त्यैकशब्दविशेषः **प्रतिविहिता** प्रतिस्वतत्त्वविहिता कॢप्ता। तथा **घ्राण एवास्या एकमङ्गमुदूढं तस्य गन्धः परस्तात् प्रतिविहिता भूतमात्रे**त्यादि समानम्। देहात् बहिः स्त्र्यन्नपानादिरूपे सुखदुःखे स्थूलसूक्ष्मशरीराश्रये इत्यर्थः। **आनन्दः** सिराविकासजविकारविशेषः, पुंस्त्रीकेळिः **रतिः**, **प्रजातिः** पुत्रोत्पत्तिः। **इत्या** गतिः। **प्रज्ञा**शब्देन प्रकृष्टात्मा जीवज्योतिरुच्यते।

[1] तव्यं का—उ.

[2] अदूदुहदिति प्रायः पाठः तत्पक्षे अदूदुहत् पूरयामासेत्यर्थः। पक्षान्तरे वागेवास्या इत्यादि षष्ठी सप्तमीत्वेन विज्ञेया—इति टिप्पणं (उ १) कोशे अधिकं दृश्यते.

सैवास्याः प्रज्ञायाः एकमङ्गमुदूढम् । तस्यै तस्याः आन्तरतनोः धियः अपरोक्ष-शब्दादिनिश्चयवृत्तयः, तथा विज्ञातव्यंकामाः ज्ञातव्यवस्तुगोचरवृत्तयश्च, एवं द्विप्रकाराः परस्तात् प्रतिविहिता भूतमात्राः ॥ ५ ॥

प्रज्ञाऽधिष्ठितैरेव वागादिभिः नामाद्याप्तिः

प्रज्ञया वाचं समारुह्य वाचा सर्वाणि नामान्याप्नोति । प्रज्ञया [1]प्राणं समारुह्य [2]प्राणेन सर्वान् गन्धानाप्नोति । प्रज्ञया चक्षुः समारुह्य चक्षुषा सर्वाणि रूपाण्याप्नोति । प्रज्ञया श्रोत्रं समारुह्य श्रोत्रेण सर्वान् शब्दानाप्नोति । प्रज्ञया जिह्वां समारुह्य जिह्वया हि सर्वानन्नरसानाप्नोति । प्रज्ञया हस्तौ समारुह्य हस्ताभ्यां सर्वाणि कर्माण्याप्नोति । प्रज्ञया शरीरं समारुह्य शरीरेण सुखदुःखे आप्नोति । प्रज्ञयोपस्थं समारुह्योपस्थेनानन्दं रतिं प्रजातिमाप्नोति । प्रज्ञया पादौ समारुह्य पादाभ्यां सर्वा इत्या आप्नोति । प्रज्ञयैव धियं समारुह्य प्रज्ञयैव धियो विज्ञातव्यं कामानाप्नोति ॥ ६ ॥

एवं वागाद्यंगिप्रज्ञया पुरुषो वागाद्यधिष्ठाय वागादिना नामादीनाप्नोतीत्याह —प्रज्ञयेति । एवं वागाद्यंग[गि]भूतजीवप्रज्ञया युक्तः पुरुषो वाचं समारुह्य अधिष्ठाय स्वाधिष्ठितया वाचा सर्वाणि नामान्याप्नोति । प्रज्ञया प्राणं समारुह्येत्यादि समानमुक्तार्थं च ॥ ६ ॥

प्रज्ञाऽपेतानां वागादीनामसाधकत्वम्

न हि प्रज्ञाऽपेता वाङ्नाम किंचन [3]प्रज्ञापयेदन्यत्र मे मनोऽभूदित्याह नाहमेतन्नाम प्रज्ञासिषमिति । न हि प्रज्ञाऽपेतः प्राणो

[1] घ्राणं—क. [2] घ्राणेन—क. [3] प्रज्ञप—उ, उ १, अ, अ २.

गन्धं कंचन प्रज्ञापयेदन्यत्र मे मनोऽभूदित्याह नाहमेतं गन्धं प्रज्ञासिषमिति । न हि प्रज्ञाऽपेतं चक्षू रूपं किंचन प्रज्ञापयेदन्यत्र मे मनोऽभूदित्याह नाहमेतद्रूपं प्रज्ञासिषमिति । न हि प्रज्ञाऽपेतं श्रोत्रं शब्दं कंचन प्रज्ञापयेदन्यत्र मे मनोऽभूदित्याह नाहमेतं शब्दं प्रज्ञासिषमिति । न हि प्रज्ञाऽपेता जिह्वाऽन्नरसं कंचन प्रज्ञापयेदन्यत्र मे मनोऽभूदित्याह नाहमेतमन्नरसं प्रज्ञासिषमिति । न हि प्रज्ञाऽपेतौ हस्तौ कर्म किंचन प्रज्ञापयेतामन्यत्र मे मनोऽभूदित्याह नाहमेतत्कर्म प्रज्ञासिषमिति । न हि प्रज्ञाऽपेतं शरीरं सुखदुःखे किंचन प्रज्ञापयेदन्यत्र मे मनोऽभूदित्याह नाहमेतत्सुखदुःखे प्रज्ञासिषमिति । न हि प्रज्ञाऽपेत उपस्थ आनन्दं रतिं प्रजातिं कंचन प्रज्ञापयेदन्यत्र मे मनोऽभूदित्याह नाहमेतमानन्दं रतिं प्रजातिं प्रज्ञासिषमिति । न हि प्रज्ञाऽपेतौ पादावित्यां कांचन प्रज्ञापयेतामन्यत्र मे मनोऽभूदित्याह नाहमेतामित्यां प्रज्ञासिषमिति । न हि प्रज्ञाऽपेता धीः काचन सिद्ध्येन्न प्रज्ञातव्यं प्रज्ञायेत ॥ ७ ॥

अन्वयमुक्त्वा व्यतिरेकमाह—नहीति । प्रज्ञापेता प्रज्ञाविरळा वाक् न हि किञ्चन नाम प्रज्ञापयेत् । कुतः? अन्यत्र मे मनः अन्तःकरणं प्रज्ञासंसर्गद्वारभूतं विषयान्तरे अभूत्, अतो नाहमेतन्नाम प्रज्ञासिषमित्याहेति । न हि प्रज्ञाऽपेतः प्राणः इत्यादि समानम् ॥ ७ ॥

वागादीनां मिथ्यात्वदृष्टिपूर्वकं केवलब्रह्मात्मप्रज्ञानविधिः

न वाचं विजिज्ञासीत वक्तारं विद्यात् । न गन्धं विजिज्ञासीत घ्रातारं विद्यात् । न रूपं विजिज्ञासीत रूपविदं विद्यात् । न शब्दं

विजिज्ञासीत श्रोतारं विद्यात् । नान्नरसं विजिज्ञासीतान्नरसविज्ञातारं विद्यात् । न कर्म विजिज्ञासीत कर्तारं विद्यात् । न सुखदुःखे विजिज्ञासीत सुखदुःखयोर्विज्ञातारं विद्यात् । नानन्दं रतिं प्रजातिं विजिज्ञासीतानन्दस्य रतेः प्रजातेर्विज्ञातारं विद्यात् । नेत्यां विजिज्ञासीतैतारं विद्यात् । न मनो विजिज्ञासीत मन्तारं विद्यात् । ता वा एता दशैव भूतमात्रा अधिप्रज्ञं दश प्रज्ञामात्रा अधिभूतम् । यद्धि भूतमात्रा न स्युर्न प्रज्ञामात्राः स्युर्यद्वा प्रज्ञामात्रा न स्युर्न भूतमात्राः स्युः ॥ ८ ॥

वागादिकरणानां मिथ्यात्वदृष्टिपूर्वकं तदारोपापवादाधिकरणं ब्रह्मास्मीति ज्ञातव्यमित्याह—न वाचमिति । न वाचं वचनं विजिज्ञासीत, वक्तारं वागादिकरणग्रामप्रवृत्तिनिमित्तं विद्यात् इत्यादि समानम् । एवं दशमात्राप्रज्ञानां स्वतः सिद्ध्यभावात् तदुदयस्थितिलयाधिकरणकूटस्थचिदात्मानं सर्वानुवृत्तं स्वव्यावृत्तप्रज्ञातत्कार्यकलनास्पृष्टं वस्तुतः तत्सर्वकलनापह्नवसिद्धं ब्रह्म निष्प्रतियोगिकस्वमात्रमिति विद्यादित्यर्थः । तदुपायत्वेनाथ स्वविकल्पितमात्राणां प्रज्ञायाश्च प्राणप्रज्ञयोरिव नित्यान्वयात् नह्यतीव भेदोऽस्तीत्यत्र ता वा एताः वागाद्यन्तःकरणान्ताः दशैव भूतमात्रा अधिप्रज्ञं जीवप्रज्ञायामारूढं तत्सम्बन्धात् दशप्रज्ञामात्राश्चाधिभूतम् । कथमन्योन्यारोह इत्यत्र—यद्धि यदि हि भूतमात्रा न स्युः वचनादिविषयसंसृष्टवागादिप्राणमात्रा यदि प्रज्ञया न संसृज्येरन् तदा स्वतो न प्रज्ञामात्राः स्युः, प्रज्ञायाः निर्विकल्पत्वात् । तथा यद्वा वागादिसंसृष्टाः प्रज्ञामात्राः न स्युः तदा भूतमात्राश्च न स्युः, जडत्वेन स्वसत्तासाधकवैरल्यादित्यर्थः ॥ ८ ॥

सर्वभेदरहितप्रज्ञाऽऽत्मवेदनविधिः

न ह्यन्यतरतो रूपं किंचन सिध्येत् । नो एतन्नाना । तद्यथा रथस्यारेषु नेमिरर्पिता नाभावरा अर्पिता एवमेवैता भूतमात्राः

प्रज्ञामात्रास्वर्पिताः प्रज्ञामात्राः प्राणे अर्पिताः। स वा एष प्राण एव प्रज्ञाऽऽत्माऽऽनन्दोऽजरोऽमृतो न साधुना कर्मणा भूयान् नो एवासाधुना कर्मणा कनीयान्। एष ह्येवैनं साधु कर्म कारयति तं [1]यमेभ्यो लोकेभ्य उन्निनीषते। एष उ एवैनमसाधु कर्म कारयति तं यमेभ्यो लोकेभ्यो [2]नुनुत्सते। एष लोकपाल एष लोकाधिपतिरेष [3]सर्वेश्वरः स म आत्मेति विद्यात् स म आत्मेति विद्यात् ॥ ९ ॥

उक्तार्थं विशदयन् उपसंहरति—न हीति। भूतमात्रामात्रेण वाऽसंसृष्टेन तथा प्रज्ञामात्रेण वा न किञ्चन रूपं भूतमात्रारूपं प्रज्ञामात्रारूपं वा सिध्येत्। तद्धेतुः प्रागेव उक्तः। हि यस्मादेवं तस्मान्नो एतद्भूतप्रज्ञामात्रास्वरूपं नाना भिन्नं नातिभेदवदित्यर्थः। तत्र दृष्टान्तमाह—तद्यथेति। तद्यथा रथचक्रस्यारेषु नेमिः अर्पिता। अन्तर्नेमिस्तु नाभिरित्यर्थः। तथा नाभावराश्चार्पिताः। एवमेवैताः भूतमात्राः प्रज्ञामात्रास्वर्पिताः, प्रज्ञामात्रा वागादिदशप्राणेष्वर्पिताः। योऽस्मिन् प्रकरणे प्रज्ञातव्यतया प्रकटितः स एषः प्रज्ञात्मा प्राण एव कूटस्थो महेन्द्रः स्वगतसविशेषदुःखापाये स्वयमेवानन्दः अखण्डानन्दस्वरूपत्वात्, अजरः षड्भावविकारापह्नवसिद्धत्वात्, अत एवामृतः परमामृतरूपत्वात्। तथाऽपि साध्वसाधुकर्मभिः वर्धते हीयत इत्याशङ्कायां—परमार्थदृष्ट्या साध्वसाधुकर्ममूलस्वाज्ञानापह्नवसिद्धं निर्विशेषं ब्रह्मेत्यत्र न विवादः। (यः) स्वाज्ञदृष्टिप्रसक्तमूलाविद्याबीजांशासंगचिद्धातोरपि साध्वसाधुकृत्यतो वृद्धिहानिप्रसक्तिरपि नास्तीत्याह—नेति। सोऽयमीश्वरः शताश्वमेधादिलक्षणसाधुकर्मणा न हि भूयान् भवति। नो एवासाधुना ब्रह्महत्याऽऽदिनाऽपि कनीयान् भवति।

[1] अत्र व्याख्याऽनुसारी पाठो धृतः। सर्वकोशपाठस्तु "यमन्वानुनेषति" इति।

[2] नदत्सते—उ, उ १.

[3] लोकेश्वरः—उ, उ १.

किंच—एष ह्येवेश्वरः स्वांशजप्राणिपटलकर्मसापेक्षमेनं स्वभक्तजनं साधुकर्म स्वयाथात्म्यदर्शनहेतुश्रवणादिलक्षणं कारयतीव कारयति । यं अनेकजन्मसिद्धं एभ्यो लोकेभ्यः ऊर्ध्वं ब्रह्मलोकं नेतुमिच्छति, तमेव तादृशसाधनानुष्ठाने नियोजयति । एष उ एष एवैनं प्राचीनवासनाऽनुरोधेन असाधु कर्म कारयति । तथा च स्मृतिः—

> तानहं द्विषतः क्रूरान् संसारेषु नराधमान् ।
> क्षिपाम्यजस्रमशुभानासुरीष्वेव योनिषु ॥

इति । यं ईश्वरः एभ्यो लोकेभ्यो नुनुत्सते—नुदेर्हलन्ताच्चेति सनः [कित्त्वम्] । एवमीश्वरस्य साध्वसाधुकारकत्वे वैषम्यादिदोषः स्यादिति चेन्न, जीवगतकर्तृता-निरसनहेतुत्वात् । जीवस्य, सर्वकर्ता ईश्वरः सोऽहमस्मीत्युपासनातः, ईश्वरज्ञानं जायते । एवं जाते निरावृतेश्वरज्ञाने स्वस्येश्वरस्य वा कर्तृत्वकारयितृत्वादिदोषो नहि सेद्धुं पारयति । यस्मादेवं तस्मात् ईश्वरे कारयितृत्वाद्यारोपो जीवगत-कर्तृत्वादिनिरासहेतुरित्यर्थः । तथा च स्मृतिः—"न कर्तृत्वं न कर्माणि लोकस्य सृजति" इति । यः स्वाज्ञदृष्टिप्रसक्तेशितव्यसापेक्षेश्वरभावमापन्न एष एव प्रज्ञाऽऽत्मा लोकपालः, सर्वलोकपालकत्वात् । एष हि दिग्वातादिलोकपालानामप्यधिपतिः । एष एव सर्वेश्वरः । यः एतादृशः स भगवान् मनुष्यपरमहितरूपो म आत्मा वस्तुतः स्वज्ञदृष्ट्या स्वाज्ञदृष्टिप्रसक्तस्वाविद्याद्वयापाये तदधिकरणं कूटस्थचैतन्यं अधिष्ठेयनिरूपिताधिष्ठानत्वकलनाविरळं निरधिष्ठानं ब्रह्म निष्प्रतियोगिकस्वमात्र-मवशिष्यत इति विद्यात् । आवृत्तिः तृतीयाध्यायपरिसमाप्त्यर्था ॥

इति तृतीयोऽध्यायः

चतुर्थोऽध्यायः

ब्रह्मोपदेशप्रतिज्ञा

गार्ग्यो ह वै बालाकिरनूचा[1]नः संस्पष्ट आस [2]सोऽयमुशीनरेषु सत्त्वमत्स्येषु कुरुपञ्चालेषु काशीविदेहेष्विति [3]स हाजातशत्रुं काश्यमेत्योवाच ब्रह्म ते ब्रवाणीति। तं होवाचाजातशत्रुः सहस्रं दद्म एतस्यां वाचि जनको जनक इति वा उ जना धावन्तीति ॥ १ ॥

परापरविद्याया दुरवगमत्वेन मन्दबुद्धिवैशद्यार्थं विद्याद्वयप्रकाशनपूर्वकमुपसंहर्तुं चतुर्थाध्याय आरभ्यते। गार्ग्याजातशत्रुसंवादरूपेयमाख्यायिका वक्ष्यमाणविद्यास्तुत्यर्था। बृहदारण्यगतचतुर्थाध्यायाद्यदृप्तबालाकिब्राह्मणव्याख्यानेनैव अयमध्यायो व्याख्यातप्राय एव, वक्तृश्रोतृप्रश्नप्रतिवचनयोरेकत्वात्। तथाऽपि वेदशाखोपनिषद्भेदात् संक्षेपतो व्याख्यायते। गर्गगोत्रजो गार्ग्यः। बलाकाया अपत्यं बालाकिः, हवा इति प्रसिद्धिद्योतकौ निपातौ, सद्वंश्योऽनूचानः अनुवचनसमर्थो वाग्मी वा। उशीनरसत्वमत्स्यकुरुपाञ्चालकाशीविदेहदेशेषु संस्पष्टो विख्यातः सन्नास स्थितवानिति यः श्रुतः सोऽयं गार्ग्योऽजातशत्रुं काश्यमेत्योवाच ह। किमिति? ब्रह्म ते ब्रवाणीति। एवमुक्तवन्तं तं होवाचाजातशत्रुः। किमिति? ब्रह्म ते ब्रवाणीति या वागेतस्यां वाचि गवां सहस्रं दद्मः। राजाभिप्रायं श्रुतिर्व्यनक्ति—जनको जनक इति वा उ जना धावन्तीति। जनकः स्वाभिलषितार्थदाता जनकः सारांशश्रोतेति पदमभ्यस्यते। अत एव हि जनाः स्वाभिलषितार्थलाभाय तं प्रति धावन्ति। वा उ इति निपाताववधारणार्थौ ॥ १ ॥

[1] नसं—क. [2] सम्यो न तप उशी—अ, अ १.

[3] सदाह्वाजा—अ २, क. सदहा—अ, अ १.

आदित्यब्रह्मोपासनम्

स होवाच बालाकिर्य एवैष आदित्ये पुरुषस्तमेवाहमुपास इति । तं होवाचाजातशत्रु[1]र्मामैवं तस्मिन् [2]समवादयिष्ठा बृहन् पाण्डरवासाधिष्ठाः सर्वेषां भूतानां मूर्धेति [3]वा [4]अहमेतद्वा उपास इति । स यो हैतमेवमुपास्तेऽधिष्ठाः सर्वेषां भूतानां मूर्धा भवति ॥ २ ॥

सर्वज्ञकल्पमपि राजानं श्रोतारं मत्वा तमुद्दिश्य स होवाच बालाकिः । किमिति? य एवैष आदित्ये चक्षुषि च पुरुषो दृश्यते चक्षुर्द्वारा हृदय उपलभ्यते तमेवाहमुपासे, मदुपदेशतः त्वमपि तमुपास्स्व । इत्युक्तवन्तं तं होवाचाजातशत्रुः । किमिति? यन्ममोपदेशं कर्तुमिच्छसि तस्मिन् विषये—मामेति द्विरुक्तिः वक्तुरपेक्षया स्वस्य ज्ञानाधिक्यद्योतनार्था—मामैवं [तस्मिन्] समवादयिष्ठाः संवादं मा कार्षीः । यदि त्वं जानीषे सप्रकारं तद्वदेति तत्राह—बृहन्निति । बृहन् पाण्डरवासाधिष्ठाः—प्राणस्य सूत्रत्वेन व्यापकत्वात् बृहत्त्वं, अपां पाण्डरवर्णत्वेन तत्परिधानात् पाण्डरवासस्त्वं, सर्वभूताधिष्ठातृत्वात् [अधिष्ठात्वं], सर्वेषां भूतानां मूर्धा शिरः दीप्तिगुणकत्वात् । अहमेतद्वा एतदेव ब्रह्मोपास इति । एवमुपासनाफलमपि जानामि । कथं? स यो हैतमेवमुपास्ते सोऽयं सर्वेषां भूतानामधिष्ठाः अधिष्ठानं मूर्धा च भवति । यो यद्गुणमुपास्ते स तद्गुण एव भवति, "तं यथायथोपासते तथैव भवति" इति श्रुतेः ॥ २ ॥

[1] "मामैवं स" इति व्याख्याऽनुसारी पाठः स्यात्.

[2] समवादधिष्ठाः—अ १, क, उ १. संवदिष्ठाः—अ.

[3] "वा" इत्येतत् सर्वलिखितकोशेषु लुप्तः

[4] अत्र व्याख्याऽनुसारी पाठो धृतः. कोशगतपाठास्तु, अहमेतमुपासे—उ, उ १. अहमोमुपासे—अ, अ १. सर्वपर्यायेषु एवमेव पाठभेदाः.

चन्द्रब्रह्मोपासनम्

स होवाच बालाकिर्य एवैष चन्द्रमसि पुरुषस्तमेवाहं ब्रह्मोपास इति । तं होवाचाजातशत्रुर्मामैतस्मिन् समवादयिष्ठाः सोमो [1]राजन्नस्यात्मेति वा अहमेतमुपास इति । स यो हैतमेवमुपास्तेऽन्नस्यात्मा भवति ॥ ३ ॥

एवमादित्यब्रह्मणि प्रत्याख्याते ब्रह्मान्तरमाह—स इति । स होवाच इत्यादि सर्वत्र समानम् । चन्द्रमसि मनसि चैकः पुरुषः तमेवाहं मामैतस्मिन्नित्यादि च समानम् । चन्द्रमनसोरन्नात्मत्वात् तद्भावापत्तिर्हि फलम् ॥ ३ ॥

विद्युद्ब्रह्मोपासनम्

स होवाच बालाकिर्य एवैष विद्युति पुरुष एतमेवाहं ब्रह्मोपास इति । तं होवाचाजातशत्रुर्मामैतस्मिन् समवादयिष्ठास्तेजस्यात्मेति वा अहमेतमुपास इति । स यो हैतमेवमुपास्ते [2]तेजस्यात्मा भवति ॥ ४ ॥

किं च—स होवाचेति । विद्युति त्वचि देवतैका । तेजसि आत्मोपासनात् तेजस्यात्मा भवति ॥ ४ ॥

स्तनयित्नुब्रह्मोपासनम्

स होवाच बालाकिर्य एवैष स्तनयित्नौ पुरुष एतमेवाहं ब्रह्मोपास इति । तं होवाचाजातशत्रुर्मामैतस्मिन् समवादयिष्ठाः

[1] राजानम—अ २, उ.   [2] तेजस्यात्मा—उ १.

शब्दस्यात्मेति वा अहमेतमुपास इति। स यो हैतमेवमुपास्ते शब्दस्यात्मा भवति ॥ ५ ॥

किं च—स होवाचेति। स्तनयित्नौ श्रवणे चैका देवता। शब्दात्मोपासनात् तथा भवतीत्यर्थः ॥ ५ ॥

आकाशब्रह्मोपासनम्

स होवाच बालाकिर्य एवैष आकाशे पुरुषस्तमेवाहमुपास इति। तं होवाचाजातशत्रुर्मा मैतस्मिन् समवादयिष्ठाः पूर्णमप्रवर्ति ब्रह्मेति वा अहमेतमुपास इति। स यो हैतमेवमुपास्ते पूर्यते प्रजया पशुभिर्नो एव स्वयं नास्य प्रजा पुरा कालात्प्रवर्तते ॥ ६ ॥

किं च—स होवाचेति। बाह्यान्तराकाशयोः देवतैका। पूर्णमप्रवर्त्तीति विशेषणद्वयं विशिष्टफलद्योतनार्थम्। पूर्यते ह प्रजया पशुभिः। एवमुपासनं विना एतत् फलं स्वयं नो एव भवति। नास्य सन्ततिविच्छेदो भवतीत्यर्थः ॥ ६ ॥

वायुब्रह्मोपासनम्

स होवाच बालाकिर्य एवैष वायौ पुरुषस्तमेवाहमुपास इति। तं होवाचाजातशत्रुर्मा मैतस्मिन्समवादयिष्ठा इन्द्रो वैकुण्ठोऽपराजिता सेनेति वा अहमेतमुपास इति। स यो हैतमेवमुपास्ते जिष्णु[1]र्ह वा पराजिष्णु[2]रन्यतस्त्यजाया भवति ॥ ७ ॥

किं च—स होवाचेति। वायौ प्राणे च देवतैका। इन्द्रः परमेश्वरः। वीतमतिकुण्ठनो वैकुण्ठः यस्य सेना परैः जेतुमशक्या सेयं तदीयाऽपराजिता सेनेति। फलं—जयशीलो जिष्णुः, परैः जेतुमशक्यः पराजिष्णुर्भवति अन्यतस्त्यानामरीणां जाया जायी जयशीलो भवति ॥ ७ ॥

[1] र्हि—अ, अ १, अ २, क, उ १. [2] रन्यतस्तज्यायान्—शु.

अग्निब्रह्मोपासनम्

स होवाच बालाकिर्य एवैषोऽग्नौ पुरुषस्तमेवाहमुपास इति । तं होवाचाजातशत्रुर्मामैतस्मिन् समवादयिष्ठा विषासहिरिति वा अहमेतमुपास इति । स यो हैतमेवमुपास्ते विषासहिर्वा एष भवति ॥ ८ ॥

किं च—स होवाचेति । अग्नौ वाच्यपि देवतैका । परान् मर्षयतीति विषासहिः ॥ ८ ॥

अब्ब्रह्मोपासनम्

स होवाच बालाकिर्य एवैषोऽप्सु पुरुषस्तमेवाहमुपास इति । तं होवाचाजातशत्रुर्मामैतस्मिन् समवादयिष्ठा नाम्नोऽस्यात्मेति वा अहमेतमुपास इति । स यो हैतमेवमुपास्ते [1]नाम्नोऽस्यात्मा भवति । इत्यधिदैवतम् । अथाध्यात्मम् ॥ ९ ॥

किं च—स होवाचेति । अप्सु रेतस्येका देवता । नामात्मोपासनात् तदेव भवति । अधिदेवतोपासनमुक्तम् । अथाध्यात्ममुच्यते ॥ ९ ॥

प्रतिरूपपुरुषोपासनम्

स होवाच बालाकिर्य एवैष आदर्शे पुरुषस्तमेवाहमुपास इति । तं होवाचाजातशत्रुर्मामैतस्मिन् समवादयिष्ठाः प्रतिरूप इति वा अहमेतमुपास इति । स यो हैतमेवमुपास्ते प्रतिरूपो हैवास्य प्रजायामाजायते नाप्रतिरूपः ॥ १० ॥

1. नाम्नस्या—अ १, अ २, क. नामास्य—अ.

स होवाचेति । स्वच्छादर्शे खड्गादौ हार्दे च देवतैका । प्रतिरूपः छायात्मा ॥ १० ॥

प्रतिध्वनिपुरुषोपासनम्

स होवाच बालाकिर्य एवैष प्रातिश्रुत्कायां पुरुषस्तमेवाहमुपास इति । तं होवाचाजातशत्रुर्मामैतस्मिन् समवादयिष्ठा द्वितीयोऽनपग इति वा अहमेतमुपास इति । स यो हैतमेवमुपास्ते विन्दते द्वितीयं द्वितीयवान् भवति ॥ ११ ॥

किं च—सहोवाचेति । ध्वनौ प्रातिश्रुत्कायां प्रतिध्वनौ च देवतैका । सद्वितीयोपासनाफलं सद्वितीयत्वम् ॥ ११ ॥

शब्दपुरुषोपासनम्

स होवाच बालाकिर्य एवैष शब्दः पुरुषमन्वेति तमेवाहमुपास इति । तं होवाचाजातशत्रुर्मामैतस्मिन् समवादयिष्ठा आयुरिति वा अहमेतमुपास इति । स यो हैतमेवमुपास्ते नो एव स्वयं नास्य प्रजा पुराकालात् संमोहमेति ॥ १२ ॥

य एवायं शब्दः पृष्टतोऽनूदेति अध्यात्मायुश्च तयोरेका देवता । एवमायुः-शब्दवाच्यप्राणोपासनात् उपासकस्य तत्कुलप्रसूतप्रजायाश्च दीर्घायुः सिध्यति ॥

तमःपुरुषोपासनम्

स होवाच बालाकिर्य एवैष छायायां पुरुषस्तमेवाहमुपास इति । तं होवाचाजातशत्रुर्मामैतस्मिन् समवादयिष्ठा मृत्युरिति वा

अहमेतमुपास इति । स यो हैतमेवमुपास्ते नो एव स्वयं नास्य प्रजा पुरा कालात् प्रमीयते ॥ १३ ॥

किं च—स होवाचेति । बाह्यतमोरूपच्छायायां स्वान्तः स्वाज्ञाने चैका देवता । सैव मृत्युः । तदतितरणं फलम् ॥ १३ ॥

शारीरपुरुषोपासनम्

स होवाच बालाकिर्य एवैष शारीरः पुरुषस्तमेवाहमुपास इति । तं होवाचाजातशत्रुर्मामैतस्मिन् समवादयिष्ठाः प्रजापतिरिति वा अहमेतमुपास इति । स यो हैतमेवमुपास्ते प्रजायते प्रजया पशुभिः ॥ १४ ॥

किं च—स होवाचेति । शारीरे विराजि चैका देवता । एवं प्रजापत्युपासनाफलं प्रजापशुवर्धकम् ॥ १४ ॥

सुप्तपुरुषोपासनम्

स होवाच बालाकिर्य एवैष प्राज्ञ आत्मा येनैतत् सुप्तः [1]स्वप्न्यया चरति तमेवाहमुपास इति । तं होवाचाजातशत्रुर्मामैतस्मिन् समवादयिष्ठा यमो राजेति वा अहमेतमुपास इति । स यो हैतमेवमुपास्ते सर्वं हास्मा इदं श्रैष्ठ्याय यम्यते ॥ १५ ॥

किं च—स होवाचेति । येनैतत् सुप्तः स्वप्न्यया चरति तस्मिन् प्राज्ञे ईश्वरे च आत्मा एकः । यमोपासनाफलं सर्वस्मादपि श्रैष्ठ्यापत्तिः ॥ १५ ॥

[1] स्वप्न—अ, अ १.

दक्षिणाक्षिपुरुषोपासनम्

स होवाच बालाकिर्य एवैष दक्षिणेऽक्षन् पुरुषस्तमेवाहमुपास इति। तं होवाचाजातशत्रुर्मामैतस्मिन् समवादयिष्ठा नाम्न आत्माऽग्नेरात्मा ज्योतिष आत्मेति वा अहमेतमुपास इति। स यो हैतमेवमुपास्त एतेषां सर्वेषामात्मा भवति ॥ १६ ॥

किं च—स होवाचेति। दक्षिणाक्षिणि मुखे चैका देवता। नामाग्निज्योतिष्ष्वात्मोपासनात् सर्वभूतात्मा भवति ॥ १६ ॥

सव्याक्षिपुरुषोपासनम्

स होवाच बालाकिर्य एवैष सव्येऽक्षन् पुरुषस्तमेवाहमुपास इति। तं होवाचाजातशत्रुर्मामैतस्मिन् समवादयिष्ठाः सत्यस्यात्मा विद्युत आत्मा तेजस आत्मेति वा अहमेतमुपास इति। स यो हैतमेवमुपास्त एतेषां सर्वेषामात्मा भवति ॥ १७ ॥

किं च—स होवाचेति। सव्येऽक्षन् तैजसे चैका देवता। सत्यविद्युत्तेजस्स्वात्मदर्शनादात्मैव भवतीत्यर्थः ॥ १७ ॥

अनात्मज्ञं प्रति आत्मबोधनप्रकारः

तत उ ह बालाकिस्तूष्णीमास। तं होवाचाजातशत्रुरेतावन्नु बालाका इति। एतावद्धीति होवाच बालाकिः। तं होवाचाजातशत्रुर्मृषा वै किल मा संवदिष्ठा ब्रह्म ते [1]ब्रवाणीति। स होवाच

[1] ब्रुवा—अ, अ २, क.

योवै बालाक एतेषां पुरुषाणां कर्ता यस्य वैतत्कर्म [1]संधैवेंदितव्य इति। तत उ ह बालाकिः समित्पाणिः प्रतिचक्रामोपायानीति। तं होवाचाजातशत्रुः प्रतिलोमरूपमेव स्याद्यत् क्षत्रियो ब्राह्मणमुपनयेदे[2]हि व्येव त्वा ज्ञपयिष्यामीति। तं ह पाणावभिपद्य प्रवव्राज। तौ ह सुप्तं पुरुषमीयतुः। तं हाजातशत्रुरामन्त्रयांचक्रे बृहन् पाण्डरवासः सोमराजन्निति। स उ ह तूष्णीमेव शिश्ये। तत उ हैनं यष्ट्या च चिक्षेप। स तत एव समुत्तस्थौ। तं होवाचाजातशत्रुः क्वैष एतद्बालाके पुरुषोऽशयिष्ट यत्रैतदभूद्यत एतदगादिति। [3]तदुभयं बालाकिर्न [4]विजिज्ञौ ॥ १८ ॥

यावच्छ्रुतं यावदधीतं तावत् सर्वमुपन्यस्य निःशेषितविद्यो बालाकिः उपररामेत्याह—तत इति। बालाकिः मुनिः स्वेन यावदधीतं तत् सर्वमाभासत उपन्यस्य ततः परं अमावास्याचन्द्रवत् निष्प्रभः तूष्णीमास। तं होवाचाजातशत्रुः एतावन्नु बालाका इति। राज्ञैवं पृष्टो बालाकिरेतावद्धीति होवाच। एवमुक्तवन्तं तं होवाचाजातशत्रुः—ब्रह्म ते ब्रवाणीति मां प्रति मृषा संवदिष्ठा उक्तवानसि, किमर्थमेवं गर्वितोऽसि इति। तं प्रति राजोवाच—अपरब्रह्मापि यथावत् त्वया न विदितम्। स्वयमजातशत्रुः परापर-ब्रह्मयाथात्म्यवित्। अनेनायं प्रतिषेधितुं युक्त एव। यद्यमुख्यब्रह्मविज्ञानमपि प्रत्याख्यायेत तदा नैतावतेति न हि ब्रूयात्। न किञ्चित् त्वया विज्ञातमिति नानेनोक्तम्। तस्मादपरब्रह्माप्यस्त्येव, तस्य परब्रह्माधिगमद्वारभूतत्वात्। हे बालाके यो वा एतेषां पुरुषाणां कर्ता वागादिकरणग्रामप्रवृत्तिनिमित्ततया अवति-

[1] सवैवे—अ, अ १.

[2] हीत्येव—उ. हिवेत्येव—उ १. हिव्येत्येव—अ १, अ २.

[3] तदुह बा—उ, उ १.

[4] विजज्ञौ—उ.

ष्ठते, यस्य करणग्रामप्रवृत्तिनिमित्तस्यैतत् कर्म तत्सर्वासंस्पृष्टतया स्वयं स्थित्वा तत्प्रवृत्तिनिवृत्तिनिर्वाहकत्वं, सोऽयमात्मा स्वोपलब्ध्युपायभूतैः वागादिकरणसङ्घैः तत्प्रवृत्तिनिमित्ततया तद्वृत्तिसहस्रभावाभावप्रकाशकतया तदारोपापवादाधिकरणतया निरधिकरणनिष्प्रतियोगिकस्वमात्रतया च वेदितव्यः इत्येवमभिहितस्तत उ ह बालाकिः अपरविज्ञानोपायसिद्धपरब्रह्माधिगमाय समित्पाणिः प्रतिचक्राम उपायानीति । एवं विधिवदुपसन्नं तं होवाचाजातशत्रुः—क्षत्रियो ब्राह्मणमुपनयेदिति यत्तत्प्रतिलोमरूपमेव स्यात् । यतो मामेवं वृणीषे अतः त्वं एहीत्येव तं हर्षयन् त्वा त्वां एतत् ज्ञपयिष्यामीति यत्तद्विधिशास्त्रविरुद्धं, तस्मात् त्वमाचार्य एव सन् तिष्ठ, यद्वेदनात् मुख्यं ब्रह्म विदितं भवेत् तत् त्वां ब्रह्म ज्ञपयिष्यामि प्रतिपादयामीत्युक्त्वा सलज्जं तं ह पाणावभिपद्य प्रवव्राज । तौ ह बालाक्यजातशत्रू कश्चित् प्रदेशे सुप्तं पुरुषमीयतुः । ततः तं ह सुप्तं अजातशत्रुः आमन्त्रयांचक्रे । किमिति ? बृहन् पाण्डरवासः सोमराजन्निति नामभिराह्वानं कृतवानित्यर्थः । स उ ह सोऽयमेवमामन्त्रितोऽपि तूष्णीमेव शिश्ये । तत उ हैनं शयानं यष्ट्या दण्डेन च विक्षेप । ततः क्षेपादेव समुत्तस्थौ समुत्थितवान् । तं होवाचाजातशत्रुः । किमिति ? हे बालाके एतत् पुरि शयनादेष पुरुषः काशयिष्ट यत्र यस्मिन् एतत् स्वापकर्मकृदभूत् पुनः यतः एतत्स्कर्मकृदगात् आगतवान् । यत्स्वभावेऽयमभूत् पुनः यत्स्वभावात् प्रच्युतः संसारीत्येतदुभयं गार्ग्येण प्रष्टव्यं, तत्तेनापृष्टमपि ज्ञपयिष्यामीति प्रतिज्ञातत्वात् तत्राजातशत्रुः बोधयितव्योऽसाविति प्रवर्तते । एवं व्युत्पाद्यमानोऽपि गार्ग्यस्तदुभयं प्रष्टुं अवगन्तुं न मेने न हि विज्ञातवान् न विजिज्ञौ ॥ १८ ॥

आत्मनः सर्वशरीरव्याप्तिः

तं होवाचाजातशत्रुर्यत्रैष एतद्बालाके पुरुषोऽशयिष्ट यत्रैतदभूद्यत एतदगात् । हिता नाम हृदयस्य नाड्यो हृदयात् पुरीततमभिप्रतन्वन्ति यथा सहस्रधा केशो विपाटितस्तावदण्व्यः पिङ्गलस्याणिम्ना

तिष्ठन्ते शुक्लस्य कृष्णस्य पीतस्य लोहितस्येति । तासु तदा भवति यदा सुप्तः स्वप्नं न कंचन पश्यति । अथास्मिन् प्राण एवैकधा भवति । तथैनं वाक् सर्वैर्नामभिः सहाप्येति चक्षुः सर्वै रूपैः सहाप्येति श्रोत्रं सर्वैः शब्दैः सहाप्येति मनः सर्वैर्ध्यातैः सहाप्येति । स यदा प्रतिबुध्यते यथाऽग्नेर्विस्फुलिङ्गा विप्रतिष्ठेरन्नेवमेवैतस्मादात्मनः प्राणा यथायतनं विप्रतिष्ठन्ते प्राणेभ्यो देवा देवेभ्यो लोकाः । तद्यथा क्षुरः क्षुरधावे ह्येतस्यास्स विश्वंभरो वा विश्वंभर[1]कुलाय एवमेवैष प्राज्ञ आत्मेदं शरीरमनुप्रविष्ट आ लोमभ्य आ नखेभ्यः ॥ १९ ॥

तथाऽपि स्वप्रतिज्ञापालनाय अजातशत्रुराह—तमिति । **अजातशत्रुः तं होवाच** । किमिति ? हे **बालाके**—यदित्यर्थे **यमिति** लिंगव्यत्ययः—**यदेतच्छ**-रीरमवष्टभ्य **एष वै पुरुषोऽशयिष्ट** पुरा **यत्रैतदभूत्** पुनर्यतः एतदगादित्युक्ते **हृदयस्याश्रिताः हिता नाम नाड्यो** भवन्ति । तास्तु **हृदयात् पुरीततं** स्थूल-शरीरमभिप्रतन्वन्ति व्याप्नुवन्ति । शरीरापेक्षया नाडीनां सूक्ष्मत्वे दृष्टान्तमाह—**यथेति** । **यथा केशः सहस्रधा** विपतितो विदलितः सुसूक्ष्मतमो भवति तथा **तावदण्व्यः** नाड्यो भवन्ति । नाडीनां श्लेष्मपित्तादियोगतः **शुक्लस्य कृष्णस्य पीतस्य लोहितस्य** इत्यादिनानावर्णाः **तासु** नाडीषु **भवति** । **यदा सुप्तो** विज्ञानात्मा **स्वप्नं न कञ्चन पश्यति अथास्मिन्नयं** विज्ञानात्मा **प्राण एवैकधा भवति** एकत्वमुपैति । **तथैनं वाक् सर्वैः नामभिः सहाप्येतीति** वागादिकरणग्रामः स्वस्वविषयैः सहाप्येतीत्याद्युक्तार्थम् । अत्र दृष्टान्तमाह—**यथेति** । **यथा क्षुरः क्षुरधावे** नापितक्षुरादिविन्यासपेटिकायां निक्षिप्तो मग्नः पुनस्ततो विप्रतिष्ठते एवमेव वागादिकरणजालमित्यर्थः । यद्वा—**यथा क्षुरः**

[1] कुलायैव—अ, अ १, उ, उ १.

क्षुरधावे हि यथा एतस्याः पुरीततेः मध्ये विश्वं बिभर्ति धारयतीति विश्वंभरः प्राणः तेन सह वर्तत इति स विश्वम्भरो विज्ञानात्मा प्राणोपाधिकः विश्वम्भरकुलायं शरीरं तत्र यथा अनुप्रविश्य तत् सर्वं व्याप्नोति विश्वस्य स्थूलशरीरमात्रव्यापकत्वात्, एवमेवैष प्राज्ञ आत्मा इदं स्थूलसूक्ष्मकारणभेदभिन्नशरीरत्रयं आलोमभ्यः आनखेभ्यः इति सप्तदशकलिंगतद्धेतुकारणशरीरोपलक्षणार्थं, तत् सर्वं प्रविष्टो भवति ॥ १९ ॥

आत्मज्ञानेन विदेहमुक्तिप्राप्तिः

तमेतमात्मानमेतमात्मनोऽन्वपश्यन्ति । यथा वा श्रेष्ठिनं स्वास्तद्यथा श्रेष्ठैस्तैर्भुङ्क्ते तद्यथा वा श्रेष्ठिनं स्वा भुञ्जन्त[न्ति] एवं श्रेष्ठिनं [1]स्वास्त एवावर्धयाः । इन्द्र एतमात्मानं न विजज्ञौ तावदेनमसुरा अभिबभूवुः । स यदा विजिज्ञावथ हत्वाऽसुरान् विजित्य सर्वेषां भूतानां श्रैष्ठ्यं स्वाराज्यमाधिपत्यं पर्येति । तथो एवैवं विद्वान् सर्वेषां भूतानां श्रैष्ठ्यं स्वाराज्यमाधिपत्यं पर्येति य एवं वेद य एवं वेद ॥ २० ॥

यत्क्रतुगौणमुख्यफलं यद्बोधाबोधतो जयाजयौ भवतः तदियत्तां विशदयन् उपसंहरति—तमिति । यः शरीरत्रयमनुप्रविष्टः तं प्रज्ञाऽऽत्मानमेतं समष्टिशरीरत्रयारोपापवादाधिष्ठानरूपमेतं प्रत्यगभिन्नपरमात्मनः स्वरूपमित्यन्वपश्यन्ति सूरयः, "जीवभावजगद्भावबाधे प्रत्यगभिन्नं ब्रह्मैव अवशिष्यते" इति श्रुतेः । कथं पुनरन्वपश्यन्तीत्यत्र दृष्टान्तमाह—यथेति । यथा स्वाः स्वकीयाः श्रेष्ठिनं गुणतः श्रेष्ठं राजानं स्वस्वामित्वेन अन्वपश्यन्ति तद्यथा लोके ये गुणतः शीलतो जातितश्च श्रैष्ठ्यमापन्नाः तैः श्रेष्ठैः सहानूचानो मुनिर्भुङ्क्ते नेतरैः असमैः

[1] स्वास्सए—उ, उ १. स्वास—अ २, क. स्वास्त—व्याख्यानुसारेण.

इत्यर्थः। यथा वा श्रेष्ठिनं स्वाः भुञ्जन्ते[न्ति], स्वाः सन्तः स्वतुल्यमेव श्रेष्ठिनं भोजयन्ति। य एवं कुर्वन्ति त एवावर्धयाः सकलविषयकवृद्धिं यान्ति। तथैवं स्वातिरिक्तव्यष्टिसमष्टिप्रपञ्चारोपापवादाधिकरणतः श्रेष्ठिनं निरधिकरणं ब्रह्म स्वमात्रमिति सूरयोऽन्ववपश्यन्ति। दर्शनसमकालं ते यत्क्रतुमुख्यफलं कैवल्यं तदेव प्रतिपद्यन्ते। एतमेवात्मानं यदेन्द्रो यथावत् क्रतुमुख्यफलत्वेन न विजज्ञौ यावदेवं तावदेनं असुं स्वसत्तामात्रं पराग्वृत्तिभिः हरन्तीत्यसुराः स्वाज्ञानवृत्तयः असुराः अभिबभूवुः असुरा वा। स यदा श्रुत्याचार्यप्रसाद-लब्धसम्यग्ज्ञानेन क्रतुमुख्यफलं स्वातिरिक्ताविद्यापदतत्कार्यापह्नवसिद्धं ब्रह्म निष्प्रतियोगिकस्वमात्रमिति विजज्ञौ विज्ञातवान् भवति अथ तत्क्षणानन्तर-मुत्तरक्षणं स्वज्ञानवृत्तितदारूढान् असुरान् विजित्य स्वातिरेकेण नेतिनेतीत्य-पह्नवं कृत्वा स्वाज्ञदृष्टिविकल्पितानां सर्वेषां भूतानां मध्ये स्वज्ञदृष्ट्या श्रेष्ठः सन् परमार्थदृष्ट्या यत् स्वमात्रतया राजते तत्स्वाराज्यमाधिपत्यं पारमैश्वर्यं विकळे-बरकैवल्यं पर्येति। यद्वा—विरोचनाद्यसुरान् विद्यायोगबलेन जित्वा स्वाराज्यं स्वर्गं क्रतुसामान्यफलं आधिपत्यं इन्द्रत्वं पर्येति। तथा क्रतुसामान्यमुख्यफल-मिन्द्रवद्य एवं वेद एवं विद्वान् सर्वेषां भूतानां यदिन्द्रादिभिः भुक्तपूर्वं क्रतु-सामान्यविशेषफलं स्वमात्रसिद्धितः श्रैष्ठ्यं स्वाराज्यमाधिपत्यं पर्येतीत्युक्तार्थम्। आवृत्तिरुपनिषत्समाप्त्यर्था॥

इति चतुर्थोऽध्यायः

श्रीवासुदेवेन्द्रशिष्योपनिषद्ब्रह्मयोगिना।
लिखितं स्याद्विवरणं कौषीतक्याः स्फुटं लघु।
प्रकृतोपनिषद्व्याख्याग्रन्थस्त्वष्टशतं स्मृतः॥

इति श्रीमदीशाद्यष्टोत्तरशतोपनिषच्छाङ्करविवरणे पञ्चविंशतिसंख्यापूरकं कौषीतक्युपनिषद्विवरणं सम्पूर्णम्

गर्भोपनिषत्

सह नाववतु—इति शान्तिः

शरीरलक्षणसूत्रम्

पञ्चात्मकं पञ्चसु वर्तमानं षडा[1]श्रयं षड्गुणयोगयुक्तम् ।

तं सप्तधातुं त्रिमलं [2]त्रियोनि चतुर्विधाहारमयं शरीरम्[3] ॥ १ ॥

यद्गर्भोपनिषद्वेद्यं गर्भस्य स्वात्मबोधदम् ।
शरीरापह्नवात् सिद्धं स्वमात्रं कलये हरिम् ॥

इह खलु गर्भोपनिषदः कृष्णयजुर्वेदप्रविभक्तत्वात् उपोद्घातादिकं कठवल्ल्यादितुल्यतया चिन्त्यम् । मन्त्रब्राह्मणात्मिकेयं उपनिषत् गुरुशिष्याद्याख्यायिकां विना अवान्तररूपेण प्राण्यदृष्टवशात् स्वेनै[स्वयमे]व प्रवृत्ता हि । तत्राद्यः श्लोकः सूत्रभूतो मन्त्रो भवतीत्याह—पञ्चात्मकमिति । व्यष्टिशरीरोपलक्षितस्वाविद्यापदतत्कार्यजातं पञ्चात्मकमित्यादि ॥ १ ॥

शरीरस्य पञ्चभूतात्मकत्वम्

पञ्चात्मकमिति कस्मात्? पृथिव्यापस्तेजोवायुराकाशमिति ।

अस्मिन् पञ्चात्मके शरीरे का पृथिवी का आपः किं तेजः

[1] शयं—अ २. [2] द्वि—उ.

[3] 'भवति' इत्यधिकः—अ १, अ २, क.

को वायुः किमाकाशमिति । अस्मिन् पञ्चात्मके शरीरे यत् कठिनं सा पृथिवी यद्द्रवं [1]तदापः यदुष्णं तत्तेजः यत् सञ्चरति स वायुः यत् सुषिरं तदाकाशमित्युच्यते ॥ २ ॥

मन्त्रार्थस्तिरोभूत इति मत्वा तदर्थं ब्राह्मणरूपश्रुतिरेव व्याचष्टे—**पञ्चात्मकमिति** । पञ्चभूतान्येवात्मा स्वरूपं यस्याविद्यापदस्य तदिदं पञ्चात्मकं पञ्चभूतविकारपुञ्जं इत्यर्थः । पञ्च भूतानि कानीत्यत आह—**पृथिव्यापस्तेजोवायुराकाशमिति** पञ्च भूतानि । तत्र प्रातिस्विकेन पञ्चभूतस्वरूपं किमित्याशङ्क्य तदियत्तां व्यनक्ति—**अस्मिन्निति** ॥ २ ॥

शरीरस्य पञ्चसु वर्तमानत्वम्

तत्र पृथिवी धारणे आपः पिण्डीकरणे [2]तेजो रूपदर्शने वायुर्गमने आकाशमवकाशप्रदाने ॥ ३ ॥

"पञ्चात्मकं" इत्यंशं व्याख्याय "पञ्चसु वर्तमानं" इति मन्त्रांशं व्याकरोति—**तत्रेति** । तत्र पञ्चभूतमध्ये पञ्चसु **धारणपिण्डीकरणरूपदर्शनगमनावकाशप्रदानकर्मसु** पृथिव्यप्तेजोवाय्वाकाशात्मकं शरीरं वर्तमानमिति विज्ञेयमित्यर्थः ॥ ३ ॥

करणजातस्य प्रातिस्विकविनियोगः

पृथक् [3]चक्षुःश्रोत्रे चक्षुषी रूपे जिह्वोपस्थश्चानन्दोऽपाने चोत्सर्गो बुद्ध्या बुध्यति मनसा सङ्कल्पयति वाचा वदति ॥ ४ ॥

[1] ता आपः—उ.

[2] तेजः प्रकाशने—मु.

[3] श्रोत्रं शब्दे त्वक् स्पर्शे चक्षूरूपे जिह्वा रसे घ्राणं गन्धे वाग्वचने पाणिरादाने पादो गमने पायुर्विसर्गे उपस्थ आनन्दे वर्तते । बुद्धया—अ.

पञ्चात्मकशरीरावयवचक्षुरादिकरणजातमपि रूपादिदर्शनादिकर्मणि पृथक् विनियुज्यते इत्याह—पृथगिति। चक्षुश्च श्रोत्रं च चक्षुःश्रोत्रे श्रोत्रचक्षुषी, श्रोत्रस्य ज्ञानेन्द्रियप्राथम्यात् । श्रोत्रं शब्ददर्शनकर्मणि विनियुज्यते । चक्षू रूपे रूपदर्शनकर्मणि जिह्वा रसास्वादनकर्मणि । श्रोत्रचक्षुर्जिह्वाग्रहणं त्वग्घ्राणेन्द्रियोपलक्षणार्थम् । उपस्थश्चानन्दो मिथुनभवानन्दपरवशो भवति । चशब्दः शिष्टकर्मेन्द्रियोपलक्षणार्थः। अपाने कर्मोत्सर्गः। चशब्दः प्राणपञ्चकोपलक्षणार्थः। करणग्रामाधिपो जीवो बुद्ध्या विषयजातं बुध्यति। तथा मनसा सङ्कल्पयति, तथा वाचा वदति। बुद्धिमनोग्रहणं चित्ताहङ्कारोपलक्षणार्थम् ॥ ४ ॥

शरीरस्य षडाश्रयत्वं षड्गुणयोगश्च

षडाश्रयमिति कस्मात्? मधुराम्ललवणतिक्तकटुकषा[1]यरसान् विन्दत इति ॥ ५ ॥

मन्त्रसूत्रित "षडाश्रय" इत्यंशं व्याचष्टे—षडाश्रयमिति । मधुरादिषड्रसा आश्रयो यस्य तत् शरीरं षडाश्रयमिति विन्दते ज्ञायते इत्यर्थः। कामाद्यरिषड्वर्ग एव षड्गुणयोगाः, तैर्युक्तम् ॥ ५ ॥

शरीरस्य सप्तधातुकत्वम्

षड्जर्षभगान्धारपञ्चममध्यमधैवतनिषादाश्चेतीष्टानिष्टशब्दसंज्ञाः [2]प्रतिविधाः सप्तविधा भवन्ति ॥ ६ ॥ शुक्लो रक्तः कृष्णो धूम्रः पीतः कपिलः पाण्डरः सप्त धातव इति। कस्मात्? यदा देवदत्तस्य द्रव्यविषया जायन्ते परस्पर[3]रसोगुणत्वात्। षड्विधो रसः। रसाच्छोणितं शोणितान्मांसं मांसान्मेदो [4]मेदसोऽस्थीनि अस्थिभ्यो

[1] यान्—क. [2] प्रणिधानादशविधा भवन्ति—मु. प्रतिविविधाः—क.
[3] सौम्य—मु. [4] मेदसः स्नावः स्नायुभ्योऽस्थीनि—मु.

मज्जा मज्जायाः शुक्लं शुक्लशोणितसंयोगादावर्तते गर्भो हृदि व्यवस्थां नयति हृदयेऽभ्यन्तराऽग्निः अग्निस्थाने पित्तं पित्तस्थाने वायुः वायुस्थाने हृदयं [1]प्राजापत्य ऋतुकाले संप्रयोगतः ॥ ७ ॥

कण्ठादिस्थानाभिव्यक्तसप्तस्वरशोभितं भवतीत्याह—**षड्जेति**। जिह्वोष्ठादिस्थानाभिव्यक्तसरिगमपधनीति स्वराः। इष्टानिष्टशब्दराशीनां तत्प्रभवत्वात् त **एवेष्टानिष्टशब्दसंज्ञाः** सन्तः **प्रतिविधाः** बहुविधाः **सप्तविधाः** सप्तप्रकाराः **भवन्ति** ॥ ६ ॥ मन्त्रगत "सप्तधातुं" इत्यंशं व्याकरोति—**शुक्ल** इति। वातपित्तश्लेष्मादिनानानाडीप्रभवाः शुक्लादिसप्तधातवो यदायतनाः तत् सप्तधातुकं धातूनामभिवृद्धितः शुक्लशोणितसंयोगतश्च पुत्रादिगर्भोत्पत्तिः भवतीत्याह— **कस्मादिति**। धातुवृद्धिप्रभवशुक्लशोणितसंयोगतो गर्भोत्पत्तिर्भवतीत्युक्तम्। **कस्मात्** कथं एवं भवतीत्याकांक्षायां तत्प्रकार उच्यते। **यदा** यस्मिन् काले **देवदत्तस्य** एतद्द्रव्यजातं मया भोक्तव्यमिति तद्विषयाः स्पृहाः **जायन्ते**। कथमेवमित्यत्र **परस्परमन्योन्यं रसोगुणत्वात्** अयं मधुरादिरसो मया भोक्तव्य इति रसगुणबद्धत्वात्। **रसः** कतिविध इत्यत्र मधुरादिभेदेन **षड्विध** इत्यर्थः। स्वभुक्तषड्विधरसपरिणामतः किं भवतीत्यत आह—**शोणितमिति**। जाठराग्निपच्यमानषड्रसात् तच्छतैकांशभूतं **शोणितं** भवति। षड्रससारांश एव शोणिताकारेण परिणमत इत्यर्थः। तथा पच्यमानशोणितात् तच्छतैकांशमांसवृद्धिर्भवति। तथा **मांससारतः** तच्छतांशमेदोवृद्धिर्भवति। तथा पच्यमानमेदसः सारात् तथाऽस्थीन्यभिवर्धन्ते। तथाऽस्थिचयसञ्जातसारात् दर्पणरूपेयं **मज्जा** भवति। तथा **मज्जायाः** पच्यमानायाः पुंस्त्रियोः **शुक्लं** शोणितं च भवति। एवं पुंस्त्रीनिष्ठशुक्लशोणितसंयोगादैक्यात् **गर्भोऽयं आवर्तते** जठरप्रदेशे आ समन्ताद्वर्तते। **हृदि व्यवस्थां नयति** रूढमूलं भवति। आधारजठरहृदयेभ्योऽन्तरग्निरुज्ज्वलति। **अग्निस्थाने** मूलाधारत्रिकोणे **पित्त**जलं भवति। **पित्तस्थाने** स्वाधिष्ठानप्रदेशे **वायुः** प्राणवायुः। **वायुस्थाने हृदयं** प्रतिष्ठितम्। एवमग्निपित्तवायुयोगतो गर्भो

[1] प्राजापत्यात् क्रमात्। ऋतु—मु.

हृदि व्यवस्थां नयति । कस्मादित्यत्र प्राजापत्ये प्रजापतिना व्यवस्थिते ऋतुकाले स्त्रीपुरुषसंप्रयोगतः समुत्पन्नगर्भो रूढमूलो भवति । तदितरकाले स्त्रीपुरुषयोगेऽपि गर्भो नावतरतीत्यर्थः ॥ ७ ॥

मासक्रमेण गर्भव्यक्तिभेदः

एकरात्रोषितं कलिलं भवति । सप्तरात्रोषितं बुद्बुदं भवति । अर्धमासाभ्यन्तरेण पिण्डो भवति । मासाभ्यन्तरेण कठिनो भवति । मासद्वयेन शिरः [1]कुरुते । मासत्रयेण पादप्रदेशो भवति । अथ चतुर्थे मासे जठरकटिप्रदेशो भवति । पञ्चमे मासे पृष्ठवंशो भवति । षष्ठे मासे नासाक्षिश्रोत्राणि भवन्ति । सप्तमे मासे जीवसंयुक्तो भवति । अष्टमे मासे सर्वसम्पूर्णो भवति ॥ ८ ॥

मुमुक्षूणां तीव्रतरवैराग्यहेतवे गर्भयत्तां विशदयति—एकरात्रेति । यस्मिन् काले पुंस्त्रीशुक्लशोणितयोगतः स्त्रीजठरे गर्भो वसति ततः प्रभृति क्रमशो वृद्धिमुपैति । तत् कथं? स्त्रीजठरे एकरात्रोषितं रेतः कलिलं स्वभावविपरीतं भवति । तथा सप्तरात्रोषितं रेतः बुद्बुदाकारतां इयात् । अर्धमासाभ्यन्तरेणायं गर्भः पिण्डो भवति । मासमात्रतः काठिन्यमुपैति । मासद्वयेन शिरःप्रदेशाभिव्यक्तिर्भवति । तथा मासत्रयमात्रतः पादाभिव्यक्तिः । अथ मासचतुष्टयेन जठरकटिप्रदेशाभिव्यक्तिः । पञ्चमे मासे पृष्ठविभागः । षष्ठे नासाक्षिश्रोत्राणि अभिव्यक्तानि भवन्ति । अयं पिण्डः सप्तमे मासे प्राप्ते जीवेन संयुक्तो भवति । तथाऽष्टमे सर्वावयवाभिव्यक्तिः ॥ ८ ॥

[1] संपद्यते—मु.

पुंस्त्र्यादिभेदनियामकः

पितुः रेतोऽतिरिक्तात् पुरुषो भवति । मातुः रेतोऽतिरिक्तात् स्त्रियो भवन्ति । उभयोः बीजतुल्यत्वात् नपुंसको भवति । व्याकुलितमनसोऽन्धाः खञ्जाः कुब्जा वामना भवन्ति । अन्योन्यवायुपरिपीडितानां शुक्लद्वैधे स्त्रियो [1]योन्यां युग्माः प्रजायन्ते ॥ ९ ॥

पितृवीर्याधिक्यात् पुरुषाकृतिः । तथा मातृवीर्याधिक्यात् स्त्र्याकृतिः । उभयोः बीजसाम्ये नपुंसकाकृतिः । बीजैक्यकाले यदि तौ व्याकुलितचित्तौ स्यातां तदा तयोः वीर्यजा अन्धाः दृष्टिविकलाः खञ्जाः पङ्गवः कुब्जाः उन्नतपृष्ठोरोभागाः वामनाः ह्रस्वा वा भवन्ति । बिन्दुपतनकाले यदि तौ अन्योन्यापानमरुता पीडितौ तदा बिन्दुः स्त्रियो योन्यां द्विधा पतति, ततो युग्माः प्रजाः प्रजायन्ते ॥ ९ ॥

अष्टममासे जीवस्य अतीतार्थवेदनसामर्थ्यम्

पञ्चात्मकसमर्थः पञ्चात्मकतेज[2]सद्धरसश्च सम्यग्ज्ञानात् ध्यानादक्षरमोङ्कारं चिन्तयति । तदेतदेकाक्षरं ज्ञात्वा अष्टौ प्रकृतयः षोडश विकाराः शरीरे ॥ १० ॥

एवं अष्टमे मासे प्राप्ते तद्गर्भावच्छिन्नो जीवः पञ्चात्मकसमर्थः प्राणादिपञ्चवृत्त्यात्मकप्राणेन स्वोपाधिभूतेन मिळित्वा अतीतार्थवेदने समर्थो भवति । तथा पञ्चात्मकप्राणतेजसा इद्धो वृद्धिं गतो रसः सारो यस्य सोऽयं

[1] योन्या—अ, अ १, उ १.

[2] साधिगन्धर—अ, अ १. सोर—क. सेर—अ २.

पञ्चात्मकतेजसेद्धरसः । चशब्दात् प्राणः क्रियाशक्तिः, प्राणारूढो जीवस्तु ज्ञानशक्तिः, ईश्वरभावापत्त्या इच्छाशक्तिरपि पिण्डपाती न स्यादिति द्योत्यते । य एवंभूतः स ह्यजडक्रियाज्ञानेच्छाशक्तिमानिव सम्यज्ज्ञानात् ध्यानाच्च कालत्रयेऽपि न क्षरतीत्यक्षरं ओङ्कारं आत्मानं अयमहमस्मीति चिन्तयति । एवं तदेतदेकाक्षरं आत्मतया ज्ञात्वा स्वातिरिक्ततया याः प्रकृता अष्टौ प्रकृतयः—

भूमिरापोऽनलो वायुः खं मनो बुद्धिरेवच ।
अहंकार इतीयं मे भिन्ना प्रकृतिरष्टधा ॥

इति स्मृतेः, प्रश्नोपनिषत्पठितप्राणादिनामान्तषोडशकला एव षोडश विकाराः, शरीरे पश्यतीति वाक्यशेषः ॥ १० ॥

नवममासे जीवस्य पूर्वजातिस्मरणम्

तस्यै[1]व[2]देहिनोऽथ नवमे मासे सर्वलक्षणसम्पूर्णो भवति ।
पूर्वजातिं स्मरति । कृताकृतं कर्म विभाति । शुभाशुभं कर्म
[3]विन्दति ॥ ११ ॥

य एवं द्रष्टा तस्यैव देहिनोऽथ देहः नवमे मासे सर्वलक्षणसम्पूर्णो भवति । तदा शरीरासङ्गोऽपि शरीरावच्छिन्नो जीवः स्वात्तपूर्वजातिपरम्परां स्मरति । तस्य पूर्वजनिपरम्पराकृतकृताकृतं कर्म पुण्यपापलक्षणकर्मजातं विस्पष्टं भाति भूतशुभाशुभं कर्म विन्दति ॥ ११ ॥

जीवस्य प्राक्तनकर्मवेदनपूर्वकं परिदेवनम्

नानायोनिसहस्राणि दृष्ट्वा चैव ततो मया ।
आहारा विविधा भुक्ताः पीताश्च विविधाः स्तनाः ॥ १२ ॥

[1] वं—अ, अ १. [2] देहिनामथ—अ, अ १, उ, उ १. [3] विभाति—क.

जातस्यैव मृतस्यैव जन्म चैव पुनः पुनः ।
अहो दुःखोदधौ मग्नो [1]न पश्यामि प्रतिक्रियाम् ॥ १३ ॥
यदि योन्यां प्रमुञ्चामि साङ्ख्यं योगं समाश्रये ।
अशुभक्षयकर्तारं फलमुक्तिप्रदायिनम् ॥ १४ ॥
यदि योन्यां प्रमुञ्चामि तं प्रपद्ये महेश्वरम् ।
अशुभक्षयकर्तारं फलमुक्तिप्रदायिनम् ॥ १५ ॥
यदि योन्यां प्रमुञ्चामि तं प्रपद्ये [2]भगवन्तं नारायणं देवम् ।
अशुभक्षयकर्तारं फलमुक्तिप्रदायिनम् ॥ १६ ॥
यन्मया परिजनस्यार्थे कृतं कर्म शुभाशुभम् ।
एकाकी तेन दह्यामि गतास्ते फलभागिनः ॥ १७ ॥

प्राक्तनशुभाशुभकर्मवेदनपूर्वकं परिदेवयतीत्याह—नानेति । अहो मया नानायोनिसहस्राणि दृष्ट्वा दृष्ट्वा अनेकजन्मस्वनुभूतानि । तत्तज्जन्मोचितविविधाहाराः मया भुक्ताः । तथा तत्तज्जन्मसु विविधाः स्तनाश्च पीताः ॥ १२ ॥ जातस्यैव पुनर्मृतिः मृतस्यैव पुनर्जन्म । एवं षड्भावविकारकबळितः सन् अहो बत कष्टं एवं दुःखोदधौ निमग्नः सन् एतन्निवृत्त्युपायात्मिकां प्रतिक्रियां न पश्यामि ॥ १३ ॥ यदि कदाचित् कृच्छ्रात् योन्यां योन्याः प्रमुञ्चामि तदा साङ्ख्यं कापिलं योगं समाश्रये । यद्वा—यत्र स्वाविद्यापदतत्कार्यजातं निष्प्रतियोगिकाभावरूपं तत्सर्वापह्नवसिद्धं ब्रह्मापि निष्प्रतियोगिकभावरूपं न तयोः भास्यभासकभावो व्याप्यव्यापकभावो वाऽऽधाराधेयभावो वा अस्ति नास्तीति विभ्रमोऽपि सेद्धुं पारयति स हि खलु साङ्ख्ययोगः निष्प्रतियोगिकब्रह्ममात्रप्रबोधः, तमेव समाश्रये ॥ १४ ॥ यदि

[1] ना—अ २, उ, उ १.

[2] जनार्दनम् ।—अ २.

मे तादृशाधिकारो न स्यात् तदा तदुपायतया अशुभं स्वाज्ञानं तत्क्षयकर्तारं अशुभफलसामान्यस्य मुक्तिप्रदायिनं—यद्वा, परमफलरूपेयं विकळेबरमुक्तिः ब्रह्ममात्रप्रबोधोपायतः तत्प्रदायिनं प्रदातारं—महेश्वरं देशिकधिया शरणं प्रपद्ये ॥ १५ ॥ यद्वा—षड्गुणैश्वर्यसम्पत्त्या भगवन्तं, यत्र सूरयो जात्वपि न रमन्ते तन्नरं स्वाज्ञानं तदेव नारं तस्यायनं अपवादाधिष्ठानं नारायणं स्वाधिष्ठेयसापेक्षाधिष्ठानभावविरळनिरधिष्ठानतया द्योतमानं देवं स्वमात्रमिति प्रपद्ये । अशुभक्षयमित्यादि सर्वत्र समानम् ॥ १६ ॥ एवं निश्चित्य पुनः परिदेवयन्निदमाह—यन्मयेति । दारपुत्रादिपरिजनपोषणहेतोः यद्यत् शुभाशुभं कर्म नित्यकर्मवत् मया कृतं तत्फलं अनेककल्पकालं स्वर्गनरकादि भुक्तं ततोऽप्यधिकतरकष्टं कुम्भीपाकोपमगर्भनरकेऽहमेकाकी शोचामि । यन्मया पालिताः दारपुत्रादयस्ते यथागतं स्वां स्वां गतिमवष्टभ्य गतास्ते केवल-फलभागिनः न हि मत्कृतदुष्कृतभोक्तारो भवन्ति ॥ १७ ॥

भूपतने पूर्ववृत्तविस्मरणम्

जन्तुः स्त्रीयोनिशतं योनिद्वारि सम्प्राप्तो यन्त्रेण परिपीड्य-
मानो महता दुःखेन जातमात्रस्तु वैष्णवेन वायुना संस्पृश्यते ।
तदा न स्मरति जन्ममरणादि कर्म शुभाशुभम् ॥ १८ ॥

इत्थं गर्भस्थो जन्तुः शोचन् एवं स्त्रीयोनिशतं प्राप्य निर्विण्णः सन् यथोक्तकालतः स्वपतनसमये नरकात् पातकिवत् अवाक्छिरा ऊर्ध्वपदो भूत्वा योनिद्वारि संप्राप्तः सन् योनियन्त्रेण परिपीड्यमानो महता दुःखेन जायते भूमौ पतति । भूपतनादर्वाक् शीर्षोदयवेळायां यदाऽयं जन्तुः वैष्णवेन वायुना संस्पृश्यते तदा स्वकृतशुभाशुभकर्मनिमित्तजातिस्मृतिविस्मरणपूर्वकं स जन्ममरणादिमपि न स्मरति ॥ १८ ॥

शरीरस्य त्रिमलत्वादिनिर्वचनम्

शरीरमिति कस्मात्? [1]ज्ञानाग्निः दर्शनाग्निः कोष्ठाग्निरिति । तत्र कोष्ठाग्निर्नामाशितपीतलेह्यचोष्यं पाचयति [2]रूपादीनां दर्शनं करोति[3] ॥ १९ ॥

सूत्रस्थ"त्रिमलं त्रियोनिं चतुर्विधाहारमयं शरीरं" इति पदचतुष्टयार्थ-प्रकाशनायोत्तरो ग्रन्थ आरभ्यते—**शरीरमिति** । बाल्याद्यवस्थाभिः शीर्यत इति व्युत्पत्त्या **शरीरमित्युच्यते** । **कस्मात्**? कथं? मलत्रयविशिष्टतया त्रियोनि-वत्त्वात् । कथं त्रिमलवत्त्वं? मलवत्स्त्रीपुरुषयोगशुक्लशोणितानि मलानि यस्य तत् त्रिमलम् । ओषधिपुरुषस्त्रीभेदेन तिस्रो योनयो यस्य तत् त्रियोनिम् । देहस्य यज्ञसम्पादनार्थं तत्रैवाग्नित्रयं विशिनष्टि—**ज्ञानाग्निः दर्शनाग्निः कोष्ठाग्निरिति** । स्वान्तःकरणेन तज्ज्ञाताज्ञाततया सर्वं ज्ञायत इति **ज्ञानाग्निः** अन्तःकरणं, अज्ञानकाष्ठचयदाहकत्वात् । बहिष्ठरूपादीन् यद्ददर्श **तद्दर्शनाग्नि**-श्चक्षुरादीन्द्रियम् । **कोष्ठाग्निर्नाम** यस्त्वशितपीतलेह्यचोष्यजातं **पाचयति** स एव हि मूलाधारादिकोष्ठविलसिताग्निः, "अयमग्निर्वैश्वानरो योऽयमन्तः पुरुषे येनेदमन्नं पच्यते" इति,

> अहं वैश्वानरो भूत्वा प्राणिनां देहमाश्रितः ।
> प्राणापानसमायुक्तः पचाम्यन्नं चतुर्विधम् ॥

इति श्रुतेः, स्मृतेश्च । दन्तैः अवखण्ड्यावखण्ड्य यत् भक्ष्यजातमद्यते **तदशितं**, यत् पायसादि जिह्वया आलोड्य पीयते तत् **पीतं**, यत् गुडादि जिह्वायां निक्षिप्य लेलिह्यते निगीर्यते तद्धि **लेह्यं**, यत्त्विक्षुखण्डादि दन्तैः निपीड्य

[1] "अग्नयोऽत्र ध्रियन्ते" इत्यधिकः—मु.

[2] "दर्शनाग्निः" इत्यधिकः—मु.

[3] "ज्ञानाग्निः शुभाशुभं च कर्म विन्दति" इत्यधिकः—मु.

सारांशं स्वीकृत्यास्वाद्य तत्पिष्टांशः त्यज्यते तत्तु चोष्यमित्यभिधीयते । एवं कोष्ठाग्निः चतुर्विधमन्नं पक्त्वा चक्षुरादीन्द्रियं द्वारीकृत्य रूपादीनां दर्शनं करोति ॥ १९ ॥

शरीरस्य यज्ञत्वसम्पादनम्

तत्र त्रीणि स्थानानि भवन्ति हृदये दक्षिणाग्निः उदरे गार्हपत्यं मुखमाहवनीयम् । यजमानाय बुद्धिं पत्नीं निधाय दीक्षा सन्तोषं बुद्धीन्द्रियाणि यज्ञपात्राणि शिरः कपालं केशाः दर्भाः मुखमन्तर्वेदिः षोडश पार्श्वदन्तपटलान्यष्टोत्तरमर्मशतमशीतिसन्धिशतं नवस्नायुशतमष्टसहस्ररोमकोट्यः ॥ २० ॥

तत्राग्न्याधारशरीरे तस्याग्नेः त्रीणि स्थानानि भवन्ति । कानि तानीत्यत्र हृदये दक्षिणाग्निः, दक्षिणाग्निस्थानं हृदयं, उदरे गार्हपत्यं, मुखं आहवनीयं, अग्नित्रयाकृतिसामान्यात् । यजमानाय यजमानस्य—षष्ठ्यर्थे चतुर्थी व्यत्ययः छान्दसः—हृदयोदरमुखानि त्रेताग्निस्थानानि भवन्ति । यजमानस्य बुद्धिं पत्नीं निधाय तद्बुद्धिं पत्नीत्वेन सम्भाव्य बुद्धौ पत्नीदृष्टिं कृत्वेत्यर्थः । यजमानस्येति सर्वत्र अनुषज्यते । सन्तोषं तत्सन्तोष एव दीक्षा । तद्बुद्धीन्द्रियाण्येव यज्ञपात्राणि स्रुवादीनि । तच्छिरो यज्ञोपयोगिकपालम् । तत्केशा एव दर्भाः । मुखमेवान्तर्वेदिः । यजमानस्य षोडशपार्श्वदन्तपटलानि अष्टोत्तरशतकपोलमूलादिमर्मस्थानानि च तथा अशीत्यधिकशतपर्वादिसन्धिस्थानानि नवाधिकशतपिङ्गळेडादिनाड्यन्तरितस्नायूनि च अष्टसहस्ररोमकोट्यश्च यजमानयज्ञस्य ऋत्विक्सदस्यस्थानीया इत्यनुसन्धानं यः करोति योगी मानसयज्ञानुष्ठानसञ्जातचित्तशुद्धिप्राप्यज्ञानद्वारा मुक्तो भवतीत्यर्थात् लभ्यते ॥ २० ॥

शरीरमाननिरूपणम्

हृदयपलान्यष्टौ द्वादश[1]पला जिह्वा पित्तं प्रस्थं कफस्याढकं शुक्लं [2]कुडुपं मेदः प्रस्थौ द्वावेव हि तन्मूत्रपुरीषयोः अहरहः पांनपरिमाणम् ॥ २१ ॥

तत्तदङ्गुल्या षण्णवत्यङ्गुलात्मकं शरीरं तत्तन्मानेन हृदयादिमानं पित्तादिमानं च मुमुक्षुविरागोत्पत्तये एतदेतावदिति निर्दिशति—हृदयेति । मांसखण्डात्मकहृदयपलान्यष्टावेव, द्वादशपलात्मिकेयं जिह्वा, तच्छरीरविद्यमानं पित्तं प्रस्थमेव, तत्रत्यकफस्य मानं आढकं, शुक्लमानं तु कुडुपं त्रिपादप्रस्थं, मेदस्तु प्रस्थौ प्रस्थद्वयपरिमितं, मूत्रपुरीषयोरपि मानं द्वावेव महाप्रस्थौ—प्रस्थद्वयं महाप्रस्थं,—स्वशरीरेण स्नानपानादिना पेयं पानपरिमाणं तत्तदाकृतिमानेन प्रस्थद्वयमेव । एतत्संघातं स्त्रीपुरुषयोगप्रभूतं सन्मूत्रद्वारेण निष्क्रान्तमिदं शरीरं पञ्चात्मकमित्यादिविशेषणविशिष्टम् । तत्र मुमुक्षुः जात्वपि न त्वात्मात्मीयभावारूढो भवेत् । तथा च श्रुतिः—" शरीरमिदं मैथुनादेवोद्भूतं संविध्यपेतं निरय एव मूत्रद्वारेण निष्क्रान्तं अस्थिभिः चितं मांसेनानुलिप्तं चर्मणा अवबद्धं विण्मूत्रवातपित्तकफमज्जामेदोवसाभिः अन्यैश्च मलैः बहुभिः सम्पूर्णं एतादृशे अस्मिन् शरीरे वर्तमानस्य किं कामोपभोगैः " इति,

सा कालसूत्रपदवी सा महावीचिवागुरा ।
सा त्याज्या सर्वयत्नेन या देहेऽहमिति स्थितिः ॥

इत्यादि । एवं विद्वान् उक्तशरीरोपलक्षितस्वाविद्यापदतत्कार्यजातारोपापवादाधिकरणगतहेयांशापह्नवसिद्धं ब्रह्म निष्प्रतियोगिकस्वमात्रमिति ज्ञानसमकालं तन्मात्रेण अवशिष्यत इति ॥ २१ ॥

[1] पलानि—क. [2] कुडुबं—क. कुटुबं—अ २. गुडुपं—अ.

उपसंहारः

पैप्पलादं मोक्षशास्त्रं परिसमाप्तं पैप्पलादं मोक्षशास्त्रं परिसमाप्तमित्युपनिषत् ॥ २२ ॥

पिप्पलादापत्यपैप्पलादमुनेः मन्त्रदृशः परमाशय इति पैप्पलादेन दृष्टं **पैप्पलादं मोक्षशास्त्रं परिसमाप्तम्** । आवृत्तिरादरार्था । **इत्युपनिषच्छब्दौ** गर्भोपनिषत्परिसमाप्त्यर्थौ ॥

श्रीवासुदेवेन्द्रशिष्योपनिषद्ब्रह्मयोगिना ।
लिखितं स्याद्विवरणं गर्भोपनिषदः स्फुटम् ।
गर्भोपनिषदो व्याख्याग्रन्थः षष्ट्युत्तरं शतम् ॥

इति श्रीमदीशाद्यष्टोत्तरशतोपनिषच्छास्त्रविवरणे सप्तदशसङ्ख्यापूरकं गर्भोपनिषद्विवरणं सम्पूर्णम्

निरालम्बोपनिषत्

पूर्णमदः—इति शान्तिः

एकचत्वारिंशत्प्रश्नाः

[1]एषामज्ञानजन्तूनां समस्तारिष्टशान्तये । यद्यद्बोद्धव्यमखिलं तदाशङ्क्य ब्रवीम्यहम् ॥ १ ॥ किं ब्रह्म क ईश्वरः को जीवः का प्रकृतिः कः परमात्मा को ब्रह्मा को विष्णुः को रुद्रः क इन्द्रः कः [2]शमनः कः सूर्यः कश्चन्द्रः के सुराः के असुराः के पिशाचाः के मनुष्याः काः स्त्रियः के [3]पश्वादयः किं स्थावरं के ब्राह्मणादयः का जातिः किं कर्म किमकर्म किं ज्ञानं किमज्ञानं किं सुखं किं दुःखं कः स्वर्गः को नरकः को बन्धः को मोक्षः क उपास्यः कः शिष्यः को विद्वान् को मूढः किमासुरं किं तपः किं परमं पदं किं ग्राह्यं किमग्राह्यं कः संन्यासीत्याशङ्क्याह ॥ २ ॥

[1] येषा—अ, अ १, अ २, उ.

[2] शमनकः—अ.

[3] पशवः—अ २, क.

यत्रालम्बालम्बिभावो विद्यते न कदाचन ।
ज्ञविज्ञसम्यज्ज्ञालम्बं निरालम्बं हरिं भजे ॥

इह खलु शुक्लयजुर्वेदप्रविभक्तेयं निरालम्बोपनिषत् निर्विशेषब्रह्मगोचरा। ईशावास्यादिवत् अस्याः उपोद्घातादिकमूह्यम् । सर्वसारश्रुतिवदियमपि निरालम्बोपनिषत् गुरुशिष्याद्याख्यायिकां विनाऽपि स्वयमेव गुरुशिष्याविव स्वाज्ञजनोत्तारणाय तैः यद्यत् बोद्धव्यं तत्तत् स्वयमेव गुरुशिष्याविव प्रश्नप्रतिवचनं व्याकुर्वती प्रवृत्ता । अस्याः स्वल्पग्रन्थतो विवरणमारभ्यते । **एषामिति** ॥ १ ॥ एवं श्रुतिः प्रतिज्ञां कृत्वा एकचत्वारिंशत्प्रश्नान् पृच्छति—**किं ब्रह्मेत्यादिना** ॥ २ ॥

ब्रह्मस्वरूपम्

ब्रह्मेति च महदहंकारपृथिव्यप्तेजोवाय्वाकाशत्वेन बृहद्रूपेणाण्डकोशेन कर्मज्ञानार्थरूपतया भासमानमद्वितीयमखिलोपाधिविनिर्मुक्तं तत्सकलशक्त्युपबृंहितमनाद्यनन्तं शुद्धं शिवं शान्तं निर्गुणमित्यादिवाच्यमनिर्वाच्यं चैतन्यं ब्रह्म ॥ ३ ॥

एवं स्वकृतशङ्काजातोत्तरमपि स्वयमेवाह—**ब्रह्मेति चेति**। किं ब्रह्मेत्यादि कः संन्यासी इत्यन्तं यद्यत् विकल्पितं तत्तत् सर्वं ब्रह्मेति ज्ञेयम्। किं ब्रह्मेति प्रश्नोत्तरप्रतीकं वा **ब्रह्मेति चेति**। कीदृशं ब्रह्मेत्यत्र यन्निष्प्रतियोगिकं ब्रह्म स्वमात्रमवशिष्यते तदेव स्वाज्ञदृष्ट्या अव्यक्तमहदहङ्कारादिविशिष्टपृथिव्यादिपञ्चभूतभौतिकजुष्टाविद्याऽण्डत्वेन कर्मज्ञानार्थज्ञानफलब्रह्मादिलोकतया च भासमानं भवति । तदेव स्वज्ञदृष्ट्या अद्वितीयं पृथिव्याद्यव्यक्तान्ताखिलोपाधिविरळमपि तत्तद्वस्तुशक्त्योपबृंहितं अव्यक्तादिवदुत्पत्तिप्रळयाभावादनाद्यनन्तं अशुद्धाविद्याण्डाश्रयसत्वादिगुणत्रयापह्नवात् शुद्धं शिवं शान्तं निर्गुणमित्यादिशब्दवाच्यमपि अनिर्वाच्यं यच्चैतन्यमवशिष्यते तदेव ब्रह्मेत्यर्थः ॥ ३ ॥

ईश्वरस्वरूपम्

ईश्वर इति च ब्रह्मैव स्वशक्तिं प्रकृत्यभि[1]धेयमाश्रित्य लोकान् सृष्ट्वा प्रविश्यान्तर्यामित्वेन ब्रह्मादीनां बुद्धीन्द्रियनियन्तृत्वादीश्वरः ॥

क ईश्वर इति प्रश्नोत्तरमाह—ईश्वर इति चेति । यत् निर्विशेषं ब्रह्म तदेव स्वाज्ञविकल्पितस्वशक्तिं मूलप्रकृत्यवच्छेदेन अभिधातुं शक्यं प्रकृत्यभिधेयमीश्वरत्वमाश्रित्य स्वातिरेकेण स्वाज्ञैः लोक्यन्त इति लोकाः तान् अनन्तकोटिब्रह्माण्डरूपान् स्वाव्यतिरेकेण सृष्ट्वा तत्रान्तर्यामित्वेन प्रविश्य वर्तमानस्य ब्रह्मादिस्तम्बान्तकरणग्रामनियामकत्वात् ईश्वरत्वं भवतीत्यर्थः ॥ ४ ॥

जीवस्वरूपम्

जीव इति च ब्रह्मविष्णवीशानेन्द्रादीनां नामरूपद्वारा स्थूलोऽहमिति मिथ्याऽध्यासवशाज्जीवः सोऽहमेकोऽपि देहारम्भकभेदवशाद्बहुजीवः ॥ ५ ॥

को जीव इति प्रश्नोत्तरमाह—जीव इति । तत्तदण्डगतब्रह्मविष्णवीशानेन्द्रादिजङ्गमविशिष्टनामरूपप्रपञ्चात्माध्यासवशात् सर्वस्थूलाभिमानी समष्टिजीवो विराट् यो विराडस्मीत्यभिमन्यते सोऽहमेकोऽपि व्यष्टिदेहारम्भकहेतुतूलान्तःकरणाविद्यावशात् बहुसङ्ख्याता जीवकोटिर्भवति ॥ ५ ॥

प्रकृतिस्वरूपम्

प्रकृतिरिति च ब्रह्मणः सकाशान्नानाविचित्रजगन्निर्माण[2]सामर्थ्या बुद्धि[3]रूपा ब्रह्मशक्तिरेव प्रकृतिः ॥ ६ ॥

[1] धेया—अ, क. [2] सामर्थ्य—अ २, क. सामर्थ्यात्—अ, अ १.
[3] रूप—अ, अ १.

का प्रकृतिः इति प्रश्नोत्तरमाह—**प्रकृतिरिति**। अयस्कान्तसंनिहितलोहवत् या **ब्रह्मणः सकाशात्** जगद्धेतुतया प्रकृता सेयं **ब्रह्मशक्तिरेव प्रकृतिः** ॥ ६ ॥

परमात्मस्वरूपम्

परमात्मेति च देहादेः परतरत्वाद्ब्रह्मैव परमात्मा ॥ ७ ॥

कः परमात्मेत्यादि के ब्राह्मणादय इत्यन्तप्रश्नोत्तरमाह—**परमात्मेति**। व्यष्टिदेहाद्यव्यक्तान्तकलना यज्ज्ञानसमकालमपह्नवतां भजति तद्देहादेः **परतरं** तद्भावः तत्त्वं तस्मात् निष्प्रतियोगिकं बृंहयतीति **ब्रह्मैव परमात्मा** स्वमात्रमवशिष्यते ॥ ७ ॥

ब्रह्मादीनां ब्रह्ममात्रत्वम्

स ब्रह्मा स विष्णुः स इन्द्रः स शमनः स सूर्यः स चन्द्रस्ते सुरास्ते असुरास्ते पिशाचास्ते मनुष्यास्ताः स्त्रियस्ते पश्वादयस्तत्स्थावरं ते ब्राह्मणादयः ॥ ८ ॥ सर्वं खल्विदं ब्रह्म नेह नानाऽस्ति किंचन ॥ ९ ॥

यः परमार्थदृष्ट्या स्वमात्रमवशिष्टो भवति स एव स्वाज्ञादिदृष्ट्या **ब्रह्मेत्यादि** ॥ ८ ॥ स्वज्ञदृष्ट्या **सर्वं खल्विदं ब्रह्म** परमार्थदृष्ट्या **नेह** निष्प्रतियोगिकचिन्मात्रे **किंचन** किंचिदपि ब्रह्मादिब्राह्मणान्तनानाऽस्ति ब्रह्मणो निष्प्रतियोगिकस्वमात्रत्वात् ॥ ९ ॥

जातिस्वरूपम्

जातिरिति च।
न चर्मणो न रक्तस्य न मांसस्य न चास्थिनः।
न जातिरात्मनो जातिर्व्यवहारप्रकल्पिता ॥ १० ॥

का जातिः इति प्रश्नोत्तरमाह—**जातिरिति**। स्पष्टोऽर्थः ॥ १० ॥

कर्माकर्मणोः स्वरूपम्

कर्मेति च क्रियमाणेन्द्रियैः कर्माण्यहं करोमीत्यध्यात्मनिष्ठतया कृतं कर्मैव कर्म ॥ ११ ॥ अकर्मेति च कर्तृत्वभोक्तृत्वाद्यहंकारतया बन्धरूपं जन्मादिकारणं नित्यनैमित्तिकयागव्रततपोदानादिषु [1]फलाभिसंधानं यत् तदकर्म ॥ १२ ॥

किं कर्म इति प्रश्नोत्तरमाह—कर्मेति । अकर्तृधिया अनुष्ठितं सत्कर्मेत्यर्थः ॥ ११ ॥ किं अकर्मेति प्रश्नोत्तरमाह—अकर्मेति । कर्मकर्तृत्वाद्यभिमानपुरस्सरं यथोक्तफलेच्छया कृतं अकर्म असत्कर्मेत्यर्थः ॥ १२ ॥

ज्ञानाज्ञानयोः स्वरूपम्

ज्ञानमिति च देहेन्द्रियनिग्रहसद्गुरूपासनश्रवणमनननिदिध्यासनैर्यद्यद्दृग्दृश्यस्वरूपं सर्वान्तरस्थं सर्वसमं घटपटादिपदा[2]र्थ इवाविकारं विकारेषु चैतन्यं विना किंचिन्नास्तीति साक्षात्कारानु[3]भवं ज्ञानम् ॥ १३ ॥ अज्ञानमिति च रज्जौ सर्पभ्रान्तिरिवाद्वितीये सर्वानुस्यूते सर्वमये ब्रह्मणि देवतिर्यङ्नरस्थावरस्त्रीपुरुषवर्णाश्रमबन्धमोक्षोपाधिनानात्मभेदकल्पितं ज्ञानमज्ञानम् ॥ १४ ॥

किं ज्ञानमिति प्रश्नोत्तरमाह—ज्ञानमिति । देहेन्द्रियनिग्रहग्रहणं साधनचतुष्टयसम्पत्त्युपलक्षणार्थम् । यत् सद्गुरुमुखतः कृतश्रवणादिनिष्पन्नं यद्यद्दृग्दृश्यतया विभाति चक्षुरादिकरणं तद्विषयजातं च तयोरपि स्वरूपभूतं

[1] फलानभि—अ, अ १. फलादिसं—अ २. फलाभिधेयसं—क.

[2] र्थमिवा—उ, मु.

[3] भवो—अ.

तत्तदन्तर्याम्यात्मना **सर्वान्तरस्थं सर्वसमं** मृद्विकारघटपटादिपदार्थ इव विकारं न भवतीत्यविकारं स्वाज्ञदृष्टिप्रसक्तमायातत्कार्यविकारेष्वपि **चैतन्यं** विना **न किञ्चिदस्तीति** स्वानुभव एव **ज्ञानमुच्यते** ॥ १३ ॥ किं अज्ञानं इति प्रश्नोत्तरमाह—**अज्ञानमिति** । अतस्मिंस्तद्भावनं तस्मिन्नतद्भावनं वस्तुयाथात्म्यावेदनं वा **अज्ञानमि**त्यर्थः ॥ १४ ॥

सुखदुःखयोः स्वरूपम्

सुखमिति च सच्चिदानन्दस्वरूपं ज्ञात्वाऽऽनन्दरूपो यः [1]स्थितिः सैव सुखम्[2] ॥ १५ ॥

किं सुखं इति प्रश्नोत्तरमाह—सुखमिति । **सच्चिदानन्दस्वरूप**महमस्मीति **ज्ञात्वा** तज्ज्ञानसमकालं तन्मात्रावस्थानं परमसुखमभिधीयत इत्यर्थः । यः स्थितिः स एव सुखं इत्यत्र लिङ्गव्यत्ययः छान्दसः । प्रश्ने किं दुःखं इत्यत्र प्रतिवचनादर्शनात् यथोक्तसुखविपरीतं दुःखं इति ज्ञेयम् ॥ १५ ॥

स्वर्गनरकयोः स्वरूपम्

स्वर्ग इति च सत्संसर्गः स्वर्गः ॥ १६ ॥ नरक इति च असत्संसारविषय[3]जनसंसर्ग एव नरकः ॥ १७ ॥

कः स्वर्गः इति प्रश्नोत्तरमाह—**स्वर्ग इति** । **सत्संसर्ग**स्य स्वर्गसुखतुल्यत्वात् ॥ १६ ॥ को नरकः इति प्रश्नोत्तरमाह—**नरक इति** । **असत्संसारविषयजनैः** [संसर्गस्य] नरकफलप्रापकत्वात् ॥ १७ ॥

[1] तिष्ठति—अ.

[2] "दुःखमिति च अनादिविषयसंकल्प एव दुःखं" इति नवीनपंक्तिरधिका—अ १. "अनात्मा सरूपविषयसंकल्प एव दुःखं" इत्यधिकः—अ.

[3] जननसं—अ १, उ, क. जसं—अ.

बन्धमोक्षयोः स्वरूपम्

बन्ध इति च अनाद्यविद्यावासनया जातोऽहमित्यादिसंकल्पो
बन्धः ॥ १८ ॥ पितृमातृसहोदरदारापत्यगृहारामक्षेत्रममता-
संसारावरणसंकल्पो बन्धः ॥ १९ ॥ कर्तृत्वाद्यहंकारसंकल्पो
बन्धः ॥ २० ॥ अणिमाद्यष्टैश्वर्याशासिद्धसंकल्पो बन्धः ॥ २१ ॥
देवमनुष्याद्युपासनाकामसंकल्पो बन्धः ॥ २२ ॥ यमाद्यष्टाङ्गयोग-
संकल्पो बन्धः ॥ २३ ॥ वर्णाश्रमधर्मकर्मसंकल्पो बन्धः ॥ २४ ॥
आज्ञाभयसंशयात्मगुणसंकल्पो बन्धः ॥ २५ ॥ यागव्रततपोदान-
विधिविधानज्ञानसंकल्पो बन्धः ॥ २६ ॥ केवलमोक्षापेक्षासंकल्पो
बन्धः ॥ २७ ॥ संकल्पमात्रसंभवो बन्धः ॥ २८ ॥ मोक्ष इति
च नित्यानित्यवस्तुविचारादनित्यसंसारसुखदुःखविषयसमस्तक्षेत्रममता-
बन्धक्षयो मोक्षः ॥ २९ ॥

को बन्धः इति प्रश्नोत्तरमाह—बन्ध इति ॥ १८–२६ ॥ मुक्तस्य मोक्षेच्छाऽनुपपत्तेः,

मोक्षो मेऽस्त्विवति चिन्ताऽन्तर्जाता चेदुत्थितं मनः ।
मननोत्थे मनस्येष बन्धः सांसारिको मतः ॥

इति श्रुतेः ॥ २७ ॥ किं बहुना— **सङ्कल्पमात्रसम्भवो बन्ध इति** ॥ २८ ॥ को मोक्ष इति प्रश्नोत्तरमाह— **मोक्ष इति** । बन्धहेतुसङ्कल्पक्षयस्य मोक्षाविर्भावहेतुत्वात् ॥ २९ ॥

उपास्यशिष्ययोः स्वरूपम्

उपास्य इति च सर्वशरीरस्थचैतन्यब्रह्मप्रापको गुरुरुपास्यः ॥ ३० ॥ शिष्य इति च [1]विद्याध्वस्तप्रपञ्चावगाहितज्ञानावशिष्टं ब्रह्मैव [2]शिष्यः ॥ ३१ ॥

क उपास्यः इति प्रश्नोत्तरमाह—**उपास्य इति**। स्वाचार्यातिरिक्तोपास्याभावात् ॥ ३० ॥ कः शिष्यः इति प्रश्नोत्तरमाह—**शिष्य इति**। विद्यया स्वातिरिक्ते अपह्नवतां गते यो निष्प्रतियोगिकमवशिष्यते स एव शिष्यः, न तु ग्रन्थार्थावगाही, तस्य सविशेषब्रह्मवित्त्वात् ॥ ३१ ॥

विद्वन्मूढयोः स्वरूपम्

विद्वानिति च सर्वान्तरस्थस्वसंविद्रूप[3]विद्विद्वान् ॥ ३२ ॥ मूढ इति च कर्तृत्वाद्यहंकारभावनारूढो मूढः ॥ ३३ ॥

को विद्वानिति प्रश्नोत्तरमाह—**विद्वानिति**। ब्रह्मविदेव विद्वान्, न हि षड्दर्शनीवल्लभो विद्वान् भवति ॥ ३२ ॥ को मूढ इति प्रश्नोत्तरमाह—**मूढ इति**। अहं कर्तेत्याद्यभिमतिदृढपटावृतत्वात् ॥ ३३ ॥

आसुरस्वरूपम्

आसुरमिति च ब्रह्मविष्णवीशानेन्द्रादीनामैश्वर्यकामनया निरशनजपाग्निहोत्रादिष्वन्तरात्मानं संतापयति चात्युग्ररागद्वेषविहिंसादम्भाद्यपेक्षितं तप आसुरम् ॥ ३४ ॥

[1] अविद्याऽध्यस्त—अ, अ १. [2] शिष्यत इति—उ १.
[3] रस विद्वान्—अ १. वद्विद्वान्—अ २.

किं आसुरं इति प्रश्नोत्तरमाह—आसुरमिति । ब्रह्मविष्ण्वीशानेन्द्रवरुणादीनुद्दिश्य लौकिकैश्वर्यकामनया निरशनात्मकर्शनपूर्वकं बहिर्मुखेन कृतं तप आसुरं, परमार्थफलवैरळ्यात् ॥ ३४ ॥

तपःस्वरूपम्

तप इति च ब्रह्म सत्यं जगन्मिथ्येत्यपरोक्षज्ञानाग्निना ब्रह्माद्यैश्वर्याशासिद्धसंकल्पबीज[1]संतापं तपः ॥ ३५ ॥

किं तपः इति प्रश्नोत्तरमाचष्टे—तप इति । असत्यजगदपह्नवसिद्धब्रह्ममात्रज्ञानाग्निना स्वाज्ञदृष्टिप्रसक्तस्वातिरिक्तास्तितातूलराशिसन्तापं भस्मीकरणमेव तप इत्यर्थः ॥ ३५ ॥

परमपदस्वरूपम्

परमपदमिति च प्राणेन्द्रि[2]याद्यन्तःकरणगुणादेः परतरं सच्चिदानन्दमयनित्यमुक्तब्रह्मस्थानं परमपदम् ॥ ३६ ॥

किं परमं पदं इति प्रश्नोत्तरमाह—परमपदमिति । अनृतजडदुःखात्मकप्राणाद्युपलक्षिताविद्यापदात् अपह्नवतां गतात् परतरं सच्चिदानन्दमयं तन्मात्रावस्थानं परमपदम् ॥ ३६ ॥

ग्राह्याग्राह्ययोः स्वरूपम्

ग्राह्यमिति च देशकालवस्तुपरिच्छेदराहित्यचिन्मात्रस्वरूपं ग्राह्यम् ॥ ३७ ॥ अग्राह्यमिति च स्वस्वरूपव्यतिरिक्तमायामयबुद्धीन्द्रियगोचरजगत्सत्यत्वचिन्तनमग्राह्यम् ॥ ३८ ॥

[1] संतापः—अ. [2] यान्तः—ड १.

किं ग्राह्यं इति प्रश्नोत्तरमाह—ग्राह्यमिति । निष्प्रतियोगिकचिन्मात्रं स्वावशेषतया ग्राह्यं, अचिन्मात्रस्य परमार्थदृष्टिदुर्लभत्वात् ॥ ३७ ॥ किं अग्राह्यं इति प्रश्नोत्तरमाह—अग्राह्यमिति । स्वमात्रसिद्धे स्वातिरिक्तजगत्सत्यताऽपह्नवपूर्वकत्वात् स्वमात्रेच्छुभिः स्वातिरिक्तं अग्राह्यमेवेत्यर्थः ॥ ३८ ॥

संन्यासिस्वरूपम्

संन्यासीति च सर्वधर्मान् परित्यज्य निर्ममो निरहंकारो भूत्वा ब्रह्मेष्टं शरणमुपगम्य तत्त्वमसि सर्वं खल्विदं ब्रह्म नेह नानाऽस्ति किंचनेत्यादिमहावाक्यार्थानुभवज्ञानाद्ब्रह्मैवाहमस्मीति निश्चित्य निर्विकल्पसमाधिना स्वतन्त्रो यतिश्चरति स संन्यासी स मुक्तः स [1]पूज्यः स योगी स परमहंसः सोऽवधूतः स ब्राह्मण इति ॥ ३९ ॥

कः संन्यासी इति प्रश्नोत्तरमाह—संन्यासीति । स्वातिरिक्तसर्वधर्माशां परित्यज्य स्वात्मात्मीयकलनायां निर्गताहङ्कारममकारो भूत्वा यत् स्वातिरिक्तकलनापह्नवसिद्धं ब्रह्म सर्वावशिष्टं स्वमात्रतया इष्टमिति शरणं तन्निष्ठामुपगम्य तत्समकालं कृतकृत्यो भवति । यदि कदाचित् आभासतोऽपि संसृतिकष्टप्रदस्वातिरिक्तभ्रम उदेति तदा पुनस्तन्निरसनोपायतया यद्यत् स्वाज्ञदृष्ट्या सत्यतया भातं यद्यत् स्वज्ञदृष्ट्या व्यावहारिकत्वेन प्रातिभासिकत्वेन वा भातं तत्समष्टिव्यष्ट्यपवादाधिकरणं तत्त्वंपदलक्ष्यं ब्रह्मैवाहं अहमेव ब्रह्म इत्यसिपदेन तत्त्वंपदलक्ष्यैक्यं कृत्वा यत् स्वाज्ञादिदृष्ट्या सत्यत्वादिना अनुभूतं तत् सर्वं खल्विदं ब्रह्म नेह सर्वापह्नवसिद्धब्रह्ममात्रे किञ्चन सर्वशब्दवाच्यनानाऽस्तीति महावाक्यार्थानुभवज्ञानात् ब्रह्मैवाहमस्मीति निश्चित्य आभासतोऽपि ब्रह्मातिरिक्तं न किञ्चिदस्ति इत्यखण्डनिर्विकल्पकसमाधिना सम्यज्ज्ञानमहिम्ना

[1] मुक्तपू—क.

स्वतन्त्रो यतिश्चरति। स हि स्वातिरिक्तसर्वस्वसंन्यासी, स हि तद्भमतो मुक्तः, स हि ब्रह्मविदादिभिरपि पूज्यः, स एव ब्रह्ममात्रज्ञानयोगी, स हि परमहंसः प्रत्यगभिन्नपरमात्मा, स एव मुख्यावधूतः,

अक्षरत्वाद्वरेण्यत्वाद्धूतसंसारबन्धनात्।
तत्त्वमस्यादिलक्ष्यत्वादवधूत इतीर्यते ॥

इति मुख्यावधूतप्रतिपादकश्रुतेः। स एव ब्राह्मणः ब्रह्मनिष्ठ इत्यर्थः ॥ ३९ ॥

विद्याफलम्

निरालम्बोपनिषदं योऽधीते गुर्वनुग्रहतः सोऽग्निपूतो भवति स वायुपूतो भवति न स पुनरावर्तते न स पुनरावर्तते पुनर्नाभिजायते पुनर्नाभिजायत इत्युपनिषत् ॥ ४० ॥

विद्यासामान्यविशेषफलमाह—निरालम्बेति। अग्निवाय्वादिवत् शुद्धान्तरो भवतीत्यान्तरालिकफलं, न स पुनरावर्तते इति मुख्यफलम्। आवृत्तिरादरार्था। इत्युपनिषच्छब्दः शास्त्रपरिसमाप्त्यर्थः ॥ ४० ॥

श्रीवासुदेवेन्द्रशिष्योपनिषद्ब्रह्मयोगिना।
लिखितं स्याद्विवरणं निरालम्बस्य वै स्फुटम्।
निरालम्बविवरणग्रन्थस्त्वष्टोत्तरं शतम् ॥

इति श्रीमदीशाद्यष्टोत्तरशतोपनिषच्छास्त्रविवरणे चतुस्त्रिंशत्सङ्ख्यापूरकं निरालम्बोपनिषद्विवरणं सम्पूर्णम्

अतः तन्मोहनिराकरणाय निरधिकरणेऽपि ब्रह्ममात्रे स्वाज्ञदृष्ट्याऽध्यारोपः, स्वज्ञदृष्ट्या स्वातिरिक्तापवादः, परमार्थदृष्ट्या निष्प्रतियोगिकब्रह्ममात्रं सेद्धुं पारयतीति ब्रह्मण्यध्यारोपादिश्रुतिभिः उच्यत इत्याह—**तस्मिन्नित्यादिना**। रजःसत्व**तमोगुणमयी** । सर्वानर्थमूलत्वेन प्रकृता **मूलप्रकृतिः** विकल्पिता **आसीत्**। बिम्बकलनाविरळं यन्निर्विशेषं ब्रह्म स्वकल्पितमूलप्रकृतितत्कार्यवारिबिम्बितसाक्षीशजीववत् भातीत्याह—**तदिति**। या स्वविकल्पिता मूलप्रकृतिः **तत्प्रतिबिम्बितं यत्** ॥ ३ ॥

अव्यक्तं, ईश्वरचैतन्यं च

सा पुनर्विकृतिं प्राप्य सत्त्वोद्रिक्ताऽव्यक्ताख्याऽऽवरणशक्तिरासीत् । तत्प्रति[1]बिम्बितं यत्तदीश्वरचैतन्यमासीत् । स स्वाधीनमायः सर्वज्ञः सृष्टिस्थितिलयानामादिकर्ता जगदङ्कुररूपो भवति । स्वस्मिन् विलीनं [2]सकलं जगदाविर्भावयति । प्राणिकर्मवशादेष पटो यद्वत् प्रसारितः प्राणिकर्मक्षयात् पुनस्तिरोभावयति । तस्मिन्नेवाखिलं विश्वं [3]संकोचितपटवद्वर्तते ॥ ४ ॥

या मूलप्रकृतिः **सा पुनर्विकृतिम्** ॥ ४–६ ॥

महत्, हिरण्यगर्भचैतन्यं च

ईशाधिष्ठितावरणशक्तितो रजोद्रिक्ता महदाख्या विक्षेपशक्तिरासीत् । तत्प्रतिबिम्बितं यत्तद्धिरण्यगर्भचैतन्यमासीत् । स महत्तत्त्वाभिमानी स्पष्टास्पष्टवपुर्भवति ॥ ५ ॥

[1] बिम्बं य—अ, अ १.

[2] 'सकलं' इत्येतन्नास्ति—उ.

[3] संकोचप—उ.

अहङ्कारः, विराट्चैतन्यं, तन्मात्रसम्भूतिश्च

हिरण्यगर्भाधिष्ठितविक्षेपशक्तितस्तमोद्रिक्ताहंकाराभिधा स्थूलशक्तिरासीत् । तत्प्रतिबिम्बितं यत्तद्विराट्चैतन्यमासीत् । स तदभिमानी स्पष्टवपुः सर्वस्थूलपालको विष्णुः प्रधानपुरुषो भवति । तस्मादात्मन आकाशः संभूतः । आकाशाद्वायुः । वायोरग्निः । अग्नेरापः । अद्भ्यः पृथिवी । तानि पञ्च तन्मात्राणि [1]त्रिगुणानि भवन्ति ॥ ६ ॥

अण्डभुवनशरीराणां सृष्टिः

स्रष्टुकामो जगद्योनिस्तमोगुणमधिष्ठाय सूक्ष्मतन्मात्राणि भूतानि स्थूलीकर्तुं सोऽकामयत । सृष्टेः परिमितानि भूतान्येकमेकं द्विधा विधाय पुनश्चतुर्धा कृत्वा स्वेस्वेतरद्वितीयांशैः पञ्च पञ्चधा संयोज्य पञ्चीकृतभूतैरनन्तकोटिब्रह्माण्डानि तत्तदण्डोचितचतुर्दशभुवनानि तत्तद्भुवनोचितगोलकस्थूलशरीराण्यसृजत् ॥ ७ ॥

केवलसूक्ष्मभूतसृष्ट्या किं स्यादित्याशङ्क्य तत्पञ्चीकरणतः सर्वसिद्धिः स्यादित्याह—स्रष्टुकाम इति ॥ ७ ॥

कर्मेन्द्रियसृष्टिः

स पञ्चभूतानां रजोंऽ[2]शांश्चतुर्धा कृत्वा भागत्रयात् पञ्चवृत्त्यात्मकं प्राणमसृजत् । स तेषां तुर्यभागेन कर्मेन्द्रियाण्यसृजत् ॥ ८ ॥

ततः किमित्यत आह—स इति । तेषां पञ्चभूतानाम् ॥ ८–१० ॥

[1] त्रीणि गु—अ.

[2] शां च—अ, अ १.

ज्ञानेन्द्रियसृष्टिः

स तेषां सत्त्वांशं चतुर्धा कृत्वा भागत्रयसमष्टितः पञ्चवृत्त्यात्मकमन्तःकरणमसृजत् । स तेषां सत्त्वतुरीयभागेन ज्ञानेन्द्रियाण्यसृजत् ॥ ९ ॥

इन्द्रियपालकसृष्टिः

सत्त्वसमष्टित इन्द्रियपालकानसृजत् । तानि सृष्टान्यण्डे [1]प्राक्षिपत् । तदाज्ञया समष्टयण्डं व्याप्य तान्यतिष्ठन् । तदाज्ञयाऽहंकारसमन्वितो विराट् स्थूलान्यरक्षत् । हिरण्यगर्भस्तदाज्ञया सूक्ष्माण्यपालयत् ॥ १० ॥

ईशस्य शरीरेन्द्रियप्रवेशः

अण्डस्थानि [2]तानि तेन विना स्पन्दितुं चेष्टितुं वा न शेकुः । तानि चेतनीकर्तुं सोऽकामयत । ब्रह्माण्डं ब्रह्मरन्ध्राणि व्यष्टिमस्तकान् विदार्य तदेवानुप्राविशत् । तदा जडान्यपि तानि चेतनवत् स्वस्वकर्माणि चक्रिरे ॥ ११ ॥

ईश्वरसृष्टानि कारणादीनि अण्डस्थानि । मस्तकान् मस्तकानि । स्वानुप्रविष्टचैतन्ययोगात् चेतनवत् ॥ ११ ॥

ईशस्य जीवत्वप्राप्तिः

सर्वज्ञेशो मायालेशसमन्वितो व्यष्टिदेहं प्रविश्य तया मोहितो जीवत्वमगमत् । शरीरत्रयतादात्म्यात् [3]कर्तृभोक्तृत्वतामगमत् ।

[1] प्राविक्षि—अ, उ. प्रविक्षि—क, अ १, अ २. [2] 'तानि' नास्ति—क, अ २.
[3] कर्तृभोक्तृता—अ. कर्तृत्वभो—क, अ २.

जाग्रत्स्वप्नसुषुप्तिमूर्च्छामरणधर्मयुक्तो घटीयन्त्रवदुद्विग्नो जातो मृत इव कुलालचक्रन्यायेन परिभ्रमतीति ॥ १२ ॥

भोक्तृत्वतामगमत्—भोक्तृताम् । निरावृतक्रियाज्ञानेच्छाशक्तेरीशितुः ईशत्वं जीवत्वं च स्वाज्ञदृष्टिनिमित्तं न स्वतः, स्वस्यैव निर्विशेषब्रह्मरूपत्वात् । निर्विशेषस्यापि विशेषयोगतो जीवत्वमुपपद्यते इत्यर्थः । इतिशब्दः प्रथमाध्यायपरिसमाप्त्यर्थः ॥ १२ ॥

इति प्रथमोऽध्यायः

द्वितीयोऽध्यायः

ईशः कथं जीवत्वमगमत्?

अथ पैङ्गलो याज्ञवल्क्यमुवाच सर्वलोकानां सृष्टिस्थित्यन्तकृद्विभुरीशः कथं जीवत्वमगमदिति ॥ १ ॥

सर्वनियामकेशितुः नियम्यंजीवता कथमिति पैङ्गलो याज्ञवल्क्यं पृच्छतीत्याह—अथेति ॥ १ ॥

स्थूलशरीरसृष्टिः

स होवाच याज्ञवल्क्यः—स्थूलसूक्ष्मकारणदेहोद्भवपूर्वकं जीवेश्वरस्वरूपं विविच्य कथयामीति सावधानेनै[1]काग्रतया श्रूयताम् । ईशः पञ्चीकृतमहाभूतलेशानादाय व्यष्टिसमष्ट्यात्मकस्थूलशरीराणि

[1] काग्रय—अ १, अ २, क.

यथाक्रममकरोत् । कपालचर्मान्त्रास्थिमांसनखानि पृथिव्यंशाः । रक्तमूत्रलालास्वेदादिका अबंशाः । क्षुत्तृष्णोष्णमोहमैथुनाद्या अग्न्यंशाः । प्रचारणोत्तारणश्वासादिका वाय्वंशाः । कामक्रोधादयो व्योमांशाः । एतत्संघातं कर्मसंचितं त्वगादियुक्तं बाल्याद्यवस्था-ऽभिमानास्पदं बहुदोषाश्रयं स्थूलशरीरं भवति ॥ २ ॥

उवाच, किमिति ? व्यष्टिसमष्ट्यात्मकस्थूलसूक्ष्मेति । किं तद्वक्ष्यसीत्यत्र पञ्चभूततः स्थूलदेहरचनामाचष्टे—ईश इति । यथाक्रममकरोत्, तत्र ॥ २ ॥

सूक्ष्मशरीरसृष्टिः

अथापञ्चीकृतमहाभूतरजोंशभागत्रयसमष्टितः प्राणमसृजत् । प्राणापानव्यानोदानसमानाः प्राणवृत्तयः । नागकूर्मकृकरदेवदत्तधनंजया उपप्राणाः । हृदासननाभिकण्ठसर्वाङ्गं स्थानम् । आकाशादिरजोगुण[1]तुर्य[2]भागेन कर्मेन्द्रियमसृजत् । वाक्पाणिपादपायूपस्थास्तद्वृत्तयः । वचनादानगमनविसर्गानन्दास्त[3]द्विषयाः । एवं भूतसत्त्वांशभागत्रयसमष्टितोऽन्तःकरणमसृजत् । अन्तःकरणमनोबुद्धिचित्ताहंकारास्तद्वृत्तयः । संकल्पनिश्चयस्मरणाभिमानानुसंधानास्त[4]द्विषयाः । गलवदननाभिहृदयभ्रूमध्यं स्थानम् । भूतसत्वतुरीयभागेन ज्ञानेन्द्रियमसृजत् । श्रोत्रत्वक्चक्षुर्जिह्वाघ्राणास्तद्वृत्तयः । शब्दस्पर्शरूपरसगन्धास्त[5]द्विषयाः ।

[1] समष्टितु—अ, अ १, अ २. [2] भावेन—अ १.
[3] द्वृत्तिविष—अ, अ १. [4] द्वृत्तयः—अ. [5] द्वृत्तिविष—अ.

दिग्वातार्कप्रचेतोऽश्विवह्नीन्द्रोपेन्द्रमृत्युकाः ।
चन्द्रो विष्णुश्चतुर्वक्त्रः शंभुश्च करणाधिपाः ॥ ३ ॥

सूक्ष्मशरीरलक्षणमाह—अथेति । प्राणादिस्थानम् ॥ ३ ॥

पञ्चकोशात्मकं शरीरत्रयम्

अथान्नमयप्राणमयमनोमयविज्ञानमयानन्दमयाः पञ्च कोशाः । अन्नरसेनैव भूत्वाऽन्नरसेनाभिवृद्धिं प्राप्यान्नरसमयपृथिव्यां यद्विलीयते सोऽन्नमयकोशः । तदेव स्थूलशरीरम् । कर्मेन्द्रियैः सह प्राणादिपञ्चकं प्राणमयकोशः । ज्ञानेन्द्रियैः सह मनो मनोमयकोशः । ज्ञानेन्द्रियैः सह बुद्धिर्विज्ञानमयकोशः । एतत्कोशत्रयं लिङ्गशरीरम् । [1]स्वरूपाज्ञानमानन्दमयकोशः । तत् कारणशरीरम् ॥ ४ ॥

शरीरत्रयनिर्वचनाय पञ्चकोशस्वरूपमाचष्टे—अथेति । पञ्च कोशाः, तत्र अन्नरसेनेति । प्राणादिकोशत्रयं सूक्ष्मशरीरं भवतीत्याह—कर्मेति ॥ ४ ॥

पुर्यष्टकम्

अथ ज्ञानेन्द्रियपञ्चकं कर्मेन्द्रियपञ्चकं प्राणादिपञ्चकं वियदादिपञ्चकमन्तःकरणचतुष्टयं कामकर्मतमांस्यष्टपुरम् ॥ ५ ॥

पुर्यष्टकस्वरूपमाह—अथेति । पुर्यष्टकशब्देन समष्टिलिंगशरीरमुच्यते ॥

विराजो विश्वत्वम्

ईशाज्ञया विराजो व्यष्टिदेहं प्रविश्य बुद्धिमधिष्ठाय विश्वत्वमगमत् । विज्ञानात्मा चिदाभासो विश्वो व्यावहा-

[1] स्वरूप—च.

रिको जाग्रत्स्थूलदेहाभिमानी कर्मभूरिति च विश्वस्य नाम भवति ॥ ६ ॥

व्यष्टिसमष्ट्योरेकत्वविवक्षया विराडादिप्रविभक्तत्वं विश्वादेराह—ईशेति । ईशाज्ञया स्वेच्छाशक्त्या ॥ ६–८ ॥

सूत्रात्मनस्तैजसत्वम्

ईशाज्ञया सूत्रात्मा व्यष्टिसूक्ष्मशरीरं प्रविश्य मन अधिष्ठाय तैजसत्वमगमत् । तैजसः प्रातिभासिकः स्वप्नकल्पित इति तैजसस्य नाम भवति ॥ ७ ॥

मायोपाधेः प्राज्ञत्वम्

ईशाज्ञया मायोपाधिरव्यक्तसमन्वितो व्यष्टिकारणशरीरं प्रविश्य प्राज्ञत्वमगमत् । [1]प्राज्ञोऽविच्छिन्नः पारमार्थिकः सुषुप्त्यभिमानीति प्राज्ञस्य नाम भवति ॥ ८ ॥

प्राज्ञस्यैव श्रवणादिजन्यज्ञानफलम्

अव्यक्तलेशाज्ञानाच्छादितपारमार्थिकजीवस्य तत्त्वमस्यादिवाक्यानि ब्रह्मणैकतां जगुः नेतरयोर्व्यावहारिकप्रातिभासिकयोः ॥ ९ ॥

विश्वस्य श्रवणाधिकारित्वेन विश्वस्यैव ब्रह्मणैकत्वं न तैजसादेः इत्याशङ्क्य विश्वस्य श्रवणादिकर्तृत्वे व्यावहारिकत्वात् तैजसस्य प्रातिभासिकत्वात् तयोः ज्ञानफलभोगावसरे मिथ्याभूतत्वात् प्राज्ञस्य पारमार्थिकत्वेन स्वांशजविश्वकृतशास्त्रश्रवणजन्यज्ञानफलभाक्त्वं प्राज्ञस्येत्याह—अव्यक्तेति ॥ ९–१० ॥

[1] प्राज्ञवि—ड १. प्राज्ञोऽव—अ, क.

प्रतिबिम्बितचैतन्यस्यैवावस्थावत्त्वम्

अन्तःकरणप्रतिबिम्बितचैतन्यं यत् तदेवावस्थात्रयभाग्भवति। स जाग्रत्स्वप्नसुषुप्त्यवस्थाः प्राप्य घटीयन्त्रवदुद्विग्नो जातो मृत इव स्थितो भवति ॥ १० ॥

जाग्रदवस्था

अथ जाग्रत्स्वप्नसुषुप्तिमूर्च्छामरणावस्थाः पञ्च भवन्ति । तत्तद्देवताऽनुग्रहान्वितैः श्रोत्रादिज्ञानेन्द्रियैः शब्दाद्यर्थविषयग्रहणज्ञानं जाग्रदवस्था भवति । तत्र भ्रूमध्यं गतो जीव आपादमस्तकं व्याप्य कृषिश्रवणाद्यखिलक्रियाकर्ता भवति। तत्तत्फलभुक् च भवति । लोकान्तरं गतः कर्मार्जितफलं स एव भुङ्क्ते । स सार्वभौमवद्व्य-वहाराच्छ्रान्त अन्तर्भवनं प्रवेष्टुं मार्गमाश्रित्य तिष्ठति ॥ ११ ॥

जाग्रदाद्यवस्थापञ्चकस्वरूपमाह—अथेति । तत्र क्रमेण जाग्रदाद्यवस्था-स्वरूपमाह—तत्तदिति । य एवंविधो विश्वः स सार्वभौमवत् । अन्तर्भवनं स्थूलशरीरान्तः ॥ ११–१९ ॥

स्वप्नावस्था

करणोपरमे जाग्रत्सं[1]स्कारार्धप्रबोधवद्ग्राह्यग्राहकरूपस्फुरणं स्वप्नावस्था भवति । तत्र विश्व एव जाग्रद्व्यवहारलोपान्नाडीमध्यं चरंस्तैजसत्वमवाप्य वासनारूपकं जगद्वैचित्र्यं स्वभासा भासयन् यथेप्सितं स्वयं भुङ्क्ते ॥ १२ ॥

[1] स्कारार्थ—अ, क.

सुषुप्त्यवस्था

चित्तैककरणा सुषुप्त्यवस्था भवति । [1]भ्रमविश्रान्तशकुनिः पक्षौ संहृत्य नीडाभिमुखं यथा गच्छति तथा जीवोऽपि जाग्रत्स्वप्नप्रपञ्चे व्यवहृत्य श्रान्तोऽज्ञानं प्रविश्य स्वानन्दं भुङ्क्ते ॥ १३ ॥

मूर्च्छाऽवस्था

अकस्मान्मुद्गरदण्डाद्यैस्ताडितवद्भयाज्ञानाभ्यामिन्द्रियसंघातैः कम्पन्निव मृततुल्या मूर्च्छा भवति ॥ १४ ॥

मरणावस्था

जाग्रत्स्वप्नसुषुप्तिमूर्च्छाऽवस्थानामन्या ब्रह्मादिस्तम्बपर्यन्तं सर्वजीवभयप्रदा स्थूलदेहविसर्जनी मरणावस्था भवति ॥ १५ ॥

जीवस्य संसारगतावविश्रान्तिः

कर्मेन्द्रियाणि ज्ञानेन्द्रियाणि तत्तद्विषयान् प्राणान् संहृत्य कामकर्मान्वित अविद्याभूतवेष्टितो जीवो देहान्तरं प्राप्य लोकान्तरं गच्छति । प्राक्कर्मफलपाकेनावर्तान्तरकीटवद्विश्रान्तिं नैव गच्छति ॥ १६ ॥

तस्य लोकान्तरगमनप्राप्तिप्रकारमाह—कर्मेति । वासनामयदेहान्तरम् ॥

सत्कर्मपरिपाकतो बन्धमोक्षजिज्ञासा

सत्कर्मपरिपाकतो बहूनां जन्मनामन्ते नृणां मोक्षेच्छा जायते । तदा सद्गुरुमाश्रित्य चिरकालसेवया [2]बन्धं मोक्षं [3]कश्चित् पृच्छति ॥ १७ ॥

[1] भ्रमणवि—अ, अ १. [2] बन्धमो—अ, अ २. बन्धान्मो—अ १.
[3] कश्चित्प्रयाति—मु. कश्चिद्गच्छति—अ, अ १.

एवमनन्तकोटिजीवेषु कल्पकोटिकालं संसरत्सु सत्सु तत्र केषांचित् **सत्कर्मपरिपाकत इत्यादि** ॥ १७ ॥

विचारस्य मोक्षसाधकत्वम्

अविचारकृतो बन्धो विचारान्मोक्षो भवति । तस्मात् सदा विचारयेत् । अध्यारोपापवादतः स्वरूपं निश्चयीकर्तुं शक्यते । तस्मात् सदा विचारयेज्जगज्जीवपरमात्मनः । जीवभावजगद्भावबाधे प्रत्यगभिन्नं ब्रह्मैवावशिष्यत इति ॥ १८ ॥

को बन्धः को मोक्ष इत्यत्र, देहेन्द्रियादिसंघाते ममकारास्पदे—ममेदं शरीरं ममेदं श्रोत्रादिज्ञानेन्द्रियं वागादिकर्मेन्द्रियं प्राणादिपञ्चकं मनआद्यन्तःकरणचतुष्टयं इत्यादि तत्र—कस्याप्यहङ्कारास्पदाभावात् अत्रास्मत्प्रत्ययालम्बनभूतः प्रत्यगात्मा अहमस्मीति **अविचारकृतो बन्धः**, प्रत्यगभिन्नं ब्रह्मास्मीति श्रुत्याचार्यमुखतो **विचारान्मोक्षः** स्वातिरिक्तास्तित्वभ्रममोक्षो **भवति** । यस्मादेवं **तस्मात् सदा विचारयेत्** । विचारतः कथं स्वयाथात्म्यं निर्धारयितुं शक्यमित्यत आह—**अध्यारोपेति** । स्वस्मिन् व्यष्टिसमष्ट्यात्मकस्वाविद्यापदतत्कार्यजातमात्मत्वेन सत्यत्वेन व्यावहारिकत्वेन प्रातिभासिकत्वेनाध्यस्य, "मद्व्यतिरिक्तमणुमात्रं न विद्यते", "सन्मात्रमसदन्यत्", "ब्रह्ममात्रमसन्नहि",

सिद्धान्तोऽध्यात्मशास्त्राणां सर्वापह्नव एव हि ।
नाविद्याऽस्तीह नो माया शान्तं ब्रह्मेदमक्रमम् ॥

इत्यादिश्रुत्यनुरोधेन स्वातिरिक्तापवादापह्नवतः तदपह्नवसिद्धब्रह्मस्वरूपं निष्प्रतियोगिकस्वमात्रमिति निश्चयीकर्तुं शक्यमित्यर्थः । यस्मादेवं **तस्मात्** तत्र स्वातिरिक्तं नेति **जीवभावजगद्भावबाधे** अपह्नवे सति यत्प्रसक्तप्रत्यगभिन्नं पराक्सापेक्षप्रत्यक्परभेदाभेदगतविशेषांशापाये निष्प्रतियोगिकनिर्विशेषं **ब्रह्मैव** स्वमात्रं **अवशिष्यते** । **इति**शब्दो द्वितीयाध्यायपरिसमाप्त्यर्थः ॥ १८ ॥

इति द्वितीयोऽध्यायः

तृतीयोऽध्यायः

महावाक्यजिज्ञासा

अथ हैनं पैङ्गलः पप्रच्छ याज्ञवल्क्यं महावाक्यविवरणमनुब्रूहीति ॥ १ ॥

जीवपरभेदस्य स्वानुभूतिप्रमाणसिद्धत्वात् तयोरैक्ये किं मानमित्याशङ्क्य समस्तश्रुतिमस्तकमहावाक्यं मानं यदि तदा तद्विवरणमनुब्रूहीति पैंगलो याज्ञवल्क्यं पृच्छतीत्याह—अथेति ॥ १ ॥

महावाक्यानुसन्धानविधिः

स होवाच याज्ञवल्क्यः—तत्त्वमसि, त्वं तदसि, [1]त्वं ब्रह्मास्यहं ब्रह्मास्मीत्यनुसंधानं कुर्यात् ॥ २ ॥

पृष्टः स होवाच याज्ञवल्क्यः। प्रत्यक्परैक्यावगतये यान्यनुमन्धेयानि तानि महावाक्यानि कानीत्यत आह—तदिति ॥ २ ॥

प्रत्यगभिन्नब्रह्मणः वाक्यार्थत्वम्

तत्र परोक्ष्यशबलः सर्वज्ञत्वादिलक्षणो मायोपाधिः सच्चिदानन्दलक्षणो जगद्योनिस्तत्पदवाच्यो भवति । स एवान्तःकरणसंभिन्नबोधोऽस्मत्प्रत्यया[2]लम्बनस्त्वंपदवाच्यो भवति। परजीवोपाधिमायाऽविद्ये विहाय तत्त्वंपदलक्ष्यं प्रत्यगभिन्नं ब्रह्म ॥ ३ ॥

[1] 'त्वं ब्रह्मासि' इत्येतन्नास्ति—अ २, क.

[2] बल—अ, अ १.

वाक्यार्थस्तु—तत्त्वंपदयोः वाच्यलक्ष्यभेदेन अर्थद्वयमस्ति। तत्र वाच्यार्थयोः ईशजीवयोः विषमोपाधित्वेन ऐक्यायोगात् तदपवादपूर्वकं तदधिकरणलक्ष्ययोः शुद्धत्वेनैक्यमिष्यते। तत्रापनोदयितव्यवाच्यार्थस्तु परोक्ष्यशबलः ईश्वरोऽस्ति किं तु सोपाधिक इति परोक्षत्वं शबलत्वम्। सर्वज्ञत्वादिलक्षणः—आदिशब्देन सर्वेश्वरत्व-सर्वकारणत्व सर्वान्तरत्वादयो गृह्यन्ते। मायोपाधिः—तत्सम्बन्धाभावात् सच्चिदानन्दलक्षणः। ततः त्वंपदवाच्यो भिद्यत इत्यत आह—स एवेति। योऽयमीश्वरः तस्यैव व्यष्टिदेहान्तरनुप्रवेशश्रवणात्—"व्यष्टिमस्तकान् विदार्य तदेवानुप्राविशत्" इति—अन्तःकरणप्रतिफलनत्वमीश्वरस्येत्यर्थः। यः अस्मत्प्रत्ययालम्बनः देहादिरहमस्मीति प्रतीतत्वात् त्वंपदवाच्यो भवति। तत्र वाच्यार्थपरित्यागपूर्वकं लक्ष्ययोरैक्यं सम्भावयति—परेति। तथा च श्रुतिः—

मायाऽविद्ये विहायैव उपाधी परजीवयोः।
अखण्डं सच्चिदानन्दं परं ब्रह्म विलक्ष्यते॥

इति॥ ३॥

श्रवणमनननिदिध्यासनसमाधीनां स्वरूपम्

तत्त्वमसीत्यहं ब्रह्मास्मीति वाक्यार्थविचारः श्रवणं भवति। एकान्तेन श्रवणार्थानुसंधानं मननं भवति। श्रवणमनननिर्विचिकित्सेऽर्थे वस्तुन्येकतान[1]तया चेतःस्थापनं निदिध्यासनं भवति। ध्यातृध्याने विहाय निवातस्थितदीपवद्ध्येयैकगोचरं चित्तं समाधिर्भवति॥ ४॥

श्रवणादिलक्षणमाह—तदिति। तत्त्वमसि इत्येतदाचार्यानुभवोक्तिः। अहं ब्रह्मास्मि इति शिष्यानुमोदनानुभवोक्तिः। इत्थं वाक्यार्थविचारः श्रवणं भवति। एकान्तेन युक्तिभिः श्रवणार्थानुसन्धानं मननं भवति। निदिध्यासनं

[1] वतया—ङ. त्वतया—क, ङ १.

तु श्रवणेति । निदिध्यासनपाटवात् त्रिपुटीप्रासनिर्विकल्पकसमाधिरुदेतीत्याह—ध्यातृध्यान इति । तथा च श्रुतिः—

ध्यातृध्याने परित्यज्य क्रमाद्ध्येयैकगोचरम् ।
निवातदीपवच्चित्तं समाधिरभिधीयते ॥

इति ॥ ४ ॥

निर्विकल्पसमाधिमहिमा

तदानीमात्मगोचरवृत्तयः समुत्थिता अज्ञाता भवन्ति । ताः स्मरणादनुमीयन्ते । इहानादिसंसारे संचिताः कर्मकोटयोऽनेनैव विलयं यान्ति । ततोऽभ्यासपाटवात् सहस्रशः सदाऽमृतधारा वर्षति । ततो योगवित्तमाः समाधिं धर्ममेघं प्राहुः । वासनाजाले निःशेषममुना प्रविलापिते कर्मसंचये पुण्यपापे समूलोन्मूलिते प्राक् परोक्षमपि करतलामलकवद्वाक्यमप्रतिबद्धापरोक्षसाक्षात्कारं प्रसूयते । तदा जीवन्मुक्तो भवति ॥ ५ ॥

निर्विकल्पकसमाधिं स्तौति—तदानीमिति । वृत्तीनां साक्षिभास्यत्वेन समाधितो व्युत्थितस्य एतावन्तं कालं ब्रह्मानन्दपरवशोऽस्मीति स्मृतिः युज्यत इत्यर्थः । प्रतिबन्धकाभावात् करतलामलकवत् । तेन किं स्यादित्यत आह—तदा जीवन्मुक्तो भवतीति ॥ ५ ॥

विराडादीनां परमात्मनि लयः

ईशः पञ्चीकृतभूतानामपञ्चीकरणं कर्तुं सोऽकामयत । [1]ब्रह्माण्डतद्गतलोकान् कार्यरूपांश्च कारणत्वं प्रापयित्वा ततः सूक्ष्माङ्गं

[1] ब्रह्माण्डं—अ, अ १, अ २, उ १.

कर्मेन्द्रियाणि प्राणांश्च ज्ञानेन्द्रियाण्यन्तःकरणचतुष्टयं चैकीकृत्य सर्वाणि भौतिकानि कारणे भूतपञ्चके संयोज्य भूमिं जले जलं वह्नौ वह्निं वायौ वायुमाकाशे चाकाशमहंकारे चाहंकारं महति महदव्यक्तेऽव्यक्तं पुरुषे क्रमेण विलीयते। विराड्‌ढिरण्यगर्भेश्वरा उपाधिविलयात् परमात्मनि लीयन्ते ॥ ६ ॥

एतावता ग्रन्थेन ब्रह्मण्यध्यारोप उक्तः। तदपवादोपायोऽपि प्रकटितः। इदानीं स्वारोपापवादो निगद्यते—ईश इति। परमात्मनि लीयन्ते, परमात्मावशिष्टा भवन्तीत्यर्थः ॥ ६ ॥

विश्वादीनां परमात्मनि लयः

पञ्चीकृतमहाभूतसंभवकर्मसंचितस्थूलदेहः कर्मक्षयात् सत्कर्मपरिपाकतोऽपञ्चीकरणं प्राप्य सूक्ष्मेणैकीभूत्वा [1]कारणरूपत्वमासाद्य तत्कारणं कूटस्थे प्रत्यगात्मनि विलीयते। विश्वतैजसप्राज्ञाः स्वस्वोपाधिलयात् प्रत्यगात्मनि लीयन्ते ॥ ७ ॥

स्थूलदेहादिलयप्रकारमाह—पञ्चीकृतेति। तदारोपाधारजीवलयमाह—विश्वेति ॥ ७ ॥

ऐक्यानुसन्धानेन आत्माविर्भावः

अण्डं ज्ञानाग्निना दग्धं कारणैः सह परमात्मनि लीनं भवति। ततो ब्राह्मणः समाहितो भूत्वा तत्त्वंपदैक्यमेव सदा कुर्यात्। ततो मेघापायेंऽशुमानिवात्माऽऽवि[2]र्भवति ॥ ८ ॥

[1] कारणत्व—उ, उ १.   [2] र्भावो भव—क, अ २.

ब्रह्माण्डलयमाह—अण्डमिति । यतः प्रत्यग्ब्रह्मैक्यज्ञानं स्वातिरिक्तकल-नापवादहेतुः ततो ब्राह्मणः । तेन किं भवतीत्यत्र—ततो मेघापाय इति ॥८॥

ध्यानप्रकारः वेदनफलं च

ध्यात्वा मध्यस्थमात्मानं कलशान्तरदीपवत् ।
अङ्गुष्ठमात्रमात्मानमधूमज्योतिरूपकम् ॥ ९ ॥
प्रकाशयन्तमन्तःस्थं ध्यायेत् कूटस्थमव्ययम् ।
ध्यायन्नास्ते मुनिश्चैव चासुप्तेरामृतेस्तु यः ॥ १० ॥
जीवन्मुक्तः स विज्ञेयः स धन्यः कृतकृत्यवान् ।
जीवन्मुक्तपदं त्यक्त्वा स्वदेहे कालसात्कृते ।
विशत्यदेहमुक्तत्वं पवनोऽस्पन्दतामिव ॥ ११ ॥
अशब्दमस्पर्शमरूपमव्ययं तथाऽरसं नित्यमगन्धवच्च यत् ।
अनाद्यनन्तं महतः परं ध्रुवं तदेव शिष्यत्यमलं निरामयम् ॥१२॥

इति ॥

आदौ संवेदितात्मध्यानप्रकारं वेदनसामान्यविशेषफलं चाह—ध्यात्वेति । हृदयकमलमध्यस्थम् ॥ ९ ॥ नानाविधवृत्तिजातं प्रकाशयन्तम् । प्रत्यगभिन्नं ब्रह्मास्मीत्यनवरतध्यानतो मुनिः जीवन्मुक्तो भवतीत्याह—ध्यायन्निति ॥ १० ॥ विद्वद्ब्रह्मज्ञानविशेषफलमाह—जीवन्निति । स्वातिरिक्तकलनासंगलक्षणं जीवन्मुक्तत्वं विहाय स्वदेहे कालसात्कृते कालधर्मं गते परदृष्ट्या स्थिते वा निष्प्रतियोगिकब्रह्ममात्रज्ञानसमकालं विद्वान् अस्पन्दपवनव्योमभाववत् विदेहमुक्तो भवतीत्यर्थः ॥ ११ ॥ विदेहमुक्तः केन रूपेण अवशिष्यत इत्यत आह—अशब्दमिति । विद्वान् शब्दादिपञ्चतन्मात्रोपलक्षितव्ययाद्यन्तवदविद्यापदतत्कार्या-

पड्वसिद्धं यदशब्दमित्यादिपदसमूहलक्षितं तदेव विकळेबरकैवल्यं भूत्वा अवशिष्यत इत्यर्थः । इतिशब्दः तृतीयाध्यायपरिसमाप्त्यर्थः ॥ १२ ॥

इति तृतीयोऽध्यायः

चतुर्थोऽध्यायः

ज्ञानिमाहात्म्यजिज्ञासा

अथ ह पैङ्गलः पप्रच्छ याज्ञवल्क्यं ज्ञानिनः किं कर्म का च स्थितिरिति ॥ १ ॥

इत्थंभूतज्ञानिमाहात्म्यबुभुत्सया पैंगलो याज्ञवल्क्यं पृच्छतीत्याह—अथेति । पप्रच्छ याज्ञवल्क्यं, किमिति ? ज्ञानिन इति ॥ १ ॥

ज्ञानिनः कुलतारकत्वम्

स होवाच याज्ञवल्क्यः—अमानित्वादिसंपन्नो मुमुक्षुरेकविंशतिकुलं तारयति । ब्रह्मविन्मात्रेण कुलमेकोत्तरशतं तारयति ॥ २ ॥

प्रश्नोत्तरं स होवाच याज्ञवल्क्यः । प्रश्नोत्तरं पश्चाद्विवक्षन् आदौ मुमुक्षुत्वमेव दुर्लभं, ततोऽपि ब्रह्मवित्त्वमतिदुर्लभं, एकविंशत्येकशतसन्ततितारणादिति स्तौति—अमानित्वादीति । अमानित्वादिसद्गुणसंपन्नः ॥ २ ॥

नारायण एव शारीर आत्मा

आत्मानं रथिनं विद्धि शरीरं रथमेव तु ।
बुद्धिं तु सारथिं विद्धि मनः प्रग्रहमेव च ॥ ३ ॥

इन्द्रियाणि हयानाहुर्विषयांस्तेषु गोचारान् ।
जङ्गमानि विमानानि हृदयानि मनीषिणः ॥ ४ ॥
आत्मेन्द्रियमनोयुक्तं भोक्तेत्याहु[1]र्महर्षयः ।
ततो नारायणः साक्षाद्धृदये [2]सुप्रतिष्ठितः ॥ ५ ॥

मुमुक्ष्वधिष्ठितशरीरादिकं रथाद्युपकरणतया मुमुक्ष्वात्मानं रथस्वामितया च स्तौति—आत्मानमिति । कठवल्ल्यां व्याख्यातमेतत् ॥ ३–४ ॥ रथस्थानीयशरीरासनात्मा कीदृश इत्यत्र सर्वप्राणिहृदयासनो नारायण इत्याह—तत इति । मुमुक्षुः नारायणो भूत्वा सर्वभूतात्मा भवतीत्यर्थः ॥ ५ ॥

ज्ञानिनः शरीरपातपर्यन्तो व्यवहारविशेषः

प्रारब्धकर्मपर्यन्तमहिनिर्मोकवद्व्यवहरति ।
चन्द्रवच्चरते देही स मुक्तश्चानिकेतनः ॥ ६ ॥

किंकर्मेति प्रश्नोत्तरमाह—प्रारब्धेति । आप्रारब्धं मुनिः अनिकेतनो ग्रामैकरात्राटनशीलः व्योम्नि चन्द्रवत् सर्वत्र सञ्चरति ॥ ६ ॥

ज्ञानिनः शरीरपाते कैवल्यम्

तीर्थे श्वपचगृहे वा तनुं विहाय याति कैवल्यम् ।
प्राणानवकीर्य याति कैवल्यम् ॥ ७ ॥

एवं सञ्चरन् तीर्थे ॥ ७ ॥

ज्ञानिमरणे श्राद्धादि न कर्तव्यम्

तं पश्चाद्दिग्बलिं कुर्यादथवा खननं चरेत् ।
पुंसः प्रव्रजनं प्रोक्तं नेतराय कदाचन ॥ ८ ॥

[1] मनीषिणः—अ २. [2] सु—अ २. सं—अ, अ १.

नाशौचं नाग्निकार्यं च न पिण्डं नोदक[1]क्रिया ।
न कुर्यात् पार्वणादीनि ब्रह्मभूताय भिक्षवे ॥ ९ ॥
दग्धस्य दहनं नास्ति पक्वस्य पचनं यथा ।
ज्ञानाग्निदग्धदेहस्य न च श्राद्धं न च क्रिया ॥ १० ॥

यः शान्तासुः अवधूतदेहः सर्वोपकारकः पक्ष्यादितुष्टये तम् । कस्यैवं नियम इत्यत्र परिव्रजनाधिकारिणो नेतरस्येत्याह—पुंस इति । यस्य पुंसः प्रव्रजनं प्रोक्तं तस्यैव खननादिकं कार्यं नान्यस्मै कदाचन कार्यमित्यर्थः ॥ ८ ॥ यतेः देहसम्बन्धिनः सन्ति चेत् तैः आशौचादिकमाचरणीयमित्यत आह—नेति । तत्पारलौकिकहेतवे नाशौचम् । स्वाभ्युदयार्थं विना तत्परलोकाय न कुर्यात् ॥ ९ ॥ तदुद्दिश्याकर्तव्यत्वं सदृष्टान्तमाह—दग्धस्येति ॥ १० ॥

गुरुशुश्रूषायामनुसन्धानविशेषः

यावत्सोपाधिपर्यन्तं तावच्छुश्रूषयेद्गुरुम् ।
गुरुवद्गुरुभार्यायां तत्पुत्रेषु च वर्तनम् ॥ ११ ॥
शुद्धमानसः शुद्धचिद्रूपः सहिष्णुः सोऽहमस्मि सहिष्णुः
सोऽहमस्मीति प्राप्ते ज्ञानेन विज्ञाने ज्ञेये परमात्मनि हृदि संस्थिते
देहे लब्धशान्तिपदं गते तदा प्रभामनोबुद्धिशून्यं भवति ॥ १२ ॥

अभ्युदयार्थिना किं कर्तव्यमित्यत आह—यावदिति । यदि स्वगुरुर्यतिस्तदा यावदित्यादि । यावत्सोपाधिकदृष्टिः तावद्यथाविधि गुरुच्छन्दानुरोधेन शुश्रूषां कुर्यादित्यर्थः । यदि स्वाचार्यो गृही तदा गुरुवदिति । वर्तनं न्याय्यमित्यर्थः ॥ ११ ॥ मुमुक्षुः स्वाचार्यशुश्रूषां कुर्वन् एवं अनुसन्धानं कुर्यादित्याह—शुद्धेति । स्वाचा-

[1] क्रियां—उ.

योपासनया शुद्धमानसः, प्रत्यगभिन्नब्रह्मरूपेण शुद्धचिद्रूपः, सर्वात्मना यः साक्षित्वादिजीवत्वान्तकलनासहिष्णुः परमात्मा भवति सोऽहमस्मीति सदाऽनुसन्धानतः प्राप्ते ज्ञानेन विज्ञाने ज्ञेये परमात्मनि अयमहमस्मीति हृदि संस्थिते देहे स्वात्मात्मीयाभिमानाभावेन लब्धशान्तिपदं गते तदा प्रभामनोबुद्धिशून्यं भवति। प्रभामनोबुद्धिशब्देन जाग्रदाद्यवस्थात्रयोपलक्षितस्वाविद्यापदतत्कार्यमुच्यते। निष्प्रतियोगिकब्रह्ममात्रज्ञानसमकालं शून्यं अभावपदं भजतीत्यर्थः ॥ १२ ॥

ज्ञानिनो वेदादिना प्रयोजनाभावः

अमृतेन तृप्तस्य पयसा किं प्रयोजनम्? एवं स्वात्मानं ज्ञात्वा वेदैः प्रयोजनं किं भवति? ज्ञानामृततृप्तयोगिनो न किंचित् कर्तव्यमस्ति। तदस्ति चेन्न स तत्त्वविद्भवति। दूरस्थोऽपि न दूरस्थः पिण्डवर्जितः पिण्डस्थोऽपि प्रत्यगात्मा सर्वव्यापी भवति ॥ १३ ॥

वेदान्तश्रवणादिना एवंविधज्ञानमुत्पन्नं, अतो ज्ञातेऽप्यात्मनि वेदान्ताभ्यासः कर्तव्यः इत्यत आह—अमृतेनेति। दृष्टान्तोक्तिः अमृतेन। तेनापि किञ्चित् कर्तव्यं स्यादित्यत आह—ज्ञानेति। स्वाकर्तव्यताज्ञानी सर्वव्यापी भवतीत्याह—दूरस्थोऽपीति। दूरस्थोऽपि स्वाज्ञदृष्ट्या स्वज्ञदृष्ट्या न दूरस्थः ॥ १३ ॥

ब्रह्मदर्शनोपायो ध्यानयोगः

हृदयं निर्मलं कृत्वा चिन्तयित्वाऽप्यनामयम्।
अहमेव परं सर्वमिति पश्येत् परं सुखम् ॥ १४ ॥
यथा जले जलं क्षिप्तं क्षीरे क्षीरं घृते घृतम्।
अविशेषो भवेत्तद्वज्जीवात्मपरमात्मनोः ॥ १५ ॥

देहे ज्ञानेन दीपिते बुद्धिरखण्डाकाररूपा यदा भवति तदा
विद्वान् ब्रह्मज्ञानाग्निना कर्मबन्धं निर्दहेत् ॥ १६ ॥

ततः पवित्रं परमेश्वराख्यमद्वैतरूपं विमलाम्बराभम् ।
यथोदके तोयमनुप्रविष्टं तथाऽऽत्मरूपो निरुपाधिसंस्थितः ॥१७॥

आकाशवत् सूक्ष्मशरीर आत्मा न दृश्यते वायुवदन्तरात्मा ।
स बाह्यमभ्यन्तरनिश्चलात्मा ज्ञानोल्कया पश्यति चान्तरात्मा ॥

यत्रयत्र मृतो ज्ञानी येन वा केन मृत्युना ।
यथा सर्वगतं व्योम तत्रतत्र लयं [1]गतः ॥ १९ ॥

घटाकाशमिवात्मानं विलयं वेत्ति तत्त्वतः ।
स गच्छति निरालम्बं ज्ञानालोकं समन्ततः ॥ २० ॥

प्रत्यगभिन्नब्रह्मदर्शनोपायमाह—हृदयमिति ॥ १४ ॥ एवं पश्यतः किं स्यादित्याकांक्षायां तदास्तिप्रतिबन्धकावरणनिवृत्तिपूर्वकं क्षीरादि क्षीरादियोगवत्तदैक्यं स्यादित्याह—यथेति ॥ १५–१६ ॥ कर्मबन्धदाहात् तद्रूपेणावस्थितः स्यादित्याह—तत इति ॥ १७ ॥ निरवयवात्मसाक्षात्कारः कथमित्यत्र तज्ज्ञानदृष्टया स्यादित्याह—आकाशवदिति । स्वज्ञानेन स्वस्वरूपं पश्यतीत्यर्थः ॥ १८ ॥ [2]स्वज्ञदृष्टया स्वात्मानं यः पश्यति सोऽयमुपाधिविनिर्मुक्तघटाकाशवत् स्वमात्रमवशिष्यत इत्याह—यत्रेति ॥ १९–२० ॥

ब्रह्मध्यानमहिमा

तपेद्वर्षसहस्राणि एकपादस्थितो नरः ।
एतस्य ध्यानयोगस्य कलां नार्हन्ति षोडशीम् ॥ २१ ॥

[1] गतम्—उ, उ १.

[2] स्वदृष्टया—उ १.

इदं ज्ञानमिदं ज्ञेयं तत् सर्वं ज्ञातुमिच्छति ।
अपि वर्षसहस्रायुः शास्त्रान्तं नाधिगच्छति ॥ २२ ॥
विज्ञेयोऽक्षरतन्मात्रो जीवितं वाऽपि चञ्चलम् ।
विहाय शास्त्रजालानि यत् सत्यं तदुपास्यताम् ॥ २३ ॥
अनन्तकर्म शौचं च जपो यज्ञस्तथैव च ।
तीर्थयात्राभिगमनं यावत्तत्त्वं न विन्दति ॥ २४ ॥
अहं ब्रह्मेति नियतं मोक्षहेतुर्महात्मनाम् ।
द्वे पदे बन्धमोक्षाय निर्ममेति ममेति च ॥ २५ ॥
ममेति बध्यते जन्तुर्निर्ममेति विमुच्यते ।
मनसो ह्युन्मनीभावे द्वैतं नैवोपलभ्यते ॥ २६ ॥
यदा यात्युन्मनीभावस्तदा तत् परमं पदम् ।
यत्रयत्र मनो याति तत्रतत्र परं पदम् ॥ २७ ॥
तत्रतत्र परं ब्रह्म सर्वत्र समवस्थितम् ।
हन्यान्मुष्टिभिराकाशं क्षुधाऽऽर्तः खण्डयेत्तुषम् ।
नाहं ब्रह्मेति जानाति तस्य मुक्तिर्न जायते ॥ २८ ॥

ज्ञानसहितध्यानयोगं सर्वोत्कृष्टतया स्तौति—तपेदिति ॥ २१ ॥ सर्वशास्त्राभ्यासतः सर्वात्मकं ब्रह्म जन्ममध्ये यदा कदा वा द्रष्टुं शक्यमित्यत्र जीवितस्याल्पतया प्राधान्यतो यत् ज्ञातव्यं तदेव ध्येयमित्याह—इदमिति ॥२२–२३॥ तत्त्वदर्शनानन्तरमपि कृत्स्नं कर्माद्यनुष्ठेयमित्यत आह—अनन्तेति । तावदेवानुष्ठेयं, ततः प्रयोजनाभावादित्यर्थः ॥ २४ ॥ देहादावात्मात्मीयाभिमानभावाभावौ बन्धमोक्षहेतू स्यातामित्याह—अहमिति ॥ २५ ॥ स्वातिरेकेण मनो नास्तीति

सिद्धोन्मनीभावतो द्वैतासम्भवाद्द्वैतभावः स्यादित्याह—मनस इति ॥ २६ ॥ योगिमनःसत्त्वासत्त्वाभ्यां तत्प्रवृत्तिनिमित्तेश्वरत्वं तद्वृत्तिसहस्रभावाभावसाक्षित्वं तदसम्भवप्रबोधतो निष्प्रतियोगिकब्रह्ममात्रतां च स्यादित्याह—यत्रेति ॥ २७ ॥ ज्ञानादेव मुक्तिः, अन्यथा नास्तीति शास्त्रार्थमुपसंहरति—हन्यादिति ॥ २८ ॥

विद्यापाठफलम्

य एतदुपनिषदं नित्यमधीते सोऽग्निपूतो भवति। स वायुपूतो भवति । स आदित्यपूतो भवति। स ब्रह्मपूतो भवति। स ूतो भवति । स रुद्रपूतो भवति । स सर्वेषु तीर्थेषु स्नातो भवति। स सर्वेषु वेदेष्वधीतो भवति। स सर्ववेदव्रतचर्यासु चरितो भवति। तेनेतिहासपुराणानां रुद्राणां शतसहस्राणि जप्तानि फलानि भवन्ति । प्रणवानामयुतं जप्तं भवति । दश पूर्वान् दशोत्तरान् पुनाति। स पङ्क्तिपावनो भवति। स महान् भवति। ब्रह्महत्यासुरापानस्वर्णस्तेयगुरुतल्पगमनतत्संयोगिपातकेभ्यः पूतो भवति ॥ २९ ॥

विद्यापाठज्ञानफलमाह—य इति। एतदुपनिषदं एतामुपनिषदम् ॥२९॥

विद्याज्ञानफलम्

तद्विष्णोः परमं पदं सदा पश्यन्ति सूरयः।
दिवीव चक्षुराततम् ॥ ३० ॥

तद्विप्रासो विपन्यवो जागृवांसः समिन्धते।
विष्णोर्यत्परमं पदम् ॥ ३१ ॥

ज्ञानफलं तु—तद्विष्णोरिति । आरुणिकादावयं मन्त्रो व्याख्यातः ॥

उपसंहारः

ॐ सत्यमित्युपनिषत् ॥ ३२ ॥

"सदेव सोम्येदमग्र आसीत्" इत्यादिकृत्स्नशास्त्रप्रतिपाद्यं ब्रह्म ओङ्काराग्रविद्योततुर्यतुरीयं, तद्व्यतिरिक्तं असत्यं, तदेव सत्यं, निष्प्रतियोगिकसन्मात्ररूपत्वात् । इत्युपनिषच्छब्दः पैङ्गलोपनिषत्परिसमाप्त्यर्थः ॥ ३२ ॥

इति चतुर्थोऽध्यायः

श्रीवासुदेवेन्द्रशिष्योपनिषद्ब्रह्मयोगिना ।
पैङ्गलोपनिषद्व्याख्या लिखिता ब्रह्ममात्रगा ।
पैङ्गलोपनिषद्व्याख्याग्रन्थस्तु द्विशतं स्मृतः ॥

इति श्रीमदीशाद्यष्टोत्तरशतोपनिषच्छास्त्रविवरणे एकोनषष्टिसंख्यापूरकं पैङ्गलोपनिषद्विवरणं सम्पूर्णम्

प्राणाग्निहोत्रोपनिषत्

सह नाववतु—इति शान्तिः

शारीरयज्ञाधिकारः

अथातः सर्वोपनिषत्सारं संसारज्ञानातीतमन्त्रसूक्तं शारीरयज्ञं व्याख्यास्यामो यस्मिन्नेव [1]पुरुषशारीरे विनाऽप्यग्निहोत्रेण विनाऽपि सांख्येन संसार[2]निवृत्तिर्भवतीति ॥ १ ॥

शारीरयज्ञसंशुद्धचित्तसञ्जातबोधतः* ।
मुनयो यत् पदं यान्ति तद्रामपदमाश्रये ॥

इह खलु कृष्णयजुर्वेदप्रविभक्तेयं प्राणाग्निहोत्रोपनिषत् चित्तशुद्धिहेतुभावनामयशारीरयज्ञप्रकटनव्यग्रा चित्तशुद्धिप्राप्यज्ञानद्वारा निर्विशेषब्रह्ममात्रपर्यवसन्ना विजयते । अस्याः स्वल्पग्रन्थतो विवरणमारभ्यते । श्रुतयः स्वाज्ञलोकमुपलभ्य तस्य ब्रह्मज्ञानहेतुचित्तशुद्धये शारीरयज्ञमुपन्यस्यन्ति—अथेति । अथ प्राणिकर्मपरिपाकानन्तरं यतः चित्तशुद्धिं विना स्वातिरिक्ताविद्यापदतत्कार्यजातासंम्भवप्रबोधसिद्धं ब्रह्म निष्प्रतियोगिकस्वमात्रमिति ज्ञानं तन्मात्रावस्थानलक्षणकैवल्यं च न सिध्यति—न ह्यशुद्धचित्तं ब्रह्मज्ञानं स्प्रष्टुं पारयति—अतश्चित्तशुद्ध्यर्थं अपरब्रह्मगोचरसर्वोपनिषत्सारं संसारज्ञानातीतं शारीरयज्ञं कथयाम

[1] पुरुषस्य—अ, अ १, अ २, क.

[2] विमुक्ति—अ १, अ २, क. विमुक्तो—अ

इत्यर्थः । किमिति ? यस्मिन्निति । यस्मिन् पुरुषाधिष्ठितशरीरे विना बाह्याग्निहोत्रेण साङ्ख्ययोगेन केवलभावनामययज्ञेन चित्तमालिन्यापादकसंसारनिवृत्तिर्भवतीत्यर्थः ॥ १ ॥

बाह्यप्राणाग्निहोत्रप्रयोगः

स्वेन विधिनाऽन्नं भूमौ निक्षिप्य या ओषधयः सोमराज्ञीरिति तिसृभिरन्नपत इति द्वाभ्या[1]मभिमन्त्रयति ॥ २ ॥

या ओषधयः सोमराज्ञीर्बह्वीः शतविच[2]क्षणाः ।
बृहस्पतिप्रसूतास्ता नो मुञ्चन्त्वंहसः ॥ ३ ॥
याः फलिनीर्या अफला अपुष्पा याश्च पुष्पिणीः ।
बृहस्पतिप्रसूतास्ता नो मुञ्चन्त्वंहसः ॥ ४ ॥
जीवला नघारिषां मा ते बध्ना[3]म्योषधीः ।
यातयायु रुपाहरादप रक्षांसि चातयात् ॥ ५ ॥
अन्नपतेऽन्नस्य नो धेह्यनमीवस्य शुष्मिणः ।
प्रप्रदातारं तारिष ऊर्जं नो धेहि द्विपदे चतुष्पदे ॥ ६ ॥
यदन्नमग्निर्बहुधा विरुद्धं रुद्रैः [4]प्रजार्धं यदि वा पिशाचैः ।
सर्वं तदीशानो अभयं कृणोतु शिवमीशानाय स्वाहा ॥ ७ ॥
अन्तश्चरसि भूतेषु गुहायां विश्वतोमुखः ।
त्वं यज्ञस्त्वं ब्रह्मा त्वं रुद्रस्त्वं विष्णुस्त्वं वषट्कार आपो
ज्योती रसोऽमृतं ब्रह्म भूर्भुवः सुवरों नमः ॥ ८ ॥

[1] मनु—अ, अ १, अ २, क. [2] क्षणैः—क.

[3] त्वोषधीः—अ. त्योषधीः—क. त्योषधीम्—अ १.

[4] प्रजाद्धं—ड.

आपः पुनन्तु पृथिवीं पृथिवी पूता पुनातु माम् ।
पुनन्तु ब्रह्मणस्पतिर्ब्रह्म पूता पुनातु माम् ॥
यदुच्छिष्टमभोज्यं यद्वा दुश्चरितं मम ।
सर्वं पुनन्तु मामापोऽसतां च प्रतिग्रहं स्वाहा ॥ ९ ॥

अमृतम[1]स्त्वमृतोपस्तरणमस्यमृतं प्राणे [2]होम्यमाशिष्यन्तोऽसि ॐ प्राणाय स्वाहा ॐ अपानाय स्वाहा ॐ व्यानाय स्वाहा ॐ उदानाय स्वाहा ॐ समानाय स्वाहा [3]ॐ ब्रह्मणे स्वाहा ॐ ब्रह्मणि म आत्माऽमृतत्वायेति ॥ १० ॥ कनिष्ठिकाङ्गुल्याऽङ्गुष्ठेन प्राणे जुहोति अनामिकयाऽपाने मध्यमिकया व्याने सर्वाभिरुदाने प्रदेशिन्या समाने ॥ ११ ॥ तूष्णीमेकामेकऋचा जुहोति द्वे आहवनीये एकां दक्षिणाग्नौ एकां गार्हपत्ये एकां सर्वप्रायश्चित्तीये ॥ १२ ॥ अथापिधानमस्यमृतत्वायोपस्पृश्य पुनरादाय पुनः स्पृशेत् ॥ १३ ॥ सव्ये पाणावापो गृहीत्वा हृदय[4]मन्वालभ्य जपेत्—

प्राणोऽग्निः परमात्मा पञ्चवायुभिरावृतः ।
अभयं सर्वभूतेभ्यो न मे भीतिः कदाचन ॥ १४ ॥
विश्वोऽसि वैश्वानरो विश्वरूपं त्वया धार्यते जायमानम् ।
विश्वं त्वाहुतयः सर्वा यत्र ब्रह्माऽमृतोऽसि ॥ १५ ॥

[1] स्यमृ—अ. [2] जुहोम्य—क, अ १.
[3] एतद्वाक्यद्वयं नास्ति—अ, अ १, अ २, क.
[4] मुपलभ्य—उ, उ १. मनुलभ्य—अ, अ १, अ २, क.

महानवोऽयं पुरुषो योऽङ्गुष्ठाग्रे प्रतिष्ठितः ।

तमद्भिः परिषिञ्चामि सोऽस्यान्ते अमृताय च ॥ १६ ॥

अनावित्येष बाह्यात्मा ध्यायेताग्निहोत्रं जुहोति । सर्वेषामेव

सूनुर्भवतु । अस्य यज्ञपरिवृता आहुतीर्होमयति ॥ १७ ॥

तदुपायत्वेनादौ बाह्यप्राणाग्निहोत्रलक्षणमाह—स्वेनेति । स्वेन विधिना भूमौ परिकल्पितामत्रे सव्यञ्जनमन्नं निक्षिप्य "या ओषधयः सोमराज्ञीः" इति तिसृभिः ऋग्भिः "अन्नपते" इति द्वाभ्यां ऋग्भ्यां अभिमन्त्रयति अभिमन्त्रयेदित्यर्थः ॥ २ ॥ कास्तास्तिस्र ऋचः? द्वावृचौ के? इत्यत्राह—या इति ॥ ३–७ ॥ एतैः मन्त्रैः अन्नं स्पृष्ट्वा अभिमन्त्र्य ततो दक्षिणहस्ते उदकं गृहीत्वा "अन्तश्चरसि" "आपः पुनन्तु" इति मन्त्राभ्यामभिमन्त्र्य अन्नं प्रोक्षयेत् ॥ ८–९ ॥ प्रोक्ष्य द्विवारं परिषिच्य वामहस्तेनामत्रं स्पृशन् दक्षिणहस्ते पूर्वापोशनं गृहीत्वा "अमृतमस्त्वमृतोपस्तरणमसि" इति पूर्वापोशनं पीत्वा "अमृतं प्राणे होम्यमाशिष्यन्तोसि" इत्यमृतोपमं होम्यं आशिष्यन्तोऽसि आस्वादितवानसि इति प्राणे स्वात्मानुसन्धानपूर्वकं पञ्च प्राणाहुतीः कुर्यादित्याह—ओमिति ॥ १० ॥ प्रातिस्विकेन प्राणाहुतिप्रकारमाह—कनिष्ठिकेति । कनिष्ठिकाङ्गुल्या—अङ्गुष्ठेन इति सर्वत्र समानं—प्राणे जुहोति ॥ ११ ॥ तूष्णीमेकां एकाहुतिं "प्राणाय स्वाहा" इत्येकर्चा "अपानाय स्वाहा" इति च द्वे आहुती आहवनीये जुहोति । एकां दक्षिणाग्नौ एकां गार्हपत्ये एकां सर्वप्रायश्चित्तीये ॥ १२ ॥ एवं पञ्चाहुतीः हुत्वा अथ यथानियमं भुक्त्वा "अथ पुरस्ताच्चोपरिष्टाच्च अद्भिः परिदधाति" इति श्रुत्यनुरोधेनापि अथापिधानमिति ॥ १३ ॥ मुख्यप्राण एवाग्निः, स्वगतविशेषांशापाये स एव परमात्मा, विराडादिस्थानीयपञ्चवायुभिः आवृतो भवति । तत्प्रसादतो मत्तः सर्वभूतेभ्योऽभयमस्तु । कदाचन सर्वभूतेभ्यः न मे भीतिरस्तु ॥ १४ ॥ किञ्च—विश्व इति । हे मुख्यप्राण व्यष्टिसमष्ट्युपाधियोगेन त्वमेव विश्वो व्यावहारिको वैश्वानरो विराडपि भूत्वा विश्वरूपं त्वया धार्यते । यत्र व्यष्टिसमष्ट्युपाधौ तदसंगविश्वविराडोत्रात्मना ब्रह्माऽमृतोऽसि, त्वत्तो जायमानं विश्वं तु तदपवा-

दाधिकरणतुरीयाग्नौ त्वयि सर्वा आहुतयो भवन्ति ॥ १५ ॥ "तं प्रपदाभ्यां प्रापद्यत ब्रह्मेमं पुरुषं" इति श्रुत्यनुरोधेन यः पादाङ्गुष्ठद्वयाग्रे प्राणात्मना प्रतिष्ठितः स त्वं प्रतिश्वासं महानवोऽभिनवोऽयं पुरुषो भवसि । अस्य भोजनस्यान्ते अमृताय च तं त्वां अद्भिः परिषिञ्चामि उच्छ्वासनिश्वासात्मना ॥ १६ ॥ अनौ चेष्टाविशिष्टाविति ध्यायेत ध्यायीत पुरुषः प्रत्यहं प्राणाग्निहोत्रं जुहोति । यतः सर्वे त्वां पुत्रवत् पोषयन्ति अतो भवान् सर्वेषामेव सूनुः पुत्रो भवतु भवति । इत्थंभूतस्यास्य ते स्वाङ्गलोकोऽयमाहुतीः होमयति ॥ १७ ॥

शारीराग्निदर्शनं नाम अपरब्रह्मविद्या

स्वे शरीरे यज्ञं परिवर्तयामीति । चत्वारोऽग्नयस्ते किं नारमर्थ्याः ॥ १८ ॥ तत्र सूर्याग्निर्नाम सूर्यमण्डलाकृतिः सहस्ररश्मिपरिवृत एकऋषिर्भूत्वा मूर्धनि तिष्ठति । यस्मादुक्तो दर्शनाग्निर्नाम चतुराकृतिराहवनीयो भूत्वा मुखे तिष्ठति । शारीरोऽग्निर्नाम जराप्रणुदा हविरवस्कन्दति अर्धचन्द्राकृतिर्दक्षिणाग्निर्भूत्वा हृदये तिष्ठति । तत्र कोष्ठाग्निरिति—कोष्ठाग्निर्नामाशितपीतलीढ[1]स्वादितं सम्यग्व्यष्ट्यं विषयित्वा गार्हपत्यो भूत्वा नाभ्यां तिष्ठति ॥ १९ ॥ प्रायश्चित्तयस्त्वधस्तात्तिर्यक् तिस्रो हिमांशुः प्रभुः प्रजननकर्मा ॥ २० ॥

एवं स्वबाह्ये अग्निहोत्रकल्पनां किं करोषीत्यत आह—स्व इति । स्वे स्वीये शरीरे यज्ञं परिवर्तयामीति । शारीरनिर्वर्त्याग्नयः कति सङ्ख्याका इत्यत्र—तुर्यादिभेदेन ते चत्वारोऽग्नयो भवन्ति । शरीरे अग्निचतुष्टयादर्शनात् किं तत्स्वरूपं अरं अल्पल्पं? इत्यत आह— नारमिति । तुरीयादेः स्वविकल्पितोपाधिग्रासत्वेन निष्प्रतियोगिकभूमरूपत्वात् । तुरीयाद्यग्निचतुष्टयोपाधयः ते

[1] स्वादितादिसम्यग्विषयं—अ.

अर्धयाः अर्धमात्रादयः ॥ १८ ॥ के वा चतुरग्नयः ? तेषां स्थानानि कानीत्यत आह—तत्रेति । **तत्र सूर्याग्निर्नाम** कीदृश इत्यत्र—स्वातिरिक्तं नास्तीति प्रकाशकाः सूरयः एव सूर्याः तेषां सहस्रारगताव्याकृताकाशवत् आकृतिः यस्य स **सूर्यमण्डलाग्निरि**ति । **सहस्रदला**न्येव यस्य **रश्मयः** ताभिः **परिवृत** एव सन् तत्रोपलभ्यमान एक एव स्वाविद्यापदतत्कार्यनामरूपजातं ऋषति गच्छति व्याप्नोतीति चित्तुर्यादित्य **एकर्षिर्भूत्वा मूर्ध्नि तिष्ठति,** "तुरीयं मूर्ध्नि संस्थितं" इति श्रुतेः । यद्वा **सूर्यमण्डलाकृत्या सहस्ररश्मि**परिमितसूर्य एव भूताकाशे एक एव ऋषति गच्छतीत्ये**कर्षिर्भूत्वा मूर्ध्नि तिष्ठती**त्यर्थः । **यस्मा**दयं बीजात्मा सर्वज्ञेश्वरतया दृश्यते तस्मादयं **दर्शनाग्निः** तस्य ज्ञप्तिरूपत्वात् । **दर्शनाग्निर्नाम** चतुरश्राहवनीयवत् बीजविराडादि**चतुराकृतिः** स्वातिरिक्तप्रपञ्चहोमाधिकरणतया **आहवनीयो भूत्वा** स्वाविद्यापदबीजांशस्थानीये **मुखे तिष्ठति** । **शारीरोऽग्निर्नाम** स्वोपाधिलिंगशरीरेतरस्थूलशरीरप्रपञ्चं निर्दहतीति शारीरोऽग्निर्नाम हिरण्यगर्भः स्थूलशरीराश्रयजरादिषडूर्मिविक्रियया प्रणुद्यते क्षीयत इति **प्रणुदा** प्रणुदं **हविः** स्थूलप्रपञ्चरूपं हिरण्यगर्भात्मना **अवस्कन्दति** ग्रसतीति सविशेषनिर्विशेष-रूपाभ्यां **अर्धचन्द्राकृतिः** स्पष्टास्पष्टवपुः स्थूलप्रपञ्चदहनकर्मणि **दक्षिणाग्निर्भूत्वा सर्वप्राणिहृदये तिष्ठति** । तत्र **कोष्ठाग्निरि**ति वैश्वानरो विराडुच्यते ।

अहं वैश्वानरो भूत्वा प्राणिनां देहमाश्रितः ।
प्राणापानसमायुक्तः पचाम्यन्नं चतुर्विधम् ॥

इति स्मृतिसिद्ध**कोष्ठाग्निर्नाम** "अयमग्निर्वैश्वानरो योऽयमन्तः पुरुषे येनेदमन्नं पच्यते" इति श्रुतिसिद्धवैश्वानरोऽग्निः । दन्तैरवखण्डयावखण्डय यदद्यते भक्ष्यते तदपूपादि **अशितं** भक्ष्यं भवति । यत् पायसादि जिह्वया आलोडय निगीर्यते तत् **पीतं** भोज्यं भवति । यत्तु द्रवीभूतं गुडादि जिह्वायां निक्षिप्य निगीर्यते तत्तु **लीढं** लेह्यं भवति । यत्तु इक्षुखण्डादि दन्तैः निपीडय सारांशं स्वीकृत्य शिष्टं त्यज्यते तत् **खादितं** चोष्यं भवति । एवमशितपीतलीढखादितभेदेन **चतुर्विधमन्नं सम्यग्व्यष्ट्यं** व्यष्टिजीवजाताद्यमानं **विषयित्वा** स्वविषयीकृत्य यथायोगं पक्त्वा पचनं कुर्वन् **गार्हपत्यो भूत्वा सर्वप्राणिनाभ्यां तिष्ठति** ॥ १९ ॥ प्रायशः

च्चित्तोपाधयो विश्वतैजसप्राज्ञाः प्रायश्चित्तवृत्तयः । ते तु विराडादेरधस्तात् प्रतिष्ठिताः तिर्यक् तिस्रः पराग्वृत्तयः । तद्विशिष्टो व्यावहारिकजीवादिः प्रजननकर्मा । हि[तु ?]शब्दः प्रवृत्तिमार्गप्रवर्तकत्वद्योतकः । विश्वादितुरीयस्तु जाग्रदाद्यवस्थात्रयतमोभावाभावप्रकाशकहिमांशुः चिच्चन्द्रः सन् प्रत्यग्रूपेण प्रभवतीति प्रभुः भवतीत्यर्थः ॥ २० ॥

शारीराग्निविद्यायाः शारीरयज्ञत्वम्

अस्य शारीरयज्ञस्य यूपरशनाऽशोभितस्य को यजमानः का पत्नी के ऋत्विजः के सदस्याः कानि यज्ञपात्राणि कानि हवींषि का वेदिः काऽन्तर्वेदिः को द्रोणकलशः को रथः कः पशुः कोऽध्वर्युः को होता को ब्राह्मणाच्छंसी कः प्रतिप्रस्थाता कः प्रस्तोता को मैत्रावरुणः क उद्गाता का धारा कः पोता के दर्भाः कः स्रुवः काऽऽज्यस्थाली कावाघारौ कावाज्यभागौ के प्रयाजाः के अनुयाजाः केडा कः सूक्तवाकः कः शंयोर्वाकः के पत्नीसंयाजाः को यूपः का रशना का इष्टयः का दक्षिणा किमवभृथमिति ॥ २१ ॥ अस्य शारीरयज्ञस्य यूपरशनाऽशोभितस्यात्मा यजमानः बुद्धिः पत्नी वेदा महदृत्विजः अहंकारोऽध्वर्युः चित्तं होता प्राणो ब्राह्मणाच्छंसी अपानः प्रतिप्रस्थाता व्यानः प्रस्तोता उदान उद्गाता समानो मैत्रावरुणः शरीरं वेदिः नासिकाऽन्तर्वेदिः मूर्धा द्रोणकलशः पादो रथः दक्षिणहस्तः स्रुवः सव्य आज्यस्थाली श्रोत्रे [1]आघारौ

[1] आध्वरौ—अ २, क. अध्वरौ—अ, अ १.

चक्षुषी आज्यभागौ ग्रीवा धारा पोता तन्मात्राणि सदस्याः महाभूतानि प्रयाजाः गुणा अनुयाजाः जिह्वेडा दन्तोष्ठौ सूक्तवाकः तालुः शंयोर्वाकः स्मृतिर्दया क्षान्तिरहिंसा पत्नीसंयाजाः ओंकारो यूपः आशा रशना मनो रथः कामः पशुः केशा दर्भाः इन्द्रियाणि यज्ञपात्राणि कर्मेन्द्रियाणि हवींषि अहिंसा इष्टयः त्यागो दक्षिणा अवभृथं मरणात् सर्वाण्यस्मिन् देवता शरीरेऽधिसमाहिताः ॥२२॥

इत्थंभूतविद्यायाः शारीरयज्ञत्वं कथमित्याक्षिप्य परिहरति—**अस्येत्यादिना** ॥ २१ ॥ एवमाशङ्क्य स्वकृताशङ्कां श्रुतिः स्वयमेवापाकरोति—**अस्येति** । आत्मा यजमान इत्यादीनि **सर्वाणि** सर्वा **देवताश्च अस्मिन् शरीरे अधिसमाहिता** भवन्ति ॥ २२ ॥

विद्यापठनफलम्

वाराणस्यां मृतो वाऽपि इदं वा ब्राह्मणः पठेत् ।
एकेन जन्मना जन्तुर्मोक्षं च प्राप्नुयादित्युपनिषत् ॥ २३ ॥

वारणस्यां काश्यां मृतस्य जन्तोः जनिमृतिमुक्तिर्भवति । यद्वा—**इदं वा** शारीरयज्ञदर्शनं **ब्राह्मणः पठेत्** । **एकेनैव जन्मना जन्तुः** चित्तशुद्धिप्राप्यज्ञानं स्वातिरिक्तभ्रममोक्षं **च प्राप्नुयात्** । **इति**शब्दः प्राणाग्निहोत्रोपनिषत्परिसमाप्त्यर्थः ॥

श्रीवासुदेवेन्द्रशिष्योपनिषद्ब्रह्मयोगिना ।
प्राणाग्निहोत्रोपनिषद्व्याख्यानं लिखितं लघु ।
प्राणाग्निहोत्रोपनिषद्व्याख्यानं पञ्चसप्ततिः॥

इति श्रीमदीशाद्यष्टोत्तरशतोपनिषच्छाखाविवरणे चतुर्णवतिसङ्ख्यापूरकं प्राणाग्निहोत्रोपनिषद्विवरणं सम्पूर्णम्

मन्त्रिकोपनिषत्

पूर्णमदः—इति शान्तिः

परमात्मस्वरूपम्

अष्टपादं शुचिं हंसं त्रिसूत्रमणुम[1]व्ययम् ।

त्रिवर्त्मानं तेजसोऽहं सर्वतः पश्यन् न पश्यति ॥ १ ॥

स्वाविद्याद्वयतत्कार्यापह्नवज्ञानभासुरम् ।
मन्त्रिकोपनिषद्वेद्यं रामचन्द्रपदं भजे ॥

इह खलु शुक्लयजुर्वेदप्रविभक्तेयं मन्त्रिकोपनिषत् । अस्यास्तावत् उपोद्घातादिकं ईशावास्यादिवत् ऊह्यम् । सेयमुपनिषत् आख्यायिकां विना माण्डूक्यवत् अवान्तरतया प्रवृत्ता । "अष्टपादं" इत्याद्यस्याः संहितारूपमन्त्रोपनिषदः स्वल्पग्रन्थतो विवरणमारभ्यते । निराख्यायिकतया स्वच्छन्दप्रवृत्तिस्तु वक्ष्यमाणविद्यास्तुत्यर्था । यत्स्वरूपं चिन्मात्रमपि स्वाज्ञो न पश्यति स्वज्ञः पश्यति तत् किमित्याकाङ्क्षायां श्रुतिरेव तद्विशदयति—अष्टपादमिति । स्वाज्ञदृष्ट्या व्यष्टिसमष्ट्यात्मकं स्वाविद्यापदतत्कार्यजातम् । तत्र व्यष्टिप्रपञ्चारोपापवादाधिकरणं विश्वतैजसप्राज्ञतुर्यात्मकं चतुष्पात्, समष्टिप्रपञ्चारोपापवादाधिकरणं विराट्सूत्रबीजतुरीयात्मकं तदपि चतुष्पात्, आहत्य अष्टौ पादा यस्य तं अष्टपादम् । अशुचिव्यष्टिसमष्ट्ययोगात् शुचिम । हंशब्दः परवाची, सशब्दः प्रत्यग्वाची, "हकारः परमेशः स्यात् सकारस्त्वंपदं" इत्यादि श्रुतेः । हंसशब्देन

[1] द्वयं—अ १.

प्रत्यगभिन्नपरमात्मोच्यते। तं हंसं त्रिसूत्रं व्यष्टिसमष्टितदुभयैक्यकलनारोपाधिकरणविश्वविराडोतृरूपेण त्रिधा सूचनात्। अणुं अत्यन्ताणुबुद्धिवृत्त्यवभासकत्वात्। अव्ययं व्ययभास्यविलक्षणत्वात्। यदधिगमोपायोपेयभेदेन कर्मोपासनाज्ञानाख्यं वर्त्मत्रयं दृश्यते सोऽयं त्रिवर्त्मा तम्। तेजसः—इत्यत्र कर्मणि षष्ठी—तेजः अहम् अस्मत्प्रत्ययवेद्यत्वात्। स्वाज्ञ एवं भेदेन पश्यन्नपि स्वात्मवस्तुयाथात्म्यं स्वमात्रमिति न हि पश्यति, स्वाज्ञानावृतत्वात्॥ १॥

परमात्मदर्शनोपायः

भूतसंमोहने काले भिन्ने तमसि वै खरे।
[1]अतः पश्यन्ति सत्त्वस्था निर्गुणं गुणगह्वरे॥ २॥
अशक्यः सोऽन्यथा द्रष्टुं ध्यायमानः कुमारकैः।

स्वज्ञास्तु सत्त्वस्थाः शुद्धसत्त्वान्तःकरणविशिष्टाः सन्तः वै स्वाज्ञदृष्टिप्रसिद्धे यथोक्तकाले भूतस्य प्राणिजातस्य सम्मोहने संवरणे विद्यमानात्मतिरस्करणात् खरे खले क्रूरे वा तमसि ईशाद्यष्टोत्तरशतवेदान्तार्थश्रवणमनननिदिध्यासनप्रभवसम्यज्ज्ञानसूर्योदयात् भिन्ने विलीने सति अतः परं गुणगह्वरे प्रपञ्चे सत्यसति निर्गुणं ब्रह्माऽहमस्मीति पश्यन्ति॥ २॥ उक्तोपायं विना स्वात्मा द्रष्टुं न शक्य इत्याह—अशक्य इति। कुमारकैः सनकादिभिः ब्रह्माहमस्मीति यो ध्यायमानः परमात्मा सोऽयमन्यथा वेदान्तश्रवणातिरिक्तसाधनेन द्रष्टुमशक्यो भवति॥

मायावशगतस्य अज्ञस्य संसारः

विकारजननी[2]मज्ञामष्टरूपामजां ध्रुवाम्॥ ३॥
ध्यायतेऽध्यासिता तेन तन्यते प्रेर्यते पुनः।
सूयते पुरुषार्थं च तेनैवाधिष्ठितं जगत्॥ ४॥

[1] अन्तः—उ, [2] माज्ञा—अ, अ १, अ २, क,

[1]गौरवाद्यन्तवती [2]स्याज्जनित्री भूतभाविनी ।
सितासिता च रक्ता च सर्वकामदुघा विभोः ॥ ५ ॥
पिबत्येनामविषयामविज्ञाता कुमारकैः ।

स्वाज्ञः स्वविकल्पितमायां ध्यायन् तद्वशमेत्य बन्धमोक्षादिसंसारकलनाकलितो भवतीत्याह—विकारेति । अध्यासिता स्वाविद्यातत्कार्याध्यासकर्ता स्वाज्ञः विद्याप्रपञ्चविकारजननीं परमार्थदृष्टिभिः अज्ञां तद्दृष्ट्या शशविषाणवत् अवस्तुभूतां स्वाज्ञदृष्ट्या

भूमिरापोऽनलो वायुः खं मनो बुद्धिरेव च ।
अहङ्कार इतीयं मे भिन्ना प्रकृतिरष्टधा ॥

इति स्मृत्यनुरोधेन अष्टरूपाम् । अजामित्युपलक्षणार्थम्—परमार्थदृष्ट्या स्वस्यावस्तुत्वेन जन्मस्थितिभङ्गशून्याम् । स्वाज्ञदृष्ट्या वज्रादपि ध्रुवां दृढां

अविद्यमानैवाविद्या वस्तुतत्त्वविचारिणाम् ।
अविचारेण मूढानां वज्रादपि दृढायते ॥

इति स्मृतेः ॥ ३ ॥ एवमुक्तलक्षणां स्वाज्ञततिः ध्यायते ध्यायति । तेन स्वावारकाविद्याऽस्तीति ध्यानेन तन्यते तन्यति तानवं याति । विद्याऽविद्यारूपया तया अध्यासिता जीवः स्वबन्धमोक्षोपायकर्मणि प्रेर्यते पुनः पुनः चोद्यते । सेयं माया स्वाज्ञदृष्ट्या धर्मादिपुरुषार्थं, चशब्दादपुरुषार्थमपि, सूयते जनयति इदं जगत् तेनैव पुरुषार्थेन अधिष्ठितं भवति ॥ ४ ॥ स्वाज्ञदृष्ट्या गौरवा सर्वलोकजनित्री सर्वभूतभाविनी च, स्वज्ञदृष्ट्या आद्यन्तवती सम्भूतिप्रलयवती स्यात् । किञ्च—कार्यरूपेण सितासिता च रक्ता च सत्त्वतमोरजोगुणात्मिका स्वकल्पकस्य विभोर्जीवस्य सर्वकामान् दोग्धीति सर्वकामदुघा पयःस्थानीयसर्वकामप्रदाने इयं कामधुक् ॥ ५ ॥

[1] गौरना—मु. [2] सा ज—मु.

प्रभुः तामेनां कारणात्मना स्वाविषयां कार्यात्मना विषयभूतां पिबति इयमस्तीत्यनुभवति। सर्वैरप्येवमनुभूयत इत्यत आह—अविज्ञातेति। कुमारकैः सनकादिमुनिप्रवरैः इयमविद्या सत्यत्वेव व्यावहारिकत्वेन प्रातिभासिकत्वेन वाऽस्ति नास्तीत्यविज्ञाता भवति, तेषां स्वातिरिक्तस्वाविद्याद्वयतत्कार्यापह्नवसिद्ध-निष्प्रतियोगिकब्रह्ममात्रभावारूढत्वात् ॥

जीवेशयोः लक्षणम्

एकस्तु पिबते देवः स्वच्छन्दोऽत्र वशानुगः ॥ ६ ॥
ध्यानक्रियाभ्यां भगवान् भुङ्क्तेऽसौ प्रसहद्विभुः।
सर्वसाधारणीं दोग्ध्रीं पीयमानां तु यज्वभिः ॥ ७ ॥
पश्यन्त्यस्यां महात्मानः सुपर्णं पिप्पलाशनम्।
उदासीनं [1]परं हंसं स्नातकाध्वर्यवो जगुः ॥ ८ ॥
शंसन्तमनुशंसन्ति बह्वृचाः शास्त्रकोविदाः।
रथन्तरं बृहत्साम सप्तवैधैस्तु गीयते ॥ ९ ॥
मन्त्रोपनिषदं ब्रह्म पदक्रमसमन्वितम्।
पठन्ति भार्गवा ह्येते ह्यथर्वाणो भृगूत्तमाः ॥ १० ॥

द्वा सुपर्णा सयुजा सखाया समानं वृक्षं परिषस्वजाते।
तयोरन्यः पिप्पलं स्वाद्वत्त्यनश्नन्नन्यो अभिचाकशीति ॥

इति श्रुत्यनुरोधेन स्वाज्ञप्रमाणसिद्धौ शरीरवृक्षारूढौ जीवेशपक्षिणौ स्तः, तत्रैकः तदाविद्यकफलमनुभवति, तदितरस्तन्नानुभवन्नुदासीनो भवति, इत्यृगादिचतुर्वेदिनो जगुरित्याह—एकस्त्विति। स्वाज्ञदृष्टया कार्यकारणमायोपाधिकौ जीवेशौ स्तः। तत्रैकस्तु भगवानसौ जीवो विभुः अत्रास्मिन् देहे इयमविद्या अस्तीति

[1] ध्रुवं—अ, अ १, अ २, क.

ध्यानक्रियाभ्यामवगम्य विभुरात्मा प्रसहदवशात् भुङ्क्ते अनुभवतीत्यर्थः । स्वच्छन्दोऽपि तद्वशानुगो भूत्वा स्वाविद्यानिष्पन्नं पिप्पलरसं पिबते पिबति । एवं अस्यां अविद्यायां महात्मानः चतुर्वेदिनः सर्वाङ्गजनसाधारणीं तत्सर्वकामफलदोग्ध्रीं यज्वभिस्तु कर्मभिरेव पीयमानां स्वाविद्यां तज्जं पिप्पलं कर्मफलमश्नातीति पिप्पलाशनं सुपर्णमेकं पक्षिणं च तदज्ञानानुगुणं पश्यन्ति । तत्र केचित् यजुर्वेदोक्तकर्मानुष्ठायिनः स्नातका अध्वर्यवः जीवापेक्षया परं स्वज्ञानेन कर्मफलभोक्तृत्वादिसंसारं हन्तीति हंसं ईश्वरं अध्रुवशरीरत्रयवैलक्षण्यात् ध्रुवं स्वाविद्यापिप्पलासङ्गोदासीनं जगुः कथयन्ति ॥ ६–८ ॥ तथा सर्वशास्त्रकोविदाः पारीणाः बह्वृचाः ऋग्वेदिनः एवं शंसन्तं यजुर्वेदिनिचयं अनुशंसन्ति तदनुसारेण वदन्ति । तथा "अभि त्वा शूर नोनुमः" इत्यादिरथन्तरं साम, "त्वामिद्धि हवामहे" इत्यादिबृहत्साम, सप्तगानाष्टब्राह्मणात्मकसामवेदो यैर्विशेषेण धीयते ते सामगाः सप्तवैधाः तैरप्ययमर्थो गीयते ॥ ९ ॥ एतमेवार्थमथर्वाणोऽपि पठन्तीत्याह—मन्त्रेति । भृगुरेव उत्तमो येषां ते भृगूत्तमाः भार्गवाश्च शुक्राचार्यप्रमुखाः अथर्वाणः पदक्रमसमन्वितं ब्रह्म वेदं, जीवो भोक्ता, ईश्वरस्त्वभोक्ता, परमात्मा तु भोक्तृभोक्तृकलनाविशिष्टजीवेशादिभेदाभेदकलनापह्नवसिद्ध इति यस्यां प्रतिपाद्यते तां मन्त्रोपनिषदं कदाचित् यथाश्रुतं कदाचित् पदं कदाचित् क्रमं च पठन्ति । हिशब्दद्वयं निःसंशयार्थम् ॥ १० ॥

परमात्मन एव कालादिबहुरूपत्वम्

सब्रह्मचारी व्रात्यश्च स्तम्भोऽथ फलितस्तथा ।
अनड्वान्रोहितोच्छिष्टः पश्यन्तो बहुविस्तरम् ॥ ११ ॥
कालः प्राणश्च भगवान्[1]मन्युः [2]शर्वो
भवश्च रुद्रश्च शरावान् साधुरस्तथा ॥ १२ ॥

[1] मृत्युः—अ. [2] शर्वो महेश्वरः । उग्रोभ—इ.

प्रजापतिर्विराट् चैव पूष्णः सलिल एव च ।

स्तूयते मन्त्रसंस्तुत्यैरथर्वविदितैर्विभुः ॥ १३ ॥

अष्टपादमित्याद्येतावता ग्रन्थेन यदुक्तं ब्रह्म तद्ब्रह्मचारिणो मुनयो जानन्तीत्याह—सेति । ब्रह्मव्रतधारणात् व्रत्यो नाम भृगोः सब्रह्मचारी, स्वात्मन्येव निरुच्छ्वासं मनसा सह प्राणवृत्तिं स्तम्भयतीति स्तम्भो नाम मुनिश्च, तथा फलितो नाम मुनिः साक्षात्कृतज्ञानफलत्वात्, तथा अनड्वान्नाम ऋषिः अनड्वाहवदवधूतत्वात्, तथा नामतो रोहितः तथोच्छिष्टः सर्वोत्कृष्टशिष्ट-ब्रह्मदृष्टित्वात्, एते व्रत्यादयो बहुविस्तरं ब्रह्माहमस्मीति पश्यन्तः पश्यन्ति ॥ ११ ॥ ब्रह्मणो विस्तरत्वं कथमित्यत आह—काल इति । प्रळयकाले कालाग्निरुद्रात्मना सर्वं कालयतीति कालः । प्राणः मुख्यप्राणत्वात् । भगवान् षड्गुणैश्वर्यसम्पन्नत्वात् । मन्युः स्वातिरिक्तासहत्वात् । शर्वः शमादिमुनिवन्द्यत्वात् । भवः सदा भवतीति । तथा च रुद्रः संसारद्रुद्राव-कत्वात् । शरान् जीवान् अवतीति शरावान्, तथाच श्रुतिः "शरा जीवाः" इति । तथा साधून् रातीति साधुरः ॥ १२ ॥ प्रजापतिः प्रजापालकत्वात् । तथा च स्वेन रूपेण विराजत इति विराट् । तथा च पूष्णः—प्रथमार्थे षष्ठी—पूषा सर्वपोषकत्वात् । तथा सलिलः सलिलं सर्वजीवनहेतुत्वात् । काल इत्यादिविभ्वन्तविशेषणविशिष्टो यः परमात्मा स एव बहुविस्तरं ब्रह्मेति सप्तकोटिमहामन्त्रस्तुत्यैः अथर्ववेदविदितैः देवैः स्तूयते स्तुतो भवति ॥ १३ ॥

परमात्मनो नानादर्शनविकल्पितत्वम्

तं षड्विंशक इत्येके सप्तविंशं तथाऽपरे ।

पुरुषं निर्गुणं सांख्यमथर्वशिरसो विदुः ॥ १४ ॥

चतुर्विंशतिसंख्यातं व्यक्तमव्यक्तमेव च ।

अद्वैतं द्वैतमित्याहु[1]स्त्रिधा तं पञ्चधा तथा ॥ १५ ॥

[1] हो:—क.

ब्रह्माद्यं स्थावरान्तं च पश्यन्ति ज्ञानचक्षुषः ।
तमेकमेव पश्यन्ति परिशुभ्रं विभुं द्विजाः ॥ १६ ॥

य एवं स्तुतः तं जीवत्वेन केचिदामनन्ति केचिदीश्वरत्वेन केचिज्जीवेश्वरकलनाविरळब्रह्मतया विदुरित्याह—तमिति । योऽनात्मापह्नवसिद्धः परमात्मा तं केचित् बुधाः वियदादिभूतपञ्चकं प्राणादिवायुपञ्चकं श्रोत्रादिज्ञानेन्द्रियपञ्चकं वागादिकर्मेन्द्रियपञ्चकं मनआद्यन्तःकरणचतुष्टयं, एवं चतुर्विंशतिसङ्ख्यातं चतुर्विंशतितत्त्वमुच्यते । व्यक्तं तूलाविद्यारूपमेकम् । आहत्य पञ्चविंशतितत्त्वं तदुपाधिकं जीवं विदुः, "जीवः पञ्चविंशकः" इति श्रुतेः । केचन मूलाविद्यात्मकं अव्यक्तं पूर्वोक्ततत्त्वैः साकं षड्विंशतत्त्वमूचिरे, षड्विंशक ईश्वर इत्याहुः, "षड्विंशक आत्मा भवति" इति श्रुतेः । केचित् गुणसाम्यं सप्तविंशतिसङ्ख्यापूरकं तदुपाधिकः साक्षीति विदुः । अपरे केचित् अथर्वशिरःपारीणा अथर्वशिरसः स्वातिरिक्तप्रपञ्चपूरणात् पुरुषं गुणसाम्यादितमोगुणान्तकलनाभावं निर्गुणं यस्मिन् सति तत्त्वानि सङ्ख्यायन्ते तं साङ्ख्यमिति विदुः ॥ १४ ॥ केचन अद्वैतं जीवब्रह्मैक्यं परमार्थमाहुः केचित् तद्विपरीतं द्वैतम् । केचित् ब्रह्मविष्णुरुद्रभेदेन तं त्रिधा आहुः । केचित् पञ्चब्रह्मात्मना पञ्चधा आहुः ॥ १९ ॥ स्वाज्ञदृष्टिप्रसक्तब्रह्मादिस्थावरान्तप्रपञ्चेषु नामरूपवृत्तिवैचित्र्यादनेकविधेष्वपि तदारोपापवादाधिकरणतया य आस्ते तं विभुं भूमात्मानं ज्ञानचक्षुषो द्विजा ब्रह्मविद्वराः स्वाधिष्ठेयसापेक्षाधिष्ठानताऽपह्नवसिद्धमात्मानं शुभ्रं निष्प्रतियोगिकस्वमात्रं पश्यन्ति ॥ १६ ॥

सर्वलयाश्रयब्रह्मज्ञानेन ब्रह्मभावापत्तिः

यस्मिन् सर्वमिदं प्रोतं ब्रह्म स्थावरजंगमम् ।
तस्मिन्नेव लयं [1]याति स्रवन्त्यः सागरे यथा ॥ १७ ॥

[1] यान्ति—उ.

यस्मिन् भावाः प्रलीयन्ते लीनाश्चाव्यक्ततां ययुः ।
पश्यन्ति व्यक्ततां भूयो जायन्ते बुद्बुदा इव ॥ १८ ॥

क्षेत्रज्ञाधिष्ठितं चैव कारणैर्विद्यते पुनः ।
एवं स भगवान् देवः पश्यन्त्यन्ये पुनः पुनः ॥ १९ ॥

ब्रह्म ब्रह्मेत्यथायान्ति ये विदुर्ब्राह्मणास्तथा ।
अत्रैव ते लयं यान्ति लीनाश्चाव्यक्तशालिनः ॥
लीनाश्चाव्यक्तशालिन इत्युपनिषत् ॥ २० ॥

अपह्नोतव्यमिदं जगत् कस्मिन्नुदयस्थित्यवसानं भजतीत्यत आह—यस्मिन्निति । यस्मिन्नारोपाधिकरणे परमेश्वरे सर्वमिदं आब्रह्मस्थावरजङ्गमं विकल्पितं प्रोतं स्थितं च स्रवन्त्यः सागरे यथा तस्मिन्नेव लयं याति ॥ १७ ॥ नित्यादिप्रळयाधारे यस्मिन् स्वस्वकर्मानुरोधेन भवन्तीति भावाः जीवाः कर्मक्षयात् प्रलीयन्ते । ततः किमित्यत आह—लीनाश्चेति । मधूच्छिष्टपिण्डे स्वर्णादिरेणव इव ये लीनास्ते अव्यक्ततां ययुः । ते पुनः सृष्टिकाले बुद्बुदा इव जले भूयो व्यक्ततामेत्य जायन्ते ॥ १८ ॥ किञ्च—एतत् सर्वं पुनः पुनः घटीयन्त्रवत् जन्मस्थितिभङ्गं भजतीति कारणैरनेकहेतुभिः एतत् सर्वं क्षेत्रं तत् स्वातिरिक्तं नास्तीति यो जानाति स हि क्षेत्रज्ञः परमात्मा तेनाधिष्ठितं सदिदं सर्वं विद्यते न स्वत इति सन्तो यं पश्यन्ति सोऽयं भगवान् देवः परमात्मा ॥ १९ ॥ स्वाज्ञविकल्पितस्वातिरिक्तकलापह्नवप्रबोधसमकालं स्वमात्रमवशिष्यते इत्यन्ये ये विदुः ब्राह्मणाः ब्रह्मविद्वरीयांसः ते कृतकृत्याः, ब्रह्मैव भवन्तीति वाक्यशेषः । तदपेक्षया ये मन्दाधिकारिणो यद्यत् करणग्रामग्राह्यं तत् सर्वमिदं ब्रह्म इदं ब्रह्मेति पुनः पुनरभ्यासं कुर्वन्ति ते ब्रह्मविदः । अथानन्तरं क्रमेण सम्यज्ज्ञानिनो भूत्वा तन्मात्रतां यान्ति पुरा स्वात्तोपाधयः त्वत्रैव लयं विरूपविलयं

यान्ति । ते स्वोपाधिविकाराः एवं लीनाश्च सन्तः अव्यक्तरूपं ब्रह्म तच्छालिनस्तद्रूपा भवन्ति । अभ्यासतो नेह पुनः संसरन्तीत्यर्थः । इत्युपनिषच्छब्दः प्रकृतोपनिषत्परिसमाप्त्यर्थः ॥ २० ॥

श्रीवासुदेवेन्द्रशिष्योपनिषद्ब्रह्मयोगिना ।
मन्त्रिकोपनिषट्टीका लिखिता स्याद्यथा स्फुटम् ।
मन्त्रिकोपनिषद्व्याख्याग्रन्थस्त्वष्टोत्तरं शतम् ॥

इति श्रीमदीशाद्यष्टोत्तरशतोपनिषच्छास्त्रविवरणे द्वात्रिंशत्सङ्ख्यापूरकं मन्त्रिकोपनिषद्विवरणं सम्पूर्णम्

महोपनिषत्

आप्यायन्तु—इति शान्तिः

प्रथमोऽध्यायः

उपनिषदधिकारः

अथातो महोपनिषदं व्याख्यास्यामः ॥ १ ॥

यन्महोपनिषद्वेद्यचिदाकाशतया स्थितम् ।
परमाद्वैतसाम्राज्यं तद्रामब्रह्म मे गतिः ॥

इह खलु सामवेदप्रविभक्तेयं महोपनिषत् श्रीशुकजनक-ऋभुनिदाघ-प्रश्नप्रतिवचनमुखेन परमतत्त्वरहस्यभूतनिष्प्रतियोगिकब्रह्ममात्रसिद्धान्तं सोपायं प्रकटयन्ती विजृम्भते। अस्याः स्वल्पग्रन्थतो विवरणमारभ्यते। आदौ तावत् मुमुक्षूनुपलभ्य श्रुतयः परमतत्त्वमुपदिशन्तीत्याह—अथेति। अथ साधन-चतुष्टयसम्पत्त्यनन्तरं यतो मुमुक्षूणां ब्रह्ममात्रप्रबोधं विना न हि पुरुषार्थो भवति अतः कारणात् मुमुक्षूणां परमपुरुषार्थसिद्ध्ये श्रुतयो वयं—उपनिपूर्वस्य सद्धातोः (षद्लृ धातोः) अर्थानुगमात् यथोक्तसाधनसम्पन्नान् मुमुक्षून् ब्रह्मोप-सामीप्यं ब्रह्मस्वरूपं निषीदति प्रापयतीति ब्रह्मविद्योपनिषत्—उपनिषण्णं वाऽस्यां कैवल्यमिति वा उपनिषत्—ब्रह्ममात्रप्रकाशकतया इयं महती च

सोपनिषच्चेति—महोपनिषत् तां विशेषेण आख्यास्यामः, विस्पष्टं प्रतिपादयिष्याम इत्यर्थः ॥ १ ॥

नारायणस्य अद्वितीयत्वं ईशत्वं च

तदाहुः—एको ह वै नारायण आसीन्न ब्रह्मा नेशानो नापो नाग्नीषोमौ नेमे द्यावापृथिवी न नक्षत्राणि न सूर्यो न चन्द्रमाः ॥ २ ॥ स एकाकी न रमेत ॥ ३ ॥

यद्वयं वक्तुमुद्युक्ताः तदेव पुरा ब्रह्मवादिनोऽपि वदन्तीत्याह—तदाहुरिति । किमित्यत आह—एक इति । ह वा इति वृत्तस्मरणार्थौ । स्वप्रतियोगिद्वित्वासम्भवात् एकः । स चासौ स्वातिरेकेण नास्त्यरं अल्पं अविद्यापदतत्कार्यजातमिति नारं विकलेबरकैवल्यं अयनं धाम स्वरूपं यस्य सोऽयं नारायणः परमात्मा । स्वाज्ञादिदृष्टिमोहे सत्यसति स्वयं एक एव आसीत् स्थितवानित्यर्थः । कथं अस्यैकत्वं तदतिरेकेण ब्रह्मादिचन्द्रान्तसत्त्वादित्यत आह—नेति । तदतिरेकेण न ब्रह्मा ॥ २ ॥ परमार्थदृष्ट्या नारायणो निष्प्रतियोगिकाद्वितीयोऽपि स्वाज्ञदृष्ट्येशत्वमवलम्ब्येव स्थितवानित्याह—स एकाकीति । यो निर्विशेषतया अवशिष्टः स एव स्वाज्ञदृष्टिविकल्पितमूलाविद्यामधिष्ठाय एकाकी ईश्वरः स्वातिरिक्तप्रपञ्चसिसृक्षया स्वात्ममात्रे न रमते इत्यर्थः ॥ ३ ॥

यज्ञस्तोमोत्पत्तिः

तस्य ध्यानान्तःस्थस्य यज्ञस्तोममुच्यते ॥ ४ ॥

ततः किमित्यत आह—तस्येति । एकाकिना मया किं कर्तव्यमिति ध्यानाविष्टस्य, तस्य एवं ध्यायन् स्वान्तरेव तिष्ठतीति ध्यानान्तःस्थः तस्य ध्यानान्तःस्थस्य स्वेच्छामात्रेण सिसृक्षमाणसृष्टियज्ञसाधनं महायज्ञस्तोमं अव्यक्ताख्यं सर्वानर्थकलनानिर्वाहकं प्रादुर्भूतमुच्यते ॥ ४ ॥

चतुर्दशपुरुषाणां पञ्चविंशतितत्त्वात्मकपुरुषस्य चोत्पत्तिः

तस्मिन् पुरुषाश्चतु[1]र्दश जायन्ते एका कन्या दशेन्द्रियाणि मन एकादशं तेजो द्वा[2]दशमहंकारस्त्रयोदश प्राणश्चतुर्दश आत्मा पञ्चदश बुद्धि [3]र्भूतानि पञ्च तन्मात्राणि पञ्च महाभूतानि स एकः पञ्चविंशतिः पुरुषः ॥ ५ ॥ तत्पुरुषं पुरुषो निवेश्य नास्य प्रधानसंवत्सरा जायन्ते संवत्सरादधिजायन्ते ॥ ६ ॥

तस्मिन् यज्ञस्तोमे सृष्टिकर्मनिर्वाहकाः **चतुर्दश पुरुषाः जायन्ते** । पञ्चब्रह्माणो ब्रह्मादिसदाशिवान्ताः दक्षादिनवप्रजापतयश्च चतुर्दशसङ्ख्यापूरकाः । **एका कन्या** सर्वानर्थमूलत्वेन प्रकृता मूलप्रकृतिः । एते ब्रह्मादयः सृष्टिकर्मप्रवर्तकाः । तत्साधनत्वेन लिंगशरीरं सहजतादात्म्यास्पदमात्मना पञ्चदशावयवकलनान्वितं जातमित्यत्र वाक्श्रोत्रादिभेदेन कर्मज्ञानेन्द्रियाणि **दश**, **एकादश**सङ्ख्यापूरकं **मनः**, **तेजः द्वादश**सङ्ख्यापूरकं बुद्धितत्त्वं बुद्धेः तैजसत्वात्, **त्रयोदश**सङ्ख्यापूरकोऽयम**हङ्कारः**, **चतुर्दश**सङ्ख्यापूरकः **प्राणः**, स्वयमात्मेश्वरः **पञ्चदश**सङ्ख्यापूरकः यया बुध्यते निखिलं सेयं **बुद्धिः** विद्याऽविद्या वा, एतत्सर्वाधारतया भवन्तीति **भूतानि** कामकर्मतमांसि त्रीणि, **पञ्च तन्मात्राणि पञ्चमहाभूतानि** चतुर्विंशतिसङ्ख्यापूरकाणि, तदुपाधिकः **स एको** जीवः, तेन साकं **पञ्चविंशतिः** तत्समष्ट्यभिमानी **पुरुषो** विराट् सूत्रात्मा वा ॥ ५ ॥ **तत्पुरुषं** स्थूलादिसृष्टिकर्मणि तदधिष्ठाता **पुरुषः** परमेश्वरः **निवेश्य** स्थापयित्वा स्वयं असंगोदासीनतया उदास्ते । एतावन्तं कालं अयं तिष्ठतीति शतादिसङ्ख्यया परिच्छिन्नाः **प्रधानसंवत्सरा नास्य जायन्ते**, स्वयमेव संवत्सरात्मा, "स एष कालो भुवनस्य गोप्ता" इति श्रुतेः । स्वस्मात् **संवत्सरात्** कालात्मनः सकाशात् सर्वे **अधिजायन्त** इत्यर्थः ॥ ६ ॥

[1] र्दशा—अ १, अ २, क. [2] दशाहं—अ १.

[3] भूता—अ १, अ २.

रुद्रोत्पत्तिः

अथ पुनरेव नारायणः सोऽन्यत्कामो मनसा ध्यायत। तस्य ध्यानान्तःस्थस्य ललाटात् त्र्यक्षः शूलपाणिः पुरुषो जायते बिभ्रच्छ्रियं यशः सत्यं ब्रह्मचर्यं तपो वैराग्यं मन ऐश्वर्यं सप्रणवा व्याहृतय ऋग्यजुःसामाथर्वाङ्गिरसः सर्वाणि छन्दांसि तान्यङ्गे [1]समाश्रितानि तस्मादीशानो महादेवो महादेवः ॥ ७ ॥

यज्ञस्तोमादिसृष्टिमुक्त्वा छन्दोमयांगरौद्रसृष्टिमाह — अथेति । यो नारायण इति ख्यातः सोऽयं ऋगादिचतुर्वेदांगरौद्रप्रपञ्चं स्रष्टुकामः यज्ञस्तोमादिसृष्ट्यपेक्षया अन्यत्कामोऽन्यकामः सन् मनसैवं ध्यायत। तस्य ध्यानान्तस्स्थस्य नारायणस्य ललाटात् यः सर्वातिशायिनीं श्रियं यशः सत्यं ब्रह्मचर्यं तपो वैराग्यं सत्यकामादिलक्षणं मनः निरवधिकैश्वर्यं च बिभ्रत् यस्याङ्गे ॐ भूः इत्यादिसप्रणवाः सप्तव्याहृतयः ऋग्यजुःसामाथर्वाङ्गिरसश्च तानि सर्वाणि छन्दांसि चानवरतं समाश्रितानि भवन्ति सोऽयं त्र्यक्षः शूलपाणिः पुरुषो जायते। नारायण एव रुद्ररूपेण आविरासीत् इत्यर्थः । यस्मात् एवं कर्तुं समर्थो भवति तस्मादीशानो नारायण एव महादेवः, महादेव एव नारायणः, नह्यनयोर्भेदो विद्यते इत्यत्र—"शिवाय विष्णुरूपाय शिवरूपाय विष्णवे" इत्यादि श्रुतेः ॥ ७ ॥

चतुर्मुखब्रह्मोत्पत्तिः

अथ पुनरेव नारायणः सोऽन्यत्कामो मनसा ध्यायत। तस्य ध्यानान्तःस्थस्य ललाटात् स्वेदोऽपतत्। ता इमाः प्रतता आपः। ततस्तेजो हिरण्मयमण्डम्। तत्र ब्रह्मा चतुर्मुखोऽजायत ॥ ८ ॥

[1] समभि—अ १.

छन्दोमयाङ्गगरुडसृष्ट्यनन्तरं ब्रह्मसृष्टिमाचष्टे—अथेति । मनसा ध्यायत ब्रह्मसृष्टिं करवाणीति । प्रतता आपः, विस्तारं गता इत्यर्थः । अण्डं सञ्जातम् ॥ ८ ॥

व्याहृतिछन्दोवेददेवतानामुत्पत्तिः

सोऽध्यायत् । पूर्वाभिमुखो भूत्वा भूरिति व्याहृति[1]र्गायत्रं छन्द ऋग्वेदोऽग्निर्देवता । पश्चिमाभिमुखो भूत्वा भुव इति व्याहृतिस्त्रैष्टुभं छन्दो यजुर्वेदो वायुर्देवता । उत्तराभिमुखो भूत्वा स्वरिति व्याहृतिर्जागतं छन्दः सामवेदः सूर्यो देवता । दक्षिणाभिमुखो भूत्वा मह इति व्याहृतिरानुष्टुभं छन्दोऽथर्ववेदः सोमो देवता ॥ ९ ॥

स भूत्वा किं कृतवानित्यत आह—सोऽध्यायदिति । कथमध्यायत् तेन किं जायत इत्याशङ्क्य स पूर्वादिचतुर्मुखो भूत्वा व्याहृतिछन्दोवेददेवता भवतीत्याह—पूर्वेति ॥ ९ ॥

नारायणस्य विराड्रूपत्वम्

सहस्रशीर्षं देवं सहस्राक्षं विश्वशंभुवम् ।
विश्वतः परमं नित्यं विश्वं नारायणं हरिम् ॥ १० ॥
विश्वमेवेदं पुरुषस्तद्विश्वमुपजीवति ।
पतिं विश्वेश्वरं देवं समुद्रे[2]कं विश्वरूपिणम् ॥ ११ ॥

नारायण एव ब्रह्मात्मना भूरादिसोमान्तदेवताभावमेत्य विराड्रूपो बभूवेत्याह—सहस्रशीर्षमिति । श्रुतयः स्वाज्ञलोककृपया सविशेषं वैराजमात्मानं

[1] र्गायत्री—अ, अ १, क.   [2] कविं वि—अ.

दर्शयित्वा हे स्वाज्ञलोकाः यूयं स्वहृदयमध्ये वैराजं स्वात्मेति ध्यायतेत्याह—**सहस्रेति**। सर्वप्राण्यात्मना सहस्राणि शिरांसि अस्यैवेति तथोक्तं **सहस्रशीर्षं**, देदीप्यमानरूपत्वात् **देवं**, तथा **सहस्राक्षं**, यतः स्वविभक्तविश्वानां व्यावहारिकाणां शं सुखं भवतीति तं **विश्वशंभुवं**, विश्वापेक्षया परमं **विश्वतःपरमं**, अनित्यविश्वविलक्षणत्वात् **नित्यं**, विश्वरूपत्वात् **विश्वं**, सूरयो यत्र न रमन्ते तन्नरं तदेव नारं अविद्यापदतत्कार्यजातं यः तदयनं आरोपापवादाधिकरणं तं **नारायणं**, वस्तुतः स्वाधेयनिरूपिताधारताप्रभवसविशेषतां स्वावशेषतया हरतीति **हरिम्** ॥ १० ॥ जगतः पतिं पालकं **विश्वेश्वरं** विश्वनियन्तारं, **देवं** द्योतनात्मकं, प्रत्यगभिन्नब्रह्मात्मना सम्यक् **उद्रेकं** अतिरिक्तं, **विश्वरूपिणं** विराडात्मानं अयमहमस्मीति ध्यायत। विश्वरूपत्वं कथमित्यत्र—यमाश्रित्य तद्विश्वमुपजीवति चेतनभावमेति। यत एवं अतः इदं विश्वं पुरुष एव ॥ ११ ॥

नारायणोपलब्धिस्थानं हृदयम्

पद्मकोशप्रतीकाशं लम्बत्याकोशसंनिभम्।
हृदयं चाप्यधोमुखं संतत्यै [1]सीत्कराभिश्च ॥ १२ ॥
तस्य मध्ये महानर्चिर्विश्वार्चिर्विश्वतो[2]मुखम्।
तस्य मध्ये वह्निशिखा अणीयोर्ध्वा व्यव[3]स्थिता ॥ १३ ॥
तस्याः शिखाया मध्ये पुरुषः परमात्मा व्यवस्थितः।
स ब्रह्मा स ईशानः सेन्द्रः सोऽक्षरः परमः स्वराट् ॥

इति महोपनिषत् ॥ १४ ॥

तदुपलब्धिस्थानं किमित्यत्र हृदयमित्याह—**पद्मेति**। **पद्मकोशप्रतीकाशं अधोमुखं** उरोभागे यत् **लम्बति** जीवनसन्तत्यै **सीत्कराभिः** शीतलोदककणैश्च

[1] सत्क—अ. सीत्का—अ १, अ २, क. [2] मुखः—अ, अ १, अ २.
[3] स्थितः—अ, अ १.

स्रवत् आकोशसन्निभं सर्वप्राणिनां हृदयं चकास्ति । चशब्दात् प्रणवेन प्राणायामेन वा हृदयमूर्ध्वमुखं कुर्यादिति द्योत्यते ॥ १२ ॥ यदेवं हृदयं प्रतिभाति तस्य हृदयस्य मध्ये महान् महत् अर्चिः । तस्य परिच्छिन्नशङ्कां शातयति—विश्वार्चिः विश्वतोमुखमिति च । प्रकाशवदव्याकृताकाशज्योतिः दीप्यत इत्यर्थः । तस्य अव्याकृताकाशस्य मध्ये योगकालीनमूलाधारत्रिकोणोत्थितवह्निशिखा अणीयोर्ध्वा अणीयसी स्वस्थानादूर्ध्वगामिनी व्यवस्थिता वर्तते ॥ १३ ॥ तस्याः शिखायाः मध्ये सच्चिदानन्दवपुषा स्वाविद्यापदतत्कार्यजातपूरणात् पुरुषः परमात्मा सर्वप्रत्यगभेदेन यो व्यवस्थितः सोऽयं नारायण एव ब्रह्मा स ईशानः सेन्द्रः सोऽक्षरः वस्तुतः परमः सर्वस्मात् परतरत्वात् । (यद्वा—) निष्प्रतियोगिकस्वमात्रतया राजत इति स्वराट् । इतिमहोपनिषच्छब्दौ विगद्रतत्वप्रथमाध्यायपरिसमाप्त्यर्थौ ॥ १४ ॥

इति प्रथमोऽध्यायः

द्वितीयोऽध्यायः

शुकस्य स्वयमुद्भूतं पारमार्थिकज्ञानम्

शुको नाम महातेजाः स्वरूपानन्दतत्परः ।
जातमात्रेण मुनिराड् यत् सत्यं तदवाप्तवान् ॥ १ ॥
तेनासौ स्वविवेकेन स्वयमेव महामनाः ।
प्रविचार्य चिरं साधु स्वात्मनिश्चयमाप्नुयात् ॥ २ ॥
अनाख्यत्वादगम्यत्वान्मनःषष्ठेन्द्रियस्थितेः ।
चिन्मात्र[1]मेवायमणुराकाशादपि सूक्ष्मकः ॥ ३ ॥

[1] अयं व्याख्याऽनुसारी पाठः. आकरपाठस्तु "मेवमात्माणु" इत्येव.

चिदणोः परमस्यान्तः कोटिब्रह्माण्डरेणवः ।
उत्पत्तिस्थितिमभ्येत्य [1]लीयन्ते शक्तिपर्ययात् ॥ ४ ॥

आकाशं बाह्यशून्यत्वादनाकाशं तु चित्त्वतः ।
न किंचिद्यदनिर्देश्यं वस्तु सत्तेति [2]किंचन ॥ ५ ॥

चेतनोऽसौ प्रकाशत्वाद्वेद्याभावाच्छिलोपमः ।
स्वात्मनि व्योमनि स्वच्छे जगदुन्मेषचित्रकृत् ॥ ६ ॥

तद्भामात्रमिदं विश्वमिति न स्यात्ततः पृथक् ।
जगद्भेदोऽपि तद्भानमिति भेदोऽपि तन्मयः ॥ ७ ॥

सर्वगः सर्वसंबन्धो गत्यभावान्न गच्छति ।
नास्त्यसावाश्रयाभावात् सद्रूपत्वादथास्ति च ॥ ८ ॥

विज्ञानमानन्दं ब्रह्म रातेर्दातुः परायणम् ।
सर्वसंकल्पसंन्यासश्चेतसा [3]यत्परिग्रहः ॥ ९ ॥

जाग्रतः प्रत्यया[4]भावं यस्याहुः प्रत्ययं बुधाः ।
यत्संकोचविकासाभ्यां जगत्प्रलयसृष्टयः ॥ १० ॥

निष्ठा वेदान्तवाक्यानामथ वाचामगोचरः ।
अहं सच्चित्परानन्दब्रह्मैवास्मि न चेतरः ॥ ११ ॥

स्वोद्भूतपारमार्थिकज्ञानश्रीशुकजनकप्रश्नप्रतिवचनरूपाख्यायिकामवतार्य व्याकरोति—शुको नामेत्यादिना । अवाप्तवान् उपदेशमन्तरेणेत्यर्थः ॥ १ ॥ कथमुपदेशं विना ज्ञानमुदेतीत्यत आह—तेनेति । कीदृशोऽस्मीति प्रविचार्य

[1] जायन्ते—उ, उ १. [2] कंचन—उ.
[3] यः परि—अ १. [4] भावे—अ.

॥ २ ॥ विचारतः स्वात्मनिश्चयप्रकारमाह—अनाख्यत्वादिति । कथं पुनः श्रीशुक उपदेशमन्तरा स्वात्मनिश्चयमाप्तवानित्यत्र—स्वात्मन अनाख्यत्वात् । यदभिधेयं तदाख्यागोचरं, यत्तद्विरळं तदनाख्यं, अशब्दत्वात् "यतो वाचो निवर्तन्ते" इति श्रुतेः । मानसधीन्द्रियगोचरस्यानभिधेयत्वं कुत इत्यत्राह—अगम्यत्वादिति । मनसा सह षडिन्द्रियाणि श्रोत्रादिज्ञानेन्द्रियाणि । स्वस्वविषयज्ञानं तेषां स्थितिः । तदगम्यत्वे हेतुः स्वात्मनो निर्विषयत्वं, "अविषयं अनिन्द्रियं" इति श्रुतेः । निर्विषयत्वे स्वात्मा कीदृश इत्यत्र—चिन्मात्रमेव निष्प्रतियोगिकं, अचिन्मात्रासम्भवप्रबोधसिद्धत्वात् । अत एव अयमणुः, सूक्ष्मत्वात्, "एषोऽणुरात्मा" इति श्रुतेः । अणुत्वे परिच्छिन्नता स्यादित्यत आह—आकाशादपि सूक्ष्मक इति । वाय्वादिस्वकार्यापेक्षया आकाशस्य सूक्ष्मत्वेन विभुत्वात् आकाशादपि सूक्ष्मत्वं ततोऽपि व्यापकत्वख्यापकं, स्वकार्यापेक्षया तत्कारणस्य व्यापकत्वप्रसिद्धेः, यदि कारणब्रह्मणोऽणुत्वं अल्पत्वं स्यात् तदा तत्र स्वकार्यसम्भूतिस्थितिभङ्गासम्भवात् । श्रूयते हि—निरङ्कुशपरमस्य चिदणोरन्तः अनन्तकोटिब्रह्माण्डरेणवो जलाशयबुद्बुदपरम्परेवोत्पत्तिस्थितिभङ्गं मुहुर्मुहुर्भजन्ति । अतश्चिदणुरात्मा सर्वव्यापक इत्यर्थः ॥ ४ ॥ तत्स्वरूपं किमित्यत्र सत्तामात्रमित्याह—आकाशमिति । स्वातिरिक्तं ग्रसित्वा स्वेन रूपेणासमन्तात् काशत इत्याकाशं ब्रह्म स्वबाह्यशून्यत्वात् । स्वबाह्यं स्वातिरिक्तमित्यर्थः । आकाशत्वे भासकता स्यादित्यत आह—अनाकाशमिति । स्वस्य निष्प्रतियोगिकचिन्मात्रत्वात् भास्यसापेक्षभासकताऽनुपपत्तेरनाकाशत्वं निरङ्कुशमित्यर्थः । तुशब्दार्थमाह—न किंचनेति । यदनिर्देश्यमनिदं वस्तु न हि किंचित् सप्रतियोगिकं भवति । किं तदित्यत्र—किंचन वस्तु सत्तेति निष्प्रतियोगिकसन्मात्रमुच्यते, "पश्यतेहापि सन्मात्रमसदन्यत्" इति श्रुतेः ॥ ५ ॥ सन्मात्रात्मा किं अचेतन इत्यत आह—चेतनोऽसाविति । तत्र हेतुः—प्रकाशमात्रत्वात् । तथात्वेऽवेद्यत्वं, वेदनसापेक्षवेद्याभावात् । शिलोपमः शिलावदप्रकम्प्य इत्यर्थः । शिलात्वे जडत्वं स्यादिति शङ्कायां—स्वच्छे स्वात्मनि चिद्व्योम्नि जगदुन्मेषचित्रकृदात्मा न हि जडो भवति ॥ ६ ॥

चित्रस्थानीयं विश्वं तद्भिन्नमित्यत्र—इदं विश्वमिति यद्व्यवहारास्पदं तद्भामात्रं, ततो भामात्राद्विश्वं पृथक् न स्यात् । इदंकारयोग्यस्य भामात्रत्वं कुत इत्यत्र—जगद्भेदोऽपि तद्भानमिति, नह्यभामात्रमिदमिति भेदविषयतामर्हति । यत एवमतो भेदोऽपि तन्मयः तन्मात्रपर्यवसन्नत्वात् ॥ ७ ॥ स्वाज्ञविकल्पितसर्वस्य सत्त्वे सर्वगः सर्वसम्बन्धवत् भवति । वस्तुतो गत्यभावात् न गच्छति । स्वाश्रयाभावात् असौ नास्त्येवेति प्रसक्तौ सद्रूपत्वात् सन्मात्रत्वात् अथास्ति च, न हि सन्मात्रमसत्पदं भजति ।

ततः स्तिमितगम्भीरं न तेजो न तमस्ततम् ।
अनाख्यमनभिव्यक्तं सत् किंचिदवशिष्यते ॥

इति श्रुतेः ॥ ८ ॥ घटादिवत् सद्रूपत्वमस्तु, चित्त्वं प्रेमास्पदत्वं व्यापकत्वं कुत इत्यत्र—यत् सन्मात्रं तदेव विज्ञानं चिन्मात्रं अजडमित्यर्थः । नह्यसतोऽजडता उपपद्यते, स्वरूपशून्यत्वात् । यद्विज्ञानं तदेवानन्दरूपं, प्रकाशवतः प्रेमास्पदत्वात्, नह्यप्रकाशं वस्तु प्रेमास्पदं भवति । एवं सच्चिदानन्दमात्रतया यत् बृंहयति तत् ब्रह्म, प्रेमास्पदस्य भूमत्वप्रसिद्धेः "यो वै भूमा तत् सुखं नाल्पे सुखमस्ति" इति श्रुतेः । सच्चिदानन्दब्रह्मरूपेण राजत इति रातिः जीवन्मुक्ततातिः तस्याः रातेः, यथोक्ताधिकारिणे ब्रह्मविद्यां ददातीति दाता ब्रह्मभावापन्नो देशिकः "ब्रह्मविद्योपदेशं यन्मुमुक्षोर्दानमीरितम्" इति श्रुतेः, तस्यापि परायणं ब्रह्म, मुक्तवृन्दात्मत्वेन प्राप्यत्वात् । न हि तत् ग्रामादिवत् आप्यं, "आप्तिः स्वमात्रावशेषो नहि ग्रामान्तराप्तिवत्" इति नामार्थविवेकोक्तेः । इत्थंभूतब्रह्माप्त्युपायमाचष्टे—सर्वेति । इदं कर्तव्यं इदं अकर्तव्यं इदं मे स्यात् इदं मा भूत् इति चेतसा यः परिग्रहः तत्सर्वसङ्कल्पसंन्यासो ब्रह्माप्तिहेतुः, ब्रह्ममात्रज्ञानान्तरङ्गसाधनमित्यर्थः ॥ ९ ॥ ब्रह्ममात्रज्ञानं कीदृशमित्यत्र—आप्तः पुरुषस्य स्वातिरिक्तमस्ति नास्तीति प्रत्ययाभावमेव बुधाः यस्याप्तिहेतु-प्रत्ययमाहुः । सर्वसङ्कल्पसंन्यासनिष्पन्नज्ञानमेव स्वातिरिक्तविभ्रममुक्ति-जनकमित्यर्थः । यत्सङ्कोचादि स्वातिरिक्तप्रळयादिहेतुः, यन्महावाक्य-

सिद्धार्थं, यदवाङ्मनसगोचरं, तदेवास्मीत्याह—यदिति । जगत्प्रलयसृष्टयः भवन्ति ॥ १०–११ ॥

ज्ञाततत्त्वस्यापि शुकस्याविश्रान्तिः

स्वयैव सूक्ष्मया बुद्ध्या सर्वं विज्ञातवान् शुकः ।
स्वयं प्राप्ते परे वस्तुन्यविश्रान्तमनाः स्थितः ॥ १२ ॥
इदं वस्त्विति विश्वासं नासावात्मन्युपाययौ ।
केवलं विररामास्य चेतो विषयचापलम् ।
भोगेभ्यो भूरि[1]भङ्गेभ्यो धाराभ्य इव चातकः ॥ १३ ॥

उक्तप्रकारेण स्वयैव । एवमुपदेशमन्तरा विज्ञातपरमार्थतत्त्वोऽपि वेदान्तसम्प्रदायमाननार्थमेव—न तस्याज्ञातं किंचिदस्ति, तस्य ज्ञानफलनारायणावतारत्वात्, तथाऽपि सम्प्रदायं मानयतीत्याह—स्वयमिति । यथावत् आत्मतत्त्वं बुद्ध्वाऽपि तत्र विश्रान्तिमलब्धवानिव धाराभ्यश्चातक इवास्य मानसं भोगेभ्यो विरराम ॥ १२–१३ ॥

व्यासोपदेशेऽप्यनादरः

एकदा सोऽमलप्रज्ञो मेरावेकान्तसंस्थितम् ।
पप्रच्छ पितरं भक्त्या कृष्णद्वैपायनं मुनिम् ॥ १४ ॥
संसाराडम्बरमिदं कथमभ्युत्थितं मुने ।
कथं च प्रशमं याति कियत् कस्य कदा वद ॥ १५ ॥
एवं पृष्टेन मुनिना व्यासेनाखिलमात्म[2]जे ।
यथावदखिलं प्रोक्तं वक्तव्यं विदितात्मना ॥ १६ ॥

[1] शुंगे—अ. [2] जा—अ २. के—अ १.

अज्ञासिषं पूर्वमेवमहमित्यथ तत्पितुः ।
स शुकः स्वकया बुद्ध्या न वाक्यं बहु मन्यत ॥ १७ ॥

एवंभूतः शुकः कदाचित् पितरं दृष्ट्वा स्वात्मतत्त्वमनुब्रूहि इति पृष्टमुद्दिश्य यथावत् कथयामास । स्वेनैव मया यथाबुद्धं तथोक्तवान् । तस्मात् अयं यथावन्न जानातीति स्मरन्तमालक्ष्य नाहं जानामि जनकः सम्यक् जानाति तं गच्छ इति पित्रा आज्ञप्तः तं प्रति गत्वा स्थितं शास्त्रार्थमाननाय सम्यक् परीक्ष्य तच्छीलतुष्टेन यथावदुक्तमवगम्य एतावानेव शास्त्रार्थ इति निश्चित्य विश्रान्तिमापन्न इव मेरुशृङ्गमासाद्य दीर्घनिर्विकल्प-समाधिमासाद्य तत्रैव शशामेत्याह—एकदेति ॥ १४—३६ ॥

शुकस्य जनकं प्रति गमनम्

व्यासोऽपि भगवान् बुद्ध्वा पुत्राभिप्रायमीदृशम् ।
प्रत्युवाच पुनः पुत्रं नाहं जानामि तत्त्वतः ॥ १८ ॥
जनको नाम भूपालो विद्यते मिथिलापुरे ।
यथावद्वेत्त्यसौ वेद्यं तस्मात् सर्वमवाप्स्यसि ॥ १९ ॥
पित्रेत्युक्तः शुकः प्रायात् सुमेरोर्वसुधातलम् ।
विदेहनगरीं प्राप जनकेनाभिपालिताम् ॥ २० ॥

जनककृता शुकपरीक्षा

आवेदितोऽसौ याष्टीकैर्जनकाय महात्मने ।
द्वारि व्याससुतो राजन् शुकोऽत्र स्थितवानिति ॥ २१ ॥
जिज्ञासार्थं शुकस्यासावास्तामेवेत्यवज्ञया ।
उक्त्वा बभूव जनकस्तूष्णीं सप्त दिनान्यथ ॥ २२ ॥

ततः प्रवेशयामास जनकः शुकमङ्गणे ।
तत्राहानि [1]स सप्तैव तथैवावसदुन्मनाः ॥ २३ ॥
ततः प्रवेशयामास जनकोऽन्तःपुराजिरे ।
राजा न दृश्यते तावदिति सप्त दिनानि तम् ॥ २४ ॥
तत्रोन्मदाभिः कान्ताभिर्भोजनैर्भोगसंचयैः ।
[2]जनको लालयामास शुकं शशिनिभाननम् ॥ २५ ॥
ते भोगास्तानि भोज्यानि व्यासपुत्रस्य तन्मनः ।
[3]नाजह्रुर्मन्दपवनो बद्धपीठमिवाचलम् ॥ २६ ॥
केवलं सुसमः स्वच्छो मौनी मुदितमानसः ।
संपूर्ण इव शीतांशुरतिष्ठदमलः शुकः ॥ २७ ॥

शुकजनकसंवादः

परिज्ञातस्वभावं तं शुकं स जनको नृपः ।
आनीय मुदितात्मानमवलोक्य ननाम ह ॥ २८ ॥
निःशेषितजगत्कार्यः प्राप्ताखिलमनोरथः ।
किमीप्सितं तवेत्याह कृतस्वागत[4]माह तम् ॥ २९ ॥
संसाराडम्बरमिदं कथमभ्युत्थितं गुरो ।
कथं प्रशममायाति यथावत् कथयाशु मे ॥ ३० ॥
यथावदखिलं प्रोक्तं जनकेन महात्मना ।
तदेव यत् पुरा प्रोक्तं तस्य पित्रा महाधिया ॥ ३१ ॥

[1] च—अ.
[2] जनकः का—अ.
[3] न च—अ, अ १.
[4] मागतं—अ, अ १.

स्वयमेव मया पूर्वमभिज्ञातं विशेषतः ।
एतदेव हि पृष्टेन पित्रा मे समुदाहृतम् ॥ ३२ ॥
भवताऽप्येष एवार्थः कथितो वाग्विदां वर ।
एष एव हि वाक्यार्थः शास्त्रेषु परिदृश्यते ॥ ३३ ॥
मनोविकल्पसंजातं तद्विकल्पपरिक्षयात् ।
क्षीयते दग्धसंसारो निःसार इति निश्चितः ॥ ३४ ॥
तत् किमेतन्महाबाहो सत्यं ब्रूहि ममाचलम् ।
त्वत्तो विश्रम[1]माप्नोति चेतसा भ्रमता जगत् ॥ ३५ ॥
शृणु तावदिदानीं त्वं कथ्यमानमिदं मया ।
श्रीशुक ज्ञान[2]विस्तारं बुद्धिसारान्तरान्तरम् ॥ ३६ ॥
यद्विज्ञानात् पुमान् सद्यो जीवन्मुक्तत्वमाप्नुयात् ॥ ३७ ॥

विज्ञातसम्यज्ज्ञान इत्यर्थः ॥ ३७ ॥

बन्धमोक्षविवेकः

दृश्यं नास्तीति बोधेन मनसो दृश्यमार्जनम् ।
संपन्नं चेत्तदुत्पन्ना परा निर्वाणनिर्वृतिः ॥ ३८ ॥
अशेषेण परित्यागो वासनाया य उत्तमः ।
मोक्ष इत्युच्यते सद्भिः स एव विमलक्रमः ॥ ३९ ॥
ये शुद्धवासना भूयो न जन्मानर्थभागिनः ।
ज्ञातज्ञेयास्त उच्यन्ते जीवन्मुक्ता महाधियः ॥ ४० ॥

[1] माप्नोमि—अ १, अ २, क.   [2] विस्तारः—अ, अ १.

पदार्थभावनादार्ढ्यं बन्ध इत्यभिधीयते ।
वासनातानवं ब्रह्मन् मोक्ष इत्यभिधीयते ॥ ४१ ॥

दृश्यं नास्तीति बोधेन दृश्यासंभवप्रबोधेन ॥ ३८–३९ ॥ ज्ञातज्ञेयाः ज्ञातं ज्ञेयं यैस्ते ज्ञातज्ञेयाः विदितात्मतत्त्वाः इत्यर्थः ॥ ४ ॥ स्वशरीरादिस्वातिरिक्तपदार्थेषु आत्मात्मीयाभिमतिरेव बन्धः । तद्वासनातानवं मोक्षः ॥ ४१ ॥

जीवन्मुक्तस्थितिः

तपःप्रभृतिना यस्मै हेतुनैव विना पुनः ।
भोगा इह न रोचन्ते स जीवन्मुक्त उच्यते ॥ ४२ ॥
आपतत्सु यथाकालं सुखदुःखेष्वनारतः ।
न हृष्यति ग्लायति यः स जीवन्मुक्त उच्यते ॥ ४३ ॥
हर्षामर्षभयक्रोधकामकार्पण्यदृष्टिभिः ।
न परामृश्यते योऽन्तः स जीवन्मुक्त उच्यते ॥ ४४ ॥
अहंकारमयीं त्यक्त्वा वासनां लीलयैव यः ।
तिष्ठति ध्येयसंत्यागी स जीवन्मुक्त उच्यते ॥ ४५ ॥
ईप्सितानीप्सिते न स्तो यस्यान्त[1]र्वर्तिदृष्टिषु ।
[2]सुषुप्तिवद्यश्चरति स जीवन्मुक्त उच्यते ॥ ४६ ॥
अध्यात्मरतिरासीनः पूर्णः पावनमानसः ।
प्राप्तानुत्तमविश्रान्तिर्न किंचिदिह वाञ्छति ।
यो जीवति गतस्नेहः स जीवन्मुक्त उच्यते ॥ ४७ ॥

[1] वृत्ति—उ. [2] सुषुप्त—अ, क.

संवेद्येन हृदाकाशे मनागपि न लिप्यते ।
यस्यासावजडा संवित् स जीवन्मुक्त उच्यते ॥ ४८ ॥

रागद्वेषौ सुखं दुःखं धर्माधर्मौ फलाफले ।
यः करोत्य[1]नपेक्ष्यैव स जीवन्मुक्त उच्यते ॥ ४९ ॥

मौनवान् निरहंभावो निर्मानो मुक्तमत्सरः ।
यः करोति गतोद्वेगः स जीवन्मुक्त उच्यते ॥ ५० ॥

सर्वत्र विगतस्नेहो यः साक्षिवदवस्थितः ।
निरिच्छो वर्तते कार्ये स जीवन्मुक्त उच्यते ॥ ५१ ॥

येन धर्ममधर्मं च मनोमननमीहितम् ।
सर्वमन्तः परित्यक्तं स जीवन्मुक्त उच्यते ॥ ५२ ॥

यावती दृश्यकलना सकलेयं विलोक्यते ।
सा [2]येन सुष्ठु संत्यक्ता स जीवन्मुक्त उच्यते ॥ ५३ ॥

कट्वम्ललवणं तिक्तममृष्टं मृष्टमेव च ।
सममेव च यो भुङ्क्ते स जीवन्मुक्त उच्यते ॥ ५४ ॥

जरा मरणमापच्च राज्यं दारिद्र्यमेव च ।
रम्यमित्येव यो भुङ्क्ते स जीवन्मुक्त उच्यते ॥ ५५ ॥

धर्माधर्मौ सुखं दुःखं तथा मरणजन्मनी ।
धिया येन सुसंत्यक्तं स जीवन्मुक्त उच्यते ॥ ५६ ॥

उद्वेगानन्दरहितः समया स्वच्छया धिया ।
न शोचते न चोदेति स जीवन्मुक्त उच्यते ॥ ५७ ॥

[1] ज्ञात्वे—अ, अ १.

[2] सदा येन सं—अ.

[1]सर्वेच्छाः सकलाः शङ्काः सर्वेहाः सर्वनिश्चयाः ।
धिया येन परित्यक्ताः स जीवन्मुक्त उच्यते ॥ ५८ ॥
जन्मस्थितिविनाशेषु सोदयास्तमयेषु च ।
सममेव मनो यस्य स जीवन्मुक्त उच्यते ॥ ५९ ॥
न किंचन द्वेष्टि तथा न किंचिदपि काङ्क्षति ।
भुङ्क्ते यः प्रकृतान् भोगान् स जीवन्मुक्त उच्यते ॥ ६० ॥
शान्तसंसारकलनः कलावानपि निष्कलः ।
यः सचित्तोऽपि निश्चित्तः स जीवन्मुक्त उच्यते ॥ ६१ ॥
यः समस्तार्थजालेषु व्यवहार्य[2]पि निःस्पृहः ।
परार्थेष्विव पूर्णात्मा स जीवन्मुक्त उच्यते ॥ ६२ ॥

ब्रह्मविदादिचतुर्विधजीवन्मुक्तलक्षणं तद्धर्मांश्चाह—तप इत्यादि । यस्मै—चतुर्थी षष्ठ्यर्था—यस्येत्यर्थः ॥ ४२ ॥ सुखदुःखेष्वनारतः प्रवृत्तिनिवृत्तिशून्यः ॥ ४३–४७ ॥ यस्यासावजडा संवित् अजडब्रह्मगोचरवृत्तिर्भवति ॥ ४८ ॥ तत्तत्फलं अनपेक्ष्यैव ॥ ४९ ॥ सर्वेन्द्रियार्थेषु मौनवान् । गतोद्वेगः विगताभिसन्धिः ॥ ५०–५३ ॥ यथाप्राप्तं सममेव ॥ ५४–५६ ॥ यत्र कुत्रापि उद्वेगानन्दरहितः ॥ ५७ ॥ स्वातिरिक्तविषये सर्वेच्छा इति ॥ ५८ ॥ आत्मात्मीयविषयकजन्मस्थितिविनाशेषु ॥ ५९–६२ ॥

विदेहमुक्तस्थितिः

जीवन्मुक्तपदं त्यक्त्वा स्वदेहे कालसात्कृते ।
विशत्यदेहमुक्तत्वं पवनोऽस्पन्दतामिव ॥ ६३ ॥

[1] सर्वेच्छाकलनाः शंकाः—अ.

[2] परिस्पृहः—अ १.

विदेहमुक्तो नोदेति नास्तमेति न शाम्यति ।
न सन्नासन्न दूरस्थो न चाहं न च नेतरः ॥ ६४ ॥

ततः स्तिमितगम्भीरं न तेजो न तमस्ततम् ।
अनाख्यमनभिव्यक्तं सत् किंचिदवशिष्यते ॥ ६५ ॥

न शून्यं नापि चाकारि न दृश्यं नापि दर्शनम् ।
न च भूतपदार्थौघसदनन्ततया स्थितम् ॥ ६६ ॥

किमप्यव्यप[1]देशात्मा पूर्णात् पूर्णतराकृतिः ।
न सन्नासन्न सद[2]सन्न भावो भावनं न च ॥ ६७ ॥

चिन्मात्रं चैत्यरहितमनन्तमजरं शिवम् ।
अनादिमध्यपर्यन्तं [3]यदनाधि निरामयम् ॥ ६८ ॥

द्रष्टृदर्शनदृश्यानां मध्ये यद्दर्शनं स्मृतम् ।
नातः परतरं किंचिन्निश्चयोऽस्त्यपरो मुने ॥ ६९ ॥

ब्रह्मज्ञानान्तराळफलजीवन्मुक्तस्थितिमुक्त्वा ब्रह्मज्ञानमुख्यफलविदेहमुक्तस्थितिमाह—जीवन्मुक्तेति । स्वदेहे कालसात्कृते, स्थिते वा तत्राभिमत्यभावात्, विशत्यदेहमुक्तत्वम् ॥ ६३ ॥ विदेहमुक्तस्य स्वातिरिक्तविषयकवृत्तिसामान्याभावमाह—विदेहेति । स्वमात्रावस्थितेः सदोदितत्वेन सप्रतियोगिकोदयास्तमनाभावात् । न सन् नेतरः, न हि तस्य सदसद्दूरान्तिकस्वपरवृत्तिरुदेति, विदेहमुक्तस्य निष्प्रतियोगिकब्रह्ममात्रत्वात् ॥ ६४ ॥ ततः किमित्यत आह—तत इति । ततः ब्रह्ममात्रप्रबोधानन्तरं स्तिमितगम्भीरं, निस्तरङ्गपूर्णानन्दसमुद्रत्वात् । न भौतिकं तेजः तमो वा विद्यते । यत एवमतः स्वेन रूपेण

[1] देश्या—अ. [2] सन्ना—अ २, क.

[3] यदनादि—अ, अ २, क.

ततम् । नामरूपाभावात् **अनाख्यमनभिव्यक्तं सदेवावशिष्यते** । **किंचिच्छन्दो** निष्प्रतियोगिकत्वव्यापक (इत्यर्थ): ॥ ६५ ॥ यत् एवमवशिष्टं तत् किं शून्यं अशून्यं दृश्यं अदृश्यं वा इत्यत आह—**नेति** । स्वातिरेकेण **भूतपदार्थौघसत्त्व-पुरस्सरं न ह्यनन्ततया स्थितम्**, परिच्छेदापरिच्छेदकलनाऽसंभवात् ॥ ६६ ॥ केन रूपेण अयं विदेहमुक्तो निर्देष्टव्य इत्यत आह—**किमपीति** । केन प्रमाणेनापि व्यपदेष्टुमशक्यत्वात् । **पूर्णात् पूर्णतराकृतिः** "पूर्णमेवाव-शिष्यते" इति । यत्स्वरूपं सदसदादिकलनाविरळं नातः परं किंचिदस्तीत्याह—**न सदिति** । **न सत्** अचाक्षुषत्वात् । **नासत्** सद्रूपत्वात् । **न सदसत्** तेजस्तिमिरवद्विरोधात् । **न भावः**—अभूत्वा भवतीति भावो घटादिः, तद्विलक्षणत्वात् । **न च भावनं** अन्तःकरणवैरळ्यात् ॥ ६७ ॥ **चिन्मात्रं अचिन्मात्रापह्नवतो** निष्प्रतियोगिकत्वात् । चेतोभवं **चैत्यं** विश्वं, तदपवादाधि-करणत्वात् **तद्रहितम्** । **अनन्तं** त्रिविधपरिच्छेदशून्यत्वात् । **अजरं** षडूर्मिवर्जि-तत्वात् । **शिवं** स्वातिरिक्ताशिवग्रासत्वात् । स्वोत्पत्तिस्थितिप्रळयाभावात् **अनादिमध्यपर्यन्तम्** । **यदनाधि** तापत्रयाभावात् । **निरामयं** आमयास्पद-शरीरवैरळ्यात् । चिन्मात्रमेव विदेहमुक्तरूपमित्यर्थः ॥ ६७ ॥ चिन्मात्रत्वं कथमित्यत आह—**द्रष्टृिति** । स्वविकल्पितद्रष्टृदर्शनदृश्यानां **मध्ये यद्दर्शनं** त्रिपुट्यवभासकं ज्ञानस्वरूपं तदेव चिन्मात्रमिति सर्ववेदान्तनिश्चितोऽर्थः । **नातः परतरं अपरः किंचिन्निश्चयोऽस्तीत्यर्थः** ॥ ६९ ॥

शुकभ्रमनिवृत्तिः

स्वयमेव त्वया ज्ञातं गुरुतश्च पुनः श्रुतम् ।
स्वसंकल्पवशाद्बद्धो निःसंकल्पाद्विमुच्यते ॥ ७० ॥
तेन स्वयं त्वया ज्ञातं ज्ञेयं यस्य महात्मनः ।
भोगेभ्यो ह्यरतिर्जाता दृश्याद्वा सकला[1]दिह ॥ ७१ ॥

[1] दपि—उ.

प्राप्तं प्राप्तव्यमखिलं भवता पूर्णचेतसा ।
स्वरूपे [1]पतसि ब्रह्मन् मुक्तस्त्वं भ्रान्तिमुत्सृज ॥ ७२ ॥

अतिबाह्यं तथा बाह्यमन्तराभ्यन्तरं धियः ।
शुक पश्यन्न पश्येस्त्वं साक्षी संपूर्णकेवलः ॥ ७३ ॥

एवं स्वयमेव । स्वातिरिक्तसङ्कल्पभावाभावौ बन्धमोक्षहेतू भवत इत्याह—स्वेति ॥ ७० ॥ श्रीशुकं स्तुवन् प्रकरणार्थमुपसंहरति—तेनेति । य एवं जातमात्रेण परमार्थतत्त्ववित् तेन त्वया स्वयमेव आचार्योपदेशमन्तरा यत् स्वावशेषतया ज्ञेयं तत् स्वमात्रमिति ज्ञातं, यस्य महात्मनः तव भोगेभ्यः सकलदृश्यवर्गादिहारतिः जाता देहभूता(?) ॥ ७१ ॥ यत्प्राप्तव्यं तदखिलं अक्षतं ब्रह्म स्वमात्रमिति प्राप्तं हे ब्रह्मन् । यतः स्वरूपे पतसि अतः स्वातिरिक्तास्तित्वभ्रमतो मुक्तोऽसि, अमुक्तत्वभ्रान्तिमुत्सृज ॥ ७२ ॥ बाह्यान्तःकलनाविरळं ब्रह्म स्वमात्रमिति पश्यसि स्वातिरिक्तधिया न पश्यसि, अतस्त्वं ब्रह्मैव भवसीत्याह—अतीति । स्वातिरिक्तं न किंचिदस्तीति साक्षादीक्षत इति साक्षी ॥ ७३ ॥

शुकविश्रान्तिः

विशश्राम शुकस्तूष्णीं स्वस्थे परमवस्तुनि ।
वीतशोकभयायासो निरीहश्छिन्नसंशयः ॥ ७४ ॥
जगाम शिखरं मेरोः समाध्यर्थमखण्डितम् ॥ ७५ ॥
तत्र वर्षसहस्राणि निर्विकल्पसमाधिना ।
देशे स्थित्वा शशामासावात्मन्यस्नेहदीपवत् ॥ ७६ ॥

[1] तपसि—अ २.

व्यपगतकलनाकलङ्कशुद्धः स्वयममलात्मनि पावने पदेऽसौ ।

सलिलकण इवाम्बुधौ महात्मा विगलितवासनमेकतां जगाम ॥

इति महोपनिषत् ॥

केवलब्रह्ममात्रोऽसीति जनकेनैवमुक्तो विशश्राम ॥ ७४–७७ ॥ इति-महोपनिषच्छब्दौ श्रीशुकजनकाख्यायिकाद्वितीयाध्यायपरिसमाप्त्यर्थौ ॥

इति द्वितीयोऽध्यायः

तृतीयोऽध्यायः

निदाघस्य विचारः

निदाघो नाम मुनिराट् प्राप्तविद्यश्च बालकः ।

विहृतस्तीर्थयात्रार्थं पित्राऽनुज्ञातवान् स्वयम् ॥ १ ॥

सार्धत्रिकोटितीर्थेषु स्नात्वा गृहमुपागतः ।

स्वोदन्तं कथयामास ऋभुं नत्वा महायशाः ॥ २ ॥

सार्धत्रिकोटितीर्थेषु स्नानपुण्यप्रभावतः ।

प्रादुर्भूतो मनसि मे विचारः सोऽयमीदृशः ॥ ३ ॥

ऋभुनिदाघाख्यायिकामवतारयन् तीर्थयात्रा सत्वशुद्धिद्वारा ज्ञानहेतुरिति प्रकटनपूर्वकं निदाघतीर्थयात्राप्रभववैराग्यप्रकटनार्थं तृतीयाध्याय आरभ्यते—निदाघ इत्यादिना ॥ १–३ ॥

प्रपञ्चस्य अनित्यत्वम्

जायते मृतये लोको म्रियते जननाय च ।
अस्थिराः सर्व एवेमे सचराचरचेष्टिताः ॥ ४ ॥

सर्वापदां पदं पापा भावा विभवभूमयः ।
अयःशलाकासदृशाः परस्परमसङ्गिनः ।
[1]श्लिष्यन्ते केवला भावा मनःकल्पनयाऽनया ॥ ५ ॥

भावेष्वरतिरा[2]याता पथिकस्य मरुष्विव ।
शाम्यतीदं कथं दुःखमिति तप्तोऽस्मि चेतसा ॥ ६ ॥

चिन्तानिचयचक्राणि नानन्दाय धनानि मे ।
संप्रसूतकलत्राणि गृहाण्युग्रापदामिव ॥ ७ ॥

इयमस्मिन् स्थितोदारा संसारे परिपेलवा ।
श्रीर्मुने परिमोहाय साऽपि नूनं न शर्मदा ॥ ८ ॥

आयुः पल्लवकोणाग्रलम्बाम्बुकण[3]भङ्गुरम् ।
उन्मत्त इव संत्यज्य यात्यकाण्डे शरीरकम् ॥ ९ ॥

विषयाशीविषासङ्गपरिजर्झरचेतसाम् ।
अप्रौढात्मविवेकानामायुरायासकारणम् ॥ १० ॥

युज्यते वेष्टनं वायोराकाशस्य च खण्डनम् ।
ग्रथनं च तरङ्गाणामास्था नायुषि युज्यते ॥ ११ ॥

[1] शिष्य—अ, अ १. शुष्य—मु. [2] याति—उ, उ १.
[3] संनिभं—उ, उ १.

[1]प्राप्यं संप्राप्यते येन भूयो येन न शोच्यते ।
पराया निर्वृतेः स्थानं यत्तज्जीवितमुच्यते ॥ १२ ॥
तरवोऽपि हि जीवन्ति जीवन्ति मृगपक्षिणः ।
स जीवति मनो यस्य मननेनोपजीवति ॥ १३ ॥
जातास्त एव जगति जन्तवः साधुजीविताः ।
ये पुनर्नेह जायन्ते शेषा जरठगर्दभाः ॥ १४ ॥
भारो विवेकिनः शास्त्रं भारो ज्ञानं च रागिणः ।
अशान्तस्य मनो भारं भारोऽनात्मविदो वपुः ॥ १५ ॥

कोऽयं विचार इत्यत्र स्वातिरिक्तप्रपञ्चस्य अनित्यत्वं प्रकटयति—**जायत इति** । अयं लोको घटीयन्त्रवत् जन्ममरणे प्राप्नोति । अतोऽयमस्थिर इत्यर्थः ॥ ४ ॥ मनःकल्पितदेहादिभावा अयश्शलाकापुञ्जवत् असङ्गिनो भूत्वा श्लिष्यन्त इत्याह—**सर्वापदामिति** । **भावाः** चक्षुरादयः । एते भावाः **मनःकल्पनया** पेटिकायां **अयश्शलाकापुञ्जवत्** एकत्र **श्लिष्यन्ते,** संहता भवन्तीत्यर्थः ॥ ५ ॥ मम तु **भावेष्विति** । स्वातिरिक्तस्फुरणप्रभवं **इदम्** ॥ ६ ॥ दारपुत्रगृहधनादिषु सत्सु दुःखस्यावसरस्ते कथमित्यत आह—**चिन्तेति** ॥ ७ ॥ ऐहिकश्रीरपि मे न हि सुखदेत्याह—**इयमिति** । क्षणिकविभवा **श्रीः** ॥ ८ ॥ दीर्घमायुरवाप्य सुखं तिष्ठेत्यत्र अतिचञ्चलं आयासकारणं भातीत्याह—**आयुरिति** ॥ ९–१० ॥ एतावन्तं कालं देहप्राणसंयोगो भवतीत्यत्र—**युज्यत इति** ॥ ११ ॥ एवं चेत् जीवितं सफलमित्याह—**प्राप्यमिति** । **पराया निर्वृतेः स्थानं** परनिर्वृतिस्थानं ब्रह्मेति प्राप्यविशेषणम् ॥ १२ ॥ चिदस्मीति यन्मनो मननकृत् तज्जीवनं सार्थकमित्याह—**तरवोऽपीति** ॥ १३ ॥ ये न पुनः जायन्ते त एव जाताः तदितरे वृद्धखरोपमा भवेयुरित्याह—**जाता इति** ॥ १४ ॥ स्वाज्ञदेहधारणं अनर्थकारणमित्याह—**भार इति** ॥ १५ ॥

[1] प्राप्य—उ, अ २.

अहंकारमनस्तृष्णानामनर्थकरत्वम् :

अहंकारवशादापदहंकाराद्दुराधयः ।
अहंकारवशादीहा नाहंकारात् परो रिपुः ॥ १६ ॥

अहंकारवशाद्यद्यन्मया भुक्तं चराचरम् ।
तत्तत् सर्वमवस्त्वेव वस्त्वहंकाररिक्तता ॥ १७ ॥

इतश्चेतश्च सुव्यग्रं व्यर्थमेवा[1]भिधावति ।
मनो दूरतरं याति ग्रामे [2]कौलेयको यथा ॥ १८ ॥

क्रूरेण जडतां याता[तः] तृष्णाभार्याऽनुगामिना ।
[3]वशः [2]कौलेयकेनैव ब्रह्मन् मुक्तोऽस्मि चेतसा ॥ १९ ॥

अप्यब्धिपानान्महतः सुमेरून्मूलनादपि ।
अपि वह्न्यशनाद्ब्रह्मन् विषमश्चित्तनिग्रहः ॥ २० ॥

चित्तं कारणमर्थानां तस्मिन् सति जगत्त्रयम् ।
तस्मिन् क्षीणे जगत् क्षीणं तच्चिकित्स्यं प्रयत्नतः ॥ २१ ॥

यां यामहं मुनिश्रेष्ठ संश्रयामि गुणश्रियम् ।
तां तां कृन्तति मे तृष्णा तन्त्रीमिव कुमूषिका ॥ २२ ॥

पदं करोत्यलङ्घ्येऽपि [4]तृप्ताऽपि फलमीहते ।
चिरं तिष्ठति नैकत्र तृष्णा चपलमर्कटी ॥ २३ ॥

क्षणमायाति पातालं क्षणं याति नभस्स्थलम् ।
क्षणं भ्रमति दिक्कुञ्जे तृष्णा हृत्पद्मषट्पदी ॥ २४ ॥

[1] नु—उ.
[2] कौशे—अ, अ १.
[3] यशः—क.
[4] तृप्तो—उ १. तृष्णा—अ १.

सर्वसंसारदुःखानां तृष्णैका दीर्घदुःखदा ।

अन्तःपुरस्थमपि या योजयत्यतिसंकटे ॥ २५ ॥

तृष्णाविषूचिकामन्त्रश्चिन्तात्यागो हि स द्विज ॥ २६ ॥

अतदहंभावोऽस्य रिपुः, तद्विपरीतं वस्त्वित्याह—अहङ्कारेति ॥१६–१७॥ स्वातिरिक्तमनःप्रचारो व्यर्थ इत्याह—इत इति । कौलेयकः श्वा ॥ १८ ॥ तृष्णाविशिष्टचेतसा भुक्तोऽस्मीत्याह—क्रूरेणेति ॥ १९ ॥ तथा चेच्चेतोनिग्रहः कार्य इत्यत आह—अपीति ॥ २० ॥ उपायतः चेतो निगृहीतव्यमित्याह—चित्तमिति । ब्रह्मातिरेकेण चित्तं नास्तीत्युपायेन तस्मिन् क्षीणे ॥ २१ ॥ सर्वानर्थकरी स्वातिरिक्तवस्तुगोचरतृष्णा, चिन्तात्यागतः सा शुष्यतीत्याह—यामिति ॥ २२–२५ ॥ तृष्णापिशाचोत्सारणमन्त्रः ॥ २६ ॥

देहतदवस्थाकुत्सनम्

स्तोकेनानन्दमायाति स्तोकेनायाति खेदताम् ।

नास्ति देहसमः शोच्यो नीचो गुणविवर्जितः ॥ २७ ॥

कलेबरमहंकारगृहस्थस्य महागृहम् ।

लुठत्वभ्येतु वा स्थैर्यं किमनेन गुरो मम ॥ २८ ॥

पङ्क्ति[1]बद्धेन्द्रियपशुं वल्गत्तृष्णागृहाङ्ग[2]णम् ।

चित्तभृत्यजनाकीर्णं नेष्टं देहगृहं मम ॥ २९ ॥

जिह्वामर्कटिकाक्रान्तवदनद्वारभीषणम् ।

[3]दृष्टदन्तास्थिशकलं नेष्टं देहगृहं मम ॥ ३० ॥

[1] पद्धे—अ. [2] नम्—अ १, क.

[3] दष्ट—उ. दष्टं—अ १.

रक्तमांसमयस्यास्य [1]सबाह्याभ्यन्तरे मुने ।
नाशैकधर्मिणो ब्रूहि कैव कायस्य रम्यता ॥ ३१ ॥
तडित्सु शरदभ्रेषु गन्धर्वनगरेषु च ।
स्थैर्यं येन विनिर्णीतं स विश्वसितु विग्रहे ॥ ३२ ॥
शैशवे गुरुतो भीतिर्मातृतः पितृतस्तथा ।
जनतो ज्येष्ठबालाच्च शैशवं भयमन्दिरम् ॥ ३३ ॥
स्वचित्तबिलसंस्थेन नानाविभ्रमकारिणा ।
बलात् कामपिशाचेन विवशः परिभूयते ॥ ३४ ॥
दासाः [2]पुत्राः स्त्रियश्चैव बान्धवाः सुहृदस्तथा ।
हसन्त्युन्मत्तकमिव नरं वार्धककम्पितम् ॥ ३५ ॥
दैन्यदोषमयी दीर्घा वर्धते वार्धके स्पृहा ।
सर्वापदामेकसखी हृदि दाहप्रदायिनी ॥ ३६ ॥

नानादुःखास्पदशरीरेण किं मे स्यात्? तत्तिष्ठतु गच्छतु वेत्याह—स्तोकेनेति ॥ २७–२८ ॥ कदाऽपि न मे बहुदोषास्पदशरीरमिष्टमित्याह—पङ्कीति ॥ २९–३२ ॥ तत्प्रविभक्तशैशवाद्यवस्थां कुत्सयति—शैशव इति ॥ ३३–३६ ॥

संसारस्य दुःखमयत्वम्

क्वचिद्वा विद्यते यैषा संसारे सुखभावना ।
[3]आखुः स्तम्बमिवासाद्य कालस्तामपि कृन्तति ॥ ३७ ॥

[1] न बा—क. [2] पुत्रास्य—ड. [3] आखु—अ २, ड.

तृणं पांसुं महेन्द्रं च सुवर्णं मेरुसर्षपम् ।
आत्मंभरितया सर्वमात्मसात्कर्तुमुद्यतः ।
कालोऽयं सर्वसंहारी तेनाक्रान्तं जगत्त्रयम् ॥ ३८ ॥

यद्यपि जीवतः संसारे सुखभावना स्यात्, तदा कालः तदायुरपहरति, ततः संसारे सुखलेशोऽपि नास्तीत्याह—**क्वचिदिति** ॥ ३७ ॥ मृत्युना सर्वं कबळितं भवतीत्याह—**तृणमिति** ॥ ३८ ॥

स्त्रीजनकुत्सनम्

मांसपाञ्चालिकायास्तु यन्त्रलोलेऽङ्गपञ्जरे ।
स्नाय्वस्थिग्रन्थि[1]शालिन्याः स्त्रियः किमिव शोभनम् ॥ ३९ ॥
त्वङ्मांसरक्तबाष्पाम्बु पृथक्कृत्वा विलोच[क]ने ।
समालोक[च]य रम्यं चेत् किं मुधा परिमुह्यसि ॥ ४० ॥
मेरुशृङ्गतटोल्लासिगङ्गाजलरयोपमा ।
दृष्टा यस्मिन् मुने मुक्ताहारस्योल्लासशालिता ॥ ४१ ॥
श्मशानेषु दिगन्तेषु स एव ललनास्तनः ।
श्वभिरास्वाद्यते काले लघुपिण्डमिवान्धसः ॥ ४२ ॥
केशकज्जलधारिण्यो दुःस्पर्शा लोचनप्रियाः ।
दुष्कृताग्निशिखा नार्यो दहन्ति तृणवन्नरम् ॥ ४३ ॥
ज्वलतामतिदूरेऽपि सरसा अपि नीरसाः ।
स्त्रियो हि नरकाग्नीनामिन्धनं चारु दारुणम् ॥ ४४ ॥

[1] शालिन्य: —ड १.

कामनाम्ना किरातेन विकीर्णा मुग्धचेतसः ।
नार्यो नरविहङ्गानामङ्गबन्धनवागुराः ॥ ४५ ॥
जन्म[1]पल्वलमत्स्यानां चित्तकर्दमचारिणाम् ।
पुंसां दुर्वासनारज्जुर्नारी बडिशपिण्डिका ॥ ४६ ॥
सर्वेषां दोषरत्नानां सुसमुद्गिकयाऽनया ।
दुःखश्रृङ्खलया नित्यमलमस्तु मम स्त्रिया ॥ ४७ ॥
यस्य स्त्री तस्य भोगेच्छा निःस्त्रीकस्य क्व भोगभूः ।
स्त्रियं त्यक्त्वा जगत् त्यक्तं जगत् त्यक्त्वा सुखी भवेत् ॥४८॥
दिशोऽपि न हि दृश्यन्ते देशोऽप्यन्योपदेशकृत् ।
शैला अपि विशीर्यन्ते शीर्यन्ते तारका अपि ॥ ४९ ॥

सर्वानर्थमूलस्त्रीजनं कुत्सयन् तद्भ्रमत्यागिनः परमसुखिनो भवन्तीत्याह—**मांसेति**। **यन्त्रलोलेऽङ्गपञ्जरे** अवाच्यप्रदेशे शरीरे वा ॥ ३९ ॥ हे चेतः एवंरूपां स्त्रियं दृष्ट्वा वृथा मुह्यसीत्याह—**त्वगिति**। स्त्र्यङ्गवैशिष्ट्यं मोहहेतुः तदङ्गविश्लेषो हेयधीहेतुः इत्यर्थः ॥ ४० ॥ किंच—**मेर्विति**। **यस्मिन्** योषित्स्तनमण्डले विराजमानमुक्ताहारस्य **मेरुश्रृङ्गतटोल्लासिगङ्गाजलरयोपमा दृष्टा** तादृशयोषित्स्तनः कालान्तरे **श्वभिः** आस्वादनीयो भवति ॥ ४१–४२ ॥ किंच—**केशेति** । केशकज्जलाद्याकल्पतो **लोचनप्रियाः** "स्त्रियं नपुंसकं गृध्रं" इति श्रुतितो दुःस्पर्शाः पुरुषकृतदुष्कृताग्निशिखा नार्यः पुरुषतृणकूटं **दहन्तीत्यर्थः** ॥ ४३ ॥ नरकाग्नीन्धनराशिः स्त्रीजन इत्याह—**ज्वलतामिति** ॥ ४४ ॥ किंच—**कामेति** ॥ ४५–४६ ॥ पुरुषवीर्यायुःक्षपणहेतुत्वात् एतादृशस्त्रिया मेऽलमिति प्राह—**सर्वेषामिति** । नानादोषरत्ननिक्षेपपेटिकया **कुस्त्रिया** इतो मेऽलं, अस्याः पादश्रृङ्खलात्वप्रसिद्धेरित्यर्थः ॥ ४७ ॥ विवेकी सर्वानर्थमूलभूतां स्त्रियं त्यक्त्वा स्वश्रेयः सम्पादयेदित्याह—**यस्येति** ॥ ४८ ॥

[1] पल्लव—उ.

स्वातिरिक्तदिगादिविश्वतदध्यक्षादिकलनायाः क्षणभङ्गुरत्वेन यन्नित्यं तदेव संश्रयणीयमित्याह—दिशोऽपीति ॥ ४९–५२ ॥

दिगादीनां क्षणभङ्गुरत्वम्

शुष्यन्त्यपि समुद्राश्च ध्रुवोऽप्यध्रुवजीवनः ।
सिद्धा अपि विनश्यन्ति जीर्यन्ते दानवादयः ॥ ५० ॥
परमेष्ठ्यपि निष्ठावान् हीयते हरिरप्यजः ।
भवोऽप्यभावमायाति जीर्यन्ते वै दिगीश्वराः ॥ ५१ ॥
ब्रह्मा विष्णुश्च रुद्रश्च सर्वा वा भूतजातयः ।
नाशमेवानुधावन्ति सलिलानीव बाडबम् ॥ ५२ ॥
आपदः क्षणमायान्ति क्षणमायान्ति संपदः ।
क्षणं जन्माथ मरणं सर्वं नश्वरमेव तत् ॥ ५३ ॥
अशूरेण हताः शूरा एकेनापि शतं हतम् ।
विषं विषयवैषम्यं न विषं विषमुच्यते ॥ ५४ ॥
जन्मान्तरघ्ना विषया एकजन्महरं विषम् ।
इति मे दोष[1]दावाग्निदग्धे संप्रति चेतसि ॥ ५५ ॥

यदुक्तमनुक्तं वा सर्वम् ॥ ५३ ॥ विषतो विषयाधिक्यमाह—विषमिति ॥ ५४–५५ ॥

वैराग्यात् तत्त्वजिज्ञासा

स्फुर[2]न्ति हि न भोगाशा मृगतृष्णासरःस्वपि ।
अतो मां बोधयाशु त्वं तत्त्वज्ञानेन वै गुरो ॥ ५६ ॥

[1] दार्ता—अ. [2] न्तीह—उ.

नो चेन्मौनं समास्थाय निर्मानो गतमत्सरः ।

भावयन् मनसा विष्णुं लिपिकर्मार्पितोपमः ॥ ५७ ॥

इति महोपनिषत् ॥

यत एवं जातं अतः ॥ ५६ ॥ यद्युपेक्षां करोषि तदा मौनम् । ततः किं करोषीत्यत्र—भावयन्निति ॥ ५७ ॥ इत्यादिशब्दो निदाघपरिदेवनासमाप्त्यर्थः ॥

इति तृतीयोऽध्यायः

चतुर्थोऽध्यायः

मोक्षोपायचतुष्टयम्

निदाघ तव नास्त्यन्यज्ज्ञेयं ज्ञानवतां वर ।

प्रज्ञया त्वं विजानासि ईश्वरानुगृहीतया ।

चित्तमालिन्यसंजातं मार्जयामि भ्रमं मुने ॥ १ ॥

मोक्षद्वारे द्वारपालाश्चत्वारः परिकीर्तिताः ।

शमो विचारः संतोषश्चतुर्थः साधुसङ्गमः ॥ २ ॥

एकं वा सर्वयत्नेन सर्वमुत्सृज्य संश्रयेत् ।

एकस्मिन् वशगे यान्ति चत्वारोऽपि वशं गताः ॥ ३ ॥

एवं स्वातिरिक्तकलनास्थितिमवगम्य परिदेवयन्तं स्वाभिमुखीकरणाय स्तुवन् भगवान् ऋभुः सोपायं परमार्थमुपदिशतीत्याह—निदाघेत्यादिना । अकृतार्थोऽस्मीति चित्तमालिन्यसञ्जातं भ्रमम् ॥ १ ॥ इदानीं मोक्षहेतु-

ज्ञानसाधनशमादिसाधुसङ्गमान्तेष्वेकस्मिन् साधिते तच्चतुष्टयमपि साधितं स्यादित्याह—मोक्षेति । शमः अन्तर्बाह्येन्द्रियनिग्रहः । कार्यकारणसङ्घाते कोऽहमित्यादिर्विचारः । प्राप्ताप्राप्तवस्तुषु अदृष्टखेदाखेदत्वं सन्तोषः । तथा च—

अप्राप्तं हि परित्यज्य सम्प्राप्ते समतां गतः ।
अदृष्टखेदाखेदो यः सन्तुष्ट इति कथ्यते ॥

इति श्रुतेः । ब्रह्मविदादिसमायोगः साधुसङ्गमः ॥ १–३ ॥

शास्त्रादिद्वारा आत्मावलोकनविधिः

शास्त्रैः सज्जनसंपर्कपूर्वकैश्च तपोदमैः ।
आदौ संसारमुक्त्यर्थं प्रज्ञामेवाभिवर्धयेत् ॥ ४ ॥
स्वानुभूतेश्च शास्त्रस्य गुरोश्चैवैक[1]वाक्यता ।
यस्याभ्यासेन तेनात्मा सततं चावलोक्यते ॥ ५ ॥

आदौ भवमुक्त्यनुकूलप्रज्ञावृद्धिः कार्येत्याह—शास्त्रैरिति ॥ ४ ॥ वेदान्तश्रवणप्रज्ञाऽभिवर्धनतः किं स्यादित्याशङ्क्य श्रुत्याचार्याभिमतस्वानुभूतिरुदेति, तया स्वात्मा अवलोक्यत इत्याह—स्वानुभूतेरिति ॥ ५ ॥

समाधिस्वरूपम्

संकल्पाशाऽनुसंधानवर्जनं चेत् प्रतिक्षणम् ।
करोषि तदचित्तत्वं प्राप्त एवासि पावनम् ॥ ६ ॥
चेतसो यदकर्तृत्वं तत् समाधानमीरितम् ।
तदेव केवलीभावं सा शुभा निर्वृतिः परा ॥ ७ ॥

[1] वाक्यतः—अ २, उ.

चेतसा संपरित्यज्य सर्वभावात्मभावनाम् ।
यथा तिष्ठसि तिष्ठ त्वं मूकान्धबधिरोपमः ॥ ८ ॥

सर्वं प्रशान्तमजमेकमनादिमध्यमाभास्वरं स्वदनमात्रमचैत्यचिह्नम् ।
सर्वं प्रशान्तमिति शब्दमयी च दृष्टिर्बोधार्थमेव हि मुधैव
तदोमितीदम् ॥ ९ ॥

सर्वं किंचिदिदं दृश्यं दृश्यते [1]चेज्जगद्गतम् ।
चिन्निष्पन्दांशमात्रं तन्नान्यदस्तीति भावय ॥ १० ॥

नित्यप्रबुद्धचित्तस्त्वं कुर्वन् वाऽपि जगत्क्रियाम् ।
आत्मैकत्वं विदित्वा त्वं तिष्ठाक्षुब्धमहाब्धिवत् ॥ ११ ॥

तत्त्वावबोध एवासौ वासनातृणपावकः ।
प्रोक्तः समाधिशब्देन न तु तूष्णीमवस्थितिः ॥ १२ ॥

निरिच्छं संस्थिते रत्ने यथा लोकः प्रवर्तते ।
सत्तामात्रे परे तत्त्वे तथैवायं जग[2]द्गणः ॥ १३ ॥

अतश्चात्मनि कर्तृत्वमकर्तृत्वं च वै मुने ।
निरिच्छत्वादकर्ताऽसौ कर्ता संनिधिमात्रतः ॥ १४ ॥

ते द्वे ब्रह्मणि विन्देते कर्तृताऽकर्तृते मुने ।
यत्रैवैष चमत्कारस्तमाश्रित्य स्थिरो भव ॥ १५ ॥

तस्मान्नित्यमकर्ताऽहमिति भावनयेद्धया ।
परमामृतनाम्नी सा समतैवावशिष्यते ॥ १६ ॥

[1] च ज—क. यज्ज—अ, अ १. चिज्ज—मु.   [2] द्गुणः—क, अ २.

स्वात्मावलोकनोपायः क इत्यत आह—**सङ्कल्पेति**। **इदं मे स्यात्** **इदं मा भूत् इति सदा सङ्कल्पक्षयं करोषि चेत्** तदधिकरणं **अचित्तत्वं ब्रह्म** प्राप्नोषीत्यर्थः ॥ ६ ॥ स्वातिरिक्तविलापनं करोमीत्यनभिसन्धिरेव स्वरूपमित्याह—**चेतस इति**। सर्वारम्भपरित्यागसिद्धः समाधिः। तत्रत्यसत्त्ववृत्तिक्षयात् यदवशिष्यते **तदेव केवलीभावं** अशेषविशेषासम्भवसिद्धब्रह्ममात्रम्। **सा शुभा परा निर्वृतिः** परमेयं तृप्तिरित्यर्थः ॥ ७ ॥ तत्रोपायमाचष्टे—**चेतसेति**। **देहादिसर्वभावेषु आत्मात्मीयभावनां** विहाय **मूकान्धबधिरवत्** तूष्णींभावलक्षण-ब्रह्मात्मना **तिष्ठे**त्यर्थः ॥ ८ ॥ कथं पुनः तूष्णीमवस्थातुं शक्यं ब्रह्मणः प्रशान्तमित्यादिशब्दवाच्यत्वादित्यत आह—**सर्वमिति**। स्वातिरिक्तं **सर्वं प्रकर्षेण शान्तं** अपह्नवं गतं, स्वतः परतो वा न जायते इत्यजं, **एकं** निष्प्रतियोगिकैक-रूपत्वात्, **अनादिमध्यं** संभूत्यादिकलनाविरळं, **आ** समन्तात् **भास्वरं** स्वयं-प्रकाशं, **स्वदनं** ज्ञानं तन्मात्रं चिन्मात्रमित्यर्थः। चैत्यावष्टम्भतः तदधिगमः स्यादित्यत आह—**अचैत्यचिह्नमिति**। स्वसिद्धेः चैत्यापह्नवपूर्वकत्वात्। **सर्वं प्रशान्तमित्यादि** या **शब्दमयी दृष्टिः** तद्बोधार्थमेव **ओमित्यादिशब्दः**। वस्तुतो नात्र शब्दप्रवृत्तिरस्ति, अशब्दत्वात्, "यतो वाचो निवर्तन्ते" इति श्रुतेः ॥ ९ ॥ स्वातिरेकेण यद्यत् दृश्यते तच्चिन्मात्रादतिरिक्तं नास्तीति भावयेत्याह—**सर्वमिति**। **चिन्निष्पन्दांशमात्रं तत्** चिद्विकल्पनामात्रं, चितो व्यतिरिक्तं **नान्यदस्तीति भावय** ॥ १० ॥ देहेन्द्रियादिव्यापृतस्य चिन्मात्रभावना कुत इत्यत आह—**नित्येति**। **जगत्क्रियां** लोकव्यापृतिम्। तत् स्वातिरिक्तं नेति **आत्मैकत्वं विदित्वा**। निस्तरंगाब्धिवत् आत्ममात्रमिदं सर्वं इति तूष्णीमा-स्स्वेत्यर्थः ॥ ११ ॥ जडोपि तूष्णीं तिष्ठति, अस्य को विशेषः इत्याशङ्क्य, तूष्णीमवस्थानं निर्विकल्पसमाधिः न तु जडवदवस्थितिरित्याह—**तत्त्वेति** ॥ १२ ॥ व्युत्थितसमाधेः लोकप्रवृत्तिहेतुः क इत्यत आह—**निरिच्छ इति**। यथा **निरिच्छे** अप्रार्थिते नातिदूरे **रत्ने संस्थिते** सति **आलोकः प्रवर्तते**। यद्वा—**निरिच्छे** नितरां प्रार्थनीये **रत्ने** दिनमणौ **संस्थिते** उदिते सति **यथा लोकः स्वे स्वे स्वकर्मणि प्रवर्तते। तथा सत्तामात्रे परे तत्त्वे** करणग्रामप्रवृत्ति-

निमित्ते सति समाधितो व्युत्थितोऽयं जगद्गुणः कर्ताऽहं अकर्ताऽहं इति वा प्रवर्तते ॥ १३ ॥ यत एवं स्वाज्ञादिदृष्टिमाश्रित्य कर्तृत्वाकर्तृत्वे भवतः, **अतश्चात्मनि कर्तृत्वाकर्तृत्वे** विहाय निर्विकल्पात्मना तिष्ठेति वाक्यशेषः । अकर्तृत्वादिकं कथमित्यत्र एवं कर्तव्यमिति **निरिच्छत्वात्** सङ्कल्पाभावात् **अकर्ताऽसौ । सन्निधिमात्रतः कर्ता** च भवति, करणग्रामप्रवृत्तिनिमित्तत्वात् ॥ १४ ॥ **ब्रह्मणि** एवं **कर्तृत्वाकर्तृत्वे विन्देते । यत्रैष चमत्कारः** कर्तृत्वाकर्तृत्वहेतुः **तमात्मानमाश्रित्य स्थिरो भवेत्यर्थः** ॥ १५ ॥ यस्मात् निष्प्रतियोगिकाकर्तृताधीः स्थिरीभावहेतुः **तस्मात्** । अकर्तृब्रह्माहमिति धिया सत्तास्वरूपेण परमामृतं सन्मात्रं नामाभिधानं यस्याः सा **परमामृतनाम्नी सा समतैवावशिष्यत** इति ॥ १६ ॥

जीवन्मुक्तस्थितिः

निदाघ श्रृणु [1]सत्त्वस्था जाता भुवि महागुणाः ।
ते नित्यमेवाभ्युदिताः मुदिताः ख इवेन्दवः ॥ १७ ॥
नापदि ग्लानिमायान्ति निशि हेमाम्बुजं यथा ।
नेहन्ते प्रकृतादन्यद्रमन्ते शिष्टवर्त्मनि ॥ १८ ॥
आकृत्यैव विराजन्ते मैत्र्यादिगुणवृत्तिभिः ।
समाः समरसाः सौम्याः सततं साधुवृत्तयः ॥ १९ ॥
अब्धिवद्धृतमर्यादा भवन्ति विशदाशयाः ।
नियतिं न विमुञ्चन्ति महान्तो भास्करा इव ॥ २० ॥

यदृष्ट्या समता अवशिष्यते तेषां जीवन्मुक्तानां स्थितिमाचष्टे—**निदाघेति । सत्त्वस्था** निर्विकल्पसमाधिनिष्ठा **जाता भुवि महागुणाः**,

[1] तत्त्व —क.

विद्वच्छ्लाघनीयचरितत्वात् । ते नित्यमेवाभ्युदिता मुदिताः ख इवेन्दवः शरच्चन्द्रवत् प्रसन्नचित्ताः ॥ १७-१८ ॥ मैत्री करुणा मुदितोपेक्षेति जीवन्मुक्तत्वसूचकगुणाश्चत्वारः । सर्वत्र समाः ॥ १९ ॥ पुरस्तादुदितसूर्यो न पश्चादुदेतीतिवत् नियतिम् ॥ २० ॥

विचारस्वरूपम्

कोऽहं कथमिदं चेति संसारमलमाततम् ।
प्रविचार्यं प्रयत्नेन प्राज्ञेन सह साधुना ॥ २१ ॥
नाकर्मसु नियोक्तव्यं नानार्येण सहावसेत् ।
द्रष्टव्यः सर्वसंहर्ता न मृत्युरवहेलया ॥ २२ ॥
शरीरमस्थि मांसं च त्यक्त्वा रक्ताद्यशोभनम् ।
भूतमुक्तावली[1]तन्तुं चिन्मात्रमवलोकयेत् ॥ २३ ॥
उपादेयानुपतनं हेयैकान्त[2]विसर्जनम् ।
यदेतन्मनसो रूपं [3]तद्बाह्यं विद्धि नेतरत् ॥ २४ ॥
गुरुशास्त्रोक्तमार्गेण स्वानुभूत्या च चिद्घने ।
ब्रह्मैवाहमिति ज्ञात्वा वीतशोको भवेन्मुनिः ॥ २५ ॥

यत्र निशितासिशतपातनमुत्पलताडनवत्सोढव्यं, अग्निदाहो हिमसेचनमिव, अङ्गारावर्तनं चन्दनचर्चेव, निरवधिनाराच[4]विकिरपातो निदाघविनो[5]दनधारागृहशीकरवर्षणमिव, स्व[6]शिरश्छेदः सुख-

[1] तन्तु—अ, अ १.
[2] विव—अ, अ १.
[3] तद्बद्धं—अ, अ १.
[4] निकिर—उ. निकर—उ १.
[5] दधा—अ, अ १. दनोधा—उ.
[6] शरीरछे—क.

निद्रेव, मूकीकरणमाननमुद्रेव, बाधिर्यं महानुपचय इव, इदं नावहेलनया भवितव्यं, एवं दृढवैराग्याद्बोधो भवति ॥ २९-१ ॥

गुरुवाक्यसमुद्भूतस्वानुभूत्याऽतिशुद्धया ।
यस्याभ्यासेन तेनात्मा सततं चावलोक्यते ॥ २६ ॥
विनष्टदिग्भ्रमस्यापि यथापूर्वं विभाति दिक् ।
तथा विज्ञानविध्वस्तं जगन्नास्तीति भावय ॥ २७ ॥
न धनान्युपकुर्वन्ति न मित्राणि न बान्धवाः ।
न कायक्लेशवैधुर्यं न तीर्थायतनाश्रयः ।
केवलं तन्मनोमात्रजये[1]नासाद्यते पदम् ॥ २८ ॥

जीवन्मुक्तताहेतवे कोऽहमिति । गुरुणा साकं विचारणीयं स्वात्मतत्त्वमित्यर्थः ॥ २१ ॥ स्वमनः नाकर्मसु नियोक्तव्यं, स्वयं नानार्येण सहावसेत् । धीमता द्रष्टव्यः । स्वातिरिक्तं मृतिं नयतीति मृत्युः सर्वोपसंहर्ता साक्षी स्वात्मतया द्रष्टव्यः नावहेळया पृथग्दृष्ट्येत्यर्थः ॥ २२ ॥ तद्दर्शनोपायमाह—शरीरमिति । भूतमुक्तावलीतन्तुं सूत्रात्मानं तद्गतहेयांशापायसिद्धं चिन्मात्रमवलोकयेत् ॥ २३ ॥ किं तत् चिन्मात्रमित्यत्र, मनस्तत्कार्यबाह्यमिति जानीहीत्याह—उपादेयेति । यदेतन्मनसो रूपं तदपह्नवसिद्धं चिन्मात्रं तु तद्ग्राह्यं विद्धि, नेतरत् ॥ २४ ॥ तद्वेदनोपायमाह—गुर्विति । प्रतीचि ब्रह्मैवाहमिति ज्ञात्वा ज्ञानसमकालं वीतशोको भवेन्मुनिः, "तरति शोकमात्मवित्" इति श्रुतेः ॥ २५ ॥ एवं बोधोपायो देहनैराश्यमित्याह—यत्रेति । निर्विशेषब्रह्मबोधो भवति ॥ २९-१ ॥ विज्ञानेन आत्मसाक्षात्कारो भवतीत्याह—गुर्विति ॥ २६ ॥ स्वातिरिक्तप्रपञ्चे सति कथमात्मा द्रष्टुं शक्य इत्यत्र सदृष्टान्तमाह—विनष्टेति । स्वात्मावरणरूपं जगत् ॥ २७ ॥

[1] न व्याप्नु—अ.

विज्ञानातिरिक्तसाधनैरप्यात्मा द्रष्टुं शक्य इत्यत्र विज्ञानातिरिक्तसाधनादेः मनः-कल्पितत्वेन न कार्यकारित्वं, सर्वानर्थकल्पकमानसासम्भवविज्ञाने तु स्वात्मा ज्ञातुं शक्यत इत्याह—न धनानीति ॥ २८ ॥

शमस्वरूपं, तत्फलं च

यानि दुःखानि या तृष्णा दुःसहा ये दुराधयः ।
शान्तचेतःसु तत् सर्वं तमोऽर्केष्विव नश्यति ॥ २९ ॥
मातरीव परं [1]यान्ति विषमाणि मृदूनि च ।
विश्वासमिह भूतानि सर्वाणि शमशालिनि ॥ ३० ॥
न रसायनपानेन न [2]लक्ष्म्यालिङ्गितेन च ।
न तथा सुखमाप्नोति शमेनान्तर्यथा जनः ॥ ३१ ॥
श्रुत्वा स्पृष्ट्वा च भुक्त्वा च दृष्ट्वा ज्ञात्वा शुभाशुभम् ।
न हृष्यति [3]ग्लायति यः स शान्त इति कथ्यते ॥ ३२ ॥
तुषारकरबिम्बाच्छं मनो यस्य निराकुलम् ।
मरणोत्सवयुद्धेषु स शान्त इति कथ्यते ॥ ३३ ॥
तपस्विषु बहुज्ञेषु याजकेषु नृपेषु च ।
बलवत्सु गुणाढ्येषु शमवानेव राजते ॥ ३४ ॥

तृष्णादुःखादौ सति कथं तत्पदं आसादितुं शक्यमित्यत्र सूर्ये ध्वान्तवत् संशान्तमानसे तृष्णादुःखादिकं सर्वं विलीयत इत्याह—यानीति ॥ २९ ॥ शमवति योगिनि सर्वं समतां भजतीत्याह—मातरीति । यथा इह मातरं

[1] याति—क.

[2] लक्ष्म्या—अ २, उ.

[3] ग्लायति—अ.

विश्वासपूर्वकं दुष्टादुष्टपुत्रजातं भजति तथा शमवति योगिनि दुष्टादुष्टभूतजातं समभावं भजतीत्यर्थः ॥ ३० ॥ शमादृते सुखहेतुर्नास्तीत्याह—नेति ॥ ३१ ॥ शान्तलक्षणमाह—श्रुत्वेति । इष्टानिष्टविषयकहर्षामर्षशून्यः शान्त इत्यर्थः ॥ ३२ ॥ किंच—तुषारेति ॥ ३३ ॥ तपस्व्यादिषु शमवतः श्रैष्ठ्यमाह—तपस्विष्विति ॥ ३४ ॥

सन्तोषः

संतोषामृतपानेन ये शान्तास्तृप्तिमागताः ।
आत्मारामा महात्मानस्ते महापदमागताः ॥ ३५ ॥
अप्राप्तं हि परित्यज्य संप्राप्ते समतां गतः ।
अदृष्टखेदाखेदो यः संतुष्ट इति कथ्यते ॥ ३६ ॥
नाभिनन्दत्यसंप्राप्तं प्राप्तं भुङ्क्ते यथेप्सितम् ।
यः स सौम्यसमाचारः संतुष्ट इति कथ्यते ॥ ३७ ॥
रमते धीर्यथाप्राप्ते साध्वीवान्तःपुराजिरे ।
सा जीवन्मुक्ततोदेति स्वरूपानन्ददायिनी ॥ ३८ ॥

शान्तस्वातिरिक्तविभ्रमा एव महत्पदं आत्मधिया भजन्तीत्याह—सन्तोषेति ॥ ३५ ॥ ब्रह्ममात्रसन्तुष्टलक्षणमाह—अप्राप्तमिति । अप्राप्तं स्वातिरिक्तभ्रमं, परमार्थदृष्टेरसंभवात् ॥ ३६–३७ ॥ यथासंप्राप्तवस्तुरतिरेव जीवन्मुक्त्युदयहेतुरित्याह—रमत इति । स्वान्तःपुरे साध्वीव यथाप्राप्ते वस्तुनि यस्य धीः रमते तस्य ब्रह्मानन्दकरी जीवन्मुक्तता उदेति आविर्भवतीत्यर्थः ॥३८॥

आत्मविश्रान्तस्य कृतकृत्यता

यथाक्षणं यथाशास्त्रं यथादेशं यथासुखम् ।
यथासंभवसत्सङ्गमिमं मोक्षपथक्रमम् ।
तावद्विचारयेत् प्राज्ञो यावद्विश्रान्तमात्मनि ॥ ३९ ॥

तुर्यविश्रान्तियुक्तस्य [1]निवृत्तस्य भवार्णवात् ।
जीवतोऽजीवतश्चैव गृहस्थस्याथवा यतेः ॥ ४० ॥

नाकृतेन कृतेनार्थो न श्रुतिस्मृतिविभ्रमैः ।
निर्मन्थर इवाम्भोधिः स तिष्ठति यथास्थितः ॥ ४१ ॥

सर्वात्मवेदनं शुद्धं यदोदेति तदात्मकम् ।
भाति [2]प्रसृतिदिक्कालबाह्यं चिद्रूपदेहकम् ॥ ४२ ॥

एवमात्मा यथा यत्र समुल्लासमुपागतः ।
तिष्ठत्याशु तथा तत्र तद्रूपश्च विराजते ॥ ४३ ॥

यावद्वस्तुमात्रविश्रान्तिः तावद्यथासंभवं ब्रह्म विचारयेत्, तेन जीवन्मुक्तिर्भवतीत्याह—यथेति । यावत् स्वचित्तं ब्रह्मविश्रान्तं भवति तावत् यथाक्षणमित्यादिना "आ सुप्तेरामृतेः कालं नयेद्वेदान्तचिन्तया" इति श्रुत्यनुरोधेन सदा ब्रह्म विचारयेदित्यर्थः ॥ ३९ ॥ तुर्यपादप्रविभक्ततुरीयं ब्रह्म स्वमात्रमिति तन्मात्रविश्रान्तमतेः कृतकृत्यतामाचष्टे—तुर्येति । ब्रह्मादियत्यन्तेषु स्वातिरिक्तापह्नवसिद्धब्रह्मणि यः कोऽपि स्वमात्रधिया विश्राम्यति न तस्य कर्मकरणाकरणतः प्रयोजनमस्ति । अस्यां श्रुतौ स्मृतौ वा एवमभिहितं अन्यत्र अन्यथा अभिहितमिति च नह्यस्य श्रुतिस्मृतिविरोधविभ्रमोऽस्ति, निष्प्रतियोगिकब्रह्ममात्रावगतेः ब्रह्माद्याश्रमचतुष्टयकर्मकरणाकरण-श्रुतिस्मृतिविरोधाविरोधविभ्रमापह्नवपूर्वकत्वात्, विद्वान् स्वमात्रमवशिष्यत इत्यर्थः ॥ ४०–४१ ॥ यदैवं ब्रह्म स्वमात्रमिति जानाति तदाऽयं तन्मात्रमवशिष्यते इत्युक्तार्थमेव पुनः दृढयति—सर्वेति । सर्ववर्जितसर्वात्मवेदनं निष्प्रतियोगिकब्रह्ममात्रज्ञानं यदोदेति तदा तद्रूपो भवतीत्यर्थः ॥ ४२–४३ ॥

[1] निर्वृत—अ २.

[2] प्रसृत—उ १.

दृश्यस्य मिथ्यात्वम्

यदिदं दृश्यते सर्वं जगत् स्थावरजङ्गमम् ।
तत् सुषुप्ताविव स्वप्नः कल्पान्ते प्रविनश्यति ॥ ४४ ॥
ऋतमात्मा परं ब्रह्म सत्यमित्यादिका बुधैः ।
कल्पिता व्यवहारार्थं यस्य संज्ञा महात्मनः ॥ ४५ ॥
यथा कटकशब्दार्थः पृथग्भावो न काञ्चनात् ।
न हेम कटकात्तद्वज्जगच्छब्दार्थता परा ॥ ४६ ॥
तेनेयमिन्द्रजाल[1]श्रीर्जागती प्रवितन्यते ।

दृश्यवस्तुनः सत्त्वे कथं विद्वान् स्वमात्रमवशिष्यते इत्यत आह—यदिदमिति । यथा स्वप्नः स्वापे विलीयते तथेदं जगत् स्वाज्ञदृष्ट्या कल्पान्ते नित्यादिप्रळयचतुष्टये विलीयते, परमार्थदृष्ट्या कल्पान्ते "ब्रह्ममात्रमसन्न हि" इति श्रुतिसिद्धब्रह्ममात्रज्ञानसमकालं विलीयते । अतो विद्वान् ब्रह्ममात्रमवशिष्यत इत्यर्थः ॥ ४४ ॥ ऋतमित्यादिशब्दानुविद्धं ब्रह्मेत्यत आह—ऋतमिति ॥ ४५ ॥ अभिधानं अभिधेयात् भिद्यते इत्यत्र तयोरेकत्वे दृष्टान्तमाचष्टे—यथेति । यथा कटकादयो विचार्यमाणे न हि सुवर्णादतिरिच्यन्ते, तथा अनृतानात्मजगच्छब्दार्थता, अनृतानात्मादिसापेक्ष-ऋतात्मेत्यभिधानजातमपि न ह्यभिधेयब्रह्मातिरिक्तं भवतीत्यर्थः, "पादा मात्रा मात्राश्च पादाः" इत्यभिधानाभिधेययोरैक्यश्रुतेः ॥ ४६ ॥ यदि ब्रह्मातिरेकेण विश्वमस्तीति मन्यसे तदा तत् मिथ्येति निश्चिन्विल्याह—तेनेति । येन हेतुना इयं ब्रह्मातिरिक्ता तेनेत्यर्थः ॥

दृश्यसज्ञासज्ञाभ्यां बन्धमोक्षौ

द्रष्टुर्दृश्यस्य सत्ताऽन्तर्बन्ध इत्यभिधीयते ॥ ४७ ॥

[1] श्रीजा—अ, अ २, उ १.

द्रष्टा दृश्यवशाद्बद्धो दृश्याभावे विमुच्यते ।
जगत्त्वमहमित्यादिसर्गात्मा दृश्यमुच्यते ॥ ४८ ॥
मनसैवेन्द्रजालश्रीर्जागती प्रवितन्यते ।
यावदेतत् संभवति तावन्मोक्षो न विद्यते ॥ ४९ ॥

दृश्यसङ्गासङ्गौ बन्धमोक्षहेतू भवत इत्याह—**द्रष्टुरिति**। **द्रष्टृदृश्ययोः योग एवान्तः सत्ता बन्धः**। दृश्यसत्त्वासत्त्वधीः बन्धमोक्षकलनाहेतुरित्यर्थः ॥ ४७ ॥ यदस्तित्वाभिमत्या बध्यते तद्दृश्यस्वरूपं किमित्यत्र—**जगत्त्वमिति**। **त्वमहमित्यादिसर्गात्मा** प्रपञ्च एव **दृश्यमित्यर्थः**, दृश्यस्य मनःकल्पितत्वात् ॥ ४८ ॥ तदेव स्फोरयति—**मनसैवेति** । यावत् स्वातिरिक्तधीस्तावत् स्वमात्रावस्थानलक्षणमोक्षो नोदेतीत्याह—**यावदिति** ॥ ४९ ॥

प्रपञ्चस्य मनोमयत्वम्

ब्रह्मणा तन्यते विश्वं मनसैव स्वयंभुवा ।
मनोमयमतो विश्वं यन्नाम परिदृश्यते ॥ ५० ॥
न बाह्ये नापि हृदये सद्रूपं विद्यते मनः ।
यदर्थप्रतिभानं तन्मन इत्यभिधीयते ॥ ५१ ॥
संकल्पनं मनो विद्धि संकल्पस्तत्र विद्यते ।
यत्र संकल्पनं तत्र मनोऽस्तीत्यवगम्यताम् ॥ ५२ ॥
संकल्पमनसी भिन्ने न कदाचन केन चित् ।
संकल्पजाते गलिते स्वरूपमवशिष्यते ॥ ५३ ॥

स्वातिरिक्तप्रपञ्चस्य मनोमयत्वं कथमित्यत आह—**ब्रह्मणेति**। यत एवं **मनोमयम्** ॥ ५० ॥ मनसः प्रपञ्चहेतुत्वेन सत्त्वं स्यादित्यत आह—

नेति । किं तत्? यदर्थवत् प्रतिभानम् ॥ ५१ ॥ वस्तुतः सङ्कल्पस्तन्न विद्यते ॥ ५२ ॥ सङ्कल्पनीयस्वातिरिक्तासम्भवप्रबोधतः सङ्कल्पजाते गळिते अपह्नवं गते ॥ ५३ ॥

दृश्यासंभवज्ञाने ब्रह्मताऽवशेषः

अहं त्वं जगदित्यादौ प्रशान्ते दृश्यसंभ्रमे ।
स्यात्तादृशी केवलता दृश्ये सत्तामुपा[1]गते ॥ ५४ ॥
महाप्रलयसंपत्तौ ह्यसत्तां समुपागते ।
अशेषदृश्ये सर्गादौ शान्तमेवावशिष्यते ॥ ५५ ॥
अस्त्यनस्तमितो भास्वानजो देवो निरामयः ।
सर्वदा सर्वकृत् सर्वः परमात्मेत्युदाहृतः ॥ ५६ ॥
यतो वाचो निवर्तन्ते यो मुक्तैरवगम्यते ।
यस्य चात्मादिकाः संज्ञाः कल्पिता न स्वभावतः ॥ ५७ ॥

दृश्यासम्भवप्रबोधसमकालं संशान्तस्वातिरिक्तं ब्रह्मावशिष्यत इत्याह—अहमिति । दृश्ये सत्तामात्रपदवीं गते केवलीभाव उदेति ॥ ५४ ॥ सर्गादावशेषदृश्ये तन्महाप्रळयसम्पत्तौ च ब्रह्मातिरिक्तहेतोरसत्तां असद्भावं समुपागते सदा शान्तस्वातिरिक्तं ब्रह्मैव अवशिष्यते इत्यर्थः ॥ ५५ ॥ यदि शान्तमवशिष्टं तदा किमपि नास्तीति प्रसक्तौ—अस्तीति । स कीदृश इत्यत्र—ईश्वरात्मना सर्वदा सर्वकृत् सर्वः । ईशनीयसापेक्षेश्वरताऽपाये स एव परमात्मेत्युदाहृतः ॥ ५६ ॥ तस्य परमात्मादिसंज्ञा वास्तवीत्यत आह—यत इति । स्वावशेषधिया अवगम्यते ॥ ५७ ॥

[1] सते—अ, अ १.

चिदात्मावस्थितिरूपः समाधिः

चित्ताकाशं चिदाकाशमाकाशं च तृतीयकम् ।
द्वाभ्यां शून्यतरं विद्धि चिदाकाशं महामुने ॥ ५८ ॥
देशाद्देशान्तरप्राप्तौ संविदो मध्यमेव यत् ।
निमेषेण चिदाकाशं तद्विद्धि मुनिपुङ्गव ॥ ५९ ॥
तस्मिन् निरस्तनिःशेषसंकल्पस्थितिमेषि चेत् ।
सर्वात्मकं पदं शान्तं तदा प्राप्नोष्यसंशयः ॥ ६० ॥
[1]उदितौदार्यसौन्दर्यवैराग्यरसगर्भिणी ।
आनन्दस्यन्दिनी यैषा समाधिरभिधीयते ॥ ६१ ॥
दृश्यासंभवबोधेन रागद्वेषादितानवे ।
रतिर्बलोदिता याऽसौ समाधिरभिधीयते ॥ ६२ ॥
दृश्यासंभवबोधो हि ज्ञानं ज्ञेयं [2]चिदात्मकम् ।
तदेव केवलीभावं ततोऽन्यत् सकलं मृषा ॥ ६३ ॥

कीदृशोऽयं स्वभावः इत्यत्र चित्तचैत्यासम्भवज्ञानसिद्धचिदाकाश इत्याह—चित्तेति । चेतोरूपेण आकाशत इति चित्ताकाशं, तद्विकल्पितं भूताकाशादि, तत्कल्पककल्पनापह्नवसिद्धं चिदाकाशं विद्धीत्यर्थः ॥ ५८ ॥ चिदाकाशाधिगमः कथमित्यत्र—देशादिति । मनः पूर्वविषयदेशं विहाय विषयदेशान्तरं यदा गच्छति तदन्तरालावस्था तन्मध्यमुच्यते । तत्र स्वातिरिक्तास्तित्वख्यापकवृत्त्यसम्भवात् तदन्तरावस्थाविभातं चिदाकाशमिति जानीहीत्यर्थः । तथा च—

[1] उदितोदार्य—उ, क.   उदितोदर—अ, अ २.
[2] चिवा—उ, उ १.

पूर्वं रूपमपास्य रूपमपरं चित्ते गते स्वेच्छया
तद्रूपद्वयमध्यमेऽस्य मनसो वृत्तेरभावात्तदा ।
सूक्ष्मात् सूक्ष्मधियो विदुर्यमजडानन्दं ततं निष्कळं
दधान्मानसवृत्तिशून्यविभवां मुक्तिं स रामोऽद्य मे ॥

इति मुक्तिशतकोक्तेः ॥ ५९ ॥ यदि चिदाकाशदृष्टिर्भवसि तदा तदेव भवसीत्याह —तस्मिन्निति ॥ ६० ॥ तद्रूपावस्थितिः कीदृशीत्यत्र समाधिरित्याह—उदितेति । समाधिः सम्प्रज्ञातसमाधिः, स्वानन्दस्यन्दनवृत्तिविशिष्टत्वात् ॥ ६१ ॥ असंप्रज्ञातस्तु—दृश्येति । स्वातिरिक्तदृश्यासंभवप्रबोधसिद्धब्रह्ममात्रावस्थितिः असंप्रज्ञातसमाधिरित्यर्थः ॥ ६२ ॥ कथं पुनः असंप्रज्ञातसमाधिः ब्रह्म भवतीत्यत्र —स एव परमात्मा, तदतिरिक्तं मृषेत्याह— दृश्येति ॥ ६३ ॥

जगतो मृषात्वम्

मत्त ऐरावतो बद्धः सर्षपीकोणकोटरे ।
मशकेन कृतं युद्धं सिंहौघैरणुकोटरे ॥ ६४ ॥
पद्माक्षे स्थापितो मेरुर्निगीर्णो भृङ्गसूनुना ।
निदाघ विद्धि तादृक् त्वं जगदेतद्भ्रमात्मकम् ॥ ६५ ॥

तदन्यस्य मृषात्वं कुत इत्यत्र—असंभवकल्पनातः तत्सिद्धिर्निरङ्कुशेत्याह —मत्तेति ॥ ६४–६५ ॥

संसारस्य मनोविलासत्वम्

चित्तमेव हि संसारो रागादिक्लेशदूषितम् ।
तदेव तैर्विनिर्मुक्तं भवान्त इति कथ्यते ॥ ६६ ॥
मनसा भाव्यमानो हि देहतां याति देहकः ।
देहवासनया मुक्तो देहधर्मैर्न लिप्यते ॥ ६७ ॥

कल्पं क्षणीकरोत्यन्तः क्षणं नयति कल्पताम् ।
मनोविलासः संसार इति मे निश्चिता मतिः ॥ ६८ ॥
नाविरतो दुश्चरितान्नाशान्तो नासमाहितः ।
नाशान्तमानसो वाऽपि प्रज्ञानेनैनमाप्नुयात् ॥ ६९ ॥

एवं असंभवरचनामूलं चित्तं, तदसंभवज्ञानसिद्धं स्वरूपमित्याह—**चित्तमिति** ॥ ६६ ॥ मनोऽस्ति नास्तीति ज्ञानं बन्धमोक्षमूलमित्याह—**मनसेति** ॥ ६७ ॥ आविद्यकत्वेन मनसः अघटितघटनाघटनपटीयस्त्वमाह—**कल्पमिति** ॥ ६८ ॥ मनस्तत्कार्यव्यापृतोऽपि प्रज्ञानतः पदमाप्नुयादित्यत आह—**नेति** । दुश्चरिताशान्तादिमनस्तमोवृत्तिभिः यदि **नाविरतः** स्वातिरिक्तकलनातो **नाशान्तश्च** भवति तदाऽस्य प्रज्ञानमेव न जायते । यदि प्रमादतो जायेत तदा तदाभासज्ञानमेव भवति । नह्याभासज्ञानं पारमार्थिकसद्वस्तु स्प्रष्टुं पारयति । यत एवं अतः आभासज्ञानी दुश्चरितादिवृत्तिकबलितः सन्नैनं परमात्मानं प्रत्यगभेदेन आप्नुयात् ॥ ६९ ॥

शान्तमनसो ब्रह्मप्राप्तिः

तद्ब्रह्मानन्दमद्वन्द्वं निर्गुणं सत्यचिद्घनम् ।
विदित्वा स्वात्मनो रूपं न बिभेति [1]कदाचन ॥ ७० ॥
परात् परं यन्महतो महान्तं स्वरूपतेजोमयशाश्वतं शिवम् ।
कविं पुराणं पुरुषं सनातनं सर्वेश्वरं सर्वदेवैरुपास्यम् ॥ ७१ ॥
अहं ब्रह्मेति नियतं मोक्षहेतुर्महात्मनाम् ।
द्वे पदे बन्धमोक्षाय निर्ममेति ममेति च ।
ममेति बध्यते जन्तुर्निर्ममेति विमुच्यते ॥ ७२ ॥

[1] कुतश्चन—उ, उ १.

तद्विपरीतो निर्भयं ब्रह्म आप्नुयादित्याह—तदिति। यत् नित्यतृप्त्यात्मकं तत् ब्रह्मानन्दरूपं, सुखदुःखादिद्वन्द्वाभावात् अद्वन्द्वं, तमआदिगुणत्रयासंभवात् निर्गुणं, अनृतजडप्रपञ्चाभावात् सत्यचिद्घनं, स्वात्मनो रूपं ब्रह्माहमस्मीति विदित्वा वेदनसमकालं कदाचन स्वातिरिक्तास्तित्वभ्रमतो न बिभेति। न हि स्वमात्रे निष्प्रतियोगिके स्वातिरिक्तप्रसक्तिरस्ति, "ब्रह्मव्यतिरिक्तं न किंचिदस्ति," "ब्रह्ममात्रमसन्नहि," इति श्रुतेः ॥ ७ ॥ यद्विदित्वा तदेव भवति तत्स्वरूपं किं? इत्यत आह—परात्परमिति। परात्परमित्यादिविशेषणविशिष्टं ब्रह्माहमस्मीति ज्ञानतः तदेव भवतीति वाक्यशेषः ॥ ७१ ॥ ब्रह्ममात्रज्ञानं तन्मात्रावशेषहेतुः, ममेति निर्ममेति ज्ञानं तु सापेक्षबन्धमोक्षहेतुरित्याह—अहमिति ॥ ७२ ॥

जीवेशवादत्यागपूर्वकब्रह्मविचारस्य कर्तव्यता

जीवेश्वरादिरूपेण चेतनाचेतनात्मकम्।
ईक्षणादिप्रवेशान्ता सृष्टिरीशेन कल्पिता।
जाग्रदादिविमोक्षान्तः संसारो जीवकल्पितः ॥ ७३ ॥
त्रिणाचिकादियोगान्ता ईश्वरभ्रान्तिमाश्रिताः।
लोकायतादिसांख्यान्ता जीव[1]विभ्रान्तिमाश्रिताः ॥ ७४ ॥
तस्मान्मुमुक्षुभिर्नैव मतिर्जीवेशवादयोः।
कार्या किंतु ब्रह्मतत्त्वं निश्चलेन विचार्यताम् ॥ ७५ ॥

स्वाज्ञादिदृष्टिमोहे सत्यसति ब्रह्म निष्प्रतियोगिकं स्वमात्रमवशिष्यत इत्यत्र न विवादः, तथाऽप्यत्र स्वाज्ञाळिः तदेव ब्रह्म जीवेश्वरजगद्विशिष्टं पश्यतीत्याह—जीवेति। चेतनाचेतनात्मकं स्वाज्ञः पश्यति। तत्र ईशजीवसृष्टिः केत्यत

[1] विभ्रा—अ १, अ २, क.

आह—ईक्षणादीति । "स ऐक्षत लोकान्नु सृजै" इत्यादि "स एतमेव सीमानं विदार्यैतया द्वारा प्रापद्यत" इति श्रुत्यनुरोधेन ईक्षणादिप्रवेशान्ता । इयमीशसृष्टिः इयं जीवसृष्टिः इति विभागशः कल्पको जीव एव नेश्वरः, तस्य एवं कल्पनाहेतुस्वाज्ञानाभावात् । जीवस्य तत्सत्त्वात् अयमेव कल्पक इत्यर्थः ॥ ७३ ॥ अत्र केचन भ्रान्ताः स्वातिरेकेग शिवजीवौ पश्यन्तीत्याह—त्रिणाचिकेति । त्रिःकृत्वो नाचिकेतो यैः कृतः ते त्रिणाचिकेताः कर्मिणो योगिनश्च । आदिशब्देन सौरशाक्तवैष्णवगाणपत्यशैवादिद्वैतिनो विशिष्टाद्वैतिनश्च गृह्यन्ते । ते स्वातिरेकेग ईश्वरोऽस्तीति ईश्वरभ्रान्त्यारूढा भवन्ति । लोकायतादिसाङ्ख्यपर्यन्ता वादिनो जीवविश्रान्तिमाश्रिता भवन्ति ॥ ७४ ॥ यस्मादेते भ्रान्तग्रहाः तस्मात् । किंतु सर्वापह्नवसिद्धं ब्रह्म स्वमात्रमिति मद्गतत्त्वम् ॥ ७५ ॥

निर्विशेषब्रह्मज्ञानमहिमा

अविशेषेण सर्वं तु यः पश्यति चिदन्वयात् ।
स एव साक्षाद्विज्ञानी स शिवः स हरिर्विधिः ॥ ७६ ॥
दुर्लभो विषयत्यागो दुर्लभं तत्त्वदर्शनम् ।
दुर्लभा सहजावस्था सद्गुरोः करुणां विना ॥ ७७ ॥
उत्पन्नशक्तिबोधस्य त्यक्तनिःशेषकर्मणः ।
योगिनः सहजावस्था स्वयमेवोपजायते ॥ ७८ ॥
यदा ह्येवैष एतस्मिन्नल्पमप्यन्तरं नरः ।
विजानाति तदा तस्य भयं स्यान्नात्र संशयः ॥ ७९ ॥
सर्वगं सच्चिदानन्दं ज्ञानचक्षुर्निरीक्षते ।
अज्ञानचक्षुर्नेक्षेत भास्वन्तं भानुमन्धवत् ॥ ८० ॥

प्रज्ञानमेव तद्ब्रह्म सत्यप्रज्ञानलक्षणम् ।
एवं ब्रह्मपरिज्ञानादेव मर्त्योऽमृतो भवेत् ॥ ८१ ॥

भिद्यते हृदयग्रन्थिश्छिद्यन्ते सर्वसंशयाः ।
क्षीयन्ते चास्य कर्माणि तस्मिन् दृष्टे परावरे ॥ ८२ ॥

एवं निर्विशेषज्ञानी तदेव भवतीत्याह—**अविशेषेणेति** । चितः सर्वानुस्यूतत्वेन सर्वं चिन्मात्रमेवेति यः पश्यति स एव ॥ ७६ ॥ गुरुप्रसादं विना स्वातिरिक्तमतित्यागः स्वमात्रज्ञानं स्वावशेषतया स्थितिरपि दुर्लभेत्याह—**दुर्लभ इति** ॥ ७७ ॥ कस्येयं सहजावस्था जायते इत्यत आह—**उत्पन्नेति** । सुषुम्नां प्रविष्टकुण्डलिनीशक्तेः यतेः स्वरूपावस्थितिः **स्वयमेवोपजायते** ॥ ७८ ॥ अत्रापि किंचित् सविशेषं पश्यतो भयं भवतीत्याह—**यदेति** ॥ ७९ ॥ यदि निर्भेयं ब्रह्म सर्वगं तदा सर्वैरपि द्रष्टुं शक्यमित्यत आह—**सर्वगमिति** ॥ ८० ॥ यादृशं वस्तु जानाति तादृगेव अयं भवतीत्याह—**प्रज्ञानमिति** ॥ ८१ ॥ ग्रन्थिसंशयकर्मसु सत्सु तद्भेदनं तदाप्तिः कथमित्यत आह—**भिद्यत इति** । इयं श्रुतिः मुण्डकोपनिषदि व्याख्याता ॥ ८२ ॥

संविन्मात्रपरत्वविधिः

अनात्मतां परित्यज्य निर्विकारो जगत्स्थितौ ।
एकनिष्ठतयाऽन्तःस्थसंविन्मात्रपरो भव ॥ ८३ ॥

मरुभूमौ जलं सर्वं मरुभूमात्रमेव तत् ।
जगत्त्रयमिदं सर्वं चिन्मात्रं स्वविचारतः ॥ ८४ ॥

लक्ष्यालक्ष्यगतिं त्यक्त्वा यस्तिष्ठेत् केवलात्मना ।
शिव एव स्वयं साक्षादयं ब्रह्मविदुत्तमः ॥ ८५ ॥

अधिष्ठानमनौपम्यमवाङ्मनसगोचरम् ।
नित्यं विभुं सर्वगतं सुसूक्ष्मं च तदव्ययम् ॥ ८६ ॥
सर्वशक्ते[1]र्महेशस्य विलासो हि मनो जगत् ।
संयमासंयमाभ्यां च संसारं शान्तिमन्वगात् ॥ ८७ ॥

यदि ज्ञानात् ग्रन्थिसंशयकर्माणि क्षीयन्ते स्वाज्ञदृष्ट्या सति जगति कथं ब्रह्ममात्रावस्थितिरित्यत आह—**अनात्मतामिति**। स्वाज्ञदृष्टिप्रसक्तां **अनात्मताम्** । **जगत्स्थितौ**, स्वज्ञदृष्ट्या लयं गते वा ॥ ८३ ॥ संविन्मात्रपरत्वं कुतः संभवति जगत्त्रयभानादित्यत्र—विचारतो जगत्त्रयं चिन्मात्रमेवेति सदृष्टान्तमुपपादयति—**मर्विति** ॥ ८४ ॥ यदि चिन्मात्रमिति लक्षितं तदा लक्ष्यस्य लक्षणसापेक्षतया सविशेषज्ञानफलभागयं भवतीत्यत आह—**लक्ष्येति** । लक्षणया बोधितं **लक्ष्यं**, **अलक्ष्यं** वाच्यं, तयोः **गतिं त्यक्त्वे**त्यर्थः ॥ ८५ ॥ स्वातिरिक्तलक्ष्याद्यपवादस्य **अधिष्ठानम्** । अधिष्ठेयसापेक्षाधिष्ठानादिविशेषणगतविशेषापायसिद्धनिर्विशेषब्रह्मवित् भवतीति पूर्वेणान्वयः ॥ ८६ ॥ संसारिणो वेदनं तत्फलं वा कुत इत्यत आह—**सर्वेति** । यतः स्वविकल्पितमनस्तत्कार्यं **जगत्** स्वातिरेकेण अस्ति नास्तीति **संयमासंयमाभ्यां** संसारः तच्छान्तिः भवति अतो ब्रह्मविदसंसारी ज्ञानफलमश्नुत इत्यर्थः ॥ ८७ ॥

मनःप्रशमनेन ब्रह्मसम्पत्तिः

मनोव्याधेश्चिकित्सार्थमुपायं कथयामि ते ।
[2]यद्यत् स्वाभिमतं वस्तु तत्त्यजन् मोक्षमश्नुते ॥ ८८ ॥
स्वायत्तमेकान्तहितं स्वेप्सितत्यागवेदनम् ।
यस्य दुष्करतां यातं धिक् तं पुरुषकीटकम् ॥ ८९ ॥

[1] रनन्तस्य—उ, उ १.

[2] यत्त—अ, अ १, अ २, क.

स्वपौरुषैकसाध्येन स्वेप्सिततत्यागरूपिणा ।
मनःप्रशममात्रेण विना नास्ति शुभा गतिः ॥ ९० ॥
असंकल्पनशस्त्रेण छिन्नं चित्तमिदं यदा ।
सर्वं सर्वगतं शान्तं ब्रह्म संपद्यते तदा ॥ ९१ ॥
भवभावनया मुक्तो युक्तः परमया धिया ।
धारयात्मानमव्यग्रो ग्रस्तचित्तं चितः पदम् ॥ ९२ ॥
परं पौरुषमाश्रित्य नीत्वा चित्तमचित्तताम् ।
ध्यानतो हृदयाकाशे चिति चिच्चक्रधारया ।
मनो मारय निःशङ्कं त्वां प्रबध्नन्ति नारयः ॥ ९३ ॥
अयं सोऽहमिदं तन्मे एतावन्मात्रकं मनः ।
तदभावनमात्रेण दात्रेणेव विलूयते ॥ ९४ ॥
छिन्नाभ्रमण्डलं व्योम्नि यथा शरदि धूयते ।
वातेनाकल्पकेनैव तथाऽन्तर्धूयते मनः ॥ ९५ ॥
कल्पान्तपवना वान्तु यान्तु चैकत्वमर्णवाः ।
तपन्तु द्वादशादित्या नास्ति निर्मनसः क्षतिः ॥ ९६ ॥
असंकल्पनमात्रैकसाध्ये सकलसिद्धिदे ।
असंकल्पातिसाम्राज्ये तिष्ठावष्टब्धतत्पदः ॥ ९७ ॥
न हि चञ्चलताहीनं मनः क्वचन दृश्यते ।
चञ्चलत्वं मनोधर्मो वह्नेर्धर्मो यथोष्णता ॥ ९८ ॥
एषा हि चञ्चला स्पन्दशक्तिश्चित्तत्वसंस्थिता ।
तां विद्धि मानसीं शक्तिं जगदाडम्बरात्मिकाम् ॥ ९९ ॥

यत्तु चञ्चलताहीनं तन्मनोऽमृतमुच्यते ।
तदेव च तपः शास्त्रसिद्धान्ते मोक्ष उच्यते ॥ १०० ॥
तस्य चञ्चलता यैषा त्वविद्या वासनात्मिका ।
वासनाऽपरनाम्नीं तां विचारेण विनाशय ॥ १०१ ॥
पौरुषेण प्रयत्नेन यस्मिन्नेव पदे मनः ।
योज्यते तत् पदं प्राप्य निर्विकल्पो भवानघ ॥ १०२ ॥
अतः पौरुषमाश्रित्य चित्तमाक्रम्य चेतसा ।
विशोकं पदमालम्ब्य निरातङ्कः स्थिरो भव ॥ १०३ ॥
मन एव समर्थं हि मनसो दृढनिग्रहे ।
अराज्ञा कः समर्थः स्याद्राज्ञो निग्रहकर्मणि ॥ १०४ ॥
तृष्णाग्राहगृहीतानां संसारार्णवपातिनाम् ।
आवर्तैरूह्यमानानां दूरं स्वमन एव नौः ॥ १०५ ॥
मनसैव मनश्छित्त्वा पाशं परमबन्धनम् ।
भवादुत्तारयात्मानं नासावन्येन तार्यते ॥ १०६ ॥

मनस्सत्त्वपक्षमवष्टभ्य तत्त्यागोपायं तत्फलं चाह—**मन इति**। स्वातिरिक्ततया यद्यत् स्वाभिमतं तत्तत्त्यागतः तन्मोक्षमश्नुत इत्यर्थः ॥ ८८ ॥ एवं कर्तुं अशक्यं मन्यमानो यस्तत्रोपरमते तज्जन्म धिगिति तं कुत्सयति—**स्वायत्तमिति**। **स्वायत्तं** स्वेतरसाधनानपेक्षम् ॥ ८९ ॥ स्वेप्सितत्यागं विना उपायान्तरेणापि ज्ञानफलमाप्तुं शक्यमित्यत आह—**स्वेति** ॥ ९० ॥ तदास्तूपायः क इत्यत आह—**असङ्कल्पनेति** ॥ ९१ ॥ भवभावनावतः तत्सिद्धिः कुत इत्यत आह—**भवेति**। **येन** चिद्वत् अवभातं चित्तं ग्रस्तं तं **ग्रस्तचित्तं आत्मानं** उक्तसाधनसम्पन्नो

धारयेत्यर्थः ॥ ९२ ॥ स्वातिरेकेण मनःप्रसक्तौ यदि प्रयत्नात्तद्विलापनं करोषि तदा निस्सपत्नं ज्ञानफलं प्राप्नोषीत्याह—परमिति ॥ ९३ ॥ मनसोऽन्तर्बाह्य-वृत्तिरूपेण भावनामात्रत्वात् तदभावनशस्त्रेण तच्छिद्यत इत्याह—तदिति ॥९४॥ किंच—छिन्नेति । पराक्पुरोवाततो मनोमेघ उदेति, पराक्कल्पनाविरळनैर्मल्य-प्रत्यग्वातेन मनस्तत्कार्यमेघो विलीयत इत्यर्थः ॥ ९५ ॥ यन्मनो म्रियते न तस्य केनापि क्षतिरस्तीत्याह—कल्पान्तेति ॥ ९६ ॥ यदि निर्मनस्त्वमिच्छसि तदा तत्पदलक्ष्यमवष्टभ्य निर्विकल्पात्मना तिष्ठेत्याह—असङ्कल्पनेति ॥ ९७ ॥ शोधितपारदवच्चञ्चलं मनो यदा न चलति तदा अमनस्कं ब्रह्म भवतीत्याह—न हीति ॥ ९८ ॥ चित्तत्त्वसंस्थिता चिति विकल्पितेत्यर्थः । जगदाडम्बरा-त्मिकां, मन एव जगदित्यर्थः ॥ ९९ ॥ निष्पन्दवायुः आकाशवत् निष्पन्दं मनो ब्रह्मेत्यर्थः ॥ १०० ॥ मनश्चञ्चलत्वं विचारेण शाम्यतीत्याह—तस्येति ॥ १०१ ॥ यत्नतो मनोऽवसानपदमवलम्ब्य निर्विकल्पो भवेत्याह—पौरुषे-णेति ॥ १०२ ॥ यतः प्रयत्नतो मनोविलापनं निर्विकल्पहेतुः अतः चित्तमाक्रम्य चेतसा तमोरजोवृत्तिमच्चित्तं सत्त्ववृत्तिमच्चेतसा कबळीकृत्वेत्यर्थः ॥ १०३ ॥ कथं पुनः चित्तं चेतसाऽऽक्रामितुं शक्यत इत्यत्र सदृष्टान्तमुत्तरमाह—मन इति ॥ १०४ ॥ तृष्णाऽऽदितमोवृत्तिग्रस्तानां सत्त्ववृत्तिः नोदेति, सत्कर्मोपासनाश्र-वणादिसाधनसञ्जातसत्त्ववृत्तिमन्मनसा स्वात्मानं उद्धरेदित्याह — तृष्णेति ॥ १०५–१०६ ॥

वासनापरिहारेण मोक्षसिद्धिः

[1]या योदेति मनोनाम्नी वासना वासितान्तरा ।
तां तां परिहरेत् प्राज्ञस्ततोऽविद्याक्षयो भवेत् ॥ १०७ ॥
भोगैकवासनां त्यक्त्वा त्यज त्वं भेदवासनाम् ।
भावाभावौ ततस्त्यक्त्वा निर्विकल्पः [2]सुखी भव ॥ १०८ ॥

[1] यो—उ, उ १. [2] स्थिरो—अ, अ १.

एष एव मनोनाशस्त्वविद्यानाश एव च ।
[1]यत्तत् संवेद्यते किंचित् तत्रास्थापरिवर्जनम् ।
अनास्थैव हि निर्वाणं दुःखमास्थापरिग्रहः ॥ १०९ ॥
अविद्या विद्यमानैव नष्टप्रज्ञेषु दृश्यते ।
नाम्नैवाङ्गीकृताकारा सम्यक्प्रज्ञस्य सा कुतः ॥ ११० ॥
तावत् संसारभृगुषु स्वात्मना सह देहिनम् ।
आन्दोलयति नीरन्ध्रदुःखकण्टक[2]शालिषु ॥ १११ ॥
अविद्या यावदस्या[3]स्तु नोत्पन्ना क्षयकारिणी ।
स्वयमात्मावलोकेच्छा मोहसंक्षयकारिणी ॥ ११२ ॥
अस्याः परं प्रपश्यन्त्याः स्वात्मनाशः प्रजायते ।
[4]दृष्टे सर्वगते बोधे स्वयं ह्येषा विलीयते ॥ ११३ ॥
इच्छामात्रमविद्येयं तन्नाशो मोक्ष उच्यते ।
स चासंकल्पमात्रेण सिद्धो भवति वै मुने ॥ ११४ ॥
मनागपि मनोव्योम्नि वासनारजनीक्षये ।
कालिका तनुतामेति चिदादित्यावलोकनात् ॥ ११५ ॥

यद्यद्वस्तुविषयकवासना उदेति तां तां उन्मूल्य कृतकृत्यो भवेत्याह—येति । स्वातिरेकेण वासना अस्ति नास्तीति तद्भावाभावौ ॥१०७–१०८॥ वासनानाशतोऽविद्याद्वयमपि नश्यतीत्याह—एष इति । स्वातिरिक्तविषयकास्थाऽनास्थे बन्धमोक्षहेतू स्यातामित्यत आह—यदिति ॥ १०९ ॥ स्वाविद्या स्वाज्ञस्वज्ञदृष्टेः सदसत्पदं भजतीत्याह—अविद्येति ।

[1] यद्य—उ, उ १. [2] शाखिषु—अ २. [3] स्ति—अ. [4] दृष्टेः—उ.

अविद्यमानैवाविद्या वस्तुतत्त्वविचारिणाम् ।
अविचारेण मूढानां वज्रादपि दृढायते ॥

इति स्मृतेः ॥ ११० ॥ यावद्यावदविद्या तनुतामेति तावत्तावद्विद्या उत्कर्षतीत्याह—**तावदिति** ॥ १११ ॥ ब्रह्मविद्या उदेतीत्यर्थः ॥ ११२ ॥ विद्याऽपि स्वफलसाक्षात्कारतो विलीयते इत्याह—**अस्या इति** । **दृष्टे सर्वगते बोधे** परमात्मनि विद्याऽपि **स्वयं ह्येषा विलीयते** ॥ ११३ ॥ स्वाविद्या बन्धहेतुः, तन्नाशो मोक्षहेतुः इत्याह—**इच्छेति** । स्वाविद्यालयाधारस्य स्वाधेयसापेक्षाधारताऽपाये निष्प्रतियोगिकब्रह्ममात्रत्वात् तत्सिद्धिः केनेत्यत आह—**स चेति** । निःशेषसङ्कल्पापाये परमात्मा आविर्भवतीत्यर्थः ॥ ११४ ॥ स्वाज्ञानध्वान्ते सति स्वात्मार्कोदयः कुत इत्यत आह—**मनागपीति** । **कालिका** स्वाज्ञानध्वान्तरूपिणी स्वोद्भूतिहेतुवासनारात्रिक्षयतः **तनुतामेति** ॥ ११५ ॥

चैत्यासंभवज्ञानेन चित्तत्वसाक्षात्कारः

चैत्यानुपातरहितं सामान्येन च सर्वगम् ।
यच्चित्तत्त्वमनाख्येयं स आत्मा परमेश्वरः ॥ ११६ ॥
सर्वं च खल्विदं ब्रह्म नित्यचिद्घन[1]मक्षतम् ।
कल्पनाऽन्या मनोनाम्नी विद्यते न हि काचन ॥ ११७ ॥
न जायते न म्रियते किंचिदत्र जगत्त्रये ।
न च भावविकाराणां सत्ता क्वचन विद्यते ॥ ११८ ॥
केवलं केवलाभासं सर्वसामान्यमक्षतम् ।
चैत्यानुपातरहितं चिन्मात्रमिह विद्यते ॥ ११९ ॥
तस्मिन् नित्ये तते शुद्धे चिन्मात्रे निरुपद्रवे ।
शान्ते शमसमाभोगे निर्विकारे चिदात्मनि ॥ १२० ॥

[1] मक्षरं—क.

यैषा स्वभावाभिमतं स्वयं संकल्प्य धावति ।
चिच्चैत्यं स्वयमम्लानं मननान्मन उच्यते ॥ १२१

सति चैत्ये चित्तत्त्वानुभवः कथमित्यत्र चैत्यासम्भवप्रबोधतः चित्तत्त्वसाक्षात्कारो भवतीत्याह—चैत्येति। अयमहमस्मीति साक्षात्कृतो भवतीत्यर्थः ॥ ११६ ॥ चिन्मात्रविकल्पितं सर्वं अतद्विकल्पक्षयतः चिन्मात्रमेवेत्याह—सर्वमिति। तत्र या स्वातिरेकेण विकल्पिता तादृशकल्पनाऽन्या ॥ ११७ ॥ स्वातिरेकेण न जायते ॥ ११८ ॥ चिन्मात्रमिह निष्प्रतियोगिकं विद्यते ॥ ११९ ॥ तत्र तदतिरिक्तमस्तीति मननान्मन उत्थितं भवतीत्याह—तस्मिन्निति ॥ १२० ॥ यैषा स्वभावाभिमतं स्वातिरिक्तमस्तीत्येवंरूपम्। चिति विकल्पितं चिच्चैत्यम्। सत्यमिति मननात् ॥ १२१ ॥

सङ्कल्पस्य बन्धमोक्षमूलत्वम्

अतः संकल्पसिद्धेयं संकल्पेनैव नश्यति ।
नाहं ब्रह्मेति संकल्पात् सुदृढाद्बध्यते मनः ।
सर्वं ब्रह्मेति संकल्पात् सुदृढान्मुच्यते मनः ॥ १२२ ॥
कृशोऽहं दुःखबद्धोऽहं हस्तपादादिमानहम् ।
इति भावानुरूपेण व्यवहारेण बध्यते ॥ १२३ ॥
नाहं दुःखी न मे देहो बन्धः को[1]ऽस्यात्मनि स्थितः ।
इति भावानुरूपेण व्यवहारेण मुच्यते ॥ १२४ ॥
नाहं मांसं न चास्थीनि देहादन्यः परोऽस्म्यहम् ।
इति निश्चितवानन्तः क्षीणाविद्यो विमुच्यते ॥ १२५ ॥

[1] वाऽऽत्मनि—उ, उ १.

मनसः स्वोत्पत्तिप्रळयमूलं सङ्कल्प एवेत्याह—अत इति । यतो माया स्वातिरिक्तसङ्कल्पभूः अतः । नाहं ब्रह्म, ब्रह्माहं, इति सङ्कल्पतो मनो बध्यते मुच्यते चेत्याह—नाहमिति ॥ १२२ ॥ कथं पुनः सङ्कल्पतो बध्यते मुच्यते इत्यत्र—कृशोऽहमिति ॥ १२३–१२५ ॥

अनात्माभिमानत्यागविधिः

कल्पितेयमविद्येयमनात्मन्यात्मभावनात् ।
परं पौरुषमाश्रित्य यत्नात् परमया धिया ।
भोगेच्छां दूरतस्त्यक्त्वा निर्विकल्पः सुखी भव ॥ १२६ ॥

मम पुत्रो मम धनमहं सोऽयमिदं मम ।
इतीयमिन्द्रजालेन वासनैव विवल्गति ॥ १२७ ॥

मा भवाज्ञो भव ज्ञस्त्वं जहि संसारभावनाम् ।
अनात्मन्यात्मभावेन किमज्ञ इव रोदिषि ॥ १२८ ॥

कस्तवायं जडो मूको देहो मांसमयोऽशुचिः ।
यदर्थं सुखदुःखाभ्यामवशः परिभूयसे ॥ १२९ ॥

अहो नु चित्रं यत् सत्यं ब्रह्म तद्विस्मृतं नृणाम् ।
तिष्ठतस्तव कार्येषु माऽस्तु रागानुरञ्जनम् ॥ १३० ॥

अहो नु चित्रं पद्मोत्थैर्बद्धास्तन्तुभिरद्रयः ।
अविद्यमाना याऽविद्या तया विश्वं खिलीकृतम् ।
इदं तद्वज्रतां यातं तृणमात्रं जगत्त्रयम् ॥ १३१ ॥

इत्युपनिषत् ॥

अतस्मिन् तद्भावनेयं माया विकल्पिता, यत्नतः तद्विकल्पसर्वस्वमुन्मूल्य निर्विकल्पो भवेत्याह—**कल्पितेति** ॥ १२६ ॥ विकल्पहेतुः केत्यत्र—नानावस्तुगतवासना, तामवष्टभ्य स्वविकल्पितस्वपरे स्वात्मात्मीयाभिमत्या किं मुह्यसि, तेन त्वं परिभवं प्राप्नोषीत्याह—**ममेति**। **वासनैव विवल्गति,** नेतरत् विजृम्भते वस्तुनो निर्विकल्पत्वात् ॥ १२७ ॥ तदवष्टभ्य **मा भवाज्ञः** ॥ १२८–१२९ ॥ अहोऽयं लोकः सम्भवार्थमनादृत्य असम्भवार्थे मुह्यति, न त्वं तत्परमो भवेत्याह—**अहो इति**। **नृणां मध्ये तिष्ठतस्तव** ॥ १३० ॥ स्वातिरिक्तकलनाया असम्भवार्थत्वं कुत इत्यत्र सदृष्टान्तमाह—**अहो इति**। **खिलीकृतं** नानात्वं प्रापितमित्यर्थः ॥ १३१ ॥

इति चतुर्थोऽध्यायः

पञ्चमाध्यायः

अज्ञानज्ञानयोः भूमिकासंख्या

[1]अथापरं प्रवक्ष्यामि शृणु तात यथातथम् ।
अज्ञानभूः सप्तपदा ज्ञभूः सप्तपदैव हि ॥ १ ॥
पदान्तराण्यसंख्यानि प्रभवन्त्यन्य[2]थैतयोः ।

नाहं ब्रह्मेति सङ्कल्पनं अज्ञानं, सर्वं ब्रह्मेति सङ्कल्पनं ज्ञानमित्युक्तम्। तत्राज्ञानभूः ज्ञानभूश्च कतिविधेत्याशङ्कमानमालक्ष्य तदियत्ताप्रपञ्चनाय पञ्चमाध्यायः आरभ्यते—**अथेति** ॥ १ ॥ अज्ञानज्ञानप्रविभक्तसप्तविधभूम्योः स्वाज्ञस्वज्ञदृष्ट्यनुरोधेन पदानि बहुधा भिद्यन्त इत्याह—**पदान्तराणीति**।

[1] ऋभुः। अथा—अ १, अ २, क.   [2] दै—क.

स्वरूपस्थितिर्मोक्षः, स्वरूपभ्रंशो बन्धः

स्वरूपावस्थितिर्मुक्तिस्तद्भ्रंशोऽहंत्ववेदनम् ॥ २ ॥
शुद्धसन्मात्रसंवित्तेः स्वरूपान्न चलन्ति ये ।
रागद्वेषादयो भावास्तेषां नाज्ञत्वसंभवाः ॥ ३ ॥
यः स्वरूपपरिभ्रंशश्चैत्यार्थे चितिमज्जनम् ।
एतस्मादपरो मोहो न भूतो न भविष्यति ॥ ४ ॥
अर्थादर्थान्तरं [1]चित्ते याति मध्ये तु या स्थितिः ।
सा ध्वस्तमननाकारा स्वरूपस्थितिरुच्यते ॥ ५ ॥
संशान्तसर्वसंकल्पा या शिलावदवस्थितिः ।
जाग्रन्निद्राविनिर्मुक्ता सा स्वरूपस्थितिः परा ॥ ६ ॥
[2]अहन्तांऽशे क्षते शान्ते भेद[3]निष्पन्दचित्तता ।
अजडा या [4]प्रचकति तत्स्वरूपमितीरितम् ॥ ७ ॥

तत्र ज्ञानादिभूमिफलं मुक्त्यादिस्वरूपमाचष्टे—**स्वरूपेति**। अज्ञानफलं बन्ध इत्यर्थः ॥ २ ॥ ब्रह्मनिष्ठस्यापि यदि रागादिः तदा स्वरूपात् च्युतिः स्यादित्यत आह—**शुद्धेति** । प्रमादतः प्रसक्तरागद्वेषादयो दोषास्तेषां **नाज्ञत्वसंभवाः**, किं तु बहिष्ठप्राण्यदृष्टायत्ता इत्यर्थः ॥ ३ ॥ स्वरूपच्युतिरेव महामोह इत्याह—**य इति** । चेतोविकल्पितोऽर्थः **चैत्यार्थः** स्वातिरिक्तप्रपञ्चः तत्र **चितिमज्जनं** अन्तःकरणपतनमेव **स्वरूपपरिभ्रंशः** ॥ ४ ॥ स्वरूपस्थितिः कीदृशीत्यत आह—**अर्थादिति**। विषयात् विषयान्तरं मनसि गच्छति सति तदा विषयद्वयमध्यस्थितेः अवृत्तिकत्वात् सैव **स्वरूपस्थिति**रित्यर्थः ॥ ५ ॥ मति सङ्कल्पप्रभवावस्थाऽन्तरे स्वरूपस्थितिः कुत इत्यत आह—**संशान्तेति**

[1] चित्तैर्यात्र—क. [2] अहंत्वेऽशेषतः शा—अ.
[3] निष्पत्ति—अ १. [4] प्रचरति—अ. प्रकचति—अ १.

॥ ६ ॥ स्वरूपस्थितेः अवस्थाचतुष्टयापह्नवपूर्वकत्वात् किं तत्स्वरूपमित्यत आह—अहन्तांऽश इति । अहन्तांऽशे देहादावहंभावे ब्रह्माहमिति ज्ञानात् क्षते शान्ते अपह्नवं गते ततो भेदनिष्पन्दचित्तता भेदासंभवप्रबोधसिद्धचिन्मात्ररूपिणी या इयं अजडा चित् प्रचकति निष्प्रतियोगिकस्वमात्रतया चकास्ति तत्स्वरूपमितीरितम ॥ ७ ॥

अज्ञानभूमिकासप्तकविवरणम्

बीजजाग्रत् तथा जाग्रन्महाजाग्रत् तथैव च ।
जाग्रत्स्वप्नस्तथा स्वप्नः स्वप्नजाग्रत् सुषुप्तिकम् ॥ ८ ॥
इति सप्तविधो मोहः पुनरेष परस्परम् ।
[1]श्लिष्टो भवत्यनेकाग्र्यं शृणु लक्षणमस्य तु ॥ ९ ॥
प्रथमं चेतनं यत् स्यादनाख्यं निर्मलं चितः ।
भविष्यच्चित्तजीवादिनामशब्दार्थभाजनम् ॥ १० ॥
बीजरूपं स्थितं जाग्रद् बीजजाग्रत् तदुच्यते ।
एषा ज्ञप्तेर्नवावस्था त्वं जाग्रत्संस्थितिं शृणु ॥ ११ ॥
नवप्रसूतस्य परादयं चाहमिदं मम ।
इति यः प्रत्ययः स्वच्छस्तज्जाग्रत् प्रागभावनात् ॥ १२ ॥
अयं सोऽहमिदं तन्म इति जन्मान्तरोदितः ।
पीवरः प्रत्ययः प्रोक्तो महाजाग्रदिति स्फुटम् ॥ १३ ॥
अरूढमथवा रूढं सर्वथा तन्मयात्मकम् ।
यज्जाग्रतो मनोराज्यं तज्जाग्रत्स्वप्न उच्यते ॥ १४ ॥

[1] श्लि—क.

द्विचन्द्रशुक्तिकारूप्यमृगतृष्णाऽऽदिभेदतः ।
अभ्यासं प्राप्य जाग्रत् तत् स्वप्नो नानाविधो भवेत् ॥ १५ ॥

अल्पकालं मया दृष्टमेतन्नोदेति यत्र हि ।
परामर्शः प्रबुद्धस्य स स्वप्न इति कथ्यते ॥ १६ ॥

चिरसंदर्शनाभावादप्रफुल्लं बृहद्वचः ।
चिरकालानु[1]वृत्तिस्तु स्वप्नो जाग्रदिवोदितः ॥ १७ ॥

स्वप्नजाग्रदिति प्रोक्तं जाग्रत्यपि परिस्फुरत् ।
षडवस्थापरित्यागे [2]जडा जीवस्य या स्थितिः ॥ १८ ॥

भविष्यद्दुःखबोधाढ्या सौषुप्तिः सोच्यते गतिः ।
जगत् तस्यामवस्थायामन्तस्तमसि लीयते ॥ १९ ॥

सप्तावस्था इमाः प्रोक्ता मयाऽज्ञानस्य वै द्विज ।
एकैका [3]शतसंख्याऽत्र नानाविभवरूपिणी ॥ २० ॥

एवं परमार्थदृष्ट्यभिमतचिन्मात्रस्वरूपं प्रतिपाद्य स्वाज्ञानुभूतिसिद्धाज्ञान-भूमिकेयत्तां प्रपञ्चयति—बीजजाग्रदिति ॥ ८–९ ॥ तत्र प्राथमिकं बीजजाग्र-त्स्वरूपमाह—प्रथममिति । "सदेव सोम्येदमग्र आसीत्" इति श्रुतिसिद्धं **प्रथमं चेतनं यत् स्यात्** तद्गतविशेषापाये तदनाख्यं निर्मलं, वस्तुतो निर्विशेषत्वात् । तथाऽपि स्वाज्ञदृष्ट्या चितः सकाशात् **भविष्यच्चित्तजीवादि-नामशब्दार्थभाजनं** प्राज्ञावस्थां प्राप्तवत् भातम् ॥ १० ॥ तदेव **बीजरूपं स्थितं जाग्रत्** प्राज्ञप्रविभक्तविश्वाधिष्ठितत्वात् **तदेव बीजजाग्रदि-त्युच्यते** । द्वितीयं जाग्रत्स्वरूपमाह—एषेति । एषा **ज्ञप्तेः नवावस्था,**

[1] वृत्तस्तु—अ १. वृत्तस्य—अ. [2] हठाज्जी—अ.
[3] दशा—अ.

स्थूलप्रज्ञायाः प्राथम्यात् ॥ ११ ॥ **नवप्रसूतस्य** बीजरूपस्य **परात्** कार्यरूपात् विश्वविश्वात्मनः **अयं चाऽहमिदं** ममेति यः स्थूलप्रत्ययः उदेति यदेवं **प्राक्** बीजावस्थायामभावनात् सेयं जाग्रदवस्थेत्युच्यते ॥ १२ ॥ महाजाग्रत्स्वरूपं विशदयति—अयमिति । **अयमित्यादि यन्मे जन्मान्तरे** विराड्भावे **उदितः** विराजो **ब्रह्माण्डशरीरतया यः पीवरः** प्रत्ययः **प्रोक्तः** सोऽयं वैराजकलनात्मको **महाजाग्रदिति स्फुटमित्युच्यते** ॥ १३ ॥ जाग्रत्प्रविभक्तस्वप्नकलनां प्रपञ्चयति—**अरूढमिति** । **अरूढं** मूलस्य मृग्यत्वात्, अथवा **रूढं** प्रतीतिकालमात्रप्ररूढत्वात्, **सर्वथा तन्मयात्मकं** मनोराज्याधिपतेः तन्मयत्वात्, जाग्रदवस्थायां **यन्मनोराज्यं** विकल्पितं **तदेव जाग्रत्स्वप्न उच्यते** ॥१४॥ स्वप्नस्वप्नस्वरूपमाह —**द्विचन्द्रेति** । **द्विचन्द्रेत्यादिना** प्रातिभासिककलनोच्यते । एवं **अभ्यासबलात्** **जाग्रत्संस्कारजस्वप्नो नानाविधो भवेत्** ॥ १५ ॥ तत्प्रविभक्तस्तु **अल्पकालमिति** । परामर्शं विना यत्र कालेयत्ता न स्फुरति स **स्वप्नस्वप्नः** प्रातिभासिकप्रातिभासिकनिर्वर्त्यत्वात् । तथा स्वप्न इत्युद्देशतः स्वप्नस्वप्नः उच्यते इति वेदितव्यम् ॥ १६ ॥ प्रातिभासिकविश्वनिर्वर्त्यस्वप्नजाग्रत्स्वरूपमाह—**चिरेति** । जागरितवत् **चिरसन्दर्शनाभावात् बृहद्वचो** बहिःप्रज्ञानिर्वर्त्यमप्रफुल्लम् । **चिरकालानुवृत्तिस्तु** जागरणवत् भानात् एतत् **स्वप्नजाग्रदिति** **प्रोक्तम्** ॥ १७ ॥ सौषुप्तिगतिं प्रकटयति—**षडिति** । यत्रोक्तबीजजाग्रदित्यादि**षडवस्था** न दृश्यते सेयं **जडात्मिका स्थितिः** सुषुप्तसुषुप्तिः, प्राज्ञप्राज्ञनिर्वर्त्यत्वात् ॥ १८–१९ ॥ एवं **सप्तावस्थाः** । बीजजाग्रदित्याद्यज्ञानभूमिकाः सप्तधा उक्ताः, तासु **एकैका** वादिभ्रान्त्यनुरूपं **शतधा** विकल्पिता भवति, वादिस्वाज्ञानस्यानन्तत्वात् तदियत्ता नहि विज्ञातुं शक्येत्यर्थः ॥ २० ॥

ज्ञानभूमिकासप्तकविवरणम्

इमां सप्तपदां ज्ञानभूमिमाकर्णयानघ ।
नानया ज्ञातया भूयो मोहपङ्के निमज्जति ॥ २१ ॥

वदन्ति बहुभेदेन वादिनो योगभूमिकाः ।
मम त्वभिमता नूनमिमा एव शुभप्रदाः ॥ २२ ॥
अवबोधं विदुर्ज्ञानं तदिदं साप्तभूमिकम् ।
[1]मुक्तिस्तु ज्ञेयमित्युक्ता भूमिका[2]सप्तकात्परम् ॥ २३ ॥
ज्ञानभूमिः शुभेच्छाऽऽख्या प्रथमा समुदाहृता ।
विचारणा द्वितीया तु तृतीया तनुमानसी ॥ २४ ॥
सत्त्वापत्तिश्चतुर्थी स्यात् ततोऽसंसक्तिनामिका ।
पदार्थभावना षष्ठी सप्तमी तुर्यगा स्मृता ॥ २५ ॥
आसामन्तः स्थिता मुक्तिर्यस्यां भूयो न शोचति ।
एतासां भूमिकानां त्वमिदं निर्वचनं शृणु ॥ २६ ॥
स्थितः किं मूढ एवास्मि प्रेक्षेऽहं शास्त्रसज्जनैः ।
वैराग्यपूर्वमिच्छेति शुभेच्छेत्युच्यते बुधैः ॥ २७ ॥
शास्त्रसज्जनसंपर्कवैराग्याभ्यासपूर्वकम् ।
सदाचारप्रवृत्तिर्या प्रोच्यते सा विचारणा ॥ २८ ॥
विचारणाशुभेच्छाभ्यामिन्द्रियार्थेषु रक्तता ।
यत्र सा तनुतामेति प्रोच्यते तनुमानसी ॥ २९ ॥
भूमिकात्रितयाभ्यासाच्चित्ते [3]तु विरतेर्वशात् ।
सत्त्वात्मनि स्थिते शुद्धे सत्त्वापत्तिरुदाहृता ॥ ३० ॥
दशाचतुष्टयाभ्यासादसंसर्गकला तु या ।

[1] मूर्ति—अ १. [2] सप्तमा—अ २. [3] र्थवि—अ.

रूढसत्त्वचमत्कारा प्रोक्ताऽसंसक्तिनामिका ॥ ३१ ॥
भूमिकापञ्चकाभ्यासात् स्वात्मारामतया [1]दृढम् ।
आभ्यन्तराणां बाह्यानां पदर्थानामभावनात् ॥३२ ॥
परप्रयुक्तेन चिरं प्रयत्नेनावबोधनम् ।
पदार्थभावना नाम षष्ठी भवति भूमिका ॥ ३३ ॥
भूमिषट्कचिराभ्यासाद्भेदस्यानुपलम्भनात् ।
यत् स्वभावैकनिष्ठत्वं सा ज्ञेया तुर्यगा गतिः ॥ ३४ ॥
एषा हि जीवन्मुक्तेषु तुर्यावस्थेति विद्यते ।
विदेहमुक्तिविषयं तुर्यातीतमतः परम् ॥ ३५ ॥

एवं स्वरूपावारकस्वाज्ञानावस्थात्यागपूर्वकं वक्ष्यमाणां सप्तधा भिन्नस्वज्ञानावस्थां शृणित्याह—**इमामिति** । **नानया ज्ञातया भूयो मुमुक्षुः मोहपङ्के निमज्जति** ॥ २१–२२ ॥ भूमिसप्तकार्थवेदनं ज्ञानं, वेद्यं कैवल्यमेवेत्याह—**अवबोधमिति** ॥ २३ ॥ शुभेच्छाऽऽदिसप्तज्ञानभूमिनामान्युद्दिशति—**ज्ञानेति** ॥ २४–२५ ॥ शुभेच्छाऽऽदिभूमिकानिर्वचनं शृणित्याह—**एतासामिति** ॥ २६ ॥ प्रथमभूमिकां विवृणोति—**स्थित इति** । वस्तुतत्त्वमज्ञात्वा **मूढ एव सन् तूष्णीं स्थितोऽस्मि** । ततः किं करोषीत्यत्र—श्रुत्याचार्यैः शासनीयोऽस्मीति **प्रेक्षेऽहं प्रतीक्षामीति वैराग्यपूर्वकं** या इच्छा उदेति सेयं बुधैः शुभेच्छेत्युच्यते ॥ २७ ॥ विचारणाऽऽख्यां द्वितीयां भूमिकामाह—**शास्त्रेति** ॥ २८ ॥ तृतीयभूमिं विवृणोति—**विचारणेति** । यत्र यस्यां भूमिकायां **विचारणाशुभेच्छाभ्यां** सह दर्शेन्द्रियतदर्थेष्वनुरक्तता अभिनिविष्टा मानसी वृत्तिः **तनुतामेति** सेयं भूमिः **तनुमानसीति** प्रोच्यते ॥ २९ ॥ चतुर्थभूमिकां विशदयति—**भूमिकेति** । **भूमित्रयाभ्यासतो** विराग उदेति ततः स्वातिरिक्तविरक्तितः **चित्ते**

[1] दृढं—अ.

विशुद्धसत्त्वमात्मोपाधिः यस्मिन् तस्मिन् ईश्वरे स्थिते सति सेयमवस्था सत्त्वापत्तिरित्युदाहृता ॥ ३० ॥ पञ्चमभूमिकां व्याचष्टे—दशेति । योगफलेश-भावसंसर्गविरळा रूढसत्त्वचमत्कारा रूढसत्त्वं ईश्वरतत्त्वं तदवष्टभ्य तत्र संसर्गतया चिन्मये साक्षिणि स्थितिं कारयति प्रोक्ताऽसंसक्तिनामिका पञ्चमभूमिकोच्यत इत्यर्थः ॥ ३१ ॥ षष्ठभूमिकां प्रपञ्चयति—भूमिकेति । पूर्वोक्तभूमिकापञ्चकाभ्यासात् स्वातिरिक्तरतिं विस्मृत्य केवलस्वात्मारामतया दृढम् । तत्र हेतुः आभ्यन्तराणामिति । स्वान्तर्बाह्यपदार्थतः यः परो व्यतिरिक्तः साक्षी तत्प्रयुक्तेन तद्भावापन्नेन चेतसा प्रयत्नेन यदवबोधनं ब्रह्मास्मीति ज्ञानं अवगतिः सैव पदार्थभावना ॥ ३२–३३ ॥ सप्तमभूमिकां व्यक्तीकरोति—भूमीति । स्वातिरिक्तभेदस्य ॥ ३४ ॥ सेयं तुर्यावस्था कासनमर्हतीत्यत आह—एषेति । ततः किमित्यत आह—विदेहेति ॥ ३५ ॥

जीवन्मुक्तस्वरूपचर्ये

ये निदाघ महाभागाः साप्तमीं भूमिमा[1]श्रिताः ।
आत्माऽऽरामा महात्मानस्ते महापदमागताः ॥ ३६ ॥
जीवन्मुक्ता न मज्जन्ति सुखदुःखरसस्थिते ।
प्रकृतेनाथ कार्येण किंचित् कुर्वन्ति वा न वा ॥ ३७ ॥
पार्श्वस्थबोधिताः सन्तः पूर्वाचारक्रमागतम् ।
आचारमाचरन्त्येव सुप्तबुद्धवदुत्थिताः ॥ ३८ ॥

चतुर्थादिसप्तमभूमिकाऽन्तारूढब्रह्मविदादिजीवन्मुक्तगणचर्यां स्वरूपं च प्रकटयति—य इति । बाह्यनैरपेक्ष्येण आत्मारामाः । महद्भिः प्रत्यगभेदेन पद्यत इति महापदं प्रत्यगभिन्नं ब्रह्म तद्गताः तद्भावारूढाः इत्यर्थः ॥ ३६ ॥

[1] गताः—अ २, क.

स्वाज्ञवत् देहयोगतः तेऽपि सुखदुःखकलनासागरे मज्जन्तीत्यत आह—जीवन्मुक्ता इति। सुखदुःखरसतया स्थिते संसारसागरे इत्यर्थः। ते किं कुर्वन्तीत्यत्र—निर्विकल्पचित्ताः सन्तः प्रकृतेनेति ॥ ३७ ॥ तेषां देहस्थितिनिमित्तक्रियाऽऽदिकं कथमित्यत्र समाश्रितो व्युत्थानसमये पार्श्वस्थबोधिताः सन्तः ॥ ३८ ॥

ज्ञानभूमिकाऽधिकारी

भूमिकासप्तकं चैतद्धीमतामेव गोचरम्।
प्राप्य ज्ञानदशामेतां पशुम्लेच्छाऽऽदयोऽपि ये ॥ ३९ ॥
सदेहा वाऽप्यदेहा वा ते मुक्ता नात्र संशयः।
ज्ञप्तिर्हि ग्रन्थिविच्छेदस्तस्मिन् सति विमुक्तता ॥ ४० ॥
मृगतृष्णाऽम्बुबुद्ध्यादिशान्तिमात्रात्मकस्त्वसौ।
ये तु मोहार्णवात्तीर्णास्तैः प्राप्तं परमं पदम् ॥ ४१ ॥
ते स्थिता भूमिकास्वासु स्वात्मलाभपरायणाः।

मयोक्तसोपानभूमिकासप्तकाधिकारिणः के इत्यत आह—भूमिकेति। भूमिकाज्ञानफलमाचष्टे—प्राप्येति। अनन्तकोटिजन्मसुकृतमहिम्ना कर्मवैचित्र्यतो ज्ञानानधिकारजन्मवन्तोऽपि भुसुण्डादयः पशवः अजामिळादयो म्लेच्छादयोऽपि ज्ञानाधिकारजन्मानुष्ठितश्रवणादिसिद्धामेतां ज्ञानदशां प्राप्य स्वात्तसविशेषनिर्विशेषज्ञानाभ्यां प्रातिभासिकतया देहादिकमस्तीति ज्ञानं येषां ते सदेहा जीवन्मुक्ताः, स्वातिरिक्तदेहोपलक्षिताविद्यापदतत्कार्यजातापह्नवसिद्धं ब्रह्म निष्प्रतियोगिकस्वमात्रमिति ज्ञानं यदि सञ्जातं तदा ते विदेहमुक्ता भवन्तीत्यत्र न हि संशयोऽस्तीत्यर्थः। यत एवं अतः स्वातिरिक्तमोहग्रासस्वज्ञानं मुक्तिसाधनमित्याह—ज्ञप्तिरिति। ज्ञप्तिः प्रत्यगभिन्नब्रह्मज्ञानं, तेन हृदयग्रन्थि-

विच्छेदः अतस्मिन् तद्भावनिरासः, तस्मिन् सति विदेहमुक्तता उदेतीत्यर्थः ॥ ३९–४० ॥ स्वमात्रज्ञानप्लवेन ये स्वातिरिक्तमोहार्णवं तरन्ति तैः सप्तभूमिकाऽऽरूढैः ब्रह्मपदं प्राप्तमेवेत्याह—ये त्विति ॥ ४१ ॥

ज्ञानगम्यं ब्रह्मपदम्

मनःप्रशमनोपायो योग इत्यभिधीयते ॥ ४२ ॥

सप्तभूमिः स विज्ञेयः कथितास्ताश्च भूमिकाः ।

एतासां भूमिकानां तु गम्यं ब्रह्माभिधं पदम् ॥ ४३ ॥

त्वत्ताऽहन्ताऽऽत्मता यत्र परता नास्ति काचन ।

न क्वचिद्भावकलना न भावाभाव[1]गोचरा ॥ ४४ ॥

सर्वं शान्तं निरालम्बं व्योमस्थं शाश्वतं शिवम् ।

अनामयमनाभासमनामकमकारणम् ॥ ४५ ॥

न सन्नासन्न [2]मध्यं तन्न सर्वं सर्वमेव च ।

मनोवचोभिरग्राह्यं पूर्णात् पूर्णं सुखात् सुखम् ॥ ४६ ॥

स्वातिरिक्तग्रासयोगस्ते अभिहितः, तद्गम्यं ब्रह्मेत्याह—मन इति ॥ ४२–४३ ॥ ज्ञानैकगम्यं ब्रह्म किंविशेषणबोधितं भवतीत्यत आह—त्वत्तेति । यत्र धर्मधर्मिविभागो न विद्यते स्वातिरेकेण न क्वचिद्भावकलना ॥ ४४ ॥ व्योमस्थं प्रत्यग्रूपेण हृद्व्योमासनम् । कारणस्य कार्यसापेक्षतया कार्याभावात् कारणत्वं न युज्यत इत्यत्र—"कार्यं चेत् कारणं किंचित् कार्याभावे न कारणम्" इति श्रुतेः ॥ ४५ ॥ करणग्रामाग्राह्यतया न सदिति ॥ ४६ ॥

[1] गोचरं—अ १, उ, उ १.

[2] मध्यां—अ, अ १.

ब्रह्मवेदनमेव ब्रह्माधिगमोपायः

असंवेदनमाशान्तमात्मवेदनमाततम् ।
सत्ता सर्वपदार्थानां नान्या संवेदनादृते ॥ ४७ ॥
संबन्धे द्रष्टृदृश्यानां मध्ये [1]दृष्टिर्हि यद्वपुः ।
द्रष्टृदर्शनदृश्यादिवर्जितं तदिदं पदम् ॥ ४८ ॥
देशाद्देशं गते चित्ते मध्ये यच्चेतसो वपुः ।
अजाड्यसंविन्मननं तन्मयो भव सर्वदा ॥ ४९ ॥
अजाग्रत्स्वप्ननिद्रस्य यत्ते रूपं सनातनम् ।
अचेतनं चा[2]जडत्वं तन्मयो भव सर्वदा ॥ ५० ॥
जडतां वर्जयित्वैकां शिलाया हृदयं हि तत् ।
अमनस्कस्वरूपं [3]तत् तन्मयो भव सर्वदा ।
चित्तं दूरे परित्यज्य योऽसि सोऽसि स्थिरो भव ॥ ५१ ॥

स्वातिरेकेण नास्तीत्यसंवेदनम् । सत्ता सर्वपदार्थानां सत्ताऽतिरेकेण इयं चित् नाऽन्या । तदधिगमोपायः तद्वेदनादृते न विद्यते ॥ ४७ ॥ कथं पुनः स्वरूपं? इत्यत्र वृत्तिरहिता दृष्टिः स्वरूपमित्याह—संम्बन्ध इति । विज्ञानात्मा द्रष्टा, दृश्यं घटादिप्रपञ्चः, तयोः आध्यासिकसम्बन्धे यन्मध्यं हृदयं तत्र या प्रत्यग्दृष्टिः प्रतिभाति सैव यस्य परमात्मनो वपुः तस्य प्रत्यगभिन्नत्वात् तदेतत्पदं द्रष्टृदर्शनसम्बन्धवर्जितं ज्ञप्तिमात्रस्वरूपत्वात् ॥ ४८ ॥ किंच—देशाद्देशमिति । वपुः निर्वृत्तिकं दृश्यते यत् अजाड्यसंविन्मननं—अजाड्या संवित् प्रत्यक् चित् ॥ ४९ ॥ किंच—अजाग्रदिति । सनातनं,

[1] दृष्टे—अ. [2] जडं त्वं—अ २, क. जडं च—अ.
[3] यत्—अ.

जाग्रदाद्यवस्थात्रयकलनाविरळतुरीयरूपस्य चिरन्तनत्वात् । देहिदेहसम्बन्धाभावेन अचेतनम् ॥ ५० ॥ किंच—जडतामिति । स्वाविद्याद्वयतत्कार्ये नामरूपाकारेण या जडता विद्यते—स्वाङ्गदृष्टिशिलावत् दृढीभूताया मायाया हृदयं हि तत्—तामेकां जडतां वर्जयित्वा ततो नामरूपापवादाधिकरणतया सच्चिदानन्दरूपं यच्चैतन्यं चकास्ति तद्द्वयमनस्कस्वरूपं, तन्मयो भव तदेव भवेत्यर्थः । सर्वानर्थमूलचित्तापाये यदसि तदेव भवेत्याह—चित्तमिति ॥ ५१ ॥

मनोलयात् चिन्मात्रस्फुरणम्

पूर्वं मनः समुदितं [1]परमात्मतत्त्वात्

तेनाततं जगदिदं सविकल्पजालम् ।

शून्येन शून्यमपि विप्र यथाऽम्बरेण

नीलत्वमुल्लसति चारुतराभिधानम् ॥ ५२ ॥

संकल्पसंक्षयवशाद्गलिते तु चित्ते

संसारमोहमिहिका गलिता भवन्ति ।

स्वच्छं विभाति शरदीव खमागतायां

चिन्मात्रमेकमजमाद्यमनन्तमन्तः ॥ ५३ ॥

मनस्तत्कार्ये सति स्थिरीभावः कथमित्यत्र—गगननैल्यवत् स्वविकल्पितं मनः, तेन जगद्विकल्पितं, सङ्कल्पक्षयतो मनसि शान्ते तत्कार्यं विश्वमपि प्रलीयते, ततो निष्प्रतियोगिकचिन्मात्रतया स्वयमेव अवशिष्यस इत्याह—पूर्वमिति । यथा शून्याम्बरेण स्वरूपशून्यनीलत्वादिः विकल्पितः तथा निर्विशेषात्मतत्त्वे स्वरूपशून्यं मनस्तत्कार्यं विश्वं विकल्पितमित्यर्थः ॥ ५२ ॥ तच्छान्त्युपायः कथमित्यत्र—सङ्कल्पेति । ब्रह्मातिरिक्तास्तित्वसङ्कल्पक्षयतः

[1] परमार्थ—उ.

चित्तं विलीयते चिदाकाशे, ततश्चित्तकार्यसंसारमोहमिहिकाः हिमोपम-
स्वाज्ञानवृत्तयो विलीयन्ते, ततः सर्वविलयाधिकरणं स्वाधिष्ठेयापह्नवतो निरधिष्ठानं
सच्चिन्मात्रमवशिष्यते इत्यर्थः ॥ ९३ ॥

जगद्भ्रमशमनोपायः

अकर्तृकं[1]मरङ्गं च गगने चित्र[2]मुत्थितम् ।
अद्रष्टृकं स्वानुभवमनिद्रस्वप्नदर्शनम् ॥ ९४ ॥
साक्षिभूते समे स्वच्छे निर्विकल्पे चिदात्मनि ।
निरिच्छं प्रतिबिम्बन्ति जगन्ति मुकुरे यथा ॥ ९५ ॥
एकं ब्रह्म चिदाकाशं सर्वात्मकमखण्डितम् ।
इति भावय यत्नेन चेतश्चाञ्चल्यशान्तये ॥ ९६ ॥
रेखोपरेखावलिता यथैका पीवरी शिला ।
तथा त्रैलोक्यवलितं ब्रह्मैकमिह दृश्यताम् ॥ ९७ ॥
द्वितीयकारणाभावादनुत्पन्नमिदं जगत् ।
ज्ञातं ज्ञातव्यमधुना दृष्टं द्रष्टव्यमद्भुतम् ॥ ९८ ॥
विश्रान्तोऽस्मि चिरं श्रान्तश्चिन्मात्रान्नास्ति किंचन ।
पश्य विश्रान्तसंदेहं विगताशेषकौतुकम् ॥ ९९ ॥
निरस्तकल्पनाजालमचित्तत्वं परं पदम् ।

कथं पुनः एतच्चिदाकाशे विकल्पितं? कोऽयं तच्छमनोपायः? इत्यत
आह—अकर्तृकमिति। स्वातिरिक्तकलना कदाऽपि नास्तीति साक्षात् ईक्षितृ-

[1] मरागं—अ, अ १.   [2] मुज्झि—अ, अ १.

साक्षिभूते समे इत्यादिविशेषणबोधिते चिदाकाशे चित्रकृद्रञ्जनद्रव्याभावेऽप्य-
कस्माच्चित्रमुत्थितं अनिद्रस्वप्नदर्शनं अद्रष्टृकं, स्वातिरिक्तद्रष्टृदर्शनवैरळ्यात्,
तथाऽपि स्वाज्ञानुभूतिसिद्धम्। यथा दर्पणे जगन्ति निरिच्छं प्रतिबिम्बन्ति तथा
स्वाविद्यापदतत्कार्यचित्रं दृश्यत इत्यर्थः ॥ ५४–५५ ॥ यद्येवं विद्यते इति ते
भ्रान्तिस्तदा तन्निरसनाय एवं भावयेत्याह—एकमिति ॥ ५६ ॥ किंच—
रेखेति ॥ ५७ ॥ यद्ब्रह्मेति सम्भाव्यं त्रैलोक्योपलक्षितं अविद्यापदतत्कार्यजातं
जगत् ब्रह्मातिरेकेण किमुत्पन्नमित्यत्राह—द्वितीयेति। घटोत्पत्तौ मृत्पिण्ड-
कुलालदण्डादिवत् कारणान्तराभावात् स्वस्यैवाभिन्ननिमित्तोपादानकारणत्वात्,
यद्वा स्वातिरिक्तकार्यसत्त्वे तदपेक्षया कारणस्य द्वितीयत्वं तदभावे तन्निरूपित-
द्वितीयकारणताया अप्यभावात्, तदतिरेकेण इदं जगत् जात्वपि नोत्पन्नं
तस्यावस्तुत्वेन शशविषाणतुल्यत्वात् इत्यत्र—

> इदं प्रपञ्चं नास्त्येव नोत्पन्नं नो स्थितं क्वचित्।
> दृश्यरूपं च दृग्रूपं सर्वं शशविषाणवत् ॥

इति श्रुतेः। एवं ब्रह्म निष्प्रतियोगिकतया स्वमात्रमवशिष्यत इति को वा
जानातीत्याशङ्कमानमालक्ष्य ऋभुः स्वानुभवं प्रकटयति—ज्ञातमिति ॥ ५८ ॥
यथा मया अनुभूतं तथा त्वमपि पश्येत्याह—पश्येति। विभ्रान्तसन्देहं
निस्संशयार्थम् ॥ ५९ ॥ अचित्तत्त्वं चित्तापह्नवसिद्धमित्यर्थः ॥

अमनस्कब्रह्माधिगमनम्

> त एव भूमतां प्राप्ताः संशान्ताशेषकिल्बिषाः ॥ ६० ॥
> महाधियः शान्तधियो ये याता विमनस्कताम्।
> जन्तोः कृतविचारस्य विगलद्वृत्तिचेतसः ॥ ६१ ॥
> मननं त्यजतो नित्यं किंचित् परिणतं मनः।
> दृश्यं संत्यजतो हेयमुपादेयमुपेयुषः ॥ ६२ ॥

द्रष्टारं पश्यतो नित्यमद्रष्टारमपश्यतः ।
विज्ञातव्ये परे तत्त्वे जागरूकस्य जीवतः ॥ ६३ ॥
सुप्तस्य घनसंमोहमये संसारवर्त्मनि ।
अत्यन्तपक्ववैराग्यादरसेषु रसेष्वपि ॥ ६४ ॥
संसारवासनाजाले खगजाल इवाखुना ।
त्रोटिते हृदयग्रन्थौ श्लथे वैराग्यरंहसा ॥ ६५ ॥
[1]कातकं फलमासाद्य यथा वारि प्रसीदति ।
तथा विज्ञानवशतः स्वभावः संप्रसीदति ॥ ६६ ॥
नीरागं निरुपासङ्गं निर्द्वन्द्वं निरुपाश्रयम् ।
विनिर्याति मनो मोहाद्विहगः पञ्जराद्दिव ॥ ६७ ॥
शान्तसंदेहदौरात्म्यं गतकौतुकविभ्रमम् ।
परिपूर्णान्तरं चेतः पूर्णेन्दुरिव [2]राजते ॥ ६८ ॥
नाहं न चान्यदस्तीह ब्रह्मैवास्मि निरामयम् ।
इत्थं सदसतो[3]र्मध्यं यः पश्यति स पश्यति ॥ ६९ ॥

*ये अचित्तभावं गताः ते कृतकृत्या इत्याह—त एवेति ॥६०॥ अमनस्क-ब्रह्माप्त्युपायः क इत्यत्र वेदान्तश्रवणादिसाधनसम्पन्नस्यामनस्कं ब्रह्म प्रसीदतीत्याह—जन्तोरिति। स्वातिरिक्तविषये विगळद्वृत्तिचेतसः ॥६१॥ स्वातिरिक्तमननम्। परिणतं ब्रह्माकारेणेत्यर्थः। यत् उपादेयं तत् उपेयुषः ॥ ६२ ॥ सोऽहमिति सर्वद्रष्टारम्। अद्रष्टारं स्वातिरिक्तदेहादिकम्। ब्रह्माहमस्मीति विज्ञातव्ये ॥६३॥

[1] कातरं—अ २, उ, क.
[2] जायते—अ, अ १.
[3] र्मध्ये—अ, अ १.

संसारकलनामजानतः अत्यन्तपक्ववैराग्यात् ॥ ६४ ॥ वैराग्यरंहसा प्रवाहेण श्लथे विश्लेषिते ॥ ६५ ॥ अमनस्कब्रह्माहमस्मीति स्वात्मा प्रसन्नो भवतीत्यर्थः ॥ ६६ ॥ एवं साधनविकलाः स्वभावच्युता भवन्तीत्याह—नीरागमिति । ब्रह्म स्वात्मेत्यप्राप्य ततो विनिर्याति ॥ ६७ ॥ जीवन्मुक्तस्य तु—शान्तेति । स्वातिरिक्तं अस्ति नास्तीति गतकौतुकविभ्रमं ब्रह्म स्वात्मेति विदित्वा परिपूर्णान्तरं चेतः ब्रह्माकारेण पूर्णेन्दुरिव राजते ॥ ६८ ॥ को वा आत्मानं पश्यतीत्यत आह—नाहमिति । अतत् देहादिकं नाहम् । सदसतोर्मध्यं व्यक्ताव्यक्तप्रपञ्चाधिकरणं स्वात्मतया यः पश्यति स एव पश्यति ॥ ६९ ॥

विषयेषु नीरागप्रवृत्तिः

अयत्नोपनतेष्वक्षिदृग्द्रव्येषु यथा मनः ।
नीरागमेव पतति तद्वत् कार्येषु धीरधीः ॥ ७० ॥
परिज्ञायोपभुक्तो हि भोगो भवति तुष्टये ।
विज्ञाय सेवितश्चोरो मैत्रीमेति न चोरताम् ॥ ७१ ॥
अशङ्किताऽपि संप्राप्ता ग्रामयात्रा यथाऽध्वगैः ।
प्रेक्ष्यते तद्वदेव ज्ञैर्भोगश्रीरवलोक्यते ॥ ७२ ॥
मनसो निगृहीतस्य लीलाभोगोऽल्पकोऽपि यः ।
तमेवालब्धविस्तारं क्लिष्टत्वाद्बहुमन्यते ॥ ७३ ॥
[1]बन्धमुक्तो महीपालो ग्रासमात्रेण तुष्यति ।
परैरबद्धो नाक्रान्तो न राष्ट्रं बहु मन्यते ॥ ७४ ॥

एवं पश्यतः करणग्रामोऽविदुष इव सरागं स्वस्वविषये पततीत्यत आह—अयत्नेति । यथा सामान्यजनदृष्टिः पथिगततृणादिषु नीरागमेव

[1] बद्ध—अ, अ १, उ १.

पतति तथा धीरधीः सर्वत्रेत्यर्थः ॥ ७० ॥ भोगसेवया धीरोऽपि बध्यत इत्यत्र सदृष्टान्तं निराकरोति—**परिज्ञायेति** । ब्रह्मातिरेकेण भोक्तृभोज्यादिकं नास्तीति **परिज्ञाय** । **तुष्टये न बन्धाय** ॥ ७१ ॥ किंच—**अशङ्किताऽपि** हानिवृद्धिरस्तिनास्तीत्यस्मरणपूर्वकं **संप्राप्ता ग्रामयात्रा यथाऽध्वगैः** यथा तत्रत्यतृणवृक्षादिकमिदं ममास्त्विवति माऽस्त्विवति अभिसन्धिवैकल्येन **प्रेक्ष्यते तद्वदेव ज्ञैः भोगश्रीरवलोक्यते** नीरागमेव दृश्यत इत्यर्थः ॥ ७२ ॥ तदवलोकनतः तत्तृष्णा स्यादित्यत आह—**मनस इति** । यमी यदृच्छया प्राप्तप्राणधारणमात्रोपयोगिभिक्षादिकमपि **बहुमन्यते** तेनैव तृप्तो भवति, तदस्तु माऽस्त्विवति सङ्कल्पाभावात् ॥ ७३ ॥ उक्तार्थे दृष्टान्तमाह—**बन्धेति** ॥ ७४ ॥

मनोजयस्य कर्तव्यता

हस्तं हस्तेन संपीड्य दन्तैर्दन्तान् विचूर्ण्य च ।
अङ्गान्यङ्गै[1]रिवाक्रम्य जयेदादौ स्वकं मनः ॥ ७५ ॥
मनसो विजयान्नान्या गतिरस्ति भवार्णवे ।
महानरकसाम्राज्ये मत्तदुष्कृतवारणाः ।
आशाशरशलाका[2]ढ्या दुर्जया हीन्द्रियारयः ॥ ७६ ॥
प्रक्षीणचित्तदर्पस्य निगृहीतेन्द्रियद्विषः ।
पद्मिन्य इव हेमन्ते क्षीयन्ते भोगवासनाः ॥ ७७ ॥
तावन्निशीव वेताला वल्गन्ति हृदि वासनाः ।
एकतत्त्वदृढाभ्यासाद्यावन्न विजितं मनः ॥ ७८ ॥

राजा भटो ज्ञान्यज्ञान्यहमित्यादिविभ्रमहेतुः यतो मनः अतस्तज्जेतव्यमित्याह—**हस्तमिति** ॥ ७५ ॥ एवं जेतव्यमनसः सत्त्वे **मनसो विजयात्** । मनसा

[1] स्समाक्र—अ, उ, उ १. [2] स्त्युः—अ.

सह इन्द्रियाण्यपि जेतव्यानीत्याह—महानरकेति । वारणादीनां साम्राज्याङ्गत्वात् । जेतव्यारयस्तु आशाशरशलाकाढ्याः आशैव शरशलाकाः कुन्ता येषां ते तथोक्ताः दुर्जया हीन्द्रियारयः स्वस्वविषयव्यावृत्तिखड्गेन जेतव्या इत्यर्थः ॥ ७६ ॥ सर्वानर्थकारिण्याः वासनायाः सत्त्वात् किं मानसेन्द्रियजयेनेत्यत आह—प्रक्षीणेति । वासनाक्षयस्य—न हि ब्रह्मातिरेकेण मनः इन्द्रियं वाऽस्तीति—मानसेन्द्रियविजयपूर्वकत्वात् । मूलच्छेदतो वासनाः नश्यन्तीत्यर्थः ॥ ७७–७८ ॥

मनसः सर्वार्थसाधकत्वम्

भृत्योऽभिमतकर्तृत्वान्मन्त्री सर्वार्थकारणात् ।
सामन्तश्चेन्द्रियाक्रान्तेर्मनो मन्ये विवेकिनः ॥ ७९ ॥
लालनात् स्निग्धललना पालनात् पालकः पिता ।
सुहृदुत्तमविन्यासान्मनो मन्ये मनीषिणः ॥ ८० ॥
स्वालोकितः शास्त्रदृशा स्वबुद्ध्या [1]स्वानुभावितः ।
प्रयच्छति परां सिद्धिं त्यक्त्वाऽऽत्मानं मनःपिता ॥ ८१ ॥
सुदृष्टः सुदृढः स्वच्छः सुक्रान्तः सुप्रबोधितः ।
स्वगुणेनोर्जितो भाति हृदि हृद्यो मनोमणिः ॥ ८२ ॥
एनं मनोमणिं ब्रह्मन् बहु[2]पङ्ककलङ्कितम् ।
विवेकवारिणा सिद्ध्यै प्रक्षाल्यालोकवान् भव ॥ ८३ ॥

भृत्यमन्त्र्यादिवत् सर्वार्थसाधकं मन एवेत्याह—भृत्य इति । मन एव सङ्कल्पतो यदि निगृहीतं तदा भृत्योऽभिमतकर्तृत्वात्, मन्त्री सर्वार्थसिद्धौ

[1] स्वनु—अ १, क. [2] दोष—उ, उ १.

कारणत्वात्, सामन्तश्चेन्द्रियाक्रान्तेः यदीन्द्रियमुषितं तदा शत्रुरपि मनो मन्ये ॥ ७९–८० ॥ मनसः पित्रादित्वं कथमित्यत्र—स्वेति। शास्त्रदृष्ट्या स्वानुभवबलादपि ब्रह्मातिरेकेण मनो नास्तीति स्वेनालोकितोऽनुभावितश्च भवति। तदा प्रयच्छति ॥ ८१ ॥ बन्धमोक्षहेतुः मन एवेत्याह—सुदुष्ट इति। स्वाज्ञानप्रभवपराग्वनितालम्पटत्वात् सुदुष्टः आभासतोऽपि मनोऽस्तीति भ्रमात् सुदृढः सङ्कल्पक्षयतः स्वच्छः ब्रह्मात्मना सुक्रान्तः ब्रह्मातिरेकेण नास्तीति सुप्रबोधितः। एवं मनोमणिरूर्जितो भाति ॥ ८२ ॥ अनेन बन्धमोक्षहेतुः मनोमणिरिति विदित्वा तद्गतबन्धहेत्वंशमपोह्य सारांशं गृहीत्वा सुखी भवेत्याह—एनमिति। ब्रह्मातिरिक्तं नेति विवेकवारिणा ॥ ८३ ॥

तृष्णाछेदनसाधनं अहंभावत्यागः

विवेकं परमाश्रित्य बुद्ध्या सत्यमवेक्ष्य च।
इन्द्रियारीनलं छित्त्वा तीर्णो भव भवार्णवात् ॥ ८४ ॥
आस्थामात्रमनन्तानां दुःखानामाकरं विदुः।
अनास्थामात्रमभितः सुखानामालयं विदुः ॥ ८५ ॥
वासनातन्तुबद्धोऽयं लोको विपरिवर्तते।
सा प्रसिद्धाऽतिदुःखाय सुखायोच्छेदमागता ॥ ८६ ॥
धीरोऽप्यतिबहुज्ञोऽपि कुलजोऽपि महानपि।
तृष्णया बध्यते जन्तुः सिंहः शृङ्खलया यथा ॥ ८७ ॥
परमं पौरुषं यत्नमास्थायादाय सूद्यमम्।
यथाशास्त्रमनुद्वेगमाचरन् को न सिद्धिभाक् ॥ ८८ ॥
अहं सर्वमिदं विश्वं परमात्माऽहमच्युतः।
नान्यदस्तीति [1]संविद्या पर[प्रथ]मा सा ह्यहंकृतिः ॥ ८९ ॥

[1] संवित्स्था—उ.

सर्वस्माद्व्यतिरिक्तोऽहं वालाग्रादप्यहं तनुः ।

इति या संविदो ब्रह्मन् द्वितीयाऽहंकृतिः शुभा ॥ ९० ॥

मोक्षायैषा न बन्धाय जीवन्मुक्तस्य विद्यते ॥ ९१ ॥

पाणिपादादिमात्रोऽयमहमित्येष निश्चयः ।

अहंकारस्तृतीयोऽसौ लौकिकस्तुच्छ एव सः ॥ ९२ ॥

वर्ज्य एव दुरात्माऽसौ कन्दः संसारदुस्तरोः ।

अनेनाभिहतो जन्तुरधोऽधः परिधावति ॥ ९३ ॥

अनया दुरहंकृत्या भावात् संत्यक्तया चिरम् ।

शिष्टाहंकारवान् जन्तुः शमवान् याति मुक्तताम् ॥ ९४ ॥

प्रथमौ द्वावहंकारावङ्गीकृत्य त्वलौकिकौ ।

तृतीयाऽहंकृतिस्त्याज्या लौकिकी दुःखदायिनी ॥ ९५ ॥

अथ ते अपि संत्यज्य सर्वाहंकृतिवर्जितः ।

[1]स तिष्ठते तथाऽत्युच्चैः [2]परमेवाधिरोहति ॥ ९६ ॥

तन्मूलच्छेदं कृत्वा सुखी भवेत्याह—विवेकमिति । ब्रह्मातिरिक्तं न किंचिदस्तीति विवेकम् ॥ ८४ ॥ स्वातिरिक्तमनोमूलं किमित्यत्र तदस्ति नास्तीत्यास्थाऽनास्थारूपाविद्याविद्यात्मिका मायेत्याह—आस्थेति ॥ ८५ ॥ एवमविदित्वा वासनातन्तुबद्धोऽयम् । वासनाऽस्ति नास्तीति ज्ञानं बन्धमोक्षहेतुरित्यर्थः ॥ ८६ ॥ तृष्णैव बन्धकरीत्याह—धीरोऽपीति ॥ ८७ ॥ सर्वेषां दुःखहेतूनामपि तृष्णैव दीर्घदुःखदा, तन्मूलं स्वातिरिक्तं, स्वमात्रज्ञानतः तन्मूलोच्छेदकृत्सिद्धो भवतीत्याह—परममिति ॥ ८८ ॥ तृष्णोच्छेदनोपायस्तु तदहम्भात्रमवष्टभ्य अतदहंभावत्याग एवेत्याह—अहमिति । स्वातिरेकेण

[1] संति—अ २. [2] पद—उ.

नान्यदस्तीति ॥ ८९ ॥ तनुः निर्विशेषत्वात् । संविदो वृत्तिः ॥ ९०–९२ ॥ तृष्णाविजृम्भितसंसारदुस्तरोः ॥ ९३–९५ ॥ यद्यसल्लौकिकगृहदेहात्मधीत्यागपूर्वकं ब्रह्माहमस्मीति ज्ञानमुदितं तदा तमोरजोवृत्तिमत्स्वातिरिक्तदेहाद्यहंभावं सत्ववृत्तिमद्ब्रह्माहंभावं च त्यक्त्वा यः केवलरूपेण आस्ते स ब्रह्मैव भवतीत्याह —अथेति । अथशब्दो विकल्पार्थः । तानपि पूर्वोक्तत्रिविधाहंभावानिति वक्तव्ये ते अपि इति विभक्तिव्यत्ययः । देहादिरस्मि, ब्रह्मास्मि, इति सर्वाहङ्कृतिविरळो य आस्ते सोऽयं मुनिः उच्चैः परं सर्वापह्नवसिद्धं ब्रह्म निष्प्रतियोगिकस्वमात्रमित्येव अधिरोहति तन्मात्रमवशिष्यते इत्यर्थः ॥ ९६ ॥

मनोऽभ्युदयनाशावेव बन्धमुक्ती

भोगेच्छामात्रको बन्धस्तत्त्यागो मोक्ष उच्यते ।
मनसोऽभ्युदयो नाशो मनोनाशो महोदयः ।
ज्ञमनो नाशमभ्येति मनोऽज्ञस्य हि शृङ्खला ॥ ९७ ॥
नानन्दं ननिरानन्दं नचलं नाचलं स्थिरम् ।
नसन्नासन्न चैतेषां मध्यं ज्ञानिमनो विदुः ॥ ९८ ॥
यथा सौक्ष्म्याच्चिदाभास्य आकाशो नोपलक्ष्यते ।
तथा निरंशश्चिद्भावः सर्वगोऽपि न लक्ष्यते ॥ ९९ ॥
सर्वसंकल्परहिता सर्वसंज्ञाविवर्जिता ।
सैषा चिदविनाशात्मा स्वात्मेत्यादिकृताभिधा ॥ १०० ॥
आकाशशतभागाच्छा ज्ञेषु निष्कलरूपिणी ।
सकलाऽमलसंसारस्वरूपैकात्मदर्शिनी ॥ १०१ ॥
नास्तमेति न चोदेति नोत्तिष्ठति न तिष्ठति ।
न च याति न चायाति न च नेह न चेह चित् ॥ १०२ ॥

सैषा चिदमलाकारा निर्विकल्पा निरास्पदा ॥ १०३ ॥

भङ्गयन्तरेण बन्धमोक्षस्थितिमाह—भोगेति । मनःसत्त्वासत्त्वे प्रेयःश्रेयोहेतू भवत इत्याह—मनस इति ॥ ९७ ॥ स्वाज्ञमनो मन एव, स्वज्ञमनस्तु ब्रह्मैव, इत्याह—नानन्दमिति । स्वातिरिक्तं सङ्कल्प्य न हि नन्दतीति नानन्दं, ब्रह्माकारेण परिणतं सत् ननिरानन्दं, न हि विषयात् विषयान्तरं प्रति चलतीति नचलं, स्वातिरिक्तसत्ताऽभावात् नाचलं, ब्रह्माकारेण स्थिरं, व्यक्ताव्यक्तकलनावैरळ्यात् नसन् नासन्, किंतु एतेषां मध्यं सर्वाधिकरणं ब्रह्मैव ज्ञानिमनो विदुः ब्रह्मविद इत्यर्थः ॥ ९८ ॥ ब्रह्माकारपरिणतं मनो न लक्ष्यते इत्यत्र सदृष्टान्तमाह—यथेति । चिद्भावो ब्रह्माकारवृत्तिरित्यर्थः ॥ ९९ ॥ चित्स्वरूपं कथं? इत्यत आह—सर्वेति । या सर्वसङ्कल्परहिता मनोविलक्षणत्वात् सर्वसंज्ञाविवर्जिता निर्विशेषत्वात् सैषा ॥ १०० ॥ स्वाज्ञदृष्टया सकळा, स्वज्ञदृष्टया अमलसंसारस्वरूपा एकात्मदर्शिनी जीवन्मुक्तात्मप्रकाशिनी ॥ १०१ ॥ चितो निर्विशेषतया उदयादिविकृत्यभावात् ॥ १०२ ॥ निरास्पदा, चितः स्वमात्रतया निरधिष्ठानत्वात् ॥ १०३ ॥

चिद्विद्याऽधिकारिनिरूपणम्

आदौ शमदमप्रायैर्गुणैः शिष्यं विशोधयेत् ।
पश्चात् सर्वमिदं ब्रह्म शुद्धस्त्वमिति बोधयेत् ॥ १०४ ॥
अज्ञस्यार्धप्रबुद्धस्य सर्वं ब्रह्मेति यो वदेत् ।
महानरकजालेषु स तेन विनियोजितः ॥ १०५ ॥
प्रबुद्धबुद्धेः प्रक्षीणभोगेच्छस्य निराशिषः ।
नास्त्यविद्या[1]मलमिति प्राज्ञस्तूपदिशेद्गुरुः ॥ १०६ ॥

[1] मलातीतः प्राज्ञस्योप—अ.

इत्थंभूतचिद्विद्या यथोक्ताधिकारिणे देया, निरधिकारिणे न देया इत्याह—
आदाविति ॥ १०४ ॥ उपदेशमहिम्ना निरधिकार्यपि कृतार्थो भवतीत्यत्र—
चित्तशुद्ध्यभावात् यथावत् ज्ञानं नोदेति, आभासज्ञानतः चित्तशुद्धिसाधनानु-
ष्ठानश्रद्धा निवर्तते, तेनायं नारकी भवेदित्याह—अज्ञस्येति । तेन गुरुणा
॥ १०५ ॥ उपदेशाधिकारी कीदृश इत्यत्र—प्रबुद्धेति ॥ १०६ ॥

मायाहननेन ब्रह्मप्राप्तिः

सति दीप इवालोकः सत्यर्क इव वासरः ।
सति पुष्प इवामोदश्चिति सत्यां जगत्तथा ॥ १०७ ॥
प्रतिभासत एवेदं न जगत् परमार्थतः ।
ज्ञानदृष्टौ प्रसन्नायां [1]प्रबोधे विततोदये ॥ १०८ ॥
यथावज्ज्ञास्यसि स्वस्थो मद्वा[2]ग्वृष्टिबलाबलम् ।
अविद्ययैवोत्तमया स्वार्थनाशोद्यमार्थया ॥ १०९ ॥
विद्या संप्राप्यते ब्रह्मन् सर्वदोषापहारिणी ।
शाम्यति ह्यस्त्रमस्त्रेण मलेन क्षाल्यते मलम् ॥ ११० ॥
शमं विषं विषेणैति रिपुणा हन्यते रिपुः ।
ईदृशी भूतमायेयं या स्वनाशेन हर्षदा ॥ १११ ॥
न लक्ष्यते स्वभावोऽस्या वीक्ष्य[3]माणैव नश्यति ।
नास्त्येषा परमार्थेनेत्येवं भावनयेद्धया ॥ ११२ ॥
सर्वं ब्रह्मेति यस्यान्तर्भावना सा हि मुक्तिदा ।
भेददृष्टिरविद्येयं सर्वथा तां विसर्जयेत् ॥ ११३ ॥

[1] प्रबोध—अ २, क. [2] ग्दृष्टि—अ, अ १. [3] माणे विन—ब, उ १.

मुने नासाद्यते तद्धि पदमक्षयमुच्यते ।
कुतो जातेयमिति ते द्विज माऽस्तु विचारणा ॥ ११४ ॥
इमां कथमहं हन्मीत्येषा तेऽस्तु विचारणा ।
अस्तं गतायां क्षीणायामस्यां ज्ञास्यसि तत् पदम् ॥ ११५ ॥
यत एषा यथा चैषा यथा नष्टेत्यखण्डितम् ।
तदस्या रोगशालाया यत्नं कुरु चिकित्सने ॥ ११६ ॥
यथैषा जन्मदुःखेषु न भूयस्त्वां नियोक्ष्यति ।
स्वात्मनि स्वपरिस्पन्दैः स्फुरत्यच्छैश्चिदर्णवः ॥ ११७ ॥
एकात्मकमखण्डं तदित्यन्तर्भाव्यतां दृढम् ।

इदं जगदवभासते न हि त्वदुपदिष्टं ब्रह्मेत्याशङ्कमानमालक्ष्य सदृष्टान्तं जगन्मूलं प्रतिपादयति—**सतीति** । न हि निरास्पदं जगदुदेति जगतो दृश्यमानत्वात्, तदधिष्ठानं ब्रह्म स्वयमेवेति निश्चिन्वित्यर्थः ॥ १०७ ॥ सद्वितीयं ब्रह्मेत्यत आह—**प्रतीति** । जगतः प्रतीतिकालीनत्वेन मिथ्यात्वात् तदधिष्ठानं अद्वितीयमेवेत्यर्थः । एवं व्यवसायं करोषि चेत् सम्यज्ज्ञानदृष्टिरुदेति, ततो निरधिष्ठानं ब्रह्म स्वमात्रधिया जानासीत्याह—**ज्ञानेति** ॥ १०८ ॥ यदा निरधिष्ठानं ब्रह्म साक्षात्करोषि तदा मदुपदेशसुखं वेत्सीत्यर्थः । श्रवणादेः अविद्याकार्यत्वेन तेन विद्यातत्फलसिद्धिः कुत इत्यत आह—**अविद्ययेति** । **अविद्ययैवोत्तमया** श्रवणादिरूपया ॥ १०९ ॥ त्वदाशङ्कितसर्वदोषापहारिणी । मलं दर्पणादेः ॥ ११०–१११ ॥ तदसंभवज्ञानमेव मुक्तिसाधनमित्याह—**नास्त्येषेति** ॥ ११२ ॥ सर्ववर्जितसर्वम् । एवं **भेददृष्टिरविद्येयम्** ॥ ११३ ॥ यद्भेददर्शनागम्यं तदेव स्वरूपमित्याह—**मुन इति** । यत् **मुने नासाद्यते** । मायामूलमविचार्य तदुन्मूलनयत्नवान् भवेत्याह—**कुत इति** ॥ ११४–११५ ॥ शशविषाणवत् माया नास्तीति तावन्मायारोगचिकित्सां कुर्वित्याह—**यत इति** ।

यत एषा जाता यथा चैषा ब्रह्मण्येव स्थिता ॥ ११६ ॥ तथा निर्मूलनं कुर्वित्यर्थः। ततः किमित्यत आह—स्वात्मनीति। यदोन्मीलिता माया तदैव स्वात्मनि प्रतीचि स्वपरिस्पन्दैः अच्छैः विश्वविश्वाद्यविकल्पानुज्ञैकरसान्तैः चिदर्णवः तुर्यतुर्यः स्फुरति विजृम्भत इत्यर्थः ॥ ११७ ॥ तस्य नानाऽऽत्मत्वं मन्यमानमालक्ष्य अखण्डतामाह—एकेति। तुर्यतुर्यविकल्पितविश्वविश्वादीनां तुर्यतुर्यानतिरेकात् सर्वमेकात्मकमखण्डैकरसमिति चिन्त्यतामित्यर्थः।

ब्रह्मचिच्छक्तेः संसारिजीवत्वम्

किंचित्क्षुभितरूपा सा चिच्छक्तिश्चिन्महार्णवे ॥ ११८ ॥
[1]तन्मयैव स्फुरत्यच्छा तत्रैवोर्मिरिवार्णवे।
आत्मन्येवात्मना व्योम्नि यथा सरति मारुतः ॥ ११९ ॥
तथैवात्माऽऽत्मशक्त्यैव स्वात्मन्येवैति लोलताम्।
क्षणं स्फुरति सा देवी सर्वशक्तितया तथा ॥ १२० ॥
देशकालक्रियाशक्तिर्न यस्याः [2]संप्रकर्षति।
स्वस्वभावं विदित्वोच्चैरप्यनन्तपदे स्थिता ॥ १२१ ॥
रूपं परिमितेनासौ भावयत्यविभाविता।
यदैवं भावितं रूपं तया परमकान्तया ॥ १२२ ॥
तदैवैनामनुगता नामसंख्यादिका दृशः।
विकल्पकलिताकारं देशकालक्रियाऽऽस्पदम् ॥ १२३ ॥
चितो रूपमिदं ब्रह्मन् क्षेत्रज्ञ इति कथ्यते।
वासनाः कल्पयन् सोऽपि यात्यहंकारतां पुनः ॥ १२४ ॥

[1] तन्मयेव—अ, अ १, अ २, क. [2] संप्रकर्षणे—अ.

अहंकारो विनिर्णेता कलङ्की बुद्धिरुच्यते ।
बुद्धिः संकल्पिताकारा प्रयाति मननास्पदम् ॥ १२५ ॥

मनो घनविकल्पं तु [1]गच्छतीन्द्रियतां शनैः ।
पाणिपादमयं देहमिन्द्रियाणि विदुर्बुधाः ॥ १२६ ॥

एवं जीवो हि संकल्पवासनारज्जुवेष्टितः ।
दुःखजालपरीतात्मा क्रमादायाति नीचताम् ॥ १२७ ॥

इति शक्तिमयं चेतो घनाहंकारतां [2]गतम् ।
कोशकारक्रिमिरिव स्वेच्छया याति बन्धनम् ॥ १२८ ॥

स्वसंकल्पिततन्मात्रजालाभ्यन्तरवर्ति च ।
परां विवशतामेति शृङ्खलाबद्धसिंहवत् ॥ १२९ ॥

क्वचिन्मनः क्वचिद्बुद्धिः क्वचिज्ज्ञानं क्वचित् क्रिया ।
क्वचिदेतदहंकारः क्वचिच्चित्तमिति स्मृतम् ॥ १३० ॥

क्वचित् प्रकृतिरित्युक्तं क्वचिन्मायेति कल्पितम् ।
क्वचिन्मलमिति प्रोक्तं क्वचित् कर्मेति संस्मृतम् ॥ १३१ ॥

क्वचिद्बन्ध इति ख्यातं क्वचित् पुर्यष्टकं स्मृतम् ।
प्रोक्तं क्वचिदविद्येति क्वचिदिच्छेति संमतम् ॥ १३२ ॥

इमं संसारमखिलमाशापाशविधायकम् ।
दधदन्तःफलैर्हीनं वटधाना वटं यथा ॥ १३३ ॥

[1] गच्छन्ती—अ २, क.

[2] गतः—अ, अ १, अ २, क.

चिन्ताऽनलशिखादग्धं कोपाजगर[1]चर्वितम् ।
कामाब्धिकल्लोलरतं विस्मृतात्मपितामहम् ॥ १३४ ॥
समुद्धर मनो ब्रह्मन् मातङ्गमिव कर्दमात् ।
एवं जीवाश्रितो भावा भवभावनयाऽऽहिताः ॥ १३५ ॥
ब्रह्मणा [2]कल्पिताकारा लक्षशोऽप्यथ कोटिशः ।
संख्याऽतीताः पुरा जाता जायन्तेऽद्यापि चाभितः ॥ १३६ ॥
उत्पत्स्यन्तेऽपि चैवान्ये कणौघा इव निर्झरात् ।
केचित् प्रथमजन्मानः केचिज्जन्मशताधिकाः ॥ १३७ ॥
केचिच्चासंख्यजन्मानः केचिद्द्वित्रिभवान्तराः ।
केचित् किन्नरगन्धर्वविद्याधरमहोरगाः ॥ १३८ ॥
केचिदर्केन्दुवरुणाख्यक्षाधोक्षजपद्मजाः ।
केचिद्ब्राह्मणभूपालवैश्यशूद्रगणाः स्थिताः ॥ १३९ ॥
केचित्तृणौषधीवृक्षफलमूलपतङ्गकाः ।
केचित् कदम्बजम्बीरसालतालतमालकाः ॥ १४० ॥
केचिन्महेन्द्रमलयसह्यमन्दरमेरवः ।
केचित् क्षारोदधिक्षीरघृतेक्षुजलराशयः ॥ १४१ ॥
केचिद्विशालाः ककुभः केचिन्नद्यो महारयाः ।
विहरन्त्युच्चकैः केचिन्निपतन्त्युत्पतन्ति च ॥ १४२ ॥

[1] गर्वि—अ, अ १, अ २, उ. निर्मि—क.

[2] कलिता—अ, अ १, उ, उ १.

कन्तुका इव हस्तेन मृत्युनाऽविरतं हताः ।

मुक्त्वा जन्मसहस्राणि भूयः संसारसंकटे ॥ १४३ ॥

पतन्ति केचिदबुधाः संप्राप्या[1]पि [2]विवेकिताम् ।

चिच्छक्तिः क्व विकल्पिता? तदियत्ता कीदृशी? इत्यत आह—**किंचिदिति**। अक्षुभितात्मनि **किंचित्क्षुभितरूपा सा चिच्छक्तिः** चित्सामान्यं साक्षिरूपिणी **चिन्महार्णवे** ॥ ११८–१२० ॥ देशकालक्रियाशक्तिर्न साक्षीशसूत्रादिरूपिणी **यस्याः** चिच्छक्तेः स्वरूपं अविकल्पानुङ्क्षैकरसादिविश्वविश्रान्तं संप्रकर्षति पर्यवसाने तत् सर्वं उपसंहृत्य **स्वस्वभावं** निष्प्रतियोगिकचिन्मात्रमिति **विदित्वोच्चैरप्यनन्तपदे स्थिता** ॥ १२१ ॥ सैवानादिसिद्धस्वाज्ञादिदृष्ट्या स्वात्मरूपं **परिमितेनासौ भावयति** वस्तुतस्तु **अविभाविता**। **यदैवं भावितं रूपं तया परमकान्तया** स्वाधिष्ठेयमायया ॥ १२२ ॥ **तदैवैनां** चिच्छक्तिं **अनुगता** विश्वविश्वादिनामसङ्ख्यादिका **दृशः तदा विकल्पकलिताकारं देशकालक्रियाऽऽस्पदं** साक्षीशादिकल्पनास्पदम् ॥ १२३ ॥ **चितो रूपमिदं ब्रह्मन् क्षेत्रज्ञ इति कथ्यते**, क्षेत्रज्ञस्यैव स्वाज्ञानसम्पत्त्या साक्ष्यादिसर्वकल्पकत्वात्। विराडादीनामेवं स्वाज्ञानाभावात् न हि कल्पकत्वमस्ति। यत एवं अतः क्षेत्रज्ञ एव स्वातिरिक्तमस्ति नास्तीति विकल्पकः, तस्य बन्धमोक्षाधिकारित्वात्। तस्यैवं कल्पनासाधनं किं इत्यत्र स्वातिरिक्तनानावासनात्मिका बुद्धिरित्याह—**वासना इति** ॥ १२४ ॥ कीदृशोऽयमहंकार इत्यत्र—**अहङ्कार इति**। ततः **बुद्धिरिति** ॥ १२५ ॥ ततः **मन इति** ॥ १२६–१२८ ॥ अयं जीवः **परां विवशतामेति** ॥ १२९ ॥ तद्बन्धनहेतुस्वाविद्यातत्त्वं बहुधा विकल्पयति—**क्वचिदिति**। पुर्यष्टकशब्देन व्यष्टिसमष्ट्यात्मकं लिङ्गशरीरमुच्यते ॥ १३०–१३२ ॥ इत्थंभूतं स्वाविद्यातत्त्वं मनः तद्गतस्वातिरिक्तास्तित्वभ्रमार्णवात् समुद्धरेत्याह—**इममिति** ॥ १३३–१३४ ॥ इत्थंभूतो जीवः **किं** एकरूपः उत अनेकरूपः? इत्यत्र—एकजीवपक्षे लिङ्गोपाधिको जीवः

[1] प्यवि—अ २.

[2] विवेक—अ १, अ २, क.

स्वयमेक एव स्थावरजङ्गमात्मकं जगत् तच्चित्तकल्पितं तद्दृष्ट्या एवंकल्पक-स्वाज्ञानक्षयत; स्वज्ञानं प्रादुर्भूतं स्वातिरिक्तकलनासंभवप्रबोधसमकालं ब्रह्मैव यत् पुरा नानात्वेन विभातं तन्निष्प्रतियोगिकं सत् स्वमात्रमवशिष्यते । नानाजीवसद्भावपक्षे तु मूलाविद्याया एकत्वेऽपि तत्प्रविभक्ततूलान्तःकरणाविद्याया बहुत्वात् तदुपाधिकजीवस्यापि बहुत्वं, तत्रैकस्य ज्ञानान्मुक्तिः इतरस्याज्ञानात् बन्ध इति च शास्त्रव्यवस्थासिद्धिः युज्यत इति मनसि निधाय जीवानेकत्वं प्रपञ्चयति—एवमिति ॥ १३९-१४३ ॥

मायाऽधीना ब्रह्मणः सृष्टिः

दिक्कालाद्यनवच्छिन्नमात्मतत्त्वं स्वशक्तितः ॥ १४४ ॥
लीलयैव यदादत्ते दिक्कालकलितं वपुः ।
[1]तदेव जीवपर्यायवासनावेशतः परम् ॥ १४५ ॥
मनःसंपद्यते [2]लोलं कलनाकलनोन्मुखम् ।
[3]कलयन्ती मनःशक्तिरादौ भावयति क्षणात् ॥ १४६ ॥
आकाशभावनामच्छां शब्दबीजरसोन्मुखीम् ।
ततस्तद्घनतां यातं घनस्पन्दक्रमान्मनः ॥ १४७ ॥
भावयत्यनिलस्पन्दं स्पर्शबीजरसोन्मुखम् ।
ताभ्यामाकाशवाताभ्यां दृढाभ्यासवशात्ततः ॥ १४८ ॥
शब्दस्पर्शस्वरूपाभ्यां संघर्षाज्जन्यतेऽनलः ।
रूपतन्मात्रसहितं त्रिभिस्तैः सह संमितम् ॥ १४९ ॥

[1] तदैव—उ. [2] लोकं—क.
[3] कलयन्ति—अ, अ १, अ २, क.

मनस्तादृग्गुणगतं रसतन्मात्रवेदनम् ।
क्षणाच्चेतत्यपां शैत्यं जलसंवित्ततो भवेत् ॥ १५० ॥
ततस्तादृग्गुणगतं मनो भावयति क्षणात् ।
गन्धतन्मात्रमेतस्माद्भूमिसंवित्ततो भवेत् ॥ १५१ ॥
अथेत्थंभूततन्मात्रवेष्टितं तनुतां जहत् ।
वपुर्वह्निकणाकारं स्फुरितं व्योम्नि पश्यति ॥ १५२ ॥
अहंकारकलायुक्तं बुद्धिबीजसमन्वितम् ।
तत्पुर्यष्टकमित्युक्तं भूतहृत्पद्मषट्पदम् ॥ १५३ ॥
तस्मिंस्तु तीव्रसंवेगाद्भावयद्भासुरं वपुः ।
स्थूलतामेति पाकेन मनो बिल्वफलं यथा ॥ १५४ ॥
मूषास्थद्रुतहेमाभं स्फुरितं विमलाम्बरे ।
संनिवेशमथादत्ते तत्तेजः स्वस्वभावतः ॥ १५५ ॥
ऊर्ध्वं शिरःपिण्डमयमधः पादमयं तथा ।
पार्श्वयोर्हस्तसंस्थानं मध्ये चोदरधर्मिणम् ॥ १५६ ॥
कालेन स्फुटतामेत्य भवत्यमलविग्रहम् ।

एवं जीवानां नानाविधत्वमभिधाय पुनर्जीवानां ब्रह्मानन्यत्वं प्रकटयितुं निर्विशेषं ब्रह्मैव सविशेषभावमेत्य मायामधिष्ठाय वियदादिपञ्चभूततत्कार्याविद्याऽण्डं ससर्जेत्याह—दिक्कालेति । स्वात्मतत्त्वस्य स्वातिरिक्तदिक्कालाद्यसंभवप्रबोधसिद्धत्वात् निष्प्रतियोगिकब्रह्ममात्रमवशिष्यत इत्यत्र न विवादः । तदेव निर्विशेषं ब्रह्म स्वाज्ञदृष्ट्या स्वशक्तितः ॥ १४४ ॥ यदेतन्निर्विशेषं ब्रह्म लीलया दिक्कालादि कल्पयित्वा तत्कलनाकलितेशादिभावनाऽऽस्पदं वपुः सविशेषभावमादत्ते तदेव परमीश्वरतत्त्वं नानाविधजीवपर्यायवासनाऽभिनिवेशतः सर्वकलनानिर्वाहकं

मनः संपद्यत इत्याह—**मन** इति । आदावीश्वरतत्त्वं प्रपञ्चरचनानिर्वाहाय स्वाभिन्नं शोधितपारदवत् लोलं चञ्चलं भवितव्यकलनाकलनोन्मुखं **मनः संपद्यते** ॥ १४५ ॥ ततः किमित्यत्र—ईश्वरेच्छाशक्तिरूपिणी मनश्शक्तिः आकाशादिक्रमेण पञ्चतन्मात्राणि भावयतीत्याह—**कलयन्तीति** । ईशाधिष्ठितेयं मानसी शक्तिः विश्वकलनां **कलयन्ती** सत्यादौ क्षणमात्रतः **शब्दबीजरसविषयां अच्छां** आकाशभावनां भावयति ॥ १४६ ॥ ततः किमित्यत आह—**तत इति** । ततः आकाशसृष्ट्यनन्तरं पूर्वपूर्वभूतापेक्षया उत्तरोत्तरभूतानां **घनस्पन्दक्रमात्** तन्मनो-घनतां यातं सत् **अनिलस्पन्दं भावयतीत्युक्तार्थम्** ॥ १४७ ॥ मनः परिणतभूतद्वयाभ्यां अनलो जायत इत्याह—**ताभ्यामिति** ॥ १४८ ॥ ततस्तु **रूपतन्मात्रसहितं** आकाशादिभिः **त्रिभिः** ॥ १४९ ॥ **रसतन्मात्रवेदनं** भवति । ततः **क्षणात्** ॥ १५० ॥ **तादृग्गुणगतं** शब्दादिगुणचतुष्टययुक्तं **मनो भावयति** ॥ १५१ ॥ एवं पञ्चभूतभावनाभावितं मनस्तनुतां विहाय **पुर्यष्टकरूपं** भजतीत्याह—**अथेति** । स्वीयं **वपुः** ॥ १५२ ॥ ततः—**अहङ्कारेति** । **पुर्यष्टकं** तु वियदादिपञ्चभूतकामकर्मतमांसीति—

> खंवाय्वग्न्यम्बुक्षितयो भूतसूक्ष्माणि पञ्च च ।
> अविद्याकामकर्माणि लिङ्गं पुर्यष्टकं विदुः ॥

इति वार्तिककारोक्तेः ॥ १५३ ॥ यन्मनः पुर्यष्टकाकारेण परिणतं तदेव स्थूलशरीराकारेण परिणमत इत्याह—**तस्मिन्निति** । **तस्मिंस्तु पुर्यष्टके तीव्रसंवेगात्** सुदृढाभिमानात् **भावयद्भासुरं वपुः** शिरःपाण्यादिमत् **स्थूलं** शरीरं भावयत् सत् **स्थूलतामिति** ॥ १५४–१५५ ॥ मनो यत्राभिनिविष्टं तत्स्थूलशरीरं प्रपञ्चयति—**ऊर्ध्वमिति** ॥ १५६ ॥

प्रजासृष्टिः अनन्तशास्त्रकल्पनं च

बुद्धिसत्त्वबलोत्साहविज्ञानैश्वर्यसंस्थि[1]तः ॥ १५७ ॥

[1] तम्—अ २, क.

स एव भगवान् ब्रह्मा सर्वलोकपितामहः ।
अवलोक्य वपुर्ब्रह्मा कान्तमात्मीयमुत्तमम् ॥ १५८ ॥

चिन्तामभ्येत्य भगवांस्त्रिकालामल[1]दर्शनः ।
एतस्मिन् परमाकाशे चिन्मात्रैकात्म[2]रूपिणि ॥ १५९ ॥

अदृष्टपारपर्यन्ते प्रथमं किं भवेदिति ।
इति चिन्तितवान् ब्रह्मा सद्योजातामलात्मदृक् ॥ १६० ॥

अपश्यत् सर्गबृन्दानि समतीतान्यनेकशः ।
स्मरत्यथो स सकलान् सर्वधर्मगुणक्रमात् ॥ १६१ ॥

लीलया कल्पयामास चित्राः संकल्पतः प्रजाः ।
नानाऽऽचारसमारम्भा गन्धर्वनगरं यथा ॥ १६२ ॥

[3]तासां स्वर्गापवर्गार्थं धर्मकामार्थसिद्धये ।
अनन्तानि विचित्राणि शास्त्राणि समकल्पयत् ॥ १६३ ॥

स्वीयं हिरण्यगर्भोऽवलोक्य इतः किं कर्तव्यमिति सञ्चिन्त्य स्वसङ्कल्पतः प्रजाः सृष्ट्वा तासां अभ्युदयाद्यर्थं अनन्तशास्त्राणि च कल्पयामासेत्याह—**बुद्धीति** ॥ १५७ ॥ य एवं प्रादुर्बभूव **स एव** । "ऊर्ध्वं शिरःपिण्डमयं" इत्यादिविशेषणविशिष्टं **अवलोक्य** ॥ १५८ ॥ **त्रिकालामलदर्शनः** सर्वज्ञत्वात् । तच्चिन्ताप्रकारमाह—**एतस्मिन्निति** । यन्मुमुक्षुभिः आत्मतया ध्येयं **एतस्मिन्** ॥ १५९ ॥ **अदृष्टपारपर्यन्ते** अपरिच्छिन्नस्वरूपे । **सद्योजातामलात्मदृक्** सदा पत्यग्दृष्टिः ॥ १६० ॥ ततः किं करोतीत्यत्र --**अपश्यदिति** ॥ १६१–१६३ ॥

[1] विग्रहः—उ, उ १.

[2] रूपिणी—उ, उ १.

[3] तेषां—उ, उ १.

विकल्पितस्य असत्यत्वेनोपेक्षार्हत्वम्

विरिञ्चिरूपान्मनसः कल्पितत्वाज्जगत्स्थितेः ।
तावत्स्थितिरियं प्रोक्ता तन्नाशे नाशमाप्नुयात् ॥ १६४ ॥
न जायते न म्रियते क्वचित् किंचित् कदाचन ।
परमार्थेन विप्रेन्द्र मिथ्या सर्वं तु दृश्यते ॥ १६५ ॥
कोशमाशाभुजङ्गानां संसाराडम्बरं त्यज ।
असदेतदिति ज्ञात्वा [1]मातृभावं निवेशय ॥ १६६ ॥
गन्धर्वनगरस्यार्थे भूषितेऽभूषिते तथा ।
अविद्यांशे सुतादौ वा कः क्रमः सुखदुःखयोः ॥ १६७ ॥
धनदारेषु वृद्धेषु दुःखं युक्तं न तुष्टता ।
[2]वृद्धायां मोहमायायां कः समाश्वासवानिह ॥ १६८ ॥
यैरेव जायते रागो मूर्खस्याधिकतां गतैः ।
तैरेव भोगैः प्राज्ञस्य विराग उपजायते ॥ १६९ ॥
अतो निदाघ तत्त्वज्ञ व्यवहारेषु [3]संसृतेः ।
नष्टं नष्टमुपेक्षस्व प्राप्तं प्राप्तमुपाहर ॥ १७० ॥
अनागतानां भोगानामवाञ्छनमकृत्रिमम् ।
आगतानां च संभोग इति पण्डितलक्षणम् ॥ १७१ ॥
शुद्धं सदसतोर्मध्यं पदं [4]बुद्ध्वाऽवलम्ब्य च ।
सबाह्याभ्यन्तरं दृश्यं मा गृहाण विमुञ्च [5]मा ॥ १७२ ॥

[1] मात्र—अ १. मात्रा—अ. [2] वृद्धायां—अ.
[3] संहृतेः—उ. [4] बुद्ध्या—अ १, अ २, क. [5] न—उ १.

यस्य नेच्छा तथाऽनिच्छा ज्ञस्य कर्मणि तिष्ठतः ।

न तस्य लिप्यते प्रज्ञा पद्मपत्रमिवाम्बुभिः ॥ १७३ ॥

यदि ते नेन्द्रियार्थश्रीः [1]स्वदन्ते हृदि वै द्विज ।

तदा विज्ञातविज्ञेयः समुत्तीर्णो भवार्णवात् ॥ १७४ ॥

उच्चैःपदाय परया प्रज्ञया वासनागणात् ।

पुष्पाद्गन्ध[2]मिवोदारं चेतोवृत्तिं पृथक्कुरु ॥ १७५ ॥

संसाराम्बुनिधावस्मिन् वासनाऽम्बुपरिप्लुते ।

ये प्रज्ञानावमारूढास्ते तीर्णाः पण्डिताः परे ॥ १७६ ॥

न त्यजन्ति न वाञ्छन्ति व्यवहारं जगद्गतम् ।

सर्वमेवानुवर्तन्ते [3]पारावारविदो जनाः ॥ १७७ ॥

ब्रह्मविकल्पितं ब्रह्मवत् सत्यमित्यत्र—यावत्तन्मनः तावत्तिष्ठति, तन्नाशे नश्यतीत्याह—विरिञ्चेति ॥ १६४ ॥ वस्तुमात्रदृष्ट्या इदं न जायते ॥ १६५ ॥ तत्र मया किं कर्तव्यमित्यत्र— कोशमिति । शशविषाणवत् असदेतदिति ज्ञात्वा पुनस्तदस्ति नास्तीति वा मातृभावं निवेशय ॥ १६६ ॥ कथं पुनः एतदसत्पदमर्हति? सत्त्वेन प्रतीयमानत्वात् नासत् इत्याशङ्क्य, परमार्थदृष्टेः निष्प्रतियोगिकब्रह्मात्मभावारूढत्वात् तद्दृष्ट्या ब्रह्मातिरिक्तं शशविषाणादप्यसदेव, स्वप्नदृष्ट्या प्रातिभासिकतामर्हतीत्याह—गन्धर्वेति ॥ १६७ ॥ प्रातिभासिकेष्वपि धनदारेषु । वृद्धायां मोहमायायां चरमविक्रियाऽभिमुखायां कः समाश्वासवानिह को वा विवेकी स्वातिरेकेण मायातत्कार्यमस्ति नास्तीति तत्प्रवृत्तौ निवृत्तौ वा समाश्वासवानिह विश्रान्तचित्तो भवति? न कोऽपीत्यर्थः ॥ १६८ ॥ यत्र स्वाज्ञानां राग उदेति तत्र स्वज्ञानां विरागो भवतीत्याह—यैरिति ॥ १६९ ॥

[1] स्पन्दते—अ. [2] मपो—अ १, अ २, क. [3] परापर—अ.

यत एवं अतः । विधिवशात् नष्टम् ॥ १७० ॥ यादृच्छिकलाभालाभाकृत्रिमसमत्वं हि पण्डितलक्षणमित्याह—अनागतानामिति ।

पण्डा परात्मविज्ञानं सञ्जाता यस्य धीमतः ।
स मुनिः पण्डितो विद्वान् जीवन्मुक्त इति स्मृतः ॥ १७१ ॥

यदि त्वं पण्डितोऽसि तदा सदसत्प्रपञ्चाधिकरणं ब्रह्माहमिति विदित्वा स्वान्तर्बाह्यकलना अस्ति नास्तीति विभ्रमं मुञ्चेत्याह—शुद्धमिति ॥ १७२ ॥ विदुषोऽपि कर्मलेपः स्यादित्यत आह—यस्येति । कर्मफले यस्य नेच्छा । सर्वत्र इच्छाऽनिच्छे कर्मलेपालेपहेतू भवत इत्यर्थः ॥ १७३ ॥ यस्य मनः इन्द्रियार्थे न प्रसरति स संसृतिसागरं तरतीत्याह—यदीति । हे द्विज ते तव स्वदन्ते स्वभावतो दान्ते हृदि यदि इन्द्रियार्थश्रीः विषयग्रामसम्पत् नोदेति तदा त्वं विज्ञातविज्ञेयो विदितवेद्यः सन् भवार्णवात् समुत्तीर्णो भवसीत्यर्थः ॥ १७४ ॥ वासनावलितचित्तानां भवार्णवतरणं कुत इत्यत्र वासनाचित्तपृथक्करणोपायतो भवाब्धिः तरितुं शक्य इत्याह—उच्चैरिति ॥ १७५ ॥ एवं पृथक्करणतः प्रज्ञा उदेति, तन्नौकारूढाः भवाब्धिं तरन्तीत्याह—संसारेति ॥ १७६–१७७ ॥

संकल्पच्छेदनेन संसारमूलोच्छेदः

अनन्तस्यात्मतत्त्वस्य सत्तासामान्यरूपिणः ।
[1]चितश्चेत्योन्मुखत्वं यत्तत् संकल्पाङ्कुरं विदुः ॥ १७८ ॥
लेशतः प्राप्तसत्ताकः स एव घनतां शनैः ।
याति चित्तत्वमापूर्य दृढं [2]जाळ्यायमेघवत् ॥ १७९ ॥
भावयन्ति[न्ती] चितिश्चैत्यं व्यतिरिक्तमिवात्मनः ।
संकल्पतामिवायाति बीजमङ्कुरतामिव ॥ १८० ॥

[1] चितश्चैत्यो—उ, उ १.   [2] जाड्याय—अ.

संकल्पनं हि संकल्पः स्वयमेव प्रजायते ।
वर्धते स्वयमेवाशु दुःखाय न सुखाय [1]यत् ॥ १८१ ॥
मा संकल्पय संकल्पं मा भावं भावय स्थितौ ।
संकल्पनाशने यत्तो न भूयोऽननुगच्छति ॥ १८२ ॥
भावनाऽभावमात्रेण संकल्पः क्षीयते स्वयम् ।
संकल्पेनैव संकल्पं मनसैव मनो मुने ॥ १८३ ॥
[2]छित्त्वा स्वात्मनि तिष्ठ त्वं किमेतावति दुष्करम् ।
यथैवेदं नभः शून्यं जगच्छून्यं तथैव हि ॥ १८४ ॥
तण्डुलस्य यथा चर्म यथा ताम्रस्य कालिमा ।
नश्यति क्रियया विप्र पुरुषस्य तथा मलम् ॥ १८५ ॥
जीवस्य तण्डुलस्येव मलं सहजमप्यलम् ।
नश्यत्येव न संदेहस्तस्मादुद्योगवान् [3]भव ॥ १८६ ॥

इति महोपनिषत् ॥

यतः संसारित्वासंसारित्वहेतुः सङ्कल्पः अतः सङ्कल्पं मा कुर्वित्याह—अनन्तस्येति ॥ १७८ ॥ यच्चितः चैत्याभिमुख्यं सङ्कल्पाङ्कुरं तदेव कालान्तरे जलस्य भवो जाळ्यं यदायतनं सोऽयं जाळ्यायः सचासौ मेघश्चेति जाळ्यायमेघ इव मेघवत् दृढं चित्तत्वमापूर्य घनतां याति ॥ १७९ ॥ ततः सङ्कल्पबीजपूरितेयं चितिः स्वातिरिक्तं चैत्यं भावयन्तीव लक्ष्यते । ततः इयं चितिः बीजाङ्कुरवत् सङ्कल्पतामिवायाति ॥ १८० ॥ ततः सङ्कल्परूपेण जायते वर्धते इति यत् तदनर्थाय भवति ॥ १८१ ॥ यत एवं अतः त्वं कदाऽपि मा सङ्कल्पय । यदि प्रमादतः सङ्कल्प उदेति तदा सङ्कल्पोन्मूलने

[1] च—अ. [2] जित्वा—उ, उ १. [3] भवेत्—अ, अ १.

जागरूको भवेत्यर्थः ॥ १८२ ॥ सङ्कल्पनाशनोपायः क इत्यत आह—**भावनेति** ॥ १८३ ॥ सङ्कल्पाभावेऽपि तदाश्रयं जगत् स्यादित्यत आह—**यथेति** ॥ १७४ ॥ स्वातिरिक्तसङ्कल्पोन्मूलनयत्नः किंफलवानित्यत आह—**तण्डुलस्येति** ॥ १८५ ॥ सङ्कल्पादिमलस्य जीवसहजत्वात् तन्नाशः कथं इत्याशङ्क्याह—**जीवस्येति**। तस्मात् सङ्कल्पोन्मूलनयत्नः सफल एव। यस्मादेवं **नश्यत्येव न सन्देहः तस्मादुद्योगवान् भव** ॥ १८६ ॥ इतिमहोपनिषच्छब्दो पञ्चमाध्यायपरिसमाप्त्यर्थौ ॥

इति पञ्चमोऽध्यायः

षष्ठोऽध्यायः

समाध्यभ्यासेन परमेश्वरभावापत्तिः

अन्तरास्थां परित्यज्य भावश्रीं भावनामयीम्।
योऽसि सोऽसि जगत्यस्मिन् लीलया विहरानघ ॥ १ ॥

सर्वत्राहमकर्तेति दृढभावन[1]याऽनया।
परमामृतनाम्नी सा समतैवावशिष्यते ॥ २ ॥

खेदोल्लास[2]विलासेषु स्वात्मकर्तृतयैकया।
स्वसंकल्पे क्षयं याते समतैवावशिष्यते ॥ ३ ॥

समता सर्वभावेषु याऽसौ सत्यपरा स्थितिः।
तस्यामवस्थितं चित्तं न भूयो जन्मभाग्भवेत् ॥ ४ ॥

[1] याऽनघ—उ. [2] विशेषे—अ.

अथवा सर्वकर्तृत्वमकर्तृत्वं च वै मुने ।
सर्वं त्यक्त्वा मनः पीत्वा योऽसि सोऽसि स्थिरो भव ॥ ५ ॥
शेषस्थिरसमाधानो येन त्यजसि तत्त्यज ।
चिन्मनःकलनाऽऽकारं प्रकाशतिमिरादिकम् ॥ ६ ॥
[1]वासनां वासितारं च प्राणस्पन्दनपूर्वकम् ।
समूलमखिलं त्यक्त्वा व्योमसाम्यः प्रशान्तधीः ॥ ७ ॥
हृदयात् संपरित्यज्य सर्वा[र्वां]वासनपङ्क्तयः [ङ्क्तिकाम्] ।
यस्तिष्ठति गतव्यग्रः स मुक्तः परमेश्वरः ॥ ८ ॥

पञ्चमाध्यायावसाने "उद्योगवान् भव" इत्यभिहितं बहूपायसहितम् । उद्योगलक्षणतत्सामान्यविशेषफलप्रकटनार्थं षष्ठाध्यायारम्भः—**अन्तरास्थामिति**। एतत्कृतिफलमिदं मेऽस्तु माऽस्त्विति **अन्तरास्थाम्** । अतस्मिंस्तद्भावनां विहाय स्वभावमवलम्ब्य यदि शिष्टरूपेण योऽसि तदा सोऽसि, आप्रारब्धं देहधारणमात्रोपयोगिकर्मसु लीलया विहर, न तल्लिप्तो भवसीत्यर्थः ॥ १ ॥ एवं उद्योगवतः काऽवशिष्यत इत्यत आह—**सर्वत्रेति** । कर्तृत्वादिवैषम्यासम्भवप्रबोधतः निष्प्रतियोगिकनिर्विकल्परूपिणी महासमतेयं स्वमात्रमवशिष्यते इत्यर्थः ॥ २–३ ॥ केयं समतेत्यत आह—**समतेति** । स्वाज्ञदृष्टिविकल्पितसर्वभावेषु विषमेष्वपि स्वज्ञदृष्ट्या याऽसौ चित्सत्यपरा स्थितिः निष्प्रतियोगिकसन्मात्रतया अवस्थितिः सा हि समता । तद्भावभावितं चित्तं न पुनस्तद्भावं मुञ्चतीत्यर्थः । कर्तृत्वाकर्तृत्वकलनाहेतुमनो ग्रसित्वा तद्ग्रासवृत्तेरप्यपह्नवं कृत्वाऽथ यदवशिष्यते तन्मात्रपदवीं भज ॥ ४ ॥ एवं यस्तिष्ठति स एव मुक्त इत्याह—**अथवेति** । "**तस्यामवस्थितं चित्तं**" इति समाधिकर्तृत्वमुक्तं, **अथवेति** पक्षान्तरोक्तिः । "विक्षेपो वा समाधिर्वा मनसः स्याद्विकारिणः"

[1] वासनावा—अ, अ १.

इति, "विक्षेपवृत्तिं च समाधिवृत्तिं मत्वा समं मानसवृत्तिसाम्यात्" इति श्रुतियामळोक्त्यनुरोधेन समाध्यादिव्यापृतिकर्तृत्वाकर्तृत्वे तदनुग्राहकमनोवृत्तिं च ग्रसित्वा—योऽसीत्याद्युक्तार्थं—यत् स्वमात्रमवशेषितं तत्पर्यवसन्नो भव ॥ ५ ॥ पर्यवसानवृत्तिमपि परित्यज। यदि मनोवासनाऽऽदिकमस्तीति मन्यसे तदा चिन्मनः चिच्छक्तिरूपं कलनाऽऽकारं—चिन्मनसोः विशेषणं प्रकाशतिमिरादिकमिति—उक्तविशेषणविशिष्टम् ॥ ६ ॥ वासितारं चिदाभासं च तद्विकल्पितां स्वातिरिक्तविषयपटलारूढां वासनां च ॥ ७ ॥ योऽवतिष्ठति स मुनिः स्वातिरिक्तभ्रमतो विमुक्तो भवतीत्यर्थः ॥ ८ ॥

व्युत्थानकालीनो मुक्तव्यवहारः

दृष्टं द्रष्टव्यमखिलं भ्रान्तं भ्रान्त्या दिशो दश ।
[1]युक्त्या वै चरतोऽज्ञस्य संसारो गोष्पदाकृतिः ॥ ९ ॥

सबाह्याभ्यन्तरे देहे ह्यध ऊर्ध्वं च दिक्षु च ।
इत आत्मा ततोऽप्यात्मा नास्त्यनात्ममयं जगत् ॥ १० ॥

न तदस्ति न यत्राहं न तदस्ति न तन्मयम् ।
किमन्यदभिवाञ्छामि सर्वं सच्चिन्मयं ततम् ॥ ११ ॥

समस्तं खल्विदं ब्रह्म सर्वमात्मेदमाततम् ।
अहमन्य इदं चान्यदिति भ्रान्तिं त्यजानघ ॥ १२ ॥

[2]तते ब्रह्मघने नित्ये संभवन्ति न कल्पिताः ।
न शोकोऽस्ति न मोहोऽस्ति न जराऽस्ति न जन्म वा ॥ १३ ॥

[1] युक्त्वा—क
[2] ततो—ड.

यदस्तीह तदेवास्ति विज्वरो भव सर्वदा ।

यथाप्राप्तानुभवतः सर्वत्रानभिवाञ्छनात् ॥ १४ ॥

त्यागादानपरित्यागी विज्वरो भव सर्वदा ।

एवं परमेश्वरभावमापन्नो योगी समाधितो व्युत्थानदशायां किं मन्यत इत्यत्राह—**दृष्टमिति** । इदानीं श्रुत्याचार्यप्रसादतः **दृष्टं द्रष्टव्यमखिलम्** । पुरा स्वात्मानमलब्ध्वा **भ्रान्तं भ्रान्त्या दिशो दश** । एवं युक्त्या । **गोष्पदाकृतिः** मन्यते इत्यर्थः ॥ ९ ॥ आत्मैव सर्वं, आत्मातिरिक्तं नास्तीत्याह—**सबाह्येति** ॥ १० ॥ इदं जगदित्यनुभूतिसिद्धं कथं अभावपदं भजतीत्यत आह—**न तदिति** । **यत्राहमात्मा न विद्यते तदेव नास्ति** । तथा सति किमन्यदस्तीति वाञ्छामि, सर्वस्य ब्रह्मात्मरूपत्वात् ॥ ११ ॥ यथा मया स्वातिरिक्तविभ्रमस्त्यक्तः तथा त्वमपि त्यक्त्वा विज्वरो भवेत्याह—**अहमिति** ॥ १२ ॥ स्वाज्ञदृष्ट्या एते सर्वविकाराः तते **ब्रह्मघने** । स्वज्ञदृष्टेस्तु कल्पिताकल्पितरूपेण स्वातिरिक्तमस्ति नास्तीति विभ्रमो नोदेतीत्याह—**नेति** । स्वपरदेहाद्यभावात् न **जराऽस्ति** ॥ १३ ॥ हेतुद्वयाभ्यां विज्वरत्वसिद्ध्युपायमाह—**यथेति** ॥ १४ ॥ **त्यागादान-** वृत्तिजातपरित्यागी ॥

चरमजन्मनि ज्ञानाधिकारः

यस्येदं जन्म पाश्चात्यं [1]तमाश्वेव महामते ॥ १५ ॥

विशन्ति विद्या विमला मुक्ता वेणुमिवोत्तमम् ।

विरक्तमनसां सम्यक् स्वप्रसङ्गादुदाहृतम् ॥ १६ ॥

एवं ज्ञानाधिकारी चरमजन्मेत्याह—**यस्येति** । **पाश्चात्यं** चरमं भवति ॥ १५ ॥ **विद्या विमला** निर्विशेषब्रह्ममात्रगोचरा । यत एवं अतः **विरक्तमनसाम्** ॥ १६ ॥

[1] तद्वा—अ.

ज्ञानिनां आत्मोपासनाप्रकारः

द्रष्टुर्दृश्यसमायोगात् प्रत्ययानन्दनिश्चयः ।
[1]यस्तं स्वमात्मतत्त्वोत्थं निष्पन्दं समुपास्महे ॥ १७ ॥

द्रष्टृदर्शनदृश्यानि त्यक्त्वा वासनया सह ।
दर्शनप्रथमाभासमात्मानं [2]समुपास्महे ॥ १८ ॥

द्वयोर्मध्यगतं नित्यमस्तिनास्तीति पक्षयोः ।
प्रकाशनं प्रकाशानामात्मानं समुपास्महे ॥ १९ ॥

वयं तु स्वातिरिक्तानात्मापह्नवसिद्धमात्मानं स्वावशेषधिया सोपायमुपास्महे इत्यादि ऋभूक्तिं श्रुतिः अनुवदति—द्रष्टुरिति । **द्रष्टुः दृश्यसमायोगात्** द्रष्टरि दृश्यजातं विकल्पितमित्याध्यासिकसम्बन्धात् द्रष्टा साक्ष्येव नित्यः तद्विकल्पितं दृश्यजातं मिथ्येति **प्रत्ययानन्दनिश्चयः** "विज्ञानमानन्दं ब्रह्म" इति श्रुतिसिद्धो **यस्तं स्वमात्मतत्त्वोत्थं** आत्मतत्त्वत्वेन प्रादुर्भूतं **निष्पन्दं** अचलं ब्रह्मास्मीति **समुपास्महे** ॥ १७ ॥ किंच—**द्रष्टृदर्शनेति** । आत्मानं प्रत्यञ्चं पराभेदेन **समुपास्महे** ॥ १८ ॥ किं च—**द्वयोरिति** ॥ १९ ॥

अनात्मभावनात्यागविधिः

संत्यज्य हृद्गुहेशानं देवमन्यं प्रयान्ति ये ।
ते रत्नमभिवाञ्छन्ति त्यक्तहस्तस्थकौस्तुभाः ॥ २० ॥

उत्थितानुत्थितानेतानिन्द्रियारीन् पुनः पुनः ।
हन्याद्विवेकदण्डेन वज्रेणेव हरिर्गिरीन् ॥ २१ ॥

स्वं विस्मृत्य स्वातिरिक्तं ये भजन्ति ते स्वार्थाच्च्युता इत्याह—**संत्यज्येति** ॥ २० ॥ यतः स्वातिरिक्तविषयोपासना निष्फला अतस्तद्विषयां जातां जायमानां वृत्तिं निर्मूलयेदित्याह—**उत्थितेति** ॥ २१ ॥

[1] यस्त्वं—अ २, क. [2] केवलं भज—उ १.

अज्ञानिपरिदेवनम्

संसाररात्रिदुःस्वप्ने शून्ये देहमये [1]भ्रमे ।
सर्वमेवापवित्रं [2]तद्दृष्टं संसृतिविभ्रमम् ॥ २२ ॥
अज्ञानोपहतो बाल्ये यौवने वनिताहतः ।
शेषे कलत्र[3]चिन्ताऽऽर्तः किं करोति नराधमः ॥ २३ ॥
सतोऽसत्ता स्थिता मूर्ध्नि रम्याणां मूर्ध्न्यरम्यता ।
सुखानां मूर्ध्नि दुःखानि किमेकं संश्रयाम्यहम् ॥ २४ ॥
येषां निमेषणोन्मेषौ जगतः प्रलयोदयौ ।
तादृशाः पुरुषा यान्ति मादृशां गणनैव का ॥ २५ ॥
संसार [4]एव दुःखानां सीमान्त इति कथ्यते ।
तन्मध्ये पतिते देहे सुखमासाद्यते कथम् ॥ २६ ॥

प्रबोधात् पुरा संसृतिविभ्रमोऽनुभूत इत्याह—**संसारेति** । इदानीं ब्रह्मेति सर्वं दृष्टमित्यर्थः ॥ २२ ॥ श्रुत्याचार्यप्रसादविरळस्वाज्ञलोकस्तु **अज्ञानोपहत इति** ॥ २३ ॥ स्वाज्ञस्तु एवं प्रलपति—**सत इति** । अनियतत्वात् इत्यर्थः ॥ २४ ॥ देहात्मदृष्ट्या स्वस्य नश्वरत्वमाचष्टे—**येषामिति** । **तादृशाः पुरुषाः** ब्रह्मादयः स्वां स्वां श्रियं त्यक्त्वा परां **यान्ति** ॥ २५ ॥ एवं दुःखहेतुसंसृतिबद्धानां कदाऽपि सुखं नास्तीत्याह—**संसार इति** ॥ २६ ॥

मनोनाशप्रकारः

प्रबुद्धोऽस्मि प्रबुद्धोऽस्मि दुष्टश्चोरोऽयमात्मनः ।
मनो नाम निहन्म्येनं मनसाऽस्मि चिरं हृतः ॥ २७ ॥

[1] गृहे—ख. [2] तं द्—अ. [3] चिता—उ. [4] एवं—उ १.

मा खेदं भज हेयेषु नोपादेयपरो भव ।
हेयादेयदृशौ त्यक्त्वा शेषस्थः सुस्थिरो भव ॥ २८ ॥

एवं परिदेवयित्वा श्रुत्याचार्यप्रसादतो यदि विवेक उदेति तदा स्वाज्ञान-वृत्तिमन्मन उन्मूलयितुमिच्छतीत्याह—प्रबुद्ध इति ॥ २७ ॥ एवं हेयोपादे-यात्मकदेहतत्सापेक्षात्मधियं त्यक्त्वा अथ यदवशिष्यते तन्मयो भवेत्याह—मेति ॥ २८ ॥

वासनात्यागोपायः

निराशता निर्भयता नित्यता समता ज्ञता ।
निरीहता निष्क्रियता सौम्यता निर्विकल्पता ॥ २९ ॥
धृतिर्मैत्री मनस्तुष्टिर्मृदुता मृदुभाषता ।
हेयोपादेयनिर्मुक्ते ज्ञे तिष्ठन्त्यपवासनम् ॥ ३० ॥
गृहीततृष्णाशबरीवासनाजालमाततम् ।
संसारवारिप्रसृतं चिन्तातन्तुभिराततम् ॥ ३१ ॥
अनया तीक्ष्णया तात छिन्धि बुद्धिशलाकया ।
वात्ययेवाम्बुदं जालं छित्त्वा तिष्ठ तते पदे ॥ ३२ ॥
मनसैव मनश्छित्त्वा कुठारेणेव पादपम् ।
पदं पावनमासाद्य सद्य एव स्थिरो भव ॥ ३३ ॥
तिष्ठन् गच्छन् स्वपन् जाग्रन्निवसन्नुत्पतन् पतन् ।
असदेवेदमित्यन्तर्निश्चित्यास्थां परित्यज्य ॥ ३४ ॥

दृश्यमाश्रयसीदं चेत् तत् सचित्तोऽसि बन्धवान् ।
दृश्यं संत्यजसीदं चेत् तदचित्तोऽसि मोक्षवान् ॥ ३५ ॥

नाहं नेदमिति ध्यायंस्तिष्ठ त्वमचलाचलः ।
आत्मनो जगतश्चान्तर्द्रष्टृदृश्यदशाऽन्तरे ॥३६ ॥

दर्शनाख्यं स्वमात्मानं सर्वदा भावयन् भव ।
स्वाद्यस्वादकसंत्यक्तं स्वाद्यस्वादकमध्यगम् ॥ ३७ ॥

स्वदनं केवलं ध्यायन् परमात्ममयो भव ।
अवलम्ब्य निरालम्बं मध्येमध्ये स्थिरो भव ॥ ३८ ॥

रज्जुबद्धा विमुच्यन्ते तृष्णाबद्धा न केनचित् ।
तस्मान्निदाघ तृष्णां त्वं त्यज संकल्पवर्जनात् ॥ ३९ ॥

एतामहंभावमयीमपुण्यां [1]छित्त्वाऽनहंभावशलाकयैव ।
स्वभावजां भव्यभवान्तभूमौ भव प्रशान्ताखिलभूत[2]भीतिः॥४०॥

अहमेषां पदार्थानामेते च मम जीवितम् ।
[3]नाहमेभिर्विना कश्चिन्न मयैते विना किल ॥ ४१ ॥

इत्यन्तर्निश्चयं त्यक्त्वा विचार्य मनसा सह ।
नाहं पदार्थस्य न मे पदार्थ इति [4]भाविते ॥ ४२ ॥

अन्तःशीतलया बुद्ध्या कुर्वतो लीलया क्रियाम् ।
यो नूनं वासनात्यागो ध्येयो ब्रह्मन् प्रकीर्तितः ॥ ४३ ॥

[1] त्यक्त्वा—अ २, क.
[2] भूतिः—उ.
[3] अह—उ, उ १.
[4] भाव्यते—उ.

सर्वं समतया बुद्ध्या यः कृत्वा वासनाक्षयम् ।
जहाति निर्ममो देहं नेयोऽ[1]सौ वासना[2]क्षयः ॥ ४४ ॥
अहंकारमयीं त्यक्त्वा वासनां लीलयैव यः ।
तिष्ठति ध्येयसंत्यागी स जीवन्मुक्त उच्यते ॥ ४५ ॥

निरीहताऽऽदिगुणगणो यत्र विश्राम्यति स जीवन्मुक्त इत्याह—निराशतेति । अस्य निर्मुक्तवासनाजालत्वात् एते गुणाः अस्य सहजा भवन्तीत्यर्थः ॥ २९–३० ॥ वासनाजालस्यापि सहजतया विद्यमानत्वात् निराशताऽऽदिगुणावसरः कुतः ? इत्यत्र—यदि तदस्तीति मन्यसे तदा निर्वासनब्रह्मज्ञानखड्गेन वासनाजालं छित्त्वा निराशताद्याश्रयपदे तिष्ठेत्याह—गृहीतेति । तृष्णैव शबरी भूजलचरजन्तुघातिनी तया गृहीतं वासनाजालं आततं संसृतिजलाशयप्रसरितं, नानाविधचिन्ता एव दृढतन्तवः तैराततं वासनाजालं वायुः मेघजालमिव निर्वासनब्रह्मज्ञानखड्गेन छित्त्वा निर्भयपदे तिष्ठ ॥३१–३२॥ मनसि सति कथं एवं स्थातुं शक्यते ? इत्यत्र—कुठारेण पादपमिव सत्वाकारपरिणतमनसा रजआदिपरिणतं मनः छित्त्वा सद्य एव ब्रह्मातिरिक्तं न किञ्चिदस्तीति ज्ञानसमकालमेव स्वे महिम्नि स्थिरो भवेत्यर्थः ॥ ३३ ॥ यदि पुनः स्वातिरिक्तं स्फुरति तदा त्वं स्वमात्रं तत् चिन्तयेत्याह—तिष्ठन्निति ॥३४॥ बन्धमोक्षकलना किंनिमित्तेत्यत्र स्वातिरिक्तमस्तिनास्तीतिवृत्त्यायत्तेत्याह—दृश्यमिति ॥ ३५ ॥ द्रष्टृदृश्यमध्यं दर्शनं ज्ञप्तिमात्रं स्वयमेवेति चिन्तयेत्याह—आत्मन इति ॥ ३६ ॥ उक्तार्थमेव भङ्ग्यन्तरेण दृढयति—स्वाद्येति । स्वाद्यं गुडादि, स्वादकं जिह्वादि, स्वदनं तत्सर्वावभासकं ज्ञानं, केवलशब्दतः चिन्मात्रमेव तदित्यर्थः ॥ ३७ ॥ किंच—अवलम्ब्येति ॥ ३८ ॥ तृष्णायां सत्यां स्थिरता मे कुतः इत्यत्र तां उन्मूलयेत्याह—रज्ज्वति । यस्मादेवं तस्मात् ॥ ३९ ॥ अतदहंभावे सति तृष्णात्यागः कथमित्यत्र यद्यतदहंभावः

[1] तो—अ. [2] क्षयं—अ.

त्वां स्पृशति तदा तं अनहंभावेन छित्त्वा वितृष्णपदं प्राप्य स्थिरीभवेत्याह—एतामिति ॥ ४० ॥ स्वातिरिक्तयोः अविनाभावमाशङ्क्य स्वातिरिक्तासम्भवप्रबोधतः स्वयमेव अवशिष्यत इत्याह—अहमिति । एते च मम जीवितं एते पदार्थाः मम जीवनहेतवः ॥ ४१–४२ ॥ अन्तःशीतलया अन्तर्विलसितप्रत्यग्भावापन्नया बुद्ध्या । न तस्य कदाऽपि क्रियालेपोऽस्ति अक्रियात्मदृष्टित्वात् । वासनावासितस्य अक्रियत्वं कुत इत्यत्र वासनात्यागाधारः परमात्मेत्याह—य इति । यो नूनं वासनात्यागः सोऽयं तदाधारः परमात्मेति ध्येयो ब्रह्मन्—आधाराधेययोः कार्यकारणयोश्च एकीभावस्तु चिद्विवर्तजगतोऽस्य कारणमिति—"मयि सर्वं लयं याति तद्ब्रह्माद्वयमस्म्यहम्" इत्यादिश्रुतिभिः प्रकीर्तितः ॥४३॥ वासनात्यागोपायमाह—सर्वमिति । साम्यब्रह्मातिरेकेण वासनावैषम्यं नास्तीति निश्चित्य निर्ममो यो योगी देहोपलक्षिताविद्यापदतत्कार्यजातमस्ति नास्तीति विभ्रमं जहाति सोऽयं मुनिः निर्वासनं ब्रह्मेति । यत एवं अतोऽसौ वासनाक्षयो ब्रह्मात्यन्तरङ्गसाधनतया नेय इत्यर्थः ॥ ४४ ॥ जीवन्मुक्तिलाभोऽपि वासनाक्षयनिमित्त इत्याह—अहङ्कारेति । यत् स्वातिरिक्ततया ध्येयं तत्सर्वत्यागी सः जीवन्मुक्त उच्यते ॥ ४५ ॥

जीवन्मुक्तमहिमा

निर्मूलं कलनां त्यक्त्वा वासनां यः शमं गतः ।
नेयत्यागमिमं विद्धि मुक्तं तं ब्राह्मणोत्तमम् ॥ ४६ ॥

द्वावेतौ ब्रह्मतां यातौ द्वावेतौ विगतज्वरौ ।
आपतत्सु यथाकालं सुखदुःखेष्वनारतौ ॥ ४७ ॥

संन्यासियोगिनौ दान्तौ विद्धि शान्तौ मुनीश्वर ।
ईप्सितानीप्सिते न स्तो यस्यान्तर्वर्तिवृत्तिषु ॥ ४८ ॥

सुषुप्तवद्यश्चरति स जीवन्मुक्त उच्यते ।

हर्षामर्षभयक्रोधकामकार्पण्यदृष्टिभिः ॥ ४९ ॥

न हृष्यति ग्लायति यः परामर्शविवर्जितः ।

तमेव ब्राह्मणतया स्तौति—निर्मूलमिति । वासनामूलकलनानिःशेषत्यागतोऽपि यः शमं व्रजति । स्वातिरिक्तकलनायाः त्यागाविषयत्वेन अवस्तुत्वात् वासनाक्षयो नेय इति यदुक्तं तन्न संभवति, तस्य वासनासत्त्वसापेक्षत्वात् । वासना अस्तिनास्तीतिविभ्रमापह्नवसिद्धब्रह्मविद्वरिष्ठं इमं नेयत्यागं मुक्तं तं ब्राह्मणं विद्धि, ब्रह्मविद्वरिष्ठस्य ब्रह्मत्वात् ,

दर्शनादर्शने हित्वा स्वयं केवलरूपतः ।

य आस्ते कपिशार्दूल ब्रह्म न ब्रह्मवित् स्वयम् ॥

इति श्रुतेः ॥ ४६ ॥ एवं साधनसंन्यासयोगवन्तौ कृतकृत्यौ स्यातामित्याह—द्वाविति । यथाकालं सुखदुःखेष्वापतत्सु तत्रानारतौ हर्षविषादरहितौ ॥ ४७ ॥ कौ तावित्यत्र—संन्यासीति । ईहाविशिष्टानां शान्त्यादि कुत इत्यत्र ईहानीहापोहज्ञानतः कृतकृत्यो भवतीत्याह—ईप्सितेति । यथा सुषुप्तावीहानीहादिमान् न भवति तथा जाग्रत्यपि यस्य स्वान्तर्बाह्यविषयेषु सत्त्वासत्त्वधिया ईप्सितानीप्सिते न भवतः सोऽयं जीवन्मुक्त उच्यते ॥ ४८ ॥ रागिणो जीवन्मुक्तता कुत इत्यत्र—हर्षेति ॥ ४९ ॥ न हृष्यति ग्लायति यः सोऽयं रागद्वेषमूलपदार्थाः सन्ति न सन्तीति परामर्शविवर्जितः । तस्य जीवन्मुक्तत्वं निरङ्कुशमित्यर्थः ॥

तृष्णात्यागविधिः

बाह्यार्थवासनोद्भूता तृष्णा बद्धेति कथ्यते ॥ ५० ॥

सर्वार्थवासनोन्मुक्ता तृष्णा मुक्तेति भण्यते ।

इदमस्तु ममेत्यन्तमिच्छां प्रार्थनयाऽन्विताम् ॥ ५१ ॥

तां तीक्ष्णां शृङ्खलां विद्धि दुःखजन्मभयप्रदाम् ।
तामेतां सर्वभावेषु सत्स्वसत्सु च सर्वदा ॥ ९२ ॥
संत्यज्य परमोदारं पदमेति महामनाः ।
बन्धास्थामथ मोक्षास्थां सुखदुःखदशामपि ॥ ९३ ॥
त्यक्त्वा सदसदास्थां त्वं तिष्ठाक्षुब्धमहाब्धिवत् ।

बन्धमोक्षहेतू बाह्यार्थतृष्णाऽतृष्णे इत्याह—बाह्येति ॥ ९० ॥ "तृष्णां छित्त्वा हेतुजालस्य मूलं" इति श्रुत्यनुरोधेन सर्वार्थविषयतृष्णात्यागी कृतकृत्यो भवतीत्याह—इदमिति । इच्छाऽऽस्थाऽऽदिशब्दः तृष्णापर्यायः । सतृष्णो बद्धः वितृष्णो मुक्तो भवतीत्यर्थः ॥ ९१–९३ ॥

चतुर्विधो निश्चयः

जायते निश्चयः साधो पुरुषस्य चतुर्विधः ॥ ९४ ॥
आपादमस्तकमहं मातापितृविनिर्मितः ।
इत्येको निश्चयो ब्रह्मन् बन्धायासविलोकनात् ॥ ९५ ॥
अतीतः सर्वभावेभ्यो वालाग्रादप्यहं तनुः ।
इति द्वितीयो मोक्षाय निश्चयो जायते सताम् ॥ ९६ ॥
जगज्जालपदार्थात्मा सर्व एवाहमक्षयः ।
तृतीयो निश्चयश्चोक्तो मोक्षायैव द्विजोत्तम ॥ ९७ ॥
अहं जगद्वा सकलं शून्यं व्योम समं सदा ।
एवमेष चतुर्थोऽपि निश्चयो मोक्षसिद्धिदः ॥ ९८ ॥

एतेषां प्रथमः प्रोक्तस्तृष्णया बन्धयोग्यया ।
शुद्धतृष्णास्त्रयः स्वच्छा जीवन्मुक्ता विलासिनः ॥ ५९ ॥
सर्वं चाप्यहमेवेति निश्चयो यो महामते ।
तमादाय विषादाय न भूयो जायते मतिः ॥ ६० ॥

स्वाज्ञस्वज्ञनिश्चयः कतिविधः इत्यत्र चतुर्विध इत्याह—जायत इति ॥ ५४ ॥ तत्र स्वाज्ञनिश्चयमाह—आपादेति । देहादावात्मात्मीयाभिमतेः बन्धायासादिबहुदोषदुष्टत्वं दृष्टमेवेत्यर्थः ॥ ५५ ॥ स्वज्ञनिश्चयः त्रिविधः, तत्राद्यमाह—अतीत इति ॥ ५६ ॥ अथ द्वितीयनिश्चयमाह—जगदिति ॥५७॥ स्वज्ञतृतीयनिश्चयमाह—अहमिति ॥ ५८ ॥ चतुर्णां एतेषां आद्यस्तु बद्धः स्वाज्ञानावृतत्वात्, परे त्रयस्तु जीवन्मुक्ताः निरावृतत्वात् ॥ ५९ ॥ चतुर्णां मध्ये सर्वमिति ॥ ६० ॥

ब्रह्मणो लोकायतिकादिभिः बहुधा विकल्पनम्

शून्यं तत् प्रकृतिर्माया ब्रह्म विज्ञानमित्यपि ।
शिवः पुरुष ईशानो नित्यमात्मेति कथ्यते ॥ ६१ ॥

एवं स्वज्ञधीनिश्चितं निर्विशेषं ब्रह्म लोकायतिकादयः शून्यादित्वेन भावयन्तीत्याह—शून्यमिति । यद्ब्रह्मेत्यद्वैतिभिः निश्चितं तदेव बौद्धप्राकृतशैवसाङ्ख्ययोगिनः शून्यं प्रकृतिः विज्ञानं शिवः पुरुषः ईशान इति मेनिरे । पुनरद्वैतिनस्तु तैरात्मत्वेन यद्यन्निर्णीतं तत्सर्वं अनात्मा मायेति वदन्ति, ब्रह्मातिरिक्तसामान्यस्य अनित्यत्वात् । वस्तुतः तैः गृहीतानात्मापह्नवसिद्धात्मा तु नित्यमिति सर्ववेदान्तेषु कथ्यते । स्वात्मनो निष्प्रतियोगिकत्वात् सत्यत्वं निरङ्कुशमित्यर्थः ॥ ६१ ॥

अद्वैतनिष्ठस्य संसाराभावः

द्वैताद्वैतसमुद्भूतैर्जगन्निर्माणलीलया ।
परमात्ममयी शक्तिरद्वैतैव विजृम्भते ॥ ६२ ॥
सर्वातीतपदालम्बी परिपूर्णैकचिन्मयः ।
नोद्वेगी न च तुष्टात्मा संसारे नावसीदति ॥ ६३ ॥
प्राप्तकर्मकरो नित्यं शत्रुमित्रसमानदृक् ।
ईहितानीहितैर्मुक्तो न शोचति न काङ्क्षति ॥ ६४ ॥
सर्वस्याभिमतं वक्ता चोदितः पेशलोक्तिमान् ।
आशयज्ञश्च भूतानां संसारे नावसीदति ॥ ६५ ॥

वस्तुतस्तु **द्वैताद्वैतसमुद्भूतैः** । स्वाज्ञादिदृष्ट्यनुरोधेन स्वातिरिक्तं **जगदस्ति** नास्तीति तन्निर्माणग्रसनलीलया स्वातिरिक्तप्रपञ्चारोपाधिकरणं **द्वैतं** तदपवादाधिकरणं **अद्वैतं** इति च द्वैताद्वैततत्कार्यरूपैरपि निष्प्रतियोगिकाद्वैतरूपिणी **परमात्ममयी** काचन शक्तिः **विजृम्भते** ॥ ६२ ॥ एतन्मार्गावलम्बी न कदाऽपि स्वातिरिक्तमोहसंसारे मुह्यतीत्याह—**सर्वेति** । स्वातिरिक्तकलनाऽस्ति नास्तीत्यर्थे **नोद्वेगी** ॥ ६३ ॥ सोऽयं मुनिः आप्रारब्धं किं कुर्वन् वर्तत इत्याह—**प्राप्तेति** ॥ ६४ ॥ यदि हितादिकलनाविरळः तदा युक्तायुक्तानभिज्ञो भवतीत्यत्राह—**सर्वस्येति** । यन्मे श्रेयःसाधनं तद्वदेति **चोदितः** । यदि भूतग्रामाशयलम्पटस्तदा संसारी स्यादित्यत्र सर्वत्राभिमानाभावात् **संसारे नावसीदति** ॥ ६५ ॥

मुमुक्षोः ब्रह्मनिष्ठाविधिः

पूर्वां दृष्टिमवष्टभ्य ध्येयत्यागविलासिनीम् ।
जीवन्मुक्ततया स्वस्थो लोके विहर विज्वरः ॥ ६६ ॥

अन्तः संत्यक्तसर्वाशो वीतरागो विवासनः ।
बहिः सर्वसमाचारो लोके विहर विज्वरः ॥ ६७ ॥

बहिः कृत्रिमसंरम्भो [1]हृदि संरम्भवर्जितः ।
कर्ता बहिरकर्ताऽन्तर्लोके विहर शुद्धधीः ॥ ६८ ॥

त्यक्ताहंकृतिराश्वस्तमतिराकाशशोभनः ।
अगृहीतकलङ्काङ्को लोके विहर शुद्धधीः ॥ ६९ ॥

उदारः पेशलाचारः स[पू]र्वाचारानुवृत्तिमान् ।
अन्तः सङ्गपरित्यागी बहिः संसारवानिव ॥ ७० ॥

अन्तर्वैराग्यमादाय बहिराशोन्मुखेहितः ।
अयं बन्धुरयं नेति [2]कलना लघुचेतसाम् ॥ ७१ ॥

उदारचरितानां तु वसुधैव कुटुम्बकम् ।
[3]भवभावनया मुक्तं जरामरणवर्जितम् ॥ ७२ ॥

प्रशान्तकलनाऽऽरम्भं नीरागं पदमाश्रय ।
एषा ब्राह्मी स्थितिः स्वच्छा निष्कामा विगतामया ॥ ७३ ॥

आदाय विहरन्नेवं संकटेषु विमुह्यति ।
वैराग्येणाथ शास्त्रेण महत्त्वादिगुणैरपि ॥ ७४ ॥

[4]यत्नोपविहरार्थं तत् स्वयमेवोन्नयेन्मनः ।
वैराग्यात् पूर्णतामेति मनोनाशवशानुगम् ॥ ७५ ॥

[1] दृष्टि—अ. सृष्टि—अ १. [2] गणना—अ, अ १, अ २, क

[3] भावाभावविनिर्मुक्तं—अ, अ १, अ २, क.

[4] यत्नेन चिद्विहारार्थं—अ. यत्नोपद्विह—अ १, अ २, क.

आशया रिक्ततामेति शरदीव सरोऽमलम् ।
तमेव मुक्तविरसं व्यापारौघं पुनः पुनः ॥ ७६ ॥

दिवसे दिवसे कुर्वन् प्राज्ञः कस्मान्न लज्जते ।
चिच्चैत्यकलितो बन्धस्तन्मु[1]क्तौ मुक्तिरुच्यते ॥ ७७ ॥

चिदचैत्याऽखिलात्मेति सर्वसिद्धान्तसंग्रहः ।
एतं निश्चयमादाय विलोकय धियेच्छया ॥ ७८ ॥

स्वयमेवात्मनाऽऽत्मानमानन्दं पदमाप्स्यसि ।
चिदहं चिदिमे लोकाश्चिदाशाश्चिदिमाः प्रजाः ॥ ७९ ॥

दृश्यदर्शननिर्मुक्तः केवलामलरूपवान् ।
नित्योदितो निराभासो द्रष्टा साक्षी चिदात्मकः ॥ ८० ॥

चैत्यनिर्मुक्तचिद्रूपं पूर्णज्योतिःस्वरूपकम् ।
संशान्तसर्वसंवेद्यं संविन्मात्रमहं [2]महत् ॥ ८१ ॥

संशान्तसर्वसंकल्पः प्रशान्तसकलैषणः ।
निर्विकल्पपदं गत्वा स्वस्थो भव मुनीश्वर ॥ ८२ ॥

यदि जीवन्मुक्तिमिच्छसि तदा पराग्दृष्टिग्रासप्रत्यगभिन्नब्रह्मदृष्टिमवलम्ब्य लोके विहरेत्याह—पूर्वामिति ॥ ६६ ॥ किंच—अन्तरिति ॥ ६७ ॥ बहिः कृत्रिमसंरम्भः गोपुरधारिप्रतिमावत् संसारभारवाहाभिनयः ॥ ६८ ॥ किंच—देहादौ त्यक्ताहङ्कृतिः, ब्रह्मणि आश्वस्तमतिः, आकाशशोभनः निर्मलाशयत्वात्, अगृहीतस्वाज्ञानकलङ्काङ्कः ॥ ६९ ॥ बहिर्मुखदशायां यत् पूर्वैराचरितं तत्समग्रमनुवर्ती भवेत्यर्थः ॥ ७० ॥ सर्वाचारानुवर्तिनः रागसङ्गः स्यादित्यत्र—

[1] चिर्मु—उ, उ १.
[2] महः—उ.

अन्तरिति। न हि स्त्र्यादिवेषधारी कृत्रिमस्त्रीत्वसङ्गी रागी वा भवति, पुरुषोऽस्मीति निश्चयाबाधितत्वात्, तथाऽयं लोकानुग्रहकारी न तत्र सङ्गी भवतीत्यर्थः। किमर्थं लोकानुग्रहं कुर्वन्तीत्यत्र—**अय**मिति ॥ ७१ ॥ वसुधाग्रहणं सर्वलोकोपलक्षणार्थम्। विराडात्मना अस्य लोकानुग्रहो युज्यत इत्यर्थः। यदि लोकानुग्रहकृत् विराडहं तदा ब्रह्माण्डसंसारी स्यामित्यत्र वस्तुतो वैराजं पदं निर्विशेषमिति भजेत्याह—**भवे**ति। स्वावशेषधियेत्यर्थः ॥७२॥ तन्मात्रस्थितिः पुनः अतन्मात्रं न स्पृशतीत्याह—**एषे**ति ॥ ७३ ॥ तामात्मधिया आदाय। उपायतो ब्राह्मीस्थित्यभिमुखं मनः कुर्यादित्याह—**वैराग्येणे**ति। **वैराग्यशस्त्रेण** स्वातिरिक्तपाशं छित्त्वा जीवन्मुक्ताळिसेवितमहत्त्वादिगुणैः अमानित्वादिभिरपि ॥ ७४ ॥ महता यत्नेन ब्राह्मीस्थित्युपविहारार्थं यत्साधनत्वेन अभिमतं **तन्मनः** स्वातिरिक्तभ्रमतः **स्वयमेव उन्नयेत्** उद्धरेत्। तदेतद्ब्राह्मीस्थितिसाधनं ज्ञानं स्वेतरप्रपञ्चवैराग्यतः **पूर्णतां प्राप्य मनोनाशवशानुगं** मनस्तत्कार्यनाशाधिकरणं प्रत्यगभिन्नब्रह्मपदवीं प्रापयति। तदवष्टभ्य तन्मात्रपदवीं भजेत्यर्थः ॥ ७५ ॥ अनेकवृत्तिमन्मनोनाशः कथमित्यत्र—ब्रह्ममात्रावशेष [षं?] **आशये**ति। ब्रह्मातिरिक्तं नेति ज्ञानतो मनः स्ववृत्तिभिः सह तनुतामेत्य तन्मात्रमवशिष्यत इत्यर्थः। एवं ब्राह्मीस्थित्युपाय-पराङ्मुखं लोकं कुत्सयति—**तमि**ति। यदहन्यहनि स्वाज्ञजनानुभूतं स्वातिरिक्त-भ्रमं तमेव अनन्तकोटिजन्मसु **भुक्तविरसं**—किं तदिति—**व्यापारौघम्** ॥ ७६ ॥ **कस्मादयं लोको न लज्जते**। अनित्यदेहादावात्मात्मीयाभिमातिमात्रान्नित्यात्म-विस्मरणं भवति। यस्यैवमनुभवो जायते सोऽयं आत्मापहारी भवति। तथा श्रुतिः—

> योऽन्यथा सन्तमात्मानमन्यथा प्रतिपद्यते।
> किं तेन न कृतं पापं चोरेणात्मापहारिणा ॥

इति। स्वातिरिक्तयोगायोगाभ्यां बन्धमोक्षौ, तदसंभवप्रबोधसिद्धः स्वात्मेति सर्ववेदान्तसिद्धान्तोऽयं इत्याह—**चिदि**ति ॥ ७७ ॥ यन्मया सर्ववेदान्तसिद्धान्तः उक्तः **एतं निश्चयमादाय** ॥ ७८ ॥ शास्त्रप्रतिपाद्यपरमार्थस्वरूपं प्रतिपादयन्

शास्त्रार्थमुपसंहरति—चिदहमिति ॥ ७९ ॥ योऽयमात्मा चिन्मात्रतया निर्दिष्टः सोऽयं दृश्यदर्शननिर्मुक्तः ॥ ८० ॥ "चित्" इति स्त्रीलिङ्गतया या निर्दिष्टा तस्या एव "दृश्यदर्शननिर्मुक्तः" इत्यादिना पुल्लिङ्गतया निर्देशः कृतः, पुनस्तस्यैव नपुंसकलिङ्गतयाऽपि निर्देशः क्रियते—चैत्येति ॥ ८१ ॥ स्वानुभवं प्रकटयित्वा शिष्यमनुशास्तीत्याह—संशान्तेति। स्वातिरिक्तमस्ति-नास्तीतिसंशान्तसर्वसङ्कल्पः निर्विकल्पपदं गत्वा निष्प्रतियोगिकनिर्विकल्पं ब्रह्म स्वमात्रमिति निश्चित्य स्वस्थो भव मुनीश्वर स्वे महिम्नि स्थिरासनो भव इत्यर्थः ॥ ८२ ॥

शास्त्रार्थपठनपाठनफलम्

य इमां महोपनिषदं ब्राह्मणो नित्यमधीते अश्रोत्रियः श्रोत्रियो भवति। अनुपनीत उपनीतो भवति। सोऽग्निपूतो भवति। स वायुपूतो भवति। स सूर्यपूतो भवति। स सोमपूतो भवति। स सत्यपूतो भवति। स सर्वपूतो भवति। स सर्वैर्देवैर्ज्ञातो भवति। स सर्वेषु तीर्थेषु स्नातो भवति। स सर्वैर्देवैरनुध्यातो भवति। स सर्वक्रतुभिरिष्टवान् भवति। गायत्र्याः षष्टिसहस्राणि जप्तानि फलानि भवन्ति। इतिहासपुराणानां रुद्राणां शतसहस्राणि जप्तानि फलानि भवन्ति। प्रणवानामयुतं जप्तं भवति। आचक्षुषः पङ्क्तिं पुनाति। आसप्तमान् पुरुषयुगान् पुनाति। इत्याह भगवान् हिरण्यगर्भः। [1]जाप्येनामृतत्वं च गच्छतीति महोपनिषत् ॥ ८३ ॥

शास्त्रार्थपठनपाठनफलमाह—य इति। अनुपनीतः उपनीतो भवति इत्यत्र—अनुपनीतस्य विद्याग्रहणायोगात् अत्रानुपनीतशब्देनाज्ञत्वमुच्यते।

[1] जप्ये—अ.

केवलपठनमात्रतः आपेक्षिकामृतत्वं अर्थज्ञानतो मुख्यामृतत्वं च गच्छति ।
इतिमहोपनिषच्छब्दः उपनिषत्समाप्त्यर्थः ॥ ८३ ॥

श्रीवासुदेवेन्द्रशिष्योपनिषद्ब्रह्मयोगिना ।
लिखितं स्याद्विवरणं महोपनिषदः स्फुटम् ।
महोपनिषदो व्याख्याग्रन्थजातं सहस्रकम् ॥

इति श्रीमदीशाद्यष्टोत्तरशतोपनिषच्छास्त्रविवरणे एकषष्टिसङ्ख्यापूरकं
महोपनिषद्विवरणं सम्पूर्णम्

मुक्तिकोपनिषत्

पूर्णमदः—इति शान्तिः

प्रथमोऽध्यायः

परमात्मस्वरूपजिज्ञासा

अयोध्यानगरे रम्ये रत्नमण्टपमध्यमे ।
सीताभरतसौमित्रिशत्रुघ्नाद्यैः समन्वितम् ॥ १ ॥
सनकाद्यैर्मुनिगणैर्वसिष्ठाद्यैः शुकादिभिः ।
अन्यैर्भागवतैश्चापि स्तूयमानमहर्निशम् ॥ २ ॥
धीविक्रियासहस्राणां साक्षिणं निर्विकारिणम् ।
स्वरूपध्याननिरतं समाधिविरमे हरिम् ॥ ३ ॥
भक्त्या शुश्रूषया रामं स्तुवन् पप्रच्छ मारुतिः ।
राम त्वं परमात्माऽसि सच्चिदानन्दलक्षणः ॥ ४ ॥
इदानीं त्वां रघुश्रेष्ठ प्रणमामि मुहुर्मुहुः ।
त्वद्रूपं ज्ञातुमिच्छामि तत्त्वतो राम मुक्तये ॥ ५ ॥

अनायासेन येनाहं मुच्येयं भवबन्धनात् ।

कृपया वद मे राम येन मुक्तो भवाम्यहम् ॥ ६ ॥

ईशाद्यष्टोत्तरशतवेदान्तपटलाशयम् ।

मुक्तिकोपनिषद्वेद्यं रामचन्द्रपदं भजे ॥

इह खलु शुक्लयजुर्वेदप्रविभक्तेयं मुक्तिकोपनिषत् चतुर्वेदप्रविभक्तशाखा-तन्मस्तकेयत्ताप्रकटनपूर्वकं अवान्तरमुक्तिभेदप्रकटनव्यग्रा सर्वापह्नवसिद्धनिष्प्रति-योगिकब्रह्ममात्रावशेषलक्षणविकळेबरकैवल्यपर्यन्तसन्ना विजृम्भते । अस्याः स्वल्प-ग्रन्थतो विवरणमारभ्यते । श्रीरामदूतश्रीरामचन्द्रप्रश्नप्रतिवचनरूपेयमाख्यायिका विद्यास्तुत्यर्था । आख्यायिकामवतारयति—अयोध्येत्यादिना ॥ १–३ ॥ केन रूपेण स्तुत्वा किं पृष्टवानित्यत आह—रामेति ॥४॥ वास्तवं त्वद्रूपम ॥५–६॥

वेदान्तज्ञानेन सायुज्यप्राप्तिः

साधु पृष्टं महाबाहो वदामि शृणु तत्त्वतः ।

वेदान्ते सुप्रतिष्ठोऽहं वेदान्तं समुपाश्रय ॥ ७ ॥

वेदान्ताः के रघुश्रेष्ठ वर्तन्ते कुत्र ते वद ।

हनूमञ्छृणु वक्ष्यामि वेदान्तस्थितिमञ्जसा ॥ ८ ॥

निश्वासभूता मे विष्णोर्वेदा जाताः सुविस्तराः ।

तिलेषु तैलवद्वेदे वेदान्तः सुप्रतिष्ठितः ॥ ९ ॥

राम वेदाः कतिविधास्तेषां शाखाश्च राघव ।

तासूपनिषदः काः स्युः कृपया वद तत्त्वतः ॥ १० ॥

ऋग्वेदादिविभागेन वेदाश्चत्वार ईरिताः ।

तेषां शाखा ह्यनेकाः स्युस्तासूपनिषदस्तथा ॥ ११ ॥

ऋग्वेदस्य तु शाखाः स्युरेकविंशतिसंख्यया ।

नवाधिकशतं शाखा यजुषो मारुतात्मज ॥ १२ ॥

सहस्रसंख्यया जाताः शाखाः साम्नः परन्तप ।

अथर्वणस्य शाखाः स्युः पञ्चाशद्भेदतो हरे ॥ १३ ॥

एकैकस्यास्तु शाखाया एकैकोपनिषन्मता ।

तासामेकामृचं [मृगेकाऽपि]येन पठ्यंत भक्तितो मयि ॥ १४ ॥

स मत्सायुज्यपदवीं प्राप्नोति मुनिदुर्लभाम् ।

वायुसूनुना एवं पृष्टो भगवान् तत्कृतप्रश्नमङ्गीकृत्य तं प्रोत्साहयन् तत्प्रश्नोत्तरमाह—साध्विति । किं वदसीत्यत्र—वेदान्त इति ॥ ७ ॥ वेदान्तेयत्तां पृच्छति—वेदान्ता इति । प्रश्नोत्तरं भगवानाह—हनूमन्निति ॥ ८–९ ॥ तदियत्ताबुभुत्सया श्रीरामं मारुतिः पृच्छति—रामेति ॥ १० ॥ श्रीरामः तत्प्रश्नोत्तरमाह—ऋगिति ॥ ११–१३ ॥ तदेकदेशपारायणफलमाह—तासामिति ॥ १४ ॥

मुक्तिभेदतत्साधनजिज्ञासा

राम केचिन्मुनि[1]श्रेष्ठा मुक्तिरेकेति चक्षिरे ॥ १५ ॥

केचित्त्वन्नामभजनात् काश्यां तारोपदेशतः ।

अन्ये तु सांख्ययोगेन भक्तियोगेन चापरे ॥ १६ ॥

अन्ये वेदान्तवाक्यार्थविचारात् परमर्षयः ।

सालोक्यादिविभागेन चतुर्धा मुक्तिरीरिता ॥ १७ ॥

मुक्तिभेदं हनूमान् पृच्छति—रामेति ॥ १५–१७ ॥

[1] श्रेष्ठ—अ २, उ.

सालोक्यादिमुक्तिसाधनं उपासनम्

स होवाच श्रीरामः—

कैवल्यमुक्तिरेकैव पारमार्थिकरूपिणी ।
दुराचाररतो वाऽपि मन्नामभजनात् कपे ॥ १८ ॥
सालोक्यमुक्तिमाप्नोति न तु लोकान्तरादिकम् ।
काश्यां तु ब्रह्मनालेऽस्मिन् मृतो मत्तारमाप्नुयात् ॥ १९ ॥
पुनरावृत्तिरहितां मुक्तिं प्राप्नोति मानवः ।
यत्र कुत्रापि वा काश्यां मरणे स महेश्वरः ॥ २० ॥
जन्तोर्दक्षिणकर्णे तु मत्तारं समुपादिशेत् ।
निर्धूताशेषपापौघो मत्सारूप्यं भजत्ययम् ॥ २१ ॥
सैव सालोक्यसारूप्यमुक्तिरित्यभिधीयते ।
सदाचाररतो भूत्वा द्विजो नित्यमनन्यधीः ॥ २२ ॥
मयि सर्वात्मके भावो मत्सामीप्यं भजत्ययम् ।
सैव सालोक्यसारूप्यसामीप्या मुक्तिरिष्यते ॥ २३ ॥
गुरूपदिष्टमार्गेण ध्यायन् मद्रूपमव्ययम् ।
मत्सायुज्यं द्विजः [1]सम्यग्भजेद्भ्रमरकीटवत् ॥ २४ ॥
सैव सायुज्यमुक्तिः स्याद्ब्रह्मानन्दकरी शिवा ।
चतुर्विधा [2]च या मुक्तिर्मदुपासनया भवेत् ॥ २५ ॥

मारुतिप्रश्नोत्तरं श्रीभगवानाह—स होवाच श्रीराम इति ॥ १८–२४ ॥
सालोक्यादिचतुर्विधा तु या मुक्तिः ॥ २५ ॥

[1] सम्यग्भजेत् अ—उ, उ १. [2] तु—उ.

कैवल्यमुक्तिसाधनं औपनिषदं ज्ञानम्

इयं कैवल्यमुक्तिस्तु केनोपायेन सिध्यति ।
माण्डूक्यमेकमेवालं मुमुक्षूणां विमुक्तये ॥ २६ ॥
तथाऽप्यसिद्धं चेज्ज्ञानं दशोपनिषदं पठ ।
ज्ञानं लब्ध्वाऽचिरादेव मामकं धाम यास्यसि ॥ २७ ॥
तथाऽपि दृढता नो चेद्विज्ञानस्याञ्जनासुत ।
द्वात्रिंशाख्योपनिषदं समभ्यस्य निवर्तय ॥ २८ ॥
विदेहमुक्ताविच्छा चेदष्टोत्तरशतं पठ ।
तासां क्रमं सशान्तिं च शृणु वक्ष्यामि तत्त्वतः ॥ २९ ॥

उपासनाजन्या चतुर्विधमुक्तिरिति श्रवणात् कैवल्यसिद्धिः केनेति पृच्छति—**इयमिति** । तदाशङ्कामपाकरोति—**माण्डूक्यमिति** । यत् ब्रह्मप्रणवार्थतुर्यतुरीययाथात्म्यप्रकाशकं तत् माण्डूक्यम् ॥ २६ ॥ तेनैव **ज्ञानम्** ॥ २७–२८॥ यदि ते देहे सत्यपि विदेहमुक्तौ । तत् कथमित्याशङ्कमानमालक्ष्य **तासाम्** ॥ २९–३९ ॥

अष्टोत्तरशतोपनिषदां क्रमः

ईशकेनकठप्रश्नमुण्डमाण्डूक्यतित्तिरिः ।
ऐतरेयं च छान्दोग्यं बृहदारण्यकं तथा ॥ ३० ॥
ब्रह्मकैवल्यजाबालश्वेताश्वो हंस आरुणिः ।
गर्भो नारायणो हंसो बिन्दुनादशिरःशिखा ॥ ३१ ॥
मैत्रायणी कौषितकी बृहज्जाबालतापनी ।
कालाग्निरुद्रमैत्रेयी सुबालक्षुरिमन्त्रिका ॥ ३२ ॥

सर्वसारं निरालम्बं रहस्यं वज्रसूचिकम् ।
तेजोनादध्यानविद्यायोगतत्त्वात्मबोधकम् ॥ ३३ ॥
परिव्राट् त्रिशिखी सीता चूडा निर्वाणमण्डलम् ।
दक्षिणा शरभं स्कन्दं महानारायणाद्वयम् ॥ ३४ ॥
रहस्यं रामतपनं वासुदेवं च मुद्गलम् ।
शाण्डिल्यं पैङ्गलं भिक्षुमहच्छारीरकं शिखा ॥ ३५ ॥
तुरीयातीतसंन्यासपरिव्राजाक्षमालिका ।
अव्यक्तैकाक्षरं पूर्णा सूर्याक्ष्यध्यात्मकुण्डिका ॥ ३६ ॥
सावित्र्यात्मा पाशुपतं परं ब्रह्मावधूतकम् ।
त्रिपुरातपनं देवी त्रिपुरा कठभावना ।
हृदयं कुण्डली भस्म रुद्राक्षगणदर्शनम् ॥ ३७ ॥
तारसारमहावाक्यपञ्चब्रह्माग्निहोत्रकम् ।
गोपालतपनं कृष्णं याज्ञवल्क्यं वराहकम् ॥ ३८ ॥
शाट्यायनी हयग्रीवं दत्तात्रेयं च गारुडम् ।
कलिजाबालिसौभाग्यरहस्यऋचमुक्तिका ॥ ३९ ॥

उपनिषदर्थज्ञानात् मुक्तिलाभः

एवमष्टोत्तरशतं भावनात्रयनाशनम् ।
ज्ञानवैराग्यदं पुंसां वासनात्रयनाशनम् ॥ ४० ॥
पूर्वोत्तरेषु विहिततत्तच्छान्तिपुरःसरम् ।
वेदविद्याव्रतस्नातदेशिकस्य मुखात् स्वयम् ॥ ४१ ॥

गृहीत्वाऽष्टोत्तरशतं ये पठन्ति द्विजोत्तमाः ।
प्रारब्धक्षयपर्यन्तं जीवन्मुक्ता भवन्ति ते ॥ ४२ ॥
ततः कालवशादेव प्रारब्धे तु क्षयं गते ।
वैदेहीं मामकीं मुक्तिं यान्ति नास्त्यत्र संशयः ॥ ४३ ॥

विशिष्टविद्यासामान्यविशेषफलमाह —एवमिति । असम्भावनाऽऽदिभावनात्रयनाशनम् । देहवासनाऽऽदिवासनात्रयनाशनम् ॥ ४० ॥ किंच—पूर्वेति ॥ ४१–४३ ॥

उपनिषत्संप्रदानविधिः

सर्वोपनिषदां मध्ये सारमष्टोत्तरं शतम् ।
सकृच्छ्रवणमात्रेण सर्वाघौघनिकृन्तनम् ॥ ४४ ॥
मयोपदिष्टं शिष्याय तुभ्यं पवननन्दन ।
इदं शास्त्रं मयाऽऽदिष्टं गुह्यमष्टोत्तरं शतम् ॥ ४५ ॥
ज्ञानतोऽज्ञानतो वाऽपि पठतां बन्धमोचकम् ।
राज्यं देयं धनं देयं याचतः कामपूरणम् ॥ ४६ ॥
इदमष्टोत्तरशतं न देयं यस्य कस्यचित् ।
नास्तिकाय कृतघ्नाय दुराचाररताय वै ॥ ४७ ॥
मद्भक्तिविमुखायासच्छास्त्रगर्तेषु मुह्यते ।
गुरुभक्तिविहीनाय दातव्यं न कदाचन ॥ ४८ ॥
सेवापराय शिष्याय हितपुत्राय मारुते ।
मद्भक्ताय सुशीलाय कुलीनाय सुमेधसे ॥ ४९ ॥

सम्यक् परीक्ष्य दातव्यमेवमष्टोत्तरं शतम् ।
यः पठेच्छृणुयाद्वाऽपि स मामेति न संशयः ॥ ५० ॥

तदेतदृचाऽभ्युक्तम्—

विद्या ह वै ब्राह्मणमाजगाम
गोपाय मां शेवधिष्टेऽहमस्मि ।
असूयकायानृजवे शठाय
मा मा ब्रूया वीर्यवती तथा स्याम् ॥ ५१ ॥

यमेव विद्याश्रुतमप्रमत्तं मेधाविनं ब्रह्मचर्योपपन्नम् ।
अस्मा इमामुपसन्नाय सम्यक् परीक्ष्य दद्याद्वैष्णवीमात्मनिष्ठाम् ॥

अशीत्यधिकशतोत्तरसहस्रसङ्ख्याकानां सर्वोपनिषदाम् ॥ ४४–४५ ॥ केवलकृपया यद्यनधिकारिणि तुष्टोऽसि तदा तस्मै राज्यं देयम् ॥ ४६ ॥ किंगुणविशिष्टाय न देयमित्यत्र—नास्तिकायेति ॥ ४७–४८ ॥ न कस्यापि प्रशंसने विद्यासम्प्रदायविच्छित्तिः स्यादित्यत्र यथोक्ताधिकारिणे दातव्यं, तेन विद्यासम्प्रदायाविच्छित्तिः स्यादित्याह—सेवेति ॥ ४९–५० ॥ अनधिकारिणे न वक्तव्यं, अधिकारिणे वक्तव्यं, इत्येषोऽर्थो मन्त्राभ्यामभ्युक्तो भवतीत्याह—तदेतदृचाऽभ्युक्तमिति । हवा इति वृत्तार्थस्मरणार्थौ । ब्रह्मविद्या पुरा ब्राह्मणं ब्रह्माणं आजगाम । ब्रह्माणमुपसङ्गम्य किं उक्तवतीत्यत्र—तवाहं शेवधिष्टे निक्षेपस्थाने अस्मि । तव निक्षेपभूतां मां गोपाय रक्षस्व । केन त्वं मया रक्षिताऽसीत्यत्र अनधिकार्यप्रदानपूर्वकं यथोक्ताधिकारिभ्यः प्रदानमित्याह—असूयकायेति । अनधिकार्यप्रदानतोऽहं वीर्यवती स्यामित्यर्थः ॥ ५१ ॥ सम्यक्परीक्षया विदितवृत्ताय वैष्णवीं निष्ठां दद्यादित्यर्थः ॥ ५२ ॥

इति प्रथमः खण्डः

अष्टोत्तरशतोपनिषदां पृथक् शान्तिः

अथ हैनं श्रीरामचन्द्रं मारुतिः पप्रच्छ ऋग्वेदादिविभागेन पृथक् शान्तिमनुब्रूहीति । स होवाच श्रीरामः—

ऐतरेयकौषीतकिनादबिन्द्वात्मप्रबोधनिर्वाणमुद्गलाक्षमालिका-त्रिपुरासौभाग्यबह्वृचानामृग्वेदगतानां दशसंख्याकानामुपनिषदां वाङ्मे मनसीति शान्तिः ॥ १ ॥

ईशावास्यबृहदारण्यजाबालहंसपरमहंससुबालमन्त्रिकानिरा-लम्बत्रिशिखीब्राह्मणमण्डलब्राह्मणाद्वयतारकपैङ्गलभिक्षुतुरीयातीता-ध्यात्मतारसारयाज्ञवल्क्यशाट्यायनीमुक्तिकानां शुक्लयजुर्वेदगतानामे-कोनविंशतिसंख्याकानामुपनिषदां पूर्णमद इति शान्तिः ॥ २ ॥

कठवल्लीतैत्तिरीयकब्रह्मकैवल्यश्वेताश्वतरगर्भनारायणामृतबिन्द्व-मृतनादकालाग्निरुद्रक्षुरिकासर्वसारशुकरहस्यतेजोबिन्दुध्यानबिन्दुब्रह्म-विद्यायोगतत्त्वदक्षिणामूर्तिस्कन्दशारीरकयोगशिखैकाक्षराक्ष्यवधूत-कठरुद्रहृदययोगकुण्डलिनीपञ्चब्रह्मप्राणाग्निहोत्रवराहकलिसंतारणसर-स्वतीरहस्यानां कृष्णयजुर्वेदगतानां द्वात्रिंशत्संख्याकानामुपनिषदां सह नाववत्विति शान्तिः ॥ ३ ॥

केनच्छान्दोग्यारुणिमैत्रायणिमैत्रेयीवज्रसूचिकायोगचूडा-मणिवासुदेवमहत्संन्यासाव्यक्तकुण्डिकासावित्रीरुद्राक्षजाबालदर्शन-जाबालीनां सामवेदगतानां षोडशसंख्याकानामुपनिषदामाप्यायन्त्विति शान्तिः ॥ ४ ॥

प्रश्नमुण्डकमाण्डूक्याथर्वशिरोऽथर्वशिखाबृहज्जाबालनृसिंहता-पनीनारदपरिव्राजकसीताशरभमहानारायणरामरहस्यरामतापनीशा-ण्डिल्यपरमहंसपरिव्राजकान्नपूर्णासूर्यात्मपाशुपतपरब्रह्मत्रिपुरातपनदेवी-भावनाभस्मजाबालगणपतिमहावाक्यगोपालतपनकृष्णहयग्रीवदत्तात्रे-यगारुडानामथर्ववेदगतानामेकत्रिंशत्संख्याकानामुपनिषदां भद्रं कर्णे-भिरिति शान्तिः ॥ ५ ॥

ऋगादिचतुर्वेदप्रविभक्तैतरेयाद्युपनिषदां शान्तिभेदं पृच्छतीत्याह— अथेति । किमिति ? ऋग्वेदादीति ॥ १–५ ॥

औपनिषदज्ञानादेव कैवल्यमुक्तिः

मुमुक्षवः पुरुषाः साधनचतुष्टयसंपन्नाः श्रद्धावन्तं सत्कुलभवं श्रोत्रियं शास्त्रवात्सल्यं गुणवन्तमकुटिलं सर्वभूतहिते रतं दयासमुद्रं सद्गुरुं विधिवदुपसंगम्योपहारपाणयोऽष्टोत्तरशतोपनिषदं विधिवदधीत्य श्रवणमनननिदिध्यासनानि नैरन्तर्येण कृत्वा प्रारब्धक्षयाद्देहत्रयभङ्गं प्राप्योपाधिविनिर्मुक्तघटाकाशवत् परिपूर्णता विदेहमुक्तिः । सैव कैवल्यमुक्तिरिति ॥ ६ ॥ अत एव ब्रह्मलोकस्था अपि ब्रह्ममुखाद्वे-दान्तश्रवणादि कृत्वा तेन सह कैवल्यं लभन्ते । अतः सर्वेषां कैवल्यमुक्तिर्ज्ञान[1]मात्रेणोक्ता न कर्मसांख्ययोगोपासनादिभिरित्यु-पनिषत् ॥ ७ ॥

देशिकमुखात् अष्टोत्तरेशाद्युपनिषदो विधिवत् अधीत्य तदर्थश्रवणादि-निष्पन्ननिष्प्रतियोगिकब्रह्ममात्रज्ञानसमकालं मुनयो विदेहमुक्ता भवन्तीत्याह—

[1] मार्गे—क.

मुमुक्षव इति । मुमुक्षवो यथोक्तसाधनसम्पन्ना भूत्वा, "आचार्यो वेदसम्पन्नो विष्णुभक्तो विमत्सरः" इत्यादिश्रुतिप्रकटितजीवन्मुक्तलक्षणसम्पन्नं विधिवत् प्रणम्य, तन्मुखात् ईशाद्यष्टोत्तरशतोपनिषदो विधिवदधीत्य, तत्समग्रश्रवण-मनननिदिध्यासनतः सर्वापह्नवसिद्धं ब्रह्म निष्प्रतियोगिकस्वमात्रमिति सम्यग्ज्ञानं जायते । तत्समकालमेव आगाम्यादिकर्मत्रयं कारणदेहादिगतभ्रान्तिजादिता-दात्म्यादित्रयं च विलीयते । तदानीमुपाधिविनिर्मुक्तघटाकाशवत् परिपूर्णभावो विदेहमुक्तिः । तद्वन्तो विदेहमुक्ता भवन्ति । येयं विदेहमुक्तिरभिहिता सैव कैवल्यमुक्तिरिति ज्ञातव्येत्यर्थः ॥ ६ ॥ सालोक्यादिमुक्तिभाजां ज्ञाननैरपेक्ष्येण ब्रह्मणा सह कैवल्यसम्भवात् किं ज्ञानेनेत्याशङ्क्य—स्वातिरिक्तभ्रमस्य स्वाज्ञान-विकल्पितत्वेन स्वज्ञानेतरानाश्यत्वात्, केवलोपासनया सालोक्यादिः सिध्यति, यतः तस्याऽपि स्वाज्ञानकार्यत्वेन स्वज्ञाननाश्यत्वं अत एव । वेदान्तश्रवणादि कृत्वा तन्निष्पन्ननिर्विशेषब्रह्मज्ञानादेव तेन ब्रह्मणा । न कर्मसांख्ययोगोपास-नादिभिः, "नान्यः पन्था अयनाय विद्यते" इति श्रुतेः । इत्युपनिषच्छब्दः प्रथमाध्यायपरिसमाप्त्यर्थः ॥

इति द्वितीयः खण्डः

इति प्रथमोऽध्यायः

द्वितीयोऽध्यायः

जीवन्मुक्तिविदेहमुक्त्योः स्वरूपप्रमाणसाधनप्रयोजननिरूपणम्

तथा हैनं श्रीरामचन्द्रं मारुतिः पप्रच्छ । केयं जीवन्मुक्तिः विदेहमुक्तिः किं वा तत्र प्रमाणं कथं वा तत्सिद्धिः सिद्ध्या वा किं प्रयोजनमिति । स होवाच श्रीरामः । पुरुषस्य कर्तृत्वभोक्तृत्वसुखदुः-

स्वादिलक्षणश्चित्तधर्मः क्लेशरूपत्वाद्बन्धो भवति । तन्निरोधनं जीवन्मुक्तिः। उपाधिविनिर्मुक्तघटाकाशवत् प्रारब्धक्षयाद्विदेहमुक्तिः। जीवन्मुक्तिविदेहमुक्त्योरष्टोत्तरशतोपनिषदः प्रमाणम् । कर्तृत्वादि-दुःखनिवृत्तिद्वारा नित्यानन्दावाप्तिः प्रयोजनं भवति । तत् पुरुषप्रयत्न-[1]साध्यं भवति । यथा पुत्रकामेष्टिना पुत्रं वाणिज्यादिना वित्तं ज्योतिष्टोमेन स्वर्गं तथा पुरुषप्रयत्नसाध्यवेदान्तश्रवणादिजनितसमाधिना जीवन्मुक्त्यादिलाभो भवति । सर्ववासनाक्षयात्तल्लाभः ॥१—१॥

एवं श्रीराममुखतः स्वस्वरूपबोधकं ईशाद्यष्टोत्तरशतवेदान्तरहस्यमवगम्य उपायोपेयात्मकपञ्चविधमुक्तिस्वरूपमपि विदित्वा निर्विशेषब्रह्मज्ञानान्तरालिक-मुख्यफलात्मकजीवन्मुक्तिविदेहमुक्तिस्वरूपं तत्प्रमाणं तत्प्रयोजनं च विशेषतो ज्ञातव्यमिति श्रीरामचन्द्रं रामदूतः पृच्छतीत्याह—**अथेति** । किमिति—केयमिति । मारुतिकृतप्रश्नोत्तरं—**स होवाच श्रीराम** इति । किमुवाचेत्यत्र जीवन्मुक्तेः बन्धनिरासकतया जीवन्मुक्तिनिरसनीयबन्धस्वरूपमाह—**पुरुषस्येति**। **चित्तधर्मः** सहजो भवति। तस्य जनिमृतिपरम्पराहेतुत्वेन **क्लेशरूपत्वात्** तथाविध-चित्तधर्म एव स्वात्मदृष्टेः **बन्धो भवति** । **तन्निरोधनं जीवन्मुक्तिः** । तस्य चित्तस्य कर्तृत्वादिपराग्भावतो निरोधनपूर्वकं प्रत्यगभिन्नं ब्रह्मास्मीति तावन्मात्र-स्थितिः जीवन्मुक्तिः ।

> देहत्रयातिरिक्तोऽहं शुद्धचैतन्यमस्म्यहम् ।
> ब्रह्माहमिति यस्यान्तः स जीवन्मुक्त उच्यते ॥

इति श्रुतेः। केयं जीवन्मुक्तिरिति प्रश्नोत्तरमभिधाय केयं विदेहमुक्तिरिति प्रश्नोत्तर-माचष्टे—**उपाधीति** । घटशरावाद्युपाधिसत्त्वासत्त्वाभ्यां यथा व्योम व्योममात्रं न

[1] साध्यो—उ.

कदाचित् घटतां भजतीति ज्ञानमात्रेण व्योम घटोपाधिविनिर्मुक्तं भवति तथा प्रारब्धादिकर्मत्रयाश्रयशरीरत्रयोपलक्षितस्वाविद्यापदतत्कार्यसत्त्वासत्त्वाभ्यां स्वातिरिक्तकलनाऽपह्नवसिद्धं वस्तु निष्प्रतियोगिकब्रह्ममात्रमेवेति तावन्मात्रावशेषतया अवस्थितिः विदेहमुक्तिरित्यर्थः । किं वा तत्र प्रमाणमिति प्रश्नोत्तरमाह— जीवन्मुक्तीति । ईशाद्यष्टोत्तरशतोपनिषदां निष्प्रतियोगिकनिर्विशेषब्रह्ममात्रपर्यवसन्नत्वात् तज्ज्ञानान्तरकालिकफलं हि जीवन्मुक्तिः तन्मात्रावशेषलक्षणं विदेहमुक्तिरिति ।

यस्मिन् सर्वाणि भूतान्यात्मैवाभूद्विजानतः ।
तत्र को मोहः कः शोकः एकत्वमनुपश्यतः ॥
अन्यदेव तद्विदितादथो अविदितादधि ॥
प्रतिबोधविदितं मतममृतत्वं हि विन्दते ॥
महान्तं विभुमात्मानं मत्वा धीरो न शोचति ॥
स एषोऽकलोऽमृतो भवति नातः परमस्तीति च ॥
अप्राणो ह्यमनाः शुभ्रः ॥
यदा सर्वे प्रमुच्यन्ते कामा येऽस्य हृदि श्रिताः ।
अथ मर्त्योऽमृतो भवत्यत्र ब्रह्म समश्नुते ॥
शान्तं शिवमद्वैतं चतुर्थं मन्यन्ते स आत्मा स विज्ञेयः ॥
अभयं प्रतिष्ठां विन्दते । अथ सोऽभयं गतो भवति ॥
प्रज्ञा प्रतिष्ठा । प्रज्ञानं ब्रह्म ॥
तरति शोकमात्मवित् ॥
तदेतद्ब्रह्मापूर्वमनपरमनन्तरमबाह्यमयमात्मा ब्रह्म सर्वानुभूः ॥

इत्यादिश्रुतिसहस्रं निष्प्रतियोगिकब्रह्ममात्रबोधकं सत् तत्रैव पर्यवस्यति । तदस्मीत्यनुसन्धानलक्षणा जीवन्मुक्तिः, तदनुसन्धानादिसर्वव्यापृतिविरळा विदेहमुक्तिः इत्यत्र सर्वे वेदान्ताः प्रमाणपदं भजन्त इत्यर्थः । कथं वा तत्सिद्धिः इति प्रश्नं पश्चाद्विवक्ष्यन् सिद्ध्या वा किं प्रयोजनं इति प्रश्नमपाकरोति—कर्तृत्वादीति ।

कथं तत्सिद्धिः इति प्रश्नमपाकरोति— **तत्पुरुषेति** । सदृष्टान्तं तदेव विशदयति— **यथेति** । **पुत्रकामेष्टिना** इष्ट्या । पुरुषप्रयत्नसाध्यवेदान्तश्रवणादिजनितनिर्विशेषब्रह्मज्ञानसमाधिना । निर्विकल्पकज्ञानं केन जायते इत्यत्र—**सर्ववासनाक्षयात्तल्लाभ** इति ॥ १–१ ॥

शुभाशुभवासनाविषये पुरुषकर्तव्यता

अत्र श्लोका भवन्ति—

उच्छास्त्रं शास्त्रितं चेति पौरुषं द्विविधं मतम् ।
तत्रोच्छास्त्रमनर्थाय परमार्थाय शास्त्रितम् ॥ १ ॥
लोकवासनया जन्तोः शास्त्रवासनयाऽपि च ।
देहवासनया ज्ञानं यथावन्नैव जायते ॥ २ ॥
द्विविधो वासनाव्यूहः शुभश्चैवाशुभश्च [1]सः ।
वासनौघेन शुद्धेन तत्र चेदनु[2]नीयसे ॥ ३ ॥
तत्क्रमेणाशु तेनैव मामकं पदमाप्नुहि ।
अथ चेदशुभो भावस्त्वां योजयति संकटे ॥ ४ ॥
प्राक्तनस्तदसौ यत्नाज्जेतव्यो भवता कपे ।
शुभाशुभाभ्यां मार्गाभ्यां वहन्ती वासनासरित् ॥ ५ ॥
पौरुषेण प्रयत्नेन योजनीया शुभे पथि ।
अशुभेषु समाविष्टं शुभेष्वेवावतारयेत् ॥ ६ ॥
अशुभाच्चालितं याति शुभं तस्मादपीतरत् ।
पौरुषेण प्रयत्नेन लालयेच्चित्तबालकम् ॥ ७ ॥

[1] ते—अ, अ १, अ २, क. [2] लीय—क.

द्रागभ्यासवशाद्याति यदा ते वासनो[1]दयम् ।
तदाऽभ्यासस्य साफल्यं विद्धि त्वमरिमर्दन ॥ ८ ॥
संदिग्धायामपि भृशं शुभामेव समाचर ।
शुभायां वासनावृद्धौ न दोषाय मरुत्सुत ॥ ९ ॥

उक्तार्थप्रकाशकाः मन्त्राः सन्तीत्याह—अत्र श्लोका भवन्तीति। वेदान्तश्रवणादिः पुरुषप्रयत्नसाध्य इत्युक्तं तत्र उच्छास्त्रादिभेदेन पौरुषं द्विधा भिद्यत इत्याह—उदिति । श्रुतिस्मृतिवर्त्मातिक्रमणपूर्वकं स्वच्छन्दानुवर्तित्वं उच्छास्त्रमुच्यते, तस्य स्वपुरुषार्थच्युतिहेतुतया अनर्थरूपत्वात् । तद्वैपरीत्येन श्रुतिस्मृत्यनुग्राहकभगवदाज्ञाऽनुकारित्वं शास्त्रितं, तस्य लोकोच्छास्त्रप्रवृत्तिनिरसनपूर्वकं स्वार्थप्रापकत्वात् । ततो मुमुक्षुः उच्छास्त्रवृत्तिं विहाय भगवदाज्ञाऽनुवर्ती भवेदित्यर्थः ।

यः शास्त्रविधिमुत्सृज्य वर्तते कामकारतः ।
न स सिद्धिमवाप्नोति न सुखं न परां गतिम् ॥ इति ॥
श्रुतिः स्मृतिर्ममैवाज्ञा यस्तामुल्लंघ्य वर्तते ।
आज्ञाच्छेदी मम द्रोही मद्भक्तोऽपि न वैष्णवः ॥

इति च स्मृतेः ॥ १ ॥ उन्मार्गप्रवृत्तिहेतुः लोकादिवासनात्रयमित्याह—लोकेति । यथा लोका मां सन्मार्गानुवर्तिनं वदन्ति तथा मया आचरणीयमिति धीरेव **लोकवासना** भवतीत्यत्र

यथा वदन्ति लोका मामदुष्टं शिष्टभूषणम् ।
तथा मयेह स्थातव्यमिति धीर्लोकवासना ॥

इति चन्द्रिकोक्तेः । मया शास्त्रमभ्यस्य तदर्थानुष्ठानं कार्यं इत्यादि **शास्त्रवासना** भवतीत्यत्र—

अन्यस्मादधिकं शास्त्रमध्येतव्यं मयेति च ।
यथाशास्त्रं चराम्यद्य कोऽपि मत्सदृशो न हि ।

[1] दयः—अ.

अतिलंघ्येह शास्त्रोक्ताचारमन्यस्तु वर्तते ।
यथाशास्त्रं चरत्येष मया तुल्यो न संशयः ।
एवंरूपा यस्य मतिः वासना शास्त्रगेरिता ॥

इति चन्द्रिकोक्तेः । गच्छामि तिष्ठाम्यमुष्य पुत्रोऽहं इत्यादि देहवासना भवति, “ देहाश्रया व्यवहृतिर्वासना देहगेरिता ” इति स्मृतेः । एवं लोकादिवासनावासितचित्तानां यथावदात्मज्ञानं न जायते । यत एवं अतः वासनात्रय न कर्तव्यं इत्यत्र श्रुतिः—

लोकानुवर्तनं त्यक्त्वा तथा देहानुवर्तनम् ।
शास्त्रानुवर्तनं त्यक्त्वा स्वाध्यासापनयं कुरु ॥

इति ॥ २ ॥ शुभाशुभभेदेन वासनापूगो द्विधा भवतीत्याह—**द्विविध इति** । तत्र शुभवासनावान् मामेतीत्याह—**वासनेति** ॥ ३ ॥ यद्यशुभवासना त्वां स्पृशति सा त्वया त्याज्येत्याह—**अथेति** ॥ ४ ॥ शुभाशुभमार्गस्वभावप्रवृत्तो वासनाप्रवाहमशुभमार्गनिरोधनपूर्वकं शुभमार्गे प्रवर्तयेदित्याह—**शुभेति** ॥ ५ ॥ उक्तार्थमेव पुनः द्रढयति—**अशुभेष्विति** ॥ ६–७ ॥ यदि तेऽभ्यासपाटवेन शुभवासनैवोदेति तदा त्वदभ्यासः फलवानित्याह—**द्रागिति** ॥ ८ ॥ शुभवासना जाता न वेति संशये शुभवासनावृद्धौ न हि दोषोऽस्तीत्याह—**सन्दिग्धायामिति** ॥ ९ ॥

वासनाक्षयविज्ञानमनोनाशानां युगपदभ्यसनीयत्वम्

वासनाक्षयविज्ञानमनोनाशा महामते ।
समकालं चिराभ्यस्ता भवन्ति फलदा मताः ॥ १० ॥
[1]त्रयमेते [एते] समं यावन्नाभ्य[2]स्ताश्च पुनः पुनः ।
तावन्न पदसंप्राप्तिर्भवत्यपि समाशतैः ॥ ११ ॥

[1] त्रय एते समा—अ.   [2] स्ता च—अ १, अ २, क, उ, उ १.

एकैकशो निषेव्यन्ते यद्येते चिरमप्यलम् ।

तन्न सिद्धिं प्रयच्छन्ति मन्त्राः संकीर्ण[र्णि]ता इव ॥ १२ ॥

त्रिभिरेतैश्चिराभ्यस्तैर्हृदयग्रन्थयो दृढाः ।

निःशङ्कमेव त्रुट्यन्ति बिसच्छेदाद्गुणा इव ॥ १३ ॥

जन्मान्तरशताभ्यस्ता मिथ्या संसारवासना ।

सा चिराभ्यासयोगेन विना न क्षीयते क्वचित् ॥ १४ ॥

तस्मात् सोम्य प्रयत्नेन पौरुषेण विवेकिना ।

भोगेच्छां दूरतस्त्यक्त्वा त्रयमेव समाश्रय ॥ १५ ॥

वासनाक्षयविज्ञानमनोनाशा युगपदभ्यस्ताश्चेत् यथोक्तफलदा भवन्ति न प्रातिस्विकेनाभ्यासत इत्याह—**वासनेति** ॥ १० ॥ विपर्यये—**त्रयमेते** ॥ ११ ॥ यथा विशिष्टाक्षरमन्त्रजपः फलवान् न तत्रैकैकाक्षरजपः फलवान् भवति तथा वासनाक्षयादित्रयं समकालाभ्यस्तं सत् फलवत् भवति । प्रातिस्विकेन वासनाक्षयकरणे विज्ञानाभावे वासना न क्षीयते । वासनाक्षयार्थं विज्ञानमेव आश्रयणीयमित्युक्ते मनसि सति विज्ञानं नोदेति । विज्ञानसिद्ध्ये मनोनाशः कर्तव्य इत्युक्ते वासनासु सतीषु मनो न नश्यति । यत एवं अतः वासनाक्षयविज्ञानमनोनाशा युगपदनुष्ठेयाः । तत् कथं यौगपद्येन अनुष्ठातुं शक्यं इत्युक्ते ब्रह्मातिरेकेण सवासनं मनो नास्तीति विज्ञानमेव समकालाभ्यासः, तेन स्वातिरिक्तग्रासब्रह्मभावापत्तिः स्यादित्यर्थः ॥ १२–१३ ॥ एवं सकृदभ्यासतः सवासनं मनो विलीयत इत्यत आह—**जन्मेति** ॥ १४ ॥ यस्मादेवं तस्मात् । **भोगेच्छा**त्यागपूर्वकं ब्रह्मातिरेकेण न किञ्चिदस्तीति चिरकालाभ्यासतः सवासनं मनो विलीयते । ततो विद्वान् कृतकृत्यो भवतीत्यर्थः ॥ १५ ॥

वासनाक्षयप्रकारः तत्प्रयोजनं च

तस्माद्वासनया युक्तं मनो बद्धं विदुर्बुधाः ।

सम्यग्वासनया त्यक्तं मुक्तमित्यभिधीयते ।

मनोनिर्वासनीभावमाचराशु महाकपे ॥ १६ ॥

सम्यगालोकनात् सत्याद्वासना प्रविलीयते ।

वासनाविलये चेतः शममायाति दीपवत् ॥ १७ ॥

वासनां संपरित्यज्य मयि चिन्मात्रविग्रहे ।

यस्तिष्ठति गत[1]व्यग्रः [2]सोऽहं सच्चित्सुखात्मकः ॥ १८ ॥

समाधिमथ कर्माणि मा करोतु करोतु वा ।

हृदयेनात्तसर्वेहो मुक्त एवोत्तमाशयः ॥ १९ ॥

नैष्कर्म्येण न तस्यार्थस्तस्यार्थोऽस्ति न कर्मभिः ।

न समाधानजाप्याभ्यां यस्य निर्वासनं मनः ॥ २० ॥

संत्यक्तवासनान्मौनादृते नास्त्युत्तमं पदम् ॥ २१ ॥

वासनाहीनमप्येतच्चक्षुरादीन्द्रियं स्वतः ।

प्रवर्तते बहिः स्वार्थे वासनामात्रकारणम् ॥ २२ ॥

अयत्नोपनतेष्वक्षि दृग्द्रव्येषु यथा पुनः ।

नीरागमेव पतति तद्वत् कार्येषु धीरधीः ॥ २३ ॥

सवासनं मनो बद्धं सत् पराक्प्रवृत्तं भवति, निर्वासनं मनः प्रत्यग्भावमेतीत्याह—**तस्मादिति** । यस्माद्वासनावान् हीयते **तस्मात्** । यत एवमतो **मनोनिर्वासनीभावमिति** ॥१६॥ कथं मनो निर्वासनीभावमेतीत्यत्र ब्रह्मातिरेकेण न किञ्चिदस्तीति **सम्यगालोकनात्** । निःस्नेहदीपवत् निर्वासनं मनो **विलीयत** इत्यर्थः ॥ १७ ॥ वासनात्यागी कृतकृत्यो भवतीत्याह—**वासनामिति** ॥ १८ ॥

[1] स्नेहः—अ, अ १. [2] सोऽयं—उ.

निर्वासनमना मुनिः समाध्यादिकरणाकरणतो न वर्धते न हीयते वृद्धिहानितोऽपि मुक्तो भवतीत्याह— **समाधिमिति** । सत्वगुणात्मकः **समाधिः** । रजोगुणात्मकं **कर्म** । निर्गुणं ब्रह्मास्मीति तद्भावापन्नो मुनिः । तस्य स्वातिरिक्तभ्रमतो मुक्तत्वात् समाध्यादिकरणाकरणयोः न का चिद्विकृतिरस्तीत्यर्थः ॥ १९ ॥ किंच— **नैष्कर्म्येणेति** । कर्मसामान्यं यतो निर्गतं तन्निष्कर्म तदेव **नैष्कर्म्यं** पारिव्राज्यं तेन कर्मणा वा मन्त्राभ्यासतः समाधितो वाऽपि न हि तस्य प्रयोजनमस्ति **यस्य मनो निर्वासनं** भवति ॥ २० ॥ तस्य देहत्रयविलक्षणत्वेन तन्निर्वर्त्यकर्ममन्त्रसंन्याससमाध्यपेक्षाऽसम्भवात् तूष्णींभावादृते न किंचित् कर्तव्यमस्तीत्याह— **सन्त्यक्तेति** ॥ २१ ॥ विदुषो निर्वासनतया कादाचित्कबाह्यान्तर्व्यापारो न दोषाय भवतीत्याह— **वासनेति** । विदुषो मनः **वासनाहीनमपि** । सवासना प्रवृत्तिः बन्धहेतुः निर्वासना प्रवृत्तिः मुक्तये भवतीत्यत्र वासनाभावाभावौ प्रयोजकावित्यर्थः ॥ २२ ॥ उक्तार्थं सदृष्टान्तमुपपादयति— **अयत्नेति** । **यथा** पथिगततृणादिषु दृष्टिः **नीरागमेव पतति न हि तत्र लिप्यते**, तथा **धीरधीः** बाह्यान्तर्व्यापृतोऽपि बाह्यान्तःकलनासु न लिप्यते इत्यर्थः ॥ २३ ॥

चित्तनाशप्रकारः तत्फलं च

भावसंवित्प्रकटितामनुरूपां च मारुते ।
चित्तस्योत्पत्त्युपरमां वासनां मुनयो विदुः ॥ २४ ॥

दृढाभ्यस्तपदार्थैकभावनादतिचञ्चलम् ।
चित्तं संजायते जन्मजरामरणकारणम् ॥ २५ ॥

[1]वासनाऽऽवेशतः प्राणस्पन्दस्तेन च वासना ।
क्रियते चित्तबीजस्य तेन बीजाङ्कुरक्रमः ॥ २६ ॥

[1] वासनावश— अ, अ १, अ २, क.

द्वे बीजे चित्तवृक्षस्य प्राणस्पन्दनवासने ।

एकस्मिंश्च तयोः क्षीणे क्षिप्रं द्वे अपि नश्यतः ॥ २७ ॥

असङ्गव्यवहारत्वाद्भवभावनवर्जनात् ।

शरीरनाशदर्शित्वाद्वासना न प्रवर्तते ।

वासनासंपरित्यागाच्चित्तं गच्छत्यचित्तताम् ॥ २८ ॥

अवासनत्वात् सततं यदा न मनुते मनः ।

अमनस्ता तदोदेति परमोपशमप्रदा ॥ २९ ॥

अव्युत्पन्नमना यावद्भवानज्ञाततत्पदः ।

गुरुशास्त्रप्रमाणैस्तु निर्णीतं तावदाचर ॥ ३० ॥

ततः पक्वकषायेण नूनं विज्ञातवस्तुना ।

शुभोऽप्यसौ त्वया त्याज्यो वासनौघो निराधिना ॥ ३१ ॥

केयं वासनेत्यत आह—**भावे**ति । इदमस्तीदमस्तीति **भावसंवित्प्रकटितां** भावपदार्थगोचरां तत्पदार्थानुरूपां स्वाभिलषितविषये चित्तोत्पत्तिप्रयोजनां **वासनामिति मुनयो विदुः** ॥ २४ ॥ कथं पुनः विषयवासनया चित्तं जायते इत्यत आह—**दृढे**ति । इदं मे स्यादिति दृढाभिमानतो जन्मादिकारणं चित्तं जायते । विषयाभिनिवेश एव चित्तोत्पत्तिहेतुः इत्यर्थः ॥२५॥ किंच चित्तोत्पत्ति-बीजं वासनाप्राणस्पन्दावित्याह—**वासने**ति । विषयेषु **वासनाऽऽवेशतः** । विषयवासनाऽभिनिवेशात् प्राणः स्पन्दते, प्राणस्पन्देन वासनोदेति, वासनया प्राणस्पन्दः क्रियते, प्राणस्पन्देनापि वासना क्रियते, तावेव चित्तबीजस्य चित्तांकुरस्य हेतू भवतः, तयोः वासनाप्राणस्पन्दक्रमो बीजांकु-रवत् दुर्विज्ञेयः इत्यर्थः ॥ २६ ॥ चित्तबीजयोः एकक्षयादपरमपि नश्य-तीत्याह—**द्वे इति** ॥ २७ ॥ तत्र वासनाक्षयोपायमाह—**असङ्गे**ति । स्वातिरिक्त-पदार्थासङ्गरूपं ब्रह्मास्मीति भावनात् स्वातिरिक्तसंसार**भावनवर्जनात्** स्वाज्ञान-

विकल्पितशरीरोपलक्षितस्वाविद्यापदतत्कार्यनाशदर्शित्वाच्च यत्र कुत्रापि वासना नोदेतीत्यर्थः । वासनाऽनुदयात् प्राणोऽपि स्थिरपदं भजति ततश्चित्तं चिन्मात्रपर्यवसन्नं भवतीत्याह—**वासनेति** । चित्तं गच्छत्यचित्ततां ब्रह्मभावमेतीत्यर्थः ॥ २८ ॥ चित्ताभावे मनसः सत्त्वात् तेन संसारानिवृत्तिरित्यत आह—**अवासनत्वादिति** । सदा स्वात्मनो निर्वासनत्वेन यदा मनः स्वातिरिक्तं न मनुते तदा स्वातिरिक्तपरमोपशमप्रदा अमनस्ता तत उदेति सैव अचित्ततेत्यर्थः ॥ २९ ॥ यावदेवं न जानासि तावद्गुरुवाक्यैकशरणो भव । यदैवं जानासि तदा गुरूपसदनादिशुभवासनाऽपि त्वया त्याज्येत्याह—**अव्युत्पन्नेति** । यावत् स्वाज्ञानावृतो भवसि तावत् श्रुत्याचार्योक्तमार्गानुवर्तनं कुरु ॥ ३० ॥ यदि तेन ते सर्वापह्नवसिद्धं ब्रह्म निष्प्रतियोगिकस्वमात्रमिति तन्मात्रज्ञानमुदेति ततः ॥ ३१ ॥

सरूपारूपभेदेन द्विविधश्चित्तनाशः

द्विविधश्चित्तनाशोऽस्ति सरूपोऽरूप एव च ।
[1]जीवन्मुक्तौ सरूपः स्यादरूपो देहमुक्तिगः ॥ ३२ ॥
अस्य नाशमिदानीं त्वं पावने शृणु सादरम् ।
चित्तनाशाभिधानं हि यदा ते विद्यते पुनः ॥ ३३ ॥
मैत्र्यादिभिर्गुणैर्युक्तं शान्तिमेति न संशयः ।
भूयोजन्मविनिर्मुक्तं जीवन्मुक्तस्य तन्मनः ॥ ३४ ॥
सरूपोऽसौ मनोनाशो जीवन्मुक्तस्य विद्यते ।
अरूपस्तु मनोनाशो वैदेहीमुक्तिगो भवेत् ॥ ३५ ॥
सहस्राङ्कुरशाखात्मफलपल्लवशालिनः ।
अस्य संसारवृक्षस्य मनो मूलमिदं स्थितम् ॥ ३६ ॥

संकल्प एव तन्मन्ये संकल्पोपशमेन तत्।

शोषयाशु यथा शोषमेति संसारपादपः ॥ ३७ ॥

जीवन्मुक्तिविदेहमुक्त्यापादकचित्तनाशो द्विधा भिद्यत इत्याह— द्विविध इति। चित्तनाशो द्विधा भिद्यते सरूपविरूपनाशभेदात्। जीवन्मुक्तौ जीवन्मुक्त निर्वर्त्यनिर्विकल्पकसमाधौ पुनरुत्थानार्हतया विलयः सरूपविलयः स्यात्, पुनरनुत्थानार्हतया निर्बीजचित्तविलयो विरूपविलयो विदेहमुक्तिगः स्यादित्यर्थः ॥३२॥ जीवन्मुक्तविदेहमुक्तचित्तविलयं स्पष्टयति - अस्येति। हे पावने अस्य जीवन्मुक्तस्य विदेहमुक्तस्य च चित्तनाशं सादरं इदानीं त्वं शृणु। तत्र जीवन्मुक्तचित्तसरूपनाश उच्यते। जीवन्मुक्तनिर्विकल्पसमाधौ चित्तनाश इत्यभिधानमात्रं, पुनः व्युत्थानदर्शनात्, यदा ते तव जीवन्मुक्तस्य चित्तं विद्यत इति प्रतिभाति ॥ ३३ ॥ बहिर्मुखदशायां दीनादिषु मैत्र्यादिगुणैः युक्तं सत् व्यवहरति, पुनः समाहितदशायां मैत्र्यादिवृत्तिभिः सह शान्तिमेतीत्यत्र न हि संशयोऽस्ति। जीवन्मुक्तसत्वोपाधिक्षयानन्तरं भूयोजन्मनिर्मुक्तं भवति ॥३४॥ यत एवमतो जीवन्मुक्तस्य सरूपनाशो विद्यते, विरूपचित्तनाशो विदेहमुक्तस्येत्यर्थः ॥ ३५ ॥ संसृतिवृक्षमूलं मन एव, मनः सङ्कल्पमात्रं, सङ्कल्पनाशतः संसृतिः नश्यतीत्याह---सहस्रेति ॥ ३६–३७ ॥

मनोनिग्रहोपायः

उपाय एक एवास्ति मनसः स्वस्य निग्रहे।

मनसोऽभ्युदयो नाशो मनोनाशो महोदयः ॥ ३८ ॥

ज्ञमनो नाशमभ्येति मनोऽज्ञस्य हि शृङ्खला ॥ ३९ ॥

तावन्निशीव वेताला वल्गन्ति हृदि वासनाः।

एकतत्त्वदृढाभ्यासाद्यावन्न विजितं मनः ॥ ४० ॥

प्रक्षीणचित्तदर्पस्य निगृहीतेन्द्रियद्विषः ।

पद्मिन्य इव हेमन्ते क्षीयन्ते भोगवासनाः ॥ ४१ ॥

हस्तं हस्तेन संपीड्य दन्तैर्दन्तान् विचूर्ण्य च ।

अङ्गान्यङ्गैः समाक्रम्य जयेदादौ स्वकं मनः ॥ ४२ ॥

उपविश्योपविश्यैकां [1]चिन्तकेन मुहुर्मुहुः ।

न शक्यते मनो जेतुं विना युक्तिमनिन्दिताम् ॥ ४३ ॥

अङ्कुशेन विना मत्तो यथा दुष्टमतङ्गजः ।

अध्यात्मविद्याऽधिगमः साधुसंगतिरेव च ॥ ४४ ॥

वासनासंपरित्यागः प्राणस्पन्दनिरोधनम् ।

एतास्ता युक्तयः पुष्टाः सन्ति चित्तजये किल ॥ ४५ ॥

सतीषु युक्तिष्वेतासु हठान्नियमयन्ति [2]ये ।

चेतसो दीपमुत्सृज्य विचिन्वन्ति तमोऽञ्जनैः ॥ ४६ ॥

विमूढाः कर्तुमुद्युक्ता ये हठाच्चेतसो जयम् ।

ते निबध्नन्ति नागेन्द्रमुन्मत्तं बिसतन्तुभिः ॥ ४७ ॥

संसारवृक्षोच्छेदकोपायः कः इत्यत आह—**उपाय इति** । सङ्कल्पक्षय एक एवोपाय इत्यर्थः । किंच—**मनस इति** । जीवन्मुक्तस्य मनसः सरूपनाशोऽभ्युदयः विदेहमुक्तमनोविरूपनाशो महोदयः । निष्प्रतियोगिकब्रह्ममात्रसुखस्वरूपत्वात् महोदयत्वम् ॥ ३८ ॥ इत्थंभूतज्ञानिमनो नाशमेति, तद्विपरीतस्य मनः सत्त्वं शृङ्खलावत् बन्धहेतुः ॥ ३९ ॥ ब्रह्मातिरिक्तं मनो नास्तीति यावन्न विजितं तावदज्ञस्य मनः संसरतीत्याह—**तावदिति** ॥ ४० ॥ भोगवासनावतो मनोनाशः कुतः इत्यतः आह—**प्रक्षीणेति** । चिदतिरिक्तचित्तं नास्तीति

[1] चिन्तकेन—अ, अ १, अ २, क. [2] ते—अ २.

बोधेन प्रक्षीणचित्तदर्पस्य ॥ ४१ ॥ वासनाक्षयार्थमादौ हठान्मनोनिग्रहं कुर्यादित्याह—हस्तमिति ॥ ४२ ॥ युक्तिं विना मनो जेतुं न शक्यमिति सदृष्टान्तमाह—उपविश्येति ॥ ४३ ॥ चित्तनिग्रहोपायभूता युक्तयः का इत्यत आह—अध्यात्मेति ॥ ४४–४६ ॥ हठाच्चित्तनिग्रहोद्युक्ताः साहसिकाः इत्याह—विमूढा इति ॥ ४७ ॥

चित्तनिग्रहोपायो ध्यानम्

द्वे बीजे चित्तवृक्षस्य वृत्तिव्रततिधारिणः ।
एकं प्राणपरिस्पन्दो द्वितीयं दृढभावना ॥ ४८ ॥
सा हि सर्वगता संवित् प्राणस्पन्देन चाल्यते ।
चित्तैकाग्र्याद्यतो ज्ञानमुक्तं समुपजायते ॥ ४९ ॥
तत्साधनमथो ध्यानं यथावदुपदिश्यते ।
विलाप्य विकृतिं कृत्स्नां संभवव्यत्ययक्रमात् ।
परिशिष्टं च चिन्मात्रं चिदानन्दं विचिन्तय ॥ ५० ॥

चित्तवृक्षबीजे द्वे इत्याह—द्वे इति । तत्र—एकम ॥ ४८ ॥ प्राणस्पन्दास्पन्दतः किं स्यादित्यत आह—सा हीति । प्राणचलनं चित्तचलनहेतुः, प्राणायामतः चित्तचलनशान्तिः भवति, चित्तैकाग्र्यात् ब्रह्मज्ञानं जायते ॥४९॥ चित्तैकाग्र्यसाधनं ध्यानमित्याह—तदिति । किं तदित्यत्र—विलाप्येति । सृष्टिवैपरीत्येन सर्वा विकृतीः विलाप्य यत्तद्विलापनाधिकरणं सच्चिदानन्दमात्रं स्वावशेषधिया विचिन्तय ध्यायस्वेत्यर्थः ॥ ५० ॥

सहजकुंभकाभ्यासात् समाधिसिद्धिः

अपानेऽस्तंगते प्राणो यावन्नाभ्युदितो हृदि ।
तावत् सा कुम्भकावस्था योगिभिर्याऽनुभूयते ॥ ५१ ॥

बहिरस्तंगते प्राणे यावन्नापान उद्गतः ।
तावत्पूर्णां समावस्थां बहिष्ठं कुम्भकं विदुः ॥ ९२ ॥
ब्रह्माकारमनोवृत्तिप्रवाहोऽहंकृतिं विना ।
संप्रज्ञातसमाधिः स्याद्ध्यानाभ्यासप्रकर्षतः ॥ ९३ ॥
प्रशान्तवृत्तिकं चित्तं परमानन्ददायकम् ।
असंप्रज्ञातनामाऽयं समाधिर्योगिनां प्रियः ॥ ९४ ॥
प्रभाशून्यं मनःशून्यं बुद्धिशून्यं चिदात्मकम् ।
अतद्व्यावृत्तिरूपोऽसौ समाधिर्मुनिभावितः ॥ ९५ ॥
ऊर्ध्वपूर्णमधःपूर्णं मध्यपूर्णं शिवात्मकम् ।
साक्षाद्विधिमुखो ह्येष समाधिः पारमार्थिकः ॥ ९६ ॥

उक्तध्यानसाधनत्वेन स्वान्तर्बाह्यसहजकुम्भकमाह—अपान इति । यदा हृदयाकाशे अपानः अस्तं गच्छति प्राणोऽपि नोदेति तदा तद्वीस्थैर्यमेव अन्तः-कुम्भकं विद्धि ॥ ९१ ॥ नासाबहिर्द्वादशांगुलपरिमितबाह्याकाशे यदा प्राणोऽस्तं गच्छति यावदपानो नोदेति तावत्तत्सन्धिं बाह्यकुम्भकं विदुरित्यर्थः ॥९२॥ एवं स्वान्तर्बाह्यकुम्भकावस्थायां ब्रह्माहं अहमेव ब्रह्मेति निर्विशेषं ब्रह्म भावयतः सम्प्रज्ञातसमाधिः उदेतीत्याह—ब्रह्मेति ॥ ९३ ॥ सम्प्रज्ञातसमाधितः असम्प्र-ज्ञातसमाधिः उदेतीत्याह—प्रशान्तेति । असम्प्रज्ञातसमाधिः केवलनिर्विकल्प इत्यर्थः ॥ ९४ ॥ प्रभाऽदिविकल्पे सति निर्विकल्पः कथमुदेतीत्यत्र प्रभाद्य-तद्व्यावृत्तितो निर्विकल्पो भवतीत्याह—प्रभेति । अहङ्कृतिपूर्णविकासरूपेयं जाग्रदवस्था प्रभाशब्देनोच्यते । मनःशब्देन अहंकृत्यर्धविकासरूपेयं स्वप्नावस्था भवति । बुद्धिशब्देन अहंकृतिमुकुळीभावरूपेयं स्वापावस्था स्यात् । जाग्रदाद्य-वस्थात्रयस्यातद्रूपत्वात् तद्ब्रह्मातिरेकेण तदवस्थात्रयं कालत्रयेऽपि शून्यं भवतीति भावनं अतद्व्यावृत्तिः, तस्यातद्व्यावृत्तिपूर्वकत्वात् । अतद्व्यावृत्तिरूपेयं समाधि-

रित्यर्थः ॥ ९५ ॥ पारमार्थिकसमाधिमाह—ऊर्ध्वेति । ऊर्ध्वादिपरिच्छेदासम्भवप्रबोधसिद्धं ब्रह्म निष्प्रतियोगिकपूर्णं सत् स्वमात्रमवशिष्यत इत्यत्र—"पूर्णमेवावशिष्यते" इति श्रुतिसिद्धो विधिमुख इत्युच्यते । सोऽयं समाधिः पारमार्थिकः निर्विशेषब्रह्ममात्रपर्यवसन्नत्वात् ॥ ९६ ॥

वासनासामान्यं स्वरूपावरणम्

दृढभावनया त्यक्तपूर्वापरविचारणम् ।
यदादानं पदार्थस्य वासना सा प्रकीर्तिता ॥ ९७ ॥
भावितं तीव्रसंवेगादात्मना यत्तदेव सः ।
भवत्याशु कपिश्रेष्ठ विगतेतरवासनः ॥ ९८ ॥
तादृग्रूपो हि पुरुषो वासनाविवशीकृतः ।
संपश्यति यदैवैतत् सद्वस्त्विवति विमुह्यति ॥ ९९ ॥
वासनावेगवैचित्र्यात् स्वरूपं [1]न जहाति तत् ।
भ्रान्तं पश्यति [2]दुर्दृष्टिः सर्वं मदवशादिव ॥ ६० ॥

इत्थंभूतस्वरूपावरणं किं इत्याशङ्क्य वासनासामान्यमित्याह—दृढेति । इदं स्वातिरिक्तमस्तीति दृढभावनया सन्त्यक्ततत्पूर्वापरविचारणं स्वातिरिक्तसामान्यस्य स्वाज्ञानकालमारभ्य स्वज्ञानावधिकत्वात् तत्पूर्वं तदपरं च निष्प्रतियोगिकब्रह्ममात्रमित्यज्ञानपुरस्सरं स्वातिरिक्तपदार्थस्य यदादानं तदेव वासनेति फण्यते । स्वातिरिक्तगोचरवासनैव स्वमात्रावरणमित्यर्थः । स्वमात्रवत् तदावरणमपि सत्यमिति चेन्न; आदिमध्यान्तालब्धात्मकत्वात्, "यन्नादौ यन्न नास्त्यन्ते तन्मध्ये भातमप्यसत्" इति स्मृतेः ॥ ९७ ॥ स्वमात्रावरणस्य स्वाज्ञानविजृम्भितत्वेन स्वज्ञाननाश्यत्वमाह—भावितमिति । स्वातिरिक्तापह्नव-

[1] यज्जहा—उ, उ १. [2] तद्दृष्टिः—उ.

सिद्धं ब्रह्म निष्प्रतियोगिकस्वमात्रमिति तीव्रतरसंवेगसहकृतज्ञानेन स्वात्मना यत् भावितं हे कपिश्रेष्ठ विगतेतरवासनोऽयं स विद्वान् तदेव भवति, स्वज्ञानेन स्वावरणे नष्टे स्वयं स्वयमेव भवतीत्यर्थः ॥ ५८ ॥ तादृशोऽपि स्वाज्ञानमहिम्ना तद्वशमेत्य स्वात्मानं विपरीतं पश्यतीत्याह—तादृगिति ॥ ५९ ॥ तत्र स्वातिरिक्तवासनैव हेतुरित्याह—वासनेति ॥ ६० ॥

शुद्धमलिनवासनयोः मोक्षबन्धहेतुत्वम्

वासना द्विविधा प्रोक्ता शुद्धा च मलिना तथा ।
मलिना जन्महेतुः स्याच्छुद्धा जन्मविनाशिनी ॥ ६१ ॥
अज्ञानसुघनाकारा घनाहंकारशालिनी ।
पुनर्जन्मकरी प्रोक्ता मलिना वासना बुधैः ॥ ६२ ॥
पुनर्जन्माङ्कुरं त्यक्त्वा स्थितिः संभृष्टबीजवत् ।
बहुशास्त्रकथाकन्थारोमन्थेन वृथैव किम् ।
अन्वेष्टव्यं प्रयत्नेन मारुते ज्योतिरान्तरम् ॥ ६३ ॥
दर्शनादर्शने हित्वा स्वयं केवलरूपतः ।
य आस्ते कपिशार्दूल ब्रह्म स ब्रह्मवित् स्वयम् ॥ ६४ ॥
अधीत्य चतुरो वेदान् सर्वशास्त्राण्यनेकशः ।
ब्रह्मतत्त्वं न जानाति दर्वी पाकरसं यथा ॥ ६५ ॥
स्वदेहाशुचिगन्धेन न विरज्येत यः पुमान् ।
विरागकारणं तस्य किमन्यदुपदिश्यते ॥ ६६ ॥
अत्यन्तमलिनो देहो देही चात्यन्तनिर्मलः ।
उभयोरन्तरं ज्ञात्वा कस्य शौचं विधीयते ॥ ६७ ॥

बद्धो हि वासनाबद्धो मोक्षः स्याद्वासनाक्षयः ।
वासनास्त्वं परित्यज्य मोक्षार्थित्वमपि त्यज ॥ ६८ ॥
मानसीर्वासनाः पूर्वं त्यक्त्वा विषयवासनाः ।
मैत्र्यादिवासनानाम्नीर्गृहाणामलवासनाः ॥ ६९ ॥
ता अप्यतः परित्यज्य ताभिर्व्यवहरन्नपि ।
[1]अन्तःशान्तसमस्तेहो भव चिन्मात्रवासनः ॥ ७० ॥
तामप्यथ परित्यज्य मनोबुद्धिसमन्विताम् ।
शेषस्थिरसमाधानो मयि त्वं भव मारुत ॥ ७१ ॥

मलिनशुद्धवासने बन्धमोक्षहेतू स्यातां इत्याह—वासनेति ॥ ६१ ॥ तत्र मलिनवासनास्वरूपमाह—अज्ञानेति ॥ ६२ ॥ शुद्धवासनासंस्कृतेन विदुषा स्वायुर्ग्रासनानाशास्त्रजालेन साकं पुनर्जन्मांकुरमलिनवासनात्यागसिद्धं ब्रह्मैव अन्वेष्टव्यमित्याह—पुनरिति ॥ ६३ ॥ किमित्यन्वेष्टव्यमित्यत आह—दर्शनेति । कं निर्विशेषब्रह्मसुखं पिबन्ति साक्षादनुभवन्तीति कपयः कवयः ब्रह्मविद्वरीयांसः तेषामपि यतो वरिष्ठोऽसि अतो हे कपिशार्दूल ब्रह्मविद्वरिष्ठ स्वातिरिक्ततया स्वाज्ञदृष्टिप्रसक्ताविद्यापदतत्कार्यजातारोपो दर्शनशब्देनोच्यते । अदर्शनशब्देन तत्सर्वापवाद उच्यते । एवं दर्शनं चादर्शनं चेति दर्शनादर्शने स्वातिरिक्ताध्यारोपापवादकलने हित्वा शशविषाणवत् अपह्नवं कृत्वा अथ स्वयं केवलरूपतो निष्प्रतियोगिकब्रह्ममात्रभावरूपतो य आस्ते सोऽयं विद्वान् ब्रह्मभूतो मुनिः न ब्रह्मवित् भवितुमर्हति, किन्तु यत् स्वातिरिक्तसामान्यापह्नवसिद्धं ब्रह्म निष्प्रतियोगिकस्वमात्रमिति ज्ञातं तत् ब्रह्ममात्रतया अवशिष्यत इत्यत्र—"स यो ह वै तत्परमं ब्रह्म वेद ब्रह्मैव भवति" इति, "य एवं निर्बीजं वेद निर्बीज एव स भवति" इत्यादि निर्विशेषब्रह्ममात्रज्ञानसमकालं तद्भावापत्तिश्रुतेः । विद्वान्

[1] अन्तःशान्तः समस्नेहो—मु.

निर्विशेषब्रह्मज्ञानसमकालं निष्प्रतियोगिकब्रह्ममात्रं अवशिष्यत इति भावः । अत्रैतच्चिन्त्यं—स्वाज्ञानकालमारभ्य स्वज्ञानफलविदेहकैवल्यावधि प्रवृत्तस्वाविद्या-पदतत्कार्यविजृम्भितबन्धमोक्षादिव्यवस्थाजातस्य ब्रह्मातिरिक्तत्वेन अपह्नोतव्यत्वे तत्प्रतिपादकश्रुतिस्मृतीनां वैयर्थ्यतः तन्निबन्धनवर्णाश्रमाचारव्यवस्थावैरळ्यात् जगदान्ध्यप्रसङ्गस्स्यादिति चेन्न ; ब्रह्मणो निष्प्रतियोगिकाद्वितीयत्वात् । तत्रापि पूर्वोक्तदोषापत्तेः तन्निवृत्तये त्वया स्वातिरिक्तसद्वितीयं ब्रह्म अङ्गीकार्यमिति चेन्न, ब्रह्मणः स्वातिरिक्तापह्नवसिद्धनिष्प्रतियोगिकसन्मात्रप्रकृतिकत्वात् तत् कथं स्वप्रकृतिमुत्सृज्य अन्यथा भवितुमर्हति कदाऽपि स्वातिरिक्तसद्वितीयतया

अजातं जायते यस्मादजातिः प्रकृतिस्ततः ।
प्रकृतेरन्यथाभावो न कथंचित् भविष्यति ॥

इति सर्वज्ञगौडपादाचार्योक्तेः । निष्प्रतियोगिकब्रह्ममात्रावस्थायां स्वातिरिक्तस्या-प्रसक्तत्वेन न तयोः ब्रह्मातिरिक्तयोः आधाराधेयता भासकभास्यता वा सेद्धुं पारयति । तथाऽपि जगदान्ध्यनिवृत्तये यत्किञ्चित् स्वातिरिक्तमङ्गीकर्तव्यमिति यदि त्वं स्वातिरिक्तग्रहाविष्टोऽसि तदा स्वाज्ञानतारतम्यप्रभवसोपानायमानासह्लौ-किकाद्यष्टदृष्टिषु स्वातिरिक्तस्य पारमार्थिकव्यावहारिकप्रातिभासिकरूपेणैव भासमान-त्वात् तावत्ते बन्धमोक्षादिसर्वव्यवस्थाव्यवहारसिद्धिः । यदि ते तद्रोचते तत्रैव व्यवहरन् तिष्ठ । यदि तदपहाय निष्प्रतियोगिकब्रह्मभावापत्तिमीहसे तदा तस्या-व्यवहार्यत्वात् कथं निष्प्रतियोगिकतया व्यवहार्यमद्वैतं व्यवहारीकर्तुमिच्छसि । अद्वैतं व्यवहार्यमिति वदन् विरुद्धधर्माभिधायी स्याः । निष्प्रतियोगिकाद्वैत-दशायामपि व्यवहारः स्यादिति चेन्न ; निर्विशेषब्रह्ममात्रगोचराद्वैतशास्त्रजन्य-समकालमेव स्वाज्ञबृन्दकल्पिताविद्यापदतत्कार्यव्यष्टिसमष्ट्यात्मकजाप्रज्जाग्रदाद्य-विकल्पानुज्ञैकरसान्तचतुष्पञ्चदशाकलनातत्प्रभवबन्धमोक्षादिकलनातत्प्रमाणश्रुति-स्मृतितज्जवर्णाश्रमाचारव्यवस्थानां प्रळयं गतत्वात् । न हि पुनः स्वातिरिक्त-गन्धावकाशोऽस्ति । किं तत्स्वातिरिक्तं पारमार्थिकसत्यं, उत व्यावहारिकं, आहोस्वित् प्रातिभासिकम् । नाद्यः, स्वाज्ञविकल्पितस्वेतरपारमार्थिकसत्यतायाः सुषुप्तिमूर्च्छामरणादौ वेदान्तशास्त्रज्ञानिदृष्ट्या वा प्रळयं गतत्वान्न स्वातिरिक्तस्य

पारमार्थिकसत्यत्वम् । न द्वितीयः, वेदान्तशास्त्रज्ञदृग्विभातव्यावहारिकसत्यताया विज्ञानिदृष्टिपरिसमाप्तत्वात् न हि व्यावहारिकसत्यत्वम् । न तृतीयः, विज्ञानिदृग्विभातप्रातिभासिकसत्यताया अपि सम्यज्ज्ञानसमकालमभातत्वात् न हि प्रातिभासिकसत्यत्वम् । वस्तुतस्तु अज्ञविज्ञसम्यज्ज्ञदृग्विलसितपारमार्थिकव्यावहारिकप्रातिभासिकसत्त्वाऽसत्त्वविभ्रमाऽसम्भवसिद्धतत्त्वज्ञदृष्ट्या सर्वापह्नवसिद्धं ब्रह्म निष्प्रतियोगिकस्वमात्रमित्यत्र न हि विवादोऽस्तीत्यर्थः । तथा च श्रुतयः स्मृतयश्च—"पश्यतेहापि सन्मात्रमसदन्यत्," "मद्व्यतिरिक्तमणुमात्रं न विद्यते,"

चिन्मात्रमेव चिन्मात्रमखण्डैकरसं रसम् ।
सर्ववर्जितचिन्मात्रं ब्रह्ममात्रमसन्नहि ॥ इति,
सच्चिदानन्दमात्रोऽहमनुत्पन्नमिदं जगत् ॥
सिद्धान्तोऽध्यात्मशास्त्राणां सर्वापह्नव एव हि ॥
नाविद्याऽस्तीह नो माया शान्तं ब्रह्मेदमक्लमम् ॥ इति,
मत्तः परतरं नान्यत् किञ्चिदस्ति धनञ्जय ॥ इत्यादि ॥ ६४ ॥

सर्ववेदशास्त्रसम्पन्नोऽपि एवं स्वातिरिक्तसर्वापह्नवसिद्धं ब्रह्म निष्प्रतियोगिकस्वमात्रमिति न जानाति चेत् तज्जन्म व्यर्थमित्याह—अधीत्येति । स्वातिरिक्तविषयवैराग्याभावादयं ब्रह्मतत्त्वं न जानातीत्यर्थः ॥ ६५ ॥ तथाविधस्य वैराग्योपदेशः कर्तव्य इत्यत आह—स्वेति ॥ ६६ ॥ ब्रह्ममात्रपदमारूढेनापि स्वाश्रमोक्तानुष्ठानं कर्तव्यमेवेत्याशङ्क्य—तस्य ब्रह्ममात्रदृष्टित्वात् न तेन किञ्चिदनुष्ठेयमननुष्ठेयं वा विद्यते तस्य स्वातिरिक्तयोः याथात्म्यज्ञत्वात् । यद्ययं लोकवदाचरति तल्लोकोन्मार्गनिवृत्तये भवति । यदि स्वातिरिक्तैयत्ताज्ञानतः तूष्णीमास्ते तदा त्वयेदं कर्तव्यमिति को वा विधातुमर्हति इत्याह—अत्यन्तेति ॥ ६७ ॥ स्वाज्ञलोकोऽयं वासनया बध्यते तत्क्षयतो मुच्यते । यत एवं अतस्त्वं वासनाजालं निःशेषं त्यक्त्वा मद्भावमाप्नुहीत्याह—बद्धो हीति । सर्ववासनाऽसम्भवप्रबोधसिद्धे मयि विश्रान्तभावो भवेत्यर्थः ॥ ६८–७१ ॥

सर्ववासनात्यागपूर्वकं परमात्मभजनम्

अशब्दमस्पर्शमरूपमव्ययं तथाऽरसं नित्यमगन्धवच्च यत् ।
अनामगोत्रं मम रूपमीदृशं भजस्व नित्यं पवनात्मजार्तिहम् ॥
दृशिस्वरूपं गगनोपमं परं सकृद्विभातं त्वजमेकमक्षरम् ।
अलेपकं सर्वगतं यदद्वयं तदेव चाहं सकलं विमुक्तॐ ॥ ७३ ॥
दृशिस्तु शुद्धोऽहमविक्रियात्मको न मेऽस्ति कश्चिद्विषयः
स्वभावतः ।
पुरस्तिरश्चोर्ध्वमधश्च सर्वतः सुपूर्णभूमाऽहमितीह भावय ॥ ७४ ॥
अजोऽमरश्चैव तथाऽजरोऽमृतः स्वयंप्रभः सर्वगतोऽहमव्ययः ।
न कारणं कार्यमतीत्य निर्मलः सदैव तृप्तोऽहमितीह भावय ॥ ७५ ॥
जीवन्मुक्तपदं त्यक्त्वा स्वदेहे कालसात्कृते ।
विशत्यदेहमुक्तत्वं पवनोऽस्पन्दतामिव ॥ ७६ ॥

तदेतदृचाभ्युक्तम्—

तद्विष्णोः परमं पदं सदा पश्यन्ति सूरयः । दिवीव
चक्षुराततम् ॥ तद्विप्रासो विप[म]न्यवो . जागृवांसः समिन्धते ।
विष्णोर्यत्परमं पदम् ॥ ७७ ॥
ॐसत्यमित्युपनिषत् ॥

"त्वद्रूपं ज्ञातुमिच्छामि तत्त्वतः" इति यत् त्वया प्रार्थितं तदिदानीं भजस्वेत्याह—अशब्दमिति । यदाकाशादिभूतभौतिकशब्दाद्यपह्नवसिद्धं तथा व्याविद्धनामरूपकुलगोत्रं मद्भावं भजस्वेत्यर्थः ॥ ७२ ॥ त्वद्रूपं कीदृशं इत्यत आह—दृशीति । निर्विशेषं ब्रह्म स्वाज्ञविकल्पितदृश्यग्रामसत्वे दृशिस्वरूपं,

गगनोपमं भूमरूपत्वात्, **परं** स्वातिरिक्तात्, **सकृद्विभातं** निरावृततया सदा विभातं, स्वतः परतो वा न जायत इत्यजं, निष्प्रतियोगिकैकं, केनापि न क्षरतीत्यक्षरं, निर्लेपत्वादलेपकं, स्वातिरिक्तसर्वसत्त्वे **सर्वगतं**, यदेवमद्वयतया अवशिष्टं **तदेव चाहम्**। अहं कीदृशः इत्यत्र **सकलं विमुक्तः** स्वातिरिक्तसकल-विमुक्तः, अतोऽहं **ओं** ओङ्कारार्थतुर्यतुर्यत्वात् ॥ ७३ ॥ त्वमप्येवं भावयेत्याह—**दृशिस्त्विति**। पूर्वाग्नेयादिदिक्षु विदिक्षु ऊर्ध्वमधश्च सर्वत्र परिपूर्णभूमब्रह्मास्मीति भावय ॥ ७४ ॥ किञ्च—**अज इति**। एवं भावनाविशिष्टो जीवन्मुक्तो भवतीत्यर्थः ॥ ७५ ॥ यः कोऽप्येवं त्वमिव मद्भावारूढश्चेत् सोऽपि जीवन्मुक्त-भावं विहाय विदेहमुक्तो भवतीत्याह—**जीवन्मुक्तेति**। स्वदेहोपलक्षितस्वातिरिक्त-प्रपञ्चे **ब्रह्ममात्रबोधेन कालसात्कृते** अपह्नवभावं गते सति अथ यथा **पवनो-स्पन्दतो** गगनस्वरूपं विशति तथा स्वदेहाद्यभिमत्या साकं जीवन्मुक्ततामपि हित्वा विकळेबरकैवल्यं विशति, विदेहमुक्तो भवतीत्यर्थः ॥ ७६ ॥ उक्तार्थानुवादको मन्त्रो भवतीत्याह—**तदिति**। यत् निष्प्रतियोगिकनिर्विशेषतया अवशिष्यते **तत्** तादृशं ब्रह्म स्वाज्ञदृष्टिविकल्पितस्वाविद्यापदतत्कार्यसम्प्रसक्तौ तदारोपापवादाधारतया भातस्य **विष्णोः** व्यापकस्य स्वाधिष्ठेयसापेक्षाधिष्ठानता-ऽसम्भवप्रबोधसिद्धत्वेन निरधिष्ठानतया सर्वोत्तमत्वात् **परमं** सूरिभिः स्वमात्रतया पद्यत इति **पदं**, तत् विष्णोः परमं पदं "राहोः शिरः" इतिवत् विष्णुस्वरूपं **सूरयो** ब्रह्मविद्वरीयांसः स्वावशेषधिया **पश्यन्ति**। पश्यन्तीति व्यपदेशतो विष्णुपदस्य दृश्यत्वेन परिच्छिन्नता स्यादित्यत आह—**दिवीति**। **दिवि** द्योतनात्मके ब्रह्मणीव **चक्षुर्दर्शनं** तद्गोचरज्ञानमाततमपरिच्छिन्नम्। सूरयो विष्णुपदं स्वभेदेन पश्यन्ति चेत् तत्परिच्छेदतामर्हति। नहि तथा ते पश्यन्ति। किं तु स्वमात्रमिति पश्यन्ति। सूरयः किंविशेषणविशिष्टा इत्यत्र **तद्विप्रासः** विप्राः ब्रह्मविद्वरिष्ठाः **विमन्यवो** विगतस्वकामापूरणसञ्जातमन्यवः स्वातिरिक्त-कामानां स्वमात्रतया लब्धत्वात्, अत एव ते **जागृवांसः** स्वाज्ञाननिद्रावैरळ्यात् नित्यं जागरूकाः। विष्णोः यत् परमं पदं स्वमात्रतया पश्यन्ति तद्दर्शनसमकाल-मेव ते तन्मात्रावशेषतया तद्विष्णुपदं **समिन्धते** तन्मात्रमवशिष्यते इत्यर्थः ॥७७॥

यद्विष्णुपदमिति ख्यातं तदेव ओमित्योङ्कारार्थतुरीयतुरीयम्। तदतिरिक्तजाग्रज्जाग्रदादिचतुष्पञ्चदशभेदजातमनित्यं, यदपह्नवसिद्धं यत् तुर्यतुरीयं तदेव सत्यं निष्प्रतियोगिकसन्मात्रत्वात्, "पश्यतेहापि सन्मात्रमसदन्यत्" इति श्रुतेः। इतिशब्दो द्वितीयाध्यायपरिसमाप्त्यर्थः। उपनिषच्छब्दस्तु मुक्तिकोपनिषत्समाप्त्यर्थः॥

इति द्वितीयोऽध्यायः

श्रीवासुदेवेन्द्रशिष्योपनिषद्ब्रह्मयोगिना।
मुक्तिकोपनिषद्व्याख्या लिखिता ब्रह्ममात्रगा॥
ईशाद्यष्टोत्तरशतवेदान्तविवृतेरिह।
वक्ता निरावृतज्ञानरामचन्द्रोऽखिलेश्वरः॥
पित्रा मे शिवकामीशेनेशाद्यष्टोत्तरं शतम्।
व्याकुर्व इति यत् पूर्वं प्रतिज्ञातं तथा कृतम्॥
लेखिनीदण्डरूपोऽहं लेखकोऽपि स एव हि।
कृष्णसूरिरुपद्रष्टा स्वांशजोऽस्य प्रवर्तकः॥
रामानन्देश्वरहरिकृष्णदासा हि चोदकाः।
भक्तेषु तेषु कृपया श्रीरामेणाखिलं कृतम्॥
येषु श्रीरामचन्द्रीयकटाक्षः प्रसरेदिह।
श्रीरामफणितेऽध्यात्मशास्त्रे तेषां मतिर्भवेत्॥
ये देशिकमुखात् कृत्स्नं कुर्वन्ति श्रवणं बुधाः।
तेषां करस्थं कैवल्यं रामचन्द्रानुशासनात्॥
मुक्तिकोपनिषद्व्याख्याग्रन्थजातं शतत्रयम्।
प्रजोत्पत्त्यब्दचापैकादशाद्यस्रे शुभे दिने॥
भौमाश्विन्यामिदं शास्त्रं सम्पूर्णपदवीं गतम्।
य एतच्छास्त्रमखिलं शृण्वन्ति गुरुवक्त्रतः॥
तानैहिकामुष्मिकश्रीः न विमुञ्चति विष्णुना।
ईशाद्यष्टोत्तरशतवेदान्तविवृतेस्ततिः॥
स्वात्मारामप्रणीतेन मयेयं लिखिता स्फुटम्॥

इति श्रीमदीशाद्यष्टोत्तरशतोपनिषच्छास्त्रविवरणे अष्टोत्तरशतसङ्ख्यापूरकं मुक्तिकोपनिषद्विवरणं सम्पूर्णम्

मुद्गलोपनिषत्

वाङ्मे मनसि—इति शान्तिः

प्रथमः खण्डः

पुरुषसूक्तार्थसंग्रहः

पुरुषसूक्तार्थनिर्णयं व्याख्यास्यामः। पुरुषसंहितायां पुरुषसूक्तार्थः संग्रहेण प्रोच्यते।

सहस्रशीर्षा इत्यत्र सशब्दो[हस्रो]ऽनन्तवाचकः।
अनन्तयोजनं प्राह दशाङ्गुलवचस्तथा ॥ १ ॥
तस्य प्रथमया विष्णोर्देशतो व्याप्तिरीरिता।
द्वितीयया चास्य विष्णोः कालतो व्याप्तिरुच्यते ॥ २ ॥
विष्णोर्मोक्षप्रदत्वं च कथितं तु तृतीयया।
एतावानिति मन्त्रेण वैभवं कथितं हरेः ॥ ३ ॥
एतेनैव च मन्त्रेण चतुर्व्यूहो विभाषितः।
त्रिपादित्यनया प्रोक्तमनिरुद्धस्य वैभवम् ॥ ४ ॥

तस्माद्विराडित्यनया पादनारायणाद्धरेः ।
प्रकृतेः पुरुषस्यापि समुत्पत्तिः प्रदर्शिता ॥ ५ ॥
यत्पुरुषेणेत्यनया सृष्टियज्ञः समीरितः ।
सप्तास्यासन्परिधयः समिधश्च समीरिताः ॥ ६ ॥
तं यज्ञमिति मन्त्रेण सृष्टियज्ञः समीरितः ।
अनेनैव च मन्त्रेण मोक्षश्च समुदीरितः ॥ ७ ॥
तस्मादिति च मन्त्रेण जगत्सृष्टिः समीरिता ।
वेदाहमिति मन्त्राभ्यां वैभवं कथितं हरेः ॥ ८ ॥
यज्ञेनेत्युपसंहारः सृष्टेर्मोक्षस्य चेरितः ।
य एवमेतज्जानाति स हि मुक्तो भवेदिति ॥ ९ ॥

श्रीमत्पुरुषसूक्तार्थं पूर्णानन्दकलेवरम् ।
पुरुषोत्तमविख्यातं पूर्णं ब्रह्म भवाम्यहम् ॥

इह खलु ऋग्वेदप्रविभक्तेयं मुद्गलोपनिषत् पुरुषसूक्तार्थप्रकटनपूर्वकं तदर्थमहापुरुषपर्यवसन्ना विजयते । अस्याः सङ्क्षेपतो विवरणमारभ्यते । परमपुरुषार्थदृष्टीनधिकारिण उपलभ्य श्रुतयः पुरुषसूक्तार्थं प्रकाशयन्तीत्याह—**पुरुषेति** । आदौ प्रथमखण्डेन पुरुषसूक्तगतमन्त्राणां विनियोग उच्यते—**पुरुषसूक्तेति** । कुत्रैष प्रतिपादित इत्यत आह—**पुरुषसंहितायामिति** । "सहस्रशीर्षा पुरुषः । सहस्राक्षः सहस्रपात् । स भूमिं विश्वतो वृत्वा । अत्यतिष्ठद्दशाङ्गुलम् ।" इत्याद्यऋचा विष्णोरनन्तत्वं अभिधीयते । यस्यान्तः परिच्छेदो न विद्यते सोऽनन्त इत्यर्थः ॥ १ ॥ प्रथमया कस्मादस्यानन्त्यमित्यत आह—**तस्येति** । "पुरुष एवेदꣳ सर्वम् । यद्भूतं यच्च भव्यम् । उतामृतत्वस्येशानः । यदन्नेनातिरोहति ।" इति द्वितीयया ॥ २ ॥ "एतावानस्य महिमा । अतो ज्यायाꣳश्च

पूरुषः। पादोऽस्य विश्वा भूतानि। त्रिपादस्यामृतं दिवि।" इति विष्णोर्मोक्षप्रदत्वं च कथितम् ॥ ३ ॥ "त्रिपादूर्ध्व उदैत्पुरुषः। पादोऽस्येहाभवात् पुनः। ततो विष्वङ् व्यक्रामत्। साशनानशने अभि।" इति त्रिपादित्यनया प्रोक्तम् ॥ ४ ॥ "तस्माद्विराडजायत। विराजो अधि पूरुषः। स जातो अत्यरिच्यत। पश्चाद्भूमिमथो पुरः।" इति तस्माद्विराडित्यनया ॥ ५ ॥ "यत्पुरुषेण हविषा। देवा यज्ञमतन्वत। वसन्तो अस्यासीदाज्यम्। ग्रीष्म इध्मः शरद्धविः।" इति यत्पुरुषेणेत्यनया। "सप्तास्यासन् परिधयः। त्रिः सप्त समिधः कृताः। देवा यद्यज्ञं तन्वानाः। अबध्नन् पुरुषं पशुम्।" इति सप्तास्यासन् परिधयः ॥ ६ ॥ यज्ञद्रव्यसृष्टिः—"तं यज्ञं बर्हिषि प्रौक्षन्। पुरुषं जातमग्रतः। तेन देवा अयजन्त। साध्या ऋषयश्च ये।" इति तं यज्ञमिति मन्त्रेण ॥ ७ ॥ "तस्माद्यज्ञात् सर्वहुतः" इत्यादिमन्त्रषट्केन तस्मादिति च मन्त्रेण ॥ ८ ॥ यज्ञेनेति मन्त्रेण स्वातिरिक्तसृष्ट्यादिसर्वप्रपञ्चोपसंहारः अपवादः तदपवादाधारस्य मोक्षस्य आधेयनिरूपिताधारताऽपाये मोक्षरूपेण परमात्मा अवशिष्यत इतीरितः। चशब्दो निष्प्रतियोगिकप्रदर्शनार्थः। एवं जानतः फलमाह—य एवमिति। निर्विशेषज्ञानतो निर्विशेषं ब्रह्मैव भवतीत्यर्थः, ब्रह्म वेद ब्रह्मैव भवति" इति श्रुतेः ॥ ९ ॥

इति प्रथमः खण्डः

द्वितीयः खण्डः

परमरहस्योपदेशः

अथ तथा मुद्गलोपनिषदि पुरुषसूक्तस्य वैभवं विस्तरेण प्रतिपादितं वासुदेव इन्द्राय भगवज्ज्ञानमुपदिश्य पुनरपि सूक्ष्मश्रवणाय

प्रणतायेन्द्राय परमरहस्यभूतं पुरुषसूक्ताभ्यां खण्डद्वयाभ्यामुपादिशत् ॥ १ ॥

पूर्वखण्डोक्तार्थमेव विस्तरेण प्रतिपादयितुं उत्तरखण्ड आरभ्यते—अथेति । प्रतिपादितं यत् तदेवार्थं परमात्मा वासुदेव इन्द्राय भगवद्याथात्म्यज्ञानमुपदिश्य ॥ १ ॥

महापुरुषस्य रूपस्वीकरणम्

द्वौ खण्डा[1]वुच्येते । योऽयमुक्तः स पुरुषो नामरूपज्ञानागोचरं संसारिणामतिदुर्ज्ञेयं विषयं विहाय क्लेशादिभिः संक्लिष्टदेवादिसंजिहीर्षया सहस्रकलावयवकल्याणं दृष्टमात्रेण मोक्षदं वेषमाददे । तेन वेषेण भूम्यादिलोकं व्याप्यानन्तयोजनमत्यतिष्ठत् ॥ २ ॥ पुरुषो नारायणो भूतं भव्यं भविष्यच्चासीत् । स एष सर्वेषां मोक्षदश्चासीत् । स च सर्वस्मान्महिम्नो ज्यायान् । तस्मान्न कोऽपि ज्यायान् ॥ ३ ॥

पूर्वोत्तरभेदेन द्वौ खण्डावुच्येते । तत्प्रतिपाद्यतया योऽयमुक्तः स पुरुषः नामरूपज्ञानागोचरं निर्विशेषब्रह्ममात्रभावं संसारिणां अतिदुर्ज्ञेयं विषयं विहाय तद्दृष्ट्यावरणं कृत्वा "क्लेशोऽधिकतरस्तेषामव्यक्तासक्तचेतसाम्" इति स्मृत्यनुरोधेन निर्विशेषब्रह्मावगमक्लेशादिभिः सङ्क्लिष्टदेवादिसञ्जिहीर्षया देवादयो मयोद्धर्तव्या इति मनीषया । मोक्षदं ऐश्वरं वेषमाददे । अत्यतिष्ठत् अन्तर्याम्यात्मना अनन्तकोटिब्रह्माण्डगर्भितस्वाविद्यापदं व्याप्तवानित्यर्थः ॥ २ ॥ कालत्रयात्मना स्वयमेव स्थितवानित्याह—पुरुष इति । देशिकरूपेण स एष सर्वेषां मोक्षदश्चासीत् । स एव ज्यायसो विराडादेरपि ज्यायानित्याह—स च सर्वस्मादिति ॥ ३ ॥

[1] वयोरुच्ये—अ.

महापुरुषस्य चतुर्धा भवनम्

महापुरुष आत्मानं चतुर्धा कृत्वा त्रिपादेन परमे व्योम्नि [1]हासीते । इतरेण चतुर्थेनानिरुद्धनारायणेन विश्वान्यासन् ॥ ४ ॥

सोऽयं विराडादिभेदेन आत्मानं चतुर्धा कृत्वा त्रिपाद्रूपेण स्वभावे वर्तत इत्याह—महापुरुष इति । प्रपञ्चकलनाऽऽरोपापवादाधिकरणरूपं विश्वविराडोत्रादिभेदेन त्रिचतुर्धा विधाय इत्थंभूतकलनाऽसम्भवप्रबोधसिद्धनिर्विभागत्रिपादेन महापुरुषः परमात्मा स्वाज्ञादिदृष्टिमोहे सत्यसति परमे व्योम्नि स्वे महिम्नि हासीते आस्ते इत्यर्थः । अयं प्रपञ्चः केनोत्पन्न इत्यत आह—इतरेणेति । स्वाज्ञदृष्ट्येतरेण चतुर्थेन विश्वविराडोत्रादिभेदेन त्रिचतुर्धा भिन्नेन वस्तुतस्तत्र अनिरुद्धनारायणेन निरावृताजडक्रियाज्ञानेच्छाशक्तिमता स्वातिरेकेण नास्तीति विश्वसनीयविश्वान्यासन् बभूवुरित्यर्थः ॥ ४ ॥

चतुर्मुखब्रह्मणे सृष्टियज्ञोपदेशः

स च पादनारायणो जगत्स्रष्टुं प्रकृतिमजनयत् । स समृद्धकायः सन् सृष्टिकर्म न जज्ञिवान् । सोऽनिरुद्धनारायणस्तस्मै सृष्टिमुपादिशत् । ब्रह्मंस्तवेन्द्रियाणि याजकानि ध्यात्वा कोशभूतं दृढग्रन्थि कलेवरं हविर्ध्यात्वा मां हविर्भुजं ध्यात्वा वसन्तकालमाज्यं ध्यात्वा ग्रीष्ममिध्मं ध्यात्वा शरदृतुं रसं ध्यात्वैवमग्नौ हुत्वाऽङ्गस्पर्शात् कलेवरो वज्रं हीष्यते । ततः स्वकार्यान् सर्वप्राणिजीवान् पश्वाद्याः प्रादुर्भविष्यन्ति । ततः स्थावरजङ्गमात्मकं जगद्भविष्यति ॥ ५ ॥ एतेन जीवात्मनोर्योगेन मोक्षप्रकारश्च कथित इत्यनु-

[1] भासते—अ.

संधेयम् ॥ ६ ॥ य इमं सृष्टियज्ञं जानाति मोक्षप्रकारं च सर्वमायुरेति ॥ ७ ॥

जगत्सृष्टिनिर्वाहकतया किमादौ सृष्टवानित्यत आह—**स चेति । प्रकृति**-शब्देन चतुर्मुखब्रह्मोच्यते, उत्तरत्र चतुर्मुखविशेषणसत्त्वात् । एवं पादनारायणसृष्ट-श्चतुर्मुखः स्वावृत्यावृतः सन् प्रकृतिसृष्टिकर्म न ज्ञातवानित्याह—स्वावृत्या **स समृद्धकायः सन् सृष्टिकर्म न जज्ञिवान्** । स्वहेतुः भगवान् सृष्ट्यावरणभे-दिनीं विद्यामुपादिशदित्याह—**स इति** । केयं सृष्टिविद्येत्यत्र तत्प्रकारमाह—**ब्रह्मन्निति । ब्रह्मन् तवेन्द्रियाणि याजकानि** ऋत्विग्रूपाणि **ध्यात्वा पद्मकोश भूतम्** । **मां** अनिरुद्धनारायणम् । **ग्रीष्मं इध्मं** अग्न्याश्रयं समिद्वारं **ध्यात्वा, शरदृतुं रसं** षड्रसं **ध्यात्वा,** "षड्रसैः हुत्वा परमानन्दरसनिर्भरो भवति" इति श्रुतेः । **एवमग्नौ हुत्वा** तत्सम्पातेन **अङ्गस्पर्शान् कळेबरो वज्रं हीष्यते**—कळेबरं वज्रवत् दृढत्वं सृष्टिकर्मकरणपटुत्वं **इष्यते** । हिशब्दो निःसंशयार्थः । ततः किमित्यत आह—**तत इति** । **ततः स्वकार्यान्** कार्यभूतान् **सर्वप्राणिनो जीवान्** जीवाः **पश्वाद्याः प्रादुर्भविष्यन्ति** । ततः किमित्यत्र— **तत इति** । "तत् सृष्ट्वा । तदेवानुप्राविशत् ।" इति, "स्वयमेव जगद्भूत्वा प्राविशत् जीवरूपतः" इति, सृष्टिप्रतिपादकश्रुतिस्मृतिप्रमाणतो जीवात्मपरमात्मनोरे-कत्वमवगम्यते सृष्टिप्रवेशकर्त्रोरेकत्वात्, "सदेव सोम्येदमग्र आसीत्," "अनेन जीवेनात्मना अनुप्रविश्य," "तत् सत्यं स आत्मा तत् त्वमसि" इत्युपसंहाराच्च ॥ ५ ॥ **अनुसन्धेयं,** मुमुक्षुभिः इत्यर्थः ॥ ६ ॥ सृष्टिविद्यातत्पर्य-वसानज्ञानफलमाह— **य इति** ॥ ७ ॥

इति द्वितीयः खण्डः

तृतीयः खण्डः

उपासकैरनेकधा दृष्टस्य महापुरुषस्य वस्तुत एकत्वम्

एको देवो बहुधा निविष्ट अजायमानो बहुधा विजायते
॥ १ ॥ तमेतमग्निरित्यध्वर्यव उपासते। यजुरित्येष हीदं सर्वं
युनक्ति। सामेति छन्दोगाः। एतस्मिन्हीदं सर्वं प्रतिष्ठितम्।
विषमिति सर्पाः। सर्प इति सर्पविदः। ऊर्गिति देवाः। रयिरिति
मनुष्याः। मायेत्यसुराः। स्वधेति पितरः। देवजन इति देवजन-
विदः। रूप इति गन्धर्वाः। गन्ध इत्यप्सरसः ॥ २ ॥ तं
यथायथोपासते तथैव भवति। तस्माद्ब्राह्मणः पुरुषरूपं परंब्रह्मैवाहमिति
भावयेत्। तद्रूपो भवति। य एवं वेद ॥ ३ ॥

वस्तुतः परमपुरुष एकानेककलनाविरळनिष्प्रतियोगिकाजोऽपि स्वज्ञादिदृष्टथा
एको देवो बहुधा निविष्टः ॥ १ ॥ एकस्य बहुधा निविष्टत्वं तत्तद्दृष्टिसापेक्षं,
वस्तुतोऽयं महापुरुषो निष्प्रतियोगिकैक इति ज्ञानफलं तद्भावापत्तिरित्याह—
तमिति। तं महापुरुषं अध्वर्यवो याजका एतमनिरुद्धनारायणभावमापन्नं
त्रेताग्निरित्युपासते। तथा याजुषा यजुरित्येष हीदं सर्वं युनक्ति योजयन्ति।
सामेति छन्दोगाः। किमिति? एतस्मिन् हीदं सर्वं प्रतिष्ठितम्। ऊर्गिति
देवाः, "ऊर्ग् देवान्नममृतम्", "ऊर्वा अन्नम्", इति श्रुतेः। मानुषान्नं
रयिरिति मनुष्याः। देवजनो देवतासमूहः ॥ २ ॥ स्वस्वदृष्टयनुरोधेन
अध्वर्य्वादयः तं यथायथोपासते तथैव भवति। यस्मादेवं तस्मात् ब्राह्मणो
ब्रह्मविद्वरीयान् ॥ ३ ॥

इति तृतीयः खण्डः

चतुर्थः खण्डः

ब्रह्मण एव तापत्रयादियोगेन जीवत्वम्

तद्ब्रह्म तापत्रयातीतं षट्कोशविनिर्मुक्तं षडूर्मिवर्जितं पञ्चकोशातीतं षड्भावविकारशून्यमेवमादिसर्वविलक्षणं भवति ॥ १ ॥ तापत्रयं त्वाध्यात्मिकाधिभौतिकाधिदैविकं कर्तृकर्मकार्यज्ञातृज्ञानज्ञेयभोक्तृभोगभोग्यमिति त्रिविधम् ॥ २ ॥ त्वङ्मांसशोणितास्थिस्नायुमज्जाः षट्कोशाः ॥ ३ ॥ कामक्रोधलोभमोहमदमात्सर्यमित्यरिषड्वर्गः ॥ ४ ॥ अन्नमयप्राणमयमनोमयविज्ञानमयानन्दमया इति पञ्चकोशाः ॥ ५ ॥ [1]प्रियत्वजननवर्धनपरिणामक्षयनाशाः षड्भावाः ॥ ६ ॥ अशनायापिपासाशोकमोहजरामरणानीति षडूर्मयः ॥ ७ ॥ कुलगोत्रजातिवर्णाश्रमरूपाणि षड्भ्रमाः ॥ ८ ॥ एतद्योगेन परमपुरुषो जीवो भवति नान्यः ॥ ९ ॥

यद्ब्रह्मज्ञानात् ब्रह्मैव भवति तद्ब्रह्म कीदृशमित्याशङ्क्य यद्यद्वेद्यतया प्रतीयते तत्सर्वातीतमित्याह—तदिति ॥ १ ॥ स्वापनोद्यतापत्रयादिकं श्रुतिः स्वयमेव व्याकरोति—तापत्रयं त्विति । आत्मानं देहमधिकृत्य भवतीत्यध्यात्मं शिरोरोगादिः । भूतमधिकृत्य भवतीत्याधिभौतिकं चोरव्याघ्रादिबाधा । अक्षाधिदैवमधिकृत्य भवतीत्याधिदैविकं वर्षवातादिप्रभवपीडा । त्रिपुटीविकारोऽपि तदन्तर्गत एवेत्याह—कर्तेति । सर्वत्रैवं त्रिविधम् ॥ २ ॥ षट्कोशास्तु त्वगिति ॥ ३ ॥ षड्वर्गस्तु कामेति । प्राण्यङ्गत्वादेकवद्भावः ॥ ४ ॥ पञ्चकोशास्तु अन्नेति ॥ ५ ॥ भावविकारास्तु प्रियत्वेति ॥ ६ ॥ प्रीतेरस्तिवस्तुनिष्ठत्वात् प्रियत्वमस्तिवस्तुवाचकम् । षडूर्मयस्तु अशनेति ॥ ७ ॥ एवमादीत्यादिशब्दतः

[1] अस्तित्व—अ

कुलेति ॥ ८ ॥ परमपुरुषात् जीवो भिद्यत इत्यत आह—एतदिति । तापत्रयादिषड्भ्रमान्तकलनावैरळ्यात् जीव एव परमपुरुषो भवतीत्यर्थः ॥ ९ ॥

एतदुपनिषदध्ययनफलम्

य [1]एतदुपनिषदं नित्यमधीते सोऽग्निपूतो भवति । स वायुपूतो भवति । स आदित्यपूतो भवति । अरोगी भवति । श्रीमांश्च भवति । पुत्रपौत्रादिभिः समृद्धो भवति । विद्वांश्च भवति । महापातकात् पूतो भवति । सुरापानात् पूतो भवति । अगम्यागमनात् पूतो भवति । मातृगमनात् पूतो भवति । दुहितृस्नुषाभिगमनात् पूतो भवति । स्वर्णस्तेयात् पूतो भवति । वेदोजन्महानात् पूतो भवति । गुरोरशुश्रूषणात् पूतो भवति । अयाज्ययाजनात् पूतो भवति । अभक्ष्यभक्षणात् पूतो भवति । उग्रप्रतिग्रहात् पूतो भवति । परदारगमनात् पूतो भवति । कामक्रोधलोभमोहेर्ष्यादिभिरबाधितो भवति । सर्वेभ्यः पापेभ्यो मुक्तो भवति । इहजन्मनि [2]पुरुषो भवति ॥१०॥

ग्रन्थतोऽर्थतः पारायणानुसन्धानफलं प्रकाशयन् विद्यामुपसंहरति—**य इति** । **एतदुपनिषदं** एतामुपनिषदम् । **वेदोजन्महानात्** वेदमधीत्य विस्मरणपातकात् । तुलापुरुषकालमृत्युमहिषादि-**उग्रप्रतिग्रहात्** । निर्विशेषब्रह्मज्ञानतः **इह जन्मनि पुरुषो भवति** ॥ १० ॥

पुरुषसूक्तार्थोपदेशविधानम्

तस्मादेतत्पुरुषसूक्तार्थमतिरहस्यं राजगुह्यं देवगुह्यं गुह्यादपि गुह्यतरं नादीक्षितायोपदिशेत् । नानूचानाय । नायज्ञशीलाय ।

[1] एतामुप—अ.

[2] पूतो भ—अ १.

नावैष्णवाय । नायोगिने । न बहुभाषिणे । नाप्रियवादिने । नासंवत्सरवेदिने । नातुष्टाय । नानधीतवेदायोपदिशेत् । गुरुरप्येवं-विच्छुचौ देशे पुण्यनक्षत्रे प्राणानायम्य पुरुषं ध्यायन्नुपसन्नाय शिष्याय दक्षिणकर्णे पुरुषसूक्तार्थमुपदिशेद्विद्वान् । न बहुशो वदेत् । यातयामो भवति । असकृत्कर्णमुपदिशेत् । एतत्कुर्वाणोऽध्येता-ऽध्यापकश्च इह जन्मनि पुरुषो भवतीत्युपनिषत् ॥ ११ ॥

यस्मादेवं तस्मात् । पुरुषसूक्तकल्परीत्या नादीक्षितायोपदिशेत् । **नावैष्णवाय** विष्णवनन्यभक्ताय । पुरुषसूक्तार्थोपदेशक्रममाह—**गुरुरिति** । विधि-वत् **उपसन्नाय शिष्याय** तन्मस्तकहस्तसमर्पणपूर्वकं **दक्षिणकर्णे पुरुषसूक्तार्थ-मुपदिशेत्** । मुहुर्मुहुः एवमुपदेशः कार्यः इत्यत आह—**विद्वानिति** । तदर्थरहस्य-ज्ञानं यथा यथा हृदयारूढं भवेत् तथा तथा **असकृत् कर्णमुपदिशेत्** अहं ब्रह्मेति वाक्यार्थबोधो यावत् दृढीभवेत्, "शमादिसहितस्तावदभ्यसेत् श्रव-णादिकम्" इति भगवत्पादोक्तेः । एवंविधशिष्याचार्ययोः परमपुरुषाप्तिं वदन्नुपसंहरति—**एतदिति** । स्वातिरिक्तस्त्रीपुंभावापह्नवसिद्धपरमपुरुषः स्वमात्र-मिति प्रबोधसमकालं विद्वान् तन्मात्रमवशिष्यते इत्यर्थः । इत्युपनिषच्छब्दो मुद्गलोपनिषत्परिसमाप्त्यर्थः ॥ ११ ॥

इति चतुर्थः खण्डः

श्रीवासुदेवेन्द्रशिष्योपनिषद्ब्रह्मयोगिना ।
मुद्गलोपनिषद्व्याख्या लिखिता पुरुषार्थदा ॥
मुद्गलोपनिषद्व्याख्याग्रन्थजातं शतं भवेत् ॥

इति श्रीमदीशाद्यष्टोत्तरशतोपनिषच्छास्त्रविवरणे सप्तपञ्चाशत्सङ्ख्यापूरकं
मुद्गलोपनिषद्विवरणं सम्पूर्णम्

मैत्रायण्युपनिषत्

आप्यायन्तु—इति शान्तिः

प्रथमः प्रपाठकः

संसारविरक्तस्य आत्मजिज्ञासा

बृहद्रथो वै नाम राजा राज्ये ज्येष्ठं पुत्रं निधापयित्वेदमशाश्वतं मन्यमानः शरीरं वैराग्यमुपेतोऽरण्यं निर्जगाम। स तत्र परमं तप आस्थायादित्यमीक्षमाण ऊर्ध्वबाहुस्तिष्ठति। अन्ते सहस्रस्य [1]मुनिरन्तिकमाजगामाग्निरिवाधूमकस्तेजसा निर्दहन्निवात्मविद्भगवान् शाकायन्यः। उत्तिष्ठोत्तिष्ठ वरं वृणीष्वेति राजानमब्रवीत्। स तस्मै नमस्कृत्योवाच भगवन् नाहमात्मवित् त्वं तत्त्वविच्छृणुमो वयं स त्वं नो ब्रूहीति। एतद्वृत्तं पुरस्तादशक्यं मा पृच्छ प्रश्नमैक्ष्वाकान्यान् कामान् वृणीष्वेति। शाकायन्यस्य चरणावभिमृशमानो राजेमां गाथां जगाद ॥ १ ॥

[1] मुने—अ, अ १.

वैराग्येद्धभक्तियुक्तब्रह्ममात्रप्रबोधतः ।
यत्पदं मुनयो यान्ति तत्त्रैपदमहं महः ॥

इह खलु मैत्रायण्युपनिषदः सामवेदप्रविभक्तत्वेन केन-छान्दोग्य-विवरणविभातोपोद्घातादिकं अत्रापि समानम् । बृहद्रथशाकायन्यप्रश्नप्रतिवचनरूपाख्यायिका तपोवैराग्यभक्त्यादिसाधननिष्पन्नेयमुपनिषदिति विद्यास्तुत्यर्था । एवंविधमैत्रायण्युपनिषदोऽल्पग्रन्थतो विवरणमारभ्यते—**बृहद्रथ** इति । कस्यचिद्राज्ञो **बृहद्रथ** इति नाम । **वा** इत्यैतिह्ये । **स** हि **राजा राज्ये ज्येष्ठं पुत्रं निधापयित्वा इदं शरीरं अशाश्वतं** नश्वरं **मन्यमानः** तीव्रतरवैराग्ययुतः सन् **अरण्यं** प्रति **निर्जगाम । स** गत्वा **तत्रारण्ये परममुत्कृष्टं तप आस्थाय आदित्यं उदीक्षमाणः ऊर्ध्वबाहुः** पदैकेन भुवमवष्टभ्य सहस्रं समाः **तिष्ठति स्म** । **अथ सहस्रसंवत्सरान्ते मुनिः** वालखिल्यः कश्चित् **अधूमकोऽग्निरिव स्वतेजसाऽस्य** स्वाज्ञानं **निर्दहन्निव** अनात्मापह्नवसिद्धात्ममात्रवित् **भगवान् अस्यान्तिकमाजगाम** । तन्निकटं गत्वाऽथ भगवान् मुनिः शाकायनस्यापत्यं, गर्गादि यञ्, **शाकायन्यः** हे राजन् **उत्तिष्ठोत्तिष्ठ वरं वृणीष्व इति राजानमब्रवीत्** । **स** राजा **तस्मै नमस्कृत्योवाच** । किमिति ? हे **भगवन् नाहमात्मवित्, त्वं तु** ब्रह्मतत्त्ववित् । अतो **वयं त्वत्तः** ब्रह्मयाथात्म्यं **श्रृणुमः** शुश्रुमः । "छन्दसि लुङ्लङ्लिटः" इति वर्तमानार्थे लिट् (?) । स्वकुलापेक्षया वयमिति बहुवचनम् । यतः सर्वज्ञोऽसि अतो **नो** अस्मभ्यं स्वात्मतत्त्वं **ब्रूहीत्यर्थः** । राज्ञा एवं पृष्टो मुनिराह—**एतदिति** । हे **ऐक्ष्वाक एतदात्मवृत्तं पुरस्तात्** प्रथमं **मा पृच्छ**, एतस्य प्रश्नानर्हत्वात् भवद्दुर्लभानपि **अन्यानेव कामान् वृणीष्वेति** मुनिनोक्तो राजा **शाकायन्यस्य चरणावभिमृशमानः**—इत्यात्मनेपदं छान्दसम्—तत्पादयोः प्रणिपत्य **राजा इमां** वक्ष्यमाणां **गाथां जगाद** ॥ १ ॥

संसारनिर्वेदगाथा

भगवन्नस्थिचर्मस्नायुमज्जामांसशुक्रशोणितश्लेष्माश्रुदूषिकाविण्मूत्रवातपित्तकफसंघाते दुर्गन्धे निःसारेऽस्मिन् शरीरे किं कामोपभोगैः ॥ २ ॥

कामक्रोधलोभमोहभयविषादेर्ष्येष्टवियोगानिष्टसंप्रयोगक्षुत्पि - पासाजरामृत्युरोगशोकाद्यैरभिहतेऽस्मिन् शरीरे किं कामोपभोगैः ॥३॥

सर्वं चेदं क्षयिष्णु पश्यामो यथेमे दंशमशकादयस्तृणव-न्नश्यतयोद्भूतप्रध्वंसिनः ॥ ४ ॥

अथ किमेतैर्वा परेऽन्ये महाधनुर्धराश्चक्रवर्तिनः केचित् सुद्यु-म्नभूरिद्युम्नेन्द्रद्युम्नकुवलयाश्वयौवनाश्ववध्रियाश्वाश्वपतिः शशबिन्दुर्हरि-श्चन्द्रोऽम्बरीषोऽननूक्तः स्वयातिर्ययातिरनरण्योक्ष[1]सेनोत्थमरुत्तभरत-प्रभृतयो राजानो मिषतो बन्धुवर्गस्य महतीं श्रियं त्यक्त्वाऽस्माल्लो-कादमुं लोकं प्रयान्ति ॥ ५ ॥

अथ किमेतैर्वा परेऽन्ये गन्धर्वासुरयक्षराक्षसभूतगणपिशाचोर-गग्रहादीनां निरोधनं पश्यामः ॥ ६ ॥

अथ किमेतैर्वाऽन्यानां शोषणं महार्णवानां शिखरिणां प्रपतनं ध्रुवस्य प्रचल[2]नमस्थानं वा तरूणां निमज्जनं पृथिव्याः [3]स्थानादप-सरणं सुराणां सोऽहमित्येतद्विधेऽस्मिन् संसारे किं कामोपभोगैर्यै-रेवाश्रितस्यासकृ[4]दिहावर्तनं दृश्यत इत्युद्धर्तुमर्हसी[5]त्यन्धूदपानस्थो भेक इवाहमस्मिन् संसारे भगवंस्त्वं नो गतिस्त्वं नो गतिः ॥ ७ ॥

केयं गाथेत्यत आह—भगवन्निति । अस्थ्यादिकफान्तसङ्घाते दुर्गन्धे निःसारे, दुर्गन्धराशित्वेन सारलेशवैरळ्यात्, एतादृशे अस्मिन् शरीरे किं वा कामोपभोगैः प्रयोजनं मेऽस्ति। विवेकी रौरवादिपरिभवदे शरीरे अहं ममाभि-मतिमेत्य कं कामं साधयेत् । न हि कदाऽपि मे तत्र रतिरस्तीत्यर्थः ॥ २ ॥

[1] सेनोथ—अ २, क. सेनादयोथ—अ, अ १.

[2] नं स्थानं—अ, अ १, अ २, क.

[3] अब्धीनामपसरं—अ २.

[4] दुपाव—अ २, क.

[5] त्यन्धोद—अ, अ १, अ २, क.

किंच—**कामेति** । कामादिशोकाद्यैरभिहते पीड्यमाने **किं कामोपभोगैरिति** समानम् ॥ ३ ॥ किंच—**सर्वमिति** । यद्यन्मार्त्यभोज्यजातं तत्तत् **सर्वं क्षयिष्णु पश्यामः** । तत्रायं दृष्टान्तः—**यथेमे तृणवन्नश्यतयोद्भूतप्रध्वंसिनः दंशमशकादयः** तेषां क्षुद्रजन्तुत्वात् तद्वदित्यर्थः ॥ ४ ॥ किंच—**अथेति** । **अथ किमेतैः** महाराजैश्वर्यैर्वा सर्वस्य विनाशित्वात् किं प्रयोजनमस्ति । **परे** श्रेष्ठा अन्ये मद्व्यतिरिक्ता **महाधनुर्धराः** शूराग्रगण्यत्वात् **चक्रवर्तिनः** एकद्वीपाधिपत्यात् **केचित्** सार्वभौमाश्च भवन्ति **सुद्युम्नप्रभृतयः** सूर्यवंशराजानः अथ **मरुत्तप्रभृतयः** सोमवंशराजानः सन्ति सर्वे एते **मिषतो बन्धुवर्गस्य महतीं श्रियं** देवराजतुल्यश्रियं अपि **त्यक्त्वा अस्मात् लोकात्** अमुं परलोकं **प्रयान्ति** । यत एवमतः किं कामोपभोगैः इति पूर्वेण सम्बन्धः ॥ ५ ॥ किंच—**अथेति** । मानुषैश्वर्यमेतत्तिष्ठतु । अपि तु **अथ किमेतैः** देवयोन्यैश्वर्यैर्वा **किम्** । तथा हि—**परे** विशिष्टैश्वर्यसम्पन्ना **गन्धर्वासुरयक्षराक्षसभूतगणपिशाचोरगग्रहादयः** सन्ति तेषां **निरोधनं** प्रळयं **पश्यामः** । तथा सति मानुषदेहमाश्रित्य किं कामोपभोगैरित्यर्थः ॥ ६ ॥ किं च—**अथेति** । **अथ अन्यानामिति** सुडाद्यभावः छान्दसः । अन्येषामैश्वर्यवद्दिक्पालानामैश्वर्यैर्वा **किं**, न किमपीत्यर्थः, तेषामपि विनाशित्वात्, "विनाशं कालतो याति ततोऽन्यत् सकलं मृषा" इति श्रुतेः । **महार्णवादीनां शोषणं** संवर्ते भवतीति शुश्रुमः हिमवदादि**शिखरिणां प्रपतनं, ध्रुवस्यापि प्रचलनं** चलितस्य पुनरस्थानं ध्रुवपदभ्रंशनं वा, तथा **तरूणां पृथिव्याश्च महार्णवे निमज्जनं, सुराणां स्वर्गस्थानादपसरणं** अपगमनं, इत्येवमाब्रह्मलोकसंसारी तद्याथात्म्यं विद्वान् **सोऽहमस्मीत्येवंविधे अस्मिन् संसारे किं कामोपभोगैः** यान् कामोपभोगानाश्रित्य **यैरेव** कामभोगैः **असकृदिहावर्तनं दृश्यत इति** यतः एवं अतः सर्वथैव तद्विमुखं **मामुद्धर्तुमर्हसि अन्धुः** कूपः तद्रूपमुदपानं जलाशयः अन्धूदपाने तिष्ठतीत्यन्धूदपानस्थः **भेको** मण्डूकः कूपस्थमण्डूक **इव अस्मिन् संसारे** पतितानां मादृशानां **नोऽस्माकं त्वमेव गतिः** । आवृत्तिः प्रथमप्रपाठकसमाप्त्यर्था ॥

इति प्रथमः प्रपाठकः

द्वितीयः प्रपाठकः

संसारनिर्विण्णाय परापरब्रह्मोपदेशः

अथ भगवान् शाकायन्यः सुप्रीतोऽब्रवीद्राजानं महाराज बृहद्रथेक्ष्वाकुवंशध्वजशीर्षात्मज्ञः कृतकृत्यस्त्वं मरुन्नाम्नो विश्रुतोऽसीत्ययं वाव खल्वात्मा ते कतमो भगवान्[वा ३]वर्ण्य [1]इति तं होवाच ॥ १ ॥ य एषो बाह्यावष्टम्भनेनोर्ध्वमुत्क्रा[2]न्तो व्यथमानोऽव्यथमानस्तमः प्रणुदत्येष आत्मेत्याह भगवानथ य एष संप्रसादोऽस्माच्छरीरात् समुत्थाय परं ज्योति[3]रुपसंपद्य स्वेन रूपेणाभिनिष्पद्यत एष आत्मेति होवाचैतदमृतमभयमेतद्ब्रह्मेति ॥ २ ॥

अथ एवं संसारनिर्विण्णचित्तं राजानं प्रति आदौ मुनिः अपरब्रह्मविद्यामुपदिशति—अथेति । अथ राज्ञः साधनचतुष्टयसम्पद्वेदनानन्तरं **भगवान् शाकायन्यः** तत्तीव्रतरवैराग्यतः **सुप्रीतो** राजानम**ब्रवीत्**। किमिति ? हे **महाराजे**ति सम्बोधनत्रयतः सम्बोध्य स त्वं मरुद्राज्ञोऽपत्यत्वेन विश्रुतोऽसि । त्वद्ब्रह्मविद्यासाधनपौष्कल्यदर्शनात् आत्मज्ञप्रायः कृतकृत्यश्चासि । इत्येवमुक्त्वा वक्ष्यमाणोऽयं **वाव खलु भगवान्** तव **आत्मा ते कतमो भगवान्** [वा ३] **वर्ण्य इति तं** राजानं प्रति **उवाच ह**। अभिपूजिते प्लुतिः ॥ १ ॥ मदात्मा कीदृश इति प्रष्टुकाममालक्ष्याह—य इति । **य एषो**ऽपरोक्षो भगवान् **बाह्यावष्टम्भनेन** रथेन **ऊर्ध्वमुत्क्रान्तः** उद्गच्छन् **व्यथमानः** जलशैत्याग्न्युष्णादिवत् कालात्मत्वेन क्रियास्वाभाव्यात् सततसञ्चारेऽपि सञ्चरणायासेन **अव्यथमानः** सन् शार्वरं **तमः प्रणुदति** यथा सविता तथा अयमात्मा स्वाज्ञानं प्रणुदति नाशयति । य

[1] त इ—अ २. [2] मन्तो—अ, अ १, अ २, क.

[3] स्स्वरूपं सं—क.

एष भगवान् ते तवात्मा तवात्मभूत इत्याह । **अथेति** सविशेषकथनानन्तर्यार्थः । **यः एषोऽपरोक्षः सम्प्रसादः**—स्वविकल्पितकरणग्रामोपरमात् तदधिकरणतया प्रसीदतीति कूटस्थः सम्प्रसादशब्दार्थः—**अस्माच्छरीरात्** मूर्धन्यया नाड्या **समुत्थाय** अर्चिरादिना विरजां प्राप्य तद्दर्शनस्नानतः **प्रसन्नपरंज्योतिरुप-सम्पद्य** तदुपसम्पत्तितः **स्वेन रूपेण** योऽभिनिष्पद्यते अभिव्यज्यते **स एष आत्मेति होवाच** । न हि घटशरावादिः कालत्रयेऽपि मृत्त्वं व्यभिचरति । एवं यत् कारणभावमापन्नं एतदेव परंज्योतिः **अमृतं** स्वमृत्युवैरळ्यात् अत एव **अभयं** निर्भयत्वात्, **एतदेव** हि **ब्रह्म**, "ब्रह्माभयं वै ब्रह्म" इति श्रुतेः ॥ २ ॥

आत्मनः शरीरप्रवर्तकत्वम्

अथ खल्वियं ब्रह्मविद्या सर्वोपनिषद्विद्या वा राजन्नस्माकं भगवता मैत्रेयेण व्याख्याताऽहं ते कथयिष्यामीत्यथापहतपाप्मानस्तिग्मतेजस ऊर्ध्वरेतसो वालखिल्या इति श्रूयन्तेऽथ ते प्रजापतिमब्रुवन् भगवन् शकटमिवाचेतनमिदं शरीरं कस्यैष खल्वीदृशो महिमाऽतीन्द्रियभूतस्य येनैतद्विधमिदं चेतनवत् प्रतिष्ठापितं प्रचोदयिताऽस्य को भगवन्नेतदस्माकं ब्रूहीति तान् होवाच ॥ ३ ॥ यो ह खलु वाचोपरिस्थः श्रूयते स वा एष शुद्धः पूतः शून्यः शान्तोऽप्राणोऽनीशात्माऽनन्तोऽक्षय्यः स्थिरः शाश्वतोऽजः स्वतन्त्रः स्वे महिम्नि तिष्ठत्यनेनेदं शरीरं चेतनवत्प्रतिष्ठापितं प्रचोदयिता चैषोऽस्येति ते होचुर्भगवन् कथमनेनेदृशेनानिच्छेनैतद्विधमिदं चेतनवत् प्रतिष्ठापितं प्रचोदयिता चैषोऽस्येति कथमिति तान् होवाच ॥ ४ ॥

एवं वक्ष्यमाणवालखिल्याख्यायिकया सविशेषं निर्विशेषं च ब्रह्म प्रतिपाद्यते। तत्र ब्रह्मणः कार्यकारणात्मकविश्वतद्धेतुत्वं च प्रतिपाद्यते— **अथेति**। **अथ** एवं तदात्मोपदेशानन्तरं तदकृत्रिमत्वसिद्धये **खलु येयं** ब्रह्ममात्रविद्या **ब्रह्मविद्या सर्वोपनिषद्विद्या** कर्मोपासनाविशिष्टा वा हे **राजन्** **अस्माकं** ऊर्ध्वरेतसां वालखिल्यानां **भगवता मैत्रेयेण व्याख्याता तां** सर्वोपनिषद्विद्यां ब्रह्मविद्यां च **अहं ते कथयिष्यामीति** प्रतिज्ञाय स्वप्रतिज्ञाऽर्थं प्रतिपादयति—**अपहतेति**। स्वकृततपसा **अपहतपाप्मानः** कल्मषघ्नतपःपरायणत्वात्, **तिग्मतेजसः** सदा सूर्यमण्डलसञ्चारात्, **ऊर्ध्वरेतसः** योगोर्ध्वीकृतरेतस्त्रयवत्परमहंसत्वात्। वाग्दृष्टिमनांसि रेतस्त्रयम्। तथा च स्मृतिः—

मनोवाग्दृष्टिरेतः स्यादयमात्माऽक्षरः परः।
बद्धरेता विमुच्येत मुक्तरेतास्तु बध्यते॥ इति॥

एवंधर्मविशिष्टा **वालखिल्या इति** अङ्गुष्ठसन्निभगात्राः मुनयः **श्रूयन्ते**। ते वालखिल्याः **प्रजापतिमब्रुवन्**। किमिति? हे **भगवन् इदं शरीरं शकटमिव अचेतनमिति** सर्वानुभवसिद्धं स्वापादौ दर्शनात्। तदेतच्छरीरं येन चेतनेन अनुविद्धं सत् चेतनवत् प्रतिष्ठापितं **कस्यैष चेतनस्य अतीन्द्रियभूतस्य** अचेतनचेतनीकरणसमर्थोऽयं **महिमा**, करणानां जडत्वेन अकिञ्चित्करत्वात्। **येनेदं** शरीरं **चेतनवत् प्रतिष्ठापितं अस्य** स्वव्यापृतौ **प्रचोदयिता कोऽयं** प्रवर्तकः स्यादित्येतत् **हे भगवन् अस्माकं ब्रूहि इति** वालखिल्यैः पृष्टः **तान् प्रत्युवाच ह** किल ॥ ३ ॥ किं उवाचेत्यत आह— **यो हेति**। **यो ह** खलु **प्रसिद्धः**। वाचा उपनिषदा "सर्वस्मादन्यो विलक्षणः" इति [1]श्रुत्यनुरोधेन सर्वस्मादुपरि प्रतिष्ठित इति **वाचोपरिस्थः श्रूयते**। यो वाचोपरिस्थः श्रूयते **सोऽयं शुद्धः** अशुचिवैरल्यतः तमोगुणातीतत्वात्, **पूतः** अपूतरजोऽतीतत्वात्, **शून्यः** तमआदिगुणत्रयमस्तिनास्तीतिविभ्रमशून्यत्वात्, **शान्तः** संशान्तमायातत्कार्यत्वात्, **अप्राणः** जडक्रियाशक्त्यभावात्, **अनीशात्मा** स्वेशितव्यकलनाऽसहत्वात्, **अनन्तः** देशकालवस्तुपरिच्छेदशून्यत्वात्, **अक्षय्यः** निर-

[1] श्रुत्य स—उ १.

वयवत्वात्, स्थिरः अचलत्वात्, अत एव शाश्वतः सनातनत्वात्, अजः स्वोत्पन्नोत्पादककार्यकारणवैरळ्यात्, स्वतन्त्रः कर्तुमकर्तुमन्यथा कर्तुं शक्तत्वात्, यः एवंविशेषणविशिष्टो भगवान् सर्वविशेषापह्नवसिद्धे स्वे महिम्नि स्वयमेव तिष्ठति । अनेनेदं शरीरं चेतनवत् प्रतिष्ठापितं एष एवास्य शरीरादेः प्रचोदयिता चेति भगवदुक्तमाकर्ण्य ते होचुः । किमिति? हे भगवन् ईदृशेन स्वे महिम्नि संस्थितेन स्वातिरिक्तासहेन कथमेतत् स्वातिरिक्तशरीरं शशविषाणकल्पं चेतनवत् प्रतिष्ठितं स्यात्, कथं स्वातिरिक्तशरीरमस्तिनास्तीतिविभ्रमापह्नवसिद्धोऽस्य प्रचोदयिता स्यात्, इत्येवमाशङ्कमानान् तान् प्रति निष्प्रतियोगिकब्रह्ममात्रदृष्टेः प्रेर्यप्रेरककलना अस्तिनास्तीतिविभ्रमोऽपि न हि सेद्धुं पारयति, व्यावहारिकत्वेन प्रातिभासिकत्वेन वा स्वातिरिक्तशरीरादिकमस्तीति ये मन्यन्ते तेषां ब्रह्ममात्राज्ञानावृतदृष्टित्वात् तदवलम्बनस्वाज्ञानव्यवधानेन सर्वमुपपद्यत इति भगवान् प्रजापतिः होवाच ॥ ४ ॥

आत्मनः सर्वाधिष्ठातृपुरुषत्वम्

स वा एष सूक्ष्मोऽग्राह्योऽदृश्यः पुरुषसंज्ञको बुद्धिपूर्वमिहैवावर्ततेंऽशेन सुषुप्तस्यैव बुद्धिपूर्वं निबोधयत्यथ यो ह खलु वावैतस्यांशोऽयं यश्चेतनमात्रः प्रति[1]पूरुषं क्षेत्रज्ञः संकल्पाध्यवसायाभिमानलिङ्गः प्रजापतिर्विश्वाक्षस्तेन चेतनेनेदं शरीरं चेतनवत् प्रतिष्ठापितं प्रचोदयिता चैषोऽस्येति ते होचुर्भगवन्नीदृशस्य कथमंशेन वर्तनमिति तान् होवाच ॥ ५ ॥

किमुवाचेत्यत आह—स वा इति । यः शुद्धः पूतः इत्यादिविशेषणविशिष्टः स वा एषः परमात्मा सूक्ष्मः बुद्ध्यादेरपि सुसूक्ष्मत्वात्, अत एव अग्राह्यः सर्वग्राहकत्वात्, अदृश्यः अमात्रत्वात्, पुरुषसंज्ञकः स्वज्ञदृष्टिप्रसक्त-

[1] पूरुषः—उ, उ १.

स्वातिरिक्तपिण्डाण्डब्रह्माण्डानि जीवेशात्मना पूरणात् पुरुष इति संज्ञा न वस्तुतः, निरंशत्वात्, निरंशोऽपि तुर्यत्वमवलम्ब्य सर्वाधिष्ठाता भूत्वा स्वविकल्पितनिजांशेन बुद्धिपूर्वमिव स्वप्रयोजनाभावात् तथाऽपि वक्ष्यमाणानुरोधेनानुप्रवेशचिन्तापूर्वकं इह शरीर आवर्तते आ समन्ताद्वर्तमान इव भातत्वात्। एवं सुप्तस्येव बुद्धिपूर्वं निबोधयति नितरां चेतनवत् प्रतिष्ठापयति। यत एवं अतः प्रचोदयति च। निरंशे अंशारोपणपूर्वकं उक्तार्थः प्रपञ्च्यते—अथेति। अथशब्दः क्रमार्थः। असौ खलु वाव प्रसिद्धः निरंशः चिद्धातुः तदज्ञानविकल्पितः तदंशः। कोऽसौ? यः प्रतिपुरुषं प्रतिप्राणिशरीरं क्षेत्रं तत् स्वोपाधित्वेन जानातीति क्षेत्रज्ञः, स हि चेतनमात्रः चिदंशत्वात्, स ह्यात्मनोंऽशः। देहातिरेकेण क्षेत्रज्ञोऽस्तीत्यत्र किं लिङ्गमित्यत आह—सङ्कल्पाध्यवसायाभिमानलिङ्ग इति। इदं मे भूयात् इति सङ्कल्पः, एवमेव भवितव्यं भवति इत्यध्यवसायः, साधयाम्येतदिति दृढाभिनिवेशोऽभिमानः, एतत्त्रयं क्षेत्रातिरिक्तक्षेत्रज्ञसद्भावे लिङ्गं, ततः कदाचित् कार्यं कारणं अनुमापयति इत्येवं प्रमाणसिद्धश्चेतनमात्र एव प्रजापतिः, स च विश्वाक्षः विश्वेयत्ताद्रष्टृत्वात्। तेनैव भगवता चेतनेन इदं शरीरं चेतनवत् प्रतिष्ठापितं, क्रियाऽऽदिशक्तित्रयमवष्टभ्य एष एवास्य शरीरादेः प्रचोदयिता चेत्युक्तवन्तः ते पुनः वालखिल्याः होचुः। किमिति? हे भगवन् निरंशस्य ईदृशस्य स्वविभक्तांशक्षेत्रज्ञतया वर्तनं कथं सेद्धुं पारयति ब्रह्मणो निष्प्रतियोगिकनिर्विशेषत्वात् इति एवमसंभावयतः तान् प्रति तादृशाधिकारिदृष्ट्या तथात्वेऽपि मध्यममन्दाधिकारिणां ब्रह्ममात्रसिद्धान्तावगत्युपायतया निरंशेऽप्यंशारोपो युज्यत इति प्रत्युवाच ह ॥ ५ ॥

आत्मनः प्रजासु प्राणात्मना प्रवेशः

प्रजापतिर्वा एषोऽग्रेऽतिष्ठत् स नारमतैकः स आत्मानमभिध्यायद्बह्वीः प्रजा असृजत्ता अस्मै वा अप्रबुद्धा अप्राणा स्थाणुरिव तिष्ठमाना अपश्यत् स नारमत सोऽमन्यतैतासां प्रतिबोधनायाभ्यन्तरं

प्राविशानीत्यथ स वायुमिवात्मानं कृत्वाऽभ्यन्तरं प्राविशत् स एको नाविशत् स पञ्चधाऽऽत्मानं प्रविभज्योच्यते यः प्राणोऽपानः समान उदानो व्यान इति ॥ ६ ॥

तत् कथमित्यत आह—प्रजापतिरिति । यः शुद्धः पूत इत्यादिपदार्थः सोऽयं प्रजापतिः प्रजापतिरेव अग्रे सृष्टेः प्राक् निष्प्रतियोगिकाद्वितीयः स्वेतर-चेतनान्तरवैरळ्यात् स्वाज्ञदृष्ट्या लोकवदेकाकी नारमत, "तस्मादेकाकी न रमते" इति श्रुतेः । य एकः स आत्मानं बहु भविष्यामि इत्यभिध्यायत् । निरङ्कुशसर्वज्ञेश्वरो बुद्धिपूर्वं लीलया वा बह्वीः प्रजाः असृजत् । एवमीश्वरेण याः प्रजाः सृष्टाः ता अस्मै स्वस्रष्ट्रे अयमस्मज्जनक इति अप्रबुद्धाः घटाङ्कु-रादिवत् प्रबोधरहिता अप्राणाः स्पन्दनप्रज्ञाशक्तिभ्यां विरळाः, "यो वै प्राणः सा प्रज्ञा या वा प्रज्ञा स प्राणः" इति श्रुतेः । एवं क्रियाज्ञानशक्त्योरभावात् केवलं स्थाणुरिव तिष्ठमानाः प्रजा अपश्यत् प्रजापतिः । तासु नारमत । सोऽमन्यत—एतासां प्रजानां प्रतिबोधनाय तासु अभ्यन्तरं प्राविशानि इति आलोच्य अथ स प्रजापतिः वायुमिव आत्मानं कृत्वा प्रजासु अभ्यन्तरं प्राविशत् । तत्तच्छरीरोचितैकैकज्ञानक्रियाशक्त्यात्मना प्रविष्ट एकोऽपि यथावत् नाविशत् स पञ्चधा आत्मानं प्रविभज्योच्यते यः प्राणोऽपानः समान उदानो व्यान इति ॥ ६ ॥

पञ्चप्राणस्वरूपम्

अथ योऽयमूर्ध्वमुत्क्रामतीत्येष वाव स प्राणोऽथ योयमवाङ्कं संक्रामत्येष वाव सोऽपानोऽथ योऽयं स्थविष्ठमन्नधातुमपाने स्थापयत्यणिष्ठं चाङ्गेऽङ्गे समं नयत्येष वाव स समानोऽथ योऽयं पीताशितमुद्गिरति निगिरतीति चैष वाव स उदानोऽथ येनैताः सिरा अनुव्याप्ता एष वाव स व्यानः ॥ ७ ॥

कीदृशः प्राणादिः इत्यत आह—अथेति। अथ योऽयं वायुः नासात ऊर्ध्वमुत्क्रामत्येष वाव स प्राणः। अथ योऽयं बाह्यनासिकारन्ध्रात् अवाच्यं संक्रामति एष वाव सोऽपानः। अथ योऽयं स्थविष्ठं अतिस्थूलं अन्नधातुं भुक्तान्नस्वरूपं अपाने तदुपरि पाचनार्थं स्थापयति अणिष्ठन्त्वङ्गे अङ्ग-सम्बन्धिलिङ्गे अभिनयति, तथा च श्रुतिः—"योऽणिष्ठस्तन्मनः" इति, एष वाव स समानः। अथ योऽयं पीताशितं —द्वन्द्वैकवद्भावः— तदुद्गिरति धातुवैषम्ये साम्ये निगिरति प्रसति च एष वाव स उदानः। अथ य एताः सिराः द्वासप्ततिसहस्रसङ्ख्याकाः अनुव्याप्ताः एष वाव स व्यानः, "एकै-कस्यां द्वासप्ततिर्द्वासप्ततिः प्रतिशाखानाडीसहस्राणि भवन्ति आसु व्यानश्चरति" इति श्रुतेः। इत्थं क्रियाशक्त्यनुप्रवेशेन स्वसृष्टं सकलं चेष्टावत् भवतीत्यर्थः ॥७॥

वैश्वानरस्वरूपम्

अथोपांशुरन्तर्याम्य[म]भिभवत्यन्तर्याममु[म उ]पांशुमेतयोरन्तराले चौष्ण्यं प्रास्रवद्यदौष्ण्यं स पुरुषोऽथ यः पुरुषः सोऽग्निर्वैश्वानरोऽप्य-न्यत्राप्युक्तमयमग्निर्वैश्वानरो योऽयमन्तः पुरुषे येनेदमन्नं पच्यते यदिदमद्यते तस्यैष घोषो भवति यदेतत् कर्णावपिधाय शृणोति स यदोत्क्रमिष्यन् भवति नैनं घोषं शृणोति ॥ ८ ॥

वैश्वानरोत्पत्तिरुपदिश्यते—अथेति। अथोपांशुः तदाख्यो वायुः अन्तर्यामी तदाख्यं वायुमभिभवति। तथा अन्तर्यामश्चोपांशुमभिभवति क्रमात्। तावेतौ पाणिपादेन्द्रियगतप्राणौ। तथा सुबालोपनिषदि—"हस्तमेवाप्येति मुख्य-मेवाप्येति पादमेवाप्येति अन्तर्याममेवाप्येति" इति। तत्र मुख्यस्यैव उपांशु-पर्यायत्वम्। एतयोः प्राणापानवत् परस्परमभिभवतोः उपांश्वन्तर्यामयोः अन्तराळे आकर्णनाडीमध्यदेशे घुष्यमाणवेणुदळान्तराळ इव औष्ण्यं च शारीरं प्रास्रवत् प्रसृतं उत्पन्नं भवति। यदौष्ण्यं स पुरुषः स्थूलशरीररूपः। अथ

यः पुरुषः इत्युक्तः स एव वैश्वानरः कौक्षेयोऽग्निः । अनयोः पुरुषाग्न्योरपि ज्ञानक्रियाशक्तिवत्तादात्म्यं अन्यत्र श्रुत्यन्तरेऽप्युक्तं, "अयमग्निर्वैश्वानरः" इति । कोऽयमिति ? योऽयमन्तः पुरुषे स्थूलशरीरान्तरुपलभ्यते । औष्ण्यानुभवतो यद्यप्यसौ गम्यते, तथाऽपि बाह्याग्निवदनुभवतो विप्रतिपद्यमानं प्रति कार्यलिङ्गेनैव तत्सत्त्वं बोध्यते—येनेति । यदिदं व्रीहियवादि अद्यते तदिदं अन्नं जग्धं स्थालीतण्डुलवत् । तत्कालपाचकाग्निरेव वैश्वानरः इत्यर्थः, भुक्तान्नपाचकाग्नेः स्वानुभवसिद्धत्वात् । लिङ्गान्तर्गमेतत्—तस्य कौक्षेयाग्नेः एष घोषः शब्दो भवति यं—इति लिङ्गव्यत्ययः—यः एष पुरुषः कर्णावपिधाय शृणोति आन्तरं, तस्य कार्यत्वेन हेतुसापेक्षत्वात्, "आपोमयः प्राणः तेजोमयी वाक्" इति, "अग्निर्वाग्भूत्वा मुखं प्राविशत्" इत्यादिश्रुतितः शब्दस्य तेजःकारणत्वाविवादादान्तरं तेजस्सिद्धम् । अन्तस्तेजोमयोऽध्यक्षः पुरुषो यदा अस्मात् स्थूलपुरुषादुत्क्रमिष्यन् भवति तदा नैनं आन्तरं घोषं शृणोति । तथाचोत्क्रान्तिकाले स्थूलपुरुषस्य नाशे तद्गताग्नेरपि नाशात् तत्प्रभवघोषोऽपि नश्यतीत्युक्तं भवति । स्थूलशरीराभ्युदयस्थितिनाशस्य चोपदिष्टप्रायत्वात् क्रियाज्ञानशक्तिवत्तादात्म्यमनयोः सिद्धमित्यर्थः ॥ ८ ॥

परमात्मनः शारीरात्मत्वम्

स वा एष पञ्चधाऽऽत्मानं प्रविभज्य निहितो गुहायां मनोमयः प्राणशरीरो [1]बहुरूपः सत्यसंकल्प आत्मेति स वा एषोऽस्य हृदन्तरे तिष्ठन्नकृतार्थोऽमन्यतार्था[2]नसानि तत्स्वानीमानि भित्त्वोदितः पञ्चभी रश्मिभिर्विषयानत्तीति बुद्धीन्द्रियाणि यानीमान्येतान्यस्य रश्मयः कर्मेन्द्रियाण्यस्य हया रथः शरीरं मनो नियन्ता

[1] भारू—अ, अ १.

[2] नश्नामीत्यतः—अ, अ १. नसामीति तत्—अ २. नसानीत्यतः—ज.

प्रकृतिमयोऽस्य प्रतोदनेन[स्तेन] खल्वीरितं परिभ्रमतीदं शरीरं [1]चक्रमिवानेनैवेदं शरीरं चेतनवत् प्रतिष्ठापितं प्रचोदयिता चैषोऽस्येति ॥ ९ ॥

उक्तस्थूलपुरुषादिप्रचोदयिता क इत्यत आह—स वा इति । एवं शरीराभ्यन्तरं प्रविश्य यः पञ्चधा प्राणादिभेदेन आत्मानं विभज्य स्थूलशरीरानुग्रहायैव वैश्वानरस्या[म]प्युपपादितवान् स एष ज्ञानक्रियाशक्त्यात्मा भगवान् तद्धृदयगुहायां निहितः निधिवत् प्रतिष्ठितत्वात् । सोऽसौ मनोमयः ज्ञानशक्तिप्रधानत्वात् प्राणशरीरः क्रियाशक्त्युपाधिकत्वात् बहुरूपः नानोपाधिकत्वात् सत्यसङ्कल्पः अवितथसङ्कल्पत्वात् य आत्मेति प्रसिद्धः । स वा एष भगवान् अस्य हृद(या)न्तरे तिष्ठन् वाञ्छितार्थालाभात् अकृतार्थो भूत्वा अमन्यत । किमिति? शब्दाद्यर्थानसानि प्राप्नुवानीति तत् स्वानीमानि व्यष्टिस्थूलशरीराणि तानि पञ्चभिः रश्मिभिः स्वीयज्योतिर्मयकिरणैः भित्त्वा उदितः तन्निर्भिद्य बहिर्गतो विषयान् अत्तीति । ताश्च रश्मयो यानीमानि प्रसिद्धानि अस्यात्मनः श्रोत्रादिबुद्धीन्द्रियाणि रश्मिस्थानीयानि । सोऽसौ पञ्चरश्मिमाली मनोमयः प्राणशरीरो भगवान् रथी, वक्ष्यमाणरथाधिष्ठातृत्वात् । अस्य वागादिकर्मेन्द्रियाणि हयाः, अस्य शरीरमेव रथः इन्द्रियाश्ववाह्यत्वात्, मनो नियन्ता मनसः सारथित्वेन शरीररथवाहकाश्वस्थानीयेन्द्रियनियन्तृत्वात्, प्रतोदः तोत्रं प्रकृतिमयः नानाविधवासनास्वरूपत्वात् । तेन हि ते हयाः प्रतुद्यन्ते । पुनः पुनः यथोक्तरथिना खलु हययन्तृद्वारेरितं सत् इदं शरीरं परिभ्रमति । यत एवमतः शकटमिव अचेतनमिदं शरीरं, अनेनैव निजरश्मिभिः चेतनवत् प्रतिष्ठापितं, एष एव अस्य प्रचोदयिता । एवं भगवत एव सर्वशरीरेष्वंशेन वर्तनमुक्तं भवतीत्यर्थः ॥ ९ ॥

[1] अयं व्याख्याऽनुसारी पाठः कोशगतपाठस्तु, 'चक्रमिव मृतेचनेदं' इति वर्तते 'चक्रमिव मृत्पचेनेदं' इति रामतीर्थाभिमतपाठस्तु युक्ततरो भाति.

परमात्मनः आभासत एव संसारित्वम्

स वा एष आत्मे[1]त्यदोवशं नीत इव सितासितैः कर्मफलै-रभिभूयमान इव प्रतिशरीरेषु चरत्यव्यक्तत्वात् सूक्ष्मत्वाददृश्यत्वाद-ग्राह्यत्वान्निर्ममत्वाच्चानवस्थोऽकर्ता कर्तेवावस्थितः ॥ १० ॥

अंशवदंशिनः संसारित्वं वास्तवमित्यत आह—**स वा इति**। य एवं स्वसृष्टव्यष्ट्यादिशरीरेषु अंशेन अवतीर्य वर्तते **स वा एष** भगवान् परमात्मेति विख्यातः स हि अदोरथस्थानीयशरीरवशं नीत **इव** अतस्मिंस्तद्भावसिद्ध-**सितासितैः** शुभाशुभैः पुण्यपाप**कर्मफलैः अभिभूयमान इव** अस्वतन्त्रतया **प्रतिशरीरेषु** चरतीव **चरति** न वस्तुतः। स्वावृत्यपाये निष्प्रतियोगिकब्रह्ममात्र-त्वद्योतकस्त्विवशब्दः। इवशब्दार्थसाधका हि वक्ष्यमाणहेतवः। **अव्यक्तत्वात् सूक्ष्मत्वात् अदृश्यत्वात् अग्राह्यत्वात् निर्ममत्वाच्च**, मिथोहेतुहेतुमद्धेतुपञ्चक-मित्यर्थः। **अनवस्थः** सर्वावस्थाऽपह्नवसिद्धत्वात्। तथाऽपि स्वाज्ञादिदृष्टि-प्रसक्तकर्तृत्वादिवैरळ्यात्, यत एवं अतो**ऽकर्तैव** सन् शुभाशुभकर्म**कर्तेव अवस्थितो** भवति ॥ १० ॥

आत्मनः शुद्धस्वरूपम्

स वा एष शुद्धः स्थिरोऽचलश्चालेपोऽव्यग्रो निःस्पृहः प्रेक्षकवदवस्थितः स्वस्य चरितभुग्गुणमयेन पटेनात्मानमन्तर्धायावस्थित इत्यवस्थित इति ॥ ११ ॥

कर्तेवेति इवशब्दार्थः कथमित्याशङ्क्य शुद्धादिविशेषणविशिष्टत्वात् इवशब्दः सङ्गच्छत इत्याह—**स वा इति**। **स वा एष** आत्मा **शुद्धः** तमोऽतीतत्वात् **स्थिरः** पूर्णत्वात् अत एव **अचलः** बद्धपीठाचलवत् अप्रकम्प्यत्वात् **अलेपः**

[1] ति होशमिव—अ, अ १.

पापादिलेपरहितत्वात् अव्यग्रः निष्क्रियत्वात् निःस्पृहः स्पृहणीयस्वातिरिक्तमृग्यत्वात् प्रेक्षकवत् अवस्थितः साक्षिवत् सर्वत्रोदासीनतया स्थितत्वात् तथाऽपि स्वाज्ञानतः स्वस्य चरितभुक् स्वकृतकर्मफलानुभवव्यग्रत्वात्। कथमिह प्रेक्षकवत् अवस्थितस्य स्वकृतचरितभुक्त्वं तत्राह—गुणेति। त्रिगुणतत्कार्यनामरूपकर्मकर्तृत्वादिमयदृढपटेन स्वाज्ञदृष्टेः स्वात्मानमन्तर्धाय अवस्थितः पश्यत्कर्तेव भोक्तेव सर्वत्र आत्मात्मीयाभिमानारूढ इव आत्मानं मत्वा अवस्थितवद्भातत्वात्। वस्तुतः त्रिगुणतत्कार्यापाये निष्प्रतियोगिकब्रह्ममात्रमवशिष्यत इत्यर्थः। आवृत्तिः अवधारणार्था अध्यायपरिसमाप्त्यर्था च भवति ॥११॥

इति द्वितीयः प्रपाठकः

तृतीयः प्रपाठकः

संसारिणो भूतात्मनः स्वरूपम्

ते होचुर्भगवन् [1]यद्येवमस्यात्मनो महिमानं सूचयसीत्यन्यो वा परः कोऽयमात्मा [2]योऽयं सितासितैः कर्मफलैरभिभूयमानः सदसद्योनिमापद्यत इत्यवाचीं वोर्ध्वां गतिं द्वन्द्वैरभिभूयमानः परिभ्रमतीति कतम एष इति तान् होवाच ॥ १ ॥ अस्ति खल्वन्योऽपरो भूतात्माऽऽख्यो योऽयं सितासितैः कर्मफलैरभिभूयमानः सदसद्योनिमापद्यत इत्यवाचीं वोर्ध्वां गतिं द्वन्द्वैरभिभूयमानः परिभ्रमतीत्यस्योपव्याख्यानं पञ्च तन्मात्राणि भूतशब्देनोच्यन्ते पञ्च महाभूतानि भूतशब्देनोच्यन्तेऽथ तेषां यः समुदायः

[1] यवेव—इति लिखितकोशेषु. [2] कोयं—इति लिखितकोशेषु.

शरीरमित्युक्तमथ यो ह खलु वाव शरीरमित्युक्तं स भूतात्मेत्युक्तमथास्ति तस्यात्मा बिन्दुरिव पुष्कर इति स वा एषोऽभिभूतः प्राकृतैर्गुणैरित्यतोऽभिभूतत्वात् संमूढत्वं प्रयात्यसंमूढत्वादात्मस्थं प्रभुं भगवन्तं कारयितारं नापश्यद्गुणौघैस्तृप्यमानः कलुषीकृतश्चास्थिरश्चञ्चलो लोलुप्यमानः सस्पृहो व्यग्रश्चाभि[1]मानित्वं प्रयात इत्यहं सो ममेदमित्येवं मन्यमानो निबध्नात्यात्मनाऽऽत्मानं जालेनेव कृतस्यानुफलैरभिभूयमानः परिभ्रमतीति ॥ २ ॥

यस्त्वयोक्त आत्मा संसारी उत असंसारी वा इति स्वात्मयाथात्म्यबुभुत्सया पुनः प्रश्नप्रतिवचनमुखेन तृतीयः प्रपाठक आरभ्यते—ते होचुरिति। स्वात्मनः संसारानुवृत्त्याशङ्कया ऋषयो वालखिल्याः ते होचुः हे भगवन् इत्येवं प्रकारेण अस्यात्मनः व्यष्टिसमष्ट्युपाधेः वा महिमानं सर्वसंसारनिर्वाहकत्वेऽपि तदस्पर्शित्वलक्षणं सूचयसि यद्येवमात्मनः संसारास्पर्शस्तदा परः परमात्मा अन्यो वा अस्तु कोऽयमात्मा योऽयं सितासितैः कर्मफलैः अभिभूयमानः सदसद्योनिमापद्यत इत्यनुभवतः अवाचीं सांसारिकीं वा ऊर्ध्वां अपवर्गलक्षणां वाऽऽपद्यत इत्यनुकर्षः। एवमनुभूत्या द्वन्द्वैरभिभूयमानः परिभ्रमति। तत्र कतम एषः—किं व्यष्टिसमष्टिसंसारातीतः परमात्मनोऽन्यः, उत तस्यैव कया च न विधया संसारोऽपीति प्रश्नः, अचेतनस्य अर्थानर्थायोगात् कः संसार्यात्मेति। एवं पृष्टो भगवान् उपाधिकृतं अस्य संसारित्वं न वस्तुतः इति तान् होवाचेति ॥ १ ॥ किं उवाचेत्यत आह—अस्तीति। तैरेवं पृष्टो भगवान्—संसार्यात्मा सर्वथैव नाचेतनो नापि चेतनः, अपि तु तप्तायःपिण्डवत् उभयात्मा, तस्यैव साक्षात् संसारः, तद्द्वारा आत्मनः संसार इत्युपचर्यते न स्वतः, इत्येतदर्थं मनसि निधाय अस्तीत्याद्युक्तिः युक्ता। अस्ति खलु प्रसिद्धः अन्यः परमात्मनो भिन्नः अपरोऽश्रेष्ठः संसारी भूतात्माऽऽख्यः। योऽयं—सितासितैः

[1] मान—अ१, अ२, उ.

इत्याद्युक्तार्थं—एवं परिभ्रमतीति पृष्टः सोऽन्योऽस्तीति पूर्वेण सम्बन्धः । अस्य संसारिणः उपव्याख्यानं क्रियत इति शेषः । तत् कथं इत्यत्र—पञ्चतन्मात्राणि अपञ्चीकृतसूक्ष्मभूतानि भूतशब्देनोच्यन्ते, पञ्चीकृतपञ्चमहाभूतानि च भूतशब्देनोच्यन्ते । अथ तेषां स्थूलसूक्ष्मभूतानां समुदायः सङ्घातः शरीरमित्युक्तम् । तत्र भूतत्रयसङ्घातप्रधानं स्थूलशरीरं, सूक्ष्मं वायुप्रधानं, आन्तरं व्योमप्रधानं, तथा मात्राप्रधानम् । अथ खलु वाव प्रसिद्धः योऽयं शारीरः श्रुतिषु शरीरसम्बन्धी आत्मेत्युक्तः स एवं भूतात्मेत्युक्तं उपदिष्टम् । अथ भूतमयशरीरनिरूपणानन्तरं तत्स्वरूपं निरूप्यत इत्यर्थः । तदेव क्रियते—तस्येति । तस्य भूतसमुदायशरीरस्य बिन्दुः पुष्कर इव तैलबिन्दुलव इवेति वा इत्यनुभूतितो व्यापक आत्मा चेतनः अस्त्येव । स वा एष शारीरो यथोक्तभूतात्मा आन्तरो लैङ्ग्यज्योतिर्मयः पुरुषः प्राकृतैः गुणैः नानावासनाविजृंभितैः इत्यतोऽभिभूतत्वात् नीलपीतादिगुणकलितनैर्मल्यस्फटिकवत् सम्मूढत्वं प्रयाति । वस्तुतः स्वात्मनः स्वावारकदेहसम्बन्धाभावेन असम्मूढत्वात् सूत्रान्तर्यामिप्रत्यगादिरूपेण आत्मनि शरीरे तिष्ठतीति आत्मस्थं प्रभुं भगवन्तं कूटस्थात्मानं अनापन्नविकारतया सङ्घातप्रेरयितारं नापश्यत् गुणत्रयावृतत्वेन बहिर्मुखत्वात् । तथा च स्मृतिः—

> त्रिभिर्गुणमयैर्भावैरेभिः सर्वमिदं जगत् ।
> मोहितं नाभिजानाति मामेभ्यः परमव्ययम् ॥ इति ॥

सोऽसौ भूतात्मा शब्दादिसत्वादिगुणौघैः तृप्यमानः तुष्यमाणः तद्वासनया कलुषीकृतश्च भवति, अस्थिरः बहिःप्रतिष्ठाराहित्यात्, चञ्चलः मानसोपाधियोगात्, लोलुप्यमानः—लुपेः यङन्ताच्छानच्—लोलुपतां प्राप्तः, अप्राप्तविषये स्पृहया अन्वितः सस्पृहः, अतत्कर्मणि व्यग्रश्चाभिमानित्वं प्रयात इति । यतः एवं अतः अहं स इति स्वपरशरीरात्माभिमानं ममेदमिति दारपुत्रधनक्षेत्रादिषु स्वीयबुद्धिं मन्यमानोऽभिमतिं कुर्वन् आत्मना मनसा स्वात्मानं प्रत्यञ्चं जालेन खचरमिव बध्नाति स्वकृतस्य पुण्यपापरूपस्य स्वर्गनरकादिफलैः अभिभूयमानः यावत्स्वाज्ञानं परिभ्रमतीति ॥ २ ॥

भूतात्मसत्त्वे प्रमाणान्तरम्

अथान्यत्राप्युक्तं यः कर्ता सोऽयं वै भूतात्मा करणैः कारयिताऽन्तःपुरुषोऽथ यथाऽग्निनाऽयःपिण्डो वाऽभिभूतः कर्तृभिर्हन्यमानो नानात्वमुपैत्येवं वाव खल्वसौ भूतात्माऽन्तःपुरुषेणाभिभूतो गुणैर्हन्यमानो नानात्वमुपैत्यथ यत्त्रिगुणं चतुरशीतिलक्षयोनिपरिणतं भूतत्रिगुणमेतद्वै नानात्वस्य रूपं तानि ह वा इमानि गुणानि पुरुषेणेरितानि चक्रमिव चक्रिणेत्यथ यथाऽयःपिण्डे हन्यमाने नाग्निरभिभूयत्येवं नाभिभूयत्यसौ पुरुषोऽभिभूयत्ययं भूतात्मोपसंश्लिष्टत्वात् ॥ ३ ॥

स्वोक्तार्थे श्रुतिः श्रुत्यन्तरमपि प्रमाणयति—**अथेति**। **अथ** भूतात्म स्वरूपनिरूपणानन्तरं स्वोक्तार्थजातं **अन्यत्र** श्रुत्यन्तरेऽ**प्युक्तम्**। तत् कथं? **यः** कर्म**कर्ता सोऽयं वै भूता**त्मा स्वीय**करणैः** कारयिता **अन्तःपुरुषः** अन्तर्याम्यात्मना शरीरपूरणात् अयस्कान्तवत् कारयिता। श्रुतौ कर्तृस्वरूपतन्त्रता निरूप्यते—**अथेत्यादिना**। **यथा अग्निना अयःपिण्डः** शैत्यकाठिन्यविशिष्टोऽ**भिभूतः** खनित्रादि**कर्तृभिः हन्यमानो नानात्वमुपैति एवं वाव खल्वसौ भूतात्मा** स्वान्तः**पुरुषेण** अग्निस्थानीयेन **अभिभूतो गुणैः हन्यमानः** सन् **नानात्वमुपैति**। तत् कथं कीदृशं? **अथ यत् त्रिगुणं** सत्वादिगुणत्रय परिणामरूपं **चतुरशीतिलक्ष**सङ्ख्याक**योनि**त्वेन त्रिस्रोतोऽवान्तरजातत्वेन च **परिणतं भूतत्रिगुणं**—लिङ्गव्यत्ययः—प्राणिसमूहः। **एतद्वै नानात्वस्य रूपं**—जातित्वे अवान्तरप्रवाहनित्यत्वेन त्रिसङ्ख्याकयोनिलक्षचतुरशीतिभूतात्मानः। **तानि ह वा इमानि गुणानि** चतुरशीतिलक्षयोनिपरिणतभूतरूपाणि **पुरुषेण** अन्तर्यामिणा **चक्रिणा** कुलालेन तद्**चक्रमिव ईरितानि** प्रेरितानि भवन्ति। यथोक्तयोनिप्राप्तिः भूतात्मन एव नान्तर्यामिण इत्यत्रायं दृष्टान्तः—**अथ यथा अयःपिण्डे हन्यमाने** नानात्वं गते सति **नह्यग्निः अभिभूयति**—इति छान्दसं

परस्मैपदं—अभिभूयते अग्नेरयःसम्बन्धवैरळ्यात्, एवं नाभिभूयति असौ पुरुषोऽन्तर्यामी। भूतात्मा अभिभूयत्येव। कुतो वैषम्यमित्यत्र हेतुः—उपसंश्लिष्टत्वादिति ॥ ३ ॥

भूतात्मनानात्वे प्रमाणान्तरम्

अथान्यत्राप्युक्तं शरीरमिदं मैथुनादेवोद्भूतं संविद्व्यपेतं निरय एव मूत्रद्वारेण निष्क्रान्तमस्थिभिश्चितं मांसेनानुलिप्तं चर्मणाऽवबद्धं विण्मूत्र[1]पित्तकफमज्जामेदोवसाभिरन्यैश्च मलैर्बहुभिः परिपूर्णं कोश [2]इवावसन्नेति ॥ ४ ॥

भूतात्मन एव नानात्वापत्तौ श्रुत्यन्तरं प्रमाणयति—अथेति। किं तदन्यत्राप्युक्तम्? इदं शरीरं परमकुत्सितशुक्रशोणितयोगलक्षणं मैथुनादेवोद्भूतं संविदा शरीरात्मना व्यपेतं विसृष्टं विचार्यमाणे निरय एव। शिष्टं स्पष्टम्। इत्यादिमलपूरितं शरीरं स्वबन्धहेतुकोश इवावसन्नेति ॥ ४ ॥

भूतात्मैव शरीरमित्यत्र प्रमाणान्तरम्

अथान्यत्राप्युक्तं संमोहो भयं विषादो निद्रा तन्द्री व्रणो जरा शोकः क्षुत् पिपासा कार्पण्यं क्रोधो नास्तिक्यमज्ञानं मात्सर्यं [3]वैकारिण्यं मूढत्वं निर्व्रीडत्वं निकृतत्वमुद्धतत्वमसमत्वमिति तामसान्वितस्तृष्णा स्नेहो रागो लोभो हिंसा रतिर्दृष्टिर्व्यावृतत्वमीर्ष्या-काममस्थिरत्वं चञ्चलत्वं जिहीर्षाऽर्थोपार्जनं मित्रानुग्रहणं परिग्रहावल-म्बोऽनिष्टेष्विन्द्रियार्थेषु द्विष्टिरिष्टेष्वभिष्वङ्ग इति राजसान्वितैः परिपूर्ण एतैरभिभूत इत्ययं भूतात्मा तस्मान्नानारूपाण्याप्नोतीत्याप्नोतीति ॥५॥

[1] वातपि—अ, अ १, क.

[2] इव वसुनेति—रामतीर्थपाठः

[3] वैकारुण्यं—अ, अ १, उ १.

भूतात्मैव शरीरमित्यत्र श्रुत्यन्तरं प्रमाणयति—अथेति । भूतात्मा शरीरत्रयमिति यदुक्तं तदन्यत्राप्युक्तं भवति । अस्य शारीरस्य भूतात्मनः संमोहादयः स्वप्रधानधर्माः व्रणादयः स्वोपाधिप्रधानाः, कार्पण्यादयोऽपि स्वप्रधानधर्माः । वैकारिण्यं विकारिसंश्रितत्वम् । निकृतत्वं शठत्वम् । शिष्टं स्पष्टम् । अन्नपानादिविषयेच्छा तृष्णा, पुत्राद्यासक्तिः स्नेहः, स्त्रीविषयेच्छा रागः, स्वद्रव्यत्यागानिच्छा लोभः, प्राणिमात्रपीडा हिंसा, रतिः क्रीडा, ईर्ष्या असूया, स्त्रीमोहः कामः, स्थिरप्रतिष्ठाराहित्यं अस्थिरत्वम्, प्रतिक्षणविकारित्वं चञ्चलत्वम्, अर्थादिहरणेच्छा जिहीर्षा, अर्थोपार्जनं, मित्रानुग्रहणं, स्त्र्यादि-परिग्रहावलम्बः, अनिष्टेन्द्रियार्थेषु द्विष्टिः, इष्टेषु अभिष्वङ्गः सक्तिरिति राजसैः गुणैः परिपूर्णः एतैः अभिभूतः इत्येवंप्रकारोऽयं भूतात्मा शारीरः । यस्मात् एवं तस्मात् नानारूपाण्याप्नोति पुरोक्तनानायोनीः प्राप्नोति । आवृत्तिस्तु तृतीयप्रपाठकसमाप्त्यर्था ॥ ५ ॥

इति तृतीयः प्रपाठकः

चतुर्थः प्रपाठकः

धर्मानुष्ठानेन विना संसारानिवृत्तिः

[1]अथान्यत्राप्युक्तं महानदीषूर्मय इव निवर्तकमस्य यत् पुराकृतं
समुद्रवेलेव दुर्निवार्यमस्य मृत्योरागमनं सदसत्फलमयैर्हि पाशैः

[1] अत्र (अ) कोशे (मु) कोशे च अयमधिकः पाठो वर्तते—"ते ह खल्वथोर्ध्व-रेतसोऽतिविस्मिता अतिसमेत्योचुर्भगवन्नमस्ते त्वं नः शाधि त्वमस्माकं गतिरन्या न विद्यत इत्यस्य कोऽतिथिर्भूतात्मनो येनेदं हित्वात्मन्येव सायुज्यमुपैति तान् होवाच ॥"

पशुरिव बद्धं बन्धनस्थ इवास्वतन्त्रं यमविषयस्थ इव बहुभयावस्थं मदिरोन्मत्त इवामोदमदिरोन्मत्तं पाप्मना गृहीत इव भ्राम्यमाणं महोरगदष्ट इव विपद्दष्टं महान्धकार इव रागान्धमिन्द्रजाल [1]इव मायामयं स्वप्न इव मिथ्यादर्शनं कदलीगर्भ इवासारं नट इव क्षणवेषं चित्रभित्तिरिव मिथ्यामनोरममित्यथोक्तम् ॥

शब्दस्पर्शादयो येऽर्था अनर्था इव ते स्थिताः ।
येषां सक्तस्तु भूतात्मा न स्मरेच्च परं पदम् ॥ १ ॥

पूर्वस्मिन् प्रपाठके संसारेयत्तां प्रतिपाद्य तदसम्भवप्रबोधप्रदर्शनाय चतुर्थः प्रपाठकः आरभ्यते—**अथेति** । अथ संसारप्रवृत्तिप्रदर्शनानन्तरं अस्माभिः यत् व्याचिख्यासितं तत् **अन्यत्राप्युक्तम्** । किं तत्? कैवल्यहेतुतत्त्वज्ञानम् । **महानदीषु ऊर्मय इव भूतात्मनः संसारात् निवर्तकमस्य समुद्रवेलेव अस्य** भूतात्मनः ऊर्मितुल्यप्रवृत्तिसंसारस्य समुद्रोर्मीणां समुद्रवेलेव निवर्तकं निवारकं तु **यदस्य पुराकृतं** जन्मान्तरकृतस्वधर्मानुष्ठानं एतदेव, अन्यथा **दुर्निवार्यं अस्य मृत्योः** संसारस्य पुनः पुनः ऊर्मिवत् **आगमनं** प्राप्तम् । **यत्** यस्मात् शुभकर्मरहितः **असत्फलमयैः** असन्ति अशुभानि दुष्कृतानि तन्मयैः **पाशैः पशुरिव बद्धं** प्राचीनसुकृतराहित्यात् । तं मृत्युः न मुञ्चतीति शेषः । **कारागृहबन्धनस्थ इव** अस्वतन्त्रं स्वार्थस्वातन्त्र्यरहितं, **यमविषयस्थो** नारकीव **बहुभयावस्थं, मदिरोन्मत्त इव आमोदमदिरोन्मत्तं**—दारपुत्रादौ न्यस्तप्रीतिः आमोदः, पिशाचोपमपाप्मना **गृहीत इव भ्राम्यमाणं** व्याघूर्णमानचित्तत्वात्, **महोरगदष्ट इव विपद्दष्टं, महान्धकार इव रागान्धं** कृत्याकृत्यविवेकवैरल्यात्, **इन्द्रजाल इव मायामयं** परवञ्चनानिरतत्वात्, **स्वप्न इव मिथ्यादर्शनं** अदृष्टदृष्टनष्टाभिरामत्वात्, **कदलीगर्भ इव असारं, नट इव**

[1] मिव—मु.

क्षणवेषं प्रतिक्षणविकृतवेषत्वात्, नानाविधविचित्रचित्रभित्तिरिव मिथ्यामनोरमं मृत्युः न कदाऽपि मुञ्चति । इत्युक्तेऽर्थे अथोक्तं श्लोकान्तरं—शब्देति। भूतात्मनो ये शब्दस्पर्शादयोऽर्थाः ते अनर्था इव स्थिताः। येषां येषु सक्तो भूतात्मा न हि जात्वपि परं पदं स्वातिरिक्तसर्वापह्नवमुखेन ब्रह्ममात्रतया यत् पद्यते तत् पदं स्वमात्रमिति न कदाऽपि स्मरेत् ॥ १ ॥

संसारप्रतिक्रियारूपं स्वधर्मानुष्ठानम्

अयं वाव खल्वस्य प्रतिविधिर्भूतात्मनो यदेव विद्याऽधिगमं स्वधर्मस्यानुचरणं स्वाश्रमेष्वेवानुक्रमणं स्वधर्म एव सर्वं धत्ते स्तम्भशाखे[1]वेतराण्यनेनोर्ध्वभाग्भवत्यन्यथाऽधः पतत्येष स्वधर्मोऽभिहितो यो वेदेषु न स्वधर्मातिक्रमेणाश्रमी भवत्याश्रमेष्वेवावस्थितस्तपस्वी चेत्युच्यत एतदप्युक्तं नातपस्कस्यात्म[2]ज्ञानेऽधिगमः कर्मशुद्धिर्वेत्येवं ह्याह ॥

तपसा प्राप्यते सत्त्वं सत्त्वात् संप्राप्यते मनः ।
मनसा प्राप्यते त्वात्मा ह्यात्मापत्त्या निवर्तते ॥ २ ॥

स्वमुखेनैव भगवान् ब्रह्ममात्रावस्थानलक्षणकैवल्यहेतुं ससाधनं ज्ञानमुपदिशति—अयमिति। अयं वाव वक्ष्यमाणरूपः खलु अस्य भूतात्मनः प्रतिविधिः संसारानर्थप्रतिक्रिया । कोऽयं? यदेव विद्याऽधिगमः, यदित्यव्ययं, योऽयं विद्याऽधिगमः स्वतत्त्वविद्याप्राप्तिः सैव प्रतिविधिः । तत्प्राप्तौ चोपायः स्वाश्रमेष्वेव अनुक्रमणं स्वाश्रमविहितब्रह्मचर्याद्याश्रमेषु अनुप्रवेशनं यथाशास्त्रं प्राप्य ततः स्वधर्मस्य नित्यादिकर्मणोऽनुचरणं अनुष्ठानम् । स्वधर्म एव यथोक्तलक्षणः सर्वं आत्मवर्गं धत्ते । इहामुत्र स्तम्भशाखेव छदिषः

[1] चेत—अ, अ १, अ २, क. [2] ध्याने—अ, अ १, अ २, क.

उभयपार्श्वशाखाधारशाखामध्यस्था स्तम्भशाखा सा यथा **इतराणि** शाखाऽन्तराणि धत्ते तथा **अनेन** धारणात् धर्मसंज्ञकेन धृतं **ऊर्ध्वभाक्** ऊर्ध्वगतिभाक् **भवति । अन्यथा** आधारकर्माभावे **अधः पतति । एष एव** हि **स्वधर्मो यो वेदेषु** साङ्गोपाङ्गेषु **अभिहितः ।** तत्तद्वर्णाश्रमानुष्ठेयविहितस्वधर्मातिक्रमेण कश्चिदपि **आश्रमी न भवति, न हि सिद्धो भवति ।** यतः एवं अतः **आश्रमधर्मेष्वेव अवस्थितः तपस्वीत्युच्यते ।** इत्येतदप्युक्तं तदेतदन्यत्राप्युक्तमित्यर्थः । **अतपस्कस्य** यथोक्ततपोरहितस्य **आत्मज्ञानाधिगमो न, कर्मशुद्धिर्वा** पापकर्मसंशुद्धिरपि **न भवति इत्येवं ह्याह श्रुतिः ।** यतः एवं अतः **तपसा प्राप्यते सत्वं** ज्ञानवैराग्यादिहेतुसत्वगुणप्राधान्यं, **सत्वात् संप्राप्यते मनः** ब्रह्माकारवृत्तिमन्मनः **संप्राप्यते,** तादृशेन **मनसा आत्मा प्राप्यते, आत्मापत्त्या निवर्तते,** "न च पुनरावर्तते" इति श्रुतेः । **निवर्तत** इति शब्दतो न पुनः संसारी भवतीति द्योत्यते ॥ २ ॥

प्रसन्नचित्तस्यैव मोक्षः

अत्रैते श्लोका भवन्ति—

यथा निरिन्धनो वह्निः स्वयोनावुपशाम्यति ।
तथा वृत्तिक्षयाच्चित्तं स्वयोनावुपशाम्यति ॥ १ ॥

स्वयोनावुपशान्तस्य मनसः सत्यकामिनः ।
इन्द्रियार्थविमूढस्यानृताः कर्मवशानुगाः ॥ २ ॥

चित्तमेव हि संसारस्तत् प्रयत्नेन शोधयेत् ।
यच्चित्तस्तन्मयो भवति गुह्यमेतत् सनातनम् ॥ ३ ॥

चित्तस्य हि प्रसादेन हन्ति कर्म शुभाशुभम् ।
प्रसन्नात्माऽऽत्मनि स्थित्वा सुखमव्ययमश्नुते ॥ ४ ॥

समासक्तं [1]यदा चित्तं जन्तोर्विषयगोचरे ।
यद्येवं ब्रह्मणि स्यात्तत् को न मुच्येत बन्धनात् ॥ ५ ॥
मनो हि द्विविधं प्रोक्तं शुद्धं चाशुद्धमेव च ।
अशुद्धं कामसंकल्पं शुद्धं कामविवर्जितम् ॥ ६ ॥
लयविक्षेपरहितं मनः कृत्वा [2]सुनिश्चलम् ।
यदा यात्यमनीभावं तदा तत् परमं पदम् ॥ ७ ॥
तावदेव निरोद्धव्यं हृदि यावत् क्षयं गतम् ।
एतज्ज्ञानं च मोक्षश्च शेषास्तु ग्रन्थविस्तराः ॥ ८ ॥
समाधिनिर्धूतमलस्य चेतसो निवेशितस्यात्मनि यत् सुखं लभेत् ।
न शक्यते वर्णयितुं गिरा तदा स्वयं तदन्तःकरणेन गृह्यते ॥९॥
अपामपोऽग्निरग्नौ वा व्योम्नि व्योम न लक्षयेत् ।
एवमन्तर्गतं चित्तं पुरुषः प्रतिमुच्यते ॥ १० ॥
मन एव मनुष्याणां कारणं बन्धमोक्षयोः ॥
बन्धाय विषयासक्तं मुक्त्यै निर्विषयं स्मृतम् ॥ ११ ॥ ३ ॥

"मनसा प्राप्यते" इत्यादिना योऽर्थोऽभिहितः तस्मिन् उक्तार्थे इमे वक्ष्यमाणाः श्लोकाः मन्त्राः भवन्तीत्याह—यथेत्यादि । यथा स्वदाह्येन्धनरहितो वह्निः स्वयोनौ स्वाश्रयभूताङ्गारशकल एवोपशाम्यति तथा चित्तं तत्संवलितचैतन्यं स्वातिरिक्तविषयकवृत्तिक्षयात् स्वयोनौ कूटस्थे उपशाम्यति ॥ १ ॥ एवं स्वयोनावुपशान्तस्य सत्यकामिनः सत्तामात्रमहमस्मीति कामनावतः श्रोत्रादीन्द्रियार्थशब्दादौ अविमूढस्य तदावृतिमोहरहितस्य यावत् सम्यज्ज्ञानं

[1] यथा—क. [2] सुनिश्चितम्—क.

नोदेति तावत् आरब्धादिकर्मवशानुगा अत्यन्तानृता: स्वातिरिक्तदेहाद्यस्तिताऽऽभासा मरुमरीचिकादिवत् मिथ्यात्वेन भान्ति । उदिते तु सम्यज्ज्ञानसूर्ये स्वातिरिक्तदेहाद्याभासोऽस्ति नास्तीति प्रतीतिध्वान्त: कथं स्थातुं पारयति ब्रह्ममात्रस्य निष्प्रतियोगिकत्वात् ॥ २ ॥ तादृशसम्यज्ज्ञानोदयोपायमाह—**चित्तमेवेति**। **चित्तं तदेव** हि सम्यज्ज्ञानावृतिसंसार: । यावत् चित्तं अस्ति नास्तीति भ्रान्ति: नोदेति तदानीमेव सम्यज्ज्ञानं जातमिति मन्तव्यम् । यत: एवं अत: वेदान्तश्रवणादिना महता **प्रयत्नेन** ब्रह्मातिरिक्तचित्तं नास्तीति **शोधयेत्** निर्मूलीकुर्यादित्यर्थ: । **यच्चित्त:** पुरुष: **तन्मयो भवति** तन्मात्रमवशिष्यते इति यत् **तदेतत् सनातनं गुह्यं** परमसिद्धान्तत्वेन गोपनीयत्वात् ॥ ३ ॥ **चित्तप्रसादेन** हि **योगी शुभाशुभकर्म**जातं **हन्ति** "ज्ञानप्रसादेन विशुद्धसत्व:" इति श्रुते: । तस्मात् **प्रसन्नात्माऽऽत्मनि स्थित्वा अव्ययं** परमसुखं **अश्नुते** ॥ ४ ॥ यच्चित्तं विषयवत् ब्रह्मसंसक्तं स मुनि: नेच्छन्नपि मुच्यते इत्याह—**समासक्त**मिति । यस्य **जन्तो: चित्तं** विषयासक्तं सत् **विषये** निमज्जति **यद्येवं ब्रह्मणि समासक्तं** चित्तं तदा **बन्धनात् को वा न मुच्येत** । बन्धनस्य बहिश्चित्तमूलत्वात् चित्तापाये कुतो बन्धनमित्यर्थ: ॥ ५ ॥ शुद्धाशुद्धभेदेन **मनो द्विविधं** हि । तत्र **अशुद्धं कामसङ्कल्पा**दिमत् । **शुद्धं** तु **तद्विवर्जितम्** ॥ ६ ॥ किं च—**यदा** योगबलात् **मनो** **लयविक्षेपादिदोषरहितं निश्चलं** मन: **कृत्वा** योगिमन: **अमनीभावमायाति तदा तत्परमं पदं** ब्रह्म याति ॥ ७ ॥ **यावत् हृदि** तदवभासकप्रत्यगभिन्ने ब्रह्मणि मनउपलक्षितस्वाविद्यापदतत्कार्यजातं **क्षयं गतं** विरूपविलयं गतं **तावदेव मनो निरोद्धव्यम्** । **एतदेव** हि स्वातिरिक्तवृत्तिरहितं **ज्ञानं च मोक्षश्च** मोक्षस्य परा काष्ठाऽप्येतदेव **शेषास्तु** बन्धमोक्ष प्रतिपादका: **ग्रन्थविस्तरा:** मोक्षशास्त्रबोधितार्थ: नात: परमस्तीत्यर्थ:, "नात: परं वेदितव्यं हि किञ्चित्" इति मन्त्रवर्णात् ॥ ८ ॥ मलशब्देन शब्दादिविषयसंसृष्टि: उच्यते । निर्विकल्पकसमाधिना **निर्धूतमलस्य** स्वात्ममात्रनिवेशितस्य **चेतस:** स्वावशेषतया **यत्** परमसुखं **लभेत्** भवेत् **तद्गिरा** वाचा **वर्णयितुं न शक्यते** निरुपमत्वात् । **तत्** सुखं तावत् **स्वयं** ब्रह्माकारपरिणता**न्त:करणेन**

गृह्यते, स्वानुभवैकवेद्यमिति यावत्। तथा च श्रुतिस्मृती—"दृश्यते त्वग्र्यया बुद्धया" इति, "सुखमात्यन्तिकं यत्तत् बुद्धिग्राह्यमतीन्द्रियम्" इति च ॥ ९ ॥

लययोगरहस्यमुपदिश्यते—अपामिति। अपां मध्ये निवेशिता आपो वा अग्नौ निक्षिप्तोऽग्निर्वा व्योम्नि महाकाशे निक्षिप्तघटाद्यनुगतव्योम वा मिथो भेदेन यथा न लक्ष्यते एवमन्तर्गतं चित्तं तत्कार्यदेहात्मानं वा यदा न लक्षयेत् स्वभिन्नं न पश्यति, "यथैव मृन्मयः कुंभः तद्वद्देहोऽपि चिन्मयः" इति श्रुतेः। तदा पुरुषः संप्रसादः परिमुच्यते स्वातिरिक्तास्तिताभ्रमात् विमुक्तो भवति ॥१०॥

यतः एवं अतो मनुष्याणां बन्धमोक्षहेतुः मन एव। तत्र विषयासक्तं मनो बन्धसाधनम्। निर्विषयं मनस्तु मुक्तिसाधनं स्मृतम् ॥ ११ ॥ ३ ॥

चित्तप्रशमनार्थं भगवदुपासनम्

अथ यथेयं कौत्सायनिस्तुतिः—

त्वं च ब्रह्मा त्वं च वै विष्णुस्त्वं रुद्रस्त्वं प्रजापतिः।
त्वमग्निर्वरुणो वायुस्त्वमिन्द्रस्त्वं निशाकरः ॥ १ ॥
त्वं मनुस्त्वं यमश्च त्वं पृथिवी त्वमथाच्युतः।
स्वार्थे स्वाभाविकेऽर्थे च बहुधा तिष्ठसे दिवि ॥ २ ॥
विश्वेश्वर नमस्तुभ्यं विश्वात्मा विश्वकर्मकृत्।
विश्वभुग्विश्वमायस्त्वं विश्वक्रीडारतिः प्रभुः ॥ ३ ॥
नमः शान्तात्मने तुभ्यं नमो गुह्यतमाय च।
अचिन्त्यायाप्रमेयाय अनादिनिधनाय चेति ॥ ४ ॥ ४ ॥

अथ यथोपदिष्टार्थहेतुचित्तप्रसादसिद्धये चित्तात्मभगवदुपासनमुपदिश्यते—अथेति। अथ यथेयं कौत्सायनिस्तुतिः तदृषिकोऽयं मन्त्रग्रामः। हे भगवन् पुरुष त्वं ब्रह्मा चतुराननः त्वं च विष्णुः त्वं रुद्रः इत्यादेः प्रसिद्धार्थत्वात् ॥ १ ॥ स्वार्थे ब्रह्ममात्रावशेषार्थे सांसारिकत्वेन स्वाभाविके

अर्थे च बहुधा तिष्ठसे ॥ २–३ ॥ शान्तात्मने स्वातिरिक्तशान्तवपुषे नमः। इतिशब्दो मन्त्रग्रामपरिसमाप्त्यर्थः ॥ ४ ॥ ४ ॥

उपाधिवशात् आत्मनो जगद्रूपत्वम्

तमो वा इदमेकमास तत् पश्चात्तत् परेणेरितं विषमत्वं प्रयात्येतद्वै रजसो रूपं तद्रजः खल्वीरितं विषमत्वं प्रयात्येतद्वै तमसो रूपं तत्तमः खल्वीरितं तमसः संप्रास्रवत्येतद्वै सत्त्वस्य रूपं तत् सत्त्वमेवेरितं तत् सत्त्वात् संप्रास्रवत् सोंऽशोऽयं यश्चेतनमात्रः प्रतिपुरुषं क्षेत्रज्ञः संकल्पाध्यवसायाभिमानलिङ्गः प्रजापतिस्तस्य प्रोक्ता अग्र्यास्तनवो ब्रह्मा रुद्रो विष्णुरित्यथ यो ह खलु वावास्य राजसोंऽशोऽसौ स योऽयं ब्रह्माऽथ यो ह खलु वावास्य तामसोंऽशोऽसौ स योऽयं रुद्रोऽथ यो ह खलु वावास्य सात्त्विकोंऽशोऽसौ स योऽयं विष्णुः स वा एष एकस्त्रिधाभूतोऽष्टधैकादशधा द्वादशधाऽपरिमितधा चोद्भूत उद्भूतत्वाद्भूतेषु चरति प्रतिष्ठा सर्वभूतानामधिपतिर्बभूवेत्यसावात्माऽन्तर्बहिश्चान्तर्बहिश्च ॥ ५ ॥

अथ प्रक्रमे असौ खलु वावैतस्यांशो यश्चेतनमात्र इत्युक्तम्। कथं पुनः निरंशस्य अंशसंभव इति? निरुपाधिकसोपाधिकाभ्यां उभयमपि संगच्छत इति प्रकटनाय इदमाम्नायते—तम इति। इदं कृत्स्नं कार्यजातं एकं अखण्डं तमो वै तम एव आस अवस्थितमभूत्। तत् तमः सर्गात् प्राक् पश्चाच्च तमसः परेण साक्षिणा ईरितं कार्योन्मुखीकृतं सत् विषमत्वं वैषम्यं प्रयातीति वर्तमानत्वप्रयोगः सनातनत्वद्योतकः। एतद्वै क्षीणतमस्कप्रकृतिस्वरूपमेव रजसो रूपम्। तद्रजः खलु ईरितं विषमत्वं प्रयाति। एतद्वै क्षीणतमोरजस्कं प्रकृतिस्वरूपमेव सत्वस्य रूपं तत्सत्वमेव ईरितमभूत्। ततो रजसः सत्वस्य सारांशो भूमलिङ्गरूपः संप्रास्रवत् निर्गतोऽभूत्। सोऽयमंशो विद्याकोशोपाधेः

ब्रह्मणः साक्षात्कार्यभूतत्वात् । कोऽयं तत्कारणभूतः इत्यत्र—चेतनमात्रः कूटस्थांशत्वात् प्रतिपुरुषं क्षेत्रज्ञः सङ्कल्पाध्यवसायाभिमानलिङ्गः प्रजापतिरिति व्याख्यातम् । तस्य भूमलिङ्गज्योतिर्मयस्य भगवतो ब्रह्मा स्वराट्, रुद्रः सम्राट्, विष्णुः विराट्, इत्येताः अग्रे ह वा अग्र्याः तनवः । कथमित्यत आह—अथेति । अथ यो ह खलु वावास्य भूमलिङ्गज्योतिषः राजसोंऽशः असावेव स यः प्रसिद्धोऽयं भगवान् ब्रह्मा चतुराननः । अथ यो ह खलु वावास्य तामसोंऽशोऽसौ स योऽयं रुद्रोऽथ यो ह खलु वावास्य सात्त्विकोंऽशोऽसौ स योऽयं विष्णुः । तत्र अन्तर्मध्यबहिःसत्वरजस्तमस्को ब्रह्मा ऊर्ध्वमध्याधःसत्वरजस्तमस्कः, अयं रुद्रः बहिर्मध्यान्तारजस्तमस्सत्वः तथा अधोमध्योर्ध्वेषु च, विष्णुः बहिर्मध्यान्तस्तमस्सत्वरजस्कः तथा अधोमध्यो-र्ध्वेषु चेति । स वा एष भूमलिङ्गज्योतिर्मयः कारणात्मा एक एव सन् उक्ततनुत्रयोपाधितः त्रिधाभूतो भवति । पश्चात् वसुरूपेण अष्टधा पश्चात् रुद्रादित्यरूपेण एकादशधा द्वादशधा च प्रागुक्तरीत्या अनन्तव्यष्टिसंसारिरूपेण अपरिमितधा च उद्भूतः । एवमुद्भूतत्वान् असावेव सर्वप्राण्यन्तर्बहिश्च चरति । अतः सर्वभूतानां अयमेव प्रतिष्ठा । एवं स एव अधिपतिः स्वामी बभूव । असावात्मा स्वाज्ञविकल्पितस्वाविद्यापदतत्कार्यारोपापवादाधिकरणतया तदन्त-र्बहिश्च स्थितः, "अन्तर्बहिश्च तत् सर्वं व्याप्य नारायणः स्थितः" इति श्रुतेः । उपाधिनिमित्तोऽयं अंशांशिभावः, वस्तुतो निरंशं ब्रह्ममात्रमवशिष्यते । आवृत्तिः उपनिषत्समाप्त्यर्था ॥ ९ ॥

इति चतुर्थः प्रपाठकः

श्रीवासुदेवेन्द्रशिष्योपनिषद्ब्रह्मयोगिना ।
लिखितं स्याद्विवरणं प्रकृतोपनिषत्स्फुटम् ॥
मैत्रायणीविवरणग्रन्थसङ्ख्या निगद्यते ।
चतुश्चत्वारिंशदधिचतुःशतमुदीरिता ॥

इति श्रीमदीशाद्यष्टोत्तरशतोपनिषच्छास्त्रविवरणे चतुर्विंशतिसङ्ख्यापूरकं मैत्रायणीयोपनिषद्विवरणं संपूर्णम्

वज्रसूचिकोपनिषत्

आप्यायन्तु—इति शान्तिः

वज्रसूचीप्रस्तावः

वज्र[1]सूचीं प्रवक्ष्यामि शास्त्रमज्ञानभेदनम् ।
दूषणं ज्ञानहीनानां भूषणं ज्ञानचक्षुषाम् ॥ १ ॥

यज्ज्ञानाद्यान्ति मुनयो ब्राह्मण्यं परमाद्भुतम् ।
तत्त्रैपदब्रह्मतत्त्वमहमस्मीति चिन्तये ॥

इह खलु सामवेदप्रविभक्तेयं वज्रसूचिकोपनिषत् ब्राह्मण्यनिर्धारणच्छलेन निर्विशेषब्रह्ममात्रपर्यवसानार्थप्रकाशकतया प्रवृत्ता । तस्याः स्वल्पग्रन्थतो विवरणमारभ्यते—वज्रसूचीमिति ॥ १ ॥

को वा ब्राह्मणो नाम

[2]ब्रह्मक्षत्रियवैश्यशूद्रा इति चत्वारो वर्णास्तेषां वर्णानां ब्राह्मण एव प्रधान इति वेदवचनानुरूपं स्मृतिभिरप्युक्तम् । तत्र चोद्यमस्ति को वा ब्राह्मणो नाम किं जीवः किं देहः किं जातिः किं ज्ञानं किं कर्म किं [3]धार्मिक इति ॥ २ ॥

[1] सूचिं—अ.

[2] ब्राह्मण—अ.

[3] धार्मिकं किं वर्णः, किं पाण्डित्यं इत्यष्टौ प्रश्नाः—अ.

इत्थं प्रतिज्ञाय प्रतिज्ञातार्थं प्रकटयति—ब्रह्मेति । ब्रह्मणा सृष्टचातुर्वर्ण्ये "ब्राह्मणोऽस्य मुखमासीत्" इति, "मुखदेशात् द्विजो जज्ञे क्षत्रियो बाहुदेशतः" इति च, श्रुतिस्मृत्यनुरोधेन ब्राह्मणजातेः प्राधान्यमुक्तं ब्रह्ममात्रज्ञान-प्रशंसाऽर्थम्। तत्र चोद्यमस्तीति विकल्पोक्तिः । जीवदेहादिषट्प्रकारेषु को वा स्वाभिमतब्राह्मणपदमर्हतीति विकल्पयति—क इति ॥ २ ॥

न जीवो ब्राह्मणः

तत्र प्रथमो जीवो ब्राह्मण इति चेत्तन्न । अतीतानाग[1]ताने-कदेहानां जीवस्यैकरूपत्वात् एकस्यापि कर्मवशादनेकदेहसंभवात् सर्वशरीराणां जीवस्यैकरूपत्वाच्च । तस्मान्न जीवो ब्राह्मण इति ॥३॥

तत्र आद्यविकल्पो जीवो ब्राह्मण्यमर्हतीत्याशङ्क्य तत्पक्षं शिथिलयति—तत्रेति । तत् कथमित्यत्र हेतुत्रयेण जीवस्य ब्राह्मण्यं निराकरोति—अतीतेति । भूतादिकालपरिच्छिन्नदेहानां नानाजातिभवानां नानात्वेऽपि तदारोपाधिकरण-जीवस्यैकरूपत्वात् । शिष्टं स्पष्टम् । यस्मात् एवं तस्मात् ॥ ३ ॥

न देहो ब्राह्मणः

तर्हि देहो ब्राह्मण इति चेत्तन्न । आचाण्डालादिपर्यन्तानां मनुष्याणां [2]पाञ्चभौतिकत्वेन देहस्यैकरूपत्वात् जरामरणधर्माधर्मादि-साम्यदर्शनात् । [3]ब्राह्मणः श्वेतवर्णः क्षत्रियो रक्तवर्णो वैश्यः पीतवर्णः शूद्रः कृष्णवर्ण इति नियमाभावात् पित्रादिशरीरदहने पुत्रादीनां ब्रह्महत्यादिदोषसंभवाच्च । तस्मान्न देहो ब्राह्मण इति ॥४॥

[1] तदे—उ. तवर्तमानाने—अ.

[2] पशुपक्षिक्रिमिकीटपतङ्गादीनां पा—अ.

[3] तर्हि वर्णो ब्राह्मण इति चेन्न, ब्रा—अ.

जीवस्य ब्राह्मण्याभावेऽपि जीवाधिष्ठेयदेहस्य ब्राह्मण्यं स्यादित्याशङ्क्य हेतुचतुष्टयेन देहस्य ब्राह्मण्याभावमाचष्टे—तर्हीति ॥ ४ ॥

न जातिर्ब्राह्मणः

तर्हि जातिर्ब्राह्मण इति चेत्तन्न । तत्र जात्यन्त[1]रजन्तुष्वनेक-जातिसंभवात् । महर्षयो बहवः सन्ति । ऋष्यशृङ्गो [2]मृग्यः, कौशिकः कुशात्, जाम्बूको जम्बूकात्, वाल्मीको वल्मीकात्, व्यासः कैवर्त[3]कन्यकायाम्, शशपृष्ठात् गौतमः, वसिष्ठ [4]उर्वश्याम्, [5]अगस्त्यः कलशे जात इति श्रुतत्वात् । एतेषां जात्या विनाऽप्य[6]ग्रे ज्ञानप्रतिपादिता ऋषयो बहवः सन्ति । तस्मा[7]न्न जातिर्ब्राह्मण इति ॥ ५ ॥

जीवदेहयोः ब्राह्मण्यासम्भवेऽपि जातेः ब्राह्मण्यं स्यादित्याशङ्क्य नियमाभावादिति हेतुना ब्राह्मण्याभावं व्यक्तीकरोति—तर्हीति ॥ ५ ॥

न ज्ञानं ब्राह्मणः

तर्हि ज्ञानं ब्राह्मण इति चेत्तन्न । क्षत्रियादयोऽपि परमार्थदर्शिनोऽभिज्ञा बहवः सन्ति । तस्मान्न ज्ञानं ब्राह्मण इति ॥ ६ ॥

जातेः ब्राह्मण्याभावेऽपि ज्ञानस्य ब्राह्मणत्वं स्यादित्याशङ्क्य क्षत्रियादेरपि ज्ञानसम्भवादिति हेतुना ज्ञानस्यापि ब्राह्मण्याभावमाह—तर्हीति ॥ ६ ॥

[1] रेष्व—अ २, क. [2] मृग्याः—क.

[3] कन्यायाः—अ. कन्यायां—अ १, अ २, क.

[4] ऊ—अ, क. ऊर्वश्याः—अ.

[5] 'विश्वामित्रः क्षत्रियः, नारदो दासीपुत्रः', इत्यधिकः—अ.

[6] न्ये—अ १. [7] न न—अ.

न कर्म ब्राह्मणः

तर्हि कर्म ब्राह्मण इति चेत्तन्न । सर्वेषां प्राणिनां प्रारब्ध-संचितागामिकर्मसाधर्म्यदर्शनात् कर्माभिप्रेरिताः सन्तो जनाः क्रियाः कुर्वन्तीति । तस्मान्न कर्म ब्राह्मण इति ॥ ७ ॥

"कर्मणा जायते द्विजः" इति स्मृत्यनुरोधेन कर्मैव ब्राह्मणः स्यादित्याशङ्क्य तत्प्राणिसामान्यसाधारणहेतुना ब्राह्मण्याभावं प्रकटयति—तर्हीति ॥ ७ ॥

न धार्मिको ब्राह्मणः

तर्हि धार्मिको ब्राह्मण इति चेत्तन्न । क्षत्रियादयो हिरण्यदातारो बहवः सन्ति । तस्मान्न धार्मिको ब्राह्मण इति ॥ ८ ॥

अद्वितीयात्मसाक्षात्कारवानेव ब्राह्मणः

[1]तर्हि को वा ब्राह्मणो [2]नाम । यः कश्चिदात्मानमद्वितीयं जातिगुणक्रियाहीनं षडूर्मिषड्भावेत्यादिसर्वदोषरहितं सत्यज्ञानानन्दानन्तस्वरूपं स्वयं निर्विकल्पमशेष[3]कल्पाधारमशेषभूतान्तर्यामित्वेन वर्तमानमन्तर्बहिश्चाकाशवदनुस्यूतमखण्डानन्दस्वभावमप्रमेयमनुभवैकवेद्यमपरोक्षतया भासमानं करतलामलकवत् साक्षादपरोक्षीकृत्य कृतार्थतया कामरागादिदोषरहितः शमदमादि[4]संपन्नो [5]भावमात्सर्यतृष्णाऽऽशामोहादिरहितो दम्भाहंकारादिभिरसंस्पृ[6]ष्टचेता वर्तत एव-

[1] "तर्हि पाण्डित्यं ब्राह्मण इति चेत्तन्न, क्षत्रियादयोऽपि पण्डिता बहवः सन्ति, तस्मान्न पाण्डित्यं ब्राह्मण इति" इत्यधिकः—अ.

[2] नाम भवति—उ, उ १.

[3] विकल्पा—अ.

[4] साधनसं—उ.

[5] लोभमदमा—अ, अ १.

[6] ष्टो वेत्ता—अ, अ १.

मुक्तलक्षणो यः स एव ब्राह्मण इति श्रुतिस्मृतिपुराणेतिहासानामभिप्रायः। अन्यथा हि ब्राह्मणत्वसिद्धिर्नास्त्येव। सच्चिदानन्दमात्मानमद्वितीयं ब्रह्म भावयेदात्मानं सच्चिदानन्दं ब्रह्म भावयेदित्युपनिषत् ॥ ९ ॥

तर्हि को वा ब्राह्मणो नाम भवति इत्याशङ्क्य स्वातिरिक्तसर्वापह्नवसिद्धं ब्रह्म निष्प्रतियोगिकस्वमात्रमिति यः कोऽपि वा जानाति स एव ब्राह्मणो नेतर इत्याह—यः कश्चिदिति। ब्रह्मादिस्तम्बान्तभूतेषु यः कश्चित् पुमान् स्वान्तस्थपराक्करणग्रामप्रातिलोम्येन भासमानं प्रत्यञ्चं आत्मानं स्वातिरिक्तकरणग्रामाभावात् अद्वितीयं यत्र गोत्वादिजातिः शुक्लत्वादिगुणः पाकादिक्रिया च न विद्यते तं जातिगुणक्रियाहीनं अशनायादिः षडूर्मिः जायते अस्तीत्यादिषड्भावविकारः आदिशब्देन कामाद्यरिषड्वर्गत्वगादिषट्कोशादयो गृह्यन्ते। एवमादिसर्वदोषरहितं सत्यज्ञानानन्दानन्तस्वरूपं असत्याज्ञानदुःखपरिच्छेदत्रयवैरूप्यात् स्वयं निर्विकल्पं सर्वविकल्पासहत्वात् अशेषकल्पाधारं सर्वाधारत्वात् ईश्वरात्मना अशेषभूतान्तर्यामित्वेन वर्तमानं "एष त आत्मा सर्वान्तरः" इत्यादिश्रुतेः प्रत्यगभिन्नब्रह्मात्मना अन्तर्बहिश्चाकाशवदनुस्यूतं स्वव्याप्यान्तर्बाह्यापह्नवात् निष्प्रतियोगिकाखण्डानन्दस्वभावं स्वमात्रमिति विना प्रमातुमशक्यत्वात् अप्रमेयं स्वानुभवैकवेद्यं अपरोक्षतया भासमानं ब्रह्मात्मानं करतलविन्यस्तामलकवत् साक्षादपरोक्षीकृत्य कृतार्थतया यो वर्तते तस्य प्रकृतिं विशिनष्टि—कामेति। कामसङ्कल्परागद्वेषादिदोषरहितः शमदमादिसम्पन्नः। भावः षड्भावः। मात्सर्यग्रहणमरिषड्वर्गोपलक्षणार्थम्। अलब्धव्येच्छा तृष्णा, आशा तु लब्धव्येच्छा। स्वभावतः इत्यादिमहामोहरहितः। दम्भाहङ्कारममकारादिभिः असंस्पृष्टचेताः। एवमुक्तलक्षणो यः स एव ब्राह्मणः इति। "एतं वै तमात्मानं विदित्वा ब्राह्मणाः पुत्रैषणायाश्च," इत्यारभ्य, "स ब्राह्मणः" इत्यन्तं, "य एतदक्षरं गार्गि विदित्वा अस्मात् लोकात् प्रैति स ब्राह्मणः" "एष नित्यो महिमा ब्राह्मणस्य" इत्यारभ्य "शान्तो दान्त उपरतस्तितिक्षुः समाहितो भूत्वा आत्मन्येवात्मानं पश्यति" इत्यन्तम्,

"शिखां ज्ञानमयी यस्य उपवीतं च तन्मयम् ।
ब्राह्मण्यं सकलं तस्य इति ब्रह्मविदो विदुः ॥

इत्यादि,

ये स्वात्महितमिच्छन्ति तैः पूज्योऽयं द्विजोत्तमः । इत्यादि,
मोक्तुमिच्छसि चेद्राजन् ब्राह्मणान् भज सन्ततम् । इति,
ब्राह्मणान् भर कौन्तेय पुनश्च ब्राह्मणान् भर ।

इत्यादिश्रुतिस्मृतिपुराणेतिहासानां परमोऽयमभिप्रायः । अन्यथा एतद्विपर्यये ब्राह्मणत्वसिद्धिः नास्त्येव । यस्मादेवं श्रुतिस्मृत्यादिप्रकटितेयं ब्राह्मण्यसिद्धिः तस्मात् द्विजातिसंस्कारालङ्कृतः सन् ब्रह्म जानाति इति ब्राह्मणो भूत्वा स्वातिरिक्तानृतजडदुःखप्रपञ्चापह्नवसिद्धं सच्चिदानन्दमात्मानमद्वितीयं निष्प्रतियोगिकब्रह्ममात्रं भावयेदात्मानं सच्चिदानन्दमद्वितीयं ब्रह्म भावयेदिति । द्विरुक्तिरादरार्था ॥

अत्रैतद्विचार्यते। यः कश्चिदात्मानं ब्रह्मेति वेद स वै ब्राह्मण इत्युक्तम् । तत्र ब्रह्म जानातीति ब्राह्मण इत्युक्तिः ज्ञानस्तुत्यर्था । वस्तुतो न हि सर्वेषां निर्विशेषब्रह्मवेदनमात्रतो ब्रह्मवित्त्वं विना ब्राह्मणत्वमस्ति मुख्यब्राह्मणशब्दस्य परिव्राजकवाचित्वात्, "एतं वै तमात्मानं विदित्वा ब्राह्मणाः (पुत्राद्येषणात्रयतो) व्युत्थाय भिक्षाचर्यं चरन्ति ।" "यो वा एतदक्षरं गार्गि विदित्वा अस्मात् लोकात् प्रैति (कर्मसामान्यं त्यजति) स ब्राह्मणः" इति च त्यजामेव मुख्यब्राह्मणशब्दप्रयोगो दृश्यते । न हि द्विजेतरेषां ब्राह्मणत्वहेतुपारिव्राज्यमस्ति । किञ्च—कामरागादिदोषरहितः शमदमादिसम्पन्नः शान्तो दान्त इत्यादिविशेषणपूगस्तु न हि द्विजेतरेषु समग्रो भवति, द्विजानां सोपरतिशमप्रकृतिकत्वात् । तथा च सर्वज्ञगौडपादाचार्यैरुक्तम्—

विप्राणां विनयो ह्येष शमः प्राकृत उच्यते ।
दमः प्रकृतिदान्तत्वादेवं विद्वान् शमं व्रजेत् ॥ इति ॥

अतो द्विजातिसंस्कारालङ्कृतस्य केवलस्य गौणब्राह्मणत्वं, तस्यैव त्यक्तपदं प्रपन्नस्य सर्वापह्नवसिद्धब्रह्ममात्रज्ञानतो मुख्यब्राह्मणत्वम् । मुचुकुन्दं

प्रति भगवानेवमाह—"भूत्वा द्विजवरस्त्वं वै मामुपैष्यसि केवलम्" इति। क्षत्रियादीनां ब्रह्मज्ञानतो ब्रह्मवित्त्वं द्विजत्वे सति ब्रह्मविदां मुख्यब्राह्मणत्वं सिद्धमित्यवधृतम् ॥

इत्युपनिषच्छब्दः प्रकरणसमाप्त्यर्थः ॥ ९ ॥

श्रीवासुदेवेन्द्रशिष्योपनिषद्ब्रह्मयोगिना।
वज्रसूच्याख्योपनिषद्व्याख्येयं लिखिता स्फुटम्।
प्रकृतोपनिषद्व्याख्याग्रन्थोऽशीतिपदं गतः ॥

इति श्रीमदीशाद्यष्टोत्तरशतोपनिषच्छास्त्रविवरणे षट्त्रिंशत्सङ्ख्यापूरकं वज्रसूचिकोपनिषद्विवरणं सम्पूर्णम्

शारीरकोपनिषत्

सह नाववतु—इति शान्तिः

पञ्चभूतात्मकं शरीरम्

अथातः पृथिव्यादिमहाभूतानां समवायं शरीरम्। यत् कठिनं सा पृथिवी यद्द्रवं तदापो यदुष्णं तत्तेजो यत् संचरति स वायुर्यत् सुषिरं तदाकाशम् ॥ १ ॥

तत्त्वग्रामोपायसिद्धं परतत्त्वस्वरूपकम्।
शारीरोपनिषद्वेद्यं श्रीरामब्रह्म मे गतिः ॥

इह खलु कृष्णयजुर्वेदप्रविभक्तेयं शारीरकोपनिषत् चतुर्विंशतितत्त्वेयत्ताप्रकटनपूर्वकं स्वातिरिक्ततत्त्वग्रामासंभवप्रबोधसिद्धब्रह्ममात्रपर्यवसन्ना विजृंभते। अस्याः श्रुतेः संक्षेपतो विवरणमारभ्यते। यथोक्ताधिकारिण उपलभ्य श्रुतिरादौ शरीरेयत्तां प्रकाशयति—अथेति। अथ यथोक्ताधिकारिलाभानन्तरं तस्य परमार्थोपदेशः कर्तव्यः। परमार्थवस्तु ब्रह्ममात्रं, तत्सिद्धेः तदतिरिक्तापह्नवपूर्वकत्वात्, यतः तदियत्तापरिज्ञानं विना न हि तदपह्नोतुं शक्यं, अतः तदियत्ताप्रपञ्चनं न्याय्यमिति। पृथिव्यादिपञ्चभूतोपादानं शरीरमित्यर्थः। कथं तत्पञ्चभूतोपादानं शरीरमित्यत्र विभागशः तन्निदर्शयति—यदिति। शरीरे यत् कठिनम् ॥ १ ॥

ज्ञानेन्द्रियतद्विषयाणां भौतिकत्वम्

श्रोत्रादीनि ज्ञानेन्द्रियाणि। श्रोत्रमाकाशे वायौ त्वगग्नौ चक्षुरप्सु जिह्वा पृथिव्यां घ्राणमिति। एवमिन्द्रियाणां यथाक्रमेण शब्दस्पर्शरूपरसगन्धाश्चैते विषयाः पृथिव्यादिमहाभूतेषु क्रमेणोत्पन्नाः ॥ २ ॥

करणेष्वपि भूतविभाग उच्यते । श्रोत्रादीनि ज्ञानेन्द्रियाणि। तत्र श्रोत्रं आकाशे ॥ २-३ ॥

कर्मेन्द्रियतद्विषयाणां भौतिकत्वम्

वाक्पाणिपादपायूपस्थाख्यानि कर्मेन्द्रियाणि । तेषां क्रमेण वचनादानगमनविसर्गानन्दाश्चैते विषयाः पृथिव्यादिमहाभूतेषु क्रमेणोत्पन्नाः ॥ ३ ॥

अन्तःकरणचतुष्टयम्

मनोबुद्धिरहंकारश्चित्तमित्यन्तःकरणचतुष्टयम्। तेषां क्रमेण संकल्पविकल्पाध्यवसायाभिमानावधारणास्वरूपाश्चैते विषयाः। मनःस्थानं गलान्तं बुद्धेर्वदनमहंकारस्य हृदयं चित्तस्य नाभिरिति ॥ ४ ॥

मनआदेः गोळकस्थानं निर्दिशति—मनःस्थानमिति ॥ ४ ॥

शरीरावयवानां भौतिकत्वप्रपञ्चनम्

अस्थिचर्मनाडीरोममांसाश्चेति पृथिव्यंशाः। मूत्रश्लेष्मरक्तशुक्रस्वेदा अबंशाः। क्षुत्तृष्णाऽऽलस्यमोहमैथुनान्यग्नेः। प्रचारण-

विलेखनस्थूलाक्ष्युन्मेषनिमेषादि वायोः। कामक्रोधलोभमोहभयान्या-
काशा[1]स्य ॥ ५ ॥

"यत् कठिनं सा पृथिवी" इति शरीरे सङ्क्षेपतः पृथिव्यादिभूतविकृतिरुक्ता, इदानीं तदेव विस्तरेण प्रपञ्चयति—अस्थीति ॥ ५ ॥

भूतगुणाः

शब्दस्पर्शरूपरसगन्धाः पृथिवीगुणाः। शब्दस्पर्शरूपरसाश्चापां गुणाः। शब्दस्पर्शरूपाण्यग्निगुणाः। शब्दस्पर्शाविति वायुगुणौ। शब्द एक आकाशस्य ॥ ६ ॥

पूर्वपूर्वपृथिव्यादिकार्यापेक्षया उत्तरोत्तरस्य गुणापकर्षमाचष्टे—शब्देति॥६॥

सत्वादिगुणत्रयकार्याणि

सात्त्विकराजसतामसलक्षणानि त्रयो गुणाः ॥ ७ ॥
अहिंसा सत्यमस्तेयब्रह्मचर्यापरिग्रहाः।
अक्रोधो गुरुशुश्रूषा शौचं संतोष आर्जवम् ॥ ८ ॥
अमानित्वमदम्भित्वमास्तिकत्वमहिंसता।
एते सर्वे गुणा ज्ञेयाः सात्विकस्य विशेषतः ॥ ९ ॥
अहं कर्ताऽस्म्यहं भोक्ताऽस्म्यहं वक्ताऽभिमानवान्।
एते गुणा राजसस्य प्रोच्यन्ते ब्रह्मवित्तमैः ॥ १० ॥
निद्राऽऽलस्ये मोहरागौ मैथुनं चौर्यमेव च।
एते गुणास्तामसस्य प्रोच्यन्ते ब्रह्मवादिभिः ॥ ११ ॥

[1] स्यांशाः—अ २.

ऊर्ध्वं सात्त्विको मध्ये राजसोऽधस्तामस इति ॥ १२ ॥

सम्यग्ज्ञानं सात्त्विकम् । धर्मज्ञानं राजसम् । तिमिरान्धं तामसमिति ॥ १३ ॥

सत्त्वादिभेदेन गुणानां त्रैविध्यमाह—**सात्त्विकेति** ॥ ७ ॥ तत्र सात्त्विककार्याण्याह—**अहिंसेति** । अहिंसाद्वयशब्दार्थस्तु—आद्यस्तु प्राण्यहिंसा, द्वितीयस्तु यथावत् आत्मानवलोकनं, देहादावात्मबुद्धेः आत्महिंसारूपत्वात्,

अखण्डमात्मचैतन्यं देहादित्वेन खण्डनम् ।
आत्महिंसनमाख्यातं तन्न कुर्यात् कदाचन ॥

इति स्मृतेः ॥ ८–९ ॥ राजसकार्याण्याह—**अहमिति** ॥ १० ॥ तामसकार्याण्याह—**निद्रेति** ॥ ११ ॥ सत्वादय ऊर्ध्वादिलोकप्रापका इत्याह—**ऊर्ध्वं इति** । अत्र

ऊर्ध्वं गच्छन्ति सत्वस्था मध्ये तिष्ठन्ति राजसाः ।
जघन्यगुणवृत्तिस्था अधो गच्छन्ति तामसाः ॥

इति स्मृतेः ॥ १२ ॥ सत्वादिकार्यं ज्ञानादिकमित्याह—**सम्यगिति** । "सत्वात् सञ्जायते ज्ञानं" इत्यादि स्मृतेः ॥ १३ ॥

अवस्थाचतुष्टयम्

जाग्रत्स्वप्नसुषुप्तितुरीयमिति चतुर्विधा अवस्थाः । ज्ञानेन्द्रियकर्मेन्द्रियान्तःकरणचतुष्टयं चतुर्दशकरणयुक्तं जाग्रत् । अन्तःकरणचतुष्टयैरेव संयुक्तः स्वप्नः । चित्तैककरणा सुषुप्तिः । केवलजीवसंयुक्तमेव तुरीयमिति ॥ १४ ॥

व्यष्ट्यादिप्रपञ्चारोपापवादाधारविश्वादिनिर्वर्त्यजाग्रदाद्यवस्थाचतुष्टयस्वरूपमाह—**जाग्रदिति** । तत्र जाग्रदादिस्वरूपमाह—**ज्ञानेति** । तत्र व्यवहृतेः स्फुट-

त्वात् । अन्तःकरणचतुष्टयैरेव चतुष्टयेनैव संयुक्तः स्वप्नः, तत्रत्यव्यवहृतेग-स्फुटत्वात् । चित्तैककरणा सुषुप्तिः, विषयाभावेपि "सुखमहमस्वाप्सं" इति स्मृतिमात्रपर्यवसन्नत्वात् । केवलजीवसंयुक्तमेव तुरीयमिति केवलजीवस्तुरीय इत्यर्थः ॥ १४ ॥

क्षेत्रज्ञस्वरूपम्

उन्मीलितनिमीलितमध्यस्थजीवपरमात्मनोर्मध्ये जीवात्मा क्षेत्रज्ञ इति विज्ञायते ॥ १५ ॥

क्षेत्रज्ञस्वरूपमाह—उन्मीलितेति । स्वातिरिक्तविषये उन्मीलितदृष्टिः अविद्या, तत्र निमीलितदृष्टिः विद्या, तन्मध्यस्थितौ जीवात्मपरमात्मानौ, तयोर्मध्ये जीवात्मा क्षेत्रज्ञः तत्रात्मात्मीयाभिमतिदर्शनात् ॥ १५ ॥

क्षेत्रस्वरूपम्

बुद्धिकर्मेन्द्रियप्राणपञ्चकैर्मनसा धिया ।
शरीरं सप्तदशभिःसूक्ष्मं तल्लिङ्गमुच्यते ॥ १६ ॥
मनो बुद्धिरहंकारः खानिलाग्निजलानि भूः ।
एताः प्रकृतयस्त्वष्टौ विकाराः षोडशापरे ॥ १७ ॥
श्रोत्रं त्वक्चक्षुषी जिह्वा घ्राणं चैव तु पञ्चमम् ।
पायूपस्थौ करौ पादौ वाक्चैव दशमी मता ॥ १८ ॥
शब्दः स्पर्शश्च रूपं च रसो गन्धस्तथैव च ।
त्रयोविंशतिरेतानि तत्त्वानि प्र[प्रा]कृतानि तु ॥ १९ ॥

तद्विषयभूतं क्षेत्रं किमित्यत्र लिङ्गमित्याह—बुद्धीति ॥ १६ ॥ तत्तदभिधानपूर्वकं चतुर्विंशतितत्त्वानि दर्शयति—मन इति ॥ १७ ॥ के प्रकृत्यष्टकविकारा इत्यत्र—श्रोत्रमिति ॥ १८–१९ ॥

प्रकृ

चतुर्विंशतिरव्यक्तं प्रधानं पुरुषः परः ॥ इत्युपनिषत् ॥ २० ॥

अव्यक्तं प्रधानं, अव्यक्तस्य सर्वानर्थकल्पनाप्रधानत्वात् । एतत्तत्त्वग्रामं स्वेन रूपेण पूरयतीति पुरुषः परमात्मा स्वपूर्यसापेक्षपूरकताऽपाये स एव परो निष्प्रतियोगिकस्वमात्रमवशिष्यत इत्यर्थः । इत्युपनिषच्छब्दः प्रकृतोपनिषत्-समाप्त्यर्थः ॥ २० ॥

श्रीवासुदेवेन्द्रशिष्योपनिषद्ब्रह्मयोगिना ।
शारीरकोपनिषदो व्याख्यानं लिखितं लघु ।
शारीरविवृतिग्रन्थः चत्वारिंशदितीरितः ॥

इति श्रीमदीशाद्यष्टोत्तरशतोपनिषच्छास्त्रविवरणे द्विषष्टिसङ्ख्यापूरकं
शारीरकोपनिषद्विवरणं सम्पूर्णम्

शुकरहस्योपनिषत्

सह नाववतु—इति शान्तिः

रहस्योपनिषत्प्रस्तावः

अथातो रहस्योपनिषदं व्याख्यास्यामः ॥ १ ॥ देवर्षयो ब्रह्माणं संपूज्य प्रणिपत्य पप्रच्छुर्भगवन्नस्माकं रहस्योपनिषदं ब्रूहीति ॥ २ ॥

प्रज्ञानादिमहावाक्यरहस्यार्थकळेबरम् ।
विकळेबरनिर्वाणत्रिपाद्रामपदं भजे ॥

इह खलु कृष्णयजुर्वेदप्रविभक्तेयं शुकरहस्योपनिषत् प्रणवमहावाक्यार्थप्रकाशकतया निर्विशेषब्रह्ममात्रपर्यवसन्ना प्रसक्तप्रत्यक्परयो रैक्यप्रबोधिनी विजृम्भते । अस्या उपोद्घातादि कठवल्लीवत् ऊह्यम । अस्याः शुकरहस्योपनिषदः सङ्क्षेपतो विवरणमारभ्यते । वक्ष्यमाणाख्यायिकाद्वयमपि विद्यास्तुत्यर्थम् । अत्रादौ यथोक्तसाधनसम्पन्नानुद्दिश्याख्यायिकाद्वयप्रकटनपूर्वकं रहस्यार्थं श्रुतिः प्रकाशयति—अथेति । अथ यथोक्ताधिकारिलाभानन्तरं सर्वश्रुतयो मिळित्वा यतः स्वाज्ञानेन संसारभ्रम उदेति स्वज्ञानादस्तं गच्छति अतः सर्वेषां स्वातिरिक्तभ्रमनिरसनाय सर्वोपनिषदामपि रहस्योपनिषदं यथा सकृच्छ्रवणतः स्वाज्ञलोकाः कृतकृत्या भवेयुः तथा विस्पष्टमाख्यास्याम इति प्रतिज्ञापूर्वकं भाव्याख्यायि-

काद्वयमवतारयति ॥ १ ॥ केयमाख्यायिकेत्यत आह—देवेति । पप्रच्छुः-किमिति? भगवन्निति ॥ २ ॥

शुकाय शिवकृतप्रणवब्रह्मोपदेशः

सोऽब्रवीत्—

पुरा व्यासो महातेजाः सर्ववेदतपोनिधिः ।
प्रणिपत्य शिवं साम्बं कृताञ्जलिरुवाच ह ॥ ३ ॥

श्रीवेदव्यास उवाच—

देवदेव महाप्राज्ञ पाशच्छेददृढव्रत ।
शुकस्य मम पुत्रस्य वेदसंस्कारकर्मणि ॥ ४ ॥
ब्रह्मोपदेशकालोऽयमिदानीं समुपस्थितः ।
ब्रह्मोपदेशः कर्तव्यो भवताऽद्य जगद्गुरो ॥ ५ ॥

ईश्वर उवाच—

मयोपदिष्टे कैवल्ये साक्षाद्ब्रह्मणि शाश्वते ।
विहाय पुत्रो निर्वेदात् प्रकाशं यास्यति स्वयम् ॥ ६ ॥

श्रीवेदव्यास उवाच—

यथा तथा वा भवतु ह्युपनायनकर्मणि ।
उपदिष्टे मम सुते ब्रह्मणि त्वत्प्रसादतः ॥ ७ ॥
[1]सर्वज्ञो भवतु क्षिप्रं मम पुत्रो महेश्वर ।
तव प्रसादसंपन्नो लभेन्मुक्तिं चतुर्विधाम् ॥ ८ ॥

[1] अयं श्लोको नास्ति—उ.

तच्छ्रुत्वा व्यासवचनं सर्वदेवर्षिसंसदि ।

उपदेष्टुं स्थितः शम्भुः साम्बो दिव्यासने मुदा ॥ ९ ॥

कृतकृत्यः शुकस्तत्र समागम्य सुभक्तिमान् ।

तस्मात् स प्रणवं लब्ध्वा [1]पुनरेत्याब्रवीच्छिवम् ॥ १० ॥

तथेति तेषां प्रश्नमङ्गीकृत्य तत्पृष्टार्थे पुरावृत्तमितिहासं सोऽयं ब्रह्माऽब्रवीदित्याह—पुरेति ॥ ३ ॥ किं तत् इत्याकाङ्क्षायां मत्पुत्रस्य भवता ब्रह्मोपदेशः कर्तव्यः इत्याह—देवेति । ये मां सकृत् भजन्ति तेषां स्वमात्रात् च्युतिहेतुस्वातिरिक्तास्तितापाशं छेदयामीति दृढं व्रतं यस्य तस्य सम्बुद्धिः ॥४–५॥ एवं व्यासेन प्रार्थित ईश्वर उवाच । किमिति? मयेति । मया निरावृतेश्वरेण साक्षात् मद्याथात्म्यस्वरूपावस्थानलक्षणे शाश्वते कैवल्ये ब्रह्मणि उपदिष्टे सति मदुपदेशसमकालं त्वत्पुत्रः स्वातिरिक्तवस्तुसामान्यनिर्वेदात् तीव्रतमवैराग्यात् स्वातिरिक्तास्तिताभ्रमं विहाय अपह्नवं कृत्वा तदपह्नवसिद्धं ब्रह्ममात्रप्रकाशं स्वयं स्वावशेषधिया यास्यति ॥ ६ ॥ एवं ईश्वरसूक्तिमवगम्य श्रीवेदव्यास उवाच । किमिति? यथेति । परे ब्रह्मणि अभेदमापन्नेन भवता मम सुते साक्षात् उपदिष्टे सति अयं त्वत्प्रसादतः कृतकृत्यो भवेत् । तस्मात् भवान् तदुपनायनकर्मणि प्रार्थितः त्वदुपदेशानन्तरं अयं शुकः यथा तथा वा भवतु संसरतु परिव्रजतु वेत्यर्थः ॥ ७–८ ॥ एवं व्यासवचनमाकर्ण्य शुकस्य ब्रह्मविद्यामुपदेष्टुमीश्वरः सन्नद्धो भवतीति श्रुतिराह—तदिति ॥ ९ ॥ ततः किमित्यत आह—कृतकृत्य इति । शुकस्तु जातमात्रेण परमेश्वरानन्यभक्तिमान् विदितवेद्यतया कृतकृत्योऽपि पारमहंस्यधर्मानुकम्पया "तद्विज्ञानार्थं स गुरुमेवाभिगच्छेत् समित्पाणिः" इति श्रुत्यनुरोधेन तत्र शिवपदसमीपे यथाविधि समागम्य तस्मात् प्रणिपातादिना प्रसन्नपरमेश्वरसकाशात् सोऽयमादौ तुर्यतुर्यगोचरब्रह्मप्रणवं लब्ध्वा दक्षिणामूर्तिमुखतो यथासम्प्रदायमवगम्य महावाक्योपदेशबुभुत्सया पुनः शिवमेत्याब्रवीत् ॥ १० ॥

[1] पुनरेत्य—उ. पुनरे—अ १. क उ १.

रहस्योपनिषन्महिमा

श्रीशुक उवाच—

देवादिदेव सर्वज्ञ सच्चिदानन्दलक्षण ।
उमारमण भूतेश प्रसीद करुणानिधे ॥ ११ ॥
उपदिष्टं परं ब्रह्म प्रणवान्तर्गतं परम् ।
तत्त्वमस्यादिवाक्यानां प्रज्ञाऽऽदीनां विशेषतः ॥ १२ ॥
श्रोतुमिच्छामि तत्त्वेन षडङ्गन यथाक्रमम् ।
वक्तव्यानि रहस्यानि कृपयाऽद्य सदाशिव ॥ १३ ॥

श्रीसदाशिव उवाच—

साधु साधु महाप्राज्ञ शुक ज्ञाननिधे मुने ।
प्रष्टव्यं तु त्वया पृष्टं रहस्यं वेदगर्भितम् ॥ १४ ॥
रहस्योपनिषन्नाम्ना सषडङ्गमिहोच्यते ।
यस्य विज्ञानमात्रेण मोक्षः साक्षान्न संशयः ॥ १५ ॥
अङ्गहीनानि वाक्यानि गुरुर्नोपदिशेत् पुनः ।
सषडङ्गान्युपदिशेन्महावाक्यानि कृत्स्नशः ॥ १६ ॥
चतुर्णामपि वेदानां यथोपनिषदःशिरः ।
इयं रहस्योपनिषत्तथोपनिषदां शिरः ॥ १७ ॥
रहस्योपनिषद्ब्रह्म ध्यातं येन विपश्चिता ।
तीर्थैर्व्रतैः श्रुतैर्जप्यैस्तस्य किं पुण्यहेतुभिः ॥ १८ ॥
वाक्यार्थस्य विचारेण यदाप्नोति शरच्छतम् ।
एकवारजपेनैव ऋष्यादिन्यासतश्च तत् ॥ १९ ॥

श्रीशुक उवाच—किमिति? देवादिदेवेति। हे देवादिदेवेति सप्तधा सम्बोध्य स्वामिन् परं ब्रह्म प्रणवान्तर्गतं जाग्रज्जाग्रदाद्यविकल्पानुज्ञैकरसान्तकलनायाः परं तुर्यतुर्यब्रह्मयाथात्म्यं उपदिष्टं, तेनैव मे कृतकृत्यता स्यादित्यत्र न हि संशयोऽस्ति, तुर्यातीतावधूतयोः महावाक्योपदेशाधिकारः परमहंसस्यापीति श्रुत्यर्थमाननाय पारिव्राज्यसम्प्रदायप्रवृत्तये च प्रणवाद्यवयवसञ्जातं तत्त्वमस्यादिमहावाक्यजातं षडङ्गेन साकं श्रोतुमिच्छामि, केवलकृपयोपदिशेति ॥११-१३॥ श्रीशुकेनैवं पृष्टो भगवान् श्रीसदाशिव उवाच। किमिति—साधु साध्विति। यत् त्वया पृष्टं तत् साधु साध्विति श्रीशुकं श्लाघयन् यद्विज्ञानतः साक्षान्मोक्षो भवति तत्ते सषडङ्गं प्रवक्ष्यामीति प्रतिज्ञायाथ रहस्योपनिषदः सर्वोपनिषन्मस्तकत्वं तन्मुखात् ब्रह्म ध्यायतां कृतकृत्यतां वाक्यार्थविचारापेक्षया वक्ष्यमाणऋष्यादिषडङ्गसहितैकवारजपस्य फलाधिक्यं च भवतीत्युक्त्वा ॥ १४-१९ ॥

साङ्गो महावाक्यजपः

ॐ अस्य श्रीमहावाक्यमहामन्त्रस्य हंस ऋषिः। अव्यक्तगायत्री छन्दः। परमहंसो देवता। हं बीजम्। सः शक्तिः। सोऽहं कीलकम्। मम परमहंसप्रीत्यर्थे महावाक्यजपे विनियोगः। सत्यं ज्ञानमनन्तं ब्रह्म अङ्गुष्ठाभ्यां नमः। नित्यानन्दो ब्रह्म तर्जनीभ्यां स्वाहा। नित्यानन्दमयं ब्रह्म मध्यमाभ्यां वषट्। यो वै भूमा अनामिकाभ्यां हुम्। यो वै भूमाधिपतिः कनिष्ठिकाभ्यां वौषट्। एकमेवाद्वितीयं ब्रह्म करतलकरपृष्ठाभ्यां फट्। सत्यं ज्ञानमनन्तं ब्रह्म हृदयाय नमः। नित्यानन्दो ब्रह्म शिरसे स्वाहा। नित्यानन्दमयं ब्रह्म शिखायै वषट्। यो वै भूमा कवचाय हुम्। यो वै भूमाधिपतिः नेत्रत्रयाय वौषट्। एकमेवाद्वितीयं ब्रह्म अस्त्राय फट्। भूर्भुवः सुवरोमिति दिग्बन्धः ॥ २० ॥

ध्यानम्—

नित्यानन्दं परमसुखदं केवलं ज्ञानमूर्तिं
विश्वातीतं गगनसदृशं तत्त्वमस्यादिलक्ष्यम् ।
एकं नित्यं विमलमचलं सर्वधीसाक्षिभूतं
भावातीतं त्रिगुणरहितं सद्गुरुं तं नमामि ॥ २१ ॥

अथ महावाक्यानि चत्वारि । यथा—प्रज्ञानं ब्रह्म । अहं ब्रह्मास्मि । तत्त्वमसि । अयमात्मा ब्रह्म । तत्त्वमसीत्यभेदवाचकं ये जपन्ति ते शिवसायुज्यमुक्तिभाजो भवन्ति ॥ २२ ॥

अथ चतुर्वेदगतमहावाक्यचतुष्टयस्य षडङ्गमुपदिशति—ओमिति ॥२०॥ नित्यानन्दं अनित्यविषयानन्दविलक्षणत्वात्, परमसुखदं भजत्स्वानन्दप्रदत्वात्, केवलं अशेषविशेषाभावात्, ज्ञानमूर्तिं भौतिकदेहवैरळ्यात्, विश्वातीतं विश्वाधिकत्वात्, गगनसदृशं निरवयवत्वात्, तत्त्वमस्यादिलक्ष्यं प्रत्यगभिन्नब्रह्मरूपत्वात्, "तत्त्वंपदलक्ष्यं प्रत्यगभिन्नं ब्रह्म" इति श्रुतेः, एकं अनेकस्य मृग्यत्वात्, नित्यं अनित्याभावात्, विमलं मलवदज्ञानासम्भवात्, अचलं अन्तःकरणबाह्यत्वात्, सर्वधीसाक्षिभूतं स्वसाक्ष्यधीवृत्तिसहस्रसत्त्वे तद्भावाभावप्रकाशकतया तत्साक्षित्वात्, भावातीतं भावनाऽगम्यत्वात्, त्रिगुणरहितं निर्गुणत्वात्, उक्तविशेषणविशिष्टं सद्गुरुं यः स्वाज्ञानमोचकः तं नमामि तदस्मीति तत्पदं यामीत्यर्थः ॥ २१–२३ ॥

साङ्गस्तत्पदजपः

तत्पदमहामन्त्रस्य । हंस ऋषिः । अव्यक्तगायत्री छन्दः । परमहंसो देवता । हं बीजम् । सः शक्तिः । सोऽहं कीलकम् । मम सायुज्यमुक्त्यर्थे जपे विनियोगः । तत्पुरुषाय अङ्गुष्ठाभ्यां नमः ।

ईशानाय तर्जनीभ्यां स्वाहा । अघोराय मध्यमाभ्यां वषट् । सद्योजाताय अनामिकाभ्यां हुम् । वामदेवाय कनिष्ठिकाभ्यां वौषट् । तत्पुरुषेशानाघोरसद्योजातवामदेवेभ्यः करतलकरपृष्ठाभ्यां फट् ॥ एवं हृदयादिन्यासः ॥ भूर्भुवःसुवरोमिति दिग्बन्धः ॥ २३ ॥

ध्यानम्—

ज्ञानं ज्ञेयं ज्ञानगम्यादतीतं शुद्धं बुद्धं मुक्तमप्यव्ययं च ।
सत्यं ज्ञानं सच्चिदानन्दरूपं ध्यायेदेवं तन्महो भ्राजमानम् ॥

ज्ञानं सत्ववृत्तित्वात्, ज्ञेयं शबळब्रह्मरूपं, ज्ञानगम्यादतीतं ज्ञानगम्यं शबळं तस्मादप्यतीतं निर्विशेषत्वात्, अत एव शुद्धं शुद्धचैतन्यरूपत्वात्, बुद्धं चिन्मात्रतया बुद्धत्वात्, स्वातिरिक्तभ्रमतो मुक्तं, स्वातिरिक्तमुक्तत्वे स्वयमपि व्येतीत्यत आह—मुक्तमप्यव्ययम् । चशब्दान्निष्प्रतियोगिकाव्ययत्वं द्योत्यते । सत्यं असत्यप्रपञ्चविलक्षणत्वात्, ज्ञानं अजडत्वात्, सच्चिदानन्दरूपं अनृतजडदुःखप्रासत्वात्, यत् एवंविशेषणविशिष्टं महो भ्राजमानं अवशिष्यते तत् स्वयमेवेति ध्यायेदित्यर्थः ॥ २४–२९ ॥

साङ्गस्त्वंपदजपः

त्वंपदमहामन्त्रस्य विष्णुर्ऋषिः । गायत्री छन्दः । परमात्मा देवता । ऐं बीजम् । क्लीं शक्तिः । सौः कीलकम् । मम मुक्त्यर्थे जपे विनियोगः । वासुदेवाय अङ्गुष्ठाभ्यां नमः । संकर्षणाय तर्जनीभ्यां स्वाहा । प्रद्युम्नाय मध्यमाभ्यां वषट् । अनिरुद्धाय अनामिकाभ्यां हुम् । वासुदेवाय कनिष्ठिकाभ्यां वौषट् । वासुदेव-संकर्षणप्रद्युम्नानिरुद्धेभ्यः करतलकरपृष्ठाभ्यां फट् ॥ एवं हृदयादिन्यासः ॥ भूर्भुवः सुवरोमिति दिग्बन्धः ॥ २९ ॥

ध्यानम्—

जीवत्वं सर्वभूतानां सर्वत्राखण्डविग्रहम् ।
चित्ताहंकारयन्तारं जीवाख्यं त्वंपदं भजे ॥ २६ ॥

ब्रह्मादिस्तम्बान्तानां सर्वभूतानां यज्जीवनहेतुजीवत्वं सर्वत्र पराग्भावापाये अखण्डानन्दविग्रहं चित्ताहङ्कारादिपराग्भावप्रसक्तौ तत्प्रवृत्तिनिमित्ततया यन्तारं तद्भावाभावप्रकाशकं च जीवाख्यं प्रत्यञ्चमात्मानं त्वंपदलक्ष्यं भजे ॥ २६–२७ ॥

६ः असिपदजपः

असिपदमहामन्त्रस्य मन ऋषिः । गायत्री छन्दः । अर्धनारीश्वरो देवता । अव्यक्तादिर्बीजम् । नृसिंहः शक्तिः । परमात्मा कीलकम् । जीवब्रह्मैक्यार्थे जपे विनियोगः । पृथ्वीद्व्यणुकाय अङ्गुष्ठाभ्यां नमः । अब्द्व्यणुकाय तर्जनीभ्यां स्वाहा । तेजोद्व्यणुकाय मध्यमाभ्यां वषट् । वायुद्व्यणुकाय अनामिकाभ्यां हुम् । आकाशद्व्यणुकाय कनिष्ठिकाभ्यां वौषट् । पृथिव्यप्तेजोवाय्वाकाशद्व्यणुकेभ्यः करतलकरपृष्ठाभ्यां फट् ॥ एवं हृदयादिन्यासः ॥ भूर्भुवः सुवरोमिति दिग्बन्धः ॥ २७ ॥

ध्यानम्—

जीवो ब्रह्मेति वाक्यार्थं यावदस्ति मनःस्थितिः ।
[1]ऐक्यत्वं तल्लये कुर्वन् ध्यायेदसिपदं सदा ॥ २८ ॥

एवं महावाक्यषडङ्गान्युक्तानि ॥ २९ ॥

[1] ऐक्यं तत्त्वं लये—मु. ऐक्यं तावत्तयोः—अ.

यो जीवत्वेन अभिमतः वेदान्तश्रवणजनितबोधेन स्वगतजीवत्वापाये स एव ब्रह्मेति वाक्यार्थे यावन्मनस्स्थितिः अस्ति तावत् जीवोऽयं परोऽयमिति यो भेदः तज्जये तत्त्वंपदलक्ष्ययोः ऐक्यं कुर्वन् तथाऽसिपदार्थं सदा ध्यायेत् ॥ २८–३० ॥

महावाक्यानामर्थः

अथ रहस्योपनिषद्विभागशो वाक्यार्थश्लोकाः प्रोच्यन्ते ॥३०॥

येनेक्षते श‍ृणोतीदं जिघ्रति व्याकरोति च ।
स्वाद्वस्वादु विजानाति तत् प्रज्ञानमुदीरितम् ॥ ३१ ॥

चतुर्मुखेन्द्रदेवेषु मनुष्याश्वगवादिषु ।
चैतन्यमेकं ब्रह्मातः प्रज्ञानं ब्रह्म मय्यपि ॥ ३२ ॥

परिपूर्णः परात्माऽस्मिन् देहे विद्याऽधिकारिणि ।
बुद्धेः साक्षितया स्थित्वा स्फुरन्नहमितीर्यते ॥ ३३ ॥

स्वतः पूर्णः परात्माऽत्र ब्रह्मशब्देन वर्णितः ।
अस्मीत्यैक्यपरामर्शात् तेन ब्रह्म भवाम्यहम् ॥ ३४ ॥

एकमेवाद्वितीयं सन्नामरूपविवर्जितम् ।
सृष्टेः पुराऽधुनाऽप्यस्य तादृक्त्वं तदितीर्यते ॥ ३५ ॥

श्रोतुर्देहेन्द्रियातीतं वस्त्वत्र त्वंपदेरितम् ।
एकता ग्राह्यतेऽसीति तदैक्यमनुभूयताम् ॥ ३६ ॥

स्वप्रकाशापरोक्षत्वमयमित्युक्तितो मतम् ।
अहंकारादिदेहान्तात् प्रत्यगात्मेति गीयते ॥ ३७ ॥

दृश्यमानस्य सर्वस्य जगतस्तत्त्वमीर्यते ।
ब्रह्मशब्देन तद्ब्रह्म स्वप्रकाशात्मरूपकम् ॥ ३८ ॥

तत्र प्रज्ञानशब्दार्थमाह—येनेति। येन प्रकाशितकरणेनायं ईक्षते इदं शब्दजातं शृणोति जिघ्रति व्याकरोति वाग्व्यापारं करोति। शिष्टकरणोपलक्षणार्थः चशब्दः। इदं स्वादु इदं अस्वादु इति विजानाति तदेव प्रज्ञानमित्युदीरितम्। उक्तार्थे "कोऽयमात्मेति वयमुपास्महे" इत्यारभ्य "सर्वाण्येवैतानि प्रज्ञानस्य नामधेयानि भवन्ति" इत्यन्तश्रुतेः ॥ ३१ ॥ "प्रज्ञानं ब्रह्म" इत्यत्र श्रुतिः प्रज्ञानशब्दार्थं व्याख्याय ब्रह्मशब्दार्थं व्याचष्टे—चतुर्मुख इति। चतुर्मुखेन्द्रादिदेवेषु मनुष्याश्वगवादिषु, आदिशब्देन स्तम्बान्तभूतानि गृह्यन्ते। तेषु व्यक्तितो भिन्नेष्वपि घटशरावाद्यनुस्यूतव्योमवत् सर्वभूतानुस्यूतचैतन्यं ब्रह्मैकमेव। यत एवं अतः प्रज्ञानं ब्रह्म मय्यपि। प्रज्ञानशब्देन प्रत्यगुच्यते, ब्रह्मशब्देन प्रत्यगभिन्नपरमात्मोच्यते, "एष ब्रह्म एष इन्द्रः" इत्यादि "प्रज्ञा प्रतिष्ठा प्रज्ञानं ब्रह्म" इत्यन्तश्रुतेः ॥ ३२ ॥ ऋग्वेदप्रविभक्तैतरेयगतं "प्रज्ञानं ब्रह्म" इति महावाक्यं व्याख्याय, अथ शुक्लयजुर्वेदप्रविभक्तबृहदारण्यकगतं "अहं ब्रह्मास्मि" इति वाक्यं इमौ मन्त्रौ व्याकुरुतः। तत्र अहंशब्दार्थमाह—परिपूर्ण इति। यः प्रसक्ताविद्यापदतत्कार्यारोपापवादाधारतया परिपूर्णो भवति सोऽयं परमात्मा ससाधनब्रह्मविद्याधिकारिणि देहे विद्यमानबुद्धेः अनेकवृत्तिरूपाया भावाभावसाक्षितया स्थित्वा प्रत्यग्रूपेण स्फुरन्नहमितीर्यते ॥ ३३ ॥ ब्रह्मशब्दार्थमाह—स्वत इति। व्याप्य नैरपेक्ष्येण स्वत एव यः परिपूर्णः सोऽयमात्मा अत्र अस्मिन् प्रकरणे ब्रह्मशब्देन वर्णितः। अस्मिशब्दार्थमाह—अस्मीति। अहं ब्रह्मास्मि, ब्रह्मैवाहमस्मि, इत्यैक्यपरामर्शात् तेन व्यतिहारानुसन्धानेन ब्रह्म भवाम्यहम्। अस्मिशब्दः प्रत्यक्परचितोरैक्यघटकार्थः ॥ ३४ ॥ ऋगादिवेदद्वयगतवाक्यद्वयं व्याख्याय सामवेदप्रविभक्तछान्दोग्योपनिषन्निष्ठतत्त्वमसीति वाक्ये तत्पदार्थं स्फुटयति—एकमिति। यन्नामरूपविवर्जितं सत् एकमेवाद्वितीयं सजातीयविजातीयस्वगतभेदकलनाविरळं स्वातिरिक्तविश्वसृष्टेः पुरा अधुना स्थितिकाले, अपिशब्दात् प्रळयानन्तरे च, अस्य सतः तादृक्त्वं नामरूपकलनावैरळ्येन सजातीयादिभेदत्रयराहित्यं तत्पदलक्ष्यं इतीर्यते ॥ ३५ ॥ त्वंपदार्थमाह—श्रोतुरिति।

श्रोतुः जीवस्य देहेन्द्रियोपलक्षितदेहत्रयातीतं यत् वस्तु अस्ति प्रत्यगर्थं तद्धि त्वंपदेनेरितं प्रोक्तमित्यर्थः। असिपदार्थमाह—एकतेति। तत् त्वमसि, त्वं तदसि, इति तत्त्वंपदलक्ष्ययोर्यत् एकता एकत्वं ग्राह्यते गृह्यते तदैक्यं विद्वद्भिः अनुभूयताम् ॥ ३६ ॥ वेदत्रयगतवाक्यत्रयं व्याख्याय अथर्वणवेदप्रविभक्तमाण्डूक्योपनिषन्निष्ठायमात्माब्रह्मेत्यत्र अयंशब्दार्थमाह—स्वेति। अयमहमस्मीत्युक्तितः साधनान्तरनैरपेक्ष्येण स्वयंप्रकाशकतया इतरपदार्थावभासकत्वं अपरोक्षत्वं च मतं अभिप्रेतमित्यर्थः। आत्मशब्दार्थमाह—अहङ्कारादीति। अहङ्कारादिदेहान्तात् पराग्भावात् प्रातिलोम्येन अञ्चतीति प्रत्यक् स चासौ तत् सर्वं अततीति प्रत्यगात्मेति गीयते ॥ ३७ ॥ ब्रह्मशब्दार्थमाह—दृश्यमानस्येति। यत् ब्रह्मशब्देन दृश्यमानस्य सर्वस्य जगतः तत्त्वमीर्यते जगतो ब्रह्मसत्ताऽतिरिक्तसत्तावैरळ्यात् तद्ब्रह्म स्वप्रकाशात्मरूपकं अनृतजडदुःखात्मकप्रपञ्चवैलक्षण्येन सच्चिदानन्दमात्रं ब्रह्मेत्यर्थः, "सच्चिदानन्दमात्रोऽहं" इति श्रुतेः। ऋगादिचतुर्वेदेषु प्रातिस्विकैनैकैकं महावाक्यं वर्तते। अस्यां तु रहस्योपनिषदि चत्वारि महावाक्यानि विद्यन्ते। अत इयमुपनिषत् वेदमस्तकमस्तकतया परमरहस्यतां भजतीति भावः ॥ ३८ ॥

शुकस्य स्वानुभवप्रकटनम्

अनात्मदृष्टेरविवेकनिद्रामहंममस्वप्नगतिं गतोऽहम्।
स्वरूपसूर्येऽभ्युदिते स्फुटोक्तैर्गुरोर्महावाक्यपदैः प्रबुद्धः ॥ ३९ ॥

श्रीशुकः एवं परमेश्वरसकाशात् ब्रह्मप्रणवमहावाक्यचतुष्टयं सार्थं गृहीत्वा भूयोऽपि कृतार्थतां प्राप्त इव लोकानुग्रहधिया स्वानुभवं प्रकटयति—अनात्मेति। भवदुपदेशात् पुरा अनात्मदृष्टेः मम सर्वापह्नवसिद्धं ब्रह्म निष्प्रतियोगिकस्वमात्रमिति अविवेकनिद्रा ब्रह्ममात्रावरणरूपिणी स्थिता। तस्यां महानिद्रायां स्वान्यत्राहंममत्वाभिमानलक्षणस्वप्नगतिं गतवानस्मि। इदानीं तु भगवत्कटाक्षतः ब्रह्ममात्रस्वरूपसूर्ये श्रीगुरोः स्फुटोक्तैः महावाक्यपदैः उदिते सति अथ हे

स्वामिन् स्वाज्ञाननिद्रातः प्रबुद्धोऽस्मि सर्वापह्नवसिद्धनिष्प्रतियोगिकब्रह्ममात्रभावं गतोऽस्मीत्यर्थः ॥ ३९ ॥

जीवेशयोः ऐक्योपपत्तिः

वाच्यं लक्ष्यमिति द्विधाऽर्थसरणी वाच्य[क्य]स्य हि त्वंपदे
वाच्यं भौतिकमिन्द्रियादिरपि यल्लक्ष्यं त्वमर्थश्च सः ।
वाच्यं तत्पद ईशताकृतमतिर्लक्ष्यं तु सच्चित्सुखा-
नन्दब्रह्म तदर्थ एष च तयोरैक्यं त्वसीदं पदम् ॥ ४० ॥

त्वमिति तदिति कार्ये कारणे सत्युपाधौ
द्वितयमितरथैकं सच्चिदानन्दरूपम् ।
उभयवचनहेतू देशकालौ च हित्वा
जगति भवति सोऽयं देवदत्तो यथैकः ॥ ४१ ॥

कार्योपाधिरयं जीवः कारणोपाधिरीश्वरः ।
कार्यकारणतां हित्वा पूर्णबोधोऽवशिष्यते ॥ ४२ ॥

तत्त्वंपदार्थेशजीवयोः कारणाद्युपाधिकत्वेन तेजस्तिमिरयोरिव तयोरैक्यासंभवं स्वाज्ञाः मन्येरन्निति तेषां तद्भ्रमं मार्ष्टुं निरपेक्षं श्रीशुकं व्याजीकृत्य सोपायं प्रत्यक्परचितोरैक्योपपत्तिमाचष्टे—**वाच्यमिति**। तत्त्वंपदयोः **वाच्यं लक्ष्यमिति द्विधा अर्थसरणी** विधेते। तत्र त्वंपदे विकल्पितवाच्यस्य स्वरूपमाह—**भौतिकमिन्द्रियादिरपीति** । शरीरत्रयतदभिमतिः त्वंपदवाच्यमित्यर्थः । यः शरीरत्रयावभासकः प्रत्यगात्मा त्वंपदार्थः सोऽयं त्वंपदलक्ष्यमिति विज्ञेयः । **तत्पदे** या **ईशताकृतमतिः** सर्वज्ञत्वसर्वेश्वरत्वादिः सेयं तत्पदवाच्यं, तत्पदलक्ष्यं तु तदर्थभूतसच्चिदानन्दब्रह्म। **तयोरैक्य**घटकं **त्वसीदं पदम्** ॥४०॥ **त्वमिति तदिति कार्ये कारणे सत्युपाधौ** स्वाज्ञदृष्टिप्रसक्तं तत् **द्वितयं** द्वैतं

भवति। अतस्तत् इतरथा कार्यकारणमात्रोपाधिपरित्यागेन कार्यकारणोपाध्यसंस्पृष्टं तत्त्वंपदलक्ष्यं सच्चिदानन्दरूपं ब्रह्म एकमेव। तत्र दृष्टान्तमाह—**उभयेति**। यथा एको देवदत्तः पुरा काश्मीरदेशे प्रातःकाले राजाङ्गसम्पदा जुष्टो मण्डलेश्वरो दृष्टः क्वचिद्देशकालवैपरीत्यात् केरळदेशे भिक्षुपरिकरकौपीनावशिष्टोऽयमपराह्णकाले दृष्टः तत्र राजभिक्षुकोभयवचनहेतू तद्देशतत्कालौ एतद्देशैतत्कालौ च हित्वा योऽयं तद्देशतत्काले मण्डलेश्वरो दृष्टः सोऽयमेतद्देश एतत्काले भिक्षुः दृष्टः उभयपरित्यागात् देवदत्तमात्रो लक्ष्यते ॥ ४१ ॥ तथा ईश्वरत्वजीवत्वे विहाय चिन्मात्रमवशिष्टं लक्ष्यत इत्याह—**कार्येति**। कार्यकारणोपाधिपरित्यागादपह्नवात् निष्प्रतियोगिकपूर्णबोध एव अवशिष्यते ॥ ४२ ॥

कैवल्यसाधनज्ञानोपायः

श्रवणं तु गुरोः पूर्वं मननं तदनन्तरम्।
निदिध्यासनमित्येतत् पूर्णबोधस्य कारणम् ॥ ४३ ॥
अन्यविद्यापरिज्ञानमवश्यं नश्वरं भवेत्।
ब्रह्मविद्यापरिज्ञानं ब्रह्मप्राप्तिकरं स्थितम् ॥ ४४ ॥
रहोवाक्यान्युपदिशेत् सषडङ्गानि देशिकः।
केवलं न हि वाक्यानि ब्रह्मणो वचनं यथा ॥ ४५ ॥

पूर्णबोधतया अवस्थानलक्षणकैवल्यसाधनज्ञानोपायमाह—**श्रवणं त्विति**। वेदान्तश्रवणादिनिष्पन्नज्ञानमेव पूर्णबोधाप्तिकारणं साधनमित्यर्थः ॥ ४३ ॥ ज्ञानेतरसाधनेनापि तत्पदमाप्तुं शक्यमित्यत आह—**अन्येति**। ज्ञानेतरकर्मादिसाधनं नश्वरस्वर्गादिफलदं, ज्ञानमेव नित्यकैवल्यसाधनमित्यत्र—"नान्यः पन्था विद्यतेऽयनाय" इति श्रुतेः ॥ ४४ ॥ देवर्षीन् ब्रह्मेदमाह—**रह इति**। यथा सारमहंस्यधर्मालङ्कारं श्रीशुकं प्रति परमेश्वरेण सषडङ्गानि महावाक्यान्युपदिष्टानि तथेतरोऽपि परमेश्वरभावमापन्नो देशिकः श्रीशुकवद्योग्याधिकारिणे संसार-

निरपेक्षाय रहोवाक्यानि रहस्यानामपि परमरहस्यभूतमहावाक्यानि सषडङ्गानि उपदिशेत्, न हि केवलमहावाक्यान्युपदिशेदिति देवर्षीन् प्रति ब्रह्मणो वचनमेतदित्यर्थः ॥ ४५ ॥

ब्रह्मज्ञानेन सर्वात्मभावप्राप्तिः

ईश्वर उवाच—

एवमुक्त्वा मुनिश्रेष्ठ रहस्योपनिषच्छुक ।
मया पित्राऽनुनीतेन व्यासेन ब्रह्मवादिना ॥ ४६ ॥
ततो ब्रह्मोपदिष्टं वै सच्चिदानन्दलक्षणम् ।
जीवन्मुक्तः सदा ध्यायन् नित्यस्त्वं विहरिष्यसि ॥ ४७ ॥
यो वेदादौ स्वरः प्रोक्तो वेदान्ते च प्रतिष्ठितः ।
तस्य प्रकृतिलीनस्य यः परः स महेश्वरः ॥ ४८ ॥
उपदिष्टः शिवेनेति जगत्तन्मयतां गतः ।
उत्थाय प्रणिपत्येशं त्यक्ताशेषपरिग्रहः ॥ ४९ ॥
परब्रह्मपयोराशौ प्लवन्निव ययौ तदा ।
प्रव्रजन्तं तमालोक्य कृष्णद्वैपायनो मुनिः ॥ ५० ॥
अनुव्रजन्नाजुहाव पुत्रविश्लेषकातरः ।
प्रतिनेदु[1]स्तदा [2]सर्वं जगत् स्थावरजङ्गमम् ॥ ५१ ॥
तच्छ्रुत्वा सकलाकारं व्यासः सत्यवतीसुतः ।
पुत्रेण सहितः प्रीत्या परानन्दमुपेयिवान् ॥ ५२ ॥

[1] स्तथा—अ. अ १. उ. [2] सर्वे—अ, अ १, अ २, क.

यो रहस्योपनिषदमधीते गुर्वनुग्रहात् ।

सर्वपापविनिर्मुक्तः साक्षात् कैवल्यमश्नुते ॥ साक्षात्

कैवल्यमश्नुते ॥ इत्युपनिषत् ॥ ५३ ॥

ततः ईश्वरोक्तिमनुक्रामति—ईश्वर उवाचेति ॥ ४६–४७ ॥ एवं मयोपदिष्टो मद्याथात्म्यं भजतीत्याह—य इति । ॐ इति यः स्वरः प्रणवाख्यो वेदादौ प्रोक्तः तथा च वेदान्ते वेदपाठावसानेऽपि प्रतिष्ठितः, ओमिति हि वेदः समाप्यते, तस्य प्रकृतिलीनस्य स्वभावं भजतो यः परः सोऽयं मच्छिष्यो मुनिः महेश्वरः परमात्मैव भवति ॥ ४८ ॥ तदेव प्रपञ्चयति—उपदिष्ट इति । शिवोपदेशमहिम्ना सर्वात्माऽयं भवतीत्यर्थः । ततः किमित्यत आह—उत्थायेति । परमेश्वरप्रसादतश्चिरं समाधिमनुभूय ततः कदाचित् समुत्थाय त्यक्ताशेषपरिग्रहः सन् परमेश्वरमनेकशः प्रणिपत्य तत्प्रसादतः तत्सर्वात्मभावमेत्य यथेच्छं प्रवव्राज ॥ ४९ ॥ ज्ञानफलं निदर्शयति—प्रव्रजन्तमिति । एवं प्रत्यक्षीकृत-सर्वात्मभावेन आत्मजेन सहितो व्यासः परमानन्दं जगामेत्यर्थः ॥ ५०–५२ ॥ यथावच्छास्त्राध्ययनसामान्यविशेषफलमाह—य इति । आवृत्तिरादरार्था । इत्युपनिषच्छब्दः रहस्योपनिषत्समाप्त्यर्थः ॥ ५३ ॥

श्रीवासुदेवेन्द्रशिष्योपनिषद्ब्रह्मयोगिना ।
रहस्योपनिषद्व्याख्या लिखिता हरितुष्टये ।
रहस्योपनिषद्व्याख्याग्रन्थोऽशीत्यधिकं शतम् ॥

इति श्रीमदीशाद्यष्टोत्तरशतोपनिषच्छास्त्रविवरणे पञ्चत्रिंशत्सङ्ख्यापूरकं
शुकरहस्योपनिषद्विवरणं सम्पूर्णम्

सर्वसारोपनिषत्

सह नाववतु—इति शान्तिः

बन्धादिविषयाः प्रश्नाः

कथं बन्धः कथं मोक्षः का विद्या काऽविद्येति । जाग्रत्स्वप्नसुषुप्तितुरीयं च कथम् । अन्नमयप्राणमयमनोमयविज्ञानमयानन्दमयकोशाः कथम् । कर्ता जीवः पञ्चवर्गः क्षेत्रज्ञः साक्षी कूटस्थोऽन्तर्यामी कथम् । प्रत्यगात्मा परमात्मा माया चेति कथम् ॥ १ ॥

समस्तवेदान्तसारसिद्धान्तार्थकलेबरम् ।
विकलेबरकैवल्यरामचन्द्रपदं भजे ॥

इह खलु कृष्णयजुर्वेदप्रविभक्तेयं सर्वसारोपनिषत् । उपोद्घातादिकमस्याः कठवल्ल्यादिवत् ऊह्यम् । सेयमुपनिषत् गुरुशिष्याविव आक्षेपसमाधानपूर्वकं स्वयमेव प्रवृत्ता । अस्याः स्वल्पग्रन्थतो विवरणमारभ्यते । अत्रादौ तावत् बन्धमोक्ष-तद्धेतुविद्याऽविद्या-तत्कार्यावस्थाकोश-तद्व्यष्टिसमष्ट्यारोपापवादाधिकरण-स्वरूपं किमिति पृथक् पृथगाक्षिपति—कथमित्यादिना ॥ १ ॥

बन्धमोक्षयोः स्वरूपम्

आत्मेश्वरजीवोऽनात्मनां देहादीनामात्मत्वेनाभिमन्यते सोऽभिमान आत्मनो बन्धः । तन्निवृत्तिर्मोक्षः ॥ २ ॥

एवमाशङ्क्य श्रुतिः क्रमेण समाधत्ते । तत्र कथं बन्धः इति प्रश्नोत्तरमाह— **आत्मेश्वर इति ।**

यच्चाप्नोति यदादत्ते यच्चात्ति विषयानिह ।
यच्चास्य सन्ततो भावः तस्मादात्मेति गीयते ॥

इति स्मृत्युक्तात्मशब्देन आत्माविद्यापदचतुरंशापह्नवसिद्धपरमात्मोच्यते । स एव समष्टिमूलाविद्यायोगतः ईश्वर इव भवति । तद्व्यष्टितूलान्तःकरणाविद्यायोगतो जीव इव भवति । सोऽयं जीवः स्वविकल्पितानात्मनां स्थूलादिदेहानामिति कर्मणि षष्ठी, देहान् आत्मत्वेनाभिमन्यते सोऽभिमान एव स्वात्मनो बन्धः । कथं मोक्षः इति प्रश्नोत्तरमाह—तन्निवृत्तिर्मोक्ष इति । अनात्मनि आत्माभिमानस्य मोक्षावरणत्वात् स्वावरणापाये मोक्षः प्रकाशत इत्यर्थः ॥ २ ॥

विद्याऽविद्ययोः स्वरूपम्

या तदभिमानं कारयति सा अविद्या । सोऽभिमानो यया निवर्तते सा विद्या ॥ ३ ॥

काऽविद्येति प्रश्नोत्तरमाह—**येति** । अनात्मनि आत्माभिमानप्रयोजिका अविद्येत्यर्थः । का विद्येति प्रश्नोत्तरमाह—**स इति** । स्वाविद्यातत्कार्याभिमाननिवर्तिकेयं विद्येत्यर्थः ॥ ३ ॥

अवस्थाचतुष्टयनिरूपणम्

मनआदिचतुर्दशकरणैः पुष्कलैरादित्याद्यनुगृहीतैः शब्दादीन् विषयान् स्थूलान् यदोपलभते तदाऽऽत्मनो जागरणम् । तद्वासनासहितैश्चतुर्दशकरणैः शब्दाद्यभावेऽपि वासनामयाञ्छब्दादीन् यदोपलभते तदाऽऽत्मनः स्वप्नम् । चतुर्दशकरणोपरमाद्विशेषविज्ञानाभावाद्यदा

शब्दादीन्नोपलभते तदाऽऽत्मनः सुषुप्तम् । अवस्थात्रयभावाभावसाक्षी [1]स्वयं भावरहितं नैरन्तर्यं चैतन्यं यदा तदा तत्तुरीयं चैतन्यमित्युच्यते ॥ ४ ॥

जाग्रत्स्वप्नसुषुप्तितुरीयं च कथमिति प्रश्नोत्तरे जाग्रत्स्वरूपमाह—**मन इति**। ज्ञानकर्मेन्द्रियान्तःकरणचतुष्टयैः स्थूलशब्दादिचतुर्दशविषयोपलब्धिः जाग्रदवस्थेत्युच्यते । अथ स्वप्नस्वरूपमाह—**तदिति**। स्वप्नावस्थायां विषयसामान्याभावेऽपि जाग्रद्वासनावासितशब्दाद्युपलब्धिः स्वप्न इत्यर्थः । स्वापस्वरूपमाचष्टे—**चतुर्दशेति**। सर्वप्रकारज्ञानोपसंहारकावस्था सुषुप्तिरित्यर्थः । तुर्यस्वरूपं विशदयति—**अवस्थेति** । जाग्रदाद्यवस्थात्रयभावाभावप्रकाशकं तुर्यावस्थासंज्ञं तुर्यमित्यर्थः ॥ ४ ॥

पञ्चकोशनिरूपणम्

अन्नकार्याणां कोशानां समूहोऽन्नमयकोश इत्युच्यते । प्राणादिचतुर्दशवायुभेदा अन्नमयकोशे यदा वर्तन्ते तदा प्राणमयकोश इत्युच्यते । एतत्कोशद्वयसंसक्तं मनआदिचतुर्दशकरणैरात्मा शब्दादिविषयसंकल्पादिधर्मान् यदा करोति तदा मनोमयकोश इत्युच्यते । एतत्कोशत्रयसंसक्तं तद्गतविशेषज्ञो यदा भासते तदा विज्ञानमयकोश इत्युच्यते । एतत्कोशचतुष्टयसंसक्तं स्वकारणाज्ञाने वटकणिकायामिव वृक्षो यदा वर्तते तदा आनन्दमयकोश इत्युच्यते ॥ ५ ॥

अन्नमयप्राणमयमनोमयविज्ञानमयानन्दमयकोशाः कथमिति प्रश्नोत्तरे अन्नमयकोशं विवृणोति—**अन्नेति**। यः अन्ने उत्पत्तिस्थितिभङ्गं भजति सोऽन्नमय-

[1] स्वयमाविर्भावतिरोभावरहितं—अ, अ १.

कोश इत्यर्थः । प्राणकोशस्वरूपमाह—प्राणादीति । सुबालोपनिषदुक्तप्राणादिनागान्ताश्चतुर्दशवायवो यदा अन्नमयकोशान्तर्विलसन्ति तदा प्राणमयकोशः । यद्वा—वागादिकर्मेन्द्रियैः साकं प्राणादिपञ्चकं प्राणमयकोशः । मनोमयकोशं स्पष्टयति—एतदिति । एतदन्नप्राणकोशद्वयमिळित आत्मा मनआदिचतुर्दशकरणोपाधिकः सन् यदा चतुर्दशकरणैः तत्तद्विषयं सङ्कल्पयति तदा मनोमयकोशः। यद्वा—मनश्च ज्ञानेन्द्रियपञ्चकं च मनोमयकोशः । विज्ञानमयकोशं प्रपञ्चयति—एतदिति । अन्नादिकोशत्रयमिळित आत्मा यदि कोशत्रयगतविशेषज्ञः तदा विज्ञानमयकोश उच्यते । यद्वा—बुद्धिश्च ज्ञानेन्द्रियपञ्चकं विज्ञानमयकोशः । स्थूलदेहोऽयमन्नमयकोशः, प्राणादिकोशत्रयं सूक्ष्मशरीरम् । आनन्दमयकोशं वर्णयति—एतदिति । स्वपरप्रपञ्चाज्ञानं आनन्दमयकोशः । अयमेव हि बीजकारणदेहः ॥ ५ ॥

उपहितजीवस्वरूपम्

सुखदुःखबुद्ध्याश्रयोऽन्तः कर्ता यदा तदा इष्टविषये बुद्धिः सुखबुद्धिरनिष्टविषये बुद्धिर्दुःखबुद्धिः । शब्दस्पर्शरूपरसगन्धाः सुखदुःखहेतवः । पुण्यपापकर्मानुसारी भूत्वा प्राप्तशरीरसंयोगमप्राप्तशरीरसंयोगमिव कुर्वाणो यदा दृश्यते तदोपहितजीव इत्युच्यते ॥ ६ ॥

कर्ता जीवः पञ्चवर्गः क्षेत्रज्ञः साक्षी कूटस्थः अन्तर्यामी कथमिति प्रश्नोत्तरावसरे कर्ता जीव इत्यंशं विवृणोति—सुखेति । यदा अयं कर्ता जीवः सुखदुःखबुद्ध्यादिकमाश्रयति तदाऽस्य स्वेष्टानिष्टफल्गुविषये सुखदुःखबुद्धी भवतः । तद्धेतवः के इत्यत्र शब्दादयः परमार्थसुखावारकसुखदुःखहेतवः,

शब्दस्पर्शादयो येऽर्था अनर्था इव ते स्थिताः ।
येषां सक्तस्तु भूतात्मा न स्मरेत् परमं पदम् ॥

इति श्रुतेः। तत्रासक्तोऽयं स्वकृतपुण्यपापकर्मानुसारेण सम्प्राप्तशरीरसंयोगभ्रममीषद्विवेकेनासम्प्राप्तशरीरसंयोगमिव यदाऽऽत्मानं भावयति तदाऽयं उपहितः सोपाधिको जीव इत्यभिधीयते ॥ ६ ॥

जीवोपाधिस्वरूपम्

मनआदिश्च प्राणादिश्चेच्छादिश्च सत्त्वादिश्च पुण्यादिश्चैते पञ्चवर्गा इत्येषां पञ्चवर्गाणां [1]धर्मीभूतात्मज्ञानादृते न नश्यत्यात्मसन्निधौ नित्यत्वेन प्रतीयमान आत्मोपाधिर्यस्तल्लिङ्गशरीरं हृद्ग्रन्थिरित्युच्यते ॥ ७ ॥

पञ्चवर्गस्वरूपं जीवोपाधिं प्रकटयति—मन इति। मनआद्यन्तःकरणचतुष्टयं च प्राणादिनागान्तचतुर्दशवायुभेदश्च इच्छाद्वेषादिश्च सत्वादिगुणत्रयं च पुण्यपापादिश्च एते ह्युपहिताधिष्ठेयपञ्चवर्गा इति। एषां पञ्चवर्गाणामध्यासः तद्धर्मी जीवात्मा प्रत्यगात्मा वा तत्सम्बन्धरहित इति ज्ञानं विना न नश्यति। योऽयं स्वाज्ञानप्रभवोऽध्यासः स्वात्मसन्निधौ स्वाज्ञानात् नित्यत्वेन प्रतीयमानः स्वात्मोपाधिः लिङ्गशरीरमिति ख्यातः। स एव हृदिति। लिङ्गशरीर[2]द्वयमिति(?)साक्षी। तयोः तप्तायःपिण्डवत् तादात्म्यं हृदयग्रन्थिः जीवतेत्यभिधीयते ॥ ७ ॥

क्षेत्रज्ञस्वरूपम्

तत्र यत्प्रकाशते चैतन्यं स क्षेत्रज्ञ इत्युच्यते ॥ ८ ॥

क्षेत्रज्ञस्वरूपमाह—तत्रेति। तत्र लिङ्गशरीरे जडे यच्चैतन्यं तदियत्तां ज्ञात्वा स्वयमपि प्रकाशते सोऽयं क्षेत्रज्ञः परमेश्वरः उच्यते, "क्षेत्रज्ञं चापि मां विद्धि सर्वक्षेत्रेषु" इति स्मृतेः ॥ ८ ॥

[1] धर्मि—अ, अ १, अ २.

[2] मय—ड १.

साक्षिस्वरूपम्

ज्ञातृज्ञानज्ञेयानामाविर्भावतिरोभावज्ञाता स्वयमाविर्भावतिरोभावरहितः स्वयंज्योतिः साक्षीत्युच्यते ॥ ९ ॥

साक्षिस्वरूपं व्यनक्ति—ज्ञातृज्ञानेति । ज्ञात्रादित्रिपुटीनां स्वाज्ञानस्वज्ञानाभ्यां आविर्भावतिरोभावौ भवतः । ज्ञानज्ञेयापेक्षया ज्ञाता स्वयमाविर्भावतिरोभावविरळः, साधनान्तरनैरपेक्ष्येण स्वयंज्योतिः साक्षीत्युच्यते ॥ ९ ॥

कूटस्थस्वरूपम्

ब्रह्मादिपिपीलिकापर्यन्तं सर्वप्राणिबुद्धिष्ववशिष्टतयोपलभ्यमानः सर्वप्राणिबुद्धिस्थो यदा तदा कूटस्थ इत्युच्यते ॥ १० ॥

कूटस्थस्वरूपं प्रतिपादयति—ब्रह्मादीति । ब्रह्मादिस्तम्बान्तप्राणिपटलान्तःकरणविकारास्पृष्टात्मा निर्विकारोऽयं कूटस्थ इत्यर्थः ॥ १० ॥

अन्तर्यामिस्वरूपम्

कूटस्थोपहितभेदानां स्वरूपलाभहेतुर्भूत्वा मणिगणे सूत्रमिव सर्वक्षेत्रेष्वनुस्यूतत्वेन यदा काशते आत्मा तदाऽन्तर्यामीत्युच्यते ॥ ११ ॥

अन्तर्यामिस्वरूपं प्रकाशयति—कूटस्थेति । भेदानामित्यत्र प्रथमार्थे षष्ठी । निर्विकारकूटस्थविकल्पितोपाधिभेदा अन्तःकरणादय अन्तर्याम्यादिस्वरूपलाभहेतवो भूत्वा वर्तन्ते । तेषु सर्वक्षेत्रेषु मणिगणे सूत्रमिव तत्करणग्रामप्रवृत्तिनिमित्ततया यदा प्रकाशते तदाऽयमात्मा अन्तर्यामीत्युच्यते ॥ ११ ॥

प्रत्यगात्मस्वरूपम्

सत्यं ज्ञानमनन्तमानन्दं सर्वोपाधिविनिर्मुक्तं कटकमुकुटाद्युपाधिरहितसुवर्णघनवद्विज्ञानचिन्मात्रस्वभावात्मा यदा भासते तदा त्वंपदार्थः प्रत्यगात्मेत्युच्यते। सत्यं ज्ञानमनन्तं ब्रह्म। सत्यमविनाशि। अविनाशि नाम देशकालवस्तुनिमित्तेषु विनश्यत्सु यन्न विनश्यति तदविनाशि। ज्ञानं नामोत्पत्तिविनाशरहितं नैरन्तर्यं चैतन्यं ज्ञानमित्युच्यते। अनन्तं नाम मृद्विकारेषु मृदिव स्वर्णविकारेषु स्वर्णमिव तन्तुविकारेषु तन्तुरिवाव्यक्तादिसृष्टिप्रपञ्चेषु पूर्णं व्यापकं चैतन्यमनन्तमित्युच्यते। आनन्दं नाम सुखचैतन्यस्वरूपोऽपरिमितानन्दसमुद्रोऽवशिष्टसुखस्वरूपश्चानन्द इत्युच्यते॥ १२॥

प्रत्यगात्मा परमात्मा माया चेति कथमिति प्रश्नोत्तरे प्रत्यगात्मस्वरूपं प्रकटयति—सत्यमिति। पराक्प्रपञ्चप्रातिलोम्येन अञ्चतीति प्रत्यक् स चासावात्मा चेति प्रत्यगात्मोच्यते। सत्यं ज्ञानमनन्तमानन्दमिति पदचतुष्टयबोध्यं यत् ब्रह्म तत् स्वज्ञदृष्ट्या स्वाज्ञविकल्पितसर्वोपाधिविरळम्। उक्तार्थे दृष्टान्तमाह—कटकेति। कटकमकुटाद्युपाधिरहितसुवर्णघनवत् अखण्डरूपमित्यर्थः। तथा चेदस्य जडत्वं स्यादित्यत आह—विज्ञानेति। विज्ञानचिन्मात्रस्वभावात्मा तद्रूपेण यदा भासते तदा त्वंपदार्थः प्रत्यगात्मा भवति। सत्यं ज्ञानमनन्तं किमित्याशङ्क्य ब्रह्मेत्याह—सत्यं ज्ञानमनन्तं ब्रह्मेति। स्वयमेव श्रुतिः सत्यादिपदचतुष्टयं व्याचष्टे—सत्यमविनाशीति। अविनाशिपदार्थमाह—अविनाशि नामेति। स्वाज्ञविकल्पितस्वातिरिक्तापायेऽपि स्वयं सन्मात्रतया अवशिष्यते इत्यर्थः। ज्ञानपदं व्याचष्टे—ज्ञानं नामेति। स्वरूपज्ञानस्य सत्तामात्रतया जन्मस्थितिभङ्गाभावात् अजडं ब्रह्मेत्यर्थः। अनन्तपदार्थमाह—अनन्तं नामेति। कारणात्मना स्वकार्यव्यापकचैतन्यमनन्तं त्रिविधपरिच्छेदशून्यं,

"देशतः कालतो वस्तुतः परिच्छेदरहितं ब्रह्म" इति श्रुतेः। आनन्दपदार्थमाह—आनन्दं नामेति। आनन्दमिति लिङ्गव्यत्ययः छान्दसः। शिष्टं स्पष्टम् ॥ १२ ॥

परमात्मस्वरूपम्

एतद्वस्तुचतुष्टयं यस्य लक्षणं देशकालवस्तुनिमित्तेष्वव्यभिचारी तत्पदार्थः परमात्मेत्युच्यते ॥ १३ ॥

परमात्मस्वरूपमाह—एतदिति। सत्यं ज्ञानमनन्तमानन्द इति वस्तुबोधकपदचतुष्टयं यस्य लक्षणं लक्ष्यमात्रपर्यवसन्नत्वात् सोयं व्यभिचारिदेशकालवस्तुनिमित्तेषु अव्यभिचारी तत्पदार्थः परमात्मा भवतीत्यर्थः ॥ १३ ॥

परब्रह्मस्वरूपम्

त्वंपदार्थादौपाधिकात् तत्पदार्थादौपाधिकभेदाद्विलक्षणमाकाशवत् सूक्ष्मं केवलं सत्तामात्रस्वभावं परं ब्रह्मेत्युच्यते ॥ १४ ॥

प्रत्यक्परैक्यं किमित्याशङ्क्याह—त्वंपदार्थादिति। त्वंपदार्थोपाधिभेदः जीवत्वं तस्मात् तत्पदार्थोपाधिकभेदस्त्वीश्वरत्वं तस्मादपि विलक्षणं अत एव आकाशवत् सूक्ष्मं आकाशव्यापकत्वात् यत् केवलं प्रत्यक्परविभागैक्यकलनाऽसम्भवप्रबोधसिद्धं सत्तामात्रस्वभावं, "ब्रह्ममात्रमसन्न हि" इति निष्प्रतियोगिकब्रह्ममात्रावशेषश्रुतेः, तदेव हि परं ब्रह्मेत्यर्थः ॥ १४ ॥

मायास्वरूपम्

माया नाम—अनादिरन्तवती प्रमाणाऽप्रमाणसाधारणा न सती नासती न सदसती स्वयमधिका विकाररहिता निरूप्यमाणा

सतीतरलक्षणशून्या सा मायेत्युंच्यते । अज्ञानं तुच्छाऽप्यसती कालत्रयेऽपि पामराणां वास्तवी च सत्त्वबुद्धिर्लौकिकानामिदमित्यनिर्वचनीया वक्तुं न शक्यते ॥ १९ ॥

मायास्वरूपं व्यनक्ति—**माया नामेति**। यावत् ब्रह्मज्ञानं नोदेति तावदियं माया **अनादिः** शास्त्रजन्यज्ञानिदृष्ट्या **अन्तवती** स्वसत्त्वे स्वासत्त्वे च स्वाज्ञस्वज्ञदृष्टी यस्याः प्रमाणभूते भवतः सेयं **प्रमाणा**, "नाविद्याऽस्तीह नो माया" इति,

> या च प्रागात्मनो मे मा तथाऽन्ते च तिरस्कृता ।
> ब्रह्मवादिभिरुद्गीता सा मायेति विवेकतः ॥

इति च, श्रुत्यर्थसंस्कृतपरमार्थदृष्ट्या शशविषाणवत् अवस्तुभूतमायातत्कार्यसद्भावप्रमाणवैरळ्यात् **अप्रमाणसाधारणा** व्यावहारिकदृष्ट्या कारणदृष्ट्या वा **न सती** बाधदर्शनात्, अचाक्षुषत्वाद्वा, कार्यात्मना **नासती** तत्कार्योपलब्धेः, **न सदसती** तेजस्तिमिरवदेकस्याः सत्त्वासत्त्वासंभवात्, स्वाज्ञदृष्ट्या सर्वस्मात् **स्वयमधिका** स्वाज्ञस्य स्थावराद्यव्यक्तान्तवास्तवदृष्टित्वात्, वस्तुदृष्ट्या **निरूप्यमाणा सती** पृथिव्याद्यव्यक्तान्तविकाररहिता सर्वविकारयोनेः स्वस्याः शशविषाणवदवस्तुत्वात् अत एव या ब्रह्मातिरिक्तलक्षणशून्या **सा मायेत्युच्यते**। **कालत्रयेऽप्यसती** एवमज्ञानतया **तुच्छाऽपि** सेयं **पामराणां वास्तवी च** भवति,

> अविद्यमानैवाविद्या वस्तुतत्त्वविचारिणाम् ।
> इतरेषां तु मूढानां वज्रादपि दृढायते ॥

इति स्मृत्यनुरोधेन अस्यां **लौकिकानां सत्त्वबुद्धिर्भवति** । अलौकिकानां तु **इदमित्थमिति अनिर्वचनीया** अस्याः सत्त्वं **वक्तुं न शक्यते** । ब्रह्मातिरिक्तसामान्यापह्नवतावादिश्रुतिरत्र मानम्—

> सिद्धान्तोऽध्यात्मशास्त्राणां सर्वापह्नव एव हि ।
> नाविद्याऽस्तीह नो माया शान्तं ब्रह्मेदमक्लमम् ॥ इति ॥ १९ ॥

ब्रह्मात्मानुभवप्रकटनम्

नैवं भवाम्यहं देहो नेन्द्रियाणि दशैव तु ।
न बुद्धिर्न मनः शश्वन्नाहंकारस्तथैव च ॥ १६ ॥
अप्राणो ह्यमनाः शुभ्रो बुद्ध्यादीनां हि सर्वदा ।
साक्ष्यहं सर्वदा नित्यश्चिन्मात्रोऽहं न संशयः ॥ १७ ॥
नाहं कर्ता नैव भोक्ता प्रकृतेः साक्षिरूपकः ।
मत्सान्निध्यात् प्रवर्तन्ते देहाद्या अजडा इव ॥ १८ ॥
स्थाणुर्नित्यः सदानन्दः शुद्धो ज्ञानमयोऽमलः ।
आत्माऽहं सर्वभूतानां विभुः साक्षी न संशयः ॥ १९ ॥
ब्रह्मैवाहं सर्ववेदान्तवेद्यं नाहं वेद्यं व्योमवातादिरूपम् ।
रूपं नाहं नाम नाहं न कर्म ब्रह्मैवाहं सच्चिदानन्दरूपम् ॥२०॥
नाहं देहो जन्ममृत्यू कुतो मे नाहं प्राणः क्षुत्पिपासे कुतो मे ।
नाहं चेतः शोकमोहौ कुतो मे नाहं कर्ता बन्धमोक्षौ कुतो मे ॥

इत्युपनिषत् ॥ २१ ॥

"कथं बन्धः" इत्यादिप्रश्नोत्तरमभिधाय स्वाज्ञसमर्पितस्वातिरिक्तदेहादिकलनाऽपह्नवमुखेन निष्प्रतियोगिकस्वमात्रानुभवं श्रुतिः स्वयमेव व्यक्तीकरोति—नैवमिति । शरीरत्रयापह्नवसिद्धं ब्रह्म स्वमात्रमित्यर्थः ॥ १६ ॥ स्वाज्ञदृष्ट्या बुद्ध्यादिप्रसक्तौ सर्वदा तेषां स्वज्ञदृष्ट्या साक्ष्यहं परमार्थदृष्ट्या निष्प्रतियोगिकचिन्मात्रोऽहमित्यत्र न हि संशयोऽस्तीत्यर्थः ॥ १७ ॥

किञ्च—नाहमिति । कर्तृत्वादिप्रकृतिप्रसक्तौ तत्साक्ष्यहं देहेन्द्रियादिप्रवृत्तिनिमित्तमहमित्याह—मदिति ॥ १८ ॥ अनित्यदुःखादिप्रसक्तौ कस्त्वमसि

इत्यत आह—स्थाणुरिति ॥ १९ ॥ वेदान्तवेद्यसच्चिदानन्दोऽहमस्मि इत्याह—ब्रह्मैवाहमिति। नामरूपकर्मापह्नवसिद्धसच्चिदानन्दरूपोऽस्मीत्यर्थः, "सच्चिदानन्दमात्रोऽहमनुत्पन्नमिदं जगत्" इति श्रुतेः ॥ २० ॥ देहासुचित्ताभिमतिवैरळ्यान्न मे देहादिः स्यादित्याह—नाहमिति ॥ इत्युपनिषच्छब्दौ प्रकृतोपनिषत्समाप्त्यर्थौ ॥ २१ ॥

श्रीवासुदेवेन्द्रशिष्योपनिषद्ब्रह्मयोगिना।
लिखितं स्याद्विवरणं सर्वसारस्य साम्प्रतम्।
प्रकृतोपनिषद्व्याख्याग्रन्थस्त्रिंशोत्तरं शतम् ॥

इति श्रीमदीशाद्यष्टोत्तरशतोपनिषच्छास्त्रविवरणे त्रयस्त्रिंशत्सङ्ख्यापूरकं सर्वसारोपनिषद्विवरणं सम्पूर्णम्

सावित्र्युपनिषत्

आप्यायन्तु—इति शान्तिः

सवितृसावित्र्योः मिथः कार्यकारणत्वादि

कः सविता का सावित्री? अग्निरेव सविता पृथिवी सावित्री स यत्राग्निस्तत् पृथिवी यत्र वा पृथिवी तत्राग्निस्ते द्वे [1]योनिस्तदेकं मिथुनम् ॥ १ ॥कः सविता का सावित्री? वरुण एव सविताऽऽपः सावित्री स यत्र वरुणस्तदापो यत्र वा आपस्तद्वरुणस्ते द्वे योनिस्तदेकं मिथुनम् ॥ २ ॥ कः सविता का सावित्री? वायुरेव सविताऽऽकाशः सावित्री स यत्र वायुस्तदाकाशो यत्र वा आकाशस्तद्वायुस्ते द्वे योनिस्तदेकं मिथुनम् ॥ ३ ॥ कः सविता का सावित्री? यज्ञ एव सविता छन्दांसि सावित्री स यत्र यज्ञस्तच्छन्दांसि यत्र वा छन्दांसि स यज्ञस्ते द्वे योनिस्तदेकं मिथुनम् ॥ ४ ॥ कः सविता का सावित्री? स्तनयित्नुरेव सविता विद्युत् सावित्री स यत्र स्तनयित्नुस्तद्विद्युत् यत्र वा विद्युत्त [2]त्स्तनयित्नुस्ते द्वे योनिस्तदेकं

[1] योनी त—क, अ २. (एवं सर्वपर्यायेषु).

[2] त्र स्त—अ, अ १, अ २, क.

मिथुनम् ॥ ५ ॥ कः सविता का सावित्री? आदित्य एव सविता द्यौः सावित्री स यत्रादित्यस्तद्द्यौर्यत्र वा द्यौस्तदादित्यस्ते द्वे योनिस्तदेकं मिथुनम् ॥ ६ ॥ कः सविता का सावित्री? चन्द्र एव सविता नक्षत्राणि सावित्री स यत्र चन्द्रस्तन्नक्षत्राणि यत्र वा नक्षत्राणि स चन्द्रमास्ते द्वे योनिस्तदेकं मिथुनम् ॥ ७ ॥ कः सविता का सावित्री? मन एव सविता वाक् सावित्री स यत्र वा मनस्तद्वाक् यत्र वा वाक् तन्मनस्ते द्वे योनिस्तदेकं मिथुनम् ॥ ८ ॥ कः सविता का सावित्री? पुरुष एव सविता स्त्री सावित्री स यत्र पुरुषस्तत् स्त्री यत्र वा स्त्री तत् पुरुषस्ते द्वे योनिस्तदेकं मिथुनम् ॥ ९ ॥

सावित्र्युपनिषद्वेद्यचित्सावित्रपदोज्ज्वलम् ।
प्रतियोगिविनिर्मुक्तरामचन्द्रपदं भजे ॥

इह खलु सामवेदप्रविभक्तेयं सावित्र्युपनिषत् सवितृसावित्रीनवमिथुनबलातिबलामहामनुप्रकटनव्यग्रा तद्गतहेयांशापायसिद्धनिर्विशेषब्रह्मणि पर्यवसन्ना विजयते । अस्याः श्रुतेः संक्षेपतो विवरणमारभ्यते । श्रुतिरेव शिवशक्तिस्वरूपं किमित्याशङ्क्य अवान्तररूपेण स्वयमेव प्रकाशयति—क इति । "सविता प्राणिनः सूते" इति श्रुत्यनुरोधेन यदज्ञानतः स्वाज्ञदृष्ट्या स्वाविद्यापदतत्कार्यजातं सूतं प्रसूतमाविर्भूतं तत्रैव स्थितं तिरोभूतं च भवति, यः स्वज्ञदृष्ट्या स्वाज्ञविकल्पितप्रपञ्चारोपापवादाधारो भवति, यः परमार्थदृष्ट्या स्वाज्ञस्वज्ञविकल्पितारोपापवादापह्नवसिद्धः सन् निष्प्रतियोगिकतया स्वमात्रमवशिष्यते, सोऽयं सविता परमेश्वरः परमात्मा कीदृशः, यया विद्यया सविता प्रकाशते सेयं सावित्री कीदृशीति श्रुतिः स्वयमेवाशङ्क्य स्वाज्ञबुद्ध्यारोहाय तयोः स्वरूपं प्रकटयति—अग्निरिति । अग्न्यादिपुरुषान्तमेव सविता, अग्न्यादिपुरुषान्तगत-

नामरूपादिविशेषांशापाये तत्रत्यसच्चिदानन्दस्वरूपस्य निष्प्रतियोगिकचिन्मात्रसवितृरूपत्वात् । **पृथिव्यादिस्त्र्यन्तं सावित्री,** तत्रत्यजडाविद्यांऽशापायसिद्धाजडविद्यायाः स्वाज्ञविकल्पितस्वातिरिक्तकलनाऽपह्नवसिद्धं **ब्रह्म** निष्प्रतियोगिकस्वमात्रमिति बोधकत्वात । तयोः वाच्यवाचकलक्ष्यलक्षणबोध्यबोधकभावं कथमित्यत्राह—**स इति । स** यत्राग्न्यादिपुरुषान्तानुस्यूतः सविता विराजते **तत्र पृथिव्यादि**स्त्र्यन्तानुस्यूतरूपिणी सावित्री, पुनर्व्यतिहारेण **यत्र पृथिव्यादिः तत्राग्न्यादिः । ते द्वे योनिः तदेकं मिथुनं** इति नवकृत्वोपदेशः, तयोः सवितृसावित्र्योः मिथः कार्यकारणत्वं वाच्यवाचकत्वं लक्ष्यलक्षणत्वं बोध्यबोधकत्वं चोपपद्यते इत्यर्थः ॥ १-९ ॥

सावित्र्याः पादत्रयम्

तस्या एव[ष]प्रथमः पादो भूस्तत्सवितुर्वरेण्यमित्यग्निर्वै वरेण्यमापो वरेण्यं चन्द्रमा वरेण्यम् ॥ १० ॥ तस्या एव[ष]-द्वितीयः पादो भर्गमयो भुवो भर्गो देवस्य धीमहीत्यग्निर्वै भर्ग आदित्यो वै भर्गश्चन्द्रमा वै भर्गः ॥ ११ ॥ तस्या एष तृतीयः पादः स्वर्धियो यो नः प्रचोदयादिति स्त्री चैव पुरुषश्च प्रजनयतः ॥ १२ ॥

उक्तनवकृत्वोपदेशः सावित्र्याः प्रथमः पादो भवतीत्याह—**तस्या इति ।** कः सवितेत्यादिनवकृत्वोपदेशः सावित्र्याः **प्रथमः पादो** विज्ञेयः । तत्सवितुः यद्वरेण्यं तदग्न्यापश्चन्द्रादिगतहेयांशापायसिद्धं तत् सावित्र्याः द्वितीयः [प्रथमः] पादो भवति ॥ १० ॥ भूरित्याद्यव्याहृतिस्वरूपमुक्त्वा अथ **भर्गमयो भुवो भर्गो देवस्य धीमहि इति** भुवइति व्याहृत्यात्मकं देवस्य यद्भर्गः तेजः चिन्मात्रज्योतिः स्वमात्रमिति धीमहि, तदग्न्यादित्यचन्द्रगतहेयांशापायसिद्धं भर्गः ॥ ११ ॥ **तस्या एष तृतीयः पादः स्वरिति** व्याहृत्यात्मकं सावित्रं **ब्रह्म**

यश्चो अस्माकं धियः सर्वापह्नवसिद्धं ब्रह्म निष्प्रतियोगिकस्वमात्रमिति सम्यग्ज्ञाने प्रचोदयात्। तदतिरेकेण स्त्रीपुंरूपेण प्रविभक्तप्रपञ्चो नास्त्येव। यद्यस्तीति भ्रान्तिः तदा सर्वत्र [सवितृ] सावित्र्यौ स्त्रीपुमादिविशिष्टप्रपञ्चं जनयतः उत्पादयतः। यत एवं अतः तयोः सवितृप्रपञ्चयोः कार्यकारणभावः सम्पद्यते, कारणातिरेकेण कार्याभावात् कार्यापाये कारणस्य कार्यकारणकलनाविरळ-ब्रह्ममात्रत्वात् ॥ १२ ॥

सावित्रीवेदनफलं पुनर्मृत्युजयः

योो वा एतां सावित्रीमेवं वेद स पुनर्मृत्युं जयति ॥ १३ ॥

एवं वेदनफलमाह—य इति। यो वै मुनिः एतां चिन्मात्रसवितृबोधिनीं सावित्रीं विद्यां जानाति सोऽयं मुनिः ब्रह्मनिष्ठाप्रमादरूपमृत्युं जयति अप्रमादेन ब्रह्मनिष्ठामर्हतीत्यर्थः ॥ १३ ॥

बलाऽतिबलामन्त्रौ

बलातिबलयोर्विराट् पुरुष ऋषिः। गायत्री छन्दः। गायत्री देवता। अकारोकारमकारा बीजाद्याः। क्षुधाऽऽदिनिरसने विनियोगः। क्लामित्यादि[1]षडङ्गम्। ध्यानम्—

अमृतकर[2]तलाग्रौ सर्वसंजीवनाढ्या-
वघहरणसुदक्षौ वेदसारे मयूखे।
प्रणवमयविकारौ भास्कराकारदेहौ
सततमनुभवेऽहं तौ [3]बलातिबलान्तौ ॥

[1] षडंगन्यासः—क. [2] तलाद्रौ—मु.
[3] बलाती—अ, अ १, क.

ॐ ह्रीं बले महादेवि ह्रीं महाबले क्लीं चतुर्विधपुरुषार्थसिद्धिप्रदे तत्सवितुर्वरदात्मिके ह्रीं वरेण्यं भर्गो देवस्य वरदात्मिके अतिबले सर्वदयामूर्ते बले सर्वक्षु[1]च्छ्रमोप[2]नाशिनी धीमहि धियो यो नर्जाते [3]प्रचुर्या या प्रचोदयात्मिके प्रणवशिरस्कात्मिके हुं फट् स्वाहा ॥ १४ ॥

श्रुतिरियं क्षुत्पिपासापीडितानां ब्रह्मनिष्ठासङ्कोचो भवेदिति क्षुत्पिपासानिरासकौ बलाऽतिबलाऽभिधानौ महामन्त्रौ प्रकाशयति---बलेति । वर्णसहस्रपुरश्चरणतो विद्यासिद्धिर्भवति । तया क्षुत्पिपासाविरळो भूत्वाऽस्खलितब्रह्मनिष्ठो भवति ॥ १४ ॥

विद्याफलम्

एवं विद्वान् कृतकृत्यो भवति सावित्र्या एव सलोकतां जयतीत्युपनिषत् ॥ १५ ॥

विद्याफलमाह---एवमिति । मुख्यफलं कृतकृत्यत्वं, आन्तरालिकफलं अपरब्रह्मपदावाप्तिरित्यर्थः । इत्युपनिषच्छब्दः सावित्र्युपनिषत्परिसमाप्त्यर्थः ॥ १५ ॥

श्रीवासुदेवेन्द्रशिष्योपनिषद्ब्रह्मयोगिना ।
सावित्र्युपनिषद्व्याख्या लिखिता ब्रह्मबोधिनी ।
सावित्र्युपनिषद्व्याख्या पञ्चत्रिंशत् प्रकीर्तिता ॥

इति श्रीमदीशाद्यष्टोत्तरशतोपनिषच्छास्त्रविवरणे पञ्चसप्ततिसङ्ख्यापूरकं सावित्र्याख्योपनिषद्विवरणं सम्पूर्णम्

[1] श्रमो—मु.
[2] नाशिनि—क, मु.
[3] प्रचुर्यः—मु.

सुबालोपनिषत्

पूर्णमदः—इति शान्तिः

प्रथमानुशासनम्—सर्वप्रपञ्चलयस्थितिप्रकारः

निर्विकल्पकब्रह्मावस्थितिः

तदाहुः। किं तदासीत्? तस्मै स होवाच न सन्नासन्न सदसदिति ॥ १ ॥

बीजाज्ञानमहामोहापह्नवाद्यद्विशिष्यते ।
निर्बीजं त्रैपदं तत्त्वं तदस्मीति विचिन्तये ॥

इह खलु शुक्लयजुर्वेदप्रविभक्तेयं सुबालोपनिषत् सोपायनिर्विशेषब्रह्ममात्रगोचरतया विजृंभते। अस्याः स्वल्पग्रन्थतो विवरणमारभ्यते। ईशावास्यादिवत् उपोद्घातादिकं ऊह्यम्। सुबालब्रह्मप्रश्नप्रतिवचनरूपेयं आख्यायिका वक्ष्यमाणविद्यास्तुत्यर्था। केयं उपनिषत् इत्युपनिषदारभ्यते—तदाहुरित्यादि। तत् प्रसिद्धब्रह्मज्ञानमुद्दिश्य ब्रह्मवादिनो मिथो गुरुशिष्यभावमेत्य आहुः मीमांसां कुर्वन्ति। तत्र सुबालो नाम मुनिः निष्प्रतियोगिकब्रह्ममात्रज्ञानबुभुत्सया ब्रह्माणं विधिवत् उपसङ्गम्य पृच्छति—किं तदासीदिति। तदा पृथिव्याद्यव्यक्तान्तोपसंहारदशायां किमात्मकं ब्रह्म आसीत् इत्येवं पृष्टवते तस्मै स ब्रह्मा होवाच। किमिति? न सन्नासन्न सदसदिति। तदानीं तत्परमकारणं ब्रह्म सद्व्यवहारवदपि

नाभूत्, नासदपि असद्व्यवहारवदभूत्, नापि सदसदात्मकतया अनिर्वचनीय-व्यवहारवद्वा अभूत्। एतावता किं अवधृतम्? निष्प्रतियोगिकनिर्विकल्पमेव अभूत् इत्युक्तं भवतीत्यर्थः ॥ १ ॥

तमआदिपृथिव्यन्तजननम्

तस्मात्तमः संजायते तमसो भूतादिर्भूतादेराकाशमाकाशा-द्वायुर्वायोरग्निरग्नेरापोऽद्भ्यः पृथिवी ॥ २ ॥

ततः किं जातं इत्यत आह—तस्मादिति। **तस्मात्** बीजभावमापन्नात् अविकल्पात् **तमः** स्वाविद्यापेशी **सञ्जायते**। सञ्जायत इति वर्तमानप्रयोगतो बीजात्मा पञ्चकृत्यकारीति द्योत्यते। तस्मात् **तमसः** अज्ञानात् **भूतादिः** अक्षराव्यक्तमहत्तत्त्वाहङ्कारादिः, सञ्जायत इति सर्वत्र अनुवर्तते। **भूतादेः** आकाशादिपृथिव्यन्तं क्रमेण सञ्जायते ॥ २ ॥

विराट्पुरुषोत्पत्तिः

तदण्डं समभवत्तत् संवत्सरमात्रमुषित्वा द्विधाऽकरोदधस्ता-द्भूमिमुपरिष्टादाकाशं मध्ये पुरुषो दिव्यः सहस्रशीर्षा पुरुषः सहस्राक्षः सहस्रपात् सहस्रबाहुरिति ॥ ३ ॥

तत् इत्यव्ययम्। **तत्** तैः आकाशादिभूतैः पञ्चीकृतैः हिरण्मयं अविद्याऽण्डं महाविराण्णिकेतनं **समभवत्**। ततः तत् किमासीदित्यत आह—तदिति। **तत्** अविद्याऽण्डं **संवत्सरमात्रं** अच्छिद्रकुक्कुटाण्डवत् **उषित्वा** अथ तदण्डं **द्विधा अकरोत्** ऊर्ध्वाधोविभागेनेत्यर्थः। तदधस्तात् **भूमिः** **तदुपरिष्टाद्भागे आकाशं**, तन्मध्ये किं अभूदित्यत आह—**मध्य इति**। कपालद्वयमध्ये दिवि भवो **दिव्यः पुरुषो** विराट् **सहस्रशीर्षे**त्यादिविशेषणविशिष्टः सम्राट् चतुराननो जायते ॥ ३ ॥

मृत्युसृष्टिः

सोऽग्रे भूतानां मृत्युमसृजत् । [1]त्र्यक्षं त्रिशिरस्कं त्रिपादं खण्डपरशुम् ॥ ४ ॥

सः किं कृतवान् इत्यत आह—स इति । स भगवान् ब्रह्मा भूतानां अग्रे मृत्युं तमःपेशीप्रधानं रुद्रं त्र्यक्षं त्रिशिरस्कं त्रिपादं खण्डपरशुं असृजत् ॥ ४ ॥

सप्तमानसप्रजापतिसृष्टिः

[2]तस्य ब्रह्मा बिभेति [3]स ब्रह्माणमेव विवेश । स मानसान् सप्त [4]पुत्रानसृजत् । ते ह विराजः सप्त मानसानसृजन् । ते ह प्रजापतयः ॥ ५ ॥

तं सृष्ट्वा किं कृतवान् इत्यतः आह—तस्येति । स्वसृष्टस्य तस्य रूपं दृष्ट्वा चतुर्मुखो भीतो जायते । स जनकभीहेतुः किं कृतवान् इत्यत आह—स इति । भीतं रक्ष इव स रुद्रो जनकं ब्रह्माणमेव आविवेश । तेनाविष्टः किं कृतवान् इत्यत आह—स इति । यः एवं रुद्रावेशक्षुब्धः सः ब्रह्मा मानसान् मनोमात्रोपादानान् सप्त पुत्रान् असृजत् । ते किं कृतवन्तः इत्यत आह—त इति । ते ह सप्त पुत्रा विराजः सप्त पुत्रान् मानसान् असृजन् । ते किमर्थं सृष्टाः इत्यत आह—ते ह प्रजापतय इति । बहुधा प्रजासर्जनार्थं सृष्टा इत्यर्थः ॥ ५ ॥

[1] त्र्यक्षरं—अ, अ १, अ २, क.

[2] न तस्य—अ, अ १, अ २, क

[3] सो ब्र—अ, अ १, अ २, क.

[4] पुरुषान—अ २.

पुरुषात् ब्राह्मणादिसृष्टिः

ब्राह्मणोऽस्य मुखमासीद्बाहू राजन्यः कृतः ।
ऊरू तदस्य यद्वैश्यः पद्भ्यां शूद्रो अजायत ॥
श्रोत्राद्वायुश्च प्राणश्च हृदयात् सर्वमिदं जायते ॥ ६ ॥

एवं सप्त पुत्रान् सृष्ट्वा किंविशेषणविशिष्टान् पुनरसृजत् इत्यत आह—**ब्राह्मणोऽस्येति**। **अस्य** चतुर्मुखस्य **ब्राह्मणो मुखमासीत्** मुखात् सृष्टोऽभूत् इत्यर्थः। तथा **बाहू राजन्यः** क्षत्रियः **कृतः** क्षत्रियस्य बाहुत्वेन कृतसन्निवेशात् बाहुभ्यां अजायत इति यावत्। यत्तच्च अव्ययम्। यावस्य **ऊरू** तौ **वैश्यः** तदात्मकः ततोऽजायत इति यावत्। **पद्भ्यां शूद्रो अजायत**। ब्राह्मणादीनां मुखमासीदिति ब्रह्माङ्गता उक्ता, शूद्रस्य तदनर्हत्वात् नीचाङ्गजातिरुक्ता निर्विद्यत्वात्, "तस्माच्छूद्रो निर्विद्योऽभवत्" इति श्रुतेः। **श्रोत्राद्वायुश्च प्राणश्च**, च शब्दात् मनश्चक्षुर्भ्यां चन्द्रसूर्यौ जाताविति द्योत्यते। चतुर्मुखस्य **हृदयात् सर्वमिदं** चराचरात्मकं जगत् **जायते** ॥ ६ ॥

इति प्रथमः खण्डः

पुरुषात् निषादादिसृष्टिः

अपानान्निषादा यक्षराक्षसगन्धर्वाश्चास्थिभ्यः पर्वता लोमभ्य
ओषधिवनस्पतयो ललाटात् क्रोधजो रुद्रो जायते ॥ १ ॥

पुनरङ्गान्तरेभ्यः के जायन्ते इत्यत आह—**अपानादिति**। तस्य **ब्रह्मणः** अपानस्थानात् **निषादाः** म्लेच्छादिजातिविशेषाः बहवो जायन्ते **यक्षराक्षसगन्धर्वाश्च**। **अस्थिभ्यः पर्वता** इत्यादि—स्पष्टोऽर्थः। अस्य **ललाटात्**

क्रोधजः क्रोधमूर्तिः कालाग्निरूपो रुद्रो जायते, छन्दोगानामुपस्थाने "ब्रह्मणः पुत्राय विरूपाक्षाय नमः" इत्युक्तम् ॥ १ ॥

वेदादिशास्त्राविर्भावः

तस्यैतस्य महतो भूतस्य निश्वसितमेतद्यदृग्वेदो यजुर्वेदः सामवेदोऽथर्ववेदः [1]शिक्षा कल्पो व्याकरणं निरुक्तं छन्दो ज्योतिषामयनं न्यायो मीमांसा धर्मशास्त्राणि व्याख्यानान्युपव्याख्यानानि च सर्वाणि च भूतानि ॥ २ ॥

तत एव निश्वासवद्वेदाद्याविर्भावमाह—तस्येति । तस्यैतस्य महतो भूतस्य ब्रह्मणो निश्वसितो निश्वासवत् अप्रयत्नेन आविर्भूतः ऋगादिचतुर्वेदः शिक्षा स्वरमात्राविभागहेतुः कल्पः कल्पसूत्राणि व्याकरणं शब्दराशिशोधनं निरुक्तं मन्त्रार्थनिर्वचनं छन्दः नानावृत्तलक्षणं ज्योतिषां सूर्यादीनां अयनं गतिनिरूपकं ज्योतिःशास्त्रं न्यायः तर्कः पूर्वोत्तरा च मीमांसा, पूर्वा तु धर्मविचारः उत्तरा तु ब्रह्मविचारः, धर्मशास्त्राणि मन्वादिस्मृतयः व्याख्यानानि शाबरमहाभाष्यरूपाणि उपव्याख्यानानि प्रकरणानि सर्वाणि च भूतानि शब्दप्रकरणात् सर्वप्राणिभाषाश्च, सर्वाणि निश्वसितानि इति पूर्वेण संबन्धः ॥ २ ॥

स्त्रीपुंरूपसृष्टिः

हिरण्यज्योतिर्यस्मिन्नयमात्माऽधि[2]क्षियन्ति भुवनानि विश्वा आत्मानं द्विधाऽकरोदर्धेन स्त्री अर्धेन पुरुषो देवो भूत्वा देवानसृजदृषिर्भूत्वा ऋषीन् यक्षराक्षसगन्धर्वान् ग्राम्यानारण्यांश्च पशूनसृजदितरा गौरितरोऽनड्वानितरा बडबेतरोऽश्व इतरा गर्दभीतरो गर्दभ इतरा विश्वंभरीतरो विश्वंभरः ॥ ३ ॥

[1] शीक्षा—अ, अ १, अ २, क. [2] क्षय—अ, अ १, अ २, क.

अथ **यस्मिन् अयमात्मा** प्रत्यक् **विश्वा** विश्वानि **भुवनानि** लोकाश्च **अधिक्षियन्ति** अधिक्षेपवत् भवन्ति सोऽसौ भगवान् **हिरण्यज्योतिः** कला[नक]वर्णस्वरूपो भगवान **स्वात्मानं द्विधा** विभागं **अकरोत्**। कथं ? **वामार्धेन स्त्री दक्षिणार्धेन पुरुषो** बभूव। तथा च बृहदारण्यके "स यथा स्त्रीपुमांसौ संपरिष्वक्ताविममेवात्मानं द्वेधाऽपातयत् ततः पतिश्च पत्नी चाभवतां तस्मादिदमर्धबृगलमिव" इति। तथा उभाभ्यामादिमातापितृभ्यां स्त्रीपुरुषसृष्टिः अद्याप्यनुवर्तते। अथ सपत्नीकः स पुरुषो **देवो भूत्वा** सपत्नीकान् **देवानसृजत्** तथा **ऋषिर्भूत्वा ऋषीन्** तथा यक्षराक्षसगन्धर्वान् **ग्राम्यान् आरण्यांश्च पशून्** तत्तद्द्वन्द्वरूपो भूत्वा **असृजन्**। अयमेवार्थो विशिष्टः प्रदर्श्यते **इतरा** इत्यादि। **इतरा** करेणुः **इतरो** गजो बभूव। तथा **इतरोऽनड्वान् इतरा गौः इतराऽश्वबडवा इतरोऽश्वः** इतरोऽश्वतरः तथेतराऽश्वतरी **इतरा गर्दभी इतरो गर्दभः इतरा विश्वंभरी** धरणी **इतरो विश्वंभरो** भूवराहरूपः। उक्तार्थे बृहदारण्यकवाक्यशेषोऽप्यनुसन्धेयः "सा गौः अभवत् ऋषभः इतरः तां समेवाभवत् ततो गावोऽजायन्त" इत्यादि। एवं स भगवान् स्वमूर्तिभ्यामेव तत्तद्योनिकारणकूटस्थमातापितृरूपो भूत्वा सृष्टिपरम्परां अद्यापि करोति ॥ ३ ॥

प्रपञ्चोपसंहारक्रमः

सोऽन्ते वैश्वानरो भूत्वा [1]सं दग्ध्वा सर्वाणि भूतानि पृथिव्यप्सु प्रलीयत आपस्तेजसि लीयन्ते तेजो वायौ विलीयते वायुराकाशे विलीयत आकाशमिन्द्रियेष्विन्द्रियाणि तन्मात्रेषु तन्मात्राणि भूतादौ विलीयन्ते भूतादिर्महति विलीयते महानव्यक्ते विलीयतेऽव्यक्तमक्षरे विलीयते अक्षरं तमसि विलीयते तमः परे देव एकीभवति परस्तान्न सन्नासन्न सदसदित्येतन्निर्वाणानुशासनमिति वेदानुशासनमिति वेदानुशासनम् ॥ ४ ॥

[1] स द—अ, अ १, अ २, क

स्वज्ञानिदष्टथा उपसंहारक्रम उच्यते—**सोऽन्त इति**। अन्ते प्रळये आत्यन्तिकप्रळये वा यः चतुराननरूपेण स्रष्टा विष्णुरूपेण पालयिता **स एव वैश्वानरः** सर्वोपसंहारपण्डितो भूत्वा, समिति पृथक्पदं, **दग्ध्वा सर्वाणि भूतानि** भस्मीकृत्य, उपसंहरतीति शेषः। संभूतिवैपरीत्येनोपसंहारक्रमः। तथा हि प्रसिद्धा इयं **पृथिवी अप्सु प्रलीयत** इत्यादि समानम्। **आकाशं इन्द्रियेषु** सत्वादिगुणेषु। गुणभूतेन्द्रियाणि **भूतादौ** तत्तल्लिङ्गे विलीयन्ते। **भूतादिः महति** जीवघने। **महान् अव्यक्ते** अव्याकृते। **अव्यक्तं** स्वारोपाधिकरणे **अक्षरे** ईश्वरे। **अक्षरं तमसि** पेशिस्थानीये साक्षिणि **विलीयते**। **तमः** साक्षी तु **परे देवे** ब्रह्मणि **एकीभवति**। ततो ब्रह्मणः **परस्तात् न सत् नासत् न सदसत्** इत्युक्तार्थम्। **इत्येतत्** उपदिष्टं तत्त्वं **निर्वाणानुशासनं** सर्वोपसंहारोपदेशः **इति** एवमेव सर्ववेदानुशासनं सर्ववेदान्तेषु मोक्षोपदेशः। आवृत्तिः प्रथमानुशासनसमाप्त्यर्था ॥ ४ ॥

इति द्वितीयः खण्डः

द्वितीयानुशासनम्—तुरीयतत्त्वम्

निर्विकल्पकब्रह्ममन्तुः शोकाभावः

असद्वा इदमग्र आसीदजातमभूतमप्रतिष्ठितमशब्दमस्पर्शमरूपमरसमगन्धमव्ययममहान्तमबृहन्तमजमात्मानं मत्वा धीरो न शोचति ॥ १ ॥

एवं प्रथमानुशासनेन तमःशब्दवाच्यसाक्ष्यादिसर्वप्रपञ्चस्थितिलयप्रकारः उक्तः। अथ साक्ष्यादिप्रपञ्चो यत्र समाप्यते तद्याथात्म्यविवक्षया द्वितीयानुशासनमारभ्यते—असदित्यादिना। **इदं** तमआदि पृथिव्यन्तं कार्यजातं **अग्रे** पूर्वकाले

असद्वै गुणसाम्यावच्छिन्नसाक्षितत्त्वमेव आसीत् । तमआदिपृथिव्यन्तापह्नवसिद्धं ब्रह्म तमआदिप्रपञ्चजन्मस्थितिभङ्गकालेऽपि स्वयं अजातं जन्मरहितमेव भवति । यतोऽजातं अत एव अभूतं उदयास्तमनकलनाविरळचिदाकाशस्वरूपत्वात् । तथा अप्रतिष्ठितं निरवयवत्वेन निर्विशेषत्वात् । स्वाज्ञदृष्टिविकल्पितप्रपञ्चप्रसक्तौ स्वज्ञदृष्टया तदारोपापवादाधिकरणत्वेऽपि परमार्थदृष्टया निरधिकरणं ब्रह्मेत्यर्थः । शब्दादिप्रपञ्चे सति कथं निरधिकरणतेत्यत आह—अशब्दमित्यादि । शब्दाद्याश्रयवियदादिपञ्चभूतापह्नवसिद्धत्वात् अशब्दं अस्पर्शं अरूपं अरसं अगन्धं अत एव अव्ययं निरवयवत्वात् अमहान्तं महत्तत्त्वाभावात् अबृहन्तं बृहत्तत्त्वाव्यक्ताभावात्, अजं स्वस्मात् अन्यानुत्पत्तेः अन्यस्माद्वा स्वस्यानुत्पत्तेः "स बाह्याभ्यन्तरो ह्यजः," "न जायते म्रियते वा" इति, "स्वतो वा परतो वाऽपि न किञ्चिद्वस्तु जायते" इत्यादि श्रुतेः, गौडपादाचार्योक्तेश्च । एवं अनात्मापह्नवसिद्धं परमात्मानं स्वमात्रमिति मत्वा धीरो ब्रह्मविद्वरीयान् न शोचति शोचनीयप्रसक्तेः दुर्लभत्वात् ॥ १ ॥

निर्विकल्पकब्रह्मणि प्राणाद्यभावः

अप्राणममुखमश्रोत्रमवागमनोऽतेजस्कमचक्षुष्कमनामगोत्रमशिरस्कमपाणिपादमस्निग्धमलोहितमप्रमेयमह्रस्वमदीर्घमस्थूलमनण्वनल्पमपारमनिर्देश्यमनपावृतमप्रकाश्यमसंवृतमनन्तरमबाह्यं न तदश्नाति किंचन न तदश्नाति कश्चन ॥ २ ॥

शोचनीयप्राणादिकलनासत्त्वात् कथं न शोचतीत्यत आह—अप्राणमित्यादि । प्राणादिपञ्चवृत्त्यपह्नवसिद्धत्वात् स्वमात्रतया मन्तव्यब्रह्मणः । अतोऽयं विद्वान् न शोचतीत्यर्थः । तथा अमुखं मुखाद्यवयववैरळ्यात्, तथा अश्रोत्रं अवाक् तथा अमनः अमनस्कत्वात् तथा अतेजस्कं अचक्षुष्कं अनामगोत्रं अशिरस्कं अपाणिपादं सर्वावयवशून्यमित्यर्थः । अस्निग्धं स्नेहगुणविरळं अलोहितं रजआदिगुणत्रयातीतं अप्रमेयं चक्षुरादिप्रमेयाभावात्

अह्रस्वं अदीर्घं अस्थूलं अनणु, ह्रस्वादीनां सावयवधर्मत्वात् निरवयवस्य ह्रस्वादिकलना कथं सेद्धुं पारयतीत्यर्थः । **अनल्पं** भूमरूपत्वात् **अपारं** कालाद्यपरिच्छिन्नत्वात् अत एव **अनिर्देश्यं** अनिदंस्वरूपत्वात् **अनपावृतं** निरावृतत्वात् **अप्रकाश्यं** स्वप्रकाशकवैरळ्यात् **असंवृतं** स्वसंवरणाविद्याद्वयाभावात् **अनन्तरं अबाह्यं** अन्तर्बाह्यविभागहेतुशरीराभावात् । एतादृशं **ब्रह्म न किञ्चन** विषयजातं **अश्नाति** तथा नापि **कश्चन तद्ब्रह्म अश्नाति** स्वातिरिक्तान्नात्त्रोरसंभवात् ॥ २ ॥

ब्रह्मावगत्युपायः फलं च

एतद्वै सत्येन दानेन तपसाऽनाशकेन ब्रह्मचर्येण निर्वेदनेनानाशकेन षडङ्गेनैव साधयेदेतत्त्रयं [1]वीक्षेत दमं दानं दयामिति न तस्य प्राणा उत्क्रामन्त्यत्रैव समवलीयन्ते ब्रह्मैव सन् ब्रह्माप्येति य एवं वेद ॥ ३ ॥

यद्येवं निर्विशेषं तदवगत्युपायः कः इत्यत आह---**एतद्वा इति । एतद्वै** स्वे महिम्नि प्रतिष्ठितं ब्रह्ममात्रं लौकिकालौकिक**सत्येन** तथा लौकिकवैदिकवित्तविद्या**दानेन** तथा **अनाशकेन** अनशनप्रधानेन **तपसा** तथा द्विविध**ब्रह्मचर्येण** स्वातिरिक्तपदार्थ**निर्वेदनेन** तीव्रतमवैराग्येण **अनाशकेन** स्त्र्यादिविषयभोगप्रसक्तिरहितेन स्वातिरिक्तसामान्यसंन्यासेनेति यावत् । एवं सत्यादिलक्षणेन **षडङ्गेन** साधनेनैव **साधयेत्** । तथा दमं दानं दयां इत्येतत्त्रयं च ब्रह्मप्राप्तिसाधनमिति **वीक्षेत** । तथा च बृहदारण्यके आम्नातं—"एतत्त्रयं शिक्षेद्दमं दानं दयामिति" । एवं यथोक्तसाधनेन ब्रह्ममात्रविद्यां साधयतः निष्प्रतियोगिकब्रह्ममात्रज्ञाने जातेऽपि प्रातिभासिकरूपेण वा प्राणाः सन्तीति यस्य भ्रान्तिः **तस्यापि** निर्विशेषज्ञानमहिम्ना **प्राणाः** स्वाज्ञानिन इव **नोत्क्रमन्ति** नह्युत्क्रमणं

[1] वीक्षणं—अ १, उ १.

भजन्ति । अपि तु अत्र ब्रह्मण्येव समवलीयन्ते जले जलवत् अविशेषतां प्रपद्यन्ते । य एवं विद्वान् सोऽपि ब्रह्मैव सन् ब्रह्माप्येति ब्रह्मैव भवतीत्यर्थः ॥ ३ ॥

इति तृतीयः खण्डः

हृदयस्थनाडीस्वरूपम्

हृदयस्य मध्ये लोहितं मांसपिण्डं यस्मिंस्तद्दहरं पौण्डरीकं कुमुदमिवानेकधा विकसितं हृदयस्य दश छिद्राणि भवन्ति येषु प्राणाः प्रतिष्ठिताः ॥ १ ॥

उत्तमाधिकारिणां ब्रह्ममात्रज्ञानसमकालं ब्रह्मभावापत्तिमुक्त्वा मन्दाधिकारिणां स्वातिरिक्तानात्मप्रपञ्चवैराग्यहेतवे त्रिधामसंसारगतिनिरूपणशेषतया आदौ नाडीस्वरूपं निरूपयति—हृदयस्येति । वक्षोऽभ्यन्तरविलसद्धृदयस्य मध्ये लोहितं मांसपिण्डमिति—लिङ्गस्य लोकाश्रयत्वात् नपुंसकोऽपि पिण्डशब्दः—पिण्डसंस्थानो मांसोऽधिदैवं ब्रह्मपुरस्थानीयोऽस्ति, यस्मिन् हृदयाकारमांसपिण्डे तत् प्रसिद्धं दहरं दग्ध्वा रमते अत्र सर्वानर्थमिति दहराख्यं पौण्डरीकं ईषत्पुण्डरीकं सितपद्मं तत्सम्बन्धि पौण्डरीकं पुण्डरीकसंस्थानतुल्यसंस्थानं अधिदैवं हिरण्मयकमलकोशस्थानीयमिति यावत् । वस्तुतः प्रत्यक्पुरे तु कुमुदमिव अनेकधा अनेकदळभेदेन विकसितं भवति । तस्य हृदयस्य दश छिद्राणि रन्ध्राणि भवन्ति येषु रन्ध्रेषु दश दश वागादयः प्राणाः मुख्यप्राणादयः नागाद्याश्च प्रतिष्ठिताः त इमाः दशनाड्यः प्रथमः कोशः ॥ १ ॥

स्थूलकोशे जाग्रदनुभवः

स यदा प्राणेन सह संयुज्यते तदा पश्यति [1]नद्यो नगराणि बहूनि विविधानि च यदा व्यानेन सह संयुज्यते तदा पश्यति

[1] सद्यो—क.

देवांश्च ऋषींश्च यदाऽपानेन सह संयुज्यते तदा पश्यति यक्षराक्षस-गन्धर्वान् यदोदानेन सह संयुज्यते तदा पश्यति देवलोकान् देवान् स्कन्दं जयन्तं चेति यदा समानेन सह संयुज्यते तदा पश्यति देवलोकान् धनानि च यदा वैरम्भेण सह संयुज्यते तदा पश्यति दृष्टं च श्रुतं च भुक्तं चाभुक्तं च सच्चासच्च सर्वं पश्यति ॥ २ ॥

तत्र योऽवरमुख्यप्राणाधारः सोऽयं जीवो जाग्रदवस्थायां यदा प्राणेन सह संयुज्यते सम्बध्यते तदा नद्यो नगराणि बहूनि अनेकानि विविधानि पश्यति। यदा व्यानेन सह संयुज्यते तदा देवांश्च ऋषींश्च पश्यति। यदा अपानेन सह संयुज्यते तदा यक्षराक्षसगन्धर्वान् पश्यति। यदा अत्र उदानेन सह संयुज्यते तदा देवलोकान् देवान् स्कन्दं जयन्तं च पश्यति। यदा समानेन सह संयुज्यते तदा देवलोकान् धनानि च पश्यति। यदा वैरम्भेण प्राणविशेषेण सह संयुज्यते तदा स्वप्नसर्गे जागरणे दृष्टं चादृष्टं च श्रुतं चाश्रुतं च स्त्र्यादिकं भुक्तमभुक्तं च सच्च चाक्षुषं असच्च अचाक्षुषं पश्यति। एवं जागरितवत्प्रथमकोशे पूर्णानुभवः उक्तः ॥ २ ॥

सूक्ष्मकोशे स्वप्नानुभवः

अथेमा दश दश नाड्यो भवन्ति तासामेकै[1]कस्या द्वा-सप्ततिर्द्वासप्ततिः शाखानाडीसहस्राणि भवन्ति यस्मिन्नयमात्मा स्वपिति शब्दानां च करोत्यथ [2]द्वितीये सं कोशे स्वपिति तदेमं च लोकं परं च लोकं पश्यति सर्वाञ्छब्दान् विजानाति स संप्रसाद इत्याचक्षते प्राणः शरीरं परिरक्षति। हरितस्य नीलस्य पीतस्य लोहितस्य श्वेतस्य नाड्यो रुधिरस्य पूर्णाः ॥ ३ ॥

[1] कस्यां—अ, अ १, अ २, क. [2] यद्वितीये—अ २. सद्वितीये—क.

अथेति प्रथमकोशानन्तर्यार्थः। अथेमाः प्रागुक्ताः महानाड्यो दशदश शतं भवन्ति वृक्षे उपशाखाभिरिव। तासां शतानां नाडीनां एकैकस्याः नाड्याः द्वासप्ततिर्द्वासप्ततिसङ्ख्याकानि शाखानाडीनां सहस्राणि भवन्ति, यस्मिन् सूक्ष्मनाडीसहस्रस्थाने अयमात्मा जीवः स्वपिति स्वप्नदर्शनमनुभवति शब्दानां च दर्शनं करोति। अथ तत्र सूक्ष्मस्वापस्थाने द्वितीये सं कोशे—समिति पृथक्पदं—द्वितीयकोशसंसृष्टः सन् यदा स्वपिति स्वप्नानुभवं करोति तदा इमं च लोकं परं च लोकं—चशब्दद्वयतः तत्तल्लोकार्थानुप्रेयं च—पश्यति। सर्वान् शब्दान् विजानाति। एवं अत्यल्प इहार्थानुभवः। तमेतं द्वितीयादि-कोशस्थं संप्रसाद इत्याचक्षते। वक्ष्यमाणतृतीयकोशे करणोपरमात् विषय-कालुष्यरहितः प्रसन्न एव भवति। द्वितीयेऽपि कोशे करणानामुपरतकल्पत्वात् संप्रसादत्वम्। अस्यामुपरतकल्पावस्थायां प्राण एव केवलं निजकर्मनियुक्तः प्रोषितयजमानगृहदासीदासादिरिव स्थूलशरीरं परिरक्षति निजवृत्तिभिः सुप्त-जनकग्रामं पालका इव। ताः इमाः शाखानाड्यो हरितस्य नीलस्य पीतस्य लोहितस्य श्वेतस्य रुधिरस्य वातपित्तादिरसस्य पूर्णाः। पूर्णयोगे छन्दसि तृतीयायां षष्ठी दृश्यते। हरितादिवर्णेन पूर्णा इत्यर्थः॥ ३॥

हृदयाकाशे सुषुप्त्यनुभवः

अथ यत्रैतद्दहरं पुण्डरीकं कुमुदमिवानेकधा विकसितं यथा केशः सहस्रधा भिन्नस्तथा हिता नाम नाड्यो भवन्ति हृद्याकाशे परे कोशे दिव्योऽयमात्मा स्वपिति यत्र सुप्तो न कंचन कामं कामयते न कंचन स्वप्नं पश्यति न तत्र देवा न देवलोका यज्ञा न यज्ञा वा न माता न पिता न बन्धुर्न बान्धवो न स्तेनो न ब्रह्महा तेजस्कायममृतं सलिल एवेदं सलिलं वनं[मग्नं] भूयस्तेनैव मार्गेण जाग्राय धावति सम्राडिति होवाच॥ ४॥

अथशब्दः तृतीयकोशारम्भार्थः । **यत्रैतन् दहरं पुण्डरीकं कुमुदमिव अनेकधा विकसितमित्युक्तार्थं**, तत्र यथा एकः केशः सहस्रधा भिन्नो विदीर्णः परमसूक्ष्मः तथा परमसूक्ष्मा **हिता नाम नाड्यो भवन्ति**। तत्र लोचनकण्ठप्राधान्येन प्रथमद्वितीयकोशौ, हृदयप्राधान्येन तृतीयकोशो विज्ञेयः। नेत्रकण्ठहृदयविभाता हि जाग्रदादिप्रथमद्वितीयतृतीयकोशाः इत्यत्र—

> नेत्रस्थं जागरितं विद्यात् कण्ठे स्वप्नं समाविशेत् ।
> सुषुप्तं हृदयस्थं तु तुरीयं मूर्ध्नि संस्थितम् ॥

इति श्रुतेः। कोशद्वयापेक्षया **हृद्याकाशे परे** उत्कृष्टे तृतीयकोशे तदन्तर्वर्तिनि हृदयाकाशे **दिव्योऽयमात्मा** जीवः **स्वपिति** करणग्रामोपरतिलक्षणां सुप्तिं गतो भवति, **यत्र** तृतीयकोशे **सुप्तोऽ**यमात्मा **न कंचन कामं कामयते न कंचन स्वप्नं पश्यति** । **तत्र** तृतीयकोशे देवलोकानुग्रहकारिणो **देवा न** भवन्ति, तथा स्वावासयोग्या **लोका न** भवन्ति। तथा **यज्ञाः न यज्ञाः न माता न पिता** तथा **न बन्धुः** भ्रात्रादिः **न बान्धवो** ज्ञातिः **न स्तेनो न ब्रह्महा** । एवमादिव्यवहारातीतं जीवस्वरूपं **तेजस्कायं** शक्तित्रयमयतेजः-शरीरात्मकमेव भवति। महान् अव्यक्ते विलीयत इति यत् पुरोक्तं तदिदं **अमृतं** शाश्वतं तेजःशरीरम्। तदानीं **सलिल एव** हार्दहिताऽऽकाशात् कमलनाळमार्गेण नाभिस्थकमलाधारजल एव मग्नं यथोपसंहृतस्रोतस्कं कारणशरीरं संवर्तसमुद्रजले उदरस्थाने सलिल एव स्थितं पुरुषोपग्रहं आन्तरं शरीरं भूयः पुनरपि कालकर्मोद्भूतं सत् **तेनैव मार्गेण** पुण्डरीकाधारं प्राप्य प्रतितिष्ठति पुनस्तृतीयकोशात् द्वितीयं प्रथममिति क्रमेण प्रत्यागतो **जाग्राय**—औणादिकः—जागरणाय बहिःपदार्था-नुभवाय **धावति** जागरितादिस्थानं गच्छति । सोऽयं समन्तात् राजत इति **सम्राट्**। यद्वा—चतुर्थकोशारूढतुरीयं ब्रह्म सम्राडिति होवाच ॥ ४ ॥

इति चतुर्थः खण्डः

कोशत्रयगतात्मनः तुरीयब्रह्मत्वम्

स्थानानि स्थानिभ्यो यच्छति नाडी तेषां निबन्धनं चक्षुरध्यात्मं द्रष्टव्यमधिभूतमादित्यस्तत्राधिदैवतं नाडी तेषां निबन्धनं यश्चक्षुषि यो द्रष्टव्ये य आदित्ये यो नाड्यां यः प्राणे यो विज्ञाने य आनन्दे यो हृद्याकाशे य एतस्मिन् सर्वस्मिन्नन्तरे संचरति सोऽयमात्मा तमात्मानमुपासीताजरममृतमभयमशोकमनन्तम् ॥ १ ॥

श्रोत्रमध्यात्मं श्रोतव्यमधिभूतं दिशस्तत्राधिदैवतं नाडी तेषां निबन्धनं यः श्रोत्रे यः श्रोतयितव्ये यो दिक्षु यो नाड्यां यः प्राणे यो विज्ञाने य आनन्दे यो हृद्याकाशे य एतस्मिन् सर्वस्मिन्नन्तरे संचरति सोऽयमात्मा तमात्मानमुपासीताजरममृतमभयमशोकमनन्तम् ॥ २ ॥

नासाऽध्यात्मं घ्रातव्यमधिभूतं पृथिवी तत्राधिदैवतं नाडी तेषां निबन्धनं यो नासायां यो घ्रातव्ये यः पृथिव्यां यो नाड्यां . . . नन्तम् ॥ ३ ॥

जिह्वाऽध्यात्मं रसयितव्यमधिभूतं वरुणस्तत्राधिदैवतं नाडी तेषां निबन्धनं यो जिह्वायां यो रसयितव्ये यो वरुणे यो नाड्यां . . . नन्तम् ॥ ४ ॥

त्वगध्यात्मं स्पर्शयितव्यमधिभूतं वायुस्तत्राधिदैवतं नाडी तेषां निबन्धनं यस्त्वचि यः स्पर्शयितव्ये यो वायौ यो नाड्यां . . . नन्तम् ॥ ५ ॥

मनोऽध्यात्मं मन्तव्यमधिभूतं चन्द्रस्तत्राधिदैवतं नाडी तेषां निबन्धनं यो मनसि यो मन्तव्ये यश्चन्द्रे यो नाड्यां . . . नन्तम् ॥

बुद्धिरध्यात्मं बोद्धव्यमधिभूतं ब्रह्मा तत्राधिदैवतं नाडी तेषां निबन्धनं यो बुद्धौ यो बोद्धव्ये यो ब्रह्मणि यो नाड्यां . . . नन्तम् ॥ ७ ॥

अहंकारोऽध्यात्ममहंकर्तव्यमधिभूतं रुद्रस्तत्राधिदैवतं नाडी तेषां निबन्धनं योऽहंकारे योऽहंकर्तव्ये यो रुद्रे यो नाड्यां . . . नन्तम् ॥ ८ ॥

चित्तमध्यात्मं चेतयितव्यमधिभूतं क्षेत्रज्ञस्तत्राधिदैवतं नाडी तेषां निबन्धनं यश्चित्ते यश्चेतयितव्ये यः क्षेत्रज्ञे यो नाड्यां . . . नन्तम् ॥ ९ ॥

वागध्यात्मं वक्तव्यमधिभूतमग्निस्तत्राधिदैवतं नाडी तेषां निबन्धनं यो वाचि यो वक्तव्ये योऽग्नौ यो नाड्यां . . . नन्तम् ॥ १० ॥

हस्तावध्यात्ममादातव्यमधिभूतमिन्द्रस्तत्राधिदैवतं नाडी तेषां निबन्धनं यो हस्ते य आदातव्ये य इन्द्रे यो नाड्यां . . . नन्तम् ॥ ११ ॥

पादावध्यात्मं गन्तव्यमधिभूतं विष्णुस्तत्राधिदैवतं नाडी तेषां निबन्धनं यः पादे यो गन्तव्ये यो विष्णौ यो नाड्यां . . . नन्तम् ॥ १२ ॥

पायुरध्यात्मं विसर्जयितव्यमधिभूतं मृत्युस्तत्राधिदैवतं नाडी तेषां निबन्धनं यः पायौ यो विसर्जयितव्ये यो मृत्यौ यो नाड्यां . . . नन्तम् ॥ १३ ॥

उपस्थोऽध्यात्ममानन्दयितव्यमधिभूतं प्रजापतिस्तत्राधिदैवतं नाडी तेषां निबन्धनं य उपस्थे य आनन्दयितव्ये यः प्रजापतौ यो नाड्यां यः प्राणे यो विज्ञाने य आनन्दे यो हृद्याकाशे य एतस्मिन् सर्वस्मिन्नन्तरे संचरति सोऽयमात्मा तमात्मानमुपासीताजरममृतमभयमशोकमनन्तम् ॥ १४ ॥

एवं जाग्रदादिकोशत्रयगतात्मनः तुर्यब्रह्मतया उपासनाया जरामृतत्वादिस्वरूपप्रकटनाय खण्डिकेयमारभ्यते—**स्थानानीति**। चक्षुःकनीनिकादिस्थानविशेषवद्भ्यो **स्थानिभ्यः स्थानानि** चक्षुःकनीनिकाऽऽदितत्तद्गोळकलक्षणानि **यच्छति** प्रयच्छति। एवं स्थानिनां स्थानप्रदाने कूटस्थात्मनो **नाडयेव निबन्धनं** साधनम्। के ते स्थानिनः इत्यत्र—कनीनिकास्थानिनो रूपग्राहकं **चक्षुरध्यात्मं**, रूपलक्षणस्थानं **द्रष्टव्यमधिभूतं** प्रतिष्ठा। **तत्र** द्रष्टव्ये प्रतिष्ठितस्य तस्य **आदित्योऽधिदैवतं** अनुग्राहकस्थानम्। एवं त्रिस्थानस्थानिनश्चक्षुषः स्थानसम्बन्धेऽपि **नाडयेव** चाक्षुषो नाडीसम्बन्ध एव **निबन्धनं** कारणम्। **य** आत्मा **चक्षुषि** संचरति **यो द्रष्टव्ये य आदित्ये यः** त्रिस्थानसंसर्गहेतौ **नाड्यां यः प्राणे** नाड्यवच्छिन्ने चक्षुःशक्तिप्रापके **यो विज्ञाने** चक्षुःशक्तिद्वारा प्रकाशके बुद्धिमये जीवे **य आनन्दे** रूपज्ञानजानन्दवृत्तौ तत्स्मृतौ च **यो हृद्याकाशे** रूपज्ञानतत्फलानन्दस्वीयाभिमानलक्षणहार्दवृत्तौ **य एतस्मिन् सर्वस्मिन्नन्तरे** अन्तर्यामी भूत्वा **संचरति सोऽयं** सर्वानुस्यूततुर्यात्मा **तमिममात्मानं** अन्तर्यामिणं **अजरं** जराऽऽदिविकारातीतं **अमृतं** मृत्यादिविक्रियारहितं **अभयं** भयहेतुद्वैतशून्यं **अशोकं** कालत्रयेऽपि सांसारिकशोकविरळं **अनन्तं** त्रिविधपरिच्छेदशून्यं तुर्यात्मानं **उपासीत** तुरीयं ब्रह्मास्मीत्यनुसन्धानं कुर्यात् ॥ १ ॥ तथा **श्रोत्रं अध्यात्मं श्रोतव्यं** शब्दलक्षणं **अधिभूतम्**। **यः प्राणे** इत्यादि सर्वपर्यायेषु समानम् ॥ २–७ ॥ **अहंकर्तव्यं** स्वात्मात्मीयतया अभिमन्तव्यम् ॥ ८ ॥ **चित्तं** नाम कारणशरीरात्मकं **चेतयितव्यं** स्वापवृत्त्यादिकं **अधिभूतं** कारणक्षेत्रज्ञोऽत्राधिदैवतम् ॥ ९–१४ ॥

ईश्वरस्य तुर्यानतिरेकः

एष सर्वज्ञ एष सर्वेश्वर एष सर्वाधिपतिरेषोऽन्तर्याम्येष योनिः सर्वस्य सर्वसौख्यैरुपास्यमानो न च सर्वसौख्या[1]नुपास्यति वेदशास्त्रै-रुपास्यमानो न च वेदशास्त्रा[2]नुपास्यति यस्यान्नमिदं सर्वं [3]न च योऽन्नं भवत्यतः परं सर्वनयनप्रशास्ताऽन्नमयो भूतात्मा प्राणमय इन्द्रियात्मा मनोमयः संकल्पात्मा विज्ञानमयः कालात्माऽऽनन्दमयो लयात्मैकत्वं नास्ति द्वैतं कुतो मर्त्यं नास्त्यमृतं कुतो नान्तःप्रज्ञो न बहिःप्रज्ञो नोभयतःप्रज्ञो न प्रज्ञानघनो न प्रज्ञो नाप्रज्ञोऽपि नो विदितं वेद्यं नास्तीत्येतन्निर्वाणानुशासनमिति वेदानुशासनमिति वेदानुशासनम् ॥ १९ ॥

तुर्यातिरिक्तोऽयमीश्वर इत्यत आह—**एष सर्वज्ञ इति** । योऽजरामृताभय-त्वेनोक्तः **एष** एव मूलाविद्याबीजांशयोगतः **सर्वज्ञः** सर्वविदित्यर्थः । किंच—**एष इति । एष सर्वेश्वरः** सर्वनियन्तृत्वात्, **एष सर्वाधिपतिः** सर्वमधिष्ठाय पालयितृत्वात्, **एषोऽन्तर्यामी** सर्वान्तरत्वात्, **एष योनिः सर्वस्य** कार्य-सामान्यस्य योनिः कारणरूपत्वात् । किंच—**सर्वसौख्यैरिति** । लौकिकालौ-किक**सर्वसौख्यैः** हेतुभिः तत्सिद्ध्ये स्वांशजजीवकोटिभिः **उपास्यमानो** भवति स्वस्यैव सर्वसौख्यफलप्रदत्वात्, सोऽसौ भगवान् सर्वसौख्यान्—सौख्यानीति लिङ्गव्यत्ययः—तान्युद्दिश्य न किंचनोपास्यति । तथा प्रागुक्तफलाय **वेदशास्त्रैः** तदुपदिष्टसाधनैः अयमुपास्यो भवति **न चासौ वेदशास्त्रान्** शास्त्राणि तत्प्रभवसाधनानि **उपास्यति** स्वयं नानुतिष्ठतीत्यर्थः, स्वस्यैव फलरूपत्वात् । **यस्येदं** स्वाविद्यापदतत्कार्यजातं **अन्नं** भोज्यं भवति, **यो न** कस्यचिदप्य**न्नं** भोग्यं **भवति** स्वातिरिक्तान्नान्नादाभावात् । यत एवं **अतः**

[1] न्युपा—अ २, क. [2] ण्युपा—अ २, क. [3] तच्च—अ, अ १.

सर्वनयनप्रशास्ता स्वातिरिक्तप्रपञ्चपञ्चकृत्यप्रवर्तकत्वात् प्रशास्तृत्वं तस्यास्य, अतः कार्यप्रपञ्चात् परं तत्त्वं ब्रह्म पञ्चधा उपदिश्यते **अन्नेति**। स्थूलप्रपञ्चमयत्वात् **अन्नमयः**, भूतात्मा विराट् **प्राणमयः** सूक्ष्मशरीरमयः, **इन्द्रियात्मा** हिरण्यगर्भ उच्यते, **मनोमयः** अन्तरशरीरमयः, **सङ्कल्पात्मा** बीजात्मेत्युच्यते बीजात्मनः सत्यसङ्कल्पत्वात्। **विज्ञानमयः** "यदा पञ्चावतिष्ठन्ते ज्ञानानि मनसा सह" इति श्रुत्यनुरोधेन समाधिनिष्पन्नो विज्ञानमयः, **कालात्मा** कालरूपगुणसाम्यावभासकसाक्ष्यात्मा, "सुखमात्यन्तिकं यत्तद्बुद्धिग्राह्यमतीन्द्रियं," "यस्मिन् स्थितो न दुःखेन गुरुणाऽपि विचाल्यते" इति स्मृत्यनुरोधेन, **आनन्दमयः** प्रत्यगानन्दाभिन्नपरमानन्दस्वरूपः, **लयात्मा** स्वातिरिक्तप्रपञ्चविलयाधिकरणत्वात्। उक्तविशेषणविशिष्टे परमात्मनि **सापेक्षैकत्वमपि नास्ति कुतो द्वैतं**, "एकाभावे द्वितीयं न" इति श्रुतेः। **न कुतोऽपि मर्त्यं** न हि मर्त्यशरीरादिविकल्पोऽस्ति, **अमृत**विकल्पोऽपि **कुतः** संभवति, "मरणं यदि चेज्जन्म जन्माभावे मृतिर्न च" इति श्रुतेः, निष्प्रतियोगिकब्रह्ममात्रावगतेः एकानेकादिविकल्पापह्नवपूर्वकत्वात्। अन्तर्बाह्यादिप्रज्ञाविकल्पतया वेद्यस्य कुतो ब्रह्ममात्रतेत्यत आह---**नान्तःप्रज्ञ** इति। स्वान्तः स्वाज्ञविकल्पितकामसङ्कल्पादिवृत्तिविकल्पवृत्त्यारोपापवादाधिकरणतैजसतुर्यकलनाबाह्यत्वात्। तथा अयं **न बहिःप्रज्ञः** बहिःप्रज्ञाऽऽरोपापवादाधिकरणविश्वतुर्यकलनावैरळ्यात्। तथा **नोभयतःप्रज्ञः** स्वस्मिन् स्वातिरिक्ते वा प्रज्ञाविरळप्राज्ञतुर्यविकल्पासहत्वात्। अत एव **न प्रज्ञानघनः** जाग्रदादिप्रज्ञानैः घनो निबिडः, विराडादितत्कलनाभावात्। तथा **न प्रज्ञः** विषयप्रज्ञावैरळ्यात्। **नाप्रज्ञोऽपि** स्वाज्ञानविषयकप्रज्ञाभावात्, भूमानन्दमात्रप्रज्ञत्वाच्च। कस्मादेवं न प्रतीयत इत्यत्र --**नो विदितं वेद्यं नास्तीति**, स्वातिरिक्तं विदितं न भवति, निष्प्रतियोगिकस्वमात्रत्वात्। एतत् यथोपदिष्टं **निर्वाणानुशासनमिति वेदानुशासनमिति वेदानुशासनम्**इत्युक्तार्थम्॥ १९॥

इति पञ्चमः खण्डः

तृतीयानुशासनम्—स्वमात्रतत्त्वम्

ब्रह्मण एव सर्वसृष्टिः

नैवेह किंचनाग्र आसीदमूलमनाधारा इमाः प्रजाः प्रजायन्ते ॥ १ ॥

एवं प्रथमद्वितीयानुशासनाभ्यां बहूपायपूर्वकं तुर्यतत्त्वं निर्धारितम् । इदानीं स्वातिरिक्तप्रपञ्चयाथात्म्यप्रतिपादनद्वारा तृतीयानुशासनेन स्वमात्रतत्त्वं निर्धार्यते—नैवेहेत्यादिना । इहेदानीं परिदृश्यमानकार्यजातं किंचनाप्यग्रे प्रागुत्पत्तेः नैवासीत्, अपि तु अमूलमेवासीत्, नत्वर्थान्तरम् । तस्मात् कारणात् तमोभूतादिक्रमेण प्रक्रमोक्तरीत्या इमाः प्रजाः अनाधाराः भगवद्-तिरिक्ताधाराधेयवैरळ्यात् भगवदाधाराः रज्जुसर्पवत् जायन्ते । सोऽसौ स्वाज्ञविकल्पितप्रजाऽऽधारभूतो नारायण एक एव ॥ १ ॥

सर्वप्रपञ्चस्य नारायणानतिरेकः

चक्षुश्च द्रष्टव्यं च नारायणः श्रोत्रं च श्रोतव्यं च नारायणो घ्राणं च घ्रातव्यं च नारायणो जिह्वा च रसयितव्यं च नारायण-स्त्वक् च स्पर्शयितव्यं च नारायणो मनश्च मन्तव्यं च नारायणो बुद्धिश्च बोद्धव्यं च नारायणोऽहंकारश्चाहंकर्तव्यं च नारायणश्चित्तं च चेतयितव्यं च नारायणो वाक् च वक्तव्यं च नारायणो हस्तौ चादातव्यं च नारायणः पादौ च गन्तव्यं च नारायणः पायुश्च विसर्जयितव्यं च नारायण उपस्थश्चानन्दयितव्यं च नारायणो धाता [1]विधाता कर्ता विकर्ता दिव्यो देव एको नारायणः ॥ २ ॥

[1] विधर्ता—क.

आदित्या रुद्रा मरुतो वसवोऽश्विनावृचो यजूंषि सामानि
मन्त्राग्निराज्याहुति [1]संभवो दिव्यो देव एको नारायणः ॥ ३ ॥
माता पिता भ्राता निवासः शरणं सुहृद्गतिर्नारायणः ॥ ४ ॥

कथं पुनः नारायणस्यैकत्वं इत्याशङ्क्य, स्वाज्ञदृष्टिविकल्पितचक्षुरादि दिश इत्यन्तं तद्दृष्ट्या मिथो भिन्नमपि स्वज्ञदृष्ट्या सर्वं नारायण एव परमार्थदृष्ट्या नारायणादतिरिक्तं न किंचिदस्तीत्याह—चक्षुश्चेति । चक्षुरिन्द्रियं द्रष्टव्यं रूपजातं, चशब्दद्वयतो द्रष्टा च । स्वाज्ञदृष्ट्या मिथो भेदेऽपि स्वज्ञदशायां एतत्त्रयं नारायण एव । तथा श्रोत्रं चेत्यादि समानम् । धाता विराट् स्वाविद्याऽण्डस्थूलांशधारकत्वात् । विधाता हिरण्यगर्भात्मना तत्सूक्ष्मांशधारकत्वात् । कर्ता ईश्वरात्मना तद्बीजांशमवष्टभ्य स्वातिरिक्तप्रपञ्चसर्गस्थितिसंहारकर्तृत्वात् । विकर्ता तुर्यात्मना तत्तुर्यांशासङ्गतया च विगतकर्तृत्वात् । स्वेन रूपेण दिव्यो देव एको नारायणः स्वे महिम्नि विद्योतमानपरमात्मरूपत्वात् ॥ २ ॥ तथा द्वादशादित्याः एकादश रुद्राः सप्त मरुतः अष्टौ वसवः अश्विनौ ऋगादिवेदचतुष्टयं मन्त्रो याज्यापुरोनुवाक्यादिः होममन्त्रः तदाधारः त्रेताग्निः तत्साधनं आज्यं तदुपलक्षितं होमद्रव्यं आहुतिः हवनक्रिया च संभवः जन्म च दिव्यो देव एको नारायणः ॥ ३ ॥ मात्रादिसुहृदन्तं परलोकगतिश्च नारायणः ॥ ४ ॥

परागतिप्रापकसुषुम्नानामानि

विराजा सुदर्शनाजितासोम्यामोघाकुमारामृतासत्यामध्यमा-
[2]नासीराशिशुरासुरासूर्या[3]भास्वतीविज्ञेयानि नाडीनामानि दिव्यानि ॥५॥

तस्य परागतिरूपस्य नारायणस्य प्राप्तिद्वारसुषुम्नानामानि कानीत्यत आह—विराजेति तत्प्राप्तिहेतुत्वात्, सुदर्शना ज्ञानिदर्शनीयत्वात्, जिता

[1] संभवादिति दि—अ २, क. [2] नासिम—अ. नासीना—अ १.
[3] भास्वरा—अ २, क

अपराजितब्रह्माप्तिहेतुत्वात्, **सौम्या** सुखमार्गत्वात्, **अमोघा** अप्रच्युतिहेतुत्वात्, **कुमारा** बाल्यपदप्रापकत्वात्, **अमृता** अमृतत्वहेतुत्वात्, "तयोर्ध्वमायन्नमृतत्वमेति" इति श्रुतेः, **सत्या** सत्यब्रह्मलोकाप्तिहेतुत्वात्, **मध्यमा** इडाऽऽदिदशनाडीमध्यगत्वात्, **नासीरा** नाडीनां प्रधानत्वात्, शिशून् प्राणान् रातीति **शिशुरा** प्राणविश्रान्तिस्थानत्वात्, अमुं मुख्यं प्राणं रातीत्यसुरा हिरण्यगर्भपदप्रापकत्वात्, **सूर्या** सूर्यगतिप्रदत्वात्, **भास्वती** अर्चिर्मार्गत्वात्, इत्येवं नारायणाप्तिहेतुसुषुम्नानाडीनामानि दिव्यानि अप्राकृतानि ॥ ५ ॥

नारायणस्यैव सर्वत्र कर्तृत्वम्

[1]गर्जति गायति वाति वर्षति वरुणोऽर्यमा चन्द्रमा [2]कालः कविर्धाता [3]ब्रह्मा मघवा दिवसाश्चार्धदिवसाश्च कलाः कल्पाश्चोर्ध्वं च दिशश्च सर्वं नारायणः ॥ ६ ॥

पुरुष एवेदं सर्वं यद्भूतं यच्च भव्यम् ॥

तद्विष्णोः परमं पदं सदा पश्यन्ति सूरयः ।

दिवीव चक्षुराततम् ॥

तद्विप्रासो विपन्यवो जागृवांसः समिन्धते ।

विष्णोर्यत् परमं पदम् ॥

तदेतन्निर्वाणानुशासनमिति वेदानुशासनमिति वेदानुशासनम् ॥ ७ ॥

[1] गच्छति—अ, अ १, उ १.

[2] कलाकलि—अ, अ १, अ २, क, मु. व्याख्यानुसारी पाठस्तु "कालः कविः" इति.

[3] ब्रह्मा प्रजापतिर्मघवा—मु.

एवं नाडीगन्तव्योऽयमात्मा यः स एव पर्जन्यो भूत्वा गर्जति, गन्धर्वो भूत्वा गायति, वायुः भूत्वा वाति, मेघो भूत्वा वर्षति । स एव वरुणो जलेश्वरः, स एव अर्यमा सूर्यः चन्द्रमाः कालः निमेषादिः कविः शुक्रः धाता ब्रह्मा मघवा मघवान् इन्द्रः । दिवसाः षष्टिघटिकामात्राः, निशामात्रं अहर्मात्रं वा अर्धदिवसाः, चशब्दो यामोपलक्षणार्थः । कलाः विकला घटिकामात्रपूरकषष्टिविघटिकाः, कल्पाश्च मानवाहोरात्ररूपाः महाकल्पाः वैराजाहोरात्ररूपाः, अधश्चोर्ध्वं च, दिशश्च प्रागाद्याः, चशब्दात् आग्नेयादि-विदिशोऽपि गृह्यन्ते । यदुक्तं चक्षुरित्यादि दिशइत्यन्तं अनुक्तं वा सर्वं नारायणः ॥ ६ ॥ पुरुष एवेदं सर्वं यद्भूतं अतीतं यच्च भव्यं वर्तमानं भविष्यच्च, एवमुक्तं अनुक्तं सर्वं नारायण एवेत्यर्थः । तद्विष्णोः व्यापनशीलस्य परमं उत्कृष्टं व्याप्यसापेक्षव्यापकताऽपह्नवसिद्धब्रह्ममात्रतया पद्यत इति पदं सूरयः ब्रह्मविद्वरीयांसः स्वमात्रतया सदा पश्यन्ति । पश्यन्तीति व्यपदेशतः परिच्छेदप्रसक्तौ दिवि चक्षुरिव आततं अपरिच्छिन्नमित्यर्थः । सूरयः कीदृशाः? विप्रासो विप्राः विपन्यवो गतमन्यवः जागृवांसः स्वाज्ञाननिद्राविरळा इत्यर्थः । उक्तविशेषणविशिष्टाः सूरयो यत् समिन्धते यद्विष्णोः परमं पदं सदा अनुसन्दधते तदेव निष्प्रतियोगिकब्रह्ममात्रतया अवशिष्यते । इतिशब्दो मन्त्रपरिसमाप्त्यर्थः ॥ ७ ॥

इति षष्ठः खण्डः

चतुर्थानुशासनम्—अन्तर्यामिस्वरूपम्

नारायणस्य सर्वान्तर्यामित्वम्

अन्तःशरीरे निहितो गुहायामज एको नित्यो यस्य पृथिवी शरीरं यः पृथिवीमन्तरे संचरन् यं पृथिवी न वेद यस्यापः

शरीरं योऽपोऽन्तरे संचरन् यमापो न विदुः यस्य तेजः शरीरं यस्तेजोऽन्तरे संचरन् यं तेजो न वेद यस्य वायुः शरीरं यो वायुमन्तरे संचरन् यं वायुर्न वेद यस्याकाशः शरीरं य आकाशमन्तरे संचरन् यमाकाशो न वेद यस्य मनः शरीरं यो मनोऽन्तरे संचरन् यं मनो न वेद यस्य बुद्धिः शरीरं यो बुद्धिमन्तरे संचरन् यं बुद्धिर्न वेद यस्याहंकारः शरीरं योऽहंकारमन्तरे संचरन् यमहंकारो न वेद यस्य चित्तं शरीरं यश्चित्तमन्तरे संचरन् यं चित्तं न वेद यस्याव्यक्तं शरीरं योऽव्यक्तमन्तरे संचरन् यमव्यक्तं न वेद यस्याक्षरं शरीरं योऽक्षरमन्तरे संचरन् यमक्षरं न वेद यस्य मृत्युः शरीरं यो मृत्युमन्तरे संचरन् यं मृत्युर्न वेद स एष सर्वभूतान्तरात्माऽपहतपाप्मा दिव्यो देव एको नारायणः ॥ १ ॥

उक्तार्थमेव अन्तर्यामिनिरूपणद्वारा प्रकटयितुं चतुर्थानुशासनमारभ्यते—**अन्तरिति**। परावरान्तःशरीरमध्ये व्यष्टिसमष्टिहृदयगुहायां निहितः प्रत्यगादिरूपेण निक्षेपवत् प्रतिष्ठितः। शरीरासनतो जन्मादित्वं स्यादित्यत आह—**अज इति**। घटाद्यसङ्गाकाशवत् देहाद्यसङ्गात्मनो जन्माद्यभावात्। अत एव **नित्यः**। स्वविकल्पोपाधिषु अनेकेष्वपि स्वयं नित्य एक एव, द्वित्वाभावात्। **यस्याद्वयात्मनः पृथिवी शरीरं** स्वनियम्यत्वात्, **यः पृथिवीमन्तरे संचरन्** तदात्मतया वर्तमानो भवति, अत एव जडात्मिकेयं पृथिवी यं स्वान्तरात्मभूतं **न वेद, स एषः** इत्यग्रेण सम्बन्धः। **यस्याप** इत्यादि समानम्। **अक्षरम्**ीश्वरतत्त्वम्। स्वातिरिक्तं मारयतीति **मृत्युः** साक्षी **यं** परमात्मानं **न वेद स एष** स्वाज्ञदृष्टिप्रसक्तसर्वभूतेषु स्वज्ञदृष्ट्या **अन्तरात्मा अपहतपाप्मा** व्याविद्धपापपुण्यत्वात्, **दिव्यो देव एको नारायणः** उक्तार्थः ॥ १ ॥

एतद्विद्यावंशः

एतां विद्यामपान्तरतमाय ददावपान्तरतमो ब्रह्मणे ददौ ब्रह्मा घोराङ्गिरसे ददौ घोराङ्गिरा रैक्वाय ददौ रैक्वो रामाय ददौ रामः सर्वेभ्यो भूतेभ्यो ददावित्येवं निर्वाणानुशासनमिति वेदानुशासनमिति वेदानुशासनम् ॥ २ ॥

स्वाज्ञसमर्पितसविशेषताऽपाये निष्प्रतियोगिकब्रह्ममात्रमवशिष्यते इत्येतां विद्यां आदिब्रह्मा यस्मात् अपान्तरमपगतं तमः सोऽयं अपान्तरतमः तस्मै अपान्तरतमाय ददौ। सोऽसौ अपान्तरतमो विष्णुः ब्रह्मणे चतुर्मुखाय ददौ। सोऽसौ ब्रह्मा घोराङ्गिरसे ददौ। घोराङ्गिराः रैक्वाय ददौ, रैक्वः परशुरामाय ददौ। रामः सर्वेभ्यो भूतेभ्यो ददौ ॥ २ ॥

इति सप्तमः खण्डः

पञ्चमानुशासनम्—शरीरस्थात्मतत्त्वम्

शरीरस्थस्याप्यात्मनः शुद्धत्वम्

अन्तःशरीरे निहितो गुहायां शुद्धः सोऽयमात्मा सर्वस्य मेदोमांसक्लेदावकीर्णे शरीरमध्येऽत्यन्तोपहिते चित्रभित्तिप्रतीकाशे गन्धर्वनगरोपमे कदलीगर्भवन्निःसारे जलबुद्बुदवच्चञ्चले निःसृतमात्मानमचिन्त्यरूपं दिव्यं देवमसङ्गं शुद्धं तेजस्का[1]यमरूपं सर्वेश्वरमचिन्त्यमशरीरं निहितं गुहायाममृतं विभ्राजमानमानन्दं तं पश्यन्ति विद्वांसस्तेन लयेन पश्यन्ति ॥ १ ॥

वैराग्यहेतोः शरीरयाथात्म्यप्रकटनपूर्वकं तन्निःसृतात्मयाथात्म्यं प्रपञ्चयितुं पञ्चमानुशासनमारभ्यते—अन्तरिति । अन्तःशरीरे निहितो गुहायां

[1] यं सर्वरूपं—उ, उ १.

इत्युक्तार्थम् । यः सर्वप्राणिगुहागतः शुद्धः सोऽयमात्मा । सर्वस्य ब्रह्मादिस्तम्बान्तस्य शरीरत्रये अशुद्धेऽपि तद्गतविकारास्पृष्टप्रत्यगात्मा शुद्ध एव स्थूलदेहमध्यगतोऽपीत्याह—**सर्वस्येति**। **सर्वस्य** स्थूल**शरीर**जातस्य **मेदोमांसक्लेदावकीर्णे** मेदोमांससम्बन्धिक्लेदेन द्रवेण अवकीर्णे विलिप्ते दुर्गन्धे आधिव्याधिजरामृत्युभिः **अत्यन्तोपहिते चित्रभित्तिप्रतीकाशे** । अत्रास्पन्दजाड्यदृष्टान्तमाह—**गन्धर्वनगरोपम** इति । मुमूर्षुमरणकालविभातभाविजन्मानुकूलनानारत्नखचितपक्षिपन्नगादिसदृशे **कदळीगर्भवत् निःसारे जलबुद्बुदवत् चञ्चले** क्षणविनाशिनि एवंरूपे **शरीरे** तस्यापि **मध्ये**, वर्तमानोऽप्ययमात्मा शुद्ध एवेति पूर्वेणान्वयः । **तमिमं** शरीरात् **निःसृतं आत्मानं** अशुचिदुःखदोषविरळं **अचिन्त्यरूपं** अनिदंवस्तुत्वेन निर्विषयत्वात् **दिव्यं** अप्राकृतं **देवं** द्योतनात्मकं **असङ्गं** वस्त्वन्तरप्रसक्तावपि तत्सङ्गरहितमेव **शुद्धं तेजस्कायं** शक्तित्रयात्मकतेजःशरीरं अत एव **सर्वमयं** सर्वस्वरूपं **अरूपं** रूपादिमात्राऽतीतं **सर्वेश्वरं** कारणोपाधितया सर्वनियामकं **अचिन्त्यं** केनापि चिन्तितुमशक्यं **अशरीरं** शरीरत्रयविरळं **गुहायां** बुद्धौ **निहितं** तद्वृत्तिसहस्रभावाभावप्रकाशकत्वेन **अमृतं** स्वाज्ञादिसमर्पितसर्वविशेषारोपापवादापह्नवसिद्धनिष्प्रतियोगिकब्रह्ममात्रतया **विभ्राजमानमानन्दं** निरतिशयानन्दरूपं **विद्वांसो** ब्रह्मविद्वरीयांसः तेन स्वातिरिक्तलयेन अपह्नवेन **पश्यन्ति** । तमिमं परमात्मानं स्वमात्रमिति विद्यादिति शेषः ॥ १ ॥

इति अष्टमः खण्डः

निर्बीजब्रह्मणः सर्वाप्ययाश्रयत्वम्

अथ हैनं रैक्कः पप्रच्छ भगवन् कस्मिन् सर्वेऽस्तं गच्छन्तीति ।

तस्मै स होवाच । चक्षुरेवाप्येति यश्चक्षुरेवास्तमेति द्रष्टव्यमेवाप्येति यो द्रष्टव्यमेवास्तमेत्यादित्यमेवाप्येति य आदित्यमेवास्तमेति[1]विराजामे-

[1] विराजमे—अ, अ १.

वाप्येति यो विराजामेवास्तमेति प्राणमेवाप्येति यः प्राणमेवास्तमेति विज्ञानमेवाप्येति यो विज्ञानमेवास्तमेत्यानन्दमेवाप्येति य आनन्दमेवास्तमेति तुरीयमेवाप्येति यस्तुरीयमेवास्तमेति तदमृतमभयमशोकमनन्तं निर्बीजमेवाप्येतीति होवाच ॥ १ ॥

श्रोत्रमेवाप्येति यः श्रोत्रमेवास्तमेति श्रोतव्यमेवाप्येति यः श्रोतव्यमेवास्तमेति दिशमेवाप्येति यो दिशमेवास्तमेति[1]सुदर्शनामेवाप्येति यः सुदर्शनामेवास्तमेत्यपानमेवाप्येति योऽपानमेवास्तमेति विज्ञानमेवाप्येति यो विज्ञानमेवास्तमेति तदमृतमभयमशोकमनन्तं निर्बीजमेवाप्येतीति होवाच ॥ २ ॥

नासामेवाप्येति यो नासामेवास्तमेति घ्रातव्यमेवाप्येति यो घ्रातव्यमेवास्तमेति पृथिवीमेवाप्येति यः पृथिवीमेवास्तमेति जितामेवाप्येति यो जितामेवास्तमेति व्यानमेवाप्येति यो व्यानमेवास्तमेति विज्ञानमेवाप्येति तद . . . होवाच ॥ ३ ॥

जिह्वामेवाप्येति यो जिह्वामेवास्तमेति रसयितव्यमेवाप्येति यो रसयितव्यमेवास्तमेति वरुणमेवाप्येति यो वरुणमेवास्तमेति [2]सौम्यामेवाप्येति यः सौम्यामेवास्तमेत्युदानमेवाप्येति य उदानमेवास्तमेति विज्ञानमेवाप्येति तद . . . होवाच ॥ ४ ॥

त्वचमेवाप्येति यस्त्वचमेवास्तमेति स्पर्शयितव्यमेवाप्येति यः स्पर्शयितव्यमेवास्तमेति वायुमेवाप्येति यो वायुमेवास्तमेति

[1] सुदर्शन—अ, अ १.   [2] सौम्यमे—अ, अ १.

मोघामेवाप्येति यो मोघामेवास्तमेति समानमेवाप्येति यः समानमेवास्तमेति विज्ञानमेवाप्येति तद् . . . होवाच ॥ ५ ॥

वाचमेवाप्येति यो वाचमेवास्तमेति वक्तव्यमेवाप्येति यो वक्तव्यमेवास्तमेत्यग्निमेवाप्येति योऽग्निमेवास्तमेति[1]कुमारामेवाप्येति यः कुमारामेवास्तमेति वैरम्भमेवाप्येति यो वैरम्भमेवास्तमेति विज्ञानमेवाप्येति तद् . . . होवाच ॥ ६ ॥

हस्तमेवाप्येति यो हस्तमेवास्तमेत्यादातव्यमेवाप्येति य आदातव्यमेवास्तमेतीन्द्रमेवाप्येति य इन्द्रमेवास्तमेत्य[2]मृतामेवाप्येति योऽमृतामेवास्तमेति मुख्यमेवाप्येति यो मुख्यमेवास्तमेति विज्ञानमेवाप्येति तद् . . . होवाच ॥ ७ ॥

पादमेवाप्येति यः पादमेवास्तमेति गन्तव्यमेवाप्येति यो गन्तव्यमेवास्तमेति विष्णुमेवाप्येति यो विष्णुमेवास्तमेति[3]सत्यामेवाप्येति यः सत्यामेवास्तमेत्यन्तर्याममेवाप्येति योऽन्तर्याममेवास्तमेति विज्ञानमेवाप्येति तद् . . . होवाच ॥ ८ ॥

पायुमेवाप्येति यः पायुमेवास्तमेति विसर्जयितव्यमेवाप्येति यो विसर्जयितव्यमेवास्तमेति मृत्युमेवाप्येति यो मृत्युमेवास्तमेति मध्यमामेवाप्येति यो मध्यमामेवास्तमेति प्रभञ्जनमेवाप्येति यः प्रभञ्जनमेवास्तमेति विज्ञानमेवाप्येति तद् . . . होवाच ॥ ९ ॥

[1] कुमार—अ, अ १, मु. कुमारा—उ. [2] मृतमे—अ, अ १.

[3] सत्यमे—अ, अ १.

उपस्थमेवाप्येति य उपस्थमेवास्तमेत्यानन्दयितव्यमेवाप्येति य आनन्दयितव्यमेवास्तमेति प्रजापतिमेवाप्येति यः प्रजापतिमेवास्तमेति[1]नासीराममेवाप्येति यो नासीराममेवास्तमेति कूर्मिरमेवाप्येति यः कूर्मिरमेवास्तमेति विज्ञानमेवाप्येति तद् . . . होवाच ॥ १० ॥

मन एवाप्येति यो मन एवास्तमेति मन्तव्यमेवाप्येति यो मन्तव्यमेवास्तमेति चन्द्रमेवाप्येति यश्चन्द्रमेवास्तमेति शिशुमेवाप्येति यः शिशुमेवास्तमेति श्येनमेवाप्येति यः श्येनमेवास्तमेति विज्ञानमेवाप्येति तद् . . . होवाच ॥ ११ ॥

बुद्धिमेवाप्येति यो बुद्धिमेवास्तमेति बोद्धव्यमेवाप्येति यो बोद्धव्यमेवास्तमेति ब्रह्माणमेवाप्येति यो ब्रह्माणमेवास्तमेति [2]सूर्यमेवाप्येति यः सूर्यमेवास्तमेति कृष्णमेवाप्येति यः कृष्णमेवास्तमेति विज्ञानमेवाप्येति तद . . . होवाच ॥ १२ ॥

अहंकारमेवाप्येति योऽहंकारमेवास्तमेत्यहंकर्तव्यमेवाप्येति योऽहंकर्तव्यमेवास्तमेति रुद्रमेवाप्येति यो रुद्रमेवास्तमेत्य[3]सुराममेवाप्येति योऽसुराममेवास्तमेति श्वेतमेवाप्येति यः श्वेतमेवास्तमेति विज्ञानमेवाप्येति तद . . . होवाच ॥ १३ ॥

चित्तमेवाप्येति यश्चित्तमेवास्तमेति चेतयितव्यमेवाप्येति यश्चेतयितव्यमेवास्तमेति क्षेत्रज्ञमेवाप्येति यः क्षेत्रज्ञमेवास्तमेति

[1] नासीना—अ, अ १. [2] सूर्य—अ, अ १.
[3] सूर—अ, अ १.

[1]भास्वतीमेवाप्येति यो भास्वतीमेवास्तमेति नागमेवाप्येति यो नागमेवास्तमेति विज्ञानमेवाप्येति यो विज्ञानमेवास्तमेत्यानन्दमेवाप्येति य आनन्दमेवास्तमेति तुरीयमेवाप्येति यस्तुरीयमेवास्तमेति तदमृतमभयमशोकमनन्तं निर्बीजमेवाप्येति तद . . . होवाच ॥ १४ ॥

एवं सर्वापह्नवेन किमवशिष्यते ? तद्याथात्म्यं कथयेति रैक्वः पृच्छतीत्याह —अथेति । **अथ** **है**तामुपनिषदं अपान्तरतमादिक्रमात् प्राप्तवन्तं निजाचार्यं घोराङ्गिरसं **रैक्वः** तच्छिष्यः **प्रपच्छ हे भगवन् कस्मिन्नु** तत्त्वे **सर्वे** लयं **अस्तं गच्छन्ति इति** । एवं पृष्टवते **तस्मै स होवाच** । किमिति ? चक्षुराद्येकैककरणगतविशेषांशसप्रतियोगिकनिष्प्रतियोगिकलयात् निर्बीजं ब्रह्म अवशिष्यत इत्युच्यते **चक्षुरेवाप्येति यश्चक्षुरेव अस्तमेति** इति । चक्षुरेव चक्षुरन्तर्याम्यात्मानमेव नद्यः समुद्र इव रूपादिकं नित्यादिप्रळये **अप्येति** सरूपविलयं भजति। कैवल्यदशायां **चक्षुः**पदार्थः **अस्तमेति** स्वात्मनि विरूपविलयं अपह्नवं भजति । तथा **द्रष्टव्यं** रूपं नित्यप्रळयादौ रूपान्तर्यामिणमेवाप्येति । **अप्येति**शब्दः सर्वत्र सरूपलयार्थः, तथा **अस्तमेति**शब्दस्तु सर्वत्र विरूपविलयार्थः । **यो द्रष्टव्यमेव** नीलादिपदार्थ एव **अस्तमेति** दृष्टिद्रष्टव्यानुग्राहकादित्यमेव आदित्यान्तर्यामिणमप्येति । तथा **य आदित्यमेव** आदित्यपदार्थ एव **अस्तमेति** आदित्यानुग्राहिकेयं विराजा सुषुम्ना नाडी तां **विराजामेवाप्येति** । **यो विराजामेवास्तमेति** प्राणनव्यापारादिकं **प्राणा**न्तर्यामिणमप्येति । **यः** प्राणानुग्राहकं **विज्ञानं** अन्तःकरणमेव अस्तमेति विज्ञेयं विज्ञानान्तर्यामिणमेवाप्येति तदनुग्राहकमानन्दमेवाप्येति । **य आनन्दमेवास्तमेति तुरीयं** शुद्धात्मानमप्येति । सोऽयं शुद्धात्मा तत्त्वं तुर्यं **अमृतं** स्वातिरिक्तमार्त्यवैरळयात् अत एव **अभयं** भयहेतुद्वैताभावात् अत एव **अशोकं** शोचनीयविषयाभावात् **अनन्तं** अपरिच्छिन्नत्वात् । यत्सापेक्षामृतादिशब्दबोध्यं तुर्यतत्त्वं सबीजं **निर्बीजं**

[1] भास्वति —अ, अ १.

ब्रह्मैवाप्येतीति होवाच, स्वाज्ञविकल्पितं सर्वं परमार्थदृष्ट्या अपह्नवमेत्य निर्बीजब्रह्मभावमापद्यते इत्युक्तवान् । तथा श्रोत्रमेवाप्येति इत्यादि सर्वत्र समानम् । यद्वा—चक्षुरेवाप्येति इत्यत्र द्वितीयायाः प्रथमार्थः । यश्चक्षुरेवेत्यत्र यच्छब्दप्रथमायाः सप्तम्यर्थः । स्वाधिष्ठेयचक्षुरादिविलये तदधिष्ठानस्यापि विलयो भवतीत्याशङ्क्य तन्निरसनाय चक्षुरेवाप्येति नाधिष्ठानमित्यवधारणार्थः । अप्येत्य-स्तमेत्योः एकार्थत्वेन न पुनर्वचो मन्तव्यम्, शब्दभेदवत् अर्थभेदसंभवात् । स्वाज्ञस्वज्ञदृष्ट्या नित्यादिप्रळयप्रत्यगभिन्नब्रह्मस्वरूपे व्यष्टिसमष्ट्यात्मकचक्षुरादि-चतुर्दशकरणं द्रष्टव्यादिचतुर्दशविषयजातं आदित्यादिकरणाधिपजातं सुदर्शनेत्यादि-चतुर्दशविशेषणविशिष्टसुषुम्नानाडीप्राणादिचतुर्दशवायुजातं चैवाप्येतीत्यत्र सरूप-विलयो विज्ञेयः, सप्रतियोगिकतया सविशेषत्वात् । सम्यग्ज्ञदृष्ट्या चक्षुरेव अस्तमेतीति विरूपविलयः, निष्प्रतियोगिकतया निर्विशेषत्वात् । छन्दस्सु व्यत्ययः कथमित्यत्र "छन्दसि व्यत्ययानुशासनात्" इति सूत्रम् । व्यष्टि-प्रपञ्चारोपाधारो विज्ञानात्मा जीवः "जाग्रदादिविमोक्षान्तः संसारो जीवकल्पितः" इति श्रुतेः । समष्टिप्रपञ्चारोपाधिष्ठानं आनन्दात्मेश्वरः "ईक्षणादिप्रवेशान्ता सृष्टिरीशेन कल्पिता" इति श्रुतेः । सर्वप्रपञ्चापवादाधिकरणं तुर्यतुरीयात्मा प्रत्यगभिन्नंपरमात्मा, "तत्त्वंपदलक्ष्यं प्रत्यगभिन्नं ब्रह्म" इति श्रुतेः । सप्रतियोगिकारोपापवादाधिष्ठानं सबीजं तदमृतमभयमशोकमनन्तं इति विशेषण-विशिष्टं, तद्गतसापेक्षप्रभवसविशेषजातापह्नवसिद्धं तु निर्बीजं निष्प्रतियोगिक-ब्रह्ममात्रम् । शिष्टमुक्तार्थम् ॥ १–१४ ॥

निर्बीजब्रह्मवेदनफलम्

य एवं निर्बीजं वेद निर्बीज एव स भवति न जायते न म्रियते न मुह्यते न भिद्यते न दह्यते न छिद्यते न कम्पते न कुप्यते सर्वदहनोऽयमात्मेत्याचक्षते ॥ १९ ॥

"ब्रह्ममात्रमसन्न हि" इति ब्रह्म निर्बीजं, निष्प्रतियोगिकत्वात्, यन्नैवं तन्नैवं, यथा तरुः—इति श्रुतेरनुमानाच्च यन्निर्बीजब्रह्ममात्रमवशिष्यते तद्विशेष-

सामान्यफलमाह—य इति। यः "सन्मात्रमसन्न हि" इति श्रुत्यनुरोधेन एवं निर्बीजं ब्रह्म निष्प्रतियोगिकस्वमात्रमिति वेद तद्वेदनसमकालं स मुनिः निर्बीज एव भवति "ज्ञानसमकालमेव मुक्तः" इति श्रुतेः। निर्बीजब्रह्म-सम्पत्त्याऽपि पुनर्जायते म्रियते चेत्यत आह—न जायते न म्रियते इति। जनिमृत्योराविद्यकत्वेन कारणतुल्यत्वात् आन्तरालिकफललक्षणजीवन्मुक्ति-दशायामपि न मुह्यते इत्यात्मनेपदं छान्दसम्, न मुह्यतीत्यर्थः, नहि स्वाज्ञवत् मोहमेति। न भिद्यते न दह्यते भेदमोहग्रासब्रह्मीभूतत्वात्। अत एव न कम्पते न कुप्यते कम्पकोपहेतुस्वाज्ञानाभावात्। अत एव जीवन्मुक्तप्राप्यात्मा स्वातिरिक्तकलनां दहतीति सर्वदहनोऽयमात्मेत्याचक्षते ब्रह्मविदः॥ १५॥

ब्रह्मात्मलाभोपायः

नैवमात्मा प्रवचनशतेनापि लभ्यते न बहुश्रुतेन न बुद्धिज्ञानाश्रितेन न मेधया न वेदैर्न यज्ञैर्न तपोभिरुग्रैर्न सांख्यैर्न योगैर्नाश्रमैर्नान्यैरात्मानमुपलभन्ते प्रवचनेन प्रशंसया व्युत्थानेन तमेतं ब्राह्मणाः शुश्रुवांसोऽनूचाना उपलभन्ते शान्तो दान्त उपरत-स्तितिक्षुः समाहितो भूत्वाऽऽत्मन्येवात्मानं पश्यति सर्वस्यात्मा भवति य एवं वेद॥ १६॥

यथोक्तात्मा प्रवचनादिभिः लभ्यत इत्यत आह—नैवमिति। नह्येवमय-मात्मा प्रवचनशतेनापि वेदजाताध्ययनमात्रेणापि लभ्यते, न च बहुश्रुतेन बहुशास्त्रश्रवणेनापि लभ्यते, न च बुद्धिबलसाध्यज्ञानाश्रयेणापि लभ्यते, नापि धारणाशक्तिमन्मेधया, तथा न वेदैः न यज्ञैः न उग्रैस्तपोभिः न साङ्ख्यैः न योगैः नाश्रमैः अनुक्तैरपि लौकिकालौकिकोपायैरप्यात्मानं न लभन्ते। कथं लभ्यत इत्यत आह—प्रवचनेनेति। तमेतमात्मानमनूचानाः शिष्टाः यथोक्तसाधनसम्पन्नाः प्रवचनेन यथोक्तब्रह्मचर्येण श्रुतवेदान्तश्रवणेन, स्वगुरोः

प्रशंसया शुश्रूषया, व्युत्थानेन सर्वकर्मपरित्यागलक्षणसंन्यासेन, ईशाद्यष्टोत्तरशतवेदान्तार्थं यथाविधि शुश्रुवांसः उपलभन्ते। एवं श्रुत्वाऽथ स्वान्तःकरणव्यापृतेः शान्तः बहिःकरणव्यापृतेरपि दान्तः अत एव बाह्यान्तर्व्यापृतेरुपरतः शीतोष्णादितितिक्षुः सहिष्णुः समाहितो भूत्वा बाल्येन तिष्ठासेदिति निर्विकल्पसमाधिनिष्ठो भूत्वा स्वात्मन्येव स्वात्मानं पश्यति स्वातिरिक्तानात्मापह्नवसिद्धपरमात्मानं निष्प्रतियोगिकस्वमात्रमिति पश्यति। एवमात्ममात्रं यो वेद स मुनिः सर्वस्यात्मा भवति सर्वापह्नवसिद्धब्रह्मैव भवतीत्यर्थः ॥ १६ ॥

इति नवमः खण्डः

सर्वलोकानां ब्रह्मात्मनि प्रतिष्ठितत्वम्

अथ हैनं रैक्कः प्रपच्छ भगवन् कस्मिन् सर्वे संप्रतिष्ठिता भवन्तीति रसातललोकेष्विति होवाच कस्मिन् रसातललोका ओताश्च प्रोताश्चेति भूर्लोकेष्विति होवाच कस्मिन् भूर्लोका ओताश्च प्रोताश्चेति भुवर्लोकेष्विति होवाच कस्मिन् भुवर्लोका ओताश्च प्रोताश्चेति सुवर्लोकेष्विति होवाच कस्मिन् सुवर्लोका ओताश्च प्रोताश्चेति महर्लोकेष्विति होवाच कस्मिन् महर्लोका ओताश्च प्रोताश्चेति जनोलोकेष्विति होवाच कस्मिन् जनोलोका ओताश्च प्रोताश्चेति तपोलोकेष्विति होवाच कस्मिंस्तपोलोका ओताश्च प्रोताश्चेति सत्यलोकेष्विति होवाच कस्मिन् सत्यलोका ओताश्च प्रोताश्चेति प्रजापतिलोकेष्विति होवाच कस्मिन् प्रजापतिलोका ओताश्च प्रोताश्चेति ब्रह्मलोकेष्विति होवाच कस्मिन् ब्रह्मलोका

ओताश्च प्रोताश्चेति सर्वलोका आत्मनि ब्रह्मणि मणय इवौताश्च प्रोताश्चेति स होवाच ॥ १ ॥

रैक्वप्रश्नानुरोधेन सर्वाप्ययप्राधान्येन ब्रह्मयाथात्म्यमुपदिश्य पुनः पृच्छते ब्रह्मयाथात्म्यप्राधान्येन प्रतिष्ठां प्रकटयति—**अथेत्यादिना** । **अथ ह** स्वातिरिक्ता-प्ययप्रश्नानन्तरं एनं घोराङ्गिरसं **रैक्वः** पप्रच्छ हे भगवन् **कस्मिन्नु सर्वे सलोकिलोकाः संप्रतिष्ठिताः भवन्तीति** । एवं पृष्टवते तस्मै **स होवाच** । किमिति ? **रसातललोकेष्विति होवाच** । तद्गतावान्तरभेदविवक्षया बहुवचनम् । रसातलाधस्तनलोकाभावात् प्रथमं तत्रैव सर्वप्रतिष्ठोपदेशो युज्यते । जडस्य निराधारतया स्थित्ययोगात् तदाधारं पृच्छति—**कस्मिन्नित्यादि** । **कस्मिन्नु लोके** पटगततिर्यगूर्ध्वतन्तुवत् **रसातललोका ओताश्च प्रोताश्चेति ? भूर्लोकेष्विति होवाच** इत्यादि समानम् । **कस्मिन् प्रजापतिलोका ओताश्च प्रोताश्चेति ब्रह्मलोकेष्विति होवाच** । एवमुक्ते तत्रापि जडत्वमूर्तत्वधिया पृच्छति—**कस्मिन् ब्रह्मलोका ओताश्च प्रोताश्चेति** । तत्र मूर्तत्वादिप्रतीत्यभावात् तस्यैव सर्वलोकाधिकरणत्वमाह—**सर्वलोका इति** । रसातलादिप्रजापतिलोका-न्तानां पटे तन्तव इव ब्रह्मलोकाश्रयत्वात्, स्वातिरिक्ताश्रयाभावाच्च । यस्मादेवं तस्मात् सर्वलोका मणय इव ओताश्च प्रोताश्चेति । यः सर्वलोकाधारो ब्रह्मलोकः सोऽयमात्मैवेति **स होवाच ॥ १ ॥**

तादृशब्रह्मवेदनफलम्

एवमेतान् लोकानात्मनि प्रतिष्ठितान् वेदात्मैव स भवतीत्ये-तन्निर्वाणानुशासनमिति वेदानुशासनमिति वेदानुशासनम् ॥ २ ॥

एवमेतान् रसातलादिप्रजापतिलोकान्तान् **आत्मनि प्रतिष्ठितान्** यो **वेद सोऽयं** मुनिः आधेयत्वसापेक्षाधारतापाये **आत्मैव** आत्ममात्रमेव **भवति** ॥

इति दशमः खण्डः

षष्ठानुशासनम्—उत्क्रान्तिमार्गः

हृदयनाड्याः उत्क्रान्तिप्रकारः

अथ हैनं रैक्वः पप्रच्छ भगवन् योऽयं विज्ञानघन उत्क्रामन् स केन कतरद्वाव स्थानमुत्सृज्यापक्रामतीति तस्मै स होवाच हृदयस्य मध्ये लोहितं मांसपिण्डं यस्मिंस्तद्दहरं पुण्डरीकं कुमुदमिवानेकधा विकसितं तस्य मध्ये समुद्रः समुद्रस्य [1]मध्ये काशस्तस्मिन्नाड्यश्चतस्रो भवन्ति तत्र रमाऽरमेच्छाऽपुनर्भवेति तत्र रमा पुण्येन पुण्यं लोकं नयत्यरमा पापेन पापमिच्छया यत् स्मरति तदभिसंपद्यते अपुनर्भवा[व]या कोशं भिनत्ति कोशं भित्त्वा शीर्षकपालं भिनत्ति शीर्षकपालं भित्त्वा पृथिवीं भिनत्ति पृथिवीं भित्त्वाऽपो भिनत्त्यपो भित्त्वा तेजो भिनत्ति तेजो भित्त्वा वायुं भिनत्ति वायुं भित्त्वाऽऽकाशं भिनत्त्याकाशं भित्त्वा मनो भिनत्ति मनो भित्त्वा भूतादिं भिनत्ति भूतादिं भित्त्वा महान्तं भिनत्ति महान्तं भित्त्वाऽव्यक्तं भिनत्त्यव्यक्तं भित्त्वाऽक्षरं भिनत्त्यक्षरं भित्त्वा मृत्युं भिनत्ति मृत्युर्वै परे देव एकीभवतीति परस्तान्न सन्नासन्न सदसदित्येतन्निर्वाणानुशासनमिति वेदानुशासनमिति वेदानुशासनम् ॥ १ ॥

सविशेषनिर्विशेषब्रह्मलोकाप्तिसाधनसुषुम्नाकैवल्यनाड्युत्क्रान्त्यनुत्क्रान्ति - निरूपणार्थं षष्ठानुशासनमारभ्यते—अथेत्यादि । अथ ब्रह्मलोकावगत्यनन्तरं रैक्वः पप्रच्छ । किमिति? योऽयं विज्ञानमयः अन्तःकरणोपाधिको जीवः सोऽयं स्वाज्ञादिदृष्टया केन मार्गेण उत्क्रामति किं वा उत्सृज्य उत्क्रामति इत्येवं पृष्टवते तस्मै स होवाच । हृदयस्य मध्य इत्यादि व्याख्यातम् । तस्य

[1] मध्ये आकाशः—अ २.

हृदयस्य मध्ये सम्यगुद्द्रवतीति **समुद्रः** जीवद्धृदयस्य सद्द्रवत्वात् । तस्य **समुद्रस्य मध्ये** आकाशः तत्सुषिरपरिमिताव्याकृताकाशः । **समुद्रः** सम्पुटः **समुद्रस्य मध्ये** यः **कोशः** पुण्डरीकान्तःकोशः इति पाठान्तरम् । **तस्मिन्नाकाशे** कोशे वा उत्क्रान्तिसाधननाड्यः **चतस्रो भवन्ति** । कास्ता इत्यत आह—**रमाऽरमेच्छाऽपुनर्भवेति** । **तत्र सुरमा पुण्येन** साधनेन साधकं पुण्यफलस्वर्गलोकं नयति, **अरमा पापेन** साधनेन साधकं **पापं** लोकं रौरवादिनरकं नयति, **इच्छया** काले यत् **स्मरति** स्त्र्यादिकमन्यद्वा **तदभिसम्पद्यते**, अन्तकालस्मरणस्य तथाविधत्वादित्यत्र

> अन्तकाले च मामेव स्मरन् मुक्त्वा कळेबरम् ॥
> यं यं वाऽपि स्मरन् भावं त्यजत्यन्ते कळेबरम् ।
> तं तमेवैति कौन्तेय सदा तद्भावभावितः ॥

इत्यादिस्मृतेः । तथा **अपुनर्भवाया कोशमिति** । अत्र विसर्गलोपः छान्दसः । **अपुनर्भवायाः** सुषुम्नायाः **कोशं** सुषिरं मूलाधारविद्यमानवक्त्रं कुण्डलिनीशक्त्या योगाभ्यासवशीकृतया **भिनत्ति** । **कोशं भित्त्वा** सुषुम्नामार्गतो मूर्धप्रदेशं प्राप्य तत्रत्यं **शीर्षकपालं** भिनत्ति । सुषुम्नाद्वारेण निर्गत्य स्वतनुं त्यजति । अथ **शीर्षकपालं भित्त्वा** अर्चिरादिना ब्रह्मलोकं प्राप्य अथ निर्बीजसम्पत्तये **पृथिवीं** पृथिवीतत्त्वं **भिनत्ति** । एवं **क्रमेण** आकाशान्तं भित्त्वा **मनस्तत्त्वं भिनत्ति** । **मनो भित्त्वा** भूतादिं लिङ्गतत्त्वं **भिनत्ति** । **भूतादिं भित्त्वा महान्तं** जीवतत्त्वं **भिनत्ति** । **महान्तं भित्त्वा अव्यक्तं** स्थूलादित्रिशक्त्यात्मकं कारणभावं **भिनत्ति** । **अव्यक्तं भित्त्वा अक्षरं** ईश्वरतत्त्वं यावद्विजयते तावत्तद्भावमेत्य तत्प्रळयकाले तदपि **भिनत्ति** । **अक्षरं भित्त्वा मृत्युं** साक्षितत्त्वं **भिनत्ति** । साक्षिणः स्वविकल्पितसर्वग्रासत्वात् मृत्युत्वम् । यदि कदाचित् ईश्वरप्रसादात् सुषुम्नानाड्यन्तर्विलसितकैवल्यसिरावक्त्रं प्रविशति तदा **मृत्युर्वै परे** सर्वापह्नवसिद्धे **देवे** स्वावशेषतया दीप्यमाने **एकीभवति** तन्मात्रं अवशिष्यते विद्वान् । **ततः परस्तात् न सत् नासत् न सदसत्** ॥ १ ॥

इति एकादशः खण्डः

सप्तमानुशासनम्—समाधिविधिः

आहारशुद्धिः

नारायणाद्वा अन्न[1]मागतमपक्वं ब्रह्मलोके महासंवर्तके पुनः पक्वमादित्ये पुनः पक्वं क्रव्यादि पुनः पक्वं [2]जाठरेण क्लिन्नं पर्युषि[3]तं पूतमन्नमयाचितमसंक्लृप्तमश्नीयान्न कंचन याचेत ॥ १ ॥

पुरोक्तनिर्बीजब्रह्मभावापत्तिसाधनसमाधिप्रकटनाय इदं सप्तमानुशासनमारभ्यते। तस्यान्तरङ्गसाधनमादौ आहारशुद्धिमुपदिशति— **नारायणादिति**। **नारायणा**दीश्वराद्**वै** प्रसिद्धात् स्वाविद्यापदतत्कार्यलक्षणं **अन्नं आगतं** अहरादावुत्पन्नं, तदहरन्ते **महासंवर्ते** महाप्रळयकाले **ब्रह्मलोके** उपसंहृतं, "सर्वाः प्रजाः अहरहः ब्रह्म गच्छन्ति एतं ब्रह्मलोकम्" इति श्रुतेः। तत्र ब्रह्मलोकात् यदागतं तदन्नं **अपक्वं** [**पक्वं**] भवति। **पुन**रहरादावुत्पन्नं **आदित्ये** कालाग्नौ वर्षादिद्वारा परिपक्वं भवति। **पुनः क्रव्यादि** काल्याणावसथ्याग्नौ **पक्वं** भवति। **पुनः** प्राणिभुक्तं **जाठरेण पक्वं** भवति। एवं चतुर्विधपाकोपदेशः तज्ज्ञानपूर्वकभुक्तौ चतुर्विधदिव्यादिव्यसंस्कारवदिदमन्नं प्रसिद्धौदनादिरूपम्(?)। **क्लिन्नं** यातयामादिदोषदुष्टं स्रवज्जलं, तथा **पर्युषितं** निशि जलाधिवासितमित्युपलक्षणं शूद्रादिशेषस्य, एतादृशमन्नं मुमुक्षुः न कदाऽप्यश्नीयात्। **पूतं** यातयामत्वादिदोषविरळं भगवन्निवेदनतुळसीतीर्थादिमिश्रं **अन्नं अयाचितं** यदृच्छया शिष्यजनोपहृतं तथा **असंक्लृप्तं** अद्यास्य गेह इत्यादिसङ्कल्परहितं, अपितु माधूकरान्नं, **अश्नीयात्** यतिः। **न कञ्चनान्नं याचेत**। इयमेव ह्याहारशुद्धिः। तया चित्तशुद्धिः। शुद्धे चित्ते तच्छुद्धिसापेक्षं ज्ञानं विज्ञानं सम्यज्ज्ञानं तत्त्वज्ञानं वा जायते।

[1] मागतं पक्वं—अ, अ १, अ २, क.

[2] जालकिलक्लि—अ, अ १, अ २, क, उ. जालकीलक्लि—उ १. "जाठरेण" इति पाठः व्याख्यानुसारी.

[3] तापू—अ २. तपू—अ, अ १.

यस्य यादृशं ज्ञानं उदेति स तादृशं फलमश्नुते इत्यत्र—“आहारशुद्धौ सत्वशुद्धिः सत्वशुद्धौ ध्रुवा स्मृतिः स्मृतिलम्भे सर्वग्रन्थीनां विप्रमोक्षः” इत्यादिश्रुतेः। एवं शुद्धान्नभुग्यतेरेव ज्ञानाधिकारो नेतरस्येत्यर्थः॥ १॥

इति द्वादशः खण्डः

ब्रह्मज्ञानसाधनं सपरिकरसमाधिः

बाल्येन तिष्ठासेद्बालस्वभावोऽसङ्गो निरवद्यो मौनेन पाण्डित्येन निरवधिकारतयोपलभ्यते कैवल्यमुक्तं [1]निगमनः प्रजापतिरुवाच महत्पदं ज्ञात्वा वृक्षमूले वसेत कुचेलोऽसहाय एकाकी समाधिस्थ आत्मकाम [2]आप्तकामो निष्कामो जीर्णकामो हस्तिनि सिंहे दंशे मशके नकुले सर्पराक्षसगन्धर्वे मृत्यो रूपाणि विदित्वा न बिभेति कुतश्चनेति वृक्षमिव तिष्ठासेच्छिद्यमानोऽपि न कुप्येत न कम्पे[3]तोपलमिव तिष्ठासेच्छिद्यमानोऽपि न कुप्येत न कम्पेताकाशमिव तिष्ठासेच्छिद्यमानोऽपि न कुप्येत न कम्पेत सत्येन तिष्ठासेत् सत्योऽयमात्मा॥ १॥

एवं अयाचितभिक्षान्नमश्नतः तीव्रतरवैराग्यपूर्वकं ब्रह्मज्ञानं तत्फलं च स्यादित्याह—बाल्येनेति। यः सत्वान्नाशी सोऽयं मुनिः **बाल्येन तिष्ठासेत्**। बाल्यशब्दार्थमाह—**बालस्वभाव** इति। कोऽयं **बालस्वभावः**? **असङ्ग** इति, बालस्य स्वान्यत्वात्मात्मीयाभिमानाभावेनासङ्गत्वात्, अत एव **निरवद्यः**

[1] निगमनप्र—अ, अ १, अ २, क [2] आप्त—क.
[3] तोत्पल—अ, अ १.

पुण्यपापावद्यराहित्यात्। **मौनेन** अवचनेन, पण्डा बोधोऽस्य सञ्जातेति पण्डितः तद्भावः पाण्डित्यं तेन **पाण्डित्येन**, **निरवधिकारतया** वर्णाश्रमानुष्ठानराहित्येन **च मुनिः अधिकारमुपलभ्यते** नेतरः इत्यर्थः। तत्राधिकारस्य देहाभिमाननिमित्तत्वात् यथा बालः स्तनंधयः कर्तव्याकर्तव्यप्रयोजनरहितः तथा एवं योगी निर्विशेषब्रह्मज्ञानमहिम्ना स्वातिरिक्तभ्रमविरळो भवति। तस्यैवं बाल्यमौनपाण्डित्यमुपेयुषो मुनेरेव केवलनिष्प्रतियोगिकनिर्विशेषब्रह्ममात्रभावः **कैवल्यं** तन्मात्रतया अवस्थानं स्यादिति सर्ववेदान्तैः **उक्तं** नेतरस्येति **निगमनो** निगमान्तार्थतत्त्वज्ञः **प्रजापतिरुवाच**। विदिततत्त्वस्य यथावत् संसरणं स्यादित्यत आह—**महदिति**। सर्वमहत्तया निष्प्रतियोगिकब्रह्ममात्रं पश्यत इति **महत्पदं** स्वमात्रमिति **ज्ञात्वा** ग्रामात् बहिः**वृक्षमूले वसेत** समाधिं कुर्वन् तत्रैव तिष्ठेत,

> विज्ञातब्रह्मतत्त्वस्य यथापूर्वं न संसृतिः।
> अस्ति चेन्न स विज्ञातब्रह्मभूतो वहिर्मुखः॥

इति श्रुतेः। यत एवमतो विदिततत्त्वज्ञोऽयाचितवृत्त्या यदृच्छालाभसन्तुष्टः सन् कालं नयेत्। यद्यप्राप्तं तदा न यत्नं कुर्यात्। भिक्षाऽलाभे नश्यतु तिष्ठतु वा इत्युपेक्षामेव कुर्यादित्यर्थः। अपि च **कुचेलः** जीर्णकन्थाकौपीनमात्रालङ्कृतः **असहायः** परिचारकान्तरराहित्यात् अत एव **एकाकी समाधिस्थः स्वात्ममात्रकामः आप्तकामः** सम्प्राप्तसमस्तकामत्वात् अत एव **निष्कामः** पृथिव्याद्यव्यक्तान्ताभिलाषरहितः निर्विकल्पसमाधिना। **जीर्णकामः** ग्रामात् बहिः वृक्षमूलवासकाले यदृच्छया संप्राप्ते व्याघ्रे **हस्तिनि सिंहे दंशे मशके नकुले सर्पराक्षसगन्धर्वे मृत्योः** सर्वहरस्य **रूपाणि**, यद्वा मृत्योः सर्वग्रासस्य रूपाणि सच्चिदानन्दात्मकानि, **विदित्वा** मुनिः **कुतश्चन** कारणादपि **न बिभेति** केवलनिर्भयतया आस्ते। **इतिशब्दः** सम्मतिवचनसमाप्त्यर्थः। एवं लयसमाधेः प्रथमद्वितीयभूमी उक्ते। तृतीयभूमिस्तु—**वृक्षमिव तिष्ठासेत्** स्थातुमिच्छेत्। तदवस्थानं कीदृशमित्यत्र—**छिद्यमानो न कुप्येत**, यथा वृक्षः परेण छिद्यमानोऽपि अचित्तत्वान्न कुप्यति तथा सचित्तोऽप्ययं परैरवयवशः छिद्यमानोऽपि न

कुप्येत। स्वागाम्यादिकर्मभिः न कम्पेत स्वाविद्यापदतत्कार्यस्थूलांशासंभवप्रबोधेन ब्रह्मवित्त्वमवलम्ब्य तिष्ठेत्। तथा उपलमिव पाषाणमिव तिष्ठासेत्—उत्पलमिव तिष्ठासेदिति वा—कथं? छिद्यमानो न कुप्येत न कम्पेत तत्सूक्ष्मांशासंभवज्ञानेन ब्रह्मविद्वरत्वमवलम्ब्य तिष्ठेत्। तथा आकाशमिव तिष्ठासेत् छिद्यमानोऽपि न कुप्येत न कम्पेत तद्बीजांशासंभवज्ञानेन ब्रह्मविद्वरीयान् भूयात्। अथ सत्येन तिष्ठासेन् स्वातिरिक्तासत्यतदर्थमात्रासंभवप्रबोधसिद्धं सत्यं तद्ब्रह्मवमेत्य तिष्ठेत्। एवं प्रबोधतो ब्रह्मविद्वरिष्ठो भवेत्। सत्यो नामायमात्मा, "सत्यस्य सत्यमिति प्राणा वै सत्यं तेषामेव सत्यम्," "पश्यतेहापि सन्मात्रमसदन्यत्," "ब्रह्ममात्रमसन्न हि" इत्यादिश्रुतेः॥ १॥

सन्मात्रावगत्युपायः सप्तभूमिका

सर्वेषामेव गन्धानां पृथिवी हृदयं सर्वेषामेव रसानामापो हृदयं सर्वेषामेव रूपाणां तेजो हृदयं सर्वेषामेव स्पर्शानां वायुर्हृदयं सर्वेषामेव शब्दानामाकाशं हृदयं सर्वेषामेव गतीनामव्यक्तं हृदयं सर्वेषामेव सत्त्वानां मृत्युर्हृदयं मृत्युर्वै परे देव एकीभवतीति परस्तान्न सन्नासन्न सदसदित्येतन्निर्वाणानुशासनमिति वेदानुशासनमिति वेदानुशासनम्॥ २॥

कथं सन्मात्रावगतिः इत्यत्र तदवगत्युपायसप्तभूमिकां प्रकटयति—सर्वेषामिति। सर्वेषामेव गन्धानां पृथिवी हृदयं, गन्धजातोत्पादस्थितिभङ्गभूमित्वात्। तथा सर्वेषामेव रसानां आपो हृदयं इत्यादि समानम्। सर्वेषामेव सत्वानां पृथिव्याद्यव्यक्तान्तानां स्वातिरिक्तोपसंहर्ता सर्वसाक्षी मृत्युः हृदयम्। एवं पृथिव्यादिमृत्युपर्यन्तं सबीजं तत्सर्वं परे देवे निष्प्रतियोगिकनिर्बीजब्रह्ममात्रे एकीभवति तन्मात्रमवशिष्यते। परस्तात् न सत् नासत् न सदसत् इत्युक्तार्थम्॥ २॥

इति त्रयोदशः खण्डः

अष्टमानुशासनम्—सर्वात्त्वधिष्ठानं ब्रह्म

सर्वात्त्वधिष्ठानं ब्रह्म

पृथिवी वा अन्नमापोऽन्नादा आपो वा अन्नं ज्योतिरन्नादं ज्योतिर्वा अन्नं वायुरन्नादो वायुर्वा अन्नमाकाशोऽन्नाद आकाशो वा अन्नमिन्द्रियाण्यन्नादानीन्द्रियाणि वा अन्नं मनोऽन्नादं मनो वा अन्नं बुद्धिरन्नादा बुद्धिर्वा अन्नमव्यक्तमन्नादमव्यक्तं वा अन्नमक्षरमन्नादमक्षरं वा अन्नं मृत्युरन्नादो मृत्युर्वै परे देव एकीभवतीति परस्तान्न सन्नासन्न सदसदित्येतन्निर्वाणानुशासनमिति वेदानुशासनमिति वेदानुशासनम् ॥ १ ॥

अन्नात्तृद्वारा ब्रह्मयाथात्म्यप्रकटनायेदमष्टमानुशासनमारभ्यते—पृथिवीति। या पृथिवी वै प्रसिद्धा सैव प्रथममन्नं ग्रसनीयवस्त्विति यावत्। तदपेक्षया आपोऽन्नादाः कारणत्वात्। आपो वा अन्नं इत्यादि समानम्। आकाशो वा अन्नं इन्द्रियाण्यन्नादानि, आकाशादिस्थूलभूतापेक्षया अपञ्चीकृतभूतकार्येन्द्रियाणां सूक्ष्मत्वात्। पूर्वपूर्वं कार्यं उत्तरोत्तरं कारणं इति मन्तव्यम्। मृत्युर्वै परे देवे एकीभवति इत्यादि समानम् ॥ १ ॥

इति चतुर्दशः खण्डः

नवमानुशासनम्—तत्त्वदहनम्

उत्क्रान्तस्य ब्रह्मसमापत्तौ तत्त्वदहनक्रमः

अथ हैनं रैक्कः पप्रच्छ भगवन् योऽयं विज्ञानघन उत्क्रामन् स केन कतरद्वाव स्थानं दहतीति तस्मै स होवाच योऽयं विज्ञानघन

उत्क्रामन् प्राणं दहत्यपानं व्यानमुदानं समानं वैरम्भं मुख्यमन्तर्यामं प्रभञ्जनं कुमारं श्येनं श्वेतं कृष्णं नागं दहति पृथिव्यापस्तेजोवायुराकाशं दहति जागरितं स्वप्नं सुषुप्तं च तुरीयं च महतीं च लोकं परं च लोकं दहति लोकालोकं दहति धर्माधर्मं दहत्यभास्करममर्यादं निरालोकमतः परं दहति महान्तं दहत्यव्यक्तं दहत्यक्षरं दहति मृत्युं दहति मृत्युर्वै परे देव एकीभवतीति परस्तान्न सन्नासन्न सदसदित्येतन्निर्वाणानुशासनमिति वेदानुशासनमिति वेदानुशासनम् ॥ १ ॥

षष्ठानुशासने अपुनर्भवाया उत्क्रान्तस्य क्रमेण ब्रह्मसम्पत्तिरभिहिता। अत्र तु कति तत्त्वानि दग्ध्वा मुनिः ब्रह्म संपद्यत इति पृच्छति---अथेति। अथ हैनं रैक्वः पप्रच्छ। भगवन् योऽयं विज्ञानघनः उत्क्रामन् स केन मार्गेण कतरद्वाव स्थानं तत्त्वं दहति बीजानर्हं करोति इति एवं पृष्टवते तस्मै स होवाच। योऽयं विज्ञानघन उत्क्रामन् ब्रह्मलोकं प्राप्तो निर्बीजसम्पदिच्छया निजपरिकरभूतं प्राणं दहति निर्बीजं प्राणं दहति। तथा अपानं दहतीत्यादि समानम्। पृथिव्यादीन् जाग्रदादीन् दहति निर्बीजं करोति। महतीं इमं च लोकं परं च लोकं दहति तत्साधनधर्माधर्मं दहति अतः परममभास्करं अमर्यादं निरालोकं तमोलोकमित्यर्थः। मृत्युर्वै सर्वग्रासः साक्षी परे देवे एकीभवति। परस्तादित्याद्युक्तार्थम् ॥ १ ॥

इति पञ्चदशः खण्डः

दशमानुशासनम्—ब्रह्मविद्यासंप्रदानम्

ब्रह्मविद्यासंप्रदानविधिः

सौबालबीजब्रह्मोपनिषन्नाप्रशान्ताय दातव्या नापुत्राय नाशिष्याय नासंवत्सररात्रोषिताय नापरिज्ञातकुलशीलाय दातव्या नैव च प्रवक्तव्या।

यस्य देवे परा भक्तिर्यथा देवे तथा गुरौ ।
तस्यैते कथिता ह्यर्थाः प्रकाशन्ते महात्मनः ॥
इत्यतेन्निर्वाणानुशासनमिति वेदानुशासनमिति वेदानुशासनम् ॥ १ ॥

ब्रह्मविद्यासंप्रदायप्रकटनपूर्वकं शास्त्रमुपसंहरति—**सौबालेति** । सुबालसम्बन्धि सौबालं बीजं यस्य तत् **सौबालबीजं ब्रह्मोपनिषत्** निर्बीजब्रह्मविद्येयं **नाप्रशान्ताय दातव्या** । तथा **नापुत्राय इत्यादि** । "**यस्य देवे**" इति मन्त्रोऽयं श्वेताश्वतरसमाप्तौ व्याख्यातः । इत्येतन्निर्वाणानुशासनमित्याद्युक्तार्थम् ॥

इति षोडशः खण्डः

श्रीवासुदेवेन्द्रशिष्योपनिषद्ब्रह्मयोगिना ।
सुबालोपनिषद्व्याख्या लिखिता जयताच्चिरम् ॥
सुबालोपनिषद्व्याख्याग्रन्थसङ्ख्या निगद्यते ।
पञ्चचत्वारिंशदधिशतानां पञ्च विश्रुता ॥

इति श्रीमदीशाद्यष्टोत्तरशतोपनिषच्छास्त्रविवरणे त्रिंशत्सङ्ख्यापूरकं सुबालोपनिषद्विवरणं सम्पूर्णम्

सूर्योपनिषत्

भद्रं कर्णेभिः—इति शान्तिः

सूर्योपनिषदः ऋष्यादिध्यानान्तम्

अथ सूर्याथर्वाङ्गिरसं व्याख्यास्यामः । ब्रह्मा ऋषिः । गायत्री छन्दः । आदित्यो देवता । हंसः सोऽहमग्निनारायणयुक्तं बीजम् । हृल्लेखा शक्तिः । वियदादिसर्गसंयुक्तं कीलकम् । चतुर्विध-पुरुषार्थसिद्ध्यर्थे जपे विनियोगः । षट्स्वरारूढेन बीजेन षडङ्गम् । रक्ताम्बुजसंस्थितं सप्ताश्वरथिनं हिरण्यवर्णं चतुर्भुजं पद्मद्वयाभय-वरदहस्तं कालचक्रप्रणेतारं श्रीसूर्यनारायणं य एवं वेद स वै ब्राह्मणः ॥ १ ॥

सूदितस्वातिरिक्तारिं सूरिबृन्दात्मभावितम् ।
सूर्यनारायणाकारं नौमि चित्सूर्यवैभवम् ॥

इह खलु अथर्वणवेदप्रविभक्तेयं सूर्योपनिषत् सर्वकारणत्वसार्वात्म्यकलना-प्रकटनव्यग्रा ब्रह्ममात्रपर्यवसन्ना विजृम्भते। अस्याः स्वल्पग्रन्थतो विवरणमारभ्यते। स्वाज्ञलोकानुकम्पया सौरविद्यां श्रुतिः स्वयमुपन्यस्यति—अथेति । अथ यथोक्ताधिकारिसम्पत्त्यनन्तरं सूर्यप्रतिपादकाथर्वाङ्गिरसं श्रुतयो वयं व्याख्या-

स्यामः कथयामः इत्यर्थः। सूर्योपनिषदो मन्त्ररूपत्वेन ऋष्यादिध्यानान्तमुच्यते—ब्रह्मेति। हंसः सोऽहं रामिति बीजम्। ह्रीमिति हृल्लेखा शक्तिः। हयग्वलेति वियदादिसर्गसंयुक्तं कीलकम्। हंसामित्यादि षट्स्वरारूढेन बीजेन। सप्ताश्वरथिनं "सप्त युञ्जन्ति रथमेकचक्रम्। एको अश्वो वहति सप्तनामा।" इति श्रुतेः। निमिषादिब्रह्मकल्पान्तकालचक्रप्रणेतारम्। श्रीः प्रकाशरूपिणी दीप्तिः, तद्विशिष्टः श्रीसूर्यः परमेश्वरः, स एव नारायणः परमात्मा, तं एवं प्रत्यगभेदेन यो वेद स ब्राह्मणो ब्रह्मनिष्ठो भवतीत्यर्थः॥

सूर्यप्रत्यगभेदः

ॐ भूर्भुवः सुवः। तत्सवितुर्वरेण्यं भर्गो देवस्य धीमहि।
धियो यो नः प्रचोदयात्॥ २॥

सूर्यस्य प्रत्यगभिन्नब्रह्मता कुत इत्यत आह—ओमिति। ओमित्येतदक्षरं परं ब्रह्मेति परापरब्रह्माभिधानम्। तदवयवा अकारोकारमकाराः भूर्भुवःसुवरिति व्याहृतित्रयरूपेण परिणता भवन्ति। व्याहृतित्रयपरिणमनं ह्यविद्याद्वयतत्कार्यजातम्। तद्व्यष्टिसमष्ट्यारोपापवादाधारा विश्वविराडोत्रादयो द्वितुर्याविकल्पान्ताः। तत्र यत्स्वातिरिक्तसर्वापह्नवसिद्धनिष्प्रतियोगिकब्रह्ममात्रज्ञानप्रसवितृजनकं, य ईश्वरो नोऽस्माकं धियो ब्रह्ममात्रसाम्राज्ये प्रचोदयात् सोऽयं सविता परमेश्वरः तस्य सवितुः देवस्य यत् निर्विशेषतया वरेण्यं भर्गो निष्प्रतियोगिकचिन्मात्रं अवशिष्यते, तत् स्वमात्रमिति वयं धीमहि ध्यायामः। एवं ध्याता ब्राह्मणो ब्रह्मनिष्ठो विदेहमुक्तो भवति॥ २॥

सूर्यभर्गस्य जगत्कारणत्वम्

सूर्य आत्मा जगतस्तस्थुषश्च। सूर्याद्वै खल्विमानि भूतानि
जायन्ते। सूर्याद्यज्ञः पर्जन्योऽन्नमात्मा॥ ३॥

यन्निर्विशेषं भर्गः तदेव स्वाज्ञदृष्ट्या परमेश्वरात्मना विश्वारोपाधिकरणतया तदुत्पत्तिस्थितिलयकारणं भवतीत्याह—सूर्य आत्मेति। सूत्रान्तर्यामिप्रत्यग्रूपेण स्थिरचरात्मकजगत आत्मा भवति। वियदादिभूततत्कार्यभौतिकानि च ततः संभूतानीत्याह—सूर्याद्दिति। यज्ञः अग्निष्टोमादिः, प्रपञ्चजीवनहेतुः पर्जन्यः, तज्जं अन्नं, तदत्ता आत्मा जीवपूगः तत्सर्वं सूर्यादेव जातमित्यर्थः ॥ ३ ॥

आदित्यस्तुतिः

नमस्त आदित्य । त्वमेव प्रत्यक्षं कर्मकर्ताऽसि। त्वमेव प्रत्यक्षं ब्रह्माऽसि । त्वमेव प्रत्यक्षं विष्णुरसि । त्वमेव प्रत्यक्षं रुद्रोऽसि । त्वमेव प्रत्यक्षमृगसि। त्वमेव प्रत्यक्षं यजुरसि। त्वमेव प्रत्यक्षं सामासि । त्वमेव प्रत्यक्षमथर्वाऽसि । त्वमेव [1]सर्वं छन्दोऽसि ॥ ४ ॥

एवं जगत्कारणात्मना यस्त्वं स्थितः नमस्ते आदित्य। एवं सर्वेश्वरं आदित्यं नमस्कृत्य सर्वात्मकतया स्तौति—त्वमेवेति । जीवात्मना त्वमेव प्रत्यक्षं कर्मकर्ताऽसि। त्रिमूर्त्यात्मना त्वमेवेति। वेदात्मना त्वमेवेति ॥ ४ ॥

आदित्यस्य सर्वात्मकब्रह्मत्वम्

आदित्याद्वायुर्जायते। आदित्याद्भूमिर्जायते। आदित्यादापो जायन्ते । आदित्याज्ज्योतिर्जायते । आदित्याद्व्योम दिशो जायन्ते । आदित्याद्देवा जायन्ते । आदित्याद्वेदा जायन्ते । आदित्यो वा एष [2]एतन्मण्डलं तपति । असावादित्यो ब्रह्म । आदित्योऽन्तःकरणमनोबुद्धिचित्ताहंकाराः । आदित्यो वै व्यानः

[1] प्रत्यक्षं सर्वं—अ, [2] एतस्मिन्म—ऊ १,

समानोदानोऽपानः प्राणः । आदित्यो वै श्रोत्रत्वक्चक्षूरसनघ्राणाः । आदित्यो वै वाक्पाणिपादपायूपस्थाः । आदित्यो वै शब्दस्पर्शरूपरसगन्धाः । आदित्यो वै वचनादानागमनविसर्गानन्दाः । आनन्द[1]मयो विज्ञानमयो विज्ञानमय आदित्यः ॥ ९ ॥

पुरा सङ्क्षिप्तार्थं विस्तरयति—**आदित्यादिति** । य एवं जगत्कारणतयोक्तः **असावादित्यो ब्रह्म** तत्रत्यकार्यसापेक्षकारणताऽपाये तस्यैव ब्रह्मत्वं युज्यत इत्यर्थः । अन्तःकरणादयस्तद्भिन्ना इत्यत आह—**आदित्य इति** । **आनन्दमय-विज्ञानमय**शब्दौ पञ्चकोशोपलक्षणार्थौ । अपरो **विज्ञानमय**शब्दस्तु जीववाचीत्यर्थः ॥ ९ ॥

सूर्यं प्रति प्रार्थना

नमो मित्राय भानवे मृत्योर्मा पाहि । भ्राजिष्णवे विश्वहेतवे
नमः ।
सूर्याद्भवन्ति भूतानि सूर्येण पालितानि तु ।
सूर्ये लयं प्राप्नुवन्ति यः सूर्यः सोऽहमेव च ॥
चक्षुर्नो देवः सविता चक्षुर्न उत पर्वतः ।
चक्षुर्धाता दधातु नः ॥
आदित्याय विद्महे सहस्रकिरणाय धीमहि ।
तन्नः सूर्यः प्रचोदयात् ॥
सविता पुरस्तात् सविता पश्चात्तात्
सवितोत्तरात्तात् सविताऽधरात्तात् ।

[1] मयो ज्ञा—अ, अ १, अ २, क.

सविता नः सुवतु सर्वतातिं
सविता नो रासतां दीर्घमायुः ॥ ६ ॥

हे मित्र तुभ्यं नमोऽस्तु स्वातिरिक्तमृत्योः सकाशात् मां पाहीत्याह—**नम** इति । यः सर्वहेतुः सोऽहमित्याह—**सूर्यादि**ति । त्रिमूर्तिभावापन्नात् **सूर्यात्**। एवं जगत्कारणरूपो यः सोऽयं मे ज्ञानचक्षुः ददात्वित्याह—**चक्षुरि**ति । **चक्षुर्नो देवः सविता** तस्य नोऽस्माकं आलोकप्रदत्वात् **चक्षुर्न उत पर्वतः** उतायं सविता नोऽस्माकं भूतादिकालज्ञानचक्षुः ददातु । तद्दापनशक्तिः अस्यास्तीत्यत्र को हेतुरित्यत्राह—**पर्वत इति** । पर्वणो गणनात्मकतया पर्वशब्देन काल उच्यते । निमेषादिः कालपर्वः, तस्य पर्वतः, कालस्वरूपत्वात् "स एष कालो भुवनस्य गोप्ता" इति, "कालः कलयतामहम्", इति श्रुतेः, स्मृतेश्च । किंच—**चक्षुरि**ति । **धाता** परमेश्वरो नो अस्माकं **चक्षुः** निर्विशेषब्रह्ममात्रदृष्टिं **दधातु** ददात्वित्यर्थः । अथ सौरगायत्रीमाह—आदित्यायेति । यो **नः** सन्मार्गे **प्रचोदयात्** तस्मै **धीमहि** तं ब्रह्मास्मीति ध्यायामीत्यर्थः । सर्वत्र पूर्णरूपः सविता अस्माकं स्वनिर्विशेषध्याननिर्वर्तकदीर्घायुः दद्यादिति प्रार्थयति—**सविते**ति । यः **सविता** दिगन्तविश्रान्तशरीरी स्यात् सोऽयं सविता **नो**ऽस्माकं पुरस्तादित्यादिदशदिग्विश्रान्तां सर्वततिमेव **सर्वतातिं** सर्वाधिष्ठानतया सर्वव्यापकतां **सुवतु** तनोतु । किं च—**नो**ऽस्माकं **सविता** निर्विशेषब्रह्मभावापत्तये **दीर्घमायुः रासतां** दीयतां इति प्रार्थितः तथा दद्यादित्यर्थः । सर्वत्र तादित्यनर्थको निपातः । यद्वा—**पश्चादित्यादि** । स्वेनात्तात् पूर्णभावात् हेतोः नः पूर्णतां सुवत्वित्यर्थः ॥ ६ ॥

सूर्याष्टाक्षरी

ॐ इत्येकाक्षरं ब्रह्म । घृणिरिति द्वे अक्षरे । सूर्य इत्यक्षरद्वयम् । आदित्य इति त्रीण्यक्षराणि । [1]एतस्यैव सूर्यस्याष्टाक्षरो मनुः ॥ ७ ॥

[1] एतद्वै सू—अ, अ १.

सौरमन्त्रराजमष्टाक्षरमुद्धरति--ओमिति । ओमित्येकाक्षरं ब्रह्म निर्विशेषमित्यर्थः । घृणा दया अस्य अस्तीति घृणिः ॥ ७ ॥

मन्त्रजपफलम्

यः सदाऽहरहर्जपति स वै ब्राह्मणो भवति स वै ब्राह्मणो भवति । सूर्याभिमुखो जप्त्वा महाव्याधिभयात् प्रमुच्यते । अलक्ष्मीर्नश्यति । अभक्ष्यभक्षणात् पूतो भवति । अगम्यागमनात् पूतो भवति । पतितसंभाषणात् पूतो भवति । असत्संभाषणात् पूतो भवति । मध्याह्ने सूर्याभिमुखः पठेत् । सद्योत्पन्न-पञ्चमहापातकात् प्रमुच्यते । सैषा सावित्री विद्यां[द्या]न किंचिदपि न कस्मैचित् प्रशंसयेत् । य एतां महाभागः प्रातः पठति स भाग्यवान् जायते । पशून् विन्दति । वेदार्थं लभते । त्रिकाल-मेतज्जप्त्वा क्रतुशतफलमवाप्नोति । हस्तादित्ये जपति स महामृत्युं तरति स महामृत्युं तरति य एवं वेद ॥ इत्युपनिषत् ॥ ८ ॥

मन्त्रार्थानुसन्धानपूर्वकं जपफलमाह--य इति । स वै ब्राह्मणो भवति, आवृत्तिः निःसंशयार्था । इतिशब्दः सौरविद्यासमाप्तिद्योतकः ॥ ८ ॥

श्रीवासुदेवेन्द्रशिष्योपनिषद्ब्रह्मयोगिना ।
लिखितं स्याद्विवरणं सूर्योपनिषदः स्फुटम् ।
सूर्यव्याख्याग्रन्थजातं चत्वारिंशत् समीरितम् ॥

इति श्रीमदीशाद्यष्टोत्तरशतोपनिषच्छास्त्रविवरणे एकसप्ततिसङ्ख्यापूरकं सूर्योपनिषद्विवरणं सम्पूर्णम्

स्कन्दोपनिषत्

सह नाववतु—इति शान्तिः

ब्रह्मात्मैक्यं विद्वदनुभवः

अच्युतोऽस्मि महादेव तव कारुण्यलेशतः ।
विज्ञानघन एवास्मि शिवोऽस्मि किमतः परम् ॥ १ ॥
नभिन्नं निजवद्भात्यन्तःकरणजृम्भणात् ।
अन्तःकरणनाशेन संविन्मात्रस्थितो हरिः ॥ २ ॥
संविन्मात्रस्थितश्चाह[1]मजोऽस्मि किमतः परम् ।
व्यतिरिक्तं जडं सर्वं स्वप्नवच्च विनश्यति ॥ ३ ॥
चिज्जडानां तु यो द्रष्टा सोऽच्युतो ज्ञानविग्रहः ।
स एव हि महादेवः स एव हि महाहरिः ॥ ४ ॥
स एव ज्योतिषां ज्योतिः स एव परमेश्वरः ।
स एव हि परं ब्रह्म तद्ब्रह्माहं न संशयः ॥ ५ ॥

यत्रासंभवतां याति स्वातिरिक्तभिदाततिः ।
संविन्मात्रं परं ब्रह्म तत्स्वमात्रं विजृम्भते ॥

इह खलु कृष्णयजुर्वेदप्रविभक्तेयं स्कन्दोपनिषत् क्रमेण निर्विशेषब्रह्ममात्रानुभूतिं प्रकटयन्ती प्रवृत्ता । अस्याः स्वल्पग्रन्थतो विवरणमारभ्यते ।

[1] मेकोऽस्मि—अ.

स्कन्दः परमेश्वरात् परमतत्त्वमवगम्य तत्सन्निधौ विद्वदनुभव एवमेव भूयादिति स्वानुभवं प्रकटयति—**अच्युत इति**। हे **महादेव** सर्वदेवोत्तम भवत्करुणया स्वस्वरूपात् **अच्युतोऽस्मि** प्रत्यगभिन्नब्रह्मरूपेण **विज्ञानघनलक्षणशिव एवास्मि**। **अतः परं किं** अवशिष्यते, न किमपीत्यर्थः ॥ १ ॥ पुरा स्वाज्ञदशायां शरीराद्युपलक्षणस्वाविद्यापदतत्कार्यजातं **ननिजमित्यादि**। इदानीं तु **अन्तः-करणनाशेन** ॥ २ ॥ स्वस्य संविन्मात्रत्वे स्वव्यतिरिक्तस्य का गतिरित्यत आह—**व्यतिरिक्तमिति** ॥ ३ ॥ स्वव्यतिरिक्तचरस्थिरप्रपञ्चे जीवजगद्रूपेण चित्त्वं जडत्वं च प्रतिभाति, तुर्यरूपेण तत्सर्वसाक्ष्यस्मीत्याह—**चिज्जडानामिति**। यः प्रसक्तसाक्ष्यसापेक्षसाक्षी **स एव हि** ॥ ४–५ ॥

जीवपरयोरभेदः

जीवः शिवः शिवो जीवः स जीवः केवलः शिवः ।
तुषेण बद्धो व्रीहिः स्यात् तुषाभावेन तण्डुलः ॥ ६ ॥
एवं बद्धस्तथा जीवः कर्मनाशे सदाशिवः ।
पाशबद्धस्तथा जीवः पाशमुक्तः सदाशिवः ॥ ७ ॥

जीवपरयोः भेदप्रसक्तौ सदृष्टान्तं तं निराकरोति—**जीव इति** ॥ ६ ॥ स्वातिरिक्ताशया पाश्यते बध्यते इति पाशः स्वातिरिक्तास्तित्वविभ्रमः, तद्योगात् पर एव **जीवोऽस्मी**त्यात्मानं मन्यते, तद्वियोगतः जीवोऽपि **सदाशिवोऽस्मी**त्यात्मानं मन्यते। यत एवं अतः स्वातिरिक्तास्तित्वपाशं निष्प्रतियोगिकस्वमात्रज्ञानप्रळयकालाग्निना निर्दहेदित्यर्थः ॥ ७ ॥

शिवकेशवयोरभेदः

शिवाय विष्णुरूपाय शिवरूपाय विष्णवे ।
शिवस्य हृदयं विष्णुर्विष्णोश्च हृदयं शिवः ॥ ८ ॥

यथा शिवमयो विष्णुरेवं विष्णुमयः शिवः ।
यथाऽन्तरं न पश्यामि तथा मे [1]स्वस्तिरायुषि ।
यथाऽन्तरं न भेदाः स्युः शिवकेशवयोस्तथा ॥ ९ ॥

शिवकेशवयोः प्रसक्तभेदं परिहरति—**शिवायेति** ॥ ८ ॥ **यथाऽन्तरं** शिवकेशवयोः भेदम् । **स्वस्तिरस्तु** स्वस्त्यस्तु । न कदाऽपि तयोः भेदः स्फुरत्वित्याह—**यथान्तरमिति** । यथा ब्रह्मात्मैक्यज्ञानेन प्रत्यक्परात्मनोः विश्वतैजसाद्यवान्तरभेदाः न स्युः तथा शिवकेशवयोः भेदादर्शनेन स्वस्त्यस्त्विति पूर्वेणान्वयः ॥ ९ ॥

आत्मज्ञानान्तरङ्गसाधनं मानसिकपूजा

देहो देवालयः प्रोक्तः स जीवः केवलः शिवः ।
त्यजेदज्ञाननिर्माल्यं सोऽहंभावेन पूजयेत् ॥ १० ॥
अभेददर्शनं ज्ञानं ध्यानं निर्विषयं मनः ।
स्नानं मनोमलत्यागः शौचमिन्द्रियनिग्रहः ॥ ११ ॥
ब्रह्मामृतं पिबेद्भैक्षमाचरेद्देहरक्षणे ।
वसेदेकान्तिको भूत्वा चैकान्ते द्वैतवर्जिते ॥
इत्येवमाचरेद्धीमान् स [2]एवं मुक्तिमाप्नुयात् ॥ १२ ॥

स्वाज्ञलोकानां स्वज्ञानजननान्तरङ्गसाधनमानसिकपूजाविधिमाचष्टे—**देह इति** ॥ १० ॥ प्रत्यक्परयोः **अभेददर्शनम्** ॥ ११ ॥ **भैक्षमाचरेद्देहरक्षणे** देहमात्ररक्षणे तु यथोक्तकाले भैक्षमाचरेदित्यर्थः । पूजाफलमाह—**इत्येवमिति** ॥ १२ ॥

[1] यावदायुषि—उं.   [2] एव—उ.

स्वस्त्यायुःप्रार्थनापुरस्सरं परमपदानुसंधानम्

श्रीपरमधाम्ने स्वस्ति चिरायुष्योन्नम इति ॥

[1]विरिञ्चिनारायणशंकरा[2]त्मकं नृसिंह देवेश तव प्रसादतः ।
अचिन्त्यमव्यक्तमनन्तमव्ययं वेदात्मकं ब्रह्म निजं विजानते ॥ १३ ॥

तद्विष्णोः परमं पदं सदा पश्यन्ति सूरयः ।
दिवीव चक्षुराततम् ॥ १४ ॥

तद्विप्रासो विपन्यवो जागृवांसः समिन्धते ।
विष्णोर्यत् परमं पदम् ॥

इत्येतन्निर्वाणानुशासनमिति वेदानुशासनमित्युपनिषत् ॥ १५ ॥

चिरं ब्रह्मानुसन्धानानुकूलायुःस्थैर्यं बुधाः प्रार्थयन्तीत्याह—**श्रीति** । श्रीमत् परमं उत्कृष्टं ब्रह्मलोकं वैकुण्ठं कैलासं च धाम स्थानं यस्य त्रिमूर्तिरूपिणः तस्मै **श्रीपरमधाम्ने** त्रिमूर्त्यात्मकाय नमोऽस्तु । इतिशब्देन त्रिमूर्त्यैक्यानुसन्धानं द्योत्यते । यतो वयं तावदैक्यानुसन्धानेन तृप्ताः स्मः अतोऽस्माकं **स्वस्ति** स्वस्त्यस्तु । भवच्चिरानुसन्धानानुकूलदीर्घायुष्यमस्त्विति संप्रार्थ्य किं कृतवन्त इत्यत्राह—**विरिञ्चिनारायणेति** । चतुराननस्य समष्टिजीवत्वेन नृशब्दः चतुराननवाचकः, सिंहशब्देन विष्णुः, देवेशशब्देन शिवः, विशिष्टसम्बोधनमेतत्—हे नृसिंह देवेश ब्रह्मविष्णुमहेश्वरात्मकत्रिमूर्ते **तव प्रसादतो** मुनयो यद्विरिञ्चिनारायणशङ्करात्मकं ब्रह्मविष्ण्वादिविभागकलनाविरळं स्वातिरेकेण **अचिन्त्यं** मूर्तामूर्तकलनावैरळ्यात् **अव्यक्तं** देशादिपरिच्छेदत्रयाभावात् **अनन्तं** पारमार्थिकसत्यत्वात् **अव्ययं** समस्तवेदमुख्यार्थत्वात् **वेदात्मकं** स्वातिरिक्ताविद्यापदतत्कार्यापह्नवसिद्धं **ब्रह्म निजं** निष्प्रतियोगिकत्वात् । स्वमात्रमिति

[1] विरिञ्च—अ, अ १, अ २.   [2] त्मनो—अ.

विजानते ॥ १३ ॥ तत् किमित्यंत आह––तदिति । "तद्विष्णोः परमं पदम्" इति श्रुतिः आरुणिकादौ सम्यक् व्याख्यातेति अत्र न व्याख्यायते । निष्प्रतियोगिकब्रह्ममात्रावस्थानमेव विष्णुपरमपदमित्यर्थः ॥ १४ ॥ इत्युपनिषच्छब्दः स्कन्दोपनिषत्समाप्त्यर्थः ॥ १५ ॥

श्रीवासुदेवेन्द्रशिष्योपनिषद्ब्रह्मयोगिना ।
लिखितं स्याद्विवरणं स्कन्दोपनिषदः स्फुटम् ।
स्कन्दोपनिषदो व्याख्याग्रन्थः पञ्चाशदीरितः ॥

इति श्रीमदीशाद्यष्टोत्तरशतोपनिषच्छास्त्रविवरणे एकपञ्चाशत्सङ्ख्यापूरकं स्कन्दोपनिषद्विवरणं सम्पूर्णम्

नामधेयपदसूची

यत्र पुटसंख्याऽनन्तरं तिर्यग्रेखायाः परं संख्या वर्तते तत्र तावती पदावृत्तिः बोध्या

विशेषपदसूची

यत्र पुटसंख्याऽनन्तरं तिर्यग्रेखायाः परं संख्या वर्तते तत्र तावती पदावृत्तिः बोध्या